세주 완역

논어집주대전

세주 완역
논어집주대전 1

동양철학의 향연

| 이인서원 기획 김동인 · 지정민 · 여영기 옮김 |

한울
아카데미

일러두기

1. 대전 편집자의 주석 번역은 < >로 표시했다.
2. 편집자 주석 중 글자의 음만을 보여주는 것은 번역하지 않았다. 단, 음과 함께 의미의 해석이 있을 때는 번역했다.
3. 인용된 구절은 " "로 구분했다. 단, 앞에 나온 구절을 재인용하거나 요약·변형한 것은 ' '로 구분했다.
4. 번역에서 글자를 설명할 때는 글자에 ' '를 넣고 그 뒤에 자를 붙여 썼다.
   예: '학'자는 배운다는 뜻이다.
5. 책이름은 『 』, 편명은 「 」, 장은 < >로 표시했다.
6. 번역문에는 한자를 쓰지 않는 것을 원칙으로 했다. 단, 꼭 필요한 경우에는 ( ) 속에 병기했다.
7. 역자주는 달지 않았다. 단, 꼭 필요한 경우에는 [ ] 안에 넣어서 역자의 의견임을 밝혔다.
8. 본문에는 없으나 어조를 부드럽게 하거나 이해를 돕기 위해 첨가하는 말은 누가 보아도 이론의 여지가 없는 경우에만 ( ) 속에 넣고, 역자와 견해를 달리할 수 있는 경우로 판단되면 역자주로 취급해 [ ] 속에 넣었다.
9. 인용된 구절의 출전을 밝히는 경우에도 ( ) 속에 넣었다.
10. 원문의 끊어 읽기는 주어와 술어를 띄우는 것을 원칙으로 했으며, 그 외에는 특별한 규칙이 없다. 단, 해석을 하는 데 띄우는 것이 편리하다고 생각되면 띄웠고, 주어와 술어가 짧은 구절은 붙여 쓰기도 했다.
11. 曰·謂·所謂·說·言 등의 말하다라는 뜻이 있는 동사는 주어와 띄우지 않았다. 단, '무엇에 대해 말하다'로 해석될 때는 주어와 띄우고, 무엇 앞에 붙였다.
    예: 공자가 위령공에 대해 말하다 – 孔子 謂衛靈公
    소위는 '이른바 무엇'으로 해석할 수 있으면 무엇 앞에 붙였고, '누가 말한 바'로 해석할 때는 누가 뒤에 붙였다.
    예: 소위 인이란 – 所謂仁, 정자가 말한 바 – 程子所謂

역자서문

오늘날 우리는 동양의 지적 전통과는 단절된 삶을 살고 있다고 해도 과언이 아니다. 동양인들이 과거 수천 년간 지적 교양의 원천으로 삼아왔던 유가의 여러 경전들은 더 이상 우리의 필독서가 아니거나, 혹 필독서라 하더라도 이는 일종의 체면치레에 불과할 뿐이다.

이런 현상 속에서 『논어』만큼은 예외적으로 당당히 그 자리를 차지할 뿐만 아니라, 이를 넘어서 오히려 이상 열풍이라 할 만큼 『논어』 읽기가 유행이다. 그것은 『논어』의 고전으로서의 가치 때문이기도 하지만, 한편으로는 대중매체의 관심을 받는 강의자들이 이를 잘 활용해서 얻은 대중적 인기 덕분이기도 하다. 그것이 어떤 이유든 『논어』가 우리 사회의 독자들에게 널리 읽힌다는 것은 환영할 만한 일이요, 모처럼 만의 반가운 현상이다.

주지하다시피 『논어』는 원래 특정한 철학적 주제로써 논리적인 논의를 전개해나가는 형태의 철학서가 아니고, 다양한 맥락 속에서 이루어진 공자와 그 제자들, 또는 그 제자들 간의 짤막한 문답을 별다른 체계 없이, 또 맥락을 결여한 채 기록한 글이기 때문에 이를 읽고 이해하고 받아들이는 방식은 그야말로 각인각색일 수밖에 없다. 하지만 그것은 『논어』의 약점이자 매력이요, 그 생명력의 원천이라고도 할 수 있다. 『논어』는 다양한 해석을 허용한다는 점에서 언제나 새로운 탐구와 지적 도전의 대상이 될 수 있었고, 그로 인해 다양한 방식의 새로운 『논어』 해석이 재창조되어왔다. 오늘날 수없이 출간되는 숱한 『논어』 관련 저작들 또한 바로 이러한 재창조의 예고, 그 점에서 대단히 가치 있는 일이라 할 수 있다.

다만 다양한 해석이 허용된다 해서 기왕에 축적되어온 과거 수많은 학자들의 견해, 특히 주희와 그의 선후배 성리학자들의 해석을 치밀하게 탐색하고 비판하고 계승하려는 노력이 없어서는 안 된다는 점은 강조하고 싶다. 필자가 읽어온 바 이 『논어집주대전』에 인용된 주희와 그 선후배 성리학자들의 견해에는 결코 등한히 여겨서는 안 될 수많은 장점이 있지만, 그중 가장 중요한 두 가지 의의를 들면 다음과 같다.

첫째, 이들은 맥락이 결여된 『논어』의 산만한 구절들을 그 자체만의 해석으로 그치지 않고, 반드시 『논어』나 다른 경전의 유관 구절의 맥락 속에서 일관성 있게 해석해내려 노력했다. 이들은 어떤 구절이 다른 유관 구절과 논리적으로 모순되는 경우, 이 모순을 해소하기 위해 그 구절이 함의하고 있을 수 있는 모든 논리적 가능성을 탐색하고 비판함으로써 그 구절을 일관성 있는 체계 속으로 편입시킬 수 있었다. 이는 대단히 중요한 장점으로, 오늘날 상당수의 『논어』 해석서들이 해석에서 내부적 모순을 극복하지 못하는 것과 대비된다.

둘째, 이들은 『논어』의 구절들을 이전의 방식, 즉 단순한 처세훈적인 좋은 말씀으로만 받아들이려는 태도를 극복하고 항상 철학적 사색의 주제로 삼았다는 점이다. 이들의 논의를 통해 비로소 우리는 『논어』에 등장하는 일견 극히 평범한 일상적인 구절도 그것이 언제나 치열한 철학적 사색의 주제가 될 수 있음을 안다.

이들의 이러한 노력은 오늘날 성리학을 봉건적 지배이데올로기로 치부하려는 경향 때문에 제대로 탐구되지도 않은 채 이유 없이 배척되거나, 아니면 소위 공리공론이라는 어이없는 비판 속에서 무시되는 경우도 있다. 그 결과 거꾸로 『논어』를 일종의 실천적인 처세학 수준으로 격하시키는 것이 『논어』의 올바른 이해방식인 양하는 저작이나 강연 등이 넘쳐나게 되었다.

철학은 본질적으로 일상의 맥락을 벗어난 이론적 사색이다. 따라서 성리학이

철학인 이상 성리학자들이 『논어』를 일상의 실천적 행동 지침쯤으로 해석하지 않고 철학적 이론의 체계 속에서 해석하려 했던 것은 너무나 당연한 것이며, 그것이야말로 『논어』 연구에서 그들의 최대 공로다.

필자는 미래의 동양철학이 이러한 성리학자들의 철학적 노력을 비판적으로 계승하지 않으면 발전할 수 없으며 그 어디에도 기댈 곳이 없다고 본다. 비록 성리학자들의 철학적 이론 수준이 서양 근대 이후의 철학 수준에 미치지 못한다 하더라도, 그것은 성리학자들의 탓이라기보다는 오히려 그들이 열어 놓은 선하를 계승하지 못하고, 발전시키지 못한 우리 후손의 탓이라고 보아야 한다.

이런 점에서 이 『논어집주대전』이야말로 동양철학연구의 가장 친절한 출발점이 될 수 있다고 필자는 믿는다. 『논어』 속의 친숙하고 일상적인 구절들에서 동양철학의 정수로 접근해가는 길을 열어놓은 주희와 그 선후배 성리학자들의 이 아름다운 주석들은 우리를 동양철학의 축적된 전통 속으로 초대해 이를 향유케 한다.

필자가 천학을 무릅쓰고 이 책의 번역에 착수한 것은 이 행복한 향연에 독자 여러분도 함께 하기를 바라는 마음에서며, 이 향연을 즐기는 가운데 우리도 모르는 사이에 동양철학 발전의 초석이 든든히 놓이리라 믿기 때문이다. 다만 이 책은 『논어』 20권 중 일단 5권까지만 번역해 한 책으로 출간한 것이라서 독서가 중단된다는 폐단에 양해를 구하며, 이후 나머지 부분도 이른 시일 안에 완역해 독자 여러분의 탐구가 끊어지지 않도록 할 것을 약속드린다.

끝으로 이 책이 나오기까지 필자가 도움을 받은 분들께 감사의 말씀을 전하고 싶다. 필자와 함께 번역한 지정민 선생과 여영기 선생은 이 책의 공과를 필자와 공유하는 분들이어서 감사의 말씀을 드리는 것이 어색하지만, 이분들이 아니면 애초 이 작업 자체가 시도되지 못했으리라는 점에서 감사를 전하고 싶다. 언제나 필자를 격려해준 아내 이혜경과 강독에 참여했던 아들 김준열에게도 감사한다. 또 이 책의 출간을 선뜻 허락해주신 도서출판 한울의 김종수 사장과 까다로운 한문 원문과 지리멸렬한 번역문을 일일이 손보아주신 이교혜 선생과 이가양 선생께도 깊이 감사드린다.

2009. 8. 28
양평 중미산 자락에서
옮긴이 대표 김동인 謹識

해제

1414년(영락 12) 명 성조는 11월 송대 이후 주희(朱熹)를 비롯한 여러 성리학자들의 경전 연구를 종합하기 위해, 행재한림원학사(行在翰林院學士) 호광(胡廣)과 시강(侍講) 양영(楊榮)·김유자(金幼孜)에게 『오경대전(五經大全)』·『사서대전(四書大全)』·『성리대전(性理大全)』의 편찬을 명했다. 그 결과 이듬해인 1415년(영락 13) 9월에 편집 작업이 완료되었고, 그 후 성조가 친히 서문을 붙이고 예부에 명해 간행·반포케 했다. 편찬사업에 참여한 사람은 호광·양영·김유자와 한림편수(翰林編修) 섭시중(葉時中) 등 42명이었다(『사고전서총목제요(四庫全書總目提要)』 권5 예부(禮部) 「역류(易類)」 〈주역대전(周易大全)〉 조).

대전 편찬의 총책임자인 호광(1370~1418)은 현재 강서성에 속한 길수(吉水)에서 태어났다. 자는 광대(光大)고, 시호는 문목(文穆)이며, 저서로는 『호문목집(胡文穆集)』이 있다. 그는 1400년(건문 2) 진사에 등제했고, 그 뒤 한림수찬(翰林修撰)·문연각대학사(文淵閣大學士)·좌춘방대학사(左春坊大學士)·예부상서(禮部尙書) 등을 역임했으며, 명대 초반 관학의 확립 과정에서 중요한 역할을 담당했다.

『사서대전』은 주희의 『사서집주(四書集註)』를 본주로 하고, 진덕수(眞德秀)의 『사서집편(四書集編)』, 축수(祝洙)의 『사서부록(四書附錄)』, 채모(蔡模)의 『사서집소(四書集疏)』, 조순손(趙順孫)의 『사서찬소(四書纂疏)』, 오진자(吳眞子)의 『사서집성(四書集成)』, 진력(陳櫟)의 『사서발명(四書發明)』, 호병문(胡炳文)의 『사서통(四書通)』, 예사의(倪士毅)의 『사서집석(四書輯釋)』 등 사서 주해자 146명의 주요 학설을 편집해 세주로 정리한 것이다. 이 가운데 특히 예사의의 『사서집석』은 『사서대전』 편찬의 기본 참고주석서였다. 『사고전서총목제요』 〈사서대전〉 조에서 『사서대전』은 예사의의 『사서집석』을 약간 수정·보완했다고 나오며, 이 점은 고염무(顧炎武)의 『일지록(日知錄)』에서도 확인할 수 있다.

이렇게 해서 완성된 편찬본들은 명 영락제 이전에 만들어진 주석들을 망라했다는 의미에서 '대전(大全, Grand Code)'이라고 불린다. 이때 편찬·간행된 『오경대전』·『사서대전』·『성리대전』 등 대전본 경서는 성리학을 관학으로서 확고히 자리 잡게 했으며, 이후 과거를 비롯한 모든 국가적 차원의 학술활동에서 교과서로서의 기능을 수행했다.

대전본 경서가 우리나라에 처음 들어온 것은 편찬작업이 완료된 영락 13년(1415년)으로부터 4년 후인 세종 원년(1419년) 12월이었다. 세종 조에 세 번에 걸쳐 대전본 경서가 들어왔으며, 이때 새로운 활자본을 만들어 인쇄·보급한 이래 여러 차례에 걸쳐 국가가 주도해 간행했다.

『논어집주대전』은 『사서대전』의 일부로서 『논어』의 편수에 따라 20권 13책으로 간행되었으며, 주희 전후 약 100여 명의 송원대 유학자들의 주석들이 담겨져 있다. 중국 본 『사서대전』의 『논어집주대전』이 20권 13책인 것에 비해, 조선 후기에 간행된 『논어집주대전』은 20권 7책으로 구성되어 있다. 이 판본의 권말에는 1434년(세종 16)에 갑인자(甲寅字)를 제작한 이래 1772년(영조 48)의 임진자(壬辰字), 1777년(정조 1)의 정유자(丁酉字) 등을 주조해 사용한 연혁을 밝힌 글이 수록되어 있다.

본 국역작업에서는 정조 7년(1793년)에 간행된 정유자본을 기본으로 삼으면서 문연각본 『사고전서(四庫全書)』의 『논어집주대전』과 그 원문을 비교·검토했다. 대체로 정유자본이 문연각본보다 오자가 적게 나오는데, 이는 오랜 기간 수차례 간행되면서 여러 유학자들의 교정을 거쳤기 때문으로 보인다. 정유자본과 문연각본을 비교해 글자가 서로 다르면 전체 뜻과 맥락에 맞는 쪽으로 글자를 교정했다.

차례

學而第一

爲政第二

八佾第三

里仁第四

公冶長第五

學而第一

【집주】

此 爲書之首篇 故 所記 多務本之意

이 편은 책의 첫 편이다. 그래서 기록된 것에는 근본에 힘쓴다는 의미의 것이 많다.

【세주】

朱子曰 此一篇 都是先說一箇根本

주자가 말했다. 이 한 편은 모두 먼저 하나의 근본에 대해 설명한 것이다.

○胡氏曰 此篇 首取其切於學者 記之 故 以爲多務本之意

호씨가 말했다. 이 편은 먼저 배우는 자에게 절실한 것을 취해 기록한 것이기 때문에 근본에 힘쓴다는 의미가 많다.

○新安陳氏曰 揭君子務本一句 以爲首篇之要領 此說 本於游氏 朱子 已采入賢賢易色章下 於此 又首標之 如首章 以時習爲本 次章 以孝弟爲爲仁之本 三章 以忠信爲傳習之本 道千乘章 以五者爲治國之本 皆是 餘可以類推

신안 진씨가 말했다. '군자는 근본에 힘쓴다'는 구절을 내세워 머리 편의 요체로 삼은 것은 유씨의 설에 근거한 것이다. 주자는 <현현역색>장에 이를 채택해 넣었고, 여기에서도 또 가장 앞에 표시해두었다. 수장의 경우에는 시습(때때로 익힘)을 근본으로 삼고, 다음 장에는 효제를 위인(인을 행함)의 근본으로 삼고, 3장에서는 충신을 전습(전해 받은 것을 익힘)의 근본으로 삼고, <도천승>장에서는 다섯 가지를 치국의 근본으로 삼은 것이 모두 그러하니, 그 나머지는 가히 유추할 수 있다.

【집주】

乃入道之門 積德之基 學者之先務也 凡十六章

그러기에 도에 들어가는 문이요, 덕을 쌓는 기초가 되니 배우는 자가 먼저 힘써야 할 일이다. 모두 16장이다.

【세주】

慶源輔氏曰 道者 人之所共由 必有所從入 德 雖在我之所自得 必積 而後成 凡此篇所論 務本之事 乃道所從入之門 而德所積累之基 學者 必先務此 然

後道可入 而德可積矣

경원 보씨가 말했다. 도라는 것은 사람들이 같이 말미암는 것이지만 반드시 그 좇아 들어가는 곳이 있으며, 덕이란 비록 내가 스스로 얻는 것이지만 반드시 쌓인 후에야 완성된다. 대개 이 편에서 논한 바의 근본에 힘쓰는 일이란 곧 도로 들어가는 문이며 덕을 쌓는 기초가 되는 것이니, 배우는 자는 반드시 이에 먼저 힘쓴 후에야 비로소 가히 도로 들어갈 수 있고 덕을 쌓을 수 있다.

○朱子曰 學而 篇名也 取篇首兩字 爲別 初無意義 但 學之爲義 則讀此書者 不可以不先講也 夫學也者 以字義言之 則己之未知未能 而效夫知之能之之謂也 以事理言之 則凡未至而求至者 皆謂之學 雖稼圃射御之微 亦曰 學配其事而名之也 而此 獨專之 則所謂學者 果何學也 蓋 始乎爲士者 所以學而至乎聖人之事 伊川先生所謂 儒者之學 是也 蓋 伊川先生之意曰 今之學者 有三 詞章之學也 訓詁之學也 儒者之學也 欲通道 則舍儒者之學 不可尹侍講所謂 學者 所以學爲人也 學而至於聖人 亦不過盡爲人之道而已 此皆切要之言也 夫子之所志 顔子之所學 子思孟子之所傳 盡在此書 而此篇所明 又學之本 故 學者 不可以不盡心焉

주자가 말했다. 「학이」라는 편명은 편 첫머리의 두 글자를 따서 구별로 삼은 것이라 애초에 별 의미가 없다. 다만 '학'의 뜻에 대해서는 이 책을 읽는 자는 먼저 그 의미를 고찰하지 않을 수 없다. 무릇 학이라는 것은, 글자의 뜻으로 말하자면 스스로 알지 못하고 능하지 못하기에 알고 능한 자를 본받는 것을 말한다. 사리로 말하자면 아직 지극하지 못하기에 지극함을 구하는 모든 활동을 학이라고 할 수 있다. 비록 농사짓기나 활쏘기, 말달리기 같은 작은 일도 또한 학이라고 할 수 있으니, 그 일에 짝하여 이름을 붙이는 것이다[예컨대 농학]. 그런데 여기서는 다만 학이라고만 했으니 소위 학이란 과연 무엇을 배운다는 것인가? 무릇 애초 선비가 되는 것은, 배워서 성인에 이르는 일을 하고자 하기 때문이니 이천 선생이 말한 바 유자의 학이 그것이다. 대개 이천 선생의 뜻에 따르면 오늘날의 학은 세 가지이니 사장의 학, 훈고의 학, 유자의 학이 있는데, 도에 통하고자 하면 유자의 학을 빼고서는 불가능하다는 것이다. 윤 시강(윤돈)은 "학이란 사람 되는 것을 배우는 것이다. 배워서 성인에 이르는 것도 사람 되는 도를 다하는 것일 뿐이다"라고 했는데, 이는 모두 핵심을 찌르는 말이다. 공자의 뜻한 바, 안자의 배운 바, 자사·맹자의 전한 바가 모두 이 책에 들어 있되 이 편이 밝히고 있는 바는 또 학의 근본이니 배우는 자는 불가불 마음을 다하지 않을 수 없으리라.

○今讀論語 且熟讀學而一篇 若明得一篇 其餘 自然易曉

지금『논어』를 읽으면서, 또「학이」 한 편을 숙독해 한 편의 뜻을 명백히 알게 되면 나머지는 자연히 쉬이 깨닫게 될 것이다.

○學而篇 皆是先言自脩 而後親師友 有朋自遠方來 在時習之後 而親仁在入孝出弟之後 就有道而正焉 在食無求飽居無求安之後 毋友不如己者在不重則不威之後 今人 都不去自修 只是專靠師友說話

「학이」편은 모두 먼저 스스로 닦을 것을 말한 연후에 스승이나 벗과 친할 것을 말했다. '벗이 먼 곳에서 온다'는 말은 '때때로 익힌다'는 말 뒤에 있으며, '어진 이와 친함'은 '들어와서는 효도하고 나가서는 공손함' 뒤에 있으며, '도 있는 이에게 나아가 바로잡음'은 '먹음에 배부르기를 구하지 않고 거처함에 편안하기를 구하지 않음' 뒤에 있으며, '나보다 못한 이를 친구 삼지 않음'은 '무겁지 않으면 위엄이 없음' 뒤에 있다. 요즈음 사람들은 모두 스스로 닦지는 아니하고 오로지 스승이나 친구의 말에 의존하려고만 한다.

○覺軒蔡氏曰 學而名篇 專以學言 而所謂學者 果何所學耶 朱子 首發明學之本 惟在全其本性之善而已

각헌 채씨가 말했다.「학이」라는 이름의 이 편은 오로지 학으로써 말한 것인데, 이때 말하는 학이란 과연 무엇을 배운다는 것인가? 주자는 (수장의) 앞머리에 학의 근본은 오로지 그 본성의 선함을 완전히 하는 것에 있음을 밝혔다.

1.1-1 子曰 學而時習之 不亦說乎說 悅同

공자께서 말씀하셨다. 배우고 때때로 익히니 또한 기쁘지 아니한가.

【집주】

學之爲言 效也 人性 皆善 而覺有先後 後覺者 必效先覺之所爲 乃可以明善 而復其初也

'학'의 말뜻은 본받는다는 것이다. 사람의 본성은 모두 선하되 그 깨달음은 선후가 있다. 늦게 깨닫는 자는 반드시 먼저 깨달은 자가 하는 바를 본받아야 하니, 그리하면 가히 선을 밝히고 그 애초의 본성을 회복할 수 있다.

【세주】

朱子曰 學之一字 實兼致知力行而言 問 學之爲言 效也 效字 所包甚廣 曰 正是如此 博學審問謹思明辨篤行 皆學之事

주자가 말했다. 학이라는 이 한 글자는 실로 치지와 역행을 겸해서 말한 것이다. 물었다. 학의 말뜻은 본받는다는 뜻이라고 하셨는데, 본받는다는 것은 그 범위가 매우 넓습니다. 답했다. 참으로 그러하다. 박학, 심문, 근사, 명변, 독행이 모두 학의 일이다.

○勉齋黃氏曰 集註 言學 而或問 以知與能竝言 何也 曰 言人之效學於人 有此二者 先覺之人 於天下之理 該洽貫通 而吾 懵然未有所知也 於是 日聽 其議論 而向之未知者 始有所知矣 先覺之人 於天下之事 躬行實踐 而吾 悵然未有所能也 於是 日觀其作爲 而向之未能者 始能矣 大抵 讀書窮理 要當盡聖賢之意 備事物之情 非吾好爲是詳複也 理當然也 世之學者 意念 苟且 思慮輕淺 得其一隅 便以爲足 則其爲疎率也 亦甚矣 學者 觀於此 亦足 以得養心窮理之要矣 曰 若是 則學之爲言 固無所不學也 今 集註 於此 乃以 爲人性皆善 必學 而後能明善 而復其初 何也 曰 學問之道 固多端矣 然 其歸在於全其本性之善而已 明善 謂明天下之理 復其初 則復其本然之善 也 於論語之首章 首擧是 以爲言 其提綱挈領 而示人之意 深矣

면재 황씨가 말했다. 집주에서는 학을 말했으되 『혹문』에서는 앎(지식)과 능함(능력)을 같이 말한 것은 무슨 이유인가? 답하자면 사람이 남에게 배우는 것에 이 두 가지가 있다는 말이다. 먼저 깨달은 사람은 천하의 이치에 대해 모조리 다 꿰고 있는데 나는 어리석게도 아는 바가 없으니, 이에 매일 그 의론을 들음으로써 전에는 모르던 것을 아는 것이 있게 된다. 먼저 깨달은 자는 천하의 일을 궁행 실천하는데 나는 안타깝게도 능한 바가 없으니, 이에 매일 그 하는 것을 봄으로써 전에는 할 줄 모르던 것을 비로소 할 수 있게 된다. 대저 독서와 궁리는 마땅히 성현의 뜻을 다하고 사물의 물정을 완비해야만 한다. 이는 내가 좋아하는 것이 자세히 거듭하는 것이어서가 아니라 당연한 이치이기 때문이다. 세상의 학자들은 생각하는 바가 구차하고 사려가 경박해 한 귀퉁이를 얻으면 곧 만족해버리니 그 소략함이 또한 심하다. 배우는 자들은 이를 보면 또한 족히 마음을 기르고 이치를 궁구하는 요체를 얻을 수 있으리라. 만약 그렇다면 학의 말뜻은 본디 배우지 않는 것이 없다는 뜻이 되는데, 여기 집주에서 사람의 본성은 모두 선하나 반드시 배운 후라야 능히 선을 밝히고 애초의 본성을 회복할 수 있다 함은 무슨 뜻인가? 답하자면, 학문의 길은 여러 단서가 있다. 그러나 그것은 모두 본성의 선을 완전히 하는 것으로 귀착될 뿐이다. 선을 밝힌다는 것은 천하의 이치를 밝히는 것이며 애초의 본성을 회복한다는 것은 그 본연의 선을 회복한다는 것이다. 『논어』의 첫 장에서 먼저 이를 들어 말했으니, 그 핵심을 들어 사람들에게 보여주려는 뜻이 깊다.

○雲峯胡氏曰 人性 皆善 天命之性也 覺 有先後 氣質之性也 必效先覺之所爲 或以所爲爲所行 殊不知 汝爲周南召南 集註曰 爲猶學也 論語曰 爲之不厭 孟子 記夫子之言曰 學不厭 是以學字代爲字 集註 於十五志學下曰 念念在此 而爲之不厭 是 以爲字釋學字 此曰 效先覺之所爲 猶曰 學先覺之所學也 大學章句 釋明明德曰 學者 當因其所發 而遂明之 以復其初 此曰 明善而復其初 是包大學許多工夫 說物格知至 卽是明善 意誠心正身修 卽是復其初

운봉 호씨가 말했다. 사람의 본성이 모두 선하다는 것은 천명의 성을 말하는 것이요, 깨달음에 선후가 있다는 것은 기질의 성을 말하는 것이다. '반드시 먼저 깨달은 자의 하는 바(所爲)를 본받는다'는 말에 대해 혹자는 하는 바(소위)가 행하는 바(소행)를 의미한다고 생각하지만, 이는 잘못 안 것이다. '너는 주남, 소남을 하라(汝爲周南召南)'는 구절의 집주에는 위(爲)는 학(學)과 같다 했고, 『논어』에서는 '함에 싫증을 내지 않는다(爲之不厭)'고 했는데 『맹자』에서는 공자의 말씀을 기록하기를 '배움(學)에 싫증 내지 않는다'고 했으니, 이는 '학(學)'자로써 '위(爲)'자를 대신한 것이다. 집주는 '15세에 배움에 뜻을 두었다'는 구절 아래에 '항상 이를 생각하여 함(爲)에 싫증을 내지 않는다'고 했으니 이는 '위'자를 '학'자로 해석한 것이다. 여기서 말한 바 '선각의 하는 바(소위)를 본받는다'는 말은 곧 선각이 배운 바(소학)를 배운다는('학'한다는) 말이다. 『대학장구』의 <석명명덕>장에 "배우는 자는 마땅히 그 드러난 곳에 기초해 마침내 그것을 밝힘으로써 애초의 본성을 회복해야 한다"라고 했고, 여기서는 선을 밝히고 애초의 본성을 회복해야 한다고 했으니, 이는 『대학』의 허다한 공부를 포괄해 격물치지가 곧 선을 밝히는 일이요, 성의, 정심, 수신이 곧 애초의 본성을 회복하는 일임을 설명한 것이다.

○新安陳氏曰 此 論語中 第一箇學字 朱子 挈要指 以示人 後覺者 必效先覺之所爲 所爲 不過知行二者 效先覺之致知 以知此理 又效先覺之力行 以行此理 乃可以明善 而復其初矣 明善者 明本性之善 以知言也 復其初者 復全本性之善 以行言也 學之道 固多端 其要 歸在復全本性之善而已 朱子所謂 以己之未知 而效夫知者 以求其知 以己之未能 而效夫能者 以求其能 皆學之事也 能 指行而言 知行 皆從性分上 用工

신안 진씨가 말했다. 이는 『논어』 가운데 첫 번째 나오는 '학'자이다. 주자는 그 핵심을 들어 사람들에게 제시했으니 '후각자는 반드시 선각자의 하는 바를 본받아야 한다'고 할 때의 하는 바란 지와 행 두 가지에 지나지 않는다. 선각자의 치지를 본받아 이 이치를 알고, 또 선각자의 역행을 본받아 이 이치를 행하는 것이니 그래야 선을 밝히고 애초의 본성을 회복할 수 있다. 선을 밝힌다는 것은 본성의 선을 밝힌다는 것이니 이는 지로써 말한 것이고, 애초의 본성을 회복한다는 것은 본성의 선을 온전히 회복한다는 것이니 이는 행으로써 말한 것이다. 학의 도는 본디 여러 단서가 있지만 그 요체는 본성의 선을 온전히 회복함으로 귀착될 뿐이다. 주자가 말한 바 '내가 모르기 때문에 아는 이를 본받아 앎을 구하고, 내가 능하지 못하기 때문에 능한 이를 본받아 그 능함을 구한다'는 것은 모두 배우는 일이다. 능은 행을 가리키는 말이다. 지와 행은 모두 그 성격에 따라 공부해야 한다.

【집주】

習 鳥數音朔 下同飛也 學之不已 如鳥數飛也

'습'이란 새가 (날기를 배우기 위해) 번번이 난다는 뜻이다. 배워서 그치지 않는 것은 마치 새가 번번이 나는 것과 같다.

【세주】

朱子曰 說文 習字 從羽從白 月令所謂 鷹乃學習 是也

주자가 말했다. 『설문』에 '습'자는 '우(羽)'자와 '백(白)'자에 딸려 있다.

『예기』「월령」에 이른바 "매가 배우고 익힌다"라는 것이 이것이다.

○學 是未理會得時 便去學 習 是已學了 又去重學 非是學得了頓放在一處 却又去習也 只是一件事 如鳥數飛 只是飛了 又飛

학이란 알지 못할 때 배워나가는 것이고, 습이란 배운 다음에 또 거듭 배워나가는 것이다. 배웠다고 해서 한쪽 구석에 던져두는 것이 아니라 오히려 또 익혀나가는 것이니, 이는 다만 한가지 일로서 마치 새가 날기를 배움에 다만 날고 또 나는 것과 같다.

○問 學 是知 習 是行否 曰 知 自有知底學 自有知底習 行 自有行底學 自有行底習 如小兒寫字 知得字合恁地寫 這 是學 便須將心思量安排 這 是習 時將筆去寫成幾箇字 這 是行底學 今日 寫一紙 明日 寫一紙 又明日 寫一紙 這 是行底習 人 於知上不習 便要去行 如何得 人 於知上不習 非獨是知得不分曉 終不能有諸己

물었다. 학은 '지'이고, 습은 '행' 아닙니까? 답했다. 지(지식)에는 그 자체로 지의 학이 있고 지의 습이 있다. 행(행동)에는 그 자체로 행의 학이 있고 행의 습이 있다. 예컨대 어린 아이가 글자를 베끼는 경우, 글자를 어떻게 써야 하는지를 알게 되면 이는 (지의) 학이고, 그러고는 반드시 마음으로 이리저리 헤아리고 생각해볼 것이니 이는 (지의) 습이다. 때로는 붓을 들어 몇 글자를 써낼 것이니 이는 행의 학이고, 오늘 종이 한 장 쓰고 내일 종이 한 장 쓰고 또 내일 종이 한 장 쓰면 이는 행의 습이다. 사람들이 지에 대해서는 익히지 아니하고 갑자기 행하려고 하니 어찌 할 수 있겠는가? 사람들이 지에 대해 익히지 아니하면 지가 명백해지지 않을 뿐만 아니라 마침내는 자신 내부에 (지를) 가지게 할 수 없다.

○學而時習之 此 是論語第一句 句中五字 雖有輕重虛實之不同 然 字字皆有意味 無一字無下落 學之爲言 效也 以己有所未知未能 而效夫知者能者 以求其知能之謂也 而字 承上起下之辭也 時者 無時而不然也 習者 重複溫習也 之者 指其所知之理所能之事而言也 言人旣學矣 而又時時溫習其所知之理所能之事也 聖言 雖約 而其指意 曲折深密 而無窮盡如此 聖人之學 與俗學不同 聖人 敎人讀書 只要知所以爲學之道 俗學讀書 便只是讀書 更不理會爲學之道是如何

'배우고 때때로 익힌다.' 이는 『논어』의 제1구이다. 구절 중 다섯 글자는 비록 경중과 허실이 서로 다르지만 그러나 글자마다 모두 의미가 있어 한 글자라도 없으면 해석이 안 된다. 학의 말뜻은 효(效: 본받다)인데, 자신이 아직 알지 못하고 할 줄 모르기에 아는 사람, 능한 사람을 본받아 알고 능하게 되기를 구하는 것을 말한다. '이(而)'자는 위를 이어 아래를 일으키는 말이다. 시(時)라는 것은 그러하지 아니하는 때가 없다는 말이다. 습(習)이란 거듭해 익히는 것이다. 지(之)란 알게 된 바의 이치와 능하게 된 바의 일을 가리키는 말이다. (이 구절은) 사람이 이미 배웠음에 또 때때로 그 알게 된 바의 이치와 능하게 된 바의 일을 익히라는 말이다. 성인의 말씀은 비록 간단하지만 그 가리키는 의미가 자세하고 세밀해 다함이 없음이 이와 같다. 성인의 학문은 속학과는 다르다. 성인께서 사람을 독서하도록 가르치심은 다만 학문하는 도리가 무엇인지를 알게 하려는 것이지만, 속학의 독서는 다만 독서일 뿐으로 학문하는 도리가 어떠한지를 알게 할 수 없다.

○未知未能 而求知求能之謂學 已知已能 而行之不已之謂習

아직 모르고 능하지 못해 앎과 능함을 구하는 것을 학이라 한다. 이미 알고 이미 능하되 실행해 그치지 아니하는 것을 습이라 한다.

○胡氏曰 學之不已者 學與習 非二事也

호씨가 말했다. (집주의) '배워서 그치지 않는다'는 것은 학과 습이 (다른) 두 가지 일이 아니라는 말이다.

○厚齋馮氏曰 習 鳥鸍 欲離巢 而學飛之稱 學 謂學之於己 習 謂習其所學 時時而習 恐其忘也 凡曰而者 上下二義 學一義也 習一義也

후재 풍씨가 말했다. 습이란 새가 둥지를 떠나려 할 때 날기를 배우는 것을 일컫는다. 학은 배워서 자신에게 있는 것을 말하고 습은 배운 것을 익히는 것을 말한다. 때때로 익히는 것은 잊을까 걱정하기 때문이다. 보통 이(而)라는 것은 아래위로 두 뜻이 있는 경우(의 연결사)이다. 학이 하나의 뜻이요, 습이 또 하나의 뜻이다[그래서 '이'자로 연결했다].

【집주】

說 喜意也 旣學 而又時時習之 則所學者熟 而中心喜說 其進 自不能已矣

'열'은 기쁜 마음이다. 이미 배우고 또 때때로 익힌즉, 배운 것은 익숙해지고 마음속은 기쁘니 그 나아감을 스스로 그칠 수 없다.

【세주】

朱子曰 學 要時習 習到熟後 自然說喜 不能自已 今人 所以便住了 只是不曾習 不見得好 此一句 却係切己用功處

주자가 말했다. 배운 것은 때때로 익혀야 하니 익힘이 익숙해진 후에는 자연히 기쁘게 되어 스스로 그만둘 수 없게 된다. 요즈음 사람들이 곧 그쳐버리는 까닭은 다만 일찍이 익히지 아니하여 제대로 알지 못했기 때문이다. 이 구절은 자신에게 가장 절실한 공부처와 관련되어 있다.

○學矣 而不習 則表裏扞格 而無以致其學之之道 習矣 而不時 則工夫間斷 而無以成其習之之功 是 其胷中 雖欲勉焉以自進 亦且枯燥生澁 而無可嗜之味 危殆杌隉 而無可卽之安矣 故 旣學矣 又必以時習之 則其心與理 相涵 而所知者 益精 身與事 相安 而所能者 益固 從容於朝夕俯仰之中 凡其所學 而知且能者 必有自得於心 而不能以語人者 是 其中心油然悅懌之味 雖芻豢之悅於口 不足以喩其美矣 此 學之始也

배우기는 하되 익히지 아니하면 표리가 서로 어그러져 배우는 도리에 도달할 수 없고, 익히기는 하되 때때로 하지 아니하면 공부가 끊어져 그 익힘의 효과를 이룰 수 없다. 이는 마음속으로는 비록 노력해 나아가고자 하나 또한 비쩍 마르고 설익은 것이라 즐길 만한 맛이 없고, 위태롭고 불안하여 있을 만한 편안한 곳이 없는 것이다. 그러므로 배우고 반드시 때때로 익히면 그 마음이 이치와 더불어 함께 함양되고 아는 바가 더욱 정밀해지며, 몸이 일과 더불어 함께 편안해지고 능한 바가 더욱 확고해진다. 조용히 조석으로 굽어보고 우러러보는 중에 배워서 알고 능하게 된 모든 것은 반드시 마음속에 스스로 얻은 것이 되지만 다른 사람에게는 말해줄 수 없다. 이는 그 마음속이 은근히 즐기는 맛이니, 맛있는 음식이 입에 즐거운 것으로는 그 아름다움을 족히 비유할 수 없다. 이것이 곧 배움의 시작 단계이다.

○學到說時 已是進了一步 只說後 便自住不得

배움이 기쁜 단계에 이른 때에는 이미 진일보한 것이니, 다만 기뻐한 후에는 스스로 멈추려 해도 멈출 수 없다.

【집주】

程子曰 習 重平聲習也

정자가 말했다. '습'이란 거듭 익히는 것이다.

【세주】

雙峯饒氏曰 習字訓 重 故 重險 謂之習坎

쌍봉 요씨가 말했다. '습'자의 훈은 중(重: 거듭함)이니 그런 까닭에 중험(重險: 겹겹의 험함)을 습감(習坎: 험준함이 중첩됨)이라 한다.

【집주】

時復扶又反思繹 浹洽於中 則說也

때때로 그 실마리를 다시 생각해 그 속에 푹 젖으니 기쁜 것이다.

【세주】

朱子曰 浹洽二字 有深意 如浸物於水 水 若未入 只是外面濕 內面 依然乾 必浸之久 則透裏皆濕 習而熟 熟而說 脈絡貫通 程子所謂 浹洽 是也

주자가 말했다. '협흡(浹洽: 푹 젖음)' 두 글자는 깊은 의미가 있다. 마치 물건이 물속에 빠졌을 때 물이 아직 스며들지 않아 겉만 젖고 속은 그대로 말라 있지만 빠진 지 오래되면 속까지 침투해 모두 젖게 된다. 익혀서 익숙해지고 익숙해져서 기뻐하는 것은 맥락이 서로 관통한다. 정자가 말한 협흡이란 바로 이것이다.

○南軒張氏曰 學 貴於時習 程子曰 時復思繹 言學者之於義理 當時紬繹其端緒 而涵泳之也

남헌 장씨가 말했다. 배움은 때때로 익히는 것을 귀중히 여긴다. 정자가 말하기를 '때때로 다시 실마리를 생각한다'고 했는데, 이 말은 학자는 의리에 대해 마땅히 때때로 그 단서를 뽑아내어 거기에 잠기어 헤엄쳐야 한다는 말이다.

【집주】

又曰 學者 將以行之也 時習之 則所學者 在我 故 悅

또 말했다. 배우는 것은 장차 행하려 하는 것이다. 때때로 익히면 배운 것이 내게 있으니 기쁘다.

【세주】

雲峯胡氏曰 時復思繹 則習於心 將以行之 則習於身

운봉 호씨가 말했다. 때때로 그 실마리를 다시 생각한다는 것은 마음에 익히는 것이요, 장차 행하려 한다는 것은 몸에 익히는 것이다.

○新安陳氏曰 上一條 以知言 此一條 以行言 采程子二說 以見學習 當兼知行言也

신안 진씨가 말했다. 위 한 줄은 지로써 말한 것이고, 이 한 줄은 행으로써 말한 것이다. 정자의 두 설을 인용해 학과 습은 마땅히 지와 행을 겸해야 한다는 것을 드러내 말했다.

【집주】

謝氏名 良佐 字 顯道 上蔡人 **曰 時習者 無時而不習 坐如尸 坐時習也 立如齊**莊皆反 **立時習也**

사씨<이름은 양좌이고 자는 현도이다. 상채 사람이다>**가 말했다. 때때로 익힌다는 것은 익히지 아니하는 때가 없다는 말이다. 시(尸: 제사 때 죽은 이 대신 앉아 있는 아이)처럼 앉아 있는 것은 앉아 있을 때의 익힘이고, 제(齊: 제사 때 엄숙히 서 있음)처럼 서 있는 것은 서 있을 때의 익힘이다.**

【세주】

勿軒熊氏曰 坐如尸 立如齊 出記曲禮 如尸 註曰 視貌正 如齊 註曰 磬耳聽 謂祭祀時

물헌 웅씨가 말했다. "시처럼 앉아 있고 제처럼 서 있는다"라는 말은 『예기』, 「곡례」편에 나온다. '여시(如尸)'를 주석하여 말하기를 "바라보는 모습이 바르다"라고 했고, '여제(如齊)'를 주석하여 말하기를 "귀를 굽혀 듣는다"라고 했으니, 제사 때를 말한 것이다.

○朱子曰 伊川之說 則專在思索 而無力行之功 如上蔡之說 則專於力行 而廢講究之義 似皆偏了

주자가 말했다. 이천의 설은 오로지 사색에 대한 것이지 역행의 공부에 대한 것은 아니다. 상채의 설의 경우는 오로지 역행에 대한 것일 뿐 강구(講究: 의리를 깊이 탐구함)의 의미는 폐한 것이니 아마도 둘 모두 편벽된 듯하다.

○新安陳氏曰 程子二條說 學習兼知行言 謝氏此條 惟以時習於行言 亦姑以坐立起例 非止謂坐立時也 其言時字 亦與時時之意異 朱子 姑采以備一說耳

신안 진씨가 말했다. 정자의 두 줄의 설은 학과 습은 지와 행을 겸해야 한다는 말이다. 사씨의 이 줄은 다만 때로 행을 익혀야 한다는 말이니 역시 편의상 앉음과 섬을 예로 들었을 뿐, 앉고 서 있을 때만을 말한 것에 그치는 것은 아니다. (이 점에서 보면) '시(時)'자를 말한 것은 (항상이라는 뜻으로) 역시 때때로의 의미와는 다르다. 주자는 잠시 (사씨의 설을) 인용해 하나의 설을 보완했다.

1.1-2 有朋 自遠方來 不亦樂乎樂 音洛

벗이 먼 곳에서 오니 또한 즐겁지 아니한가.

【집주】

朋 同類也 自遠方來 則近者 可知 程子曰 以善及人 而信從者 衆 故 可樂

붕은 같은 무리이다. 멀리서 온즉, 가까운 자는 (어떠할지) 알 만하다. 정자가 말했다. 선으로써 남에게 미치니 믿고 따르는 자가 많은 까닭에 즐거워할 만하다.

【세주】

朱子曰 理義 人心所同然 非有我之得私也 吾 獨得之 雖足以說矣 然 告人 而莫信 率人 而莫從 是 獨擅此理 而人 不得與於吾心之所同也 如十人同食 一人獨飽 而九人不下咽 吾之所說 雖深 亦曷能達於外邪 今 吾之學 足以及人 而信從者 又衆 則將皆有以得其心之所同然者 而吾之所得 不獨爲一己之私矣 吾之所知 彼 亦知之 吾之所能 彼 亦能之 則其懽欣宣暢 雖宮商相宣 律呂諧和 何足以方其樂哉 此 學之中也 又曰 近者 旣至 遠者 畢來 以學於吾之所學 而求以復其初 凡吾之所得而悅於心者 彼 亦將有以得 而悅之 則可以見夫性者萬物之一原 信乎 其立 必俱立 成 不獨成矣

주자가 말했다. 이치와 의리는 인심이 다 같이 그러한 것이라 내가 사사로이 얻어 가지는 것이 아니다. 나 홀로 얻으면 비록 족히 기뻐할 만하기는 하다. 그러나 남에게 말해주어도 믿지 않고 남을 이끌어도 따르지 않으면 이는 이 이치를 내 멋대로 하는 것이고 남들이 내 마음의 같음을 함께하지는 못한 것이다. 예컨대 열 사람이 같이 밥을 먹는데 한 사람만 배불리 먹고 아홉 사람은 먹지 못했다면, 나의 즐거움은 비록 깊지만 역시 어찌 능히 바깥(다른 사람)에까지 미치겠는가. 지금 내 학문이 족히 남에게 미쳐, 믿고 따르는 자가 무리가 되면 장차 마음이 다 같이 그러한 것을 모두 얻게 될 것이니 내가 얻은 것이 다만 나 혼자만의 것이 되지 않는다. 내가 아는 바를 남도 또한 알고 내가 능한 바를 남도 또한 능하게 되면 그 기쁨은 넓고 크리니, 비록 궁상의 서로 발양함이나 율려의 서로 어울림이라 하더라도 그 기쁨을 족히 흉내 낼 수 있으리오. 이것이 배움의 가운데 단계이다. 또 말했다. 가까운 자는 이미 왔고 먼 자는 꼭 와서 내가 배운 것을 배움으로써 애초의 본성을 회복하기를 구한다. 내가 얻어 마음에 기쁜 것을 장차 남도 얻어 기뻐하니, 무릇 성(性)이란 만물의 동일한 근원임을 알 수 있다. 서면 같이 서고 이루어지면 혼자만 이루어지지 않는 것임에 틀림없다.

○善 不是自家獨有 人 皆有之 我 習而自得 未能及人 雖悅 未樂

선은 스스로 혼자만 가지고 있는 것이 아니고 사람들이 모두 가지고 있는 것이다. 내가 익혀 자득했으되 남에게 미치지 못하면 비록 기쁘기는 하지만 아직 즐겁다고는 할 수 없다.

○問 以善及人而信從者衆 是樂其善之可以及人乎 是樂其信從者衆乎 曰 樂其信從者衆也 大抵 私小底人 或有所見 則不肯告人 持以自多 君子 存心廣大 己有所得 足以及人 若己能之以教諸人 而人不能 是多少可悶 今 旣信從者 自遠而至 其衆如是 安得不樂

물었다. '선으로 남에게 미치니 믿고 따르는 자가 많다'는 것은 그 선이 가히 남에게 미칠 수 있음을 즐거워한다는 것입니까, 아니면 믿고 따르는 자가 많음을 즐거워한다는 것입니까? 답했다. 믿고 따르는 자가 많음을 즐거워하는 것이다. 대저 사사롭고 작은 인간은 혹 알게 된 것이 있으면 남에게 즐겨 알려주지 않고 지니고 있음으로써 스스로 많다고 생각한다. 군자의 마음가짐은 광대하여 자신이 가진 것을 족히 남에게 미치니, 만약 자기가 능하면 이를 남에게 가르쳐주되 남이 못하면 이를 퍽이나 안타깝게 여긴다. 지금 이미 믿고 따르는 자가 멀리서 와서 그 무리가 이와 같으니 어찌 즐거워하지 않을 수 있으리오.

○信從者 衆 足以驗己之有得 然 己旣有得 何待人之信從 始爲可樂 須知己之有得 亦欲他人之皆得 然 信從者 但一二 亦未能愜吾之意 至於信從者衆 則豈不可樂

믿고 따르는 자가 많다는 것은 자신이 얻은 것이 있다는 것을 족히 증명한다. 그러나 이미 자신이 얻었는데도 왜 하필 남이 믿고 따른 후에야 비로소 즐거워할 만하다 하는가? 모름지기 자신이 얻으면 또한 남들도 얻기를 원하기 때문임을 알아야 한다. 그러나 믿고 따르는 자가 다만 한둘이면 역시 아직 내 마음에 흡족하지 못하니, 믿고 따르는 자가 무리를 이룸에 이르면 어찌 즐거워하지 않을 수 있으리오.

○問 朋來之樂 奈何 曰 惟以程子之言求之 然後見夫可樂之實耳 且其以善及人而信從者衆之云 纔九字爾 而無一字之虛設也 非見之明而驗之實 其孰能與於此

물었다. 벗이 찾아오는 즐거움이란 어떤 것입니까? 답했다. 다만 정자의 말씀을 통해 그 답을 구한 연후에야 비로소 즐거워할 만함의 실체를 알 수 있다. 또 그 '선으로써 남에게 미치니 믿고 따르는 자가 많다(以善及人而信從者衆)'는 말은 겨우 아홉 글자이지만, 단 한 자도 헛된 것이 없다. 견식이 밝고 실질을 체험한 사람이 아니라면 그 누가 이(정자의 말)보다 더 낫겠는가?

○南軒張氏曰 有朋 自遠方來 則己之善 得以及人 而人之善 有以資己 講習相資 其樂 孰尙焉 樂 比於說 爲發舒也

남헌 장씨가 말했다. 벗이 있어 멀리서 온즉, 나의 선이 남에게 미칠 수 있고 남의 선이 나에게 도움이 되는 것이 있으니, 서로 의지하여 강습함에 그 즐거움은 무엇이 더 클 수 있으리오. 낙(즐거움)은 열(기쁨)에 비하면 활짝 핀 것이다.

○新安陳氏曰 以善之善 卽上一節人性皆善 及明善之善 習說 則善方成己 朋來 則善方及人矣

신안 진씨가 말했다. '이선(以善)'의 선은 위 한 구절의 '사람의 본성은 모두 선하다'와 '선을 밝힌다'고 할 때의 그 선이다. 익혀 기뻐한즉 선이 바야흐로 나를 이루고, 벗이 온즉 선이 바야흐로 남에게 미친다.

【집주】

又曰 說 在心 樂 主發散 在外

또 말했다. '열(기쁨)'은 마음에 있고, '낙(즐거움)'은 퍼지는 것을 주로 하니 밖에 있는 것이다.

【세주】

朱子曰 程子 非以樂爲在外也 以爲積滿於中 而發越乎外耳 悅 則方得於內而未能達於外也

주자가 말했다. 정자는 '낙(즐거움)'이 밖에 있는 것이라고 한 것이 아니라 마음속에 가득 쌓여 밖으로 넘쳐 나온 것이라고 생각했다. '열(기쁨)'은 바야흐로 마음속에 얻기는 했지만 아직 밖으로 도달하지는 못한 것이다.

○說 是感於外 而發於中 樂 則充於中 而溢於外

열은 밖으로부터 느껴 마음속에서 일어나는 것이고, 낙은 마음속에 가득 쌓여 밖으로 넘치는 것이다.

○慶源輔氏曰 說 是自知自能 而自悅 樂 是人皆知皆能 而我與人 同樂

경원 보씨가 말했다. 열은 스스로 알고 스스로 능함에 스스로 기뻐하는 것이고, 낙은 남들도 다 알고 다 능함에 내가 남과 더불어 같이 즐거워하는 것이다.

○雙峯饒氏曰 說與樂 皆是在中底 今 此樂字 對上文說字而言 則是主發散在外 言之

쌍봉 요씨가 말했다. 열과 낙은 모두 마음속에 있는 것이다. 지금 이 '낙'자는 위 글의 '열'자에 대칭하여 말한 것이기에 '퍼지는 것을 주로 하니 밖에 있는 것이다'고 말한 것이다.

1.1-3 人 不知 而不慍 不亦君子乎慍 紆問反

남이 알아주지 않아도 성내지 아니하면 또한 군자가 아니랴.

【집주】

慍 含怒意 君子 成德之名 尹氏名 焞 字 彥明 河南人 曰 學 在己 知不知在人 何慍之有

'온'은 노여운 감정을 품은 것이다. '군자'는 덕을 이룬 사람의 이름이다. 윤씨<이름은 돈이고, 자는 언명이다. 하남 사람이다>가 말했다. 배움은 나에게 있는 것이고 알아주고 몰라주고는 남에게 있는 것이니, 무슨 성냄이 있으리오.

【세주】

朱子曰 有朋自遠方來而樂者 天下之公也 人不知而慍者 一己之私也 以善及人而信從者衆 則樂 不己知 則不慍 樂慍 在物 不在己 至公而不私也

주자가 말했다. 벗이 멀리서 와서 즐거운 것은 천하의 공이고, 남이 몰라준다고 성내는 것은 한 개인의 사이다. 선으로 남에게 미쳐 믿고 따르는 자가 많으면 즐거워하고, 나를 알아주지 않아도 성내지 아니하나니, 즐거움과 성냄은 남에게 (달려) 있는 것이지 내게 있는 것이 아니요, 지극히 공적인 것이지 사사로운 것이 아니다.

○新安陳氏曰 己誠有所學 人之知不知 何加損於己 朱子云 爲學 是爲己當然之事 譬如喫飯 乃是要自家飽 旣飽 何必問外人知不知 蓋 與人初不相關也 尹氏 解此一節正意 故 居先

신안 진씨가 말했다. 자신이 진정 배운 바가 있다면 남이 알아주든 말든 자신에게 무슨 이익이나 손해가 있으리오. 주자가 말하기를 '학이란 자신을 위한 당연한 일이니, 비유컨대 밥을 먹는 것은 곧 스스로 배를 불리려 함이니 이미 배가 부르다면 하필 다른 사람이 (내 배부른지를) 아는지 모르는지 물을 필요가 없는 것처럼, 대개 남과는 애초부터 별 상관이 없다'고 했다. 윤씨가 이 한 구절을 바른 뜻으로 해석했으므로 앞에 써둔 것이다.

○雙峯饒氏曰 朋 是專主同類 人 兼指衆人 上而君大夫 亦是

쌍봉 요씨가 말했다. '붕(벗)'은 오로지 주로 동류를 말하는 것이고, '인(남)'은 뭇사람을 겸해 가리키는 것으로 위로는 군이나 대부도 마찬가지이다(뭇사람에 속한다).

【집주】

程子曰 雖樂於及人 不見是 而無悶 乃所謂君子

정자가 말했다. 비록 남에게 미침을 기뻐하지만, 옳다고 여겨지지 않더라도 (인정받지 못해도) 괴로워하지 않으면 곧 소위 군자이다.

【세주】

朱子曰 樂公 而慍私 君子 有公共之樂 無私己之慍

주자가 말했다. 즐거움은 공이요, 성냄은 사이다. 군자에게는 공공의 즐거움이 있을 뿐, 개인의 사적인 성냄은 없다.

○雙峯饒氏曰 說之深 然後能樂 樂之深 然後能不慍

쌍봉 요씨가 말했다. 기뻐함이 깊은 연후에 능히 즐거워할 수 있고, 즐거워함이 깊은 연후에 성내지 않을 수 있다.

○雲峯胡氏曰 說 是喜意 慍 是含怒意 喜怒樂三者 皆情也 皆性之發也 能復其性之善 而情無不善 學習之功 大矣

운봉 호씨가 말했다. '열(기쁨)'은 기쁜 감정이고 '온(성냄)'은 노여움을 품은 감정이다. 희, 노, 낙 셋은 모두 정이니, 모두 성이 발현된 것이다. 능히 그 본성의 선을 회복할 수 있으면 정은 선하지 않음이 없으니, 학습의 공은 크다.

○新安陳氏曰 不見是而無悶 出易乾文言 不見是於人 而無悶於心 引此語解不知不慍甚切 此條 聯樂與不慍言 故 居尹說之後

신안 진씨가 말했다. '옳다고 여겨지지 않더라도 괴로워하지 아니한다'는 구절은 『주역』의 「건(괘) 문언전」의 "남에게 옳다고 여겨지지 않더라도 마음에 괴로워하지 아니한다"는 구절에서 나왔다. 이 말을 인용하여 '알아주지 않아도 성내지 아니한다'는 구절을 해석했으니 심히 절실하다. 이 줄은 '낙(기쁨)'을 '불온(성내지 아니함)'과 연결해 말한 것이기에 윤씨 설의 뒤에 써둔 것이다.

【집주】

愚謂 及人而樂者 順而易去聲 不知而不慍者 逆而難 故 惟成德者能之

내가 생각건대 남에게 미치어 즐거워하는 것은 자연스럽고 쉬운 일이며, 알아주지 않아도 성내지 않는 것은 거스르는 것이고 어려운 일이다. 그러므로 오직 덕을 이룬 자만이 능히 할 수 있다.

【세주】

問 稍知爲己 則人知不知 自不相干 何以言逆而難 朱子曰 人 待己平平 亦不

覺 但 被人做全不足 比數看待 心便不甘 便是慍 慍 不是大故忿怒 只心有些不平 便是慍 便是裏面動了

물었다. (공부란) 자신을 위한 것임을 알기만 하면 곧 남이 알아주고 몰라주고는 당연히 상관이 없는 것인데, 왜 거스르는 것이고 어려운 것이라고 합니까? 주자가 답했다. 남이 나를 별 일 없이 대하면 못 느끼다가, 다만 남에게 완전히 모자라는 사람으로 취급당해 번번이 그렇게 대우받으면 마음이 문득 편치 않은 것, 이것이 곧 '온(성냄)'이다. 온이란 큰 까닭이 있어 분노하는 것이 아니라 다만 마음에 사소한 불평이 있으면 곧 성내게 되고 곧 마음속이 흔들리게 되는 것이다.

○人 不見知 處之泰然 略無纖芥不平之意 非成德之君子 其孰能之 此 學之終也

남이 알아주지 않아도 태연하게 처하기를 마치 터럭만큼의 불평의 뜻도 없는 듯 하는 것은 덕을 이룬 군자가 아니라면 그 누가 할 수 있으리오. 이는 배움의 끝 단계이다.

○今人 有一善 便欲人知 不知 則便有不樂之意 不特此也 見人有善 而人或不知之初 不干己事 而亦爲不平 況其不知己乎 此 不知不慍 所以難也

요즈음 사람들은 하나의 선이 있으면 곧 남이 알아주기를 바라고, 몰라주면 곧 즐겁지 않은 감정을 드러낸다. 이뿐만 아니라 어떤 사람에게 선이 있음(능력이 있음)을 알고 있는데, 미처 (서로 잘) 알기도 전에 그가 내 일에 도움을 주지 않았다면 또한 (그것을) 불평거리로 삼는다. 그러니 황차 나를 알아주지 않음에랴. 이것이 알아주지 않아도 성내지 않는 일이 어려운 이유이다.

○問 不慍之說 孰爲得 曰 程子 得之 至論其所以然者 則尹氏 爲尤切 使人之始學 卽知是說 以立其心 則庶乎其無慕於外矣

물었다. 불온의 설 중에 어느 것이 낫습니까? 답했다. 정자가 낫다. 그것이 그러한 이유를 논하는 데 있어서는 윤씨가 더욱 절실하다. 만약 처음 배우는 사람의 경우에는 이 설(윤씨 설)을 알고 그 마음을 세우면 아마도 바깥(외부의 평판)에 마음을 쓰지 않게 될 것이다.

○覺軒蔡氏曰 程子謂 不見是而無悶乃所謂君子 是不慍 然後君子也 朱子謂 惟成德者能之 則是君子 然後不慍 以悅樂兩句 例之 則須如程子之說 朱子 非正解本句 特統而論之耳 所以 繼於尹氏程子之後

각헌 채씨가 말했다. 정자가 말한 바 '옳다고 여겨지지 않더라도 괴로워하지 아니하면 곧 소위 군자이다'라는 말은 성내지 아니한 연후에야 군자라 할 수 있다는 말이다. 주자가 말한 바 '오직 덕을 이룬 자만이 능히 할 수 있다'는 말은 군자인 연후에야 성내지 않는다는 말이다. 열과 낙의 두 구절의 예로 본다면 모름지기 정자의 설 같아야 할 것이다. 주자는 이 구절만 바로 해석한 것이 아니라 특별히 (세 구절을) 통합해 논한 것이다. 그래서 윤씨와 정자의 설 뒤에 이어 말한 것이다.

○慶源輔氏曰 順 謂理之順 逆 謂理之逆 曰順 曰逆 皆理也 但 處其順者 易 故 及人而樂者 猶可及 處其逆者 難 故 不見是 而無悶 非成德之士 安土樂天者 不能及也

경원 보씨가 말했다. '순(자연스러움)'이란 이치를 따르는 것이고 '역(거스름)'이란 이치를 거스르는 것이다. 순이니 역이니 하는 것은 모두 이치에 대한 것이다. 단, 그 순함에 처하는 것은 쉽기 때문에 '남에게 미치어 즐거워함'은 오히려 미칠 수 있지만, 그 역에 처하는 것은 어렵기 때문에 '옳다고 여겨지지 않더라도 괴로워하지 아니함'은 덕을 이룬 선비나 땅(자신의 처지)을 편안히 여기고 하늘(하늘이 정한 운명)을 즐기는 자가 아니면 미칠 수 없다.

【집주】

然 德之所以成 亦由學之正 習之熟 說之深 而不已焉耳

그러나 덕이 이루어지는 까닭은 역시 '바르게 배우고 익숙하게 익히고 깊이 기뻐하여 그치지 아니함'에서 말미암는 것이다.

【세주】

問 集註 言君子 而復歸於學之正習之熟說之深 何也 勉齊黃氏曰 學而至於成德 又豈有他道哉 其所自來者 亦不過是而已 非體之之實 孰能知之哉

물었다. 집주에서는 군자라고 하고서도 다시 바르게 배움, 익숙하게 익힘, 깊이 기뻐함으로 돌아간 것은 무슨 까닭입니까? 면재 황씨가 답했다. 배워 성덕에 이르는 것에 어찌 또 다른 길이 있으랴. 그 근원은 또한 이에 불과할 뿐이다. 몸소 그 실제를 체득한 사람이 아니면 누가 능히 그것을 알리오.

○慶源輔氏曰 此章 總言始學 始終三者之序 有淺深 而無二道也 又慮夫敏者 躐等而進 怠者 半途而止 昧者 又或離析以求之 或失其正 而陷於異端 故 復發此義 而使之正其始之所學 然後時習以熟之 則夫說之與樂 可以馴

致 初不待外求而得也 又曰 不極其至 則無以成其德 故 又以此說 終之

경원 보씨가 말했다. 이 장은 배움의 시작을 총괄하여 말한 것으로, 처음부터 끝까지 세 단계의 순서는 얕고 깊음의 차이는 있지만 다른 길은 없다. 또 무릇 빠른 자는 단계를 뛰어넘어 나아가고, 게으른 자는 중도에 그만두고, 어두운 자는 또 혹 (정도에서) 떨어져 나가 구하거나, 혹 그 올바름을 잃고 이단에 빠지지나 않을까 염려한 까닭에 다시 이 뜻을 드러내어 배움의 시작을 바로잡게 하고 그런 연후에 때때로 익혀 익숙해지도록 했다. 그리하면 기뻐함과 더불어 즐거움이 가히 저절로 이루어질 것이요, 그래야 비로소 밖으로 구함을 기다리지 않고도 얻게 된다. 또 말했다. 그 지극함을 다하지 않으면 그 덕을 이룰 수 없기 때문에 또 이 설로써 끝을 맺었다.

○雙峯饒氏曰 集註謂 德之所以成 亦在乎學之正 習之熟 說之深 而不已焉 此言 極有意味

쌍봉 요씨가 말했다. 집주에서 말한 바 '덕이 이루어지는 까닭은 역시 바르게 배우고 충분히 익히고 깊이 기뻐하여 그치지 아니함에 있다'라는 이 말은 지극히 의미가 있다.

○此章六句 其工夫 只在第一句上 其餘五句 皆是效驗

이 장의 여섯 구절에서, 공부는 단지 첫 구에 있고 나머지 다섯 구는 모두 그 효과이다.

○雲峯胡氏曰 此章 重在第一節 而第一句時習二字 最重 故 上文 釋習字 曰 學之不已 此曰 學之正 習之熟 說之深 而又曰 不已焉 於此 見朱子喫緊教人處

운봉 호씨가 말했다. 이 장은 그 중점이 첫 절에 있고, (그 가운데) 첫 구의 '시습(때때로 익힘)'이라는 두 글자가 가장 중요하다. 그러므로 윗글에서 '습'자를 해석하여 말하기를 '배워서 그치지 아니함'이라 했고, 여기서는 '바르게 배우고, 익숙하게 익히고, 깊이 기뻐한다'고 하고, 또 '그치지 아니한다'고 했다. 여기서 주자가 매우 요긴하게 사람을 가르친 곳을 볼 수 있다.

○新安陳氏曰 此 推本 所以 爲成德之由 不過自學習說中來 然 學 必貴乎正 習 必貴乎熟 說 必貴乎深 而又加以不已焉 學之時習而說 乃後二節之本 亦務本之意

신안 진씨가 말했다. 이 구절은 근본을 추구한 것이니, 그래서 덕을 이룰 수 있는 까닭은 배우고 익히고 즐거워하는 가운데에서 오는 것에 불과하다고 한 것이다. 그러나 배움은 반드시 바름을 귀히 여기고, 익힘은 반드시 익숙함을 귀히 여기고, 기쁘함은 반드시 깊음을 귀히 여긴다고 하고, 또 그치지 아니한다는 말을 덧붙였다. '배우고 때때로 익혀 기뻐한다'는 것은 곧 뒤 두 구절의 근본이니, 또한 근본에 힘쓴다는 의미이다.

【집주】

○程子曰 樂 由說而後得 非樂 不足以語君子

정자가 말했다. '낙(즐거움)'은 '열(기쁨)'에서 비롯한 후에야 얻어진다. 즐거워하지 아니하면 군자라 말하기 부족하다.

【세주】

朱子曰 惟樂後 方能進步 不樂 則何道以爲君子

주자가 말했다. 오직 즐거워한 후에야 비로소 능히 진보할 수 있다. 즐거워하지 아니한즉, 어찌 군자라고 말할 수 있겠는가?

○新安陳氏曰 集註 凡推說本章正意 外之餘意 必加一圈 以間隔之 此 又以三節下三句 發明餘意也 必由成己之說 方可進於及人之樂 然 非造於樂之地步 又不足以言成德君子也 夫學者 所以學爲君子 學 由說以進於樂 而至於能爲君子 學之能事 畢矣 朱子云 論語 首曰 學而時習之 至不亦君子乎 終曰 不知命 無以爲君子 此 深有意 蓋 首篇首章末篇末章 皆拳拳以君子望學者 宜乎 朱子 以爲深有意焉

신안 진씨가 말했다. 집주는 대개 본 장의 바른 뜻을 설명하고, 그 외 나머지 의미에 대해서는 반드시 동그라미 하나를 덧붙여 띄어놓았다. 이 구절은 또 세 절의 아래쪽 세 구(불역열호, 불역낙호, 불역군자호)에 대해 그 나머지 의미를 밝혀놓은 것이다. 반드시 자신을 완성하는 기쁨으로부터 말미암아야 비로소 남에게 미치는 즐거움으로 나아갈 수 있다. 그러나 즐거워하는 단계에 도달하지 못했다면 또 덕을 이룬 군자라고 말하기 부족하다. 무릇 학자가 배우는 이유는 군자가 되기 위함이다. 배움이 기뻐함에서 비롯하여 즐거움으로 나아가고, 능히 군자가 되는 데 이른다면 배워서 능해지는 일은 끝나는 것이다. 주자가 말하기를 "『논어』의 첫머리에서는 '학이시습지'에서 '불역군자호'까지 말하고, 끝에서는 '명을 모르면 군자가 될 수 없다(不知命 無以爲君子)'고 말했으니, 이는 깊은 의미가 있다"라고 했다. 대개 첫 편의 첫 장과 끝 편의 마지막 장은 모두 배우는 자가 군자가 되기를 간절히 기대한 것이니, 마땅하도다! 주자가 깊은 의미가 있다고 생각한 것은.

1.2-1 有子曰 其爲人也 孝弟 而好犯上者 鮮矣 不好犯上 而好作亂者 未之有也弟 好 皆去聲 鮮 上聲 下同

유자가 말했다. 그 사람됨이 효제하고도 윗사람을 범하기를 좋아하는 자는 드물다. 윗사람을 범하기를 좋아하지 않으면서 난을 일으키기를 좋아하는 자는 없다.

【집주】

有子 孔子弟子 名 若魯人 善事父母 爲孝 善事兄長上聲 爲弟

유자는 공자의 제자이고, 이름은 약이다<노나라 사람이다>. 부모를 잘 모시는 것을 효라 하고, 형과 나이든 이를 잘 모시는 것을 제라고 한다.

【세주】

新安陳氏曰 深意 在善字上 善事之中 有無限難能之事 未易言也

신안 진씨가 말했다. 깊은 뜻은 '선'자에 있다. 잘 모시는 일 속에는 무한히 하기 어려운 일이 포함되어 있으니 쉽게 (잘 모신다고) 말하기 어렵다.

【집주】

犯上 謂干犯在上之人

윗사람을 범한다는 것은 (지위가) 위에 있는 사람에게 무례하고 거스르는 것을 말한다.

【세주】

朱子曰 只少有拂戾 便是犯上 不必至凌犯乃爲犯 如疾行先長 亦是犯上

주자가 말했다. 다만 조금이라도 어기는 것이 있으면 곧 윗사람을 범하는 것이지, 꼭 능멸하고 거스르는 것에 이르러야 범한다고 하는 것은 아니다. 예컨대 어른을 제치고 앞서 빨리 가는 것도 윗사람을 범하는 것이다.

○干犯 是小底亂 到得作亂 則爲悖逆爭鬪之事矣 問 人子之諫父母 或貽父母之怒 此 不爲干犯否 曰 此 是孝裏面事 安得爲犯 然 諫時 又自下氣怡色柔聲以諫 亦非凌犯也

'간범(범함)'은 작은 난(어지럽힘)이고 '작난(난을 일으킴)'에 이르면 반란을 일으키고 싸우는(전쟁을 하는) 일이 된다. 물었다. 부모에게 간언하다가 혹 부모의 노여움을 사는 것, 이는 범하는 것 아닙니까? 답했다. 이(간언하는 것)는 효의 내부의 일(효에 포함된 일)이니 어찌 범하는 것이라 할 수 있겠는가? 그러나 간언할 때는 또 스스로 기를 낮추고 안색을 화기롭게 하고 목소리를 부드럽게 하여 간언해야 또한 능멸하고 범하지 않는 것이다.

【집주】

鮮 少也 作亂 則爲悖音佩逆爭鬪之事矣 此 言人能孝弟 則其心和順 少好犯上 必不好作亂也

'선'은 적다는 뜻이다. 난을 일으킨다는 것은 반란을 일으키고 싸우는 일이다. 이는 사람이 능히 효제하면 그 마음이 화순하여 윗사람을 범하는 것은 별로 좋아하지 않고, 난을 일으키는 것은 결코 좋아하지 않는다는 말이다.

1.2-2 君子 務本 本立 而道生 孝弟也者 其爲仁之本與

平聲

군자는 근본에 힘써야 한다. 근본이 서면 도가 생긴다. 효제라고 하는 것은 인을 하는 근본이리라.

【집주】

務 專力也

'무'는 오로지 힘쓰는 것이다.

【세주】

慶源輔氏曰 專用其力 而爲之也

경원 보씨가 말했다. 그 힘을 오로지 써서 하는 것을 말한다.

【집주】

本 猶根也 仁者 愛之理 心之德也 爲仁 猶曰 行仁 與者 疑辭 謙退

不敢質言也

'본'은 '근(뿌리)'과 같다. 인이란 애(사랑함)의 이치이고 마음의 덕이다. 인을 한다는 것(爲仁)은 인을 행하는 것(行仁)이다. '여'는 의문사이니 겸손히 물러나 감히 생각대로 말하지 않는 것이다.

【세주】

朱子曰 仁者 愛之理 是偏言 則一事 心之德 是專言 則包四者 故 合而言之 則四者 心之德 而仁爲之主 分而言之 則仁 是愛之理 義 是宜之理 禮 是恭敬辭讓之理 智 是分別是非之理也 仁者 愛之理 理是根 愛是苗 仁之愛 猶糖之甜醋之酸 愛 是那滋味 愛 雖是情 愛之理 是仁也 仁者 愛之理 愛者 仁之事 仁者 愛之體 愛者 仁之用 愛之理 自仁出也 然 亦不可離了愛去說仁 昌黎博愛之謂仁 是指情爲性了 周子 說德 愛曰仁 猶說惻隱之心 仁之端也 是就愛處 指出仁 若博愛之謂仁之謂 便是把博愛 做仁了

주자가 말했다. 인이 애의 이치라는 것은 (인의예지 넷으로 나뉜 것으로서의 인 하나에) 치우쳐 말한 것이니 하나의 일이다. (인이) 마음의 덕이라는 것은 (합쳐서) 하나로 말한 것이니 네 가지(인의예지)를 포함해서 하는 말이다. 그러므로 합하여 말한다면 넷이 마음의 덕이고 인이 그 주가 된다. 나누어서 말한다면 인은 애의 이치이고, 의는 의(마땅함)의 이치이고, 예는 공경사양의 이치이고, 지는 시비분별의 이치이다. 인이 애의 이치라 할 때의 이치는 근본이고 애는 그 싹이다. 인은 애(와의 관계)에서 마치 설탕의 단맛이나 식초의 신맛 같은 것이라면 애는 (그것이 만들어낸 음식의) 좋은 맛 같은 것이다. 애는 비록 정이지만 애의 이치는 인이니, 인은 애의 이치이고 애는 인의 일[사례]이다. 인은 애의 체이고 애는 인의 용이니, 애의 이치는 인에서 나온다. 그러나 또한 애를 떠나서 인을 설명할 수는 없다. 창려(한유)는 박애를 일러 인이라 했지만 이는 정을 가리켜 성이라 한 것이다. 주자(주돈이)는 덕을 설명하면서 '애를 인이라 한다'고 했는데, 이는 측은지심이 인의 단서라고 설명한 것과 같다. 이는 애로부터 인을 끌어낸 것이다. 만약 '박애를 일러 인이라 한다'고 말한다면 이는 박애를 인이라고 생각해버리는 것이다.

○仁 便是本 仁 更無本了 若說孝弟 是仁之本 則頭上安頭 伊川 所以 將爲字 屬仁字讀 蓋 孝弟 是仁裏面發出來底 乃推行仁道之本 自此始爾 仁字則流通該貫 不專主於孝弟之一事也 仁 就性上說 孝弟 就事上說 仁 如水之源 孝弟 是水流底第一坎 仁民 是第二坎 愛物 是第三坎也 問 爲仁 只是推行仁愛 以及物否 曰 只是推仁愛 以及物 不是就這上 求仁

인은 곧 근본이니, 인에는 다시 근본이 있을 수 없다. 만약 효제가 인의 근본이라 한다면 머리 위에 또 머리가 있는 꼴이다. 이천은 그래서 '위(爲)'자를 '인'자에 붙여 읽었다. 대개 효제는 인 안에서 나오는 것이니 인의 도리를 행해나가는 것이 이로부터 시작된다. '인'자는 (모든 것에) 흐르고 통하여 꿰뚫는 것이니 오로지 효제 한 가지 일에만 주가 되는 것이 아니다. 인은 성에 대한 말이고, 효제는 일에 대한 말이다. 예컨대 인이 물의 원천이라면 효제는 물이 흘러드는 첫 웅덩이이고, 인민(백성을 어질게 대함)은 두 번째 웅덩이이며, 애물(사물을 아낌)은 세 번째 웅덩이이다. 물었다. '위인(인을 함)'이란 다만 인애(어질게 사랑함)를 실천해나가 사물에까지 미치는 것 아닙니까? 답했다. 인애를 밀고 나아가 사물에 미치는 것은 맞지만, 그렇게 해서 인을 얻을 수 있는 것은 아니다.

○勉齋黃氏曰 人之一心 虛靈洞徹 所具之理 乃所謂德也 於虛靈洞徹之中 有理存焉 此 心之德也 乃所謂仁也 義禮智 亦心之德 而獨歸之仁 何也 義禮智者 德之一端 而仁者 德之全體 以仁 能包四者 故 心德之名 獨仁足以當之也 故 仁之爲德 偏言之 則與義禮智相對 而所主惟一事 專言之 則不及義禮智 而四者 無不包也

면재 황씨가 말했다. 사람의 한마음은 허령(텅 비어 신령함)하고 통철(모든 것을 다 꿰뚫음)한데, 그 갖춘 바의 이치가 소위 덕이다. 허령 통철한 중에 이치가 존재하니, 이것이 마음의 덕이요, 곧 소위 인이다. 의, 예, 지 또한 마음의 덕인데 오직 인으로 귀착시키는 것은 무슨 이유인가? 의, 예, 지라는 것은 덕의 일단이지만 인이란 덕의 전체이니, 인으로써 능히 넷을 포괄할 수 있다. 그러므로 마음의 덕을 이름 붙인다면 다만 인만이 족히 그에 해당할 수 있다. 그러므로 인의 덕으로서의 성격에 대해 치우쳐 말한다면 의, 예, 지와 상대(상대적인 것)가 되어 단 하나의 일(사랑하는 일)의 주가 되고, 하나로 말한다면 의, 예, 지를 언급하지 않아도 넷(인의예지) 모두 포함되지 않는 것이 없다.

○諸葛氏泰曰 泥愛字 則不知仁之體 捨愛字 則不知仁之用 故 卽理以明體 于以見理具於愛之所未發 卽愛以明用 于以見愛本於仁之所發見 無體 何以有用 無仁 何以能愛 因愛心之形 而指其在中之理 故曰 愛之理 集註 於孟子首章 又倒置其語 曰 仁者 心之德 愛之理 何也 論語 言爲仁 是以偏言者言之 故 以愛之理 在先 孟子 兼言仁義 則以專言者言之 故 以心之德在先 然 亦互相發明 而非有二也

제갈태가 말했다. '애(愛)'자에 구애되면 인의 체를 알 수 없고, '애'자를 버리면 인의 용을 알 수 없다. 그러므로 이치에 기초하여 체를 밝힘으로써 애가 아직 발현되지 아니한 곳에 (그) 이치가 구비되어 있음을 알게 되고, 애에 기초하여 용을 밝힘으로써 애가 인이 발현한 바에 근거를 두고 있다는 것을 알게 된다. 체가 없다면 어찌 용이 있을 수 있겠는가? 인이 없다면 어찌 능히 사랑할 수 있겠는가? 애심(사랑하는 마음)이 형체를 드러냄으로 인해 마음속에 있는 그 이치를 지적할 수 있다. 그렇기 때문에 (인이) 애의 이치라고 한다. 『맹자』의 첫 장에 대한 집주에서는 이 말을 도치시켜 인이란 마음의 덕이요, 애의 이치라고 했음은 무엇 때문인가? 『논어』는 위인을 말했으니 이는 (나누어) 치우쳐 하는 말로 말한 것이라 애의 이치라는 말을 앞에 둔 것이오, 맹자는 인의를 겸해 말했으니 이는 (합쳐서) 하나로 하는 말로 말한 것이라 마음의 덕이라는 말을 앞에 둔 것이다. 그러나 이는 또한 (두 책의 집주가) 서로 관련해 밝힌 것이지 다른 두 개(의 해석)가 있는 것이 아니다.

【집주】

言君子 凡事 專用力於根本 根本 旣立 則其道 自生

군자는 범사에 오로지 근본에 힘을 써야 하나니, 근본이 이미 서면 도는 저절로 생긴다는 말이다.

【세주】

朱子曰 務本道生 是泛言 以起下句之實 所以 集註 下一凡字

주자가 말했다. 근본에 힘쓰면 도가 생긴다는 것은 포괄적인 말로서, 아래 구절의 내용을 일으키는 것이다. 그래서 집주에서는 '범(凡)' 한 글자를 썼다.

○本立 則道 隨事而生 如事親孝 故 忠 可移於君 事兄弟 故 順 可移於長

근본이 선즉, 도는 일을 따라 생겨난다. 예컨대 부모를 효로써 모시는 까닭에 충이 (되어) 임금에게로 옮겨질 수 있다. 형을 제(우애)로써 모시는 까닭에 순(순종함)이 (되어) 윗사람에게로 옮겨질 수 있다.

【집주】

若上文所謂 孝弟 乃是爲仁之本 學者 務此 則仁道 自此而生也

윗글에서 말한 바처럼 효제는 인을 하는 근본이니 배우는 자가 이에 힘쓴다면 인의 도는 이로부터 생겨날 것이다.

【세주】

朱子曰 其爲人也孝弟 此說 資質好底人 其心 和順柔遜 必不好犯上 仁 便從此生

주자가 말했다. '그 사람됨이 효제하다'는 이 말은 자질이 좋은 사람은 그 마음이 화순하고 유순·겸손하여 결코 윗사람을 범하는 것을 좋아하지 않으니, 인은 이로부터 생겨난다는 말이다.

○雲峯胡氏曰 上文 是泛言爲人 此節 則專言君子 本立 而道生 又是泛言君子之於凡事 皆用力於根本 孝弟 爲爲仁之本 又言君子之行仁 孝弟爲之本

운봉 호씨가 말했다. 윗글은 (일반적인 사람의) 사람됨을 포괄적으로 말한 것이고 이 절은 오로지 군자만을 말한 것이다. '근본이 서면 도가 생겨난다'는 말은 또한 포괄적인 말이니 군자는 범사에서 모두 근본에 힘써야 한다는 말이다. '효제는 인을 하는 근본이 된다'는 말은 또 군자가 인을 행함에 효제가 그 근본이 된다는 말이다.

【집주】

○程子曰 孝弟 順德也 故 不好犯上 豈復扶又反有逆理亂常之事

정자가 말했다. 효제는 순종하는 덕이다. 그러므로 윗사람을 범하는 것을 좋아하지 않으니, 어찌 또 이치를 거스르고 법도를 어지럽히는 일이 있겠는가.

【세주】

雙峯饒氏曰 孝弟 順德也 犯上 是小不順底事 作亂 是大不順底事

쌍봉 요씨가 말했다. 효제는 순종하는 덕이다. 윗사람을 범하는 것은 조금 불순한 일이고 난을 일으키는 것은 크게 불순한 일이다.

【집주】

德有本 本立 則其道 充大 孝弟 行於家而後 仁愛 及於物 所謂親親而仁民也 故 爲仁 以孝弟爲本

덕에는 근본이 있으니, 근본이 서면 그 도는 충만해진다. 집에서 효제를 행한 후에 인애를 사물에 미치는 것이니, (그것이) 소위 '친친이인민(부모를 친히 하고 백성을 어질게 대함)'이다. 그러므로 인을 하는 것은 효제를 근본으로 삼는다.

【세주】

新安陳氏曰 以上 解此章正意 下句 別是一意 又推本言之

신안 진씨가 말했다. 이상은 이 장의 본뜻을 해설한 것이다. 아래 구절은 또 다른 하나의 의미로, 또 근본을 추론하여 말한 것이다.

【집주】

論性 則以仁爲孝弟之本 或問 孝弟 爲仁之本 此 是由孝弟 可以至仁否 曰 非也

성으로 논하자면 인이 효제의 근본이 된다. 혹자가 물었다. 효제가 인을 하는 근본이 된다는 것은 효제함으로써 인에 이를 수 있다는 말입니까? 답했다. 아니다.

【세주】

朱子曰 仁 不可言至 仁 是義理 不是地位 地位 可言至

주자가 말했다. 인에 대해서는 '이른다'는 말을 쓸 수 없다. 인은 의리이지 지위[상태 또는 수준]가 아니기 때문이다. 지위에 대해서는 이른다는 말을 쓸 수 있다.

【집주】

謂行仁 自孝弟始 孝弟 是仁之一事 謂之行仁之本 則可 謂是仁之本 則不可 蓋 仁 是性也 孝弟 是用也 性中 只有箇仁義禮智四者而已 曷嘗有孝弟來 然 仁 主於愛 愛 莫大於愛親 故曰 孝弟也者其爲仁之本與

인을 행하는 것은 효제에서 시작된다고 말하면 효제는 인의 (여러 일 중) 하나의 일이 된다. 그것(효제)을 일러 인을 행하는 근본이라고 말할 수는 있지만 인의 근본이라고 말할 수는 없다. 대개 인은 성이고 효제는 용이다. 성에는 다만 인의예지 넷이 있을 뿐이니, 어찌 일찍이 효제가 들어올 수 있겠는가. 그러나 인은 애를 주로 하고, 애는 애친(부모를 사랑함)보다 큰 것이 없으니, 그러므로 '효제라는 것은 인을 하는 근본이리라'고 한 것이다.

【세주】

程子曰 孝弟也者 其爲仁之本與 非謂孝弟 卽是仁之本 蓋 謂爲仁之本 當以孝弟 猶忠恕之爲道也

정자가 말했다. '효제라는 것은 인을 하는 근본이리라'는 말은 효제가 곧 인의 근본이라는 말이 아니다. 대개 효제가 인을 하는 근본에 해당된다는 말이니 이는 충서와 도를 행하는 것과의 관계[충서가 도를 행하는 일의 근본이 된다]와 같다.

○朱子曰 爲仁以孝弟爲本 事之本 守之本之類 是也 論性 則以仁爲孝弟之本 天下之大本之類 是也 爲仁以孝弟爲本 仁字 是指其周徧及物者言之 以仁爲孝弟之本 仁字 是指其本體發用處言之 二程子 釋經 非諸儒所能及 伯子曰 孝弟 本其所以生 乃爲仁之本 此語 最深切 蓋 推原孝弟之理 本於父母之所以生 所以 爲行仁之本也 叔子曰 孝弟 順德也 順德二字 足以盡孝弟之義 而不好犯上作亂之意 已具乎其中矣 讀者 不可以不深思也 性中 只有仁義禮智四者 曷嘗有孝弟來 此語 亦要體會得是 蓋 天下無性外之物 豈性外別有一物 名孝弟乎 但 方在性中 則但見仁義禮智四者而已 仁 便包攝了孝弟 凡慈愛惻隱皆在 所包 固不止孝弟也 猶天地一元之氣 只有水火木金土 言水 而不曰江淮河濟 言木 而不曰梧檟樲棘 非有彼而無此也

주자가 말했다. '인을 하는 것은 효제를 근본으로 삼는다'고 할 때(의 본)는 '일의 근본', '근본을 지킴'이라고 할 때(의 본)와 같은 종류이다. '성을 논하자면 인이 효제의 근본이 된다'고 할 때(의 본)는 '천하지대본'이라 할 때(의 본)와 같은 종류이다. '인을 하는 것은 효제를 근본으로 삼는다'고 할 때의 '인'자는 널리 두루 퍼지어 사물에 미침을 가리켜 말한 것이며, '인으로써 효제의 근본으로 삼는다'고 할 때의 '인'자는 본체가 드러나 쓰이는 곳을 가리켜 말한 것이다. 두 분 정자의 경전 해석은 제유가 미칠 수 없는 바이니, 백자(정호)가 말하기를 "효제는 그 태어난 바[부모]를 근본으로 하는 것이니 그래서 인을 하는 근본이 된다"라고 했다. 이 말은 가장 깊고 절실하다. 효제의 이치의 연원을 찾아보면 이는 부모가 태어나게 한 것에 근본을 두고 있으니 그래서 (효제가) 인을 행하는 근본이 된다. 숙자(정이)가 말하기를 "효제는 순종하는 덕이다"라고 했는데, 순덕(順德) 두 글자는 효제의 뜻을 완전히 설명하기에 족하니 윗사람 거스르기와 난을 일으키기를 좋아하지 않는다는 뜻이 이미 그 말 안에 갖추어져 있다. 독자는 깊이 생각하지 않으면 안 될 것이다. '성에는 다만 인의예지 넷이 있을 뿐이니 어찌 일찍이 효제가 들어올 수 있겠는가'는 이 말 또한 요체로서 올바름을 얻었다. 대개 천하에 성 외의 사물[성을 갖추지 않은 사물]이 없는데 어찌 성 외에 따로 또한 물건이 있어 효제라고 이름 붙일 수 있겠는가? 다만 성 가운데는 단지 인의예지 넷만 있을 뿐이다. 인은 곧 효제를 포섭하고 있으니 무릇 자애나 측은도 모두 (인 안에 포섭되어) 있다. 그러므로 본디 포함되는 것이 효제에 그치지 않는 것이다. 이는 마치 천지의 일원지기에는 다만 수화목금토만 있을 뿐이어서 (일원지기에) 수(水)가 있다고 하지 강회하제(강 이름)가 있다고 하지는 않는 것과 같고, 목(木)이 있다고 하지 오가이극(나무 이름)이 있다고 하지 않는 것과 같다. 그것[강회하제 등의 실제 강이나 오가이극 등의 실제 나무]만 있고 이것[수, 목]은 없는 것이 아니다.

○問 孝弟 是爲仁之本 義禮智之本 如何 曰 義禮智之本 皆在此 使事親從兄得宜者 行義之本也 事親從兄有節文者 行禮之本也 知事親從兄所以然者 智之本也

물었다. 효제가 인을 하는 근본이라면 의, 예, 지의 근본은 무엇입니까? 답했다. 의, 예, 지의 근본은 모두 여기[효제]에 있다. 부모를 모시고 형을 따르는 일에 마땅함을 얻게 하는 것이 의를 행하는 근본이고, 부모를 모시고 형을 따르는 일에 절문(節文: 적절한 형식)이 있게 하는 것이 예를 행하는 근본이며, 부모를 모시고 형을 따르는 일에 그 이유를 알게 하는 것이 지의 근본이다.

○孝弟 固具於仁 以其先發 故 是行仁之本

효제는 본디 인에 갖추어져 있으면서 먼저 발휘되는 것이기 때문에 인을 행하는 근본이 된다.

○仁 是理之在心 孝弟 是心之見於事 性中 只有箇仁義禮智 曷嘗有孝弟 見於愛親 便喚做孝 見於事兄 便喚做弟 如親親而仁民 仁民而愛物 都是仁 性中 何嘗有許多般 只有箇仁 自親親至於愛物 乃是行仁之事 非是仁之本也 故 仁 是孝弟之本 推之 則義爲羞惡之本 禮爲恭敬之本 智爲是非之本 自古 聖賢相傳 只是理會一箇心 心 是一箇性 性 只有箇仁義禮智 都無許多般樣 見於事 自有許多般樣

인은 마음속에 있는 이치이며 효제는 마음이 일(사태)에 드러난 것이다. 성에는 다만 인의예지만이 있을 뿐이니 어찌 일찍이 (성에) 효제가 있으리오. 부모를 사랑하는 것으로 드러나면 효라고 부르며, 형을 모시는 것으로 드러나면 제라고 부른다. 만약 "친친(부모를 친애함)한 후 인민(백성을 어질게 대함)하고 인민한 후 애물(사물을 아낌)한다(『맹자』 13, 「진심 상」 45장)"는 이것(친친, 인민, 애물)이 모두 다 인이라면, 성에 어찌 일찍이 (이렇게) 허다한 것이 있으리오. 다만 인이 있을 뿐이다. 친친에서 애물까지 이는 모두 인을 행하는 일이지 인의 근본이 아니다. 그러므로 인은 효제의 근본이며,

이를 미루어 말한다면 의는 수오(부끄러워하고 싫어함)의 근본이 되며, 예는 공경함의 근본이 되며, 지는 시비(를 따짐)의 근본이 된다. 자고로 성현들이 서로 전해오신 것은 다만 마음 하나에 대한 이해이니, 마음은 곧 하나의 성이고, 성에는 인의예지가 있을 뿐으로 결코 허다한 모습의 것은 없다. (성에 있는 인의예지가) 일에 드러날 때 저절로 허다한 모습을 띠게 된다.

○性中 只有仁義禮智 而孝弟 本出於仁 論爲仁之工夫 則孝弟 是仁中之最切緊處 當務此以立本 而仁道生也

성에는 인의예지가 있을 뿐이로되 효제는 본디 인에서 나오는 것이다. 인을 하는 공부를 논한다면 효제는 인 가운데 가장 긴요한 곳이니 마땅히 이에 힘써 근본을 세워야 인의 도리가 생겨날 것이다.

○孝弟 是合當底事 不是要仁民愛物 方從孝弟做去 或問 如草木之有根 方始枝葉繁茂 曰 固是 但 有根本 則枝葉自然繁茂 不是要得枝葉繁茂 方始去培植本根

효제는 (그 자체로) 합당한 일이지 인민, 애물을 하기 위해 비로소 효제로부터 출발해나가는 것은 아니다. 혹자가 물었다. 예컨대 초목에 뿌리가 있어야 비로소 가지와 잎이 번성하는 것 아닙니까? 답했다. 진실로 그렇다. 단, 뿌리와 줄기가 있으면 가지와 잎은 자연히 무성해지는 것이지, 가지와 잎을 무성하게 하기 위해 비로소 뿌리와 줄기를 심어 기르는 것은 아니다.

○問 爲仁 以孝弟爲本 卽所謂親親而仁民 仁民而愛物 孩提之童 無不知愛其親 及其長也 無不知敬其兄 是皆發於心德之自然 故 論性 以仁爲孝弟之本 爲仁 以孝弟爲本 曰 是 道理 都自仁裏發出 首先 是發出爲愛 愛 莫切於愛親 其次 便到弟其兄 又其次 便到事君 以及於他 皆從這裏出 如水相似 愛 是箇源頭漸漸流出

물었다. '인을 하는 것은 효제를 근본으로 한다'는 것은 곧 소위 '친친한 후 인민하고, 인민한 후 애물한다'는 것입니다. 어린 아이도 그 부모를 사랑할 줄 모르는 경우는 없으며 커서는 그 형을 존경할 줄 모르는 경우는 없으니, 이는 모두 마음의 덕에서 자연히 발로된 것입니다. 그러므로 성으로 논하자면 인은 효제의 근본이 되고 인을 함은 효제를 근본으로 삼는 것 아닙니까? 답했다. 옳다. 도리는 모두 인에서 나오니, 제일 먼저 나와 애(사랑함)가 된다. 애는 부모를 사랑하는 것보다 더 절실한 것이 없고, 그 다음에는 형에게 공손함에 이르고, 또 그 다음에는 임금을 모시는 데 이르고, 그리하여 남에게까지 미치게 되니 이는 모두 여기(인)에서 나온다. (이는) 마치 물과 비슷하니 애는 원천에서 점차 흘러나오는 것이다.

○仁 是性 發出來 是情 便是孝弟 孝弟 仁之用 以至仁民愛物 只是這箇仁 行仁 自孝弟始 便是從裏面行將去 這 只是一箇物事

인은 성이고 (그것이) 드러나면 정이니, 이것이 곧 효제이다[효제도 정이다]. 효제는 인의 용이니 인민, 애물에 이르기까지 (모두) 다만 이 인일 뿐이다. 인을 행하는 것이 효제에서 시작된다는 것은 내면으로부터 행해 나아가는 것으로, 이는 다만 하나의 일일 뿐이다.

○仁 是性 孝弟 是用 譬如一粒粟 生出爲苗 仁 是粟 孝弟 是苗 便是仁爲孝弟之本 又如木 有根 有幹 有枝葉 親親 是根 仁民 是幹 愛物 是枝葉 便是行仁以孝弟爲本

인은 성이고 효제는 용이니 한 알의 볍씨가 싹터 싹이 되는 것으로 비유하자면 인은 볍씨에 해당되고 효제는 싹에 해당되니, 곧 인이 효제의 근본이 되는 것이다. 또 나무로 비유하자면 뿌리가 있고 줄기가 있고 가지와 잎이 있으니 친친은 뿌리에 해당되고 인민은 줄기에 해당되고 애물은 가지와 잎에 해당되는 것으로, 곧 인을 행하는 것은 효제를 근본으로 하는 것이다.

○問 子 於有子孝弟之章 旣以仁爲愛之理矣 於巧言令色鮮矣仁之章 又以爲心之德 何哉 曰 仁者 五常之首也 而包四者 惻隱 仁之緖也 而貫四端 故 仁之爲義 偏言之 則曰愛之理 此章所言之類 是也 專言之 則曰心之德 後章所言之類 是也 其實 愛之理 所以爲心之德

물었다. 선생(주자)은 <유자효제>장에서는 이미 인이 애의 이치라고 하시고서는, 또 <교언영색선의인>장에서는 마음의 덕이라고 하신 것은 무슨 까닭입니까? 답했다. 인이란 오상의 처음 것이면서 (동시에 나머지) 넷을 포괄하는 것이다. 측은(히 여김)은 인의 단서이되 사단을 관통하는 것이다. 그러므로 인의 뜻은, (나누어) 치우쳐 말하면, 애의 이치이니 이 장에서 말하는 것이 그것이다. (합쳐서) 하나로 말하면, 마음의 덕이니 뒷장에서 말하는 것이 그것이다. 기실, 애의 이치는 마음의 덕이 되는 그 무엇이다.

○問 旣曰 本猶根也 然則孝弟 爲仁之本 仁 爲孝弟之本 同乎 否乎 慶源輔氏曰 本之爲根 則同 而其所以爲根 則異 行仁 以孝弟爲根 以其施於外者言也 論性 以仁爲孝弟之根 以其發於內者言也 行仁 不以孝弟爲根 則其施無

序 而無以極夫 仁民愛物之效 論性 而不以仁爲孝弟之根 則其發無所 而無以充乎孝親弟長之實

물었다. 이미 말씀하시기를 근본은 곧 뿌리라 하셨는데, 그렇다면 '효제는 인을 하는 근본이오, 인은 효제의 근본이다'라고 할 때의 (두) 근본은 같은 것입니까, 아닙니까? 경원 보씨가 답했다. 근본이 뿌리가 되는 것은 마찬가지이지만 그 뿌리가 되는 이유는 다르다. '인을 행하는 것은 효제를 뿌리로 한다'고 할 때는 밖으로 실행하는 것으로써[실천의 관점에서] 말하는 것이고, '성으로 논하자면 인은 효제의 뿌리이다'라고 할 때는 안에서 발휘되는 것으로써[마음속의 무엇에서 나온 것인가라는 관점에서] 말하는 것이다. 인을 행하면서 효제로 뿌리를 삼지 않으면, 그 실행은 순서가 없어 인민, 애물로 이어지는 그 효과를 다할 수 없다. 성으로 논하면서 인이 효제의 뿌리가 된다고 하지 않으면, 그 발휘되는 배[그것이 나오게 된 원천]가 없어서 부모에게 효도하고 윗사람에게 공손함의 실질[정신]을 채울 수 없게 된다.

○或問 其爲人也 孝弟 而好犯上者 鮮矣 晦翁 謂鮮是少 若說鮮矣 則未以爲絶無 孝弟之人 猶有犯上之意邪 潛室陳氏曰 孝弟之人 資質粹美 雖未嘗學問 自是無世俗一等麤暴氣象 縱是有之 終是罕見 到得麤惡大過 可保其決無 言孝弟之人 占得好處多 不好處少

혹자가 물었다. '그 사람됨이 효제하면서도 윗사람을 범하기를 좋아하는 자는 드물다'는 구절에 대해 회옹(주자)은 '드물다는 것은 적다는 것이다'라고 했는데, 만약 드물다고 한다면 전혀 없는 것은 아니라는 말씀이니, (그렇다면) 효제하는 사람도 윗사람을 범할 뜻이 있을 수 있다는 말입니까? 잠실 진씨가 답했다. 효제하는 사람은 그 자질이 순수하고 아름다워 비록 아직 학문을 하지 않았더라도 원래 세속의 거칠고 난폭한 그런 기상은 없어서, 어쩌다 (윗사람을 범하는 경우가) 있을 수는 있지만 종내 보기 드물고, 거칠고 난폭해 큰 잘못을 저지르는 경우는 결코 없을 것임을 보장할 수 있다. 효제하는 사람은 좋은 점은 많고 좋지 않은 점은 적다는 말이다.

○雲峯胡氏曰 有子 以孝弟爲行仁之本 而程子 以仁爲孝弟之本 譬之木焉 有子 就枝葉發端處說 程子 就根本上說 程子之言 所以補有子之所不及也

운봉 호씨가 말했다. 유자는 효제를 인을 행하는 근본으로 삼았고, 정자는 인을 효제의 근본으로 삼았으니, 나무에 비유하자면 유자는 가지와 잎이 피어난 곳에 대해 말한 것이고, 정자는 뿌리에 대해 말한 것이다. 정자의 말은 유자가 언급하지 못한 바를 보완한 것이다.

○新安陳氏曰 言仁 爲論語一書之大綱領 南軒張子 嘗類聚論語中言仁處 爲一編 名曰 洙泗言仁錄 此 其首章云

신안 진씨가 말했다. 인을 말한 것은 『논어』 책 전체의 대강령이 된다. 남헌 장자(장식)는 일찍이 『논어』 중에 인을 말한 곳을 모아 한 편을 엮어 『수사언인록』이라고 이름 붙였는데, 이는 그 첫 장에서 한 말이다.

1.3 子曰 巧言令色 鮮矣仁

공자께서 말씀하셨다. 교묘한 말과 좋은 안색(을 하는 자)은 인이 드물다.

【집주】

巧 好 令 善也 好其言 善其色 致飾於外 務以悅人 則人欲肆 而本心之德 亡矣

'교'는 좋게 한다는 뜻이고 '영'은 잘한다는 뜻이다. 그 말을 좋게 하고 그 안색을 잘하여, 겉을 치장하고 남을 기쁘게 하는 데 힘쓰면, 인욕이 제멋대로 하여 본심의 덕이 없어진다.

【세주】

新安陳氏曰 此章仁字 以心之德言 乃專言之仁也

신안 진씨가 말했다. 이 장의 '인'자는 마음의 덕으로써 말하는 것이니, 곧 (합쳐서) 하나로 말하는 것으로서의 인이다.

【집주】

聖人 辭不迫切 專言鮮 則絶無可知 學者 所當深戒也

성인께서는 말씀이 박절하지 아니하시어 다만 드물다고 하셨지만 (실제로는) 아예 없음을 알 수 있다. 배우는 자가 마땅히 깊이 경계할 바이다.

【세주】

朱子曰 巧言 亦不專爲譽人過實 凡辭色間 務爲華藻 以悅人視聽者 皆是

주자가 말했다. '교언'은 또한 남을 실제보다 더 칭찬하는 것만을 말하는 것은 아니다. 대개 말씨와 낯빛을 화려하고 멋있게 하는 데 힘써 남의 이목을 즐겁게 하려는 것 모두가 이에 해당된다.

○ 只爭一箇爲己爲人 若動容貌正顔色 是合當 如此 亦何害 但 做這樣 務以悅人 則不可

다만 위기(자신을 위함)냐 위인(남에게 잘 보임)이냐의 차이일 뿐으로, 용모를 (바로) 움직이고 안색을 바르게 하는 것은 합당한 일이니 이 같은 것이 무슨 해가 있으리오. 다만 그렇게 해서 남을 즐겁게 하는 데 힘쓰는 것은 옳지 않다.

○ 只是心在時 便是仁 若巧言令色 一向逐外 則心 便不在 安得謂之仁

다만 마음이 있을 때만 인이지, 만약 교언영색으로 끊임없이 겉을 좇으면 마음이 없는 것이니 어찌 인이라 할 수 있겠는가?

○ 巧言令色 求以說人 則失其本心之德矣 不待利己害人 然後爲不仁也

교언영색으로 남을 기쁘게 하려 하면 그 본심의 덕을 잃게 된다. 자신의 이익을 추구하고 남을 해치는 단계까지 간 연후라야 불인이 되는 것은 아니다.

○ 人有此心 以其有是德也 此心 不在 便不是仁 巧言令色 此 雖未是大段姦惡底人 然 心已務外 只求人悅 便到惡處 亦不難

사람에게 이 마음이 있어야 이 덕이 있는 것이다. 이 마음이 없으면 곧 인이 아니다. 교언영색(하는 자), 이는 비록 대단히 간악한 사람은 아니지만 그러나 마음이 이미 겉에 힘써서 다만 남이 기뻐하기를 구하니, 곧 악한 단계에 이르게 되는 것은 어렵지 않다.

○ 容貌辭氣之間 正學者持養用力之地 然 有意於巧令 以說人之觀聽 則心馳於外 而鮮仁矣 若是就此持養 發禁躁妄 動必溫恭 只要體當自家直內方外之實事 乃是爲己之切 求仁之要 復何病乎 又曰 小人 訐以爲直 色厲內荏 則雖與巧言令色者 不同 然 考其矯情飾僞之心 實巧言令色之尤者 故 聖人惡之

용모나 어조 등은 바로 배우는 자가 지켜 기르고 힘써야 하는 곳이다. 그러나 교언영색으로 남의 이목을 기쁘게 하는 데 뜻을 두면 마음이 밖으로 내달려 인이 드물어진다. 만약 이에 대해 지켜 기르고, 경박함이나 망령됨을 막고, 행동함에 반드시 온순하고 공손하게 하려 한다면 다만 스스로 안을 곧게 하고 밖을 평평히 하는 실질적인 일을 체험해야 해야 한다. 이것은 곧 위기(자신을 위함)의 절실함이오, 인을 구하는 요령이니 또 무슨 문제가 있으리오. 또 말했다. 소인은 간(험담하는 것)을 직(곧음)이라고 생각하고 겉으로는 사납고 안으로는 물렁하니 비록 교언영색하는 자와는 다르지만, 그 실정을 왜곡하고 거짓을 꾸미는 마음을 살펴보면 실로 교언영색하는 자보다 더욱 심하다. 그래서 성인께서 미워하셨다.

○問 脩省言辭 誠 所以立也 修飾言辭 僞 所以增也 發源處 甚不同 夫子 所謂巧令鮮仁 推原 而察巧令之病所從來 正是有所爲而然 如未同而言 以言餂人 脅肩諂笑 以喜隨人之類 皆有所爲也 曰 有所爲之說 甚善

물었다. 언사를 닦고 살피는 것은 성(誠: 참됨)이 서게 되는 까닭이고, 언사를 꾸미는 것은 위(僞: 거짓)가 늘어나는 까닭이니, 그 발원하는 곳이 매우 다릅니다. 공자께서 교언영색은 인이 드물다고 하셨으니, 교령(교묘하고 좋게 꾸밈)의 문제점이 어디서 비롯되는지 그 근원을 찾아 살펴보면 이는 바로 의도를 가지고 그렇게 한다는 데 있습니다. 예컨대 동의하지 않으면서도 (그렇게) 말하여 말로써 다른 사람을 낚고, 어깨를 으쓱이고 웃음을 머금어 희색으로 다른 사람을 따르는 것, 이런 것은 모두 의도가 있는 것입니다. 답했다. 의도가 있다는 이 설은 매우 좋다.

【집주】

○程子曰 知巧言令色之非仁 則知仁矣

정자가 말했다. 교언영색이 인이 아님을 알면 곧 인을 아는 것이다.

【세주】

問 夫子 言鮮仁 程子 直言非仁 何也 朱子曰 夫子之言辭 不迫切 而意 已獨至者也 程子 懼讀者之不察 而於巧令之中 求少許之仁 是以 直斷以不仁 以解害辭之惑也

물었다. 공자께서는 인이 드물다고 하셨는데 정자는 직설적으로 인이 아니라고 한 이유는 무엇입니까? 주자가 답했다. 공자의 언사는 박절하지 않으시되 그 뜻은 이미 홀로 지극한 것이다. 정자는 독자가 잘 살피지 못하고 교언영색 중에 [드물다고 했으니 인이 조금은 있을 수 있다고 오해하여] 조금 있는 인을 구하려 할까 봐 걱정되어, 이 때문에 불인이라고 바로 단정함으로써 오해의 의혹을 풀어주려 했다.

○聖門之學 以求仁爲要 語其所以爲之者 必以孝弟爲先 論其所以賊之者 必以巧言令色爲甚 記語者 所以引二者 於首章之次 而其序如此 欲學者 知仁之急 而識其所以當務與其所可戒也

성문(성인의 문하)의 배움은 인을 구함을 그 핵심으로 한다. 그 해야 할 것으로써 말하자면 반드시 효제를 우선으로 여겨야 하며, 하지 말아야 할 것으로써 논한다면 교언영색을 심한 것으로 여겨야 한다. 말씀을 기록한 자가 이 둘(효제와 교언영색)을 끌어내 첫 장 뒤에 두어 이처럼 순서를 잡은 것은 배우는 자로 하여금 인이 급한 일임을 알게 하고, 마땅히 힘써야 할 일과 경계할 만한 일을 알게 하려 함이다.

○勉齋黃氏曰 苟知心馳於外 務以悅人者之非仁 則反而求之 心存於內 而無私當理者 卽仁也

면재 황씨가 말했다. 만약 마음이 밖으로 치달아 남을 기쁘게 하려는 것이 인이 아님을 안다면 돌이켜 (자신에게서) 구할 것이니, 안으로 마음을 보존하여 사사로움이 없고 이치에 합당하게 되는 것, (이것이) 곧 인이다.

○雲峯胡氏曰 上章 好犯上作亂 是剛惡 此 是柔惡 聖賢 深惡焉

운봉 호씨가 말했다. 위 장의 '윗사람을 범하고 난을 일으키는 것'은 억센 악이고 이것은 부드러운 악이니, 성현께서 깊이 싫어하셨다.

○東陽許氏曰 此章大意 似聖人觀人 然 未嘗不警省學者 觀其辭 甚嚴 蓋警省學者之意 爲多

동양 허씨가 말했다. 이 장의 대의는 성인의 사람 관찰하는 법에 대한 것 같지만, 그러나 일찍이 배우는 자를 경계하고 깨우치지 않으심이 없었으니, 그 어조를 보면 매우 엄하시다. 대개 배우는 자를 경계하고 깨우치시는 뜻이 더 많다.

○知巧言令色之非仁 只就此句翻轉看 則知直言正色之爲仁 然 此 只就言色上論 蓋 仁 是心之德 延平先生所謂 當理而無私心者也 凡欲 動於中 則心私矣 其接於事 不當於理者 皆非仁也 夫致飾於外 不當理也 務以悅人 皆私心也 推此類而言之 則非禮之視聽言動 心私違理 皆非仁 本註 人欲 肆 而本心之德 亡 雖就言色上言 而所包者 甚廣 又恐學者 止於言色上致察 故 著程子之說於圈外 使人隨事致察 而立心以公也

'교언영색이 인이 아님을 안다'는 이 말을 다만 뒤집어보면 '직언정색이 인임을 안다'는 것으로 된다. 그러나 이는 다만 말씨와 안색의 측면에서 논한 것일 뿐으로, 대개 인은 마음의 덕이니 연평 선생(이통)이 말한 바 '이치에 합당하고 사심이 없는 것'이다. 무릇 욕심이 속에서 움직이면 곧 마음이 사사롭게 되고(되는 것), 일에 접하여 이치에 합당하지 않는 것, 이는 모두 인이 아니다. 무릇 겉을 꾸미는 것은 이치에 합당치 않은 것이고, 남을 기쁘게 하려 애쓰는 것은 모두 사심이다. 이런 것을 유추하여 말한다면, 예 아닌 것을 보고 듣고 말하고 행동하는 것, 마음이 사사로운 것, 이치에 어긋나는 것은 모두 인이 아니다. 이 주석의 '인욕이 제멋대로 하여 본심의 덕이 없어진다'는 말은, 비록 말씨와 안색의 측면에서 한 말이지만 그 포함하는 바가 매우 넓고, 또 배우는 자가 말씨와 안색만 살펴보는 데 그칠까 걱정하여 동그라미 뒤에 정자의 설을 드러내어 사람으로 하여금 일에 따라 완전하게 살피고 공(公)으로써 마음을 세우게 한 것이다.

1.4 曾子曰 吾 日三省吾身 爲人謀而不忠乎 與朋友交 而不信乎 傳不習乎省 悉井反 爲 去聲 傳 平聲

증자가 말했다. 나는 하루에 세 번 내 몸을 반성하니, 남을 위해 꾀함에 충실하지 않았는지, 벗과 사귐에 믿음이 없었는지, 전해 받은 것을 익히지 않았는지를 반성한다.

【집주】

曾子 孔子弟子 名 參 字 子輿南武城人 盡己之謂忠 以實之謂信

증자는 공자의 제자인데, 이름은 삼이고 자는 자여이다<남무성 사람이다>. 자신(의 성의)을 다하는 것을 '충'이라 하고, 진실함으로 하는 것을 '신'이라 한다.

【세주】

新安陳氏曰 程伯子云 發己自盡 爲忠 循物無違 謂信 大學章句 已采之 集註 乃采程叔子之說 勿齋程氏謂 叔子之言 爲切

신안 진씨가 말했다. 정백자(정호)가 말하기를 "자신을 일으켜 스스로 다함을 충이라 하고 사물(의 본성)을 따라 어기지 않는 것을 신이라 한다"라고 했는데, (이는) 『대학장구』에 이미 채록했고, (이 장의) 집주에서는 이에 정숙자(정이)의 설을 채록했다. 물재 정씨가 말하기를 "숙자의 말이 (더) 절실하다"라고 했다.

○朱子曰 忠 是就心上說 信 是就事上說

주자가 말했다. 충은 마음의 관점에서 말한 것이고, 신은 일의 관점에서 말한 것이다.

○盡己之心而無隱 所謂忠也 以出乎內者言也 以事之實而無違 所謂信也 以驗乎外者言也 然 未有忠而不信 未有信而不出於忠者 表裏之謂也

자신을 다하는 마음으로 숨기지 않는 것이 소위 충이니, 안에서부터 나온 것으로써 말한 것이다. 일을 진실하게 하여 어기지 않는 것이 소위 신이니, 밖으로 드러난 것으로써 말한 것이다. 그러나 충하면서 신하지 않은 경우가 없고, 신하면서 충에서 나오지 않은 경우가 없는 것은, (그것이) 표리의 관계임을 말해준다.

○發於心而自盡 則爲忠 驗於理而無違 則爲信 忠 是信之本 信 是忠之發

마음에서 나와 스스로 다하는 것이 충이고, 이치에 증험하여 어김이 없는 것이 신이다. 충은 신의 근본이며, 신은 충의 발현이다.

○忠信 只是一事 而相爲內外始終本末 有於己 爲忠 見於物 爲信

충과 신은 다만 하나의 일로서 서로 내외, 시종, 본말의 관계가 된다. 자신(의 내면)에게 있으면 충이 되고 사물에 드러나면 신이 된다.

○問 曾子忠信 却於外面理會 曰 此 是脩辭 立其誠之意 曰 莫是內面工夫已到 曰 內外 只是一理 事 雖見於外 而實在內 告子義外 便錯了

물었다. (충신이란 원래 내면적인 것인데) 증자의 충신은 오히려 외면적인 것으로 이해한 것 아닙니까? 답했다. 이는 수사로서, 그 성(참됨)을 세운다는 뜻이다. 물었다. 내면의 공부가 이미 (어느 경지에) 도달한 것 아닙니까? 답했다. 내외는 다만 하나의 이치일 뿐이니, 일은 비록 밖으로 드러났어도 그 실질은 안에 있는 것이다. 고자의 '의가 밖에 있다'는 설은 곧 오류이다.

○陳氏曰 從內面發出 無一毫不盡 是忠 發出外者 皆以實 是信

진씨가 말했다. 내면에서 나와 터럭만큼도 다하지 않음이 없는 것이 충이고, 밖으로 드러난 것이 모두 진실한 것이 신이다.

【집주】

傳 謂受之於師 習 謂熟之於己 曾子 以此三者 日省其身

'전'이란 스승에게 받은 것을 말하고, '습'이란 자신에게 그것이 익숙해지도록 하는 것을 말한다. 증자는 이 셋으로써 매일 자신의 몸을 반성했다.

【세주】

問 曾子三省 無非忠信學習之事 然 人之一身大倫之目 自爲人謀 交朋友之外 得無猶有在所省乎 朱子曰 曾子 也不是截然不省別底 只是見得此三事上 實有纖毫未到處 其他 固不可不自省 特此三事 較急耳

물었다. 증자의 삼성(세 가지 반성)은 충, 신, 학습의 일이 아닌 것이 없습니다. 그러나 사람 몸의 큰 윤리 조목에 남을 위해 꾀하는 것과 벗과 사귀는 일 말고는 반성할 것이 아무 것도 없을 수 있습니까? 주자가 답했다. 증자도 자른 듯이 다른 것은 일절 반성하지 않았던 것은 아니다. 다만 이 세 가지 일에서는 터럭만큼 부족한 것이 있었으니, 그 외 다른 일도 물론 불가불 스스로 반성하지 않을 수 없었겠지만, 특히 이 세 가지는 비교적 급한 것이었음을 알 수 있다.

【집주】

有則改之 無則加勉

(잘못이) 있으면 고치고, 없으면 더욱 힘썼다.

【세주】

朱子曰 曾子三省看來 是當下 便省得纔有不是處 便改 不是事過後 方始去改省了 却休 也只是合下省得 便與他改

주자가 말했다. 증자의 삼성을 보면, (일을) 하려는 당시에 반성해 조금이라도 옳지 않은 곳이 있으면 곧 고친다는 것이지, 일이 지나간 다음에 비로소 고치고 반성하면 그만이라는 것은 아니다. 또 단지 마땅히 반성했으면 곧 그것을 고쳤다는 것일 뿐이다.

○新安陳氏曰 易蹇卦大象曰 山上有水蹇 君子以反身脩德 程傳曰 君子遇艱蹇 必自省於身有失而致之乎 有所未善 則改之 無歉於心 則加勉 集註二句之所本 蓋 在此 有則改之 易知也 無則加勉 非深知曾子之心 不及此 使自省而無失 只如此而已 則三失 將又生矣 豈曰省勉勉不已之誠心乎 無則加勉 四字 可補本文意之所未盡

신안 진씨가 말했다. 『주역』의 「건괘」, <대상>에서는 “산 위에 멈춘 물이 있으니 군자는 이로써 몸을 반성하여 덕을 닦는다”라고 했고, (이에 대해) 『정전』(程頤의 『周易程氏傳』)에서는 “군자는 어려움을 당하면 반드시 스스로 잘못이 있어서 (그런 사태에) 이른 것이 아닌지 자신을 돌이켜 보고, 좋지 못한 점이 있으면 곧 고치고, 마음에 거리끼는 것이 없으면 더욱 힘쓴다”라고 했다. 집주의 두 구절의 근거는 대개 이에 있다. 있으면 고친다는 말은 쉽게 알 수 있으나, 없으면 더욱 힘쓴다는 말은 증자의 마음을 깊이 알지 않으면 (이런 말을 하는 것에) 이를 수 없다. 만약 스스로 반성해 잘못이 없으면 그만이라고 해버린다면 장차 세 가지 잘못이 또 생겨날 것이니, 어찌 힘쓰고 힘써 반성해 그치지 아니하는 성심이라 할 수 있겠는가? (그러므로) ‘없으면 더욱 힘쓴다(無則加勉)’는 네 글자는 가히 본문의 미진한 뜻을 보완했다고 할 수 있다.

【집주】

其自治誠切 如此 可謂得爲學之本矣 而三者之序 則又以忠信爲傳習之本也

그 스스로를 다스림이 참으로 절실하여 이와 같았으니 학문을 하는 근본을 얻었다고 할 수 있는데, 셋의 순서는 또 충신이 전습의 근본이 된다.

【세주】

朱子曰 謀不忠 則欺於人 言不信 則欺於友 傳不習 則欺於師

주자가 말했다. 꾀함에 충실하지 아니하면 남을 속이는 것이고, 말함에 신실하지 아니하면 친구를 속이는 것이고, 전해 받은 것을 익히지 아니하면 스승을 속이는 것이다.

○三省 固非聖人之事 然 是曾子晩年進德工夫 蓋 微有這些子渣滓去未盡耳 在學者 則當隨事省察 非但此三者而已

삼성은 본디 성인의 일은 아니다. 그러나 이는 증자 만년의 진덕 공부이니, 대개 아직 이 약간의 찌꺼기를 다 제거하지 못해 조금 남아 있었기 때문이다. 배우는 자로서는 마땅히 일에 따라 성찰해야 할 것이 비단 이 세 가지뿐이 아니다.

○爲人謀時 須竭盡自己之心 這箇 便是忠 問 如此 則忠 是箇待人底道理 曰 且如自家事親 有不盡處 亦是不忠

남을 위해 꾀할 때는 모름지기 자기의 마음을 다하는 것, 이것이 곧 충이다. 물었다. 그렇다면 충은 남을 대하는 도리입니까? 답했다. 또 자기 부모를 모심에 다하지 못함이 있으면 이 또한 불충이다.

○爲他人謀一件事 須盡自家伎倆與他思量 便盡己之心 不得鹵莽滅裂姑爲他謀 如烏喙 是殺人之藥 須向他道是殺人 不得只說道有毒 如火 須向他道會焚灼人 不得說道只是熱

남을 위해 어떤 일을 꾀할 때, 모름지기 스스로 기량을 다해 남을 위해 생각하고 헤아려야 비로소 자신을 다하는 마음이라 할 수 있으니, 소홀하고 지리멸렬하게 일시적으로 남을 위해 꾀해서는 안 된다. 예컨대 오훼가 사람을 죽이는 약이라면 반드시 남에게 이것은 사람을 죽인다고 말해주어야지, 다만 독이 있다고만 말해주어서는 안 된다. 또 불은 반드시 남에게 사람을 태워버릴 수 있다고 말해주어야지, 다만 뜨겁다고만 말해주어서는 안 된다.

○爲人謀而不忠 是主一事說 朋友交而不信 是汎說 人自爲謀 必盡其心 到得爲他人謀 便不仔細 致悞他事 便是不忠 若爲人謀事 一似爲己爲盡心

'남을 위해 꾀함에 충실하지 않았는가'라는 말은 하나의 일에 중점을 두어 말한 것이고, '벗과 사귐에 믿음이 없었는가'라는 말은 포괄적으로 말한 것이다. 사람들은 자신을 위해 꾀할 때는 반드시 그 마음을 다하지만 남을 위해 꾀함에 이르러서는 곧 자세히 하지 않아 남의 일을 그르치니, 이것이 곧 불충이다. 만약 남을 위해 일을 꾀한다면 마치 자신을 위한 것처럼 마음을 다해야 한다.

○問 爲人謀交朋友 是應事接物之時 若未爲人謀未交朋友之時 所謂忠信 便如何做工夫 曰 程子謂 舜雞鳴而起 孜孜爲善 若未接物時 如何爲善 只是主於敬 此 亦只是存養此心在這裏 照管勿差失 便是戒謹乎其所不睹 恐懼乎其所不聞 不動而敬 不言而信處

물었다. 남을 위해 꾀하고 벗과 사귀는 것은 일에 대응하고 사물과 접할 때(실제 행동을 할 때)이니, 만약 아직 남을 위해 꾀하거나 벗과 사귀지 않을 때에는 소위 충신이라는 것을 어떻게 공부해야 합니까? 답했다. 정자는 "순임금은 닭이 울 때 일어나 쉬지 않고 선을 행했다. 만약 사물과 접하지 않았을 때는 어떻게 선을 행하는가? 다만 경(경건함)에 주력할 따름이다"라고 했다. 이는 또한 다만 여기에서(혼자 있는 곳에서) 이 마음을 보존해 기르고, 잘못을 저지르지 않게 비추어보는 일일 뿐으로, 이는 곧 (남이) 보지 않는 곳에서 경계하여 근신하고 (남이) 듣지 않는 곳에서 두려워하는 것이니, 움직이지 않을 때 경건하고 말하지 않을 때 믿음이 있는 것이다.

○勉齋黃氏曰 爲人謀 則必欲實盡其心 交朋友 則必欲實踐其言 講學於師 則必欲實用其力 蓋 曾子 天資醇厚 志學懇篤 其於大學 旣推明誠意之旨 而傳之子思 又斷以誠身之義 至其自省 又皆一本乎誠 蓋 不極乎誠 則凡所作爲 無非苟簡滅裂 是 豈足以盡人事之當然 而合天理之本然也哉

면재 황씨가 말했다. 남을 위해 꾀할 때는 반드시 진실로 그 마음을 다하려 해야 하고, 벗과 사귈 때는 반드시 진실로 그 말을 실천하려 해야 하고, 스승에게 학문을 배울 때는 반드시 진실로 그 힘을 쓰려 해야 한다. 대개 증자는 천품이 순후하여 학문에 뜻을 둠이 간절하고 독실했다. 『대학』에서는 이미 성의(뜻을 참되게 함)의 뜻을 미루어 밝혀 이를 자사에게 전했고, 또 성신(몸을 참되게 함)의 뜻으로 결단을 내려 그 스스로 반성함에 이르렀으니, 이는 모두 하나같이 성에 근본을 둔 것이다. 대개 성에 지극하지 아니하면 행하는 모든 일이 구차하고 소략하고 지리멸렬하지 않은 것이 없으니, 이것이 어찌 족히 사람의 일의 당연함(인간사의 마땅함)을 다한 것이라고 할 수 있으며 천리의 본연에 합당한 것이라 할 수 있으랴.

【집주】

○尹氏曰 曾子 守約 故 動必求諸身

윤씨가 말했다. 증자는 간략히 지키었기에, 움직임에 (행동의 올바름을) 반드시 몸에 (실현하기를) 구했다.

【세주】

朱子曰 守約 不是守那約 言所守者約爾

주자가 말했다. '수약'이란 그 약속을 지킨다는 뜻이 아니라 지키는 것이 간략하다는 말이다.

【집주】

謝氏曰 諸子之學 皆出於聖人 其後 愈遠而愈失其眞

사씨가 말했다. 여러 제자들의 학문은 모두 성인에게서 나왔으나 그 뒤에 멀어지면 멀어질수록 그 참됨을 잃었다.

【세주】

新安陳氏曰 如子夏 傳田子方 其流 爲莊周之類

신안 진씨가 말했다. 자하의 경우 전자방에게 전했으나 그것이 흘러 장주의 유파가 되었다.

【집주】

獨曾子之學 專用心於內 故 傳之無弊 觀於子思孟子 可見矣 惜乎 其嘉言善行去聲 不盡傳於世也 其幸存而未泯彌盡反盡也者 學者其可不盡心乎

다만 증자의 학문만이 오로지 내면에 마음을 썼던 까닭에 그것을 전함에 폐단이 없었으니 자사와 맹자를 살펴보면 알 수 있다. 아깝다, 그 아름다운 말과 좋은 행동이 세상에 다 전해지지는 못했음은. 다행히 보존되어 없어지지 아니한 것(에 대해), 배우는 자가 마음을 다하지 않아서 되겠는가?

【세주】

廣平游氏曰 此 特曾子之省身者而已 若夫學者之所省 又不止此 事親 有不足於孝 事長 有不足於敬歟 行 或愧於心 而言 或浮於行歟 慾 有所未窒而忿 有所未懲歟 推是類 而日省之 則曾子之誠身 庶乎可以跂及矣 古之人所謂 夜以計過 無憾而後 卽安者 亦曾子之意

광평 유씨가 말했다. 이는 다만 증자의 성신(省身: 몸을 반성함)일 뿐이다. 만약 배우는 자의 반성할 바라 한다면 이에 그치지 아니하니, 부모를 모심에 효에 부족하지는 않은가, 윗사람을 모심에 경에 부족하지는 않은가, 또 행동에 있어서는 혹 마음에 부끄러워할 것은 없는가, 말에 있어서는 혹 실천에 경솔한 것은 없는가, 또 욕심을 막지 못한 것은 없는가, 분노를 다스리지 못한 것은 없는가, 이런 것을 미루어 매일 반성한다면 아마도 증자의 성신(誠身: 몸을 참되게 함)에 미칠 수 있을 것이다. 옛사람이 이른바 '밤에 그 허물을 헤아려서 유감이 없는 후에야 곧 편안해한다'는 것, 역시 증자의 뜻이다.

○問 三省忠信 是聞一貫之後 抑未聞之前 朱子曰 不見得 然 未一貫前也要得忠信 既一貫後 也要忠信 此 是徹頭徹尾底

물었다. 충신한지 세 번 반성한 일은 '일관(공자께서 나의 도는 일관된 것이라고 한 말씀)'을 들은 후입니까, 듣기 전입니까? 주자가 답했다. 알 수 없다. 그러나 일관을 듣기 전에도 충신하려 했을 것이고, 일관을 들은 후에도 충신하려 했을 것이니, 이는 철두철미한 것이다.

○問 曾子三省之事 何故 只就接物上 做工夫 南軒張氏曰 若是他人 合省之事 更多 在曾子 自省察 則只有此三者當省也 不是下爲己篤實工夫 不能如此

물었다. 증자가 세 가지를 반성했다는 그 일(을 보건대), 무슨 까닭에 사물에 접하는 것(남과 대하는 것)에 대해서만 공부했을까요? 남헌 장씨가 답했다. 만약 다른 사람 같으면 반성해야 할 일이 더욱 많았을 것이나 증자의 경우에는 스스로 성찰한즉, 다만 이 셋이 마땅히 반성해야 할 일이었을 뿐이다. (남을 위해서가 아니라) 자신을 위해 독실하게 공부하지 않았다면 이와 같을 수 없다.

○雲峯胡氏曰 曾子 早悟一貫之旨 晩加三省之功 愈可見其至誠不已之學 蓋 其所省者 無非推己及人 因人返己之學 卽其所謂忠恕者也 或以爲一唯在三省後 非矣

운봉 호씨가 말했다. 증자는 일찍이 일관의 뜻을 깨달았고, 만년에는 세 가지 반성의 공부를 더했으니 (그 공부가) 지성으로 그치지 않는 공부임을 더욱 알 수 있다. 대개 그 반성한 바는 모두 '추기급인(나를 미루어 남에게 미침)', '인인반기(남으로 말미암아 나를 돌이켜 봄)'가 아님이 없으니, 곧 소위 충서라는 것이다. 혹 '일유(공자가 자신의 도가 하나라고 하자 증자가 예라 대답함)'가 세 가지를 반성한 일 뒤에 있었다고 생각하는 것은 잘못이다.

○新安陳氏曰 吾道一貫章 及孟子時雨化之章 朱子訓釋 非不明白 謂曾子於聖人泛應曲當處 已隨事精察 而力行之 但未知其體之一耳 夫子 知其眞積力久 將有所得 是以 呼而告之 曾子 果能黙契其旨 卽應之速而無疑 孟子謂 君子之所以教者 五 其一 卽有如時雨化之 如農人種植之功 其力已盡惟待時雨之至 卽浡然奮發而收成 朱子 以孔子之於顔曾當之 參二章 以觀三省章 此 正是隨察力行處 其悟一貫之旨 而一唯 正是人力已盡而時雨化之之時 如何反以悟一貫爲早年事 加三省爲晩年事乎

신안 진씨가 말했다. (『논어』의) <오도일관>장(「이인」 15장)과 『맹자』의 <시우화지>장(「진심 상」 40장)에 대해 주자의 훈석은 명백하지 않은 것이 아니다. (<오도일관>장의 훈석에서는) "증자는 성인의 '범응곡당처(모든 일에 각각의 올바른 방식으로 대응하신 것)'에 대해서는 이미 일에 따라 정밀히 살펴 힘써 행했으나 다만 그 본질이 하나임은 몰랐을 뿐이었다. 공자께서 그 참됨을 쌓고 힘씀이 오래되어 장차 소득이 있을 것임을 아셨기에 이 때문에 불러 알려주셨다. 증자는 과연 말없이 그 뜻을 알아들었으니 이는 곧 그 응함이 빠르고 의심이 없는 것이다"라고 했다. 맹자는 "군자가 가르치는 방법이 다섯인데 그 하나는 시우화지(때맞춰 비가 와서 변화시킴)가 있다"라고 했는데, 이는 마치 농부가 씨앗을 심는 일에 그 힘을 이미 다하고 다만 때맞추어 비가 내리기를 기다려, (비가 내리면) 대단히 분발하여 그 완성을 거둘 수 있는 것과 같다. 주자는 공자께서 안자나 증자에게 하신 일이 이에(때맞춰 비를 내려주는 일에) 해당한다고 생각했다. 두 장을 참고해 <삼성>장을 살펴보면, 이(<삼성>장의 일)는 바로 (일에 따라) 살피고 힘써 행한 곳이다. 일관의 뜻을 깨달아 "예"라고 답한 것은 사람이 힘을 이미 다함에 때맞추어 비가 내려 변화시킨 바로 그때이다. 어찌 거꾸로 일관(의 뜻)을 깨달은 일을 이른 시절의 일이라 하고, 삼성을 더한 일을 늙은 시절의 일이라고 할 수 있겠는가?

1.5 子曰 道千乘之國 敬事而信 節用而愛人 使民以時

道 乘 竝去聲

공자께서 말씀하셨다. 천승의 나라를 다스림에, 일을 경건히 하되 믿음이 있고, 쓰임새를 아끼되 사람을 사랑하고, 백성을 부림에 때에 맞게 하라.

【집주】

道 治也

'도'는 다스린다는 뜻이다.

【세주】

或問 道之爲治 何也 朱子曰 道者 治之理也 以爲政之心言也 曷爲不言治曰 治者 政敎法令之爲治之事也 夫子此言者 心也 非事也

혹자가 물었다. 도가 다스린다는 뜻이 되는 것은 무엇 때문입니까? 주자가 답했다. 도라는 것은 다스림의 이치이니, 정치를 (할 때 가져야) 하는 마음이라는 점에서 말하는 것이다. 어찌하여 치(다스리다)라고 하지 않았습니까? 답했다. 치라는 것은 정교법령 같은 정치 활동의 (실제적인) 일이다. 공자의 이 말씀은 마음에 대한 것이지 일에 대한 것이 아니다.

【집주】

千乘 諸侯之國 其地 可出兵車千乘者也

천승은 제후의 나라이니, 그 땅이 병거(전차) 천 대를 낼 수 있다.

【세주】

朱子曰 車乘之說 疑馬氏爲可據 馬說 八百家 出車一乘 包氏說 八十家 出車一乘 一乘 甲士三人 步卒七十二人 牛馬兵甲芻糧具焉 恐非八十家所能給也

주자가 말했다. 거승의 설은 아마도 마씨의 설이 의존할 만한 듯하다. 마씨의 설은 팔백 집이 수레 한 대를 낸다 하고, 포씨의 설은 팔십 집이 수레 한 대를 낸다고 했다. 수레 한 대당 갑사 3인, 보졸 72인, 우마, 무기, 갑옷, 꼴과 식량을 갖춘다 하니, 아마도 팔십 집이 (이를) 공급할 수 있을 것 같지는 않다.

○此等處 只要識得古制大意 細微處 亦不必大段費力考究

이러한 곳은 다만 옛 제도의 대의만 알면 되는 것이니, 세밀한 곳에 대해서는 꼭 대단히 힘써 탐구할 필요는 없다.

【집주】

敬者 主一無適之謂

'경'이란 주일무적(마음을 하나에 모아 다른 데로 가지 아니함)을 말한다.

【세주】

朱子曰 自秦以來 無人識敬字 至程子 方說得親切 曰 主一之謂敬 無適之謂一 故 此 合而言之 身在是 則其心在是 而無一息之離 其事在是 則其心在是 而無一念之雜

주자가 말했다. 진나라 이래 아무도 '경'자(의 뜻)를 알지 못하다가 정자에 이르러 비로소 친절하게 설명해냈으니, "주일을 경이라 하고 무적을 일이라 한다"라고 했다. 그러므로 이는 합해 말한 것이다. 몸이 이에 있은즉 그 마음이 이에 있어 한순간도 떠나지 않고, 그 일이 이에 있은즉 그 마음도 이에 있어 하나의 잡념도 없는 것이다.

○覺軒蔡氏曰 敬 該動靜 主一 亦該動靜 此章敬字 乃是主動而言

각헌 채씨가 말했다. 경은 동과 정에 (모두) 해당되고 주일 또한 동과 정에 해당된다. 이 장의 '경'자는 주로 동에 대해 말한 것이다.

【집주】

敬事而信者 敬其事 而信於民也

일을 경건히 하되 믿음이 있다는 것은 그 일을 경건히 하여 백성에게 신뢰받는다는 뜻이다.

【세주】

問 敬事而信 疑此敬 是小心畏謹之謂 非主一無適之謂 朱子曰 遇事 臨深履薄而爲之 不敢輕不敢慢 乃是主一無適

물었다. '경사이신'의 이 '경'자는 아마도 조심하고 삼간다는 말이지 주일무적을 말하는 것은 아닌 듯합니다. 주자가 답했다. 일에 맞닥뜨려 깊은 물을 마주한 듯, 살얼음을 걷는 듯하고 감히 경솔히 하거나 태만히 하지 않는 것, 그것이 곧 주일무적이다.

○問 如何信了 方能節用 曰 無信 如何做事 如朝更夕改 雖商鞅之徒 亦不可爲政 要之 下面三事 須以敬信爲主

물었다. 왜 믿음이 있어야 비로소 쓰임새를 아낄 수 있습니까? 답했다. 믿음이 없으면 어찌 일을 하겠는가? 아침에 고치고 저녁에 또 고치면 비록 상앙의 무리라 할지라도 또한 정치를 할 수 없을 것이다. 요컨대 아래쪽의 세 가지 일(절용, 애인, 사민이시)은 모름지기 경과 신을 위주로 한다.

○問 敬 以事言 而信 則無不盡也 曰 信 是與民有信 期會賞罰 不欺其民 淺言之 則魏文侯之期獵 商君之徙木 亦其類也

물었다. 경은 일에 대해 말한 것이지만 신은 다하지 않음이 없는 것(모든 것에 다 적용되는 것) 아닙니까? 답했다. 신은 백성에게 믿음이 있다는 것이니, 기일을 정해 모이거나 상벌을 시행함에 그 백성을 속이지 않는 것이다. 얕은 수준에서 말한다면 위 문후가 수렵 기한을 정한 것이나 상군(상앙)이 나무를 옮긴 것 또한 이에 해당한다.

○胡氏曰 發於己敬 則施於民者 信

호씨가 말했다. 자신의 경건함에서 나왔다면 (그것을) 백성에게 시행하는 것은 믿음을 줄 수 있다.

【집주】

時 謂農隙乞逆反之時 言治國之要 在此五者 亦務本之意也

'시'는 농사의 틈이 있을 때를 말한다. 나라를 다스리는 요체는 이 다섯에 있다는 말이니, 또한 근본에 힘쓰라는 뜻이다.

【세주】

朱子曰 古聖王所以必如此者 蓋 有是五者而後 上之意 接於下 下之情 方始得親於上 上下相關 方可以爲治 若無此五者 則君抗然於上 而民蓋不知所向 有此五者 方始得上下交接

주자가 말했다. 옛 성왕이 반드시 이처럼 한 것은 대개 이 다섯이 있어야 위의 뜻이 아래로 전해지고 아래의 실정이 비로소 위에 직접 전해질 수 있으니, (이렇게 하여) 상하가 서로 관계를 맺게 되어야 비로소 다스림이 이루어지기 때문이다. 만약 이 다섯이 없다면 임금은 뻣뻣이 위에 있지만 백성은 대개 어디로 향해야 할지를 모르게 되니, 이 다섯이 있어야 비로소 상하가 서로 교류할 수 있다.

○勉齋黃氏曰 敬事而信 敬與信對也 節用而愛人 儉與慈對也 此 皆治國之要道 故 兩句言四事 而各以而字貫之 使民以時 又慈中之一事 故 獨系於後 但言所存 未及治具 故曰 務本

면재 황씨가 말했다. '경사이신'에서 경과 신은 대응되는 뜻이다. '절용이애인'에서는 검(검소함)과 자(자애로움)가 대응이다. 이들은 모두 나라를 다스리는 핵심적인 도이니 그래서 이 두 구절은 네 가지 일로 말하되 각각 '이(而)'자로 연결했다. '사민이시'는 또 자(자애로움) 중의 한 가지 일이니 그래서 따로 뒤에 두었다. 단, (마음에) 보존해야 할 바를 말했을 뿐 정치의 수단에 대해서는 언급하지 않았기에 근본에 힘쓰라는 뜻이라고 한 것이다.

○慶源輔氏曰 左傳 農隙 杜氏註謂 各隨時事之間 是也

경원 보씨가 말했다. 『좌전』에 농극(농사의 틈)이라 했는데 두씨(두예)의 주에 '각각 때에 따라 하는 일의 사이'라고 한 것이 이것이다.

○前四章 是爲學之本 此五者 是治國之本

앞의 네 장은 학문을 하는 근본이고, 이 다섯 가지는 나라 다스리는 근본이다.

【집주】

○程子曰 此言 至淺

정자가 말했다. 이 말은 지극히 얕다(지극히 평범한 일에 대한 말이다).

【세주】

新安陳氏曰 謂平實 而非甚高難行者

신안 진씨가 말했다. 쉽고 실질적이어서 너무 높거나 행하기 어려운 것이 아니라는 말이다.

【집주】

然 當時諸侯 果能此 亦足以治其國矣 聖人 言雖至近 上下皆通

此三言者 若推其極 堯舜之治去聲 亦不過此

그러나 당시 제후들이 과연 이를 능히 할 수 있었다면 역시 그 나라를 다스리기에 족했을 것이다. 성인께서는 비록 지극히 가까운 일을 말씀하셨지만 아래위로 모두 통하니, 이 세 마디 말은 만약 그 끝까지 밀고 나간다면, 요순의 다스림도 또한 이에 지나지 않는다.

【세주】

新安陳氏曰 近足治諸侯之國 極可致堯舜之治 言近而指遠也

신안 진씨가 말했다. 가까이는 제후의 나라를 다스리기에 족하고, 궁극적으로는 요순의 다스림에 이를 수 있으니, 가까운 것을 말씀하시면서 먼 것을 가리키신 것이다.

【집주】

若常人之言 近 則淺近而已矣 楊氏名時 字中立 號龜山 延平人 程門高弟曰 上不敬 則下慢 不信 則下疑 下慢而疑 事不立矣 敬事而信 以身先之也 易曰 節以制度 不傷財 不害民 節卦 彖傳文 蓋 侈用則傷財 傷財 必至於害民 故 愛民 必先於節用 然 使之不以其時 則力本者 不獲自盡

만약 보통 사람이 가까운 것을 말하면 그저 천박하고 비근할 뿐이다. 양씨<이름은 시이고, 자는 중립이며, 호는 구산이다. 연평 사람이며, 정자 문하의 고명한 제자이다>가 말했다. 윗사람이 불경하면 아랫사람은 태만히 하며, 윗사람이 믿음이 없으면 아랫사람은 의심하니, 아랫사람이 태만하고 의심하면 일이 이루어지지 않는다. '경사이신'은 스스로 앞장을 서는 일이다. 『역』에 말하기를 제도로써 절제하면 재물을 손상시키지 않고 백성에게 해를 끼치지 않는다고 했다<「절괘 단전」의 글이다>. 대개 사치하게 쓰면 재물을 손상시키고, 재물을 손상시키면 반드시 백성에게 해를 끼치는 데 이르게 된다. 그러므로 백성을 사랑함은 반드시 쓰임새를 아끼는 것을 먼저 해야 한다. 그러나 백성을 부림에 그 때로써 하지 아니하면(때에 맞게 하지 않으면) 농사짓는 자가 스스로 그 힘을 다할 수 없으니,

【세주】

新安陳氏曰 力本 謂農事

신안 진씨가 말했다. '역본'은 농사를 말한다.

【집주】

雖有愛人之心 而人 不被其澤矣 然 此 特論其所存而已 未及爲政也 苟無是心 則雖有政 不行焉

비록 사람을 사랑하는 마음은 있어도 사람들이 그 혜택을 입지 못한다. 그러나 여기서는 특히 그 (마음에) 보존해야 할 바를 논하셨을 따름이고, 정치를 (실제로) 행하는 일에 대해서는 언급하지 않으셨다. 만약 이 마음이 없다면 비록 정치(의 실제 활동)가 있더라도 시행되지 않는다.

【세주】

新安陳氏曰 所存 謂爲政者之心 未及 爲政之條目 如禮樂刑政紀綱文章 乃爲政之條目也 楊氏此說 本於伊川 伊川曰 敬事以下 論其所存 未及治具故 不及禮樂刑政

신안 진씨가 말했다. '소존(보존해야 할 바)'은 위정자의 마음을 말하고, '미급(언급하지 아니한 것)'은 실제 정치의 조목을 말하는 것이니, 예컨대 예악, 형정, 기강, 문장의 일이 곧 실제 정치의 조목이다. 양씨의 이 설은 이천(정이)의 설에 근거한 것인데, 이천은 "경사 이하는 그 보존해야 할 바를 논하고 정치의 도구에 대해서는 언급하지 않았으니, 그래서 예악, 형정에 대해서는 언급하지 않은 것이다"라고 했다.

【집주】

胡氏名 寅 字 明仲 號 致堂 建安人 **曰 凡此數者 又皆以敬爲主**

호씨<이름은 인이고, 자는 명중이며, 호는 치당이다. 건안 사람이다>**가 말했다. 이 몇 가지는 모두 경을 위주로 하는 것이다.**

【세주】

朱子曰 敬事而信 是節用愛人使民以時之本 敬 又是信之本 要之 本根 都在敬上 若能敬 則下面許多事 方照管得到 自古聖賢 自堯舜以來 便說這箇敬字 孔子 脩己以敬 是最緊要處

주자가 말했다. '경사이신'은 '절용이애인'과 '사민이시'의 근본이다. 경은 또 신의 근본이다. 요컨대 뿌리가 모두 경에 있다. 만약 능히 경할 수 있다면 아래쪽의 허다한 일은 바야흐로 잘 돌볼 수 있게 된다. 자고로 성현들께서는 요순 이래 이 '경'자를 말씀하셨는데, 공자의 '경으로써 자신을 닦는다'는 말씀이 가장 중요한 것이다.

【집주】

愚謂 五者 反復芳服反 亦作覆相因 各有次第 讀者 宜細推之

내가 생각건대 이 다섯 가지는 거듭해 서로 말미암고 있으면서 각각 순서가 있으니, 읽는 자는 마땅히 자세히 미루어나가야 할 것이다.

【세주】

問 反復相因 朱子曰 始須是敬 能敬 方能信 能敬信 方能節用 能節用 方能愛人 能愛人 方能使民時 是 下因乎上 然 有敬於己而不信於人者 故 敬了又須信 亦有信於人而自奢侈者 故 信了 又須節用 亦有儉嗇而不能愛人者 故 節用了 又須愛人 又有能愛人而妨農時者 故 愛人 又須使民時 使不以時 却是徒愛也 是 上因乎下 須看能如此 方能如此 又看能如此 又不可不如此之意 反覆推之 方見曲折

'반복상인'에 대해 물었다. 주자가 답했다. 처음에는 모름지기 경하고, 능히 경해야 비로소 신할 수 있으며, 능히 경신해야 비로소 능히 절용할 수 있으며, 능히 절용해야 비로소 능히 애인할 수 있으며, 능히 애인해야 비로소 '사민이시' 할 수 있다. 이는 아래의 일이 위의 일로 말미암는 것이다[위의 일이 아래의 일을 위한 필요조건이 된다]. 그러나 스스로는 경하면서도 남에게 신뢰받지 못하는 자가 있을 수 있으므로 경한 다음 또 반드시 신해야 한다. 또 남에게 신뢰받으면서도 스스로는 사치한 자가 있을 수 있으므로 신뢰받게 된 다음 또 반드시 절용해야 한다. 또 검소하고 아끼면서도 능히 애인하지 못하는 자가 있을 수 있으므로 절용한 다음 또 반드시 애인해야 한다. 또 능히 애인하면서도 농사의 시기를 방해하는 자도 있을 수 있으므로 애인한 다음 또 반드시 '사민이시'해야 한다. 때에 맞지 않게 부리면 이는 오히려 헛된 사랑이다. 이는 위의 일이 아래의 일로 말미암은 것이다[위의 일이 아래의 일의 충분조건이 되지 못하므로 아래의 일은 따로 노력해야 한다. 또 아래의 일은 위의 일을 완성시키기 위해서 하는 일이라는 점에서 아래의 일은 위의 일의 원인이 된다]. 모름지기 능히 이(위의 일)처럼 할 수 있어야 비로소 이(아래의 일)처럼 할 수 있음을 알아야 하며, 또 이(위의 일)처럼 하려면 이(아래의 일)처럼 하지 않을 수 없다는 것을 알아야 한다. 반복하여 밀고 나가면 바야흐로 그 자세한 까닭을 알 수 있다.

○潛室陳氏曰 晦庵 說五者反覆相因 如何 是反覆相因處 蓋 從敬事而信起說作下去 是如此而後能如此 如人能敬 則做事專一自能信 旣能信 則必欲所行孚於民 自然能節用 旣能節用 自然不傷財而至於愛人 旣能愛人 自然能使民以時 這 是如此而後能如此 是 自上而下相因如此 如自下面說作上

來 則是如此而又不可不如此 如以敬去做事 便不敢苟簡胡亂去做 須要十分好方止 旣得好 便不至於苟簡變更 這 便是能信 然 做此一事時久 或昏或爲權勢所移 或爲利害所動 前日出一令旣如此 今日又變了如彼 這 便不是信 便有妨於敬 所以 著別下工夫於信去 補這敬 然 只知信 或出一政堅如金石 行一令信如四時 更不可移易 此 固是好 然而 自家奢侈之心 或有時而生 不能節用 要如此廣用 則是所令又反其所好 却有害於信 故 又須著去節用方得 然 只恁底節用 不知有箇中底道理 則或至於豚肩不掩豆 澣衣濯冠以朝 心下已有所吝嗇 則凡民有飢荒 不能去發倉振廩恤貧濟乏 至於築城鑿池 思患預防不可已底事 亦吝嗇了 不捐財以爲之 是 知節用 而不知所以愛人 則節用 又成落空了 此 節用所以不可不愛人 然 旣愛民 又須使民以時如春來當耕 夏來當耘 秋來當斂 便當隨時使去做 至冬來閑隙之時 方用他得 不然 則所謂力本者不獲自盡 雖有愛民之心 而民 不被其澤矣 此 自下相因而上如此

잠실 진씨가 말했다. 회암(주자)은 '다섯 가지가 반복상인한다'고 했는데, 무엇이 반복상인하는 것인가? 대개 '경사이신'에서 시작해 아래로 말해나가는 것은 '이러한 후에 능히 이러할 수 있다'는 방식이다. 예컨대 사람이 능히 경할 수 있으면 일을 함에 오로지 하나에 힘을 기울이므로 저절로 능히 신뢰받을 수 있고, 이미 능히 신뢰받을 수 있으면 반드시 그 행하는 바가 백성을 미쁘게 할 것이니, 자연히 절용할 수 있을 것이다. 이미 능히 절용할 수 있으면 자연히 재물을 손상하지 않고 애인에 이를 것이고, 이미 능히 애인할 수 있으면 자연히 '사민이시'할 수 있을 것이다. 이것(이 방식)이 '이러한 후에 능히 이러할 수 있다'는 것이니, 이는 위로부터 아래로 서로 이처럼 관련을 맺는 방식이다. 만일 아래로부터 위로 말해간다면 이는 '이러하려면 이러하지 않을 수 없다'는 방식이 된다. 예컨대 경으로써 일을 하려하면 감히 구차·소략하고 거칠고 난잡하게 하려 하지 않을 것이니, 완전히 잘한 다음에야 그칠 것이고, 이미 잘했다면 구차하고 소략하게 고치려 하지 않을 것이니, 이러하면 능히 신뢰받을 수 있다. 그러나 이 일을 한 지 오래되어 혹 흐릿해지고 혹은 권력에 의해 변화되기도 하고 혹은 이해관계에 의해 움직이기도 하여 전일에 내놓았던 영은 이러했는데 오늘은 또 그러하도록 바꾼다면 이것이 곧 믿음이 없는 것이고, 경에 방해가 된다. 그래서 따로 신에 대한 공부에 손대어 이 경을 보완하는 것이다. 그러나 다만 신만을 알고 혹 한 정사를 내어놓으면서 금석처럼 단단하게 하고, 한 정령을 시행하면서 마치 사계절의 운행처럼 틀림없이 하여 다시 고칠 수 없게 하면, 이는 본디 좋기는 하다. 그렇기는 하나, 스스로 사치하는 마음이 때때로 일어나 절용할 수 없게 되기도 한다. 이처럼 낭비하려 하면 그 명령한 바가 자신이 좋아하는 바와 반대가 되니 오히려 신에 해가 된다. 그러므로 또 반드시 절용에 손대어 나가야 비로소 (신을) 얻을 수 있다. 그러나 그렇게 절용하기만

하고 (절용) 안에 있는 도리를 모르면 혹 '돈견불엄두(돼지 어깨살이 작아서 제기를 못 덮음, 곧 인색함)'나 '한의탁관이조(옷을 빨고 관을 씻어 입고 조회에 나감, 곧 지나치게 검소함)'의 사태에 이르게 되니, 마음에 이미 인색한 바가 있으면 여러 백성이 굶주려도 창고를 열어 진휼·구빈할 줄 모르게 되고, 성을 쌓고 못을 파는 등의 환난을 대비해 그만둘 수 없는 일까지도 또한 인색해 재물을 내려 하려 하지 않는다. 이는 절용만 알고 애인하는 이유를 모르는 것이니, 절용 또한 헛된 일이 되고 만다. 이것이 절용하려면 애인하지 않을 수 없는 이유이다. 그러나 이미 애인하고 또 반드시 '사민이시'해야 하니, 예컨대 봄이 오면 마땅히 갈아야 하고, 여름이 오면 마땅히 김매야 하며, 가을이 오면 마땅히 거두어야 하니, 곧 마땅히 때에 따라 일하게 해야 하고, 겨울이 와서 농사에 틈이 생긴 후에야 비로소 그들(농민)을 쓸 수 있다. 그렇지 않으면 이른바 농사짓는 자가 스스로 그 힘을 다할 수 없으니 비록 백성을 사랑하는 마음이 있다 하나 백성은 그 혜택을 입지 못하게 된다. 이는 아래로부터 관련을 맺어 위로 이렇게 올라가는 방식이다.

1.6 子曰 弟子 入則孝 出則弟 謹而信 汎愛衆而親仁 行有餘力 則以學文弟子之弟 上聲 則弟之弟 去聲

공자께서 말씀하셨다. 제자(남의 아우나 자식 된 자, 즉 젊은이)는 집에 들면 효도하고, 나가서는 공손하며, 삼가되 믿음이 있고, 널리 사람들을 사랑하되 어진 이와 친해야 한다. (그렇게) 행하고도 남은 힘이 있으면 곧 문을 배우라.

【집주】

謹者 行去聲 下德行 同之有常也 信者 言之有實也

'근'이란 행동에 올바름이 있는 것이다. '신'이란 말에 실천이 있는 것이다.

【세주】

朱子曰 謹信 言行相顧之謂

주자가 말했다. '근신'이란 말과 행동이 서로 일치하는 것을 말한다.

【집주】

汎 廣也 衆 謂衆人

'범'은 넓다는 뜻이다. '중'은 뭇사람을 말한다.

【세주】

問 汎愛衆 朱子曰 人 自是當愛人 無憎嫌人底道理 又問 人之賢不肖 自家心中 自須有箇辨別 但 交接之際 不可不汎愛爾 曰 他下面 便說而親仁了 仁者 自當親 其他 自當汎愛

'널리 사람들을 사랑함'에 대해 물었다. 주자가 답했다. 사람이란 원래 마땅히 남을 사랑해야 하나니, 남을 미워하고 싫어하는 도리는 없다. 또 물었다. 남이 현명한지 불초한지는 자신의 마음속에 스스로 반드시 구별하는 것입니다. 다만 교제할 때에는 어쩔 수 없이 널리 사랑해야 하는 것입니까? 답했다. 그 아래쪽에 '친인(어진 이와 친하라)'이라고 말씀하셨으니, 어진 이는 원래 마땅히 친해야 하고, 그 나머지는 원래 마땅히 널리 사랑해야 한다.

○汎愛 不是人人去愛他 只如群居 不將一等相擾害底事去聒噪他 及不自占便宜之類 皆是也

'범애(널리 사랑함)'란 사람마다 모두 다 사랑하라는 말이 아니다. 다만 예컨대 무리 중에 있을 때 서로 소란스럽고 해로운 일을 일으켜 남을 귀찮게 하지 않는 일, 편의를 혼자 독점하지 않는 일, 이런 것이 모두 이에 해당된다.

【집주】

親 近也 仁 謂仁者

'친'은 가까이 하는 것이다. '인'은 인자를 말한다.

【세주】

朱子曰 汎愛 而不說親仁 又流於兼愛矣

주자가 말했다. 널리 사랑하라고만 하고 어진 이와 친하라고 말하지 않으면 (이는) 또 겸애로 흐르게 된다.

○問 而親仁 曰 此 亦是學文之本領 蓋 不親仁 則本末是非 何從而知之

'이친인'에 대해 물었다. 답했다. 이 또한 문을 배우는 본령이다. 대개 어진 이와 친하지 않으면 본말 시비는 무엇을 좇아 알 수 있겠는가?

【집주】

餘力 猶言暇日 以 用也 文 謂詩書六藝之文

'여력(남은 힘)'이란 틈나는 날을 말한다. '이'는 (~을 가지고) 쓰는 것이다. '문'은 시서육예의 문을 말한다.

【세주】

朱子曰 只是行此數事外 有餘剩工夫 便可將此工夫去學文 非謂行到從容地位 而後可學文也

주자가 말했다. 다만 이 몇 가지 일을 행하는 것 말고도 나머지 다른 공부도 있으니, 곧 이 공부를 해가면서 문을 배울 수 있다는 말이지, 행이 종용한 수준(아무런 문제도 없이 편안한 단계)에 이르러서야 비로소 문을 배울 수 있다는 말은 아니다.

【집주】

○程子曰 爲弟子之職 力有餘 則學文 不修其職而先文 非爲去聲己之學也 尹氏曰 德行 本也 文藝 末也 窮其本末 知所先後 可以入德矣 洪氏名 興祖 字 慶善 丹陽人 曰 未有餘力而學文 則文滅其質 有餘力而不學文 則質勝而野 愚謂 力行而不學文 則無以考聖賢之成法 識事理之當然 而所行 或出於私意 非但失之於野而已

정자가 말했다. 제자의 직분을 행하고 힘이 남으면 곧 문을 배운다. 그 직분을 닦지 아니하고 문을 먼저 하면 위기지학(자신을 위해 하는 공부)이 아니다. 윤씨가 말했다. 덕행은 본이고 문예는 말이다. 그 본말을 궁구하고, 먼저 할 바 나중할 바를 알면 덕에 들어갈 수 있다. 홍씨<이름은 흥조이고, 자는 경선이다. 단양 사람이다>가 말했다. 남은 힘이 없으면서도 문을 배우면 문이 그 질을 없애고, 남은 힘이 있으면서도 문을 배우지 않으면 질이 우세해져 조야해진다. 내가 생각건대 힘써 행하기만 하고 문을 배우지 아니하면, 성현이 이루신 법을 고찰하고 사리의 당연함을 알 방법이 없어서 행하는 바가 혹시 사사로운 뜻에서 나올 수 있으니, 비단 조야하게 되는 잘못에만 그치는 것이 아니다.

【세주】

朱子曰 無弟子之職以爲本 學得文 濟甚事 此言 雖近 眞箇行得 亦自大段好 文 是詩書六藝之文 古人小學 便有此等 今皆無之 所以難 又曰 人 須是知得古人之法 方做不錯 若不學文 任意自做 安得不錯 只是不可先學文耳

주자가 말했다. '제자의 직분을 근본으로 하지 않으면 문을 배운들 무슨 일에 쓰겠는가', 이 말은 비록 비근하지만 진정 (이를) 행할 수 있다면 그 자체로는 또한 대단히 좋은 것이다. 문은 시서육예의 문이다. 옛사람들은 소학(단계)에 이런 것이 있었지만 지금은 모두 없으니 그래서 (알기가) 어렵다. 또 말했다. 사람은 모름지기 옛사람의 법을 알아야만 비로소 잘못을 저지르지 않을 수 있다. 만약 문을 배우지 않으면 제멋대로 할 것이니 어찌 잘못을 저지르지 않을 수 있겠는가? 다만 문을 배우는 것을 먼저 해서는 안 된다는 것뿐이다.

○問 行有餘力而後學文 夫豈以講切爲緩哉 曰 書 固不可以不讀 但 比之行實 差緩耳 不然 則又何必言行有餘力而後學耶

물었다. '행하고 남은 힘이 있으면 문을 배우라'고 하셨는데, 무릇 어찌 절실히 공부하는 것을 늦출 수 있겠습니까? 답했다. 책은 읽지 않으면 안 되는 것이다. 다만 행동의 실천에 비하면 조금 늦게 하는 것일 뿐이다. 그렇지 않다면 또 왜 하필 행하고 남은 힘이 있은 다음에 배우라고 하셨겠는가?

○南軒張氏曰 入孝出弟 謹行信言 汎愛親仁 皆在己切要之務 行有餘力則以學文 非謂俟行此數事 有餘力而後學文也 言當以是數者爲本 以其餘力學文也 若先以學文爲心 則非篤實爲己者矣 文 謂文藝之事 聖人之言 貫徹上下 此章 推言爲弟爲子之職 始學者之事 然 充而極之 爲聖爲賢 蓋 不外是也 此數言 先之以孝弟 蓋 孝弟 人道之所先 必以是爲本 推而達之也

남헌 장씨가 말했다. 들면 효하고 나면 제하며, 행동을 삼가고 말에 믿음이 있으며, 널리 사랑하고 어진 이와 친하는 것, 이는 모두 자신에게 매우 중요한 일이다. 행하고 남은 힘이 있으면 글을 배우라는 것은 이 몇 가지 일을 행하고 힘이 남은 뒤에야 문을 배우라는 말이 아니라, 마땅히 이 몇 가지를 근본으로 삼고 그 남은 힘으로 문을 배우라는 말이다. 만일 먼저 문을 배우는 것으로 마음을 삼으면 독실하게 위기하는 것이 아니다. '문'은 문예의 일을 말한다. 성인의 말씀은 상하를 일관되게 꿰뚫고 있으니, 이 장은 아우 되고 자식된 자의 직분이 처음 배우는 자의 해야 할 일이지만, 채우고 끝까지 추구하여 성인이 되고 현인이 되는 길이 대개 이 일 외에는 없음을 말씀하신 것이다. 이 몇 말씀에 효제를 앞세우신 것은 대개 효제는 사람의 도리에 우선이 되니, 반드시 이를 근본으로 하여 밀고 나가 (경지에) 도달하게 되기 때문이다.

○雙峯饒氏曰 尹氏 以文對德行 有本末先後之分 說得文字輕 洪氏 以文對質 言不可偏勝 說得文字差重 朱子 以學文爲致知 與力行爲對 謂所知不明則所行不當理 發明文字甚重 三者 互相發明 蓋 但知文之爲輕 而不知其爲重 則將有廢學之弊 故 不得不交致抑揚之意

쌍봉 요씨가 말했다. 윤씨는 문을 덕행에 대비시켜 본말과 선후의 구분이 있다고 했으니, (이는) '문'을 가벼운 것으로 설명한 것이다. 홍씨는 문을 질에 대비시켜 한쪽으로 치우쳐서는 안 된다고 했으니, (이는) '문'자를 좀 더 중요하게 설명한 것이다. 주자는 문을 배우는 일을 치지로 보아 역행에 대비시켜, 아는 바가 명확하지 않으면 행하는 바가 이치에 합당하지 않게 된다고 했으니, '문'자가 매우 중요한 것임을 밝혔다. 이 세 설은 서로 (보완적으로 그 의미를) 밝혀주는 것이니, 대개 다만 문이 가벼운 것임만 알고 그것이 중요한 것임을 모르면 장차 배움을 폐하는 폐단이 있게 된다. 따라서 누르고 띄우려는(문의 중요성을 낮추거나 높이려는) 의도를 교치(두 가지를 동시에 다함)하지 않을 수 없다.

○趙氏曰 德 固不可一日而不脩 學 亦不可一日而不講也

조씨가 말했다. 덕은 본디 하루라도 닦지 않을 수 없고, (문의) 배움 또한 하루라도 공부하지 않을 수 없다.

○雲峯胡氏曰 行有餘力者 謂六事之中 每行一事 有暇 則便學文 非謂每日盡行此六事畢 然後學文也 若必欲盡行此六事 行之不給 則恐終無學文之時矣 又按熊氏謂 此章 是小學 自孝弟忠信入 故 先行而後文 子以四教 是大學 自格物致知入 故 先文而後行 蓋 以弟子二字 專爲小學之事 然則十五入大學者 獨非爲人弟爲人子者乎 大抵 聖人敎人 力行 必以學文爲先 故 爲弟子之職者 力有餘 則便當以學文爲重 集註 力行而不學文以下 正自該子以四教章之意在其中

운봉 호씨가 말했다. '행하고 남은 힘이 있다'는 것은 여섯 가지 일 중 매번 한 가지 일을 하고 틈이 있으면 곧 글을 배우라는 것이지, 매일 이 여섯 가지 일을 다 마친 후에야 문을 배우라는 말이 아니다. 만약 반드시 이 여섯 가지 일을 다 하려 한다면 아무리 해도 다 하지 못할 것이니 아마도 종내 문을 배울 시간이 없을 것이다. 또 웅씨의 말을 살펴보면, "이 장은 소학(단계)이니 효제충신에서 시작되기 때문에 행을 먼저 하고 문을 나중으로 하는 것이고, <자이사교>(공자께서 문, 행, 충, 신 네 가지로써 가르치심) 장은 대학(단계)이니 격물치지에서 시작되기 때문에 문을 먼저하고 행을 뒤로 했다"라고 했다. 대개 '제자' 두 글자 때문에 오로지 소학의 일로 여긴 것이나, 만약 그렇다면 15세에 대학에 들어가는 자 홀로 남의 아우나 남의 자식이 아닌가? 대저 성인께서 사람을 가르치심에 역행(힘써 실천함)은 반드시 학문(문을 배움)을 앞세우셨으니 그런 까닭에 제자의 직분을 행하는 자가 남은 힘이 있으면 곧 마땅히 문을 배우는 것을 중요한 일로 삼으라 하신 것이다. 집주의 '힘써 행하기만 하고 문을 배우지 않으면' 이하는 진정 <자이사교>장의 뜻을 그 안에 갖추고 있다.

○新安倪氏曰 文行二者 以本末之重輕言 則行爲重 故 此章 先行而後文 先本而後末也 以知行之先後言 則文爲先 故 四教章 先文而後行 先知而後行也 以二章參觀之 則文行之不可不竝進 可見矣

신안 예씨가 말했다. 문과 행 이 둘은 본과 말의 경중으로 말하자면 행이 중요하다. 그러므로 이 장에서는 행을 앞으로 하고 문을 뒤로 했으니, 본을 앞세우고 말을 뒤로 한 것이다. 지와 행의 선후로써 말하자면 문이 앞이 된다. 그러므로 <사교>장에서는 문을 앞으로 하고 행을 뒤로 했으니, 지를 앞세우고 행을 뒤로 한 것이다. 이 두 장을 참고하여 보면 문과 행은 같이 나아가지 않으면 안 되는 것임을 알 수 있다.

1.7 子夏曰 賢賢易色 事父母 能竭其力 事君 能致其身 與朋友交 言而有信 雖曰 未學 吾 必謂之學矣

자하가 말했다. 현명한 이를 현명하게 여겨 호색하는 마음을 바꾸고, 부모를 모심에 능히 그 힘을 다하고, 임금을 모심에 능히 그 몸을 다하고, 벗과 사귐에 그 말에 믿음이 있으면 비록 (남들이) 배우지 않았다고 말하더라도 나는 반드시 배웠다고 하겠다.

【집주】

子夏 孔子弟子 姓 卜 名 商衛人 賢人之賢 而易其好去聲 下同色之心 好善有誠也

자하는 공자의 제자이니, 성은 복이고 이름은 상이다<위나라 사람이다>. 남의 현명함을 현명하게 여겨 그 색을 좋아하는 마음을 바꾸면 진정으로 선을 좋아하는 것이다.

【세주】

問 伊川云 見賢而變易顏色 集註 何故 取范氏好色之說 朱子曰 孔子 兩言未見好德如好色 中庸 亦以遠色爲勸賢之事 已分曉了 變易顏色 有僞爲之者 不若易好色之心 方見其誠也 故 范說爲長

물었다. 이천은 '현인을 보면 안색을 바꾼다'고 (해석)했는데 집주에는 무슨 까닭에 범씨의 호색의 설을 채택했습니까? 주자가 답했다. 공자께서는 '덕을 좋아하기를 색을 좋아하듯이 하는 자를 보지 못했다'고 두 번 말씀하셨고, 『중용』에도 역시 색을 멀리함을 현명함을 권하는 일로 보았으니, (이는) 이미 분명해졌다. 안색을 바꾼다는 것은 거짓으로 그리하는 경우가 있으니, '호색하는 마음을 바꾸니 바야흐로 그 진실함이 드러난다'는 것(해석)만 못하다. 그러니 범씨의 설이 낫다.

【집주】

致 猶委也 委致其身 謂不有其身也

'치'는 맡긴다는 뜻이니 그 몸을 맡긴다는 것은 그 몸(자신의 것인 몸)이 없다는 말이다.

【세주】

朱子曰 不有其身 是不爲己之私計也

주자가 말했다. 그 몸이 없다는 것은 자신을 위한 사사로운 계산을 하지 않는다는 것이다.

【집주】

四者 皆人倫之大者 而行之必盡其誠 學 求如是而已

네 가지는 모두 인륜의 큰 것이니 그것을 행함에 반드시 성의를 다해야 한다. 배움은 이 같은 것을 구하는 일일 뿐이다.

【세주】

雙峯饒氏曰 賢賢 亦朋友之倫也 尊賢取友 雖均屬朋友之倫 而賢賢爲重 集註 以四者言之 人倫莫重於君親 此 以賢賢居先者 以好善有誠 方能行下三事也 中庸 九經 以尊賢先親親 亦此意

쌍봉 요씨가 말했다. '현현'은 또한 벗을 사귀는 윤리이다. 현자를 존경하고 벗을 선택하는 것은 비록 모두 벗을 사귀는 윤리에 속하지만 '현현'이 더 중요하다. 집주에서는 네 가지에 대해 말했는데, 인륜에서 임금이나 부모에 대한 윤리보다 중요한 것은 없지만 여기서 '현현'을 앞에 둔 것은 선을 좋아함에 진실함이 있어야 비로소 아래 세 가지 일을 할 수 있기 때문이다. 『중용』의 9경(『중용』 20장에 나오는 국가 경영의 아홉 가지 상도)에 존현을 친친(부모에게 친밀함)의 앞에 둔 것 또한 이 뜻이다.

○新安陳氏曰 易色 是誠於好賢 竭力 是誠於事親 致身 是誠於事君 言信 是誠於交友

신안 진씨가 말했다. '역색'은 현자를 좋아함에 성의를 다하는 것이고, '갈력'은 부모를 모심에 성의를 다하는 것이고, '치신'은 임금을 모심에 성의를 다하는 것이고, '언신'은 벗을 사귐에 성의를 다하는 것이다.

【집주】

故 子夏 言有能如是之人 苟非生質之美 必其務學之至 雖或以爲未嘗爲學 我 必謂之已學也

그러므로 자하는 '능히 이처럼 할 수 있는 사람이 있다면, 태어날 때부터 그 자질이 아름다운 사람이 아니라면 틀림없이 배움에 힘씀이 지극한 사람일 것이니 비록 혹시 아직 배운 적이 없다고 하더라도 나는 반드시 이미 배운 자라고 말하겠다'고 한 것이다.

【세주】

朱子曰 人 固有資稟自好 不待學 而自能盡此數者 然 使其爲學 則亦不過學此數者耳 故曰 人 雖以爲未學 而吾 必以爲已學也

주자가 말했다. 사람이 본래 자품이 좋으면 배움을 기다리지 않고도 스스로 능히 이 몇 가지를 다할 수 있겠지만, 그러나 (그로 하여금) 배우게 한다고 해도 이 몇 가지를 배우게 하는 데 불과할 뿐이다. 그러므로 '남들이 비록 배우지 않았다고 여기더라도 나는 반드시 이미 배웠다고 여기겠다'고 말한 것이다.

○南軒張氏曰 雖使未學所行 固學者之事也

남헌 장씨가 말했다. 설사 아직 배우지 않은 자가 행한 바라 하더라도 (그것은) 본디 배우는 자의 일이다.

【집주】

○游氏名酢 字 定夫 建安人 曰 三代之學 皆所以明人倫也 能是四者 則於人倫厚矣 學之爲道 何以加此 子夏 以文學名 而其言如此 則古人之所謂學者 可知矣

유씨<이름은 초이고, 자는 정부이다. 건안 사람이다>가 말했다. 3대의 학문은 모두 인륜을 밝히려는 것이었다. 이 네 가지에 능한 것은 곧 인륜에 두터운 것이니 배움의 도에 무엇을 이에 더하리오. 자하는 문학으로 이름이 있었으되 그 말이 이와 같으니 옛사람들이 말한 바의 배움(이란 어떤 것인지)을 알 수 있다.

【세주】

新安陳氏曰 可見子夏之文學 非事文藝之末 而重躬行之本也

신안 진씨가 말했다. 자하의 문학은 문예의 말단을 일삼는 것이 아니라 실천의 근본을 중시하는 것임을 알 수 있다.

【집주】

故 學而一篇 大抵 皆在於務本 吳氏名棫 字 才老 建安人 曰 子夏之言

其意善矣 然 詞氣之間 抑揚大過 其流之弊 將或至於廢學 必若上章夫子之言然後 爲無弊也

그러므로 「학이」 한 편(의 주지)은 대저 모두 무본(근본에 힘씀)에 있다. 오씨<이름은 역이고, 자는 재로이다. 건안 사람이다>가 말했다. 자하의 말은 그 뜻이 매우 좋다. 그러나 그 어조에서 억양이 매우 지나쳐 그것이 흘러 폐단을 일으켜 장차 혹 폐학(학문을 폐기함)에 이를 수도 있으니, 반드시 위 장에서 공자께서 말씀하신 것처럼 해야 비로소 폐단이 없을 것이다.

【세주】

朱子曰 子夏此言 被他說殺了 與子路何必讀書之說同 其流弊 皆至於廢學 若行有餘力 則以學文 就正有道 可謂好學之類 方爲聖人之言

주자가 말했다. 자하의 이 말은 다른 설에 의해 공격받은 것으로, 자로의 '하필 책을 읽어야 하는가'라는 설과 마찬가지이니, 그 폐단은 모두 폐학에 이르는 것이다. 예컨대 '행하고 남은 힘이 있으면 문을 배우라', '도 있는 이에게 나아가 바로잡으면 배움을 좋아한다고 말할 수 있다' 같은 말씀이어야 성인의 말씀이 된다.

○天下之理 有大小本末 皆天理之不可無者 故 學者之務 有緩急先後 而不可以偏廢 但 不可使末勝本 緩先急耳 觀聖人所謂行有餘力則以學文者 其語意 正如此 若子夏之論 則矯枉過其正耳

천하의 이치에는 대소와 본말이 있는데 이는 모두 천리에 없을 수 없는 것이다. 그러므로 배우는 자의 임무에는 완급 선후가 있지만 한쪽으로 치우쳐 (다른 한쪽을) 없앨 수는 없다. 다만 말이 본을 이기고 늦어야 할 것이 급한 것보다 앞서게 해서는 안 된다. 성인이 말씀하신 바 '행하고 남은 힘이 있으면 문을 배우라'는 말씀을 보면 그 말뜻이 바로 이와 같다. 자하의 의론의 경우는 굽은 것을 바로잡다가 (지나쳐서) 바름을 넘어버린 것이다.

○問 夫子言 則以學文 子夏言 吾必謂之學矣 兩章 曰 聖人之言 由本及末 先後有序 其言平正 無險絶之意 子夏 則其言 傾側而不平正 險絶而不和易 狹隘而不廣大 故 未免有弊 然 子夏之意 欲人務本 不可謂之不是 但 以夫子之言比之 則見其偏之若此也

공자께서 말씀하신 '곧 문을 배우라'와 자하가 말한 '나는 반드시 배웠다고 하겠다'는 두 장구에 대해 물었다. 답했다. 성인의 말씀은 본에서 시작해 말에 이르고 선후에 순서가 있어 그 말씀이 공정하고, 험하고 가파른 뜻은 없다. 자하의 경우 그 말은 한쪽으로 치우쳐 공정하지 못하고, 험하고 가팔라 평화롭지 못하고, 솔고 비좁아 넓지가 않다. 그렇기 때문에 폐단이 있음을 면치 못한다. 그러나 자하의 뜻은 사람들로 하여금 근본에 힘쓰게 하려 함이니 틀렸다고는 할 수 없다. 다만 공자의 말씀과 비교해보면 그것이 이처럼 한쪽으로 치우쳤다는 것을 알 수 있다.

○胡氏曰 以未學爲生質之美者 人 固有得氣質之淸粹 而所爲與理暗合 然 質之美有限 而學之益無窮 故 吳氏 又慮其抑揚之有偏也

호씨가 말했다. '배우지 않은 자(배우지 않고도 능한 자)는 태어나면서부터 그 자질이 아름다운 자'라는 것은 사람이 원래 얻어 나온 기질이 맑고 깨끗하여 행동이 이치에 저절로 들어맞는 것을 말한다. 그러나 기질의 아름다움은 한계가 있고, 배움의 이익은 끝이 없다. 그렇기에 오씨가 또 그 억양이 치우쳤음을 염려했던 것이다.

○勉齋黃氏曰 子夏此語 與曾子三省 是皆心存乎誠 求造其極者也 然 子夏 務實行而抑文學 曾子 務實行而兼傳習 則曾子之用功愈密 而用心愈弘 是 則子夏之所不能及矣

면재 황씨가 말했다. 자하의 이 말과 증자의 '삼성'은 모두 마음에 성을 보존하여 그 최고의 경지에 도달함을 추구한 것이다. 그러나 자하는 실행에 힘쓰고 문학은 억눌렀는데, 증자는 실행에 힘쓰면서도 전습을 겸했으니, 증자의 공부는 더욱 세밀하고 마음 씀은 더욱 넓다. 이것이 바로 자하가 미칠 수 없는 바이다.

1.8-1 子曰 君子 不重 則不威 學則不固

공자께서 말씀하셨다. 군자가 무게가 없으면 위엄이 없고, 배워도 견고하지 아니하다.

【집주】

重 厚重 威 威嚴 固 堅固也 輕乎外者 必不能堅乎內 故 不厚重則無威嚴 而所學 亦不堅固也

'중'은 두텁고 무겁다(중후하다)는 뜻이다. '위'는 위엄이다. '고'는 견고함이다. 외면이 가벼운 자는 반드시 내면도 견고할 수 없다. 그러므로 두텁고 무겁지 아니하면 위엄이 없고 배운 바 또한 견고하지 못하다.

【세주】

問 旣曰君子 何故 有不重不威 朱子曰 此 是說君子之道 大槩如此

물었다. 이미 군자라 했는데, (군자라면) 무슨 까닭에 무겁지 못하고 위엄이 없을 수가 있겠습니까? 주자가 답했다. 이는 군자의 도가 대개 이와 같다는 것을 말씀하신 것이다.

○輕 最害事 飛揚浮躁 所學 安能堅固

'경(가벼움)'은 가장 해로운 일이다. 조급하고 부박하다면 배운 바가 어찌 견고할 수 있겠는가?

○慶源輔氏曰 人不重厚 則見於外者 必無威嚴 存於中者 必不堅固 此 表裏自然之符

경원 보씨가 말했다. 사람이 중후하지 못하면 겉으로 드러나는 것은 반드시 위엄이 없고, 마음에 보존하는 것은 반드시 견고하지 못하니, 이는 겉과 속이 자연히 부합하는 것이다.

1.8-2 主忠信

충신을 주로 삼고,

【집주】

人不忠信 則事皆無實 爲惡則易去聲 爲善則難 故 學者 必以是爲主焉

사람이 충신(진실하고 믿음이 있음)하지 않으면 모든 일에 진실함이 없으니 악을 행하기는 쉽고 선을 행하기는 어렵다. 그러므로 배우는 자는 반드시 이것으로 주를 삼아야 한다.

【세주】

廣平游氏曰 忠信 所以進德也 如甘之受和 白之受采 故 善學者 必以忠信爲主 不言則已 言而必忠信也 故 其言爲德言 不行則已 行而必以忠信也 故 其行爲德行 止而思 動而爲 無往而不在是焉 則安往而非進德哉

광평 유씨가 말했다. 충신은 덕으로 나아가게 하는 것이니, 예컨대 단맛이 조미를 받아들이고 흰색이 채색을 받아들이는 것과 같다. 그러므로 잘 배우는 자는 반드시 충신을 위주로 한다. 말하지 않으면 그만이지만, 말을 하면 반드시 충신해야 하니, (그래야) 그 말이 덕언이 되고, 행하지 않으면 그만이지만 행하면 반드시 충신해야 하니, 그 행함이 반드시 덕행이 된다. 머물러서는 생각하고, 움직이면 행하여, 어디에 가든 반드시 이에 있으면(충신하면) 어찌 덕으로 나아가지 않을 수 있으랴.

○朱子曰 忠爲實心 信爲實事

주자가 말했다. '충'은 진실한 마음이고 '신'은 진실한 일[실천적 행위]이다.

○人 若不忠信 如木之無本 水之無源 更有甚底 一身 都空了 今 當反看自身 能盡己心乎 能不違於物乎 若未盡己之心 而或違於物 則是不忠信 凡百處事接物 皆是不誠實 且謾爲之 如此四者 皆是脩身之要 就其中 主忠信 又是最要 若不主忠信 便正衣冠尊瞻視 只是色莊 爲學 亦是且謾爲學 交朋友 未必盡情 改過 亦未必眞能改過 故 爲人 須是主忠信

사람이 만약 충신하지 않다면 나무에 뿌리가 없고 물에 원천이 없는 것보다 더욱 심한 것으로, 몸 전체가 온통 빈 것이다. 지금 마땅히 자신을 돌아보아야 하나니, 내 마음을 다했는가? 남에게 어기지 아니했는가? 만약 내 마음을 다하지 못하고 혹 남에게 어겼으면 충신하지 못한 것이니, 사사물물에 접할 때 모두 불성실하여 머뭇거리며 태만히 하게 된다. 이런 네 가지(부중불위, 주충신, 교붕우, 개과) 모두 수신의 요체이지만 그중에서도 충신을 주로 삼는 것이 가장 중요한 일이다. 만약 충신을 주로 삼지 않으면 곧 의관을 바로하거나 존경하는 눈빛으로 우러러보는 것은 다만 색장(겉모양만 꾸밈)이 될 뿐이고, 배우는 것 역시 태만히 배우는 것이 되고, 벗과 사귐에 반드시 그 정을 다하지는 않게 되고, 허물을 고침에 역시 반드시 진정 허물을 고치게 되지는 않는다. 그러므로 사람됨은 반드시 충신을 주로 삼는 것이다.

○主忠信 是誠實無僞朴實 頭主字 最重 凡事靠他 做主

'주충신'은 성실하고 거짓이 없고, 질박한 것이다. 첫머리의 '주(主)'자가 가장 중요하니, 모든 일이 그것에 의거하는 것을 '주'라고 한다.

○問 主忠信 後於不重不威 何也 曰 聖賢言爲學之序 須先自外面分明有形象處 把捉扶豎起來

물었다. '주충신'이 '부중불위'의 뒤에 있는 이유는 무엇입니까? 답했다. 성현께서 배움의 순서를 말씀하실 때는 반드시 외면에 분명하게 (구체적) 형상이 있는 것에서 (시작해) 붙들어 일으키신다.

○陳氏曰 主 與賓 對 賓 是外人 出入不常 主 常在屋裏 主忠信 是以忠信常爲吾心之主 心所主者 忠信 則其中許多道理 都實 無忠信 則道理 都虛了 主字 極有力

진씨가 말했다. '주(주인)'는 '빈(손님)'과 대응되는데, 손님은 외부인으로서 출입이 무상하고, 주인은 집 안에 상주한다. '주충신'은 충신을 항상 내 마음의 주인으로 삼는 것이니, 마음이 주인으로 삼는 것이 충신이면 그 가운데 허다한 도리가 모두 진실하고, 충신이 없으면 도리는 모두 헛된 것이 된다. '주'자는 극히 힘이 있다.

【집주】

○程子曰 人道 惟在忠信 不誠 則無物 且出入無時 莫知其鄕者 人心也 若無忠信 豈復扶又反**有物乎**

정자가 말했다. 인도(사람의 도리)는 다만 충신에 있으니, 참되지 못하면 사물도 없다. 또 들고남에 때가 없어 그 향하는 곳을 알 수 없는 것이 인심이니, 만약 충신이 없으면 어찌 다시 사물이 있겠는가?

【세주】

問 伊川謂 忠信者 以人言之 要之 則實理 何也 朱子曰 以人言之 則爲忠信

不以人言之 則只是箇實理 如誠者天之道 則只是箇實理 如惟天下之至誠便是以人言之

물었다. 이천은 '충신이란 사람으로써 (사람에 대해) 말하는 것이니 요컨대 실리(진실한 이치)이다'라고 했는데 왜 그렇습니까? 주자가 답했다. 사람으로써 말하면 충신이 되고, 사람으로써 말하지 않으면 실리일 뿐이다. 예컨대 '성이란 하늘의 도이다'라고 하면 이는 하나의 실리일 뿐이고, '오직 천하의 지성'이라 하면 곧 사람으로써 말하는 것이다.

○西山眞氏曰 論語 只言忠信 子思孟子 始言誠 程子 於此 乃合忠信與誠言之 蓋 誠 指全體言 忠信 指人用力處言 盡得忠信 卽是誠 孔子敎人 但就行處說 行到盡處 自然識得本源 子思孟子 則倂本原發 以示人也

서산 진씨가 말했다. 『논어』에서는 다만 충신을 말했을 뿐이고, 자사와 맹자가 처음으로 성을 말했는데, 정자는 여기서 충신과 성을 합해 말했다. 대개 성은 전체를 가리켜 하는 말이고, 충신은 사람이 힘쓰는 곳을 가리켜 하는 말이다. 충신을 다하는 것, 그것이 곧 성이다. 공자께서 사람을 가르치심에 다만 출발하는 곳만을 설명하셨으니, 완전한 곳에 이르게 되면 자연히 그 근원을 알게 된다. 자사와 맹자는 근원을 아울러 드러내어 사람들에게 보였다.

○新安陳氏曰 不誠無物 不者 人不之也 人不誠實 則無此事物 集註所謂人不忠信 則事皆無實 卽不誠無物之意

신안 진씨가 말했다. '불성무물'에서 '불'이란 사람이 그렇지 않다는 것이다. 사람이 성실하지 않으면 이 사물도 없다. 집주에서 말한 바 '사람이 충신하지 않으면 모든 일에 참됨이 없다'는 말은 곧 '불성무물'의 뜻이다.

1.8-3 無友不如己者

나보다 못한 이를 벗하지 말고,

【집주】

無 毋通 禁止辭也 友 所以輔仁 不如己 則無益而有損

'무'는 무(毋)와 통하니 금지하는 말이다. 벗은 인을 도와주는 것이니, 나보다 못하면 이익은 없고 손해가 있다.

【세주】

問 必擇勝己者爲友 則勝己者 必以我爲不如己 而不吾友矣 朱子曰 但不可求不如己者 及其來也 又焉得而却之 我 求勝己者爲友 不如己者 又來求我 卽匪我求童蒙 童蒙求我也

물었다. 꼭 나보다 나은 이를 택해 벗하려 하면, 나보다 나은 이는 반드시 나를 자기만 못하다 여겨 나를 벗하려 하지 않을 것입니다. 주자가 답했다. 다만 나보다 못한 이를 구하려 해서는 안 된다는 것이다. 그리고 (나보다 못한 이가) 오면 또 어찌 물리치리오. 나는 나보다 나은 이를 구해 벗으로 삼고, 나보다 못한 이는 또 와서 나를 구하는 것이니 곧 내가 어린애를 구하는 것이 아니라 어린애가 나를 구하는 것이다.

○朋友纔不如己 便無敬畏 而生狎侮 豈能有益

벗이 조금이라도 나보다 못하면 곧 경외하는 마음은 없고, 업신여기고 모욕하는 마음이 생기니 어찌 이익이 있을 수 있겠는가.

○無友不如己者 與勝己者處也

나만 못한 이를 벗하지 말라고 함은 나보다 나은 이와 같이 있으라는 말이다.

○人交朋友 須求有益 若不如我者 豈能有益

사람이 벗과 사귐에 모름지기 유익함을 구해야 한다. 만약 나보다 못한 이라면 어찌 유익함이 있으리오.

○大凡 師 則求其賢於己者 友 則求其勝者 至於不肖者 則當絶之 聖人此言 非謂必求其勝己者 今人 取友 見其勝己者 則多遠之 而不及己者 則好親之 此言 乃所以救學者之病

대개 스승의 경우는 나보다 현명한 이를 구하며, 벗의 경우는 나보다 나은 이를 구하는 것이다. 불초한 자의 경우는 마땅히 끊어야 한다. 성인의 이 말씀은 꼭 나보다 나은 이를 구하라는 것이 아니다. 요즈음 사람들은 벗을 구할 때 나보다 나은 이를 보면 멀리하는 경우가 많고, 나보다 못한 이는 좋아하여 친하고자 한다. 이 말씀은 그래서 배우는 자의 병통을 구제하려 하신 것이다.

1.8-4 過則勿憚改

허물이 있으면 고치기를 꺼리지 말라.

【집주】

勿 亦禁止之辭 憚 畏難也 自治不勇 則惡日長上聲 故 有過則當速改 不可畏難而苟安也 程子曰 學問之道 無他也 知其不善 則速改以從善而已

'물'은 또한 금지하는 말이다. '탄'은 겁내고 어려워한다는 뜻이다. 스스로를 다스림에 용감하지 않으면 악이 날로 자라난다. 그러므로 허물이 있으면 마땅히 속히 고쳐야지, 겁내고 어려워하여 구차스럽게 안주해서는 안 된다. 정자가 말했다. 학문의 도는 다름 아니라 불선함을 알았으면 속히 고치고, 그리하여 선을 따르는 것뿐이다.

【세주】

廣平游氏曰 過而能改 善莫大焉 蓋 能改一言之過 則一言善矣 能改一行之過 則一行善矣 若過而每不憚改者 其爲善可勝計哉

광평 유씨가 말했다. 허물이 있되 능히 고칠 수 있으면 선은 막대해진다. 대개 능히 한마디 말의 허물을 고칠 수 있으면 그 말 하나가 선해지고, 능히 하나의 행동의 허물을 고칠 수 있으면 그 행동 하나가 선해진다. 만약 허물이 있되 매번 고치기를 꺼리지 않는 자라면 그 선하게 됨을 어찌 이루 다 셈할 수 있으리오.

○朱子曰 最要 在速字上著力 凡有過 若今日不便改 過愈深 則善愈微 若從今便改 則善可自此而積 今人 多是憚難 過了日子

주자가 말했다. 가장 중요한 점은 '속'자에 힘을 기울이는 것이다. 무릇 허물이 있는데 만약 오늘 곧 고치지 않으면 허물이 더욱 깊어질 것이고, 선은 더욱 적어질 것이다. 만약 지금부터 당장 고치면 선은 이로부터 쌓일 수 있을 것인데, 요즈음 사람들은 꺼리고 어려워하여 날짜만 보내는 경우가 많다.

○雲峯胡氏曰 此 過也 而集註 以爲惡日長者 無心失理 爲過 有心悖理 爲惡 自治勇 則過可反而爲善 自治不勇 則過必流而爲惡

운봉 호씨가 말했다. 이것(이 장에서 말하는 것)은 허물인데도 집주에서는 악이 매일 자라는 것으로 보았는데, 무심코 이치를 잃은 것은 허물이고, 의도적으로 이치를 어기는 것은 악이다. 스스로 다스림에 용감하면 허물이 거꾸로 선이 될 수 있고, 스스로 다스림에 용감하지 아니하면 허물은 반드시 흘러 악이 된다.

【집주】

○程子曰 君子自修之道 當如是也

정자가 말했다. 군자가 스스로를 닦는 도리는 마땅히 이와 같아야 한다.

【세주】

新安陳氏曰 提首句君子字 總說全章四節

신안 진씨가 말했다. (이 장의) 첫머리에 '군자'라는 글자를 제시한 것은 이 장 전체의 네 절 모두를 말하는 것(모두에 해당되는 것)이다.

【집주】

游氏曰 君子之道 以威重爲質

유씨가 말했다. 군자의 도는 위중(위엄 있고 무게 있음)을 바탕으로 하고,

【세주】

慶源輔氏曰 威 由重生 先言威 便文耳

경원 보씨가 말했다. 위엄은 무게에서 나온다. '위(위엄)'를 먼저 말한 것은 ('위'가) 곧 문(겉으로 드러나는 것)이기 때문이다.

【집주】

而學以成之 學之道 必以忠信爲主 而以勝己者輔之 然 或吝於改過 則終無以入德 而賢者 未必樂音洛告以善道 故 以過勿憚改 終焉

배움으로써 완성시키는 것이다. 배움의 도리는 반드시 충신을 주로 삼고, 나보다 나은 이로써 보완하는 것이다. 그러나 혹 허물을 고치는 데 인색하면 마침내 덕으로 들어갈 수 없고, 현명한 자도 선한 도리로 충고하는 것을 꼭 즐기지는 않을 것이기 때문에 허물 고치기를 꺼리지 말라는 말씀으로 끝을 맺으셨다.

【세주】

龜山楊氏曰 正其衣冠 尊其瞻視 儼然 人 望而畏之 則重而有威矣 不重 則易爲物遷 故 學則不固 主忠信 求諸己也 尙友 取諸人也 取諸人以爲善 而友非其人 則淪胥而敗矣 故 無友不如己者 合志同方 營道同術 所謂如己者也 聞善 則相告 見不善 則相戒 故 能相勸而善也 過憚改 亦不足以成德矣

구산 양씨가 말했다. 그 의관을 바로잡고 그 우러러봄을 존경하는 태도로 하면 (그 모습이) 근엄하여 남들이 바라보며 두려워하니, 무게 있으면서 위엄 있게 된다. 무게가 없으면 쉬 사물에 의해 (그 의지가) 옮겨지게 되니, 배워도 견고하지 않게 된다. 충신을 주로 삼는 것은 자신의 내면에서 구하는 것이고, 벗을 사귀는 것은 남에게 얻으려는 것이다. 남에게 얻어 선하려 하면서도 그렇지 못한 사람을 벗하면 서로 이끌어 망하는 길로 간다. 그러므로 나만 못한 이를 벗 삼으면 안 된다. 뜻이 같은 방향으로 합치하고, 같은 방식으로 도를 영위하는 자가 소위 나만 한 자이다. 선을 들으면 곧 서로 알려주고, 불선을 보면 서로 경계해주니 그러므로 서로 선을 권할 수 있게 된다. 허물 고치기를 꺼려하면 역시 덕을 이루기에 부족하다.

○勉齋黃氏曰 外重厚 而內忠信 則其本立 友勝己 而速改過 則其德進

면재 황씨가 말했다. 외면이 중후하면서 내면이 충신하면 그 근본이 선다. 나보다 나은 이를 벗하고 허물을 속히 고치면 그 덕이 진보한다.

○慶源輔氏曰 苟未至於聖人 孰能無過 儻或畏難而苟安 則過益以大 志益以惛 不惟勝己之友 將舍我而去 而忠信之德 亦無以自進矣 故 以過勿憚改終焉 要之 自始學 至於成德 唯改過爲最急

경원 보씨가 말했다. 만일 성인(의 단계)에 이르지 못한 자라면 누가 허물이 없을 수 있겠는가? (그렇다고 해서) 만약 혹시라도 꺼리고 어려워하여 구차히 안주한다면 허물은 더욱 커지고 뜻은 더욱 혼미해질 것이니, 다만 나보다 나은 벗이 나를 버리고 떠나는 것뿐만 아니라 충신의 덕도 스스로 진보할 수 없다. 그러므로 허물을 고치는 것을 꺼리지 말라는 말씀으로 끝을 맺으셨다. 요컨대 배움의 첫 단계에서 덕을 이루는 단계에 이르기까지 오직 허물을 고치는 것이 가장 급하다.

○新安陳氏曰 君子之爲學 當以重厚爲質 尤當以忠信爲主 而輔之以勝己之友 終之以改過之勇焉 四者之中 主忠信 爲尤重 能主忠信 則念念事事無非誠實 必能實於重厚威嚴 以堅其學 實於取友改過 以進其學矣

신안 진씨가 말했다. 군자가 배움에 마땅히 중후함으로써 바탕을 삼고, 또 마땅히 충신을 주로 삼되 나보다 나은 벗으로 보완하고, 허물을 고치는 용기로써 끝맺어야 한다. 네 가지 가운데 충신이 더욱 중요하니, 능히 충신을 주로 삼을 수 있다면 모든 생각과 일마다 성실하지 않음이 없을 것이다. 반드시 중후하고 위엄 있는 모습(을 갖춤)에 능히 충실함으로써 그 배움이 견고해지고, 벗 사귐과 허물 고침에 충실함으로써 그 배움이 진보한다.

1.9 曾子曰 愼終追遠 民德 歸厚矣

증자가 말했다. 마지막(부모의 임종)을 신중히 하고 먼 것(부모의 혼령)을 추모하면 백성의 덕이 두터움으로 돌아갈 것이다.

【집주】

愼終者 喪盡其禮 追遠者 祭盡其誠 民德歸厚 謂下民化之 其德亦歸於厚 蓋 終者 人之所易去聲 下同 忽也 而能謹之 遠者 人之所易忘也 而能追之 厚之道也 故 以此自爲 則己之德厚 下民化之 則其德 亦歸於厚也

'신종'이란 상에 그 예를 다하는 것이고, '추원'이란 제사에 그 성의를 다하는 것이다. 백성의 덕이 두터움으로 돌아간다는 것은 아래 백성이 감화되어 그 덕 또한 두터움으로 돌아간다는 말이다. 대개 '종(부모의 임종)'이란 사람들이 소홀하기 쉬운 바이지만 능히 신중히 할 수 있고, '원(부모의 혼령)'이란 사람들이 잊기 쉬운 바이지만 능히 추모할 수 있으면 (그것이) 두터워지는 도리이다. 그러므로 이로써 스스로 행하면 자신의 덕이 두터워지고, 아래 백성도 감화되어 그 덕 또한 두터움으로 돌아간다.

【세주】

龜山楊氏曰 孟子云 養生 不足以當大事 惟送死 可以當大事 則大事 人子所宜愼也 故 三日而殯 凡附於身者 必誠必信 勿之有悔焉耳矣 三月而葬 凡附於棺者 必誠必信 勿之有悔焉耳矣 夫 一物不具 皆悔也 雖有悔焉 無及矣 此 不可不愼也 春秋祭祀 以時思之 所以追遠也 齊之日 思其居處 思其笑語 思其志意 思其所樂 思其所嗜 齊三日 乃見其所爲齊者 則孝子所以盡其心者 至矣 以是而帥之 民德 其有不歸厚乎

구산 양씨가 말했다. 맹자가 말하기를 "양생(살아 계실 때 모심)은 대사라고 하기에는 부족하고, 오직 송사(죽은 이를 떠나보냄)만이 대사라 할 수 있다(『맹자』 8, 「이루 하」 13장)"라고 했으니, 대사는 사람의 자식 된 자가 마땅히 신중히 해야 할 바이다. 그러므로 사흘이 지난 후 입관함에 몸에 부착하는 모든 것은 반드시 성실하고 확실하게 해서 후회 없게 해야 할 따름이다. 세 달이 지난 후 장례를 치름에 관에 부착하는 모든 것은 반드시 성실하고 확실하게 해서 후회가 없게 해야 할 따름이다. 무릇 한 가지 물건이라도 갖추어지지 않으면 모두 후회가 되니, 비록 후회한들 어쩔 수 없다. (그러니) 이는 신중하지 않을 수 없는 것이다. 춘추에 제사를 모셔 때맞추어 생각하니 이는 먼 것을 추념하기 때문이다. 재계하는 날, 그 거처하심을 생각하고, 그 웃고 말씀하심을 생각하고, 그 뜻을 생각하고, 그 즐기시던 바를 생각하고, 그 좋아하시던 바를 생각한다. 사흘간 재계하면 이에 그 재계한 바(제사 받는 이)를 뵈니(『예기』, 「제의」), 곧 효자가 그 마음을 다함이 지극하기 때문이다. 이로써 이끌면 백성의 덕이 두터움으로 돌아가지 않으랴.

○朱子曰 謹終追遠 自是天理所當然 人心所不能自已者 自是上之人所當爲 不爲化民而爲之 能如此 則己德厚 而民德 亦化之而厚矣

주자가 말했다. 마지막을 삼가고 먼 것을 추념하는 것은 본디 천리의 당연한 바로서, 사람의 마음이 스스로 그만둘 수 없는 것이다. 이는 본디 윗사람이 마땅히 해야 할 바이지, 백성을 감화시키기 위해 하는 것이 아니다. 능히 이처럼 할 수 있으면 자신의 덕이 두터워지고, 백성의 덕 또한 감화되어 두터워진다.

○蘇說曰 忽略於喪祭 則背死忘生者衆 而俗薄矣

소씨의 설에 상과 제사를 소홀히 하면 죽은 이를 저버리고 산 이를 잊는 자가 많아져 풍속이 박해진다고 했다.

○雲峯胡氏曰 古註云 愼終者 喪盡其哀 追遠者 祭盡其敬 集註 依伊川說 以禮與誠易之 蓋 喪 罕有不哀者 而未必皆盡禮 祭 罕有不敬者 而未必皆盡誠 薄俗往往然也 惟民生厚 民德本厚也 歸厚 不過復其本然者爾 豈有增益之哉

운봉 호씨가 말했다. 옛 주석에 말하기를 "'신종'이란 상에 그 '애(애통함)'를 다하는 것이며, '추원'이란 제사에 그 '경(경건함)'을 다하는 것이다"라고 했다. 집주에서는 이천의 설에 의거해 (애와 경을) '예'와 '성'으로 바꾸었다. 대개 상에는 애통해하지 않는 자가 드물지만 반드시 모두가 예를 다한다고는 할 수 없고, 제사에는 경건하지 않은 자가 드물지만 반드시 모두가 성의를 다한다고는 할 수 없으니, 경박한 풍속이 왕왕 그러하다. 진실로 백성은 두텁게 태어나니, 민덕은 본디 두터운 것이다. 두터움으로 돌아가는 것은 그 본연의 모습으로 돌아가는 것에 지나지 않으니, 어찌 더함이 있겠는가?

○東陽許氏曰 常人之情 於親之終 悲痛之情切 而戒愼之心 或不及 親遠而

祭 恭敬之心勝 而思慕之情 或疎 君子存心 則加於此 送終 旣盡擗踊哭泣之情 又愼喪死之禮 如禮記 殯而附於身者 必誠必信 葬而附於棺者 必誠必信 勿之有悔之類 祭遠者 旣盡孝敬之意 又致追慕之情 如禮記所謂 祭死者 如不欲生 霜露旣降 有悽愴之心 雨露旣濡 有怵惕之心之類 如此 則過於常人 其德爲厚 上之人 旣如此 下民化之 其德 亦歸于厚

동양 허씨가 말했다. 보통 사람의 정이란, 부모의 임종에 비통한 정은 절실하지만 경계하고 삼가는 마음은 혹 미치지 못하는 수가 있다. 부모가 먼 데 계시어(돌아가시어) 제사를 모심에 공경하는 마음은 충분하지만 사모하는 마음은 혹 소홀한 경우가 있다. 군자의 마음가짐은 여기에 더해 마지막을 보냄에(상을 치름에) 이미 가슴을 치고 뛰며 통곡하고 흐느끼는 정을 다한 위에 또 상사의 예를 신중히 하기를 『예기』에 "입관함에 몸에 부착하는 모든 것은 반드시 성실하고 확실하게 하고, 장례를 치름에 관에 부착하는 모든 것은 반드시 성실하고 확실하게 해서 후회가 없게 해야 한다"라고 한 것처럼 하고, 먼 것을 제사모시는 것은 이미 효경하는 뜻을 다한 위에 또 추모의 정을 다하기를 『예기』에서 이른바 "죽은 이를 제사모시는 것은 마치 살고 싶지 않은 것처럼 하고, (가을에) 서리가 이미 내림에 구슬프고 쓰린 마음이 있고, (봄에) 비와 이슬이 이미 적심에 슬퍼하고 근심하는 마음이 있다"라고 한 것처럼 한다. 이렇게 하면 보통 사람의 수준을 넘으니 그 덕이 두터워진다. 윗사람이 이미 이와 같으면 아래 백성은 감화되어 그 덕 또한 두터움으로 돌아간다.

○ 愼終 存哀中之敬 追遠 動敬中之哀

'신종'은 애통한 중에도 경건함을 보존하는 것이고, '추원'은 경건한 중에도 애통(한 마음)이 움직이는 것이다.

1.10-1 子禽 問於子貢 曰 夫子 至於是邦也 必聞其政 求之與 抑與之與之與之與 平聲 下同

자금이 자공에게 물었다. 선생님(공자)께서 이 나라에 오심에, 반드시 그 정치에 대해 들으시니 (이는 선생님께서 의도적으로) 구해 들으시는 것입니까, 아니면 (누군가가) 들려주는 것입니까?

【집주】

子禽 姓 陳 名 亢音岡 陳人 子貢 姓 端木 名 賜衛人 皆孔子弟子 或曰 亢 子貢弟子 未知孰是 抑 反語辭

자금은 성이 진이고 이름은 강이다<음은 강이고, 진나라 사람이다>. 자공은 성이 단목이고 이름은 사이다<위나라 사람이다>. 모두 공자의 제자이다. 혹자가 말하기를 강은 자공의 제자라 하는데, 어떤 것이 옳은지는 모르겠다. '억'은 반어사이다.

1.10-2 子貢曰 夫子 溫良恭儉讓以得之 夫子之求之也 其諸異乎人之求之與

자공이 말했다. 선생님께서는 온량공검량(따뜻하고 양순하고 공손하고 검박하고 겸양함)으로 얻으시니, 선생님의 구하심은 다른 사람들의 구하는 방식과는 다르다.

【집주】

溫 和厚也

'온'은 온화하고 후한 것이다.

【세주】

西山眞氏曰 和 兼厚字 方盡溫之意 和 如春風和氣之和 厚 如坤厚載物之厚 和 不慘暴也 厚 不刻薄也

서산 진씨가 말했다. '화'는 '후'자를 겸함으로써 비로소 '온'의 뜻을 다 설명해준다. '화'는 봄바람의 따스한 기운이라고 할 때의 따스함과 같고, '후'는 땅이 후하게 모든 사물을 실어준다고 할 때의 후함과 같다. '화'는 무자비하거나 사납지 않음이며, '후'는 각박하지 않음이다.

【집주】

良 易去聲 下同直也

'양'은 편하고(까다롭지 않고) 곧은 것이다.

【세주】

朱子曰 記言 易直子諒之心 易 平易坦易 直 如曰 直無險詖 子諒 慈良也

주자가 말했다. 『예기』에 "이직(편하고 곧음)·자량(사랑하고 믿어줌)한 마음"이라고 했는데, '이'는 평이하고 평탄한 것이고, '직'은 '곧아서 음험하거나 치우침이 없다'고 할 때의 곧음이고, '자량'은 인자하고 온순한 것이다.

【집주】

恭 莊敬也

'공'은 엄숙하고 경건한 것이다.

【세주】

西山眞氏曰 莊主容 敬主心 自中發外 故曰 恭也

서산 진씨가 말했다. '장'은 겉모습을 주로 하는 것이고, '경'은 마음을 주로 하는 것이다. 마음에서 나와 겉모습이 되니 그래서 '공'이라 한다.

【집주】

儉 節制也

'검'은 절제함이다.

【세주】

朱子曰 儉 非止儉約 只是不放肆 常收斂之意

주자가 말했다. '검'은 검약(하다는 뜻)에 그치는 것이 아니다. 다만 제멋대로 하지 않고 항상 자신의 마음을 거두어 모은다는 뜻일 뿐이다.

○西山眞氏曰 節者 自然之界限 制者 用力而裁制

서산 진씨가 말했다. '절'이란 저절로 그어진 한계이고, '제'란 (의도적으로) 노력을 하여 끊고 자르는 것이다.

【집주】

讓 謙遜也

'양'은 겸손함이다.

【세주】

西山眞氏曰 謙 謂不矜己之善 遜 謂推善以歸人

서산 진씨가 말했다. '겸'은 자신의 선을 자랑하지 않는 것이고, '손'은 선을 남에게 미루어 돌리는 것이다.

【집주】

五者 夫子之盛德光輝 接於人者也

다섯 가지는 공자의 성대한 덕의 찬란한 빛이 사람들과 접할 때 드러난 것이다.

【세주】

新安陳氏曰 夫子之盛德 無所不備 固不止此 此 乃盛德之光輝 發見於接人之際者

신안 진씨가 말했다. 공자의 성대한 덕은 갖춰지지 않은 것이 없으니 본디 이에 그치지 않는다. 이는 곧 성대한 덕의 찬란한 빛이 사람들과 접할 때 발현된 것이다.

○林氏少穎 容聖人之盛德 必推其著見者言之 堯 曰欽明文思 舜 曰濬哲文明溫恭允塞 湯 曰齊聖廣淵 文王 曰徽柔懿恭 夫子 曰溫良恭儉讓 皆以其德之著者言之也

임소영이 말했다. 성인의 성대한 덕을 형용할 때는 반드시 겉으로 드러난 모습을 미루어 말하는 것이니, 예컨대 요의 경우는 '흠명문사'라 하고 순의 경우는 '예철문명온공윤색'이라 하고, 탕의 경우는 '제성광연'이라 하고, 문왕의 경우는 '휘유의공'이라 하고, 공자의 경우는 '온량공검량'이라 했으니, 이는 모두 그 덕의 드러난 모습을 두고 말하는 것이다.

【집주】

其諸 語辭也 人 他人也 言夫子 未嘗求之 但 其德容 如是 故 時君 敬信 自以其政 就而問之耳 非若他人 必求之而後得也

'기저'는 어조사이다. '인'은 다른 사람이다. 공자께서는 일찍이 구하지 않으셨으나 다만 그 덕과 모습이 이와 같으시어 당시의 임금이 존경하고 신뢰하여 스스로 와서 그 정치에 대해 물었으니, (이는) 다른 사람들이 꼭 구하려 애쓴 다음에 얻게 되는 것과는 같지 않다는 말이다.

【세주】

朱子曰 子貢謂 夫子之求之 此 承子禽之言 借其求字 而反言之 以明夫子未嘗求 如孟子言 伊尹 以堯舜之道要湯也

주자가 말했다. 자공은 공자의 구하심에 대해 말했지만, 이(말)는 자금의 말을 이어받아 그 '구'자를 빌려 거꾸로 공자께서 일찍이 구하신 적이 없음을 밝힌 것이다. (이는) 맹자가 "이윤은 요순의 도로써 탕에게 (벼슬을) 구했다(『맹자』 9, 「만장 상」 7장)"라고 말한 것과 같은 의미이다.

【집주】

聖人 過化存神之妙 未易窺測 然 卽此而觀 則其德盛禮恭 而不願乎外 亦可見矣 學者 所當潛心而勉學也

성인의 '지나가시면 교화됨과 마음 두심의 신비로움'의 신묘함은 쉽게 엿볼 수 없지만, 이(구절)에 터하여 보면 그 덕은 성대하고 예는 공손하지만 바깥(출세)을 원하신 것이 아님을 또한 알 수 있다. 배우는 자가 마땅히 마음을 담가 힘써 배워야 할 바이다.

【세주】

新安陳氏曰 君子 所過者化 所存者神 出孟子 謂聖人身所經歷處 則人皆化 心所存主處 皆神妙 無不通也 德言盛 禮言恭 出易繫辭 不願乎其外 出中庸

신안 진씨가 말했다. "군자가 지나가는 곳은 교화되고, 마음 둔 바는 신비롭다"라는 말은 『맹자』(「진심 상」 13장)에 나오는데, 성인의 몸이 지나가신 곳은 사람들이 모두 교화되고, 마음 두신 곳은 모두 신묘해 통하지 않는 것이 없다는 말이다. "덕은 성대하다 하고, 예는 공손하다고 한다"라는 말은

『역』의 「계사」에서 나왔고, "그 바깥을 원하지 않으셨다"라는 말은 『중용』에서 나왔다.

○朱子曰 此五者 皆謹厚謙退 不自聖賢底意 故 人 皆親信樂告之 最要看此五字 是如何氣象 體之於我 則見得聖人有不求人 而人自來問底意 今人 却無非是求 學者 且去理會不求底道理 方好

주자가 말했다. 이 다섯 가지는 모두 삼가고 두텁고 겸양해 스스로 성현을 자부하지 않는다는 뜻이니, 그런 까닭에 사람들이 모두 친하여 믿고 즐겨 알려주게 된다. 이 다섯 글자가 어떤 기상인지를 아는 것이 가장 중요하니, 이를 내게 체현하면 성인께서 남에게 구하지 않으셔도 남들이 스스로 와서 묻게 된다는 (말의) 의미를 알 수 있게 된다. 요즈음 사람들은 오히려 구하지 않는 경우가 없으니, 배우는 자는 또한 구하지 않는 도리를 이해해나가는 것이 좋을 것이다.

【집주】

○謝氏曰 學者 觀於聖人威儀之間 亦可以進德矣 若子貢 亦可謂善觀聖人矣 亦可謂善言德行矣 今去聖人 千五百年 以此五者 想見其形容 尙能使人興起 而況於親炙之者乎

사씨가 말했다. 배우는 자가 성인의 위엄과 의표만을 살피더라도 또한 가히 덕이 진보할 수 있다. 자공의 경우는 또한 성인을 잘 살펴보았다고 할 수 있고, 또한 (성인의) 덕행을 잘 말했다고 할 수 있다. 지금은 성인과 떨어진 것이 1500년이나 되는데도, 이 다섯 가지로써 성인의 모습을 상상해보면 (상상해보는 것만으로도) 오히려 능히 사람으로 하여금 일으켜 분발하게 하는데, 하물며 직접 가르침을 받은 자이리오.

【세주】

朱子曰 此 子貢 擧夫子可親之一節耳 若論全體 須如子溫而厲 威而不猛 恭而安

주자가 말했다. 이(구절)는 자공이 공자가 친할 수 있는 분이라는 점을 든 한 구절일 뿐이다. 만약 전체로서 논한다면 모름지기 '공자께서는 따스하되 엄정하시고, 위엄이 있으되 사납지 않으시며, 공손하되 편안하시다'라고 말해야 한다.

○雲峯胡氏曰 溫而厲 威而不猛 恭而安 此 夫子中和氣象也 子貢 言溫而不

言厲 言恭而不言安 言良儉讓 則見不猛 而不見所謂威 皆未足以盡盛德之形容 不過以其得聞國政 姑以其光輝接物者言爾 必如子貢 異時 綏來動和等語 乃足以見夫子過化存神之妙焉 按 饒氏謂 此 卽聖人中和氣象 又謂集註過化存神未易窺測之語 與謝說三亦字 皆微寓抑揚之意 夫 苟是中和氣象 則謝 不當下亦字 以謝氏爲微寓抑揚之意 則其不足以盡中和之氣象明矣 饒氏前後二說 自相反 不可不辨也

운봉 호씨가 말했다. "따스하되 엄정하시고, 위엄이 있으되 사납지 않으시며, 공손하되 편안하시다"라는 이것은 공자의 중화의 기상이다. 자공은 따스함은 말했지만 엄정함은 말하지 않았고, 공손함은 말했지만 편안함은 말하지 않았다. '양', '검', '양'을 말했으니 사납지 않으심은 알 수 있으나, 소위 위엄이 있으심은 알 수 없다. 이 모두는 성대한 덕을 완전히 그려냈다고 하기에는 부족하고, 다만 '국정을 얻어 들으심'을 가지고 '찬란한 빛으로 사람을 대하심'을 잠깐 말한 데 불과하다. 반드시 자공이 다른 때에 말한 "편안하게 하시니 (사람들이) 오고, 고무하시니 화응한다(『논어』 19, 「자장」 25장)" 등의 말 같아야 비로소 공자의 '지나가시면 교화됨과 마음 두심의 신비로움의 신묘함'을 족히 보여줄 수 있다. 살펴보건대 요씨는 "이는 곧 성인의 중화의 기상이다"라고 해놓고, 또 집주의 '지나가시면 교화됨과 마음 두심의 신비로움을 쉽게 엿볼 수 없다'는 말과 사씨가 세 '역'자를 말한 것에 모두 억양의 뜻(의미를 강화하거나 약화시키려는 의도)이 약간 깃들어 있다고 했다. 그러나 만약 중화의 기상이라고 한다면, 사씨가 부당하게 '역'자를 쓴 셈이 되고, 또 사씨에게 약간 억양의 뜻이 있다고 생각했다면 중화의 기상을 다했다고 하기에는 부족하다는 것이 명백하다. 요씨의 전후 두 설은 스스로 모순되니, 따지지 않을 수 없다.

【집주】

張敬夫名 栻 號 南軒 廣漢人 曰 夫子 至是邦 必聞其政 而未有能委國而授之以政者 蓋 見聖人之儀刑 而樂告之者 秉彝好德之良心也 而私欲害之 是以 終不能用耳

장경부<이름은 식이고, 호는 남헌이다. 광한 사람이다>가 말했다. 공자께서 이 나라에 오심에 반드시 그 정치를 들으셨지만 (그 임금이) 나라를 맡겨 정권을 준 적이 없는 것은, 대개 성인의 태도와 모습을 뵙고 즐겨 고한 것이 이치를 지키고 덕을 좋아하는 양심(때문)이기는 하지만, 사욕이 그것을 해쳤기 때문이다. 그런 까닭에 종내 (공자를) 쓰지 못했다.

【세주】

慶源輔氏曰 好德之心 固有而易發 私欲之害 蔽深而難除 此 所以夫子至是邦 必聞其政 而未有能委國 而授之以政者也

경원 보씨가 말했다. 덕을 좋아하는 마음은 원래 있는 것이어서 쉽게 나타나고, 사욕의 해는 그 폐단이 깊어 제거하기 어렵다. 이것이 바로 공자께서 이 나라에 오심에 반드시 그 정치를 듣기는 하셨으나 나라를 맡겨 정권을 준 적이 없는 이유이다.

1.11 子曰 父在 觀其志 父沒 觀其行 三年 無改於父之道 可謂孝矣行 去聲

공자께서 말씀하셨다. 아버지가 살아 있을 적에는 (자식의) 그 뜻을 보고, 아버지가 죽은 후에는 그 행동을 본다. 3년 동안 아버지의 도를 고치지 않으면 효라고 할 수 있다.

【집주】

父在 子 不得自專 而志則可知 父沒 然後其行可見 故 觀此 足以知其人之善惡

아버지가 살아 있으면 아들은 제 마음대로 할 수 없지만 그 (내심의) 뜻은 알 수 있다. 아버지가 죽은 연후에는 (제 뜻대로 행동하므로) 그 행동을 볼 수 있다. 그러므로 이를 보면 족히 그 사람의 선악을 알 수 있다.

【세주】

新安陳氏曰 此 爲父子志趣事爲之不同者言之 志者 行之未形者 行者 志之已形者也

신안 진씨가 말했다. 이는 아버지와 아들의 취향이나 행동 방식이 서로 다른 경우를 말한 것이다. '지(뜻)'란 아직 행동으로 드러나지 않은 것이고, '행'이란 뜻이 이미 드러난 것이다.

【집주】

然 又必能三年無改於父之道 乃見其孝 不然 則所行雖善 亦不得爲孝矣

그러나 또 반드시 능히 3년 동안 아버지의 도를 고치지 않으면 곧 그 효를 알 수 있다. 그렇지 않으면 그 행동이 비록 선하다 하더라도 또한 효라고 할 수는 없다.

【세주】

慶源輔氏曰 就事而言 雖是 就心而言 則不得爲孝矣

경원 보씨가 말했다. 일(행동)에 대해 말하자면 옳다고 할 수 있지만, 마음에 대해 말하자면 효라고는 할 수 없다.

【집주】

○尹氏曰 如其道 雖終身無改 可也 如其非道 何待三年 然則三年無改者 孝子之心 有所不忍故也 游氏曰 三年無改 亦謂在所當改而可以未改者耳

윤씨가 말했다. (아버지의 도가) 만약 그 (옳은) 도라면 비록 종신토록이라도 고치지 않아도 된다. 만약 그 도가 아니라면(옳지 않은 것이라면) 왜 3년을 기다려야 하겠는가? 그러니 3년 동안 고치지 않는 것은 효자의 마음에 차마 그러하지 못하는 바가 있기 때문이다. 유씨가 말했다. 3년 동안 고치지 않는다는 것은 또한 마땅히 고쳐야 할 바가 있지만 고치지 않을 수 있음을 말한다.

【세주】

雲峯胡氏曰 不忍改 以心言 所當改 以事言 可未改 以時言

운봉 호씨가 말했다. 차마 고치지 못한다는 것은 마음에 대한 말이고, 마땅히 고쳐야 할 바란 일에 대한 말이고, 아직 고치지 않을 수 있다는 것은 때에 대한 말이다.

○延平李氏曰 道者 是猶可以通行者也 三年之中 日月易過 若稍稍有不愜意處 卽率意改之 則孝子之心 何在 有孝子之心者 自有所不忍耳 非斯須不忘極體孝道者 能如是耶

연평 이씨가 말했다. '도'라는 것은 가히 다닐 수 있는 것을 말한다. 3년 동안 세월은 쉬이 지나간다. 조금이라도 마음에 상쾌하지 않은 곳이 있다 하여 곧 마음대로 고쳐버리면 효자의 마음은 어디에 있단 말인가. 효자의 마음을 지닌 자는 당연히 차마 그러하지 못하는 바가 있다. 모름지기 소홀함 없이 효도를 최고로 체현한 자가 아니라면 능히 이처럼 할 수 있겠는가?

○朱子曰 父在觀其志 此一句 已自有處變意思 必有爲而言 觀其文意 便是父在時 其子志行 已自有與父不同者 父在時 子非無行 而其所主在志 父沒時 子非無志 而其所主在行 道 猶事也 言道者 尊父之辭 三年無改 是半上落下之事 雖在所當改 但 遽改之 則有死其親之心 有揚親之過之意 須三年後徐改之 便不覺 若大故不好底事 則不在此限矣 其不可改者 則終身不改 固不待言 其不可以待三年者 則又非常之變 亦不可以預言 善讀者 推類而求之 或終身不改 或三年而改 或甚不得已 則不待三年而改 顧其所遇之如何 但 不忍之心 則不可無耳 存得不忍之心 則雖或不得已而改 亦不害其爲孝 尹氏說得孝子之心 未說得事 游氏 則於事理上說得聖人語意出

주자가 말했다. '아버지가 살아 있으면 그 뜻을 본다'는 이 한 구절은 그 자체로 변칙적 사태(예컨대 아버지와 아들의 뜻이 다른 사태)에 처했다는 의미를 내포하고 있으니, 틀림없이 의도가 있어 하신 말씀이다. 그 글의 뜻을 살펴보면 아버지가 살아 있을 때 그 아들의 뜻이나 행동에는 이미 아버지와 다른 것이 있었다는 말이다. 아버지가 살아 있을 적에 아들은 (겉으로) 행동하지 않는 것은 아니지만, 그 중요한 점은 (내심의) 뜻에 있다. 아버지가 죽은 후에는 아들이 뜻이 없는 것은 아니지만 그 중요한 점은 행동에 있다. '도'는 일과 같으니, '도'라고 말한 것은 아버지를 존숭해서 쓴 용어이다. 3년 동안 고치지 않는다는 것은 반쯤 올라갔다가 아래로 떨어지는 일이니 비록 마땅히 고쳐야 할 것이 있어도 급히 그것을 고치면 부모를 죽이려는 마음이 있는 것이고, 부모의 잘못을 드러내려는 마음이 있는 것이다. 반드시 3년이 지난 후 서서히 고치면 곧 (남들이) 깨닫지 못한다. 만약 큰 문제가 있는 좋지 않은 일의 경우는 이에 해당되지 않는다. 고치지 말아야 할 것을 종신토록 고치지 않는 것은 말할 필요도 없지만, 3년을 기다릴 수 없는 것은 특별한 사태이니 미리 (예단하여) 말할 수 없다. (이 글을) 읽고 잘 이해한 자는 그 종류를 헤아려 (올바른 방식을) 구해야 하니, 혹은 종신토록 고치지 않고, 혹은 3년을 기다려 고치고, 혹은 3년을 기다리지 않고 고치는 등 그 경우가 어떠한지를 고려해야 한다. 다만 차마 그러하지 못하는 마음은 없을 수 없는 것이다. 차마 그러하지 못하는 마음을 보존할 수 있다면 비록 부득이하여 고치더라도 또한 효가 되는 데 큰 문제는 없다. 윤씨는 효자의 마음은 잘 말했지만 일에 대해서는 잘 말하지 못했다. 유씨는 일의 이치에 대해서는 성인의 말뜻을 잘 드러냈다.

○此章 只是折轉說 上二句 觀人之大槩 下句 就觀其行 細看其用心之厚薄如何 行 雖善矣 父道 可以未改 而輕率改之 亦未善也 纔說三年無改 便是這事 有未是處 若父道已是 何用說無改 終身行之 可也

이 장은 다만 끊어 전환시켜 말했으니, 위 두 구절은 사람을 관찰하는 대략(적인 방법)이고, 아래 구절은 그 행동을 관찰하여 그 마음 씀의 두텁고 박함이 어떠한지를 자세히 살펴보는 일에 대한 것이다. 행동이 비록 선하더라도, 아버지의 도가 고치지 않아도 될 것인데도 경솔하게 고친다면 또한 선하다고 할 수는 없다. 3년 동안 고치지 않는다고 말한 것은 이미 이 (아버지의) 일에 옳지 않은 점이 있다는 것을 의미한다. 만약 아버지의 도가 이미 옳다면 고치지 말라고 말할 필요가 있겠는가? 종신토록 행하는 것이 옳다.

○大意 不忍改之心 是根本 而其事之權衡 則游氏之說 盡之

(이 글의) 대의는 차마 고치지 못하는 마음이 근본이라는 것이지만, 그 일을 (고쳐야 할지 말아야 할지) 헤아린다는 점에서는 유씨의 설이 (그 의미를) 다 설명했다.

○父在時 使父賢而子不肖 雖欲爲不肖之事 猶以父在 而不敢爲 然 雖無甚不肖之行 而其志可知矣 使子賢而父不肖 雖欲爲善事 而父有所不從 時有勉强而從父之爲者 此 雖未見其善行 而要其志之所存 則亦不害其爲賢矣 至於父沒 則已自得爲 於是 其行之善惡 可於此而見矣

아버지가 살았을 적에는 만약 아버지가 현명하고 아들이 못난 경우, (아들이) 잘못된 일을 하려 하더라도 아버지가 있기 때문에 감히 하지 못한다. (이 경우) 그러나 비록 심히 잘못된 일을 하지는 않았더라도 그 뜻은 알 수 있다. 만약 아들이 현명하고 아버지가 못난 경우 비록 선한 일을 하려 하더라도 아버지가 따라주지 않는 바가 있으니, 때때로 억지로 아버지가 하는 바를 따르는 경우가 있다. 이 경우는 비록 그 선한 행동은 볼 수 없지만 보존한 뜻을 구해보면, 현명하다고 보아도 별 문제가 없다. 아버지가 돌아감에 이르러는 이미 스스로(제 뜻대로) 할 수 있으니, 이에 그 행동의 선악은 거기서 볼 수 있다.

○問 志者 志趣 其心之所趣者 是也 行者 行實 行其志而有成也 父在 子不得專於行事 而其志之趣向 可知 故 觀其志 父沒 則子 可以行其志矣 其行實暴白 故 觀其行 然 三年之間 疾痛哀慕 其心 方皇皇然 望望然 若父母之存而庶幾於親之復見 豈忍以爲可以得行己志 而遽改以從己志哉 存得此心則於事有不得不改者 吾 迫於公議 不得已而改之 亦無害其爲孝矣 若夫其心 自幸以爲 於是 可以行己之志 而於前事不如己意者 則遂遽改 以從己之志 則不孝 亦大矣 豈復論其改之當與不當哉 蓋 孝子之處心 親 雖有存沒之間 而其心 一如父在 不敢自專 況謂之父道 則亦在所當改而可以未改者 三年之間 如白駒過隙 此心 尙不能存 而一不如志 率然而改 則孝子之心 安在哉 故 夫子 直指孝子之心 推見至隱而言 不必主事言也 若乃外迫公議 內懷欲改 而方且隱忍 遷就以俟三年而後改焉 則但不失經文而已 大非聖人之意耳 曰 此說 得之

물었다. '지'란 지취(뜻의 취향)이니, 그 마음이 가는 곳이 그것입니다. '행'이란 행실이니 그 뜻을 행해 이루어진 것입니다. 아버지가 있으면 아들은 행사를 제 마음대로 할 수는 없지만 그 뜻의 취향은 알 수 있기에 그 뜻을 보고, 아버지가 죽으면 아들은 그 뜻을 실행할 수 있으므로 그 행실이 드러나기 때문에 그 행동을 보는 것입니다. 그러나 3년 동안 그 애통해하고 사모하는 마음은 허둥지둥하고 아마득하여 마치 부모가 살아 계신 듯 부모를 다시 뵐 수 있을 것 같으니, 어찌 차마 내 뜻을 행할 수 있다 여겨 급히 고쳐 내 뜻을 따르겠습니까? 이 마음을 보존한다면, 일 중에 고치지 않을 수 없는 것은 내가 공론에 몰려 부득이하게 고치는 것이니 또한 그 효됨에 문제가 없습니다. 만약 무릇 그 마음에 이에(아버지가 죽음에) 내 뜻을 행할 수 있음을 다행이라고 여기고 내 뜻과 달랐던 그전의 일은 드디어 급히 고쳐 제 뜻을 따르면 그 불효 또한 큽니다. (그러니 이 불효자의 경우) 어찌 다시 그 고치는 것이 마땅한지 아닌지를 논하겠습니까? 대개 효자의 마음 씀은 비록 부모가 살아있건 죽었건 간에 그 마음은 항상 아버지가 계신 것처럼 감히 제멋대로 하지 않는 것인데, 황차 아버지의 도라 하면 마땅히 고칠 것이 있어도 고치지 않을 수 있는 것입니다. 3년의 세월이 마치 흰 개가 틈새를 지나가듯 휙 지나감에, 이 마음을 오히려 보존하지 못하고 하나라도 뜻에 맞지 않는 것은 모조리 고쳐버리면 효자의 마음이 어디에 있겠습니까? 그러므로 공자께서는 효자의 마음을 곧바로 지적하시어 지극히 은밀한 것을 미루어 보이시려 말씀하신 것이지, 꼭 일(이 고쳐야 하는 것인지 아닌지)에 중점을 두어 하신 말씀은 아닙니다. 만약 밖으로는 공론에 몰리고 (마음)속으로는 고치고 싶어 하면서도 바야흐로 또 숨기고 참으면서 억지로 3년이 되기만을 기다려 고친다면 이는 비단 경문(『논어』의 이 구절의 바른 뜻)을 잃는 것일 뿐 아니라 성인의 뜻을 크게 비방하는 셈입니다. 답했다. 이 설이 맞다.

○或問 孟莊子之孝也 其他可能也 其不改父之臣與父之政 是難能也 與此同否 曰 不同 此章 是言父之所行有不善 而子不忍改 乃見其孝 若莊子之父獻子 自是箇賢者 其所施之政 所用之臣 皆是 莊子能不改之 此 其所以爲難

혹자가 물었다. "맹장자의 효는, 나머지는 다 가능하지만 아버지의 신하와 정치를 고치지 않은 것은 하기 어렵다(『논어』 19, 「자장」 18장)"라는 말씀과 이 구절은 같은 뜻입니까, 아닙니까? 답했다. 같지 않다. 이 장은 아버지가 행한 일에 선하지 않은 것이 있어도 아들이 차마 고치지 못하니 곧 그 효를 알 수 있다는 말씀이고, 맹장자의 아버지 헌자의 경우는 원래 현자이니 그 베푼 정치나 쓴 신하가 모두 옳은 것이어서 맹장자가 능히 고치지 않을 수 있었다. 이것이 어려운 이유이다.

○南軒張氏曰 若悖理亂常之事 孝子 其敢須臾以寧 不曰 孝子 成父之美 不成父之惡乎 曰 父之道 則固非悖理亂常之事也

남헌 장씨가 말했다. 만약 이치에 어긋나고 윤리를 어지럽히는 일이라면 효자가 그 어찌 감히 잠시라도 편안히 여길 수 있겠는가? '효자는 아버지의 아름다움을 완성시키지, 아버지의 악을 완성시키지는 않는다'고 하지 아니하고 '아버지의 도'라고 한 것은 (3년을 기다려 고친다는 그 일이) 본디 이치에 어긋나고 윤리를 어지럽히는 일(심각한 잘못)이 아니라는 말이다.

○西山眞氏曰 爲人子者 當隨所遇而裁之 自人君而言 則武繼文志 則終身無改 宣承厲之烈 則不待三年而改 若可繼 雖不若文 而當改 又不如厲 則所謂三年無改者也 三年之間 惟盡哀慕之誠 姑泯改爲之迹 不亦善乎

서산 진씨가 말했다. 남의 아들 된 자는 마땅히 경우에 따라 판단해야 한다. 임금의 경우를 말하자면 무왕은 문왕의 뜻을 이어 종신토록 고치지 않았고, 선왕은 여왕의 가혹함을 이었기에 3년을 기다리지 않고 고쳤으니, 만약 계승할 만한 것은 비록 문왕만 못하다 하더라도 마땅히 고쳐야 할 것은 여왕과 같지 않다면(여왕처럼 크게 잘못한 것이 아니라면) 소위 3년을 고치지 않는 것이다. 다만 3년 동안 애모의 성의를 다하고 살짝 고친 흔적을 없앤다면[3년을 기다려 고침으로써 그 고친 것을 남들이 눈치 채지 못하게 한다면] 또한 선하지 아니한가.

○東陽許氏曰 此章 主於觀人 但 上兩句 觀志行之大分 三年無改 又是觀行中之一節

동양 허씨가 말했다. 이 장은 사람을 관찰하는 법에 중점을 둔 것이다. 다만 위 두 구절은 뜻과 행동을 살펴보는 큰 기준이고, 또 '3년 동안 고치지 않는다'는 구절은 행동을 관찰하는 방법 중 하나이다.

1.12-1 有子曰 禮之用 和爲貴 先王之道 斯爲美 小大由之

유자가 말했다. 예의 쓰임은 화(조화로움)를 귀히 여긴다. 선왕의 도는 이를 아름답게 여기셨으니 크고 작은 것을 그것(화)으로 말미암았다.

【집주】

禮者 天理之節文 人事之儀則也

예라는 것은 천리(하늘의 이치)의 절문(성문화된 규정)이요, 인사(사람이 살아가는 일)의 의칙(따라야 할 규칙)이다.

【세주】

朱子曰 節者 等級也 文者 不直截而回互之貌 是裝裹得好 如升降揖遜 天下有當然之理 但 此理 無形影 故 作此禮文 畫出一箇天理 與人看 使有規矩可以憑據 故 謂之天理之節文

주자가 말했다. '절'이란 등급이다. '문'이란 곧장 자르듯 하지 않고 부드럽게 돌아가는 모습이니, 치장을 잘한 것이다. 예컨대 (계단을) 오르내리고, 읍하고 사양하는 일은 천하에 당연한 이치가 있으나, 다만 이 이치는 (구체적인) 형상이 없기 때문에 이 예문을 지어 하나의 천리를 그려내어 사람이 보게 함으로써 의거할 수 있는 규범을 있게 한다. 그러므로 이를 일컬어 천리의 절문이라 한다.

○勉齋黃氏曰 如天子之服 十二章 上公 九章 各有等數 此 是節 若山龍華蟲之類爲飾 此 是文 如冠如婚 此 是人事 若冠禮裏 有三加揖讓升降處 此 是儀 若天子冠禮 則當如何 諸侯 則當如何 各有則樣 此 是則

면재 황씨가 말했다. 예컨대 천자의 복장은 12장이고, 상공의 복장은 9장인 것처럼 각각 등급이 있으니, 이것이 '절'이다. 예컨대 산이나 용, 꽃이나 벌레 등으로 장식을 삼으니, 이것이 '문'이다. 관례나 혼례 같은 것이 '인사'인데, 관례의 경우는 삼가(관 등을 세 차례 씌우면서 축수하는 일, 『의례』 1, 「사관례」)하고 읍하고 사양하고 오르고 내리는 일이 있으니, 이것이 '의'이다. 천자의 경우 관례는 마땅히 어떻게 해야 하는가, 제후는 어떻게 해야 하는가 등은 각각 기준이 되는 모습이 있으니, 이것이 '칙'이다.

○陳氏曰 天理 只是人事中之理 而具於心者也 天理在中 而著於事 人事在外 而根於中 天理其體 而人事其用也 節文儀則 四字相對說 節 則無太過 文 則無不及 儀在外 有可觀 則在內 有可守 儀 謂容儀有粲然可象底意 與文字相應 則 謂準則有確然不易底意 與節字相應 必有天理之節文 而後有人事之儀則

진씨가 말했다. 천리는 다만 인사 중의 이치로서 마음에 갖추어져 있는 것일 뿐이다. 천리는 (마음)속에 있지만 일에 드러나고, 인사는 (몸) 밖에 있지만 (마음)속에 근거를 두고 있다. 천리는 그(예의) 본체이고 인사는 그 쓰임이다. '절문의칙'의 네 글자는 서로 대응해 말한 것으로, '절(등급에 맞음)'한즉 큰 허물이 없고, '문(겉으로 잘 표현함)'한즉 미치지 못함이 없다. '의(겉모습)'는 밖에 있어서 볼 수 있고, '칙(준칙)'은 속에 있어서 가히 지킬 수 있다. '의'는 겉모습이 찬란하여 본뜰 만하다는 의미이니 '문'자와 상응되고, '칙'은 준칙이 확연하여 바꾸지 않는다는 의미이니 '절'자와 상응된다. 반드시 천리의 절문이 있은 연후에야 인사의 의칙이 있을 수 있다.

○胡氏曰 天理其體 故 先節而後文 人事其用 故 先儀而後則

호씨가 말했다. 천리는 그 본체이므로 '절'이 먼저이고, '문'이 뒤이다. 인사는 그 쓰임이므로 '의'가 먼저이고, '칙'이 뒤이다.

【집주】

和者 從七容反容不迫之意 蓋 禮之爲體 雖嚴 然 皆出於自然之理 故 其爲用 必從容而不迫 乃爲可貴

'화'란 조용하고 급박하지 아니하다는 뜻이다. 대개 예의 본체는 비록 엄하나 모두 자연스러운 이치에서 나오는 것인 까닭에 그 쓰임은 반드시 조용하고 급박하지 아니하니, 그래서 귀하게 여길 만한 것이다.

【세주】

新安陳氏曰 因用而遡其體 惟體 出於自然之理 故 其用 以從容不迫爲貴 從容不迫 蓋 從自然中來

신안 진씨가 말했다. 쓰임으로부터 그 본체를 거슬러 찾아가면 오로지 그 본체는 자연스러운 이치에서 나온 것이다. 그렇기 때문에 그 쓰임은 조용하고 급박하지 아니한 것을 귀히 여긴다. 조용하고 급박하지 아니함은 대개 자연스러움에서 나온다.

【집주】

先王之道 此 其所以爲美

선왕의 도는 이를 아름답게 여긴 바이어서,

【세주】

新安陳氏曰 此字 貼斯字 指禮之和而言

신안 진씨가 말했다. (집주의) '차'자는 (경문의) '사'자에 붙은 말로, 예의 조화로움을 가리키는 말이다.

【집주】

而小事大事 無不由之也

작은 일이나 큰일이나 그것으로 말미암지 않은 것이 없었다.

【세주】

朱子曰 禮之用 和爲貴 見君父 自然用嚴敬 此 是人情願 非由抑勒矯拂 是人心固有之同然者 不待安排 便是和 纔出勉强 便不是和

주자가 말했다. '예의 쓰임은 조화로움을 귀히 여긴다(는 말은 아래와 같은 뜻이다).' 임금이나 아버지를 뵈면 저절로 엄숙함과 존경함으로써 대하게 되는데, 이는 (사람의 자연스러운) 인정이 바라는 것이지 억지로 강요하거나 교정한 결과로 나오는 것이 아니다. 이는 (모든 사람의) 인심이 본래 가지고 있는 다 같은 마음이니, 이리저리 꿰맞추지 않아도 곧 조화롭다. 만약 조금이라도 억지에서 나오면 이는 곧 조화로움이 아니다.

○和 是自家合有底 發見出來 無非自然

'화'는 [예] 그 자체에 당연히 들어 있는 것으로, 발현되어 나오면 자연스럽지 않은 것이 없다.

○禮 主於敬 而其用 以和爲貴 然 敬而和 著意做不得 纔着意嚴敬 卽拘迫而不安 要放寬些 又流蕩而無節 須是眞箇識得理之自然處 則事事物物上 都有自然之節文 雖欲不如此 不可得也 故 雖嚴而未嘗不和 雖和而未嘗不嚴也 又曰 和 便有樂底意思 故 和 是樂之本

예는 경(경건함)을 위주로 하지만 그 쓰임은 조화로움을 귀히 여긴다. 그러나 경건하면서도 조화롭게 되는 것은 의도한다고 되는 것이 아니다. 조금이라도 엄숙하고 경건한 데 뜻을 두면 구속되고 억압되어 불안해지고, 조금이라도 느슨하게 하려 하면 방탕에 흘러 절도가 없어지는 것으로, 반드시 이치의 자연스러운 바를 진정으로 인식해야 모든 사물에 다 자연스러운 절문이 있게 되니, (그렇게 되면) 비록 그러려고 하지 않아도 그러지 않을 수 없게 된다. 그러므로 비록 엄숙하나 조화롭지 않음이 없고, 비록 조화로우나 엄숙하지 않음이 없다. 또 말했다. 조화로움은 곧 즐겁다는 뜻이 있다. 그러므로 조화로움은 음악의 근본이다.

○禮 如此之嚴 分毫不可犯 何處有箇和 須知道吾心安處 便是和 如入公門 鞠躬 須是如此 方安 不如此 便不安 不安 便是不和 以此見得 禮中 本來有箇和 不是外面物事 至嚴之中 便是至和處 不可分作兩截看

예는 이처럼 엄숙하니 터럭만큼도 범할 수 없는 것인데, 어디에 조화로움이 있는가? 모름지기 내 마음이 편안한 곳이 곧 조화로움이라는 것을 알아야 한다. 예컨대 공문(관청의 문)에 들어갈 때 국궁하는 것은 반드시 이렇게 해야 편안하고 이렇게 하지 않으면 불안하기 때문이니, 불안하면 곧 조화롭지 못한 것이다. 이로 보건대 예 중에 본래 조화로움이 들어 있는 것이지, (예) 바깥에 있는 다른 물건이 아니다. 지극히 엄숙한 중에 곧 지극히 조화로운 바가 있으니, 둘을 자르듯 갈라 보아서는 안 된다.

○但 不做作 而順於自然 便是和 和 是嚴敬中順理 而安泰者也

단, (의도적으로) 작위하지 않고 자연스럽게 순응하는 것이 곧 조화로움이니, 조화로움이란 엄숙하고 경건한 중에 이치에 순응하여 편안하고 태평한 것이다.

○覺軒蔡氏曰 有子 專以禮之用言 朱子 兼以禮之體言 禮之用 固貴於和 論禮之體 則禮中 本有自然之和 非禮之外 又加從容也

각헌 채씨가 말했다. 유자는 오로지 예의 쓰임에 대해 말했고, 주자는 예의 본체를 겸해 말했다. 예의 쓰임은 본디 조화로움을 귀히 여기지만 예의 본체를 논한다면 예 중에 본래 자연스러운 조화가 있는 것이지, 예 이외에 또 조용함을 더하는 것이 아니다.

1.12-2 有所不行 知和而和 不以禮節之 亦不可行也

행하지 말아야 할 바가 있으니, 조화로워야 한다는 것만을 알아서 조화롭게 하려고만 하고 예로써 절제하지 않는 것, (이) 역시 행해서는 안 된다.

【집주】

承上文而言 如此而復扶又反 下同有所不行者 以其徒知和之爲貴而一於和 不復以禮節之 則亦非復禮之本然矣

윗글에 이어 말한 것이다. 그렇기는 하되 다시 또 행하지 않아야 할 바가 있으니, 헛되이 조화로움이 귀한 것인 줄만 알고 모든 것을 조화롭게만 하려 할 뿐 다시 예로써 절제하지 않으면 이 또한 예의 본연(의 모습)을 회복하는 것이 아니다.

【세주】

新安陳氏曰 節 卽天理節文中 本然之節

신안 진씨가 말했다. '절'은 곧 천리의 절문 중의 본연의 절도이다.

【집주】

所以 流蕩忘反 而亦不可行也

그래서 방탕에 흘러 돌이킴을 잊으니 또한 행해서는 안 되는 것이다.

【세주】

朱子曰 禮之用和 是禮中之和 知和而和 是放教和 纔放教和 便是離却禮了

주자가 말했다. '예의 쓰임은 조화롭다'고 할 때의 조화로움은 예 가운데의 조화로움이고, '조화로워야 한다는 것만을 알아서 조화롭게 하려고만 한다' 할 때의 조화로움은 제멋대로 하는 조화로움이다. 조금이라도 제멋대로 조화롭게 하면 곧 예를 떠나고 만다.

【집주】

○程子曰 禮勝則離 故 禮之用 和爲貴 先王之道 以斯爲美 而小大

由之 樂勝則流 故 有所不行者 知和而和 不以禮節之 亦不可行

정자가 말했다. 예가 지나치면 소원해지니, 그런 까닭에 예의 쓰임은 조화로움을 귀히 여긴다. 선왕의 도는 이를 아름답다고 여겨 작고 큰일을 모두 이로 말미암았다. 음악이 지나치면 (방탕으로) 흐르게 된다. 그러므로 행하지 말아야 할 바가 있으니, 조화로워야 한다는 것만을 알아서 조화롭게 하려고만 하고 예로써 절제하지 않는 것 또한 행해서는 안 된다.

【세주】

新安陳氏曰 禮勝則離 樂勝則流 二句 出樂記 此章 本只論禮 未嘗論樂 程子特借樂字 以言和字耳

신안 진씨가 말했다. '예가 지나치면 소원하고 음악이 지나치면 흐른다'는 이 두 구절은 (『예기』의) 「악기」에 나온다. 이 장은 본래 예를 논했을 뿐, 음악을 논한 것은 아닌데 정자가 특별히 '악'자를 빌려 '화'자를 말한 것이다.

○朱子曰 好就勝字上看 只爭這些子 禮纔勝些子 便是離了 樂纔勝些子 便是流了 知其勝 而歸之中 便是禮樂之正

주자가 말했다. '승(지나치다)'자라는 점에서 보면 이 '약간'이라는 것이 문제될 뿐이다. 예가 약간이라도 지나치면 곧 소원해진다. 음악이 약간이라도 지나치면 곧 방탕으로 흐른다. 그 지나침을 알고 적정함으로 돌아오는 것, (그것이) 곧 예악의 올바름이다.

○和 固不可便指爲樂 是禮中之樂 如天子八佾 諸侯六 大夫四 士二 此樂之有節處 又是樂中之禮也 便見禮樂不相離

조화로움은 본디 (그냥) 음악을 가리키는 것이 아니라, 예에 속하는 음악에만 해당된다. 예컨대 천자의 팔일, 제후의 육일, 대부의 사일, 사의 이일 같은 것으로, 이것이 음악 중에서 등급이 있는 것이고 또 음악 중의 예이니, 곧 예와 음악은 서로 떨어질 수 없는 것임을 알 수 있다.

○天下之事 嚴而不和者 却少 和而不節之以禮者 常多 又曰 如人入神廟自然敬肅 不是强爲之 禮之用 自然有和意 禮之和處 便是禮之樂 樂有節處便是樂之禮

천하의 일에서 엄숙하되 조화롭지 못한 것은 오히려 적고, 조화롭되 예로써 절제하지 못하는 것은 항상 많다. 또 말했다. 예컨대 사람이 신묘에 들어갈 때는 저절로 경건·엄숙해지는데, 이는 억지로 하는 것이 아닌 것처럼 예의 쓰임은 저절로 조화로운 뜻이 있다. 예가 조화로운 곳이 곧 예의(예에 포함되는) 음악이며 음악이 절제된 곳이 곧 음악의(음악에 포함되는) 예이다.

○問 從容不迫 如何謂之和 曰 只是說行得自然如此 無那牽强底意思 便是從容不迫 那禮中 自有箇從容不迫 不是有禮後 更添箇從容不迫 若離了禮說從容不迫 便是自恣 又曰 只是立心 要從容不迫不得 纔立心要從容不迫少間便都放倒了 且如聖人 恭而安 聖人 只知道合著恭 自然不待勉强而安纔說要安排箇 安 便添了一箇

물었다. 조용하고 급박하지 아니한 것을 왜 조화로움이라고 합니까? 답했다. 그렇게 자연스럽게 행해 억지로 끌고 가려는 의도가 없는 것이 곧 조용하고 급박함이 없는 것이라는 말이다. 그 예 가운데 본디 조용하고 급박하지 아니함이 있는 것이지, 예가 있은 다음에 다시 또 조용하고 급박하지 아니함을 더하는 것이 아니다. 만약 예를 떠나 (예와 상관없이) 조용하고 급박하지 아니하다고 한다면, 이는 제멋대로 함이다. 또 말했다. 다만 마음을 세워(의도적으로) 조용하고 급박하지 아니하려 해서는 안 된다. 마음을 세워 조용하고 급박하지 않으려 하면 금방 모든 것이 무너지고 만다. 또 예컨대 성인은 공손하되 편안하다고 하는데, 성인은 다만 마땅히 공손해야 함을 아시니, 자연히 애쓰지 않고도 편안하신 것이다. 만약 안배(의도적으로 고려함)해야 한다고 말한다면, 이는 곧 또 편안함 하나를 더하는(저절로 그렇게 되는 것이 아니라 따로 더 추구하는) 것이다.

○問 禮之體 雖截然而嚴然 自然有箇撙節恭敬底道理 故 其用 從容和緩所以爲貴 苟徒知和 而專一用和 必至於流蕩 而失禮之本 今人 行事 莫是用先全禮之體 而後雍容和緩以行之否 曰 是

물었다. 예의 본체는 비록 자른 듯이 엄연하지만 저절로 절도 있고 공경하는 도리가 있습니다. 그러므로 그 쓰임에서는 조용하고 온화한 것이 귀히 여기는 바가 됩니다. 만약 헛되이 조화로움만 알고 오로지 조화로움만 쓴다면 반드시 방탕함으로 흘러 예의 근본을 잃을 것입니다. 요즈음 사람들은 행사에 먼저 예의 본체를 완전하게 행하고, 그런 다음에 또 포용함과 온화함을 (따로 더) 행하는 것 아닙니까? 답했다. 맞다.

○知和而和 却是一向去求和 便是離了禮 且如端坐 不如箕踞 徐行後長者不如疾行先長者 到這裏 更有甚禮 可知是不可行也

'조화로워야 한다는 것만을 알아서 조화롭게만 하려 한다'는 것은 내내 조화로움만을 추구하는 것이니, 이는 곧 예를 벗어난 것이다. 또 예컨대 단정히 앉아야지 다리를 뻗고 앉아서는 안 된다거나 윗사람보다 뒤에 천천히 가야지 윗사람보다 먼저 빨리 가서는 안 된다는 등 이런 곳에도 또 어떤 예가 있으니, 이[예를 벗어나는 것]를 행해서는 안 된다는 것을 알 수 있다.

○問 伊川曰 別而和 別字 如何 曰 分雖嚴 而情却通

물었다. 이천이 말하기를 '별이화(別而和: 구별이 있되 조화로움)'라고 했는데, 이때 '별'자는 무슨 뜻입니까? 답했다. 분수는 비록 엄하지만 정은 오히려 통한다.

○問 上蔡謂 禮樂之道 異用而同體 如何 曰 禮主敬 敬則和 這 便是他同體處 又曰 禮主於敬 樂主於和 此 異用也 皆本之於一心 是 同體也

물었다. 상채(사양좌)가 말하기를 예와 음악의 도는 쓰임은 다르지만 그 본체는 같다고 했는데, 왜 그렇습니까? 답했다. 예는 경건함을 주로 하니, 경건하면 곧 조화롭다. 이것이 곧 그 본체가 같은 곳이다. 또 말했다. 예는 경건함을 주로 하고 음악은 조화로움을 주로 하니, 이는 쓰임이 다른 것이다. 모두 한마음에 근본을 둔 것이니 이는 본체가 같은 것이다.

○和 是碎底敬 敬 是合聚底和 蓋 發出來 無不中節 便是和處

조화로움(화)은 잘게 부서진(개개의 사태마다 드러난) 경건함(경)이며, 경건함(경)은 하나로 모인(하나로 추상화된) 조화로움(화)이다. 대개 드러나면 절도에 맞지 아니함이 없는 것, 그것이 곧 조화로움이다.

○敬與和 猶小德川流 大德敦化

경건함과 조화로움은 작은 덕이 개울마다 흐르고[쓰임으로서의 화에 대한 비유], 큰 덕이 두터이 교화시키는 것[본체로서의 경에 대한 비유]과 같다.

○問 先生常云 敬是合聚底和 和是碎底敬 是 以敬對和而言否 曰 然 敬只是一箇敬 無二箇敬 二 便不敬矣 和 便事事都要和 這裏也恰好 那裏也恰好 這處也中節 那處也中節 若一處不和 便不是和矣 敬 是喜怒哀樂未發之中 和 是發而皆中節之和 纔敬 便自然和 如敬在這裏坐 便自有箇氤氳磅礴氣象 凡恰好處 皆是和

물었다. 선생은 항상 경건함(경)은 모인 조화로움(화)이고 조화로움(화)은 부서진 경건함(경)이라고 했는데, 이는 경건함을 조화로움과 대비시켜 말한 것입니까? 답했다. 그렇다. 경건함(경)은 다만 하나의 경건함일 뿐, 두 개의 경건함이 있는 것이 아니다. 둘이면 곧 경건함이 아니다. 조화로움(화)이란 모든 일에 다 조화로워야 한다는 것으로 여기에도 꼭 맞고 저기에도 꼭 맞고, 여기서도 법도에 맞고 저기서도 법도에 맞아야지, 만약 한 군데라도 조화롭지 않으면 이는 곧 조화로운 것이 아니다. '경(경건함)'은 희로애락이 아직 드러나지 않은 상태에서 (이치에) 맞는 것이고, '화(조화로움)'는 이미 드러난 후에 모든 것이 법도에 맞는 조화로움이다. 경건하기만 하면 곧 저절로 조화로워진다. 경건하게 여기에 앉아 있으면 곧 저절로 천지의 충만한 기상이 있다. 무릇 꼭 맞는 것은 모두 조화로운 것이다.

○問 禮樂之用 相反相成 曰 且如而今對面端嚴而坐 這 便是禮 合於禮 便是和 如君臣之間 君尊臣卑 其分甚嚴 若以勢觀之 自是不和 然 其實 却是 甘心爲之 皆合於禮 而自和矣

물었다. 예와 음악의 쓰임은 서로 상반됩니까, 서로 보완됩니까? 답했다. 또 예컨대 지금 (우리가) 대면하여 단정하고 엄숙하게 앉아 있는 것, 이것이 곧 예이다. 예에 맞으면 곧 조화롭다. 예컨대 군신 사이에는 임금은 높고 신하는 낮아서 그 구분이 심히 엄한데, 만약 세력으로 보면 그 자체는 조화롭지 못한 것이지만 기실은 오히려 마음으로 달게 여겨 하는 것이니 모두 예에 합치하고 저절로 조화롭다.

○西山眞氏曰 太嚴而不通乎人情 故 離而難合 太和而無所限節 則流蕩忘反 所以 有禮須用有樂 有樂須用有禮 此禮樂 是就情性上說

서산 진씨가 말했다. 지나치게 엄해 인정에 통하지 않는 까닭에 소원하고 화합하기 어렵게 된다. 지나치게 조화로워서 한도와 절제가 없어지면 방탕으로 흐르고 돌이킴을 잊게 된다. 그래서 예에는 반드시 음악을 쓰고 음악에는 반드시 예를 쓴다. 이(때의) 예악이란 정성(의 개념)에 입각해 말한 것이다.

○雙峯饒氏曰 有子 論仁論禮 皆只說得下面一截 上面一截 須待程子朱子 爲發明之

쌍봉 요씨가 말했다. 유자가 인을 논하고 예를 논했지만 모두 다만 아래쪽(낮은 수준)만 설명할 수 있었을 뿐이고, 위쪽(높은 수준)은 정자와 주자가 밝혀주기를 기다려야만 했다.

【집주】

范氏名 祖禹 字 淳夫 成都人 曰 凡禮之體 主於敬 而其用 則以和爲貴 敬者 禮之所以立也 和者 樂之所由生也 若有子 可謂達禮樂之本矣

범씨<이름은 조우이고, 자는 순부이다. 성도 사람이다>가 말했다. 무릇 예의 본체는 경(경건함)을 주로 하되, 그 쓰임은 화(조화로움)를 귀히 여긴다. 경이란 예가 서는 바(근거하는 바)이며, 화란 음악이 말미암아 나오는 곳(기원하는 곳)이다. 유자의 경우는 예악의 근본에 통달했다고 말할 수 있다.

【세주】

朱子曰 自心而言 則心爲體 敬和爲用 以敬對和而言 則敬爲體 和爲用 大抵體用 無盡時 只管恁地推將去

주자가 말했다. 마음에 대해 말하자면 마음은 체(본체)가 되고 경과 화는 용(쓰임)이 된다. 경을 화에 대비시켜 말하자면 경이 체가 되고 화가 용이 된다. 대저 체와 용(의 연결 관계)은 끝날 때가 없으니, 다만 그렇게 (연결되어) 나아갈 뿐이다.

○和 固不可便指爲樂 然 乃樂之所由生 和 有樂底意思

화는 본디 (그냥) 음악을 가리키는 것이라고는 할 수 없다. 그러나 이는 음악이 말미암아 나오는 곳이니, 화는 즐겁다는 뜻이 있다.

【집주】

愚謂 嚴而泰 和而節 此 理之自然 禮之全體也 毫釐有差 則失其中正 而各倚於一偏 其不可行 均矣

내가 생각건대 엄숙하면서도 편안하고 조화로우면서도 절제됨, 이는 이치의 자연스러움이고 예의 모든 것이다. 조금이라도 차이가 있으면 그 중정함을 잃어버려 각각 한쪽으로 치우치니, 그 행할 수 없음은 마찬가지이다.

【세주】

新安陳氏曰 嚴 謂禮之體嚴 泰 謂自然之理及從容不迫 此 指上一節 和 謂知和之和 節 謂以禮節之之節 此 指下一節 程范 借樂字 以形容和字 朱子要歸之 論只言禮 而不及樂的矣 嚴而泰 和而節 六字 斷盡一章大意

신안 진씨가 말했다. 엄(엄숙함)은 예의 본체가 엄숙하다는 말이고, 태(편안함)는 자연스러운 이치가 조용하고 급박하지 아니함으로 이어지는 것을 말한다. 이는 (경문의) 위의 한 구절을 가리킨다. 화(조화로움)는 '지화이화(조화로워야 한다는 것만을 알아서 조화롭게 하려고만 함)'의 화를 말하고, 절(절제함)은 '이예절지(예로써 절제함)'의 절을 말한다. 이는 아래 한 구절을 가리킨다. 정씨와 범씨는 '악'자를 빌려 '화'자를 형용했다. 주자는 (이 장의 본지로) 돌아가고자 예를 논했을 뿐 음악은 언급하지 않았다. '엄이태 화이절(엄숙하면서도 편안하고 조화로우면서도 절제됨)' 이 여섯 글자는 이 장의 대의를 단연코 완벽하게 설명했다.

○雲峯胡氏曰 集註 前一節 分體用 後一節 獨說全體 何也 前章 是因有子言用 而推原其體 後總說禮之全體 則包前所謂體用者 在其中矣 如天高地下 合同而化 便是嚴而泰 如四時陰陽沖和有節氣有中氣 此 便是和而節 此 固自然之理 而禮之全體如此也 然 禮之全體 嚴者 未嘗不泰 人 則有嚴而失其中者矣 未免倚於嚴之一偏 不可行矣 禮之全體 和者 未嘗不節 人 則有和而失其正者矣 未免倚於和之一偏 亦不可行矣 一偏字 與全體字相反 夫其體之全也 本如此 而人之偏也 乃如此 人之於理 有毫釐之差 則失之故也

운봉 호씨가 말했다. 집주의 앞 한 구절은 체와 용을 나눴고, 뒤 한 구절은 다만 전체를 설명했는데 이는 무엇 때문인가? 앞의 장은 유자의 말을 빌미삼아 용을 말하되 그 체로 근원을 거슬러 올라갔고, 그 다음에 예의 전체를 모두 설명했으니, 앞서 말한 바의 체와 용을 모두 포괄한 것이 그 가운데 있다. 예컨대 '하늘은 높고 땅은 낮아 서로 합해 (만물을) 낸다'는 것이 곧 '엄이태'이며, '사시와 음양이 조화를 이루니 절제된 기운이 있고 꼭 맞는 기운이 있다'는 것이 곧 '화이절'이다. 이는 본디 자연의 이치이며, 예의 전체가 이와 같은 것이다. 그러나 모든 예에서 엄숙한 것은 편안하지 않은 것이 없지만, 사람은 엄숙하되 적정함을 잃어버리고 엄숙함 한쪽으로만 치우침을 면하지 못하는 경우가 있으니, (그런 일을) 행해서는 안 된다. 모든 예에서 조화로운 것은 절제되지 않은 것이 없지만, 사람은 조화롭되 그 바름을 잃어버리고 조화로움 한쪽으로만 치우침을 면하지 못하는 경우가 있으니, 또한 행해서는 안 된다. '일편(한쪽으로만 치우침)'이라는 글자는 '전체'라는 글자와 상반된다. 무릇 그 (예의) 본체의 완전함도 본래 이와 같고, 사람의 편벽됨도 또 이와 같으니, (이것이) 사람이 이치에서 조금이라도 차이가 있으면 잘못에 빠지는 이유이다.

1.13 有子曰 信近於義 言可復也 恭近於禮 遠恥辱也 因不失其親 亦可宗也近 遠 皆去聲

유자가 말했다. 약속이 의에 가까우면 (그 약속의) 말은 실천할 수 있다. 공손함이 예에 가까우면 치욕을 멀리할 수 있다. 의탁함에 그 친함을 잃지 않으면 또한 가히 종주로 삼을 수 있다.

【집주】

信 約信也

'신'은 약속이다.

【세주】

慶源輔氏曰 此信字 本是約信 若只是誠信之信 則信是實理 豈有不近義者哉

경원 보씨가 말했다. 이 '신'자는 본래 약신(약속)이라는 뜻이다. 만약 성신(참된 믿음)의 신이라면 이 신은 참된 이치를 뜻하게 되니, 어찌 의에 가깝지 않은 것이 있을 수 있겠는가?

○勉齋黃氏曰 以實之謂信 事之已見而以其實者也 約信 與人期約而求其實者也

면재 황씨가 말했다. 진실하게 하는 것을 신이라 하는데, 일이 이미 진실한 것으로 드러난 것이다. 약신(약속)은 남과 기약을 하고 그것을 실현하려는 것이다.

○汪氏炎昶曰 曲禮云 約信曰誓 約信二字 本此

왕염창이 말했다. (『예기』의) 「곡례」에서 말하기를 "약신은 서약이다"라고 했으니, '약신' 두 글자는 이를 본받은 것이다.

【집주】

義者 事之宜也 復 踐言也 恭 致敬也 禮 節文也

'의'란 일의 마땅함이다. '복'은 말을 실천하는 것이다. '공'은 지극히 공경함이다. '예'는 절문(성문화된 규범)이다.

【세주】

胡氏曰 信爲約信 恭爲致敬 皆指人之行此而言 非信恭之本體也

호씨가 말했다. 신은 약속이고 공은 지극히 공경하는 것이니 이는 모두 사람이 이러한 행동을 하는 것을 가리켜 하는 말이지 신과 공의 본체를 가리키는 것이 아니다.

○雲峯胡氏曰 義者 心之制 事之宜 此獨曰 事之宜 禮者 天理之節文 此獨曰 節文 蓋 所謂信恭者 非信恭之本體 故 所謂禮義者 亦非指本體而言 集註 未嘗輕下一字也

운봉 호씨가 말했다. 의란 마음(속)의 규범이요, 일의 마땅함인데 여기서 다만 일의 마땅함이라고만 하고, 예란 천리의 절문인데 여기서는 다만 절문이라고만 한 것은 대개 (여기서 말하는) 소위 신이나 공이라는 것이 신이나 공의 본체를 말하는 것이 아니기 때문이다. 그러므로 (여기서 말하는) 소위 예나 의라는 것 또한 본체를 가리켜 말한 것이 아니다(아니기 때문이다). 집주는 한 글자라도 함부로 쓴 적이 없다.

【집주】

因 猶依也 宗 猶主也 言約信而合其宜 則言必可踐矣

'인'은 의탁한다는 뜻이다. '종'은 주인이라는 뜻이다. 약속을 하되 그것이 마땅함에 합치한다면 그 말은 반드시 실천할 수 있다는 말이고,

【세주】

朱子曰 此 言謹始之意 始初與人約 便須思量 他日行得方可 諾之 若不度於義 輕諾之 他日言不可復 便害信也

주자가 말했다. 이는 처음을 삼가야 한다는 뜻을 말한 것이다. 애초에 남과 약속할 때에는 모름지기 잘 헤아려야만 다른 날 비로소 실천할 수 있다. 허락을 할 때 만약 옳은 일인지 헤아리지 않고 경솔히 허락해놓고, 다른 날 이행할 수 없다고 말하면 곧 신의에 해가 된다.

○如今人 與人要約 當於未言之前 先度其事之合義與不合義 合義則言 不

合義則不言 言之 則其言 必可踐而行之矣 今 不先度其事 且鶻突恁地說了 到明日 却說這事不義不做 則是 言之不可踐也 言而不踐 則是不信 踐其所言 又是不義 是 不先度之故

예컨대 오늘날 사람이 남과 약속하려 할 때는 마땅히 말하기 전에 먼저 그 일이 의리에 합당한지 합당하지 않은지를 헤아려야 한다. 의리에 합당하면 말하고, 합당하지 않으면 말하지 말아야 한다. 말을 하면 그 말은 반드시 실천할 수 있는 것이어야 한다. 지금 그 일을 먼저 헤아리지 않고 무작정 그렇게 말해버리고 다음날 이 일은 옳지 않아서 할 수 없다고 말한다면 이는 실천할 수 없는 말이 된다. 말해놓고 실천하지 않으면 이는 곧 믿음이 없는 것이 되고, 말한 바를 실천하면 또 이는 불의가 된다. 이는(이런 양난에 빠지는 것은) 먼저 헤아리지 못했기 때문이다.

【집주】

致恭而中去聲其節 則能遠恥辱矣

공손함을 지극히 하되 절도에 맞으면 능히 치욕을 멀리할 수 있다는 말이고,

【세주】

朱子曰 恭 只是低頭唱喏時 便看近禮不近禮

주자가 말했다. 공손함은 다만 머리를 숙이고 큰 소리로 대답할 때이지만(그럴 때 공손하다고 할 수 있지만), 또 예에 가까운지 가깝지 않은지는 살펴보아야 한다.

○如見尊長而拜 禮也 我 却不拜 被詰問 則無以答 這 便是爲人所恥辱 有一般人不當拜 而拜之 便是諂諛 這 則可恥可辱者 在我矣

예컨대 존장을 뵈올 때 절하는 것이 예인데도 나는 오히려 절하지 않아서 힐문을 당하면 대답할 말이 없다. 이것이 곧 남들에게 치욕을 당하는 것이다. 보통 사람들이 마땅히 절하지 않는데 (나만) 절하면 이는 곧 아부하는 것이니, 이는 부끄러워하고 수치스러워할 만한 것이 나에게 있는 것이다.

○近 猶合也 古人 下字寬 亦大綱說 雖未盡合禮義 亦已近禮義了

근(가까움)은 합치한다는 뜻이다. 옛사람들은 글자를 쓰는 방식이 관대했고 또 그 대강을 말했으니, 비록 완전히 예에 부합하지는 않더라도 또한 이미 예의에 가깝다고 했다.

○恭 凡致敬 皆恭也 禮 則辨其異 若與上大夫接 而用下大夫之恭 是 不及也 與下大夫接 而用上大夫之恭 是 過也 過與不及 必取辱矣

공손함이란 대개 지극히 공경하는 것이 다 공손함이라 할 수 있지만, 예는 차이를 가려야 한다. 예컨대 상대부와 접촉할 때 하대부를 대하는 공손함을 쓴다면 이는 미치지 못하는 것이며 하대부와 접촉할 때 상대부의 공손함을 쓴다면 이는 지나친 것이다. 지나친 것과 모자라는 것은 (모두) 반드시 치욕을 당하게 된다.

○雙峯饒氏曰 有子 氣象從容 辭不迫切 於禮義 皆以近言 集註 恐其寬緩故 直以合義中節言之 不用其辭 而用其意也

쌍봉 요씨가 말했다. 유자는 기상이 조용하고 언사가 박절하지 않아서 예의에 대해서는 모두 가깝다는 표현을 썼다. 집주에서는 그 관대하고 느슨한 것을 우려한 까닭에 곧바로 의리에 맞고 규정에 맞는다는 말을 썼으니, (이는) 그 언사를 채용하지 않고 그 뜻을 채용한 것이다.

【집주】

所依者 不失其可親之人 則亦可以宗而主之矣

의탁하는 자가 친할 만한 사람을 잃지 않으면 (나중에 그를) 가히 종주로 삼을 수 있다는 말이다.

【세주】

朱子曰 因之爲依 勢敵而交淺 如先主之依劉表 是也 宗之爲主 彼尊我賤 而以之爲歸 如孔子之於司城貞子蘧伯玉顔讎由 是也 依失其親 若未甚害 所宗而失其親 其害大矣 然 今日依之 則後日有時而宗之 是以 君子之有所因也 必求不失其親焉 則異日亦可宗主之矣

주자가 말했다. '인'한다는 것은 의탁한다는 것인데, 세력이 대등하면서 얕게 교류하는 것이니 예컨대 선주(유비)가 유표에게 의탁한 것이 그것이다. '종'한다는 것은 주인으로 삼는다는 것으로 그는 높고 나는 낮아서 그에게 귀부하는 것이니, 예컨대 공자께서 사성정자나 거백옥, 안수유에게 가신 것이 그것이다. 의탁하면서 그 친함을 잃는 것은 크게 해가 되는 것은 아니지만 종주로 삼으면서 그 친함을 잃으면 크게 해롭다. 그러니 오늘 (누군가에게) 의탁하면 다음에 언젠가는 (그 누구를) 주인으로 삼을 때가 있을 수 있으니, 이런 까닭에 군자가 의탁을 할 경우에는 반드시 그 친함을 잃지 않아야만 다른 날 또한 종주로 삼을 수 있다.

○因 如因徐辟之因 因 猶傍也 親 又較厚 宗 則宗主之 又較重 當時 羈旅之臣 所至 又有主 須於其初審其可親者 從而主之 可也

'인'은 '인서벽(서주의 근처 벽지에 있게 함)'의 인과 같으니, 인은 곁(부근에 둠)이라는 뜻이다. 친은 또 비교적 두터운 것(두터이 교제함)이고, 종은 종주로 삼는 것이니 또 비교적 무거운 것(심각한 일)이다. 당시의 기려지신(제 나라를 떠난 신하)은 이르는 곳에 또 주인이 있으니, 모름지기 애초에 그 가히 친할 만한 자를 가려 좇아 주인으로 삼는 것이 옳다.

【집주】

此 言人之言行去聲交際 皆當謹之於始說上三句 而慮其所終說下三句 不然 則因仍苟且之間 將有不勝平聲其自失之悔者矣

이는 사람이 말하고 행동하고 교제할 때 모두 마땅히 그 처음을 삼가고<위 세 구절을 설명한 것이다> **그 끝을 고려해야 한다는 것으로**<아래 세 구절을 설명한 것이다> **그렇지 않으면 그냥 하던 대로 그저 그렇게 해서 장차 자신의 실수를 후회하지 않을 수 없게 된다는 말이다.**

【세주】

問 恐言是約信 行是致恭 交際是依人 朱子曰 大綱如此 皆交際也 言可復便是行

물었다. (위 집주에서) 아마도 언은 약속이고, 행은 공손함을 다하는 것이고, 교제는 사람에게 의탁하는 것 아닌지요? 주자가 답했다. 대강은 그렇지만 (이는) 모두 교제이다. 말을 실천할 수 있다는 것은 행이다.

○此章 須用兩截看 上一截 信近義 恭近禮 因不失親 是交際之初 合下便思慮到底 下一截 言可復 遠恥辱 亦可宗 是 久後無弊之效 當初便當思量 到無弊處

이 장은 반드시 두 쪽으로 나누어 보아야 한다. 위의 한쪽은 '신근의', '공근례', '인부실친'인데, 이는 마땅히 교제의 시초에 철저하게 사려해야 한다는 것이고, 아래 한쪽은 '언가복', '원치욕', '역가종'인데, 이는 (시초에 잘 살펴보았기 때문에) 오래되어도 폐단이 없게 되는 효과이다. 애당초에 곧 마땅히 잘 헤아려야 폐단이 없게 된다.

○問 註 因仍苟且 曰 因仍與苟且 一樣字 因仍 猶因循 苟且 是且恁地做一般

물었다. 주의 '인잉구차'란 무엇입니까? 답했다. '인잉'과 '구차'는 같은 뜻의 글자이다. 인잉은 인순(과거의 방식을 그냥 따름)과 같고, 구차는 또 그냥 그렇게 똑같이 해나가는 것이다.

○雲峯胡氏曰 此章 皆謹始之意 與其悔於終 孰若謹之於始

운봉 호씨가 말했다. 이 장은 모두 처음을 삼가라는 뜻이다. 끝에 가서 후회하는 것에 비한다면 무엇이 처음에 삼가는 것만 하리오.

○東陽許氏曰 約言 必合於事之宜 防其過也 致恭 必中於禮之節 無過不及也 因不失親 擇交之道也 上兩節 欲明理 下一節 要知人 則皆無失 上兩節言行 是脩己之事 因親 是知人之事 三者 皆明理者 能之 三事 各開看 非相因之辭

동양 허씨가 말했다. 약속의 말은 반드시 일의 마땅함에 맞아야 그 허물을 막을 수 있다. 지극한 공손함은 반드시 예의의 절도에 맞아야 지나치거나 모자라지 않을 수 있다. 의탁할 때 그 친함을 잃지 말아야 함은 교제를 선택하는 도리이다. 위 두 구절은 이치를 밝히려는 것이고, 아래 한 구절은 사람을 알아보아야 한다는 것이니, 그리하면 모두 잘못이 없게 된다. 위 두 구절의 '언'과 '행'은 수기(스스로 닦음)의 일이고, (아래 한 구절의) '인'과 '친'은 사람을 알아보는 일이다. 이 세 가지는 모두 이치에 밝은 자라야 능히 할 수 있다. 이 세 가지 일은 각각 따로 보아야지, 서로 연결되는 말이 아니다.

1.14 子曰 君子 食無求飽 居無求安 敏於事 而愼於言 就有道而正焉 可謂好學也已好 去聲

공자께서 말씀하셨다. 군자가 먹음에 배부르기를 구하지 않고, 거처함에 편안하기를 구하지 않으며, 일에는 민첩하고 말에는 신중하며, 도 있는 사람에게 나아가 바로잡으면 가히 호학한다고 말할 수 있다.

【집주】

不求安飽者 志有在而不暇及也

편안함과 배부름을 구하지 않는 것은 뜻이 (다른 데) 있어 (생각이) 미칠 틈이 없는 것이다.

【세주】

朱子曰 食無求飽 居無求安 須是見得自家心裏 常有一箇合當緊底道理 此類 自不暇及

주자가 말했다. '먹음에 배부르기를 구하지 않고 거처함에 편안하기를 구하지 않는다'고 함은 모름지기 스스로 마음속에 항상 하나의 마땅히 긴요한 도리가 있음을 알아 그런 것(배부름, 편안함)에는 저절로 미칠 틈이 없는 것이다.

○新安陳氏曰 志在學 自不暇及於求安飽

신안 진씨가 말했다. 뜻이 배움에 있기 때문에 편안함과 배부름에 미칠 틈이 없다.

【집주】

敏於事者 勉其所不足 謹於言者 不敢盡其所有餘也

일에 민첩한 것은 그 부족한 바를 (채우려) 노력하는 것이고, 말에 신중한 것은 감히 남은 바(다 못 하고 남은 말)를 다하지 않는 것이다.

【세주】

朱子曰 言 易得多 故 不敢盡 行底 易得不足 故 須敏 又曰 行 常苦於不足 言 常苦於有餘

주자가 말했다. 말은 많기가 쉬우므로 감히 다 하지 않는 것이며, 행하는 것은 부족하기가 쉬우므로 반드시 민첩하게 해야 한다. 또 말했다. 행동은 항상 부족한 것이 문제이고, 말은 항상 넘치는 것이 문제이다.

○雙峯饒氏曰 敏於事之事 非特指行事而言 凡學問思辨窮理之事 皆事也

쌍봉 요씨가 말했다. '일에 민첩하다'고 할 때의 일은 다만 행사(살아가면서 하는 실제적인 일)만을 가리켜 하는 말이 아니다. 무릇 학문하고 사변하고 궁리하는 일이 모두 일이다.

○新安陳氏曰 中庸曰 有所不足 不敢不勉 有餘 不敢盡 集註 取以訓此

신안 진씨가 말했다. 『중용』(13장)에 말하기를 "부족한 바가 있으면 감히 애쓰지 않을 수 없고, 남는 것이 있어도 감히 다할 수 없다"라고 했는데, 집주는 (이를) 취해 이 구절을 훈석했다.

【집주】

然 猶不敢自是 而必就有道之人 以正其是非 則可謂好學矣

그러나 오히려 감히 스스로 옳다고 생각하지 않고 반드시 도 있는 이에게 나아가 그 옳고 그름을 바로잡으면 호학한다고 말할 수 있다.

【세주】

朱子曰 不求安飽 是其存心處 敏事謹言 是其用工處 須就正方得 有許多工夫 不能就有道以正 其是非也不得 無許多工夫 雖然就正有道 亦徒然

주자가 말했다. 편안함과 배부름을 구하지 않는 것은 마음을 보존하는 일에 해당되며, 일에 민첩하고 말에 신중한 것은 그 노력하는 일(실천하려는 노력)에 해당된다. 모름지기 나아가 바로잡아야만 하니, 허다한 공부가 있다 하더라도 도 있는 이에게 나아가 바로잡지 못하면 그 (공부의) 옳고 그름마저도 알 수 없다. (반면) 허다한 공부가 없으면 비록 도 있는 이에게 나아가 바로잡더라도 (바로잡을 대상이 없어) 또한 헛일이다.

○此章 須反覆看其意思如何 若只不求安飽 而不謹言敏行 有甚意思 若只

謹言敏行 而不就正有道 則未免有差 若工夫不到 則雖親有道 亦無可取正者 聖人之言 周遍 無欠缺類 如此

이 장은 모름지기 그 뜻이 어떤지를 반복해서 보아야 한다. 만약 다만 편안함과 배부름을 구하지는 않더라도 말을 삼가고 일을 민첩하게 하지 않으면 무슨 의미가 있으리오. 만약 말을 삼가고 일을 민첩히 하더라도 도 있는 이에게 나아가 바로잡지 않으면 잘못이 있음을 면할 수 없다. 만약 공부에 이르지 아니하면 비록 도 있는 이와 친하더라도 또한 바로잡을 만한 대상이 없다. 성인의 말씀은 두루 미치어서 흠결 같은 것이 없음이 이와 같다.

【집주】

凡言道者 皆謂事物當然之理 人之所共由者也

무릇 도라고 하는 것은 모두 사물의 당연한 이치요, 사람들이 함께 말미암는 바이다.

【세주】

朱子曰 道卽理也 以人所共由 則謂之道 以其各有條理而言 則謂之理

주자가 말했다. 도는 곧 이치이다. 사람들이 같이 말미암는다는 점에서는 도(길)라고 하고, 그 각각이 조리가 있다는 점에서 말한다면 이(이치)라고 한다.

○雲峯胡氏曰 學而篇 言道者 三 前兩道字 泛 此一道字 切 父之道 是父之所由 先王之道 是先王之所由 故 集註 獨於此 釋之曰 人之所共由 道猶路然 人所由者 謂之非路 不可 不若人之所共由者則大路也

운봉 호씨가 말했다. 「학이」편에서 도를 말한 것은 세 번인데, 앞의 두 '도'자는 범(포괄적)하고, 이번의 '도' 한 자는 절실하다. 아버지의 도란 아버지가 말미암는 바이며, 선왕의 도란 선왕이 말미암는 바이다. 그러므로 집주는 다만 이 장에서만 그것(도)을 사람들이 함께 말미암는 바라고 해석했으니, (이때의) 도는 곧 길이다. 그러나 사람이 말미암는 바를 길이 아니라고 할 수는 없지만, '사람들이 함께 말미암는 것이니 이는 (단순히 길이 아니라) 큰 길이다'라고 하는 것만 못하다.

○新安陳氏曰 此有道字 指有道之人 此人之身 與道爲一 能由人所共由之道者也

신안 진씨가 말했다. 이 '유도(도 있음)'라는 글자는 도 있는 이를 가리킨다. 이 사람의 몸은 도와 일체가 되어 능히 사람들이 함께 말미암는 도로 말미암을 수 있는 자이다.

【집주】

○尹氏曰 君子之學 能是四者 可謂篤志力行者矣 然 不取正於有道 未免有差 如楊墨 學仁義而差者也 其流 至於無父無君 謂之好學 可乎

윤씨가 말했다. 군자의 배움이 이 네 가지에 능하면 뜻이 두텁고 실행에 힘쓰는 자라고 할 수 있다. 그러나 도 있는 이에게 나아가 바로잡지 않으면 어긋남을 면할 수 없으니, 예컨대 양묵(양자와 묵자, 즉 양주와 묵적)은 인의를 배웠지만 어긋난 자이다. 그 폐단이 흘러 무군무부(임금이 없고 아버지가 없음)에 이르렀으니 그것을 호학이라 할 수 있겠는가?

【세주】

朱子曰 楊氏 以世人營營於口利 埋沒其身 而不自知 故 獨潔其身以自高 然 不知義者 制事之宜處 人倫事物 各當其所 乃合於義 今 但知有己而已 使人皆如此潔身自爲 則天下事 教誰理會 此 便是無君 墨氏 見世人自私自利 不能及人 故 欲兼天下 而盡愛之 然 不知仁者 心無不溥遍 而施則有差等 心皆溥遍者 仁也 其理一 施有差等者 仁中之義也 其分殊 今 親親與仁民同 是待親猶他人也 此 便是無父 此 學者所以必求正於有道也

주자가 말했다. 양씨(양주)는 세상 사람들이 입의(물질적) 이익을 경영하는데 그 몸이 매몰되어 있으면서도 스스로 깨닫지 못하는 까닭에 홀로 그 몸을 깨끗이 함으로써 스스로 고상하다고 생각했지만, 그러나 의로움이라는 것이 일을 제어하는 마땅한 바라는 것을 몰랐다. 인륜과 사물은 각각 그 마땅한 바에 합당해야 곧 의에 맞게 된다. 지금 단지 자기가 있는 것만을 알아서, 사람들로 하여금 모두 이처럼 스스로 몸을 깨끗이 하여 자기만을 위하게 한다면 천하의 일은 누구로 하여금 알아 처리하게 한단 말인가? 이것이 곧 무군(임금이 없음)이다. 묵씨(묵적)는 세상 사람들이 개인의 사리사욕만 추구하고 남에게는 미치지 아니하는 것을 본 까닭에 천하를 아울러 다 사랑하려 했지만, 그러나 인이라는 것이 마음으로는 두루 미치지 아니하는 것이 없지만 베풀 때는 차등이 있다는 것을 몰랐다. 마음이 모두 두루 미치는 것이 인이니 그 이치는 하나이지만, 베풂에 차등이 있는 것은 인 가운데의 의이니 그 분수는 다른 것이다. 지금 부모를 친히 하는 것을 백성에게 어질게 대하는 일과 같이 한다면 이는 부모를 마치 남처럼 대하는 셈이다. 이것이 곧 무부(아버지가 없음)이다. 이것이 배우는 자가 반드시 도 있는 이에게 바로잡음을 구해야 하는 이유이다.

○勉齋黃氏曰 尹氏 所謂篤志 爲不求安飽而言也 所謂力行 爲敏事愼言而言也 以是四字 而繼之以集註不敢自是之言 然後足以盡此章之旨 蓋 此章謂之好學 非篤志力行不自是 亦無以見其所以爲好也

면재 황씨가 말했다. 윤씨가 말한 바 독지(뜻이 돈독함)란 편안함과 배부름을 구하지 않는 것을 말하고, 역행이란 일에 민첩하고 말을 삼가는 것을 말한다. 이 (독지역행) 네 글자에 집주의 '감히 스스로 옳다고 생각하지 않는다'는 말을 이은 연후에야 족히 이 장의 뜻을 다 드러냈다고 할 수 있다. 대개 이 장에서 말한 '호학(배움을 좋아함)'이라는 것이 '뜻을 두터이 하고 힘써 행하며 스스로 옳다고 여기지 아니함'이 아니라면 또한 좋아한다고 하는 것이 무엇인지를 알 수 없게 된다.

○雲峯胡氏曰 必無求 然後見其有好之之志 必敏愼 然後見其有好之之實 必取正有道 然後不差夫好之之路 此 足以見好學者之甚難得也

운봉 호씨가 말했다. 반드시 (배부름, 편안함 등을) 구하지 아니한 연후에야 그 좋아하는(호학하는) 뜻(의지)을 알 수 있고, 반드시 민첩하고 신중한 연후에야 그 좋아하는 실제를 알 수 있고, 반드시 도 있는 이에게 나아가 바로잡은 연후에야 좋아하는 길과 어긋나지 않게 된다. 이는 호학하는 자를 얻기가 매우 어려움을 보여주기에 족하다.

1.15-1 子貢曰 貧而無諂 富而無驕 何如 子曰 可也 未若 貧而樂 富而好禮者也樂 音洛 好 去聲

자공이 말했다. 가난하면서도 아첨하지 아니하고 부유하면서도 교만하지 아니하면 어떠합니까? 공자께서 답하셨다. 괜찮다. 그러나 가난하면서도 즐거워하고 부유하면서도 예를 좋아하는 것만은 못하다.

【집주】

諂 卑屈也 驕 矜肆也

'첨(아첨함)'은 비굴함이다. '교(교만함)'는 뽐내고 멋대로 하는 것이다.

【세주】

慶源輔氏曰 爲貧所困 則氣隨以歉 而爲卑屈 故 多求而諂 爲富所張 則氣隨以盈 而爲矜肆 故 有悖而驕

경원 보씨가 말했다. 가난해서 곤란을 겪으면 기가 따라 죽어서 비굴해지는 까닭에 얻으려고 아첨하는 경우가 많다. 부유해서 넉넉해지면 기가 따라 살아서 뽐내고 멋대로 하는 까닭에 어기고 교만해지는 경우가 있다.

【집주】

常人 溺於貧富之中 而不知所以自守 故 必有二者之病 無諂無驕 則知自守矣 而未能超乎貧富之外也 凡曰可者 僅可而有所未盡之辭也 樂 則心廣體胖 而忘其貧 好禮 則安處上聲善 樂音洛 上同 循理 亦不自知其富矣

보통 사람은 가난이나 부유함에 빠져 스스로 지킬 바를 모르는 까닭에 반드시 이 두 종류의 잘못이 있게 마련이다. 아첨하지도 않고 교만하지도 않으면 스스로 지킬 줄 아는 것이지만, 아직 가난함과 부유함을 초월하지는 못했다. 대개 가하다(괜찮다)라고 말하는 것은 겨우 괜찮다는 것으로, 아직 미진한 바가 있다는 말이다. 즐거워하면 마음이 넓고 몸이 넉넉하여 그 가난함을 잊고, 예를 좋아하면 편안히 선에 머물러 이치 따르기를 즐기니, 또한 자신의 부유함을 스스로 알지 못한다.

【세주】

漢 董仲舒 策孔子云 天地之性 人爲貴 明於天性 知自貴於物 知自貴於物 然後知仁義 知仁義 然後重禮節 重禮節 然後安處善 安處善 然後樂循理 樂循理 然後謂君子

한나라의 동중서는 공자에 대해 책문을 써서 (다음과 같이) 말했다. 천지의 본성은 사람이 귀하니, 하늘의 본성에 밝으면 자신이 사물보다 귀함을 알게 되고, 자신이 사물보다 귀함을 안 연후에 인의를 알게 된다. 인의를 안 연후에 예절을 중히 여기며, 예절을 중히 여긴 연후에 선에 편안히 머물게 된다. 선에 편안히 머문 연후에 이치 따르기를 즐기게 되고, 이치 따르기를 즐기게 된 연후에 군자라고 한다.

○慶源輔氏曰 心廣體胖者 指其樂之之象 安處善樂循理者 論其好禮之實

경원 보씨가 말했다. 마음이 넓고 몸이 넉넉하다는 것은 즐기는 모습을 가리킨다. 선에 편안히 머물고 이치 따르기를 즐긴다는 것은 예를 좋아하는 실제를 논한 것이다.

○新安陳氏曰 忘其貧 不自知其富 則超乎貧富之外矣

신안 진씨가 말했다. 그 가난함을 잊거나 스스로 그 부유함을 알지 못하면 빈부(라는 생각)의 밖으로 초월한 것이다.

○東陽許氏曰 樂與好禮 皆是心上言 故 上面 說心廣 下面 說樂循理 心既廣大寬平 則體 自然舒泰 此 由內以達外 行事 安於處善 蓋 其心 樂於循理也 此 由外以原內也 樂一字 全是心 故 先言內 禮有節文 於事上見 其好之則在心也 故 先言外 然 體 既安舒 烏得有卑屈 心 既樂循理 烏得有矜肆 却暗關上兩句 見得未若兩字意

동양 허씨가 말했다. 즐거워하는 것과 예를 좋아하는 것은 모두 마음에 대해 말한 것이다. 그러므로 위에서는 '마음이 넓다'고 했고, 아래에서는 '이치 따르기를 즐긴다'고 했다. 마음이 이미 광대하고 너그러우면 그 몸은 자연히 너그럽고 편안해진다. 이는 안으로 말미암아 겉으로 드러나는 것이다. 일을 함에 선에 머무는 것을 편안히 여긴다는 것은 대개 그 마음이 이치에 따르는 것을 즐긴다는 것이다. 이는 밖으로 말미암아 안을 추구하는 것이다. '낙(즐거워함)' 한 글자는 오로지 마음이기 때문에 안을 먼저 말했다. 예는 절문(성문화된 규범)이 있어 일에 (겉으로) 드러나는 것이지만, 그것을 좋아하는 것은 마음에 있다. 그러므로 먼저 겉을 말했다. 그러나 몸이 이미 편안하고 느긋한데 어찌 비굴함이 있을 수 있겠는가? 마음이 이미 이치 따르기를 즐기는데 어찌 뽐내고 멋대로 할 수 있겠는가? 은밀히 위 두 구절을 관련지어보면 '미약(그것만 못하다)' 두 글자의 뜻을 알 수 있다.

【집주】

子貢 貨殖音寔 蓋 先貧後富 而嘗用力於自守者

자공은 사업으로 돈을 벌었으니, 대개 전에는 가난했고 나중에는 부유하게 되었지만 일찍이 스스로 지키는 데 힘을 기울인 자이다.

【세주】

家語 子貢家 富累千金 好販與時轉貨 注云 買賤賣貴 以殖其貨

『가어』에 "자공의 집안은 수천 금을 가진 부자인데 장사를 잘해 때맞추어 돈을 굴렸다"라고 했다. (이 구절의) 주석에 말하기를 "싸게 사서 비싸게 팔아 그 돈을 불렸다"라고 했다.

【집주】

故 以此爲問

그런 까닭에 이런 질문을 했는데,

【세주】

新安陳氏曰 可也 是許其已能自守 而無諂無驕

신안 진씨가 말했다. '괜찮다'고 말하신 것은 그가 이미 능히 스스로 지켜 아첨하지 않고 교만하지 않음을 인정하신 것이다.

【집주】

而夫子 答之如此 蓋 許其所已能 而勉其所未至也

공자께서 이처럼 답하신 것은 대개 이미 능한 것을 인정하시면서도 그 이르지 못한 바를 (이르도록) 면려하신 것이다.

【세주】

新安陳氏曰 勉其更進於樂與好禮

신안 진씨가 말했다. 즐거워하고 예를 좋아하는 데까지 더 나아가기를 면려

하셨다.

○龜山楊氏曰 貧而無諂 則貧不至於濫 富而無驕 則富不至於溢 與夫貧而諂富而驕 蓋 有間矣 然 孔子 可之而未善也 故 又以貧而樂富而好禮 告之

구산 양씨가 말했다. 가난하되 아첨하지 않으면 가난이(가난 때문에) 아무렇게나 하는 데 이르지 않고, 부유하되 교만하지 않으면 부유함이(부유함 때문에) 넘침에 이르지 않으니, 가난하면서 아첨하고 부유하면서 교만한 것과는 대개 상당한 차이가 있다. 그러나 공자께서는 괜찮기는 하나 아직(완전히) 선하다고는 여기지 않으셨던 까닭에, 또 가난하되 즐거워하고 부유하되 예를 좋아해야 한다고 알려주셨다.

○朱子曰 富無驕 貧無諂 隨分量 皆可著力 如不向此上立得定 是 入門便差了

주자가 말했다. 부유하면서 교만하지 않고 가난하면서 아첨하지 않는 것은 분수와 역량에 따라 모두 힘을 기울일 수 있는 일이다. 만약 이것(부무교빈무첨)을 향해 바로 서지 않는다면 이는 입문에서부터 잘못된 것이다.

○貧 則易諂 富 則易驕 無諂無驕 是知得驕諂不好 而不爲之耳 樂 是他自樂了 不自知其爲貧也 好禮 是他所好者禮而已 亦不自知其爲富也

가난하면 아첨하기 쉽고 부유하면 교만해지기 쉽다. 아첨하지 않고 교만하지 않는 것은 교만과 아첨이 좋지 않다는 것을 알고 하지 않는 것이다. 즐거워한다는 것은 그 스스로 즐거워하여 가난하다는 것을 스스로 알지 못하는 것이다. 예를 좋아한다는 것은 그가 좋아하는 것이 예뿐이어서 또한 스스로 자신이 부유하다는 것을 알지 못하는 것이다.

○自無諂無驕者言之 須更樂與好禮 方爲精極 不可道樂與好禮 須要從無諂無驕上做去 蓋 有人資質 合下便在樂與好禮地位 不可更回來做無諂無驕底工夫 孔子意 做兩人說 謂一般人無諂無驕 不若那一般人樂與好禮 較勝他 子貢意 做一人說 謂無諂無驕 不若更樂與好禮 又曰 今人 未能無諂無驕 却便要到貧而樂 富而好禮 如何得 子貢 却盡得無諂無驕底了 聖人 更進得他 貧而樂富而好禮地位

아첨하지 않고 교만하지 않은 자에 대해 말하자면 반드시 또 즐거워하고 예를 좋아해야 비로소 정밀하고 극진하다고 하겠지만, 즐거워하는 것과 예를 좋아하는 것이 반드시 아첨하지 않고 교만해지지 않는 것에서 (공부를 시작)해나가야 되는 것이라고 할 수는 없다. 대개 어떤 사람의 자질이 원래 즐거워하고 예를 좋아하는 경지에 있으면 다시 돌아가 아첨하지 않고 교만해지지 않는 공부를 또 해나갈 필요는 없는 것이다. 공자의 뜻은 두 사람의 경우를 말씀하신 것으로, 아첨하지 않고 교만하지 않은 어떤 사람이 즐거워하고 예를 좋아하는 어떤 사람만 못하니 (후자가 전자보다) 더 낫다는 말씀이다. 자공의 뜻은 한 사람의 경우를 말한 것으로, 아첨하지 않고 교만하지 않는 것이 즐거워하고 예를 좋아하는 것만 못하다는 말이다. 또 말했다. 요즈음 사람들은 아첨하지 않고 교만하지 않는 것도 못하면서 오히려 곧 가난하되 즐거워하고 부유하되 예를 좋아하는 경지에 도달하려 하니 어찌 가능하겠는가? 자공은 아첨하지 않고 교만하지 않는 것을 완전히 성취했기에 성인께서 또 그가 가난하되 즐거워하고 부유하되 예를 좋아하는 경지로 나아가게 하신 것이다.

○問 子貢問 貧無諂富無驕 伊川諸說 大抵 謂其貨殖 非若後人之豐財 但此心未忘耳 今 集註謂 其先貧後富 則是亦嘗如後世生産作業矣 曰 聖人旣說貨殖 須是有些如此 看來子貢初年 亦是把貧富 煞當事了

물었다. 자공이 가난하면서 아첨하지 않고 부유하면서 교만하지 않은 것을 물은 데 대해 이천의 여러 설명은 대개 '그(자공의) 돈을 번 것은 뒷사람의 치부하고는 다르니, 다만 이 마음을 잊지 않았다'고 했는데, 지금 집주에서는 그가 전에는 가난했고 나중에는 부유했다고 했으니 이는 역시 후세의 생산하고 사업하는 일과 같은 것 아닙니까? 답했다. 성인께서 이미 돈을 벌었다고 하셨으니 반드시 이와 같은 일(돈 버는 일)이 좀 있었을 것이다. 자공의 초년을 보면 역시 빈부(경제적 관점)로써 모든 일을 처리했다.

○厚齋馮氏曰 無諂無驕 則知自守矣 然 猶有所用力焉 力少不逮 則諂驕復形 樂且好禮 則貧富兩忘矣 蓋 知樂天循理 而無復事於人事也

후재 풍씨가 말했다. 아첨하지 않고 교만하지 않은 것은 스스로 지킬 줄 아는 것이다. 그러나 아직은 노력해야 하는 바가 있어서, 힘이 모자라 미치지 못하면 곧 아첨과 교만이 다시 모습을 드러낸다. 즐거워하고 예를 좋아하면 빈부 두 가지를 모두 잊은 것으로, 대개 하늘을 즐기고 이치를 따를 줄 아는 것이니 다시 사람의 일에 일삼을 것이 없다.

1.15-2 子貢曰 詩云 如切如磋 如琢如磨 其斯之謂與磋 七多反 與 平聲

자공이 말했다. 시에서 말하기를 "여절여차 여탁여마(자르고 다듬듯이 하며 쪼고 갈듯이 한다)"라고 했는데, 그것은 이를 말함입니까?

【집주】

詩 衛風淇奧於六反之篇 言治骨角者 旣切之而復磋之 治玉石者 旣琢之而復扶又反 下同磨之 治之已精 而益求其精也 子貢 自以無諂無驕爲至矣 聞夫子之言 又知義理之無窮 雖有得焉 而未可遽自足也 故 引是詩以明之

시는 (『시경』의) 「위풍」, <기욱>편(장)이다. 뼈와 뿔을 가공하는 자는 이미 자르고 또 다시 다듬으며, 옥과 돌을 가공하는 자는 이미 쪼고 또 다시 가니 그 가공이 이미 정밀한 데도 또 더욱 정교해지기를 구한다는 말이다. 자공은 스스로 아첨하지 않고 교만하지 않는 것이 지극한 것이라고 생각했지만 공자의 말씀을 듣고서는 또 의리는 무궁하니 비록 얻은 것이 (약간) 있다 하더라도 성급히 자족해서는 안 된다는 것을 알았다. 그런 까닭에 이 시를 끌어대어 확인한 것이다.

【세주】

朱子曰 所謂義理無窮 不是說樂與好禮 自是說切磋琢磨精而益精耳

주자가 말했다. 소위 의리가 무궁하다는 것은 즐거워하는 것과 예를 좋아하는 것을 말하는 것이 아니고, 절차탁마가 정밀하되 더욱 정밀하게 하려는 것임을 말하는 것이다.

○子貢問 無諂無驕 夫子 以爲僅可 然 未若樂與好禮 此 其淺深高下 亦自分明 子貢 便說切磋琢磨 方是知義理之無窮也

자공이 아첨하지 않고 교만하지 않는 것을 물었을 때 공자께서는 겨우 괜찮기는 하지만 즐거워하고 예를 좋아하는 것만 못하다고 하셨으니, 이는 그 얕고 깊음과 높고 낮음이 저절로 분명하다. 자공이 곧 절차탁마를 말했으니 바야흐로 의리의 무궁함을 안 것이다.

○無諂無驕 隨事知戒 足以自守也 然 未見其於全體用功而有自得處也 樂與好禮 乃見其心之所存 有非貧富之所能累者 此 子貢所以有切磋琢磨之譬也 治骨角者 既切之而復磋之 治玉石者 既琢之而復磨之 皆先畧而後詳先粗而後精之意

아첨하지 않고 교만하지 않으면 일에 따라 경계할 바를 아는 것이니 족히 스스로 지킬 수 있다. 그러나 아직 그 '전체에 대해 노력함으로써 스스로 얻는 바가 있게 된다는 것'을 알지는 못한 것이다. 즐거워하고 예를 좋아한다는 것은 곧 그 '마음이 보존되어 빈부가 능히 누를 끼치지 못한다는 것'을 아는 것이다. 이것이 자공이 절차탁마의 비유를 한 까닭이다. 뼈와 뿔을 가공하는 자가 이미 자르고 또 다시 다듬는 것이나 옥과 돌을 가공하는 자가 이미 쪼고 또 다시 가는 것은 모두 먼저 간략히 한 뒤에 세밀하게 하고, 먼저 거칠게 한 뒤에 정교하게 한다는 뜻이다.

○子貢擧詩之意 不是專以此爲貧而樂富而好禮底工夫 蓋 見得一切事皆合如此 不可安於小成而不自勉也

자공이 시를 거론한 뜻은 오직 이(시의 의미)를 가난하되 즐거워하고 부유하되 예를 좋아하는 공부라고만 생각해서 그런 것은 아니다. 대개 모든 일이 다 이와 같으니, 작은 성취에 안주해 스스로 노력하지 않으면 안 된다는 것을 알았던 것이다.

○或問 大學傳 引此詩 以道學自修釋之 與此不同 何也 曰 古人引詩 斷章取義 姑以發己之志 或疎 或密 或同 或異 蓋不能齊也

혹자가 물었다. 『대학』의 「전」에서는 이 시를 인용하여 도를 공부하여 스스로 닦는 것이라고 해석했는데 여기의 해석과는 다르니 왜 그렇습니까? 답했다. 옛사람들이 시를 인용할 때는 단장취의(필요한 구절만 끊어서 그 뜻을 취함)하여 잠시 자신의 뜻을 드러냈기 때문에 혹 버성기거나 혹 밀접하기도 하고, 혹 같거나 혹 다른 경우도 있어서 똑같을 수 없다.

○勉齋黃氏曰 若謂無諂無驕爲如切如琢 樂好禮爲如磋如磨 則告往知來一句 便說不得 子貢 言無諂驕 夫子 言未若樂與好禮 子貢 便知義理無窮人 須就學問上做工夫 不可少有得而遽止 詩所謂如切磋琢磨 治之已精而益致其精者 其此之謂與

면재 황씨가 말했다. 만약 아첨하지 않고 교만하지 않은 것을 여절여탁(자르고 쪼는 단계, 거친 단계)이라고 하고, 즐거워하고 예를 좋아하는 것이 여차여탁(다듬고 가는 단계, 정밀한 단계)이라고 한다면, 가는 것을 알려주니 오는 것을 안다는 (아래의) 한 구절은 곧 말이 안 된다. 자공이 아첨하지 않고 교만하지 않는 것을 말하자 공자께서는 즐거워하고 예를 좋아하는 것만 못하다는 것을 말씀하셨는데, (이 말씀을 듣고) 자공은 곧 의리가 무궁하니 사람은 모름지기 학문을 공부해나감에 조금 얻었다고 하여 곧 그쳐서는 안 된다는 것을 알았다. 시에서 말한 바 절차탁마 같은 것은 이미 정밀하게 하고 또 더욱 그 정밀함을 더한다는 것이니, 그것은 이(의리가 무궁하여 공부를 그칠 수 없음)를 말함이리라.

○西山眞氏曰 凡製物爲器 須切琢成形質了 方可磋磨 旣切琢了 若不磋磨 如何得他精細潤澤

서산 진씨가 말했다. 무릇 재료를 가공해 기구를 만들 때에는 모름지기 자르고 쪼아 먼저 형태를 이룬 후에야 비로소 갈고 다듬을 수 있다. 이미 자르고 쪼았다고 해서 갈고 다듬지 않으면 어찌 그것을 정밀하고 매끄럽게 할 수 있겠는가?

1.15-3 子曰 賜也 始可與言詩已矣 告諸往而知來者

공자께서 말씀하셨다. 사(자공)야, 비로소 더불어 시를 말할 만하구나. 가는 것을 알려주니 오는 것을 아는구나.

【집주】

往者 其所已言者 來者 其所未言者

'왕(가는 것)'이란 이미 말한 것이고 '내(오는 것)'란 아직 말하지 않은 것이다.

【세주】

朱子曰 所已言 謂處貧富之道 所未言 謂學問之功

주자가 말했다. 이미 말한 것이란 빈부에 처하는 도리이며 말하지 않은 것이란 학문의 공이다.

○勉齋黃氏曰 此章 須是見得切磋琢磨 在無諂無驕樂與好禮之外 方曉得所已言所未言 前之問答 蓋 言德之淺深 此之引詩 乃言學之疎密

면재 황씨가 말했다. 이 장은 모름지기 절차탁마가 아첨하지 않고 교만하지 않으며 즐거워하고 예를 좋아하는 것 밖에(넘어서) 있다는 것을 알아야만 비로소 이미 말한 것과 아직 말하지 않은 것(의 의미)을 깨달을 수 있다. 앞의 문답은 대개 덕의 얕고 깊음을 말한 것이고 여기서의 시의 인용은 곧 배움의 성글고 치밀한 것을 말한 것이다.

【집주】

○愚按 此章問答 其淺深高下 固不待辯說而明矣 然 不切 則磋無所施 不琢 則磨無所措 故 學者 雖不可安於小成 而不求造七到反道之極致 亦不可騖音務於虛遠 而不察切己之實病也

내가 생각건대 이 장의 문답에서 그 얕고 깊음과 높고 낮음은 본디 말로 설명하지 않더라도 명확하다. 그러나 자르지 않으면 다듬는 일을 시행할 곳이 없고, 쪼지 않으면 가는 일을 조치할 곳이 없다. 그러므로 배우는 자는 비록 소성에 안주해 도 이룸의 극치를 구하지 않아서도 안 되지만, 또한 헛되고 먼 것에만 힘쓰고 자신의 절실한 문제점에 대해서는 살피지 않는 것도 안 된다.

【세주】

雲峯胡氏曰 常人二者之病 與學者切已之實病 當看兩病字 若只就貧富上說 貧者病諂 富者病驕 必除諂驕之病 然後可到樂與好禮地步 若就義理學問上說 則學者之病固多 必先除切已之實病 然後可求造道之極致也

운봉 호씨가 말했다. 보통 사람의 두 가지 병(두 가지 문제점, 아첨함과 교만함)과 배우는 자의 절실한 병에 대해서는 마땅히 두 '병'자를 보아야 한다. 만약 다만 빈부에 대해서만 말하자면 가난한 자의 병은 아첨이고, 부유한 자의 병은 교만이다. 반드시 아첨과 교만의 병을 제거한 연후에 즐거워하고 예를 좋아하는 경지에 도달할 수 있다. 만약 의리와 학문에 대해 말하자면 배우는 자의 병은 본디 여러 가지이지만, 반드시 먼저 자신의 절실한 병을 제거한 연후에 도 이룸의 극치를 추구할 수 있다.

○新安陳氏曰 切必貴磋 琢必貴磨 此正意也 必切 方可加磋 必琢 方可加磨 此餘意也

신안 진씨가 말했다. 자르는 것은 반드시 다듬는 것을 귀히 여기고, 쪼는 것은 반드시 가는 것을 귀히 여긴다는 것, 이는 (이 구절의) 본뜻이다. 반드시 잘라야만 다듬을 수 있고 반드시 쪼아야만 갈 수 있다는 것, 이는 잉여의(내포된) 뜻이다.

1.16 子曰 不患人之不己知 患不知人也

공자께서 말씀하셨다. 남이 나를 알아주지 않음을 걱정하지 말고 남을 알아보지 못함을 걱정하라.

【집주】

尹氏曰 君子 求在我者 故 不患人之不己知 不知人 則是非邪正或不能辨 故 以爲患也

윤씨가 말했다. 군자는 나에게 있는 것을 구하는 까닭에 남이 나를 알아주지 않는 것을 걱정하지 않는다. 남을 알아보지 못하면 혹 (남의) 옳고 그름과 사악하고 바름을 구분하지 못하게 되는 까닭에 (그것을) 걱정거리로 삼는 것이다.

【세주】

朱子曰 若宰相 不能知人 則用舍之際 不能進賢退不肖 若學者 不能知人 則處朋友之際 不能辨益友損友 又曰 論語上 如此言者 有三 不病人之不己知 病其不能也 不患莫己知 求爲可知也 聖人之言 雖若同 而其意 皆別 病其不能者 言病我有所不能於道 求爲可知者 當自求可知之實 然後人自知之 雖然如此 亦不是爲昭灼之行 以蘄人之必知

주자가 말했다. 만약 재상이 사람을 알아보지 못하면 (사람을) 쓰거나 버릴 때 현인을 등용하거나 못난 자를 퇴출시키지 못하게 된다. 만약 배우는 자가 사람을 알아보지 못하면 벗을 사귀는 경우에 이익이 되는 벗과 손해가 되는 벗을 가리지 못하게 된다. 또 말했다. 『논어』에는 이러한 말이 세 번 나오는데 (이 구절 외에 나머지 두 구절은) "남이 나를 알아주지 않음을 문제 삼지 말고 (나의) 능하지 못함을 문제 삼으라(「헌문」 32장)", "나를 알아주지 않음을 걱정하지 말고 알아줄 만하게 되기를 구하라(「이인」 14장)"이다. 성인의 말씀은 비록 비슷한 듯하지만 그 뜻은 모두 다르다. '능하지 못함을 문제 삼으라'는 말은 내가 도에 능하지 못한 바가 있음을 문제 삼으라는 말이고, '알아줄 만하게 되기를 구하라'는 말은 마땅히 스스로 알아줄 만한 실질을 얻은 연후에는 남들이 저절로 알아준다는 말이다. 비록 그렇기는 하지만 또한 눈에 띄는 행동을 해서 남이 꼭 알아주기를 다투라는 것은 아니다.

○見得道理明 自然知人 自家不識得道理破 如何知得他人賢否

도리를 명백히 알면 자연히 사람을 알아보게 된다. 스스로 도리를 완전히 모르면서 어떻게 남이 현명한지 아닌지 알겠는가?

○問 知人 是隆師親友 曰 小事皆然 然 學做工夫 到知人 地位 已甚高

물었다. 사람을 알아본다는 것은 스승을 모시거나 벗과 친히 지내는 것을 말합니까? 답했다. 작은 일도 모두 그렇다. 그러나 배워서 공부해 나아가 사람을 알아보는 데 이르면 그 경지는 이미 매우 높은 것이다.

○慶源輔氏曰 人不知己 其病 在人 己不知人 其病 在己 君子之學 爲己 不暇病人之病 而病己之病也

경원 보씨가 말했다. 남이 나를 알아주지 않으면 그 문제점은 남에게 있는 것이고, 내가 남을 알아보지 못하면 그 문제점은 내게 있는 것이다. 군자의 배움은 위기함(스스로 위함)에 있으니, 남의 문제를 문제 삼을 틈이 없고, 다만 내 문제를 문제 삼을 뿐이다.

○蔡氏曰 學而末章 與首章人不知而不慍 意實相關 里仁 憲問 衛靈篇 又三致意焉 學 必專求在己 庶無所慕於外也

채씨가 말했다. 「학이」편의 마지막 장은 첫 장의 '남이 알아주지 않아도 성내지 않는다'는 구절과 그 뜻이 실제로 상관이 있다. 「이인」, 「헌문」, 「위령공」편에서 또 세 번이나 그 뜻을 다했으니, 배움은 반드시 오직 나에게 있는 것을 구하는 것일 뿐 바깥(남의 평판)에 연연하는 바는 거의 없다.

○雲峯胡氏曰 始以不知不慍 終以此章 學而一篇終始也 始以不亦君子乎 終以無以爲君子也 始 則結以患不知人 終 則結以不知言無以知人 論語一書終始也 門人紀次 豈無意歟

운봉 호씨가 말했다. '알아주지 않아도 성내지 않는다'로 시작하여 이 장으로 끝나니, (이는) 「학이」편의 처음과 끝이다. (『논어』 전체는) '또한 군자가 아닌가'로 시작하여 '군자가 될 수 없다'로 끝나는데, 시작은 '남을 알아보지 못함을 걱정하라'로 마무리 짓고, 끝은 '말을 모르면 사람을 알아볼 방법이 없다'로 마무리했으니, (이는) 『논어』 전체의 처음과 끝이다. 문인들의 편찬 순서에 어찌 뜻이 없었겠는가?

○東陽許氏曰 此兩句 平說 只是不必欲人知我 我 却要知人 但 兩知字 不同 上知 只欲知己之善 下知 却欲知人之善惡 專就學者言 則上句不患人

不已知 便自可包後章患其不能之意在其中 便當明理脩身 自加精進 使有可知之實 則雖不求人知 而人必知之矣 下句 則凡尊師取友 與人交際往來 須知其善惡 而趨避之 然後無損而有益 然 此 專以學者言 聖人 則未嘗指定也 若推而言之 則上下皆可通 上句 論其極 則雖居高位 其處己應事 唯循天理 上不欺其君 下不病其民 內無愧於心 何必欲人盡知吾心也 否則有違道干譽之失矣 下句 論其極 則仕而擇可宗之人 有位而擧賢才爲用 爲宰輔 而進退百官 非知人之明 其可乎 否則賢愚混淆 分崩傾軋 而亂亡至矣

동양 허씨가 말했다. 이 두 구절은 일반적인 말씀으로, 다만 꼭 남이 나를 알아주기를 바라지 말고 오히려 내가 남을 알아보아야 한다는 것이다. 그러나 두 '지(알아본다)'자는 같지 않으니, 위의 '지'자는 다만 나의 선을 알아주기를 바란다는 것이고 뒤의 '지'자는 오히려 남의 선악을 알아본다는 것이다. 오직 배우는 자의 입장에서 말하자면, 위 구절의 '남이 나를 알아주지 않는 것을 걱정하지 마라'는 말은 그 자체로 곧 뒷장(「헌문」 32장)의 '그 능하지 못함을 걱정하라'는 뜻을 그 안에 포함하고 있으니, 이는 곧 마땅히 이치를 밝히고 몸을 닦아 스스로 정진하여 알아줄 만한 실질이 있게 한다면 비록 남이 알아주기를 구하지 않더라도 반드시 남이 알아준다는 말이다. 아래 구절은 스승을 모시고 벗과 사귀는 등, 남과 교제·왕래할 때 반드시 그 선악을 알아보고 따르거나 피하거나 한 후에야 손해가 없고 이익이 있다는 말이다. 그러나 이는 오로지 배우는 자의 입장에서 하는 말이고, 성인께서 (꼭 그렇다고) 가리켜 정하신 적은 없다. 만약 미루어 말한다면 아래위로(지위가 높거나 낮은 사람 모두에게) 다 통할(적용될) 수 있다. 위 구절을 그 극단까지 논한다면, 비록 높은 지위에 있더라도 스스로의 처신과 일에 대응하는 데는 다만 천리를 좇아 위로는 그 임금을 속이지 않고, 아래로는 백성을 괴롭히지 않아서 안으로 마음에 부끄러움이 없어야 하니, 하필 남이 내 마음을 다 알아주기를 바라리오. 그렇지 않으면 도를 어기고 명예를 구하는 잘못이 있게 된다. 아래 구절을 그 극단까지 논한다면 벼슬길에 나서면 가히 주인으로 삼을 만한 사람을 고르고, (높은) 자리에 있으면 현명한 인재를 골라 쓰고, 재상이 되어서는 백관의 진퇴를 정하는 일이 사람을 알아보는 밝음이 없으면 가능하겠는가? 그렇지 못하면 현명한 자와 어리석은 자가 뒤섞여, 갈라지고 무너지고 넘어지고 삐걱거려 혼란과 패망에 이르게 된다.

爲政第二

【집주】

凡二十四章

모두 24장이다.

2.1 子曰 爲政以德 譬如北辰 居其所 而衆星共之共 音拱 亦作拱

공자께서 말씀하셨다. 정치를 덕으로써 하는 것은 비유컨대 북신이 그 자리에 있음에 여러 별이 그것을 향하는 것과 같다.

【집주】

政之爲言 正也 所以正人之不正也

'정'의 말뜻은 바로잡는다는 것이니 사람의 바르지 못함을 바로잡는 것이다.

【세주】

新安陳氏曰 首訓正字 本夫子 政者正也 子帥以正 孰敢不正之意 蓋 以政之理言 若第三章集註云 政 謂法制禁令 則指政之實事言也

신안 진씨가 말했다. 첫머리에서 ('정(政)'자를) '정(正: 바로잡다)'자로 풀이한 것은 공자께서 "정치는 바로잡는 것이다. 그대가 바름으로써 이끌면 누가 감히 바르지 않을 것인가(『논어』 12, 「안연」 17장)"라고 말씀하신 뜻에 근거를 두고 있다. 대개 정치의 이치로써 말한 것이다. 3장의 집주에서 정치는 법제금령을 말한다고 한 경우는 정치의 실제적 일을 가리켜 말한 것이다.

【집주】

德之爲言 得也 行道 而有得於心也

'덕'의 말뜻은 얻는다는 것이니, 도를 행하여 마음에 얻는 것이 있다는 뜻이다.

【세주】

新安倪氏曰 祝氏附錄本 如此 他本 作得於心而不失也

신안 예씨가 말했다. 축씨(축수)의 부록본은 이(책)와 같다. 다른 본에는 "마음에 얻어 잃지 않는다"라고 되어 있다.

○胡氏通 必主得於心而不失之說 膠於胡泳伯量所記 謂先生 因執扇謂曰 德字 須用不失訓 如得此物 可謂得矣 纔失之 則非得也 此句 含兩意 一

謂得於有生之初者 不可失之於有生之後 一 謂得於昨日者 不可失之於今日 先師謂 此說 縱使有之 亦必非末後定本 深思細玩 終不如行道而有得於心之精 當不可易也 朱子 訓德字 蓋 倣禮記 德者 得也 禮樂皆得 謂之有德而言 初作得於身 後改得於心 夫 道字 廣大 天下所共由 德字 親切 吾心所獨得 行道 行之於身也 未足以言德 必有得於心 則躬行者 始心得之 心與理爲一 斯 可謂之德 有次第 有歸宿 精矣 今曰 得於心而不失 則得於心者 何物乎方解德字 未到持守處 不必遽云不失 不比據於德註云 據者 執守之意 得之於心 而守之不失 又云 據德 則道 得於心 而不失 此兩不失字 乃自據字上說來 況上文先云 德 則行道而有得於心者也 其證 尤明白 若遽云 不失 則似失之急 又近於贅 大學序 所謂本之躬行心得 躬行 卽行道 心得 卽有得於心也以前後參觀之 而祝氏定本 爲尤信

호씨(호병문)의 통(『논어통』)에 있는 '반드시 마음에 얻어 잃지 않는 것을 주로 삼아야 한다'는 설은 호영 백량이 기록한 바와 다른데, (『논어통』에는) "선생님께서 부채를 쥐고 인해(이를 빌미로 하여) 말씀하시기를, '덕'자는 모름지기 잃지 않는다는 뜻으로 훈석해야 하니, 이 물건을 얻었으면 얻었다 할 수 있지만 금방 잃어버리면 얻은 것이 아니라고 하셨다. 이 구절은 두 가지 의미가 있으니, 하나는 처음 태어날 때부터 얻은 것을 그 후에도 잃지 않아야 한다는 것을 말한다. 다른 하나는 어제 얻은 것을 오늘 잃어서는 안 된다는 것을 말한다"라고 되어 있다. 돌아가신 스승(신안 진씨, 즉 진력)께서 말씀하시기를 이 설은 놓아두어도 괜찮지만 역시 말후정본(최종적인 정본)이 아님이 틀림없다고 하셨다. 깊이 생각하고 세밀하게 완미해보면, 끝내 '도를 행하여 마음에 얻은 것이 있다'는 설의 정미함만 못하니 마땅히 바꾸어서는 안 된다. 주자는 '덕'자를 훈석함에 대개 『예기』를 모방하여 "덕이라는 것은 얻는 것이니, 예악을 모두 얻으면 그것을 일러 덕이 있다고 한다"라고 했는데, 처음에는 몸에 얻는 것이라고 하고 후에는 고쳐서 마음에 얻는 것이라고 했다. 무릇 '도(道)'자는 넓고 커서 천하가 함께 말미암는 바이다. '덕(德)'자는 절실하여 나의 마음이 홀로 얻는 바이다. 도를 행한다는 것은 그것을 몸으로 행한다는 것이니, 덕이라고 말하기는 부족하다. 반드시 마음에 얻는 것이 있어야 하는 것이니, 몸소 행하는 자가 마음으로 얻어서 마음과 '이(理)'가 하나가 되면 비로소 그것을 덕이라고 할 수 있다. (이러한 설명은) 순서가 있고 돌아가 머물 곳이 있으니 정밀하다. 지금 말하기를 '마음에 얻어 잃지 말아야 한다'고 하면 마음에 얻은 것이란 도대체 무엇이겠는가? 바야흐로 '덕'자를 해석함에 잡고 지키는 데(지수의 단계)에도 이르지 못했는데 굳이 서둘러 '잃지 말아야 한다'고 말할 필요는 없다. (이는) '거어덕(據於德: 덕에 근거한다)'이라는 구절의 주석에 "거한다는 것은 잡아서 지킨다는 뜻이니 마음에 얻어서 지키고 잃지 않는다"라고 한 설명에 비할 수 없다. 또 말하기를 "덕에 거한즉, 도를 마음에 얻어서 잃지 않는다"라고 했는데, 이 두 '잃지 않는다'는 말은 곧 '거(據)'자로부터('거'자에 입각해) 설명한 것이다. 그러니 하물며 윗글에서 먼저 '덕은 도를 행하여 마음에 얻음이 있는 것'이라고 말했음에랴. 그 증거는 더욱 명백하다. 만약 갑자기 '잃지 않는다'고 말하면 이는 마치 급히 잃어버리는 것처럼 들리니, 또한 군더더기에 가깝다. 『대학』 서설에서 이른바 "궁행하여 마음에 얻음을 근본으로 삼는다"라고 했으니, 궁행은 도를 행(실천)하는 것이고 심득은 마음에 얻는 것이 있다는 뜻이다. 전후를 살펴보면 축씨의 정본이 더욱 믿을 만하다.

【집주】

北辰 北極 天之樞也 居其所 不動也 共 向也 言衆星 四面旋繞而歸向之也

'북신'은 북극이니 하늘의 축이다. '그 자리에 거한다'는 것은 움직이지 않는다는 뜻이다. '공(같이함)'은 향한다는 것이니, 여러 별이 사방에서 둘러싸고 돌되 그것을 향해(중심으로 하여) 돌아간다는 말이다.

【세주】

邵子曰 地 無石之處 皆土也 天 無星之處 皆辰也

소자(소옹)가 말했다. 땅에 돌이 없는 곳은 모두 흙이고, 하늘에 별이 없는 곳은 모두 신이다.

○朱子曰 北辰 是天之樞紐 中間些子不動處 緣人 要取此爲極 不可無箇記認 所以 就其旁 取一小星 謂之極星 天之樞紐 似輪藏心 藏在外面動 心都不動 問 極星 動不動 曰 也動 只他近那辰 雖動不覺 如射糖盤子 北辰 便是中央樁子 極星 便是近樁點子 雖也隨盤轉 緣近樁子便轉得不覺 沈存中謂 始以管窺 極星不入管 後方見極星 在管弦上轉 史記載 北辰有五星 太乙常居中 是極星也 辰 非星 只是中間界分 極星 亦微動 辰 不動 乃天之中 猶磨之心也

주자가 말했다. 북신은 하늘의 회전축이다. 그중 어딘가 움직이지 않는 곳이 있어 사람들이 이를 취해 극으로 삼고자 하나 알아보고 기억할 것이 없어서는 안 되겠기에, 그래서 그 근처의 하나의 작은 별을 취해 극성이라고 일컫는다. 하늘의 회전축은 바퀴살의 중심과 같다. 바퀴살은 바깥쪽에서 움직이지만 중심은 항상 움직이지 않는다. 물었다. 극성은 움직입니까, 움직이지 않습니까? 답했다. 물론 움직인다. 다만 그것은 북신에 가까워서 비록 움직이더라도 깨닫지 못할 정도이다. 사탕 쏘는 접시(찍기 판)에 비유한다면 북신은 곧 중앙의 말뚝이고 극성은 곧 말뚝 근처의 점이다. 비록 접시를 따라 돌더라도 말뚝에 가깝기 때문에 돌아도 도는지 깨달을 수가 없다. 심존중이 이르기를 처음 대롱을 통해 관찰하면 극성은 대롱 속에 들어오지 않고 나중에 극성이 대롱의 동그라미 위로 도는 것이 보인다고 했다. 『사기』에 실린 바로는, 북신에는 별이 다섯 개 있는데 태을이 항상 그 가운데 거처하니, 이것이 극성이다. 신은 별이 아니라 다만 가운데 어떤 부분이다. 극성은 또한 조금 움직이지만 신은 움직이지 않으니 곧 하늘의 중심이어서, 맷돌의 중심과 비슷하다.

○又曰 天 圓而動 包乎地外 地 方而靜 處乎天中 故 天形 半覆地上 半繞地下 左旋不息 其樞紐 則在南北之端焉 謂之極者 如屋脊 謂之屋極也 南極入地三十六度 故 周回七十二度 常隱不見 北極 出地三十六度 故 周回七十二度 常見不隱 北極之星 正在常見不隱七十二度之中 常居其所 而不動 其旁 則經星 隨天左旋 日月五緯 右轉 更迭隱見 有似於環繞 而歸向之也

또 말했다. 하늘은 둥글고 움직이며 땅의 바깥을 감싼다. 땅은 네모나고 고요하며 하늘의 중간에 자리한다. 그러므로 하늘의 모양은 반은 땅 위를 덮고 반은 땅 아래를 두르며, 좌로 돌면서 쉬지 않는다. 그 축은 남북의 끝에 위치하며, 그것을 일러 극이라 하는 것은 마치 집의 등배마루를 옥극이라고 일컫는 것과 마찬가지이다. 남극은 땅에 36도로 들어온다. 그러므로 72도로 빙빙 돌아 항상 숨어 있어서 보이지 않는다. 북극은 땅으로부터 36도로 나온다. 그러므로 72도로 빙빙 돌면서 항상 보이고 숨지 않는다. 북극의 별은 바로 항상 보이고 숨지 않는 72도 가운데 있으며, 항상 그 자리에 있고 움직이지 않는다. 그 주변에는 경성이 있으니 하늘을 따라 왼쪽으로 돈다. 일월과 오위는 오른쪽으로 도니, 숨고 보이기를 교대로 한다. 마치 고리를 두르며 그것(북신)을 향해 돌아가는 듯이 보인다.

【집주】

爲政以德 則無爲 而天下歸之 其象如此

정치를 덕으로써 하면 무위해도(의도적으로 애쓰지 않아도) 천하가 돌아오니, 그 형상이 이와 같다.

【세주】

朱子曰 德字 從心者 以其得之於心也 爲政以德者 不是把德去爲政 是自家

有這德 人自歸仰 如衆星共北辰 北辰者 天之樞紐 乃是天中央安樞處 天動而樞不動 不動者 正樞星位 樞有五星 其前一明者 太子 其二最明者 曰帝座 乃太乙之常居也 其後 一箇分外開得些子 而不甚明者 極星也 惟此一處 不動 衆星於北辰 亦是自然環向 非有意於共之也

주자가 말했다. '덕'자는 '심(心)'자에 딸린 것이니, 마음에 얻은 것을 의미한다. 정치를 덕으로써 한다는 것은 덕을 가지고(덕을 수단으로 하여) 정치를 하는 것이 아니라 스스로 이 덕이 있으면 사람들이 저절로 돌아와 우러른다는 것이니, 곧 여러 별이 북신을 향하는 것과 같다. 북신은 하늘의 회전축이니 곧 하늘 중앙의 움직이지 않는 축이다. 하늘은 움직이되 축은 움직이지 않는다. 움직이지 않는 것은 바로 축의 별자리인데, 축에는 별이 다섯 개 있다. 그 앞쪽의 밝은 것 하나가 태자이다. 그 둘째 번의 가장 밝은 것은 제좌라고 하니 태을이 항상 거처하는 곳이다. 그 뒤에 한 푼 밖의 약간 떨어진 곳에 있으면서 별로 밝지 않은 별 하나가 있으니 그것이 극성이다. 오직 이 하나의 곳만 움직이지 않는다. 여러 별이 북신을 도는 것은 또한 자연히 그러한 것이며, 의도가 있어 그것을 향하는 것이 아니다.

○德與政 非兩事 只是以德爲本 則能使民歸

덕과 정치는 두 가지 일이 아니다. 다만 덕으로써 근본을 삼으면 백성이 돌아오게 할 수 있다.

○爲政以德 非是不用刑罰號令 但 以德先之耳

정치를 덕으로써 한다는 것은 형벌 호령을 사용하지 않는다는 말이 아니다. 다만 덕으로써 앞장선다는 것일 뿐이다.

○新安陳氏曰 爲政以德 本也 無爲而天下歸之 效也 無爲而天下歸之 本文未嘗明言此意 只是取象於北辰 其中含此意 北辰 爲天之極 譬爲政以德之君 爲天下之極 居其所 譬人君之無爲 衆星共之 譬天下歸之也

신안 진씨가 말했다. 정치를 덕으로써 하는 것은 근본이며, 애쓰지 않아도 천하가 돌아오는 것은 그 효과이다. '애쓰지 않아도 천하가 돌아온다'는 것은 (경전의) 본문에 일찍이 이 뜻을 분명하게 말하지는 않았고, 다만 북신의 형상에 비유하는 중에 이 뜻을 함축하고 있을 뿐이다. 북신이 하늘의 극이 된다는 말은 정치를 덕으로써 하는 군주가 천하의 극이 된다는 것을 비유하는 것이고, 그 자리에 거한다는 것은 군주가 애쓰지 않음을 비유하는 것이고, 뭇 별이 그를 향한다는 것은 천하가 그에게 돌아오는 것을 비유하는 것이다.

【집주】

○程子曰 爲政以德 然後無爲

정자가 말했다. 정치를 덕으로써 한 후에야 애쓰지 않을 수 있다.

【세주】

朱子曰 不是塊然全無作爲 只是不生事擾民 德脩於己 而人自感化 不待作爲 而天下 自歸之 不見其有爲之迹耳 問 是以德爲政否 曰 不是欲以德去爲政 不必泥以字 只是爲政有德相似

주자가 말했다. 흙덩이처럼 전혀 아무 일도 하지 않는다는 것이 아니라, 다만 일을 만들어 백성을 어지럽히지 않는다는 말이다. 자신이 덕을 닦으니 남이 스스로 감화되어 억지로 하지 않아도 천하가 저절로 그에게 돌아오므로, 억지로 하는 자취는 전혀 보이지 않는다. 물었다. 덕으로써(덕을 수단으로 하여) 정치를 하는 것입니까? 답했다. 덕으로써 정치를 해나가려 한다는 뜻이 아니다. 꼭 '이(以)'자(~을 수단으로 하여)에 구애될 필요는 없다. 다만 정치를 함에 덕이 있다는 말과 유사하다.

○爲政以德 人自感化 然 感化 不在政事上 却在德上 蓋 政者 所以正人之不正也 豈無所爲 但 人所以歸往 乃以其德耳 故 不待作爲 而天下歸之 如衆星之共北極也

정치를 덕으로써 하면 사람들이 저절로 감화된다. 그러나 감화는 정사에 있지 않고(정사 때문에 감화되는 것이 아니라) 오히려 덕에 있다(덕에 의해 감화된다). 대개 정치라는 것은 사람의 바르지 못함을 바로잡는 것이니 어찌 하는 일이 없겠는가. 다만 사람이 (그에게) 돌아오게 되는 까닭은 곧 그 덕 때문일 따름이다. 그러므로 애쓰지 않아도 천하가 그에게 돌아오니, 마치 여러 별이 북극을 향하는 것과 같다.

○慶源輔氏曰 爲政以德 非不爲也 循天下之理 而行其所無事也 不能以德爲政 而遽欲無爲 則是怠惰廢弛而已

경원 보씨가 말했다. 정치를 덕으로써 한다는 것은 아무 일도 하지 않는 것이 아니다. 천하의 이치를 따라서 일없는 바를(저절로 이루어지는 일을)

행하는 것이다. 정치를 덕으로 하지 못하면서도 급히 (아무 일도) 하지 않으려는 것은 곧 게으르고 빈둥거리는 일일 뿐이다.

【집주】

范氏曰 爲政以德 則不動而化 不言而信 無爲而成 所守者 至簡 而能御煩 所處上聲者 至靜 而能制動 所務者 至寡 而能服衆

범씨가 말했다. 정치를 덕으로써 하면 움직이지 않아도 변화하고, 말하지 않아도 믿고, 애쓰지 않아도 이루어진다. 지키는 바가 지극히 간략하면서도 능히 번다함을 제어할 수 있고, 처하는 바가 지극히 고요하면서도 능히 움직임을 제어할 수 있고, 힘쓰는 바가 지극히 적으면서도 능히 대중을 복종시킬 수 있다.

【세주】

慶源輔氏曰 范氏 推廣程子之意 併擧其效言之

경원 보씨가 말했다. 범씨는 정자의 뜻을 미루어 넓혀서 그 효과를 아울러 말했다.

2.2 子曰 詩三百 一言以蔽之 曰 思無邪

공자께서 말씀하셨다. 시 삼백 편을 한마디로 포괄하면 생각에 사특함이 없는 것이다.

【집주】

詩 三百十一篇 言三百者 擧大數也 蔽 猶蓋也

『시경』은 삼백십일 편이다. 삼백 편이라고 말한 것은 큰 수만을 든 것이다. '폐(포괄함)'는 덮는다는 뜻이다.

【세주】

朱子曰 蓋 如以一物 蓋盡衆物

주자가 말했다. '개'는 하나의 사물로 많은 사물을 남김없이 덮는 것이다.

【집주】

思無邪 魯頌 駉古螢反篇之辭

생각에 사특함이 없다는 것은 (『시경』) 「노송」, <경>편(장)의 말이다.

【세주】

新安倪氏曰 此詩 本美魯僖公牧馬之盛 由其心思之正 如美衛文公 秉心塞淵 而騋牝三千之意也 作詩者 未嘗以此論詩之旨 夫子 讀詩至此 而有合於心焉 是以 取之 蓋 斷章摘句云耳

신안 예씨가 말했다. 이 시는 본래 노나라 희공의 말 사육의 번성함이 그 마음과 생각의 바름에서 비롯되었음을 찬미한 것이니, 위나라 문공이 마음을 잡고 연못을 막아 큰 말 삼천 마리를 기른 것을 찬미한 것과 같은 뜻이다. 시를 지은 자가 일찍이 시의 뜻을 이와 같이 논한 적은 없다. 공자께서 시를 읽다가 여기에 이르러 마음에 합치함이 있었기 때문에 이(구절)를 취하셨으니 대개 단장적구(전체의 뜻과 관계없이 장을 끊고 구를 추려 해석함)로 말씀하신 것이다.

【집주】

凡詩之言 善者 可以感發人之善心 惡者 可以懲創人之逸志 其用歸於使人得其情性之正而已

무릇 시의 말 중에 선한 것은 사람의 선한 마음을 느껴 일으키게 할 수 있고, 악한 것은 사람의 음일한 뜻을 징계할 수 있다. 그 용도는 사람으로 하여금 정성(본성과 그로부터 나오는 정서)의 바름을 얻게 하는 데로 귀결될 따름이다.

【세주】

朱子曰 情性 是貼思 正 是貼無邪

주자가 말했다. 정성은 '사(思: 생각)'에 연결되고 바름은 '무사(無邪: 사특함이 없음)'에 연결된다.

○問 思無邪 莫是作詩者 發於情性之正否 曰 若關雎 鹿鳴 文王 大明等詩 固是情性之正 若桑中 溱洧等詩 謂之情性之正 可乎 只是要讀詩者 思無邪耳

물었다. 사특함이 없는 것은 시를 지은 사람의 정성의 바름에서 나오는 것 아닙니까? 답했다. <관저>, <녹명>, <문왕>, <대명> 등 시의 경우에는 진실로 정성의 바름이지만, <상중>, <진유> 등 시의 경우는 그것을 정성의 바름이라고 할 수 있겠는가? 다만 시를 읽는 자로 하여금 생각에 사특함이 없도록 하려는 것일 따름이다.

○太史公說 古詩三千篇 孔子 刪定爲三百 看來 只是采得許多詩 夫子 不曾刪去 只是刋定而已 聖人刋定 好底詩 便要人吟詠興發其善心 不好底 便要人起羞惡之心 皆要人思無邪

태사공(사마천)은 고시 삼천 편을 공자가 삼백 개로 줄여 정했다고 말했지만, 살펴보면 다만 수많은 시를 채집하셨을 뿐 일찍이 공자께서 잘라내신 것은 없고 다만 간정(간행하여 확정함)하셨을 따름이다. 성인께서 간정하심은 좋은 시는 곧 사람으로 하여금 음송하여 그 선한 마음을 흥기하게 하고, 좋지 않은 것은 곧 사람으로 하여금 부끄러워하는 마음을 일으키고자 하심이니, 모두 사람으로 하여금 생각에 사특함을 없애고자 하심이다.

○問 集註 以爲凡言善者 足以感發人之善心 言惡者 足以懲創人之逸志 而諸家 乃專主作詩者 而言 何也 曰 詩 有善有惡 頭面最多 而惟思無邪一句

足以該之 上至於聖人 下至於淫奔之事 聖人 皆存之者 所以欲使讀者 知所懲勸

물었다. 집주에서는 무릇 선을 말한 것(시)은 사람의 선한 마음을 족히 느껴 일으킬 수 있고, 악을 말한 것은 사람의 음일한 뜻을 족히 징계할 수 있다고 했지만, (이와는 달리) 제가(여러 학자)들은 오로지 시를 지은 사람을 위주로 하여(시를 지은 사람이 사무사하다고) 말하는 것은 어째서입니까? 답했다. 시에는 좋은 것과 나쁜 것이 있고 보통의 것(괜찮은 것)이 제일 많지만, 오직 생각에 사특함이 없다는 한 구절로 족히 포괄할 수 있다. 위로는 성인에서 아래로는 음란한 일에 이르기까지 성인께서 모두 남겨두신 것은 독자로 하여금 징계하고 권면하는 바를 알게 하고자 하셨기 때문이다.

○雙峯饒氏曰 諸家 皆謂作詩者如此 獨集註 以爲詩之功用 能使學者如此 夫子 恐人但知詩之有邪正 而不知詩之用 皆欲使人之歸於正 故 於其中 揭此一句 以示人 學者 知此 則有以識讀詩之意矣

쌍봉 요씨가 말했다. 제가들이 모두 시를 지은 자가 이러하다고(사무사하다고) 말했는데도 홀로 집주만이 시의 효과가 능히 배우는 자를 이와 같이(사무사하게) 만든다고 여겼다. 공자께서는 사람들이 다만 시에 사특함과 올바름이 있음만을 알고 시의 효용은 알지 못할 것을 염려하시어, 모두 사람으로 하여금 올바름으로 돌아가게 하고자 하신 것이다. 그러므로 그 (시) 중 이 한 구절을 들어 사람들에게 보이셨다. 배우는 자가 이것을 알면 곧 시를 읽는 뜻을 깨달을 수 있다.

【집주】

然 其言 微婉 且或各因一事而發 求其直指全體 則未有若此之明且盡者 故 夫子 言詩三百篇 而惟此一言 足以盡蓋其義 其示人之意 亦深切矣

그러나 (시의) 그 말은 미묘하고 완곡하며, 또 혹은 각각은(각각의 시는) 하나의 일로 말미암아 나온 것이어서, 그 전체를 직접 가리키는 것을 구한다면 이 구절만큼 명확하고 완전한 것이 없다. 그러므로 공자께서는 시 삼백 편은 오로지 이 한마디로서 족히 그 뜻을 다 포괄할 수 있다고 말씀하셨으니, 사람들에게 보이시려는 뜻이 또한 깊고 절실하다.

【세주】

延平李氏曰 詩人興刺 雖亦曲折 達心之精微 然 必止乎禮義 夫子 删而取之

者 以此爾 若不止於禮義 卽邪也 故 三百篇 一言足以蔽之 只是思無邪而已 所以能興起感動人之善心 蓋以此也

연평 이씨가 말했다. 시인은 뜻을 일으키거나 풍자할 때에 또한 비록 굽히고 꺾음으로써 마음의 정미함에 이르지만, 그러나 반드시 예의에 머물러야 한다. 공자께서 잘라내시고 취하심은 이것(예의)으로써 하셨다. 만약 예의에 머물지 않으면 곧 사특함이다. 그러므로 삼백 편을 한마디로 족히 포괄한다면 오로지 생각에 사특함이 없다는 것(그 말 한마디)뿐이다. 능히 사람의 선한 마음을 흥기하고 감동시킬 수 있는 까닭은 모두 이 때문이다.

○問 直指全體 朱子曰 詩三百篇 皆要人無邪思 然 但逐事無邪 惟此一言 擧全體言之

물었다. 전체를 직접 가리킨다는 것이 무엇입니까? 주자가 답했다. 시 삼백 편은 모두 사람으로 하여금 사특한 생각이 없도록 하려 함이지만 다만 (각각의 시편은) 각각의 일에 따라 사특함이 없는 것이다. 오직 이 한마디만이 전체를 들어 말한 것이다.

○思無邪 只是要正人心 約而言之 三百篇 只是一箇思無邪 析而言之 則一篇中 自有一箇思無邪

생각에 사특함이 없다는 것은 다만 사람의 마음을 바르게 하려 함이다. 요약해 말하자면 삼백 편은 다만 하나의 '생각에 사특함이 없음'이다. 나누어 말하자면 하나의 편마다 각자 '생각에 사특함이 없음'이 하나씩 있다.

○思無邪一句 便當得三百篇之義了 三百篇之義 大槪 只要使人思無邪 若只就事上無邪 未見得實如何 惟是思無邪方得 思 在人最深 思 主心上

생각에 사특함이 없다는 한 구절은 곧 삼백 편의 (전체의) 뜻에 해당될 수 있다. 삼백 편의 뜻은 대개 다만 사람으로 하여금 생각에 사특함이 없게 하려는 것이다. 만약 다만 일(실행)에서만 사특함이 없다면 실질(정신 또는 생각)이 어떠한지는 알 수 없다. 오로지 '생각에 사특함이 없다'고 해야만 비로소 옳다. 생각은 사람의 가장 깊은 곳에 있는 것이고, 생각은 마음에서 주가 된다.

○聖人言詩之教 只要得人思無邪 其他篇篇 是這意思 惟是此一句 包說得盡

성인께서 시를 말하여 가르치신 것은 오로지 사람으로 하여금 생각에 사특함이 없게 하려 하심이다. 다른 편들도 이 뜻이지만 오로지 이 한 구절만이 (모든 것을) 포괄해 완전히 설명한 것이다.

○思 在言與行之先 思無邪 則所言所行 皆無邪矣

생각은 말과 행동에 앞선다. 생각에 사특함이 없으면 말하는 바와 행하는 바가 모두 사특함이 없게 된다.

○問 聖人六經 皆可爲戒 何獨詩也 曰 固是如此 然 詩 因情而起 則有思 欲其思出於正 故 獨指思無邪 以示敎焉

물었다. 성인의 6경은 모두 훈계로 삼을 수 있으니 어찌 시만 그렇겠습니까? 답했다. 진실로 그러하다. 그러나 시는 정으로 말미암아 일어나는 것인 만큼 생각이 있는 것이다. 그 생각이 바름에서 나오게 하고자 하셨기에 오직 '생각에 사특함이 없다'는 구절을 지적하시어 가르침을 보이신 것이다.

○勉齋黃氏曰 直指 則非微婉 全體 則非一事 直指 故 明 全體 故 盡 此一言 所以辭約而義該也

면재 황씨가 말했다. 직접 가리킨다는 것은 미묘하거나 완곡하지 않은 것이며, 전체라는 것은 하나의 일만이 아니라는 말이다. 직접 가리키므로 명확하고, 전체이므로 남김이 없다. 이 한마디는 그래서 말이 간결하면서도 뜻을 갖추고 있는 것이다.

○慶源輔氏曰 微 謂隱微 婉 謂委曲 詩人 主於諷詠規諫 其言 不直截說破 常有隱微委曲之意

경원 보씨가 말했다. (집주의) '미'는 은밀함을 말하고, '완'은 완곡함을 말한다. 시인은 풍자하고 음송하고 비판하고 간언하는 것을 주로 하되 그 말은 직접적으로 딱 잘라 설파하지는 않으니, 항상 은밀하고 완곡한 뜻이 있다.

【집주】

○程子曰 思無邪者 誠也

정자가 말했다. 생각에 사특함이 없는 것은 성(誠: 참됨)이다.

【세주】

朱子曰 行無邪 未是誠 思無邪 乃可爲誠 是 表裏皆無邪徹底 無毫髮之不正 世人 有脩飾於外 而其中 未必能正 惟至於思無邪 乃可謂誠

주자가 말했다. 행동에 사특함이 없는 것만으로는 성이 아니다. 생각에 사특함이 없어야 이에 가히 성이 될 수 있다. 이는 안과 밖이 모두 철저하게 사특함이 없어서 한 터럭의 부정함도 없는 것이다. 세상 사람들은 밖은 꾸미면서도 그 안이 반드시 바르지는 못한 경우가 있다. 오로지 생각에 사특함이 없는 데 이르러야 이에 가히 성이라고 일컬을 수 있다.

○雲峯胡氏曰 程子曰 思無邪者 誠也 又曰 哲人知幾 誠之於思 此 是聖人事 夫子 言詩之用 不應遽以聖人望人 集註 所以引此者 蓋 謂所思自然無邪 誠也 聖人事也 讀詩 而可使之思無邪 誠之也 學者事也 集註 引程子之言 卽繼之 以學者必務知要 益可見也

운봉 호씨가 말했다. 정자가 말하기를 '생각에 사특함이 없는 것은 성이다' 라고 했다. (정자가) 또 말하기를 "철인이 기미를 아는 것은 생각함에 성으로 하기(거짓됨이 없기) 때문이니, 이는 성인의 일이다"라고 했다. 공자께서 시의 효용을 말씀하신 것은 성급히 사람들이 성인이 될 것을 바라셨기 때문이 아니다. 집주에서 이것(정자의 말)을 인용한 것은 대개 생각함에 저절로 사특함이 없음은 성이니 이는 성인의 일이고, 시를 읽음으로써 가히 생각에 사특함이 없게 할 수 있는 것은 '성지(誠之: 성하려 애쓰는 일)'이니 이는 배우는 자의 일이라는 말이다. (이 점은) 집주에서 정자의 말을 인용하고 곧바로 뒤이어 (범씨의) '배우는 자는 반드시 요체를 아는 데 힘써야 한다'는 말을 인용한 것을 보면 더욱 (확실히) 알 수 있다.

○新安陳氏曰 程子此說 是論誠 非論詩

신안 진씨가 말했다. 정자의 이 말은 성을 논한 것이지 시를 논한 것이 아니다.

○東陽許氏曰 誠 是實理 在人 則爲實心 而君子 不可不盡者也 程子 指出此誠字 以明思無邪之實 學者 必使心之所思 一於無邪 方能全乎人心之實理也

동양 허씨가 말했다. 성은 실리(진정한 이치)이다. 사람에 있어서는 즉 실심(진정한 마음)이 되니 군자가 다하지 않을 수 없는 것이다. 정자는 이 '성'자를 지적해냄으로써 생각에 사특함이 없는 것의 실(진정한 의미)을 밝혔다. 배우는 자는 반드시 마음의 생각하는 바가 오로지 사특함이 없도록 해야 비로소 인심의 실리를 온전히 할 수 있다.

【집주】

范氏曰 學者 必務知要 知要 則能守約 守約 則足以盡博矣 經禮三百 曲禮三千 亦可以一言以蔽之 曰 毋不敬

범씨가 말했다. 배우는 자는 반드시 요체를 아는 데 힘써야 한다. 요체를 알면 집약할 수 있고, 집약하면 족히 넓음을 다할 수 있다. 경례 삼백과 곡례 삼천을 또한 한마디로 포괄하여 말하면 '무불경(경건하지 않음이 없음)'이라 하겠다.

【세주】

禮器篇云 禮有大有小 有顯 有微 大者 不可損 小者 不可益 顯者 不可掩 微者 不可大也 經禮三百 曲禮三千 其致一也 註 經禮 儀禮也 如士冠禮 諸侯冠禮之類 此 是大節 有三百條 曲禮 禮記也 如冠禮始加再加三加 坐如尸之類 此 是小目 有三千餘條

(『예기』) 「예기(禮器)」편에 이르기를 "예에는 큰 것과 작은 것이 있고 드러나는 것과 미묘한 것이 있다. 큰 것은 덜 수 없고 작은 것은 더할 수 없고 드러나는 것은 숨길 수 없고 미묘한 것은 크게 할 수 없다. 경례 300과 곡례 3,000의 그 이르는 곳은 하나이다"라고 했다<(이 구절에 대한 주자의) 주에 "경례는 『의례』이니(『의례』에 나와 있으니), 예를 들어 사 관례나 제후 관례와 같은 종류로 이것은 큰 절목으로서 삼백 가지의 조항이 있다. 곡례는 『예기』이니(『예기』에 나와 있으니), 예를 들어 관례를 할 때에 처음에 가하고 두 번째 가하고 세 번째 가하는 것, 시동처럼 앉아 있는 것 등의 종류로 이것은 작은 절목으로서 삼천여 가지의 조항이 있다"라고 했다>.

○曲禮篇首云 毋不敬

(『예기』) 「곡례」편의 첫머리에 '무불경'이라고 했다.

○雲峯胡氏曰 執中二字 是書五十八篇之要 時之一字 是易三百八十四爻之要 亦不可不知

운봉 호씨가 말했다. '집중(執中: 중용을 지킴)' 두 글자는 『서경』 58편의 요체이고 '시(時: 때)' 한 글자는 『역』의 384효의 요체이니 또한 알지 않을 수 없다.

2.3-1 子曰 道之以政 齊之以刑 民 免而無恥道 音導 下同

공자께서 말씀하셨다. 정치로 이끌고 형벌로 가지런히 하면 백성은 면하되 부끄러움이 없다.

【집주】

道 猶引導 謂先之也 政 謂法制禁令也 齊 所以一之也 道之而不從者 有刑以一之也 免而無恥 謂苟免刑罰 而無所羞愧 蓋 雖不敢爲惡 而爲惡之心 未嘗亡也

'도'는 인도한다는 뜻이니 먼저 하는 것을 말한다. '정'은 법제금령을 말한다. '제'는 하나로 만드는 것이다. 이끄는 데도 따르지 않는 자는 형벌을 써서 하나로 만든다. '면하되 부끄러움이 없다'는 것은 구차하게 형벌을 면하기는 하지만 부끄러워하는 바가 없다는 말이니, 대개 비록 감히 악을 행하지는 못할지언정 악을 행하려는 마음은 일찍이 없어지지 않은 것이다.

【세주】

朱子曰 道齊之以政刑 則不能化其心 而但使之少革 到得政刑少弛 依舊 又不知恥矣 問 政刑 莫只是伯者之事 曰 專用政刑 則是伯者之爲矣

주자가 말했다. 정치와 형벌로 이끌고 가지런히 하면 그 마음을 변화시킬 수 없고 다만 조금 고치게 할 뿐으로, 정치와 형벌이 약간 느슨해지기만 하면 예전처럼 하고 또한 부끄러움을 모른다. 물었다. 정치와 형벌은 다만 패자의 일이 아닙니까? 답했다. 오로지 정치와 형벌만을 쓰는 것이 곧 패자가 하는 방식이다.

2.3-2 道之以德 齊之以禮 有恥且格

덕으로 이끌고 예로 가지런히 하면 부끄러움이 있고 또한 (선에) 이른다.

【집주】

禮 謂制度品節也

'예'는 제도품절(制度品節: 예의 제도와 규정)을 말한다.

【세주】

新安陳氏曰 前訓禮字云 天理節文 人事儀則 是 以禮字之理而言 此 指五禮之文物而言

신안 진씨가 말했다. 앞서 '예'자를 훈석할 때는 천리의 절문(천리가 규정의 형태로 나타난 것)이고 인사의 의칙(인간사에서 지켜야 할 의례준칙)이라고 했는데, 이는 '예'자의 이치로써 말한 것이다. 여기서는 5례의 문물을 가리켜 말한 것이다.

○胡氏曰 品 謂尊卑高下之差 節 謂界限等級之分

호씨가 말했다. 품(品)은 존비(존귀하고 비천함)와 고하(높고 낮음)의 차이를 말한다. 절(節)은 한계와 등급의 구분을 말한다.

【집주】

格 至也 言躬行以率之 則民 固有所觀感 而興起矣 而其淺深厚薄之不一者 又有禮以一之 則民 恥於不善 而又有以至於善也

'격'은 이른다는 뜻이다. 몸소 실천하여 이끌면 백성은 진실로 보고 느껴서 흥기하는 바가 있되 (그 흥기한 바가) 얕고 깊고 두텁고 엷은 차이가 있으면 또한 예를 써서 하나로 만드니, 이렇게 하면 백성이 불선을 부끄러워하고 또한 선에 도달함이 있다는 말이다.

【세주】

朱子曰 道之以德 是躬行 其實 以爲民先 必自盡其孝 而後可以教民孝 自盡其弟 而後可以教民弟 如宜其家人 而後可以教國人 宜兄宜弟 而後可以教國人也

주자가 말했다. 덕으로 이끈다는 것은 몸소 실천하는 것이니, 그 실제는 백성의 앞장에 서는 것이다. 반드시 스스로 그 효를 다한 이후에 백성에게 효를 가르칠 수 있고, 스스로 그 우애를 다한 이후에 백성에게 우애를 가르칠 수 있으니, 예컨대 집안사람들에게 마땅하게 한 후에 백성을 가르칠 수 있고, 형과 아우에게 마땅하게 한 후에 백성을 가르칠 수 있는 것과 같다.

○淺深厚薄之不一 謂其間資稟信向之不齊 雖是感之以德 自有太過不及

底 故 齊一之以禮 禮者 吉凶軍賓嘉五禮 須令他一齊如此 所以 賢者 俯而就不肖者 企而及也

'얕고 깊고 두텁고 엷음이 같지 않다'는 것은 사람 사이에 자질과 성향이 한결같지 않음을 말한다. 비록 덕으로 감동되었다고 해도, 응당 너무 지나치거나 미치지 못하는 경우가 있으므로 예로써 하나로 가지런히 한다. 예란 길례, 흉례, 군례, 빈례, 가례의 다섯 가지이다. 모름지기 그들을 이처럼 하나로 가지런하게 해야 하나니, 그렇게 하면 현자는 굽혀서 나아가게 되고 어리석은 자는 분발하여 이르게 된다.

○人之氣質 有淺深厚薄之不同 故 感者 不能齊一 必有禮以齊之 如周官一書 何者非禮 以至歲時屬民讀法之屬 無不備具者 正所以齊民也

사람의 기질에는 얕고 깊고 두텁고 엷은 차이가 있다. 그러므로 감동하는 바가 하나로 가지런할 수 없으니, 반드시 예로 그것을 가지런히 해야 한다. 예컨대 『주관』(『주례』) 한 책 중에 무엇이 예가 아니리오. 세시에 백성을 모아 법을 읽어주는 의례 등의 종류에 이르기까지 갖추지 않음이 없는 것은 바로 백성을 가지런히 하기 위함이다.

○勉齋黃氏曰 義理 人心所同得 故 善之當爲 不善之可惡 皆人心所同然者 教之以德禮 則示之以所同得者 故 惡不善 而進於善 有不待勉而從 若徒以政刑强之 彼 但知君上之令 不得不從 初不知吾心所有之理 尙不知不善之可惡 又安能進於善耶

면재 황씨가 말했다. 의리는 (모든) 사람의 마음이 같이 얻은 것이다. 그러므로 선은 마땅히 해야 하고 불선은 미워할 만하다고 생각하는 것은 모두 사람의 마음이 다 마찬가지인 것이다. 덕과 예로 가르친다는 것은 같이 얻은 것(의리)으로써 보여주는 것이다. 그러므로 불선을 미워하고 선으로 나아가, 억지로 시키지 않아도 따른다. 만약 한갓 정치와 형벌로서 강제하면 그는 다만 임금의 명령은 어쩔 수 없이 따라야 한다는 것을 알 뿐이다. 애초에 내 마음이 가지고 있는 이치를 모르고, 게다가 불선이 미워할 만한 것임도 모르니 또한 어찌 선으로 나아갈 수 있겠는가.

○新安陳氏曰 以躬行之德率民 民 觀感興起於下 化民之大本 已立 但 民之感發者 不免有淺深厚薄之不同 須以禮之制度品節 齊一之 使淺薄者 無不及 深厚者 無太過 其未盡善者 皆截然於禮焉 民恥於不善 此 觀感於德之功 又至於善 乃齊一於禮之效也

신안 진씨가 말했다. 궁행(몸소 실천함)의 덕으로 백성을 이끌면 백성이 보고 느껴 아래로부터 흥기하니, 백성을 교화하는 큰 근본이 이미 선 것이다. 다만 백성이 느껴 일어나는 데는 얕고 깊고 두텁고 엷음의 차이가 있음을 면하지 못하니, 모름지기 예의 제도품절로써 하나로 가지런히 해야 한다. 얕고 엷은 자는 미치지 못함이 없게 하고, 깊고 두터운 자는 너무 지나치지 않게 하면, 아직 선을 다하지 못한 자 모두 자른 듯이 예에 일치된다. 백성이 불선에 대해 부끄러워하는 것은 덕을 보고 느낀 효과이고, 또한 선에 이르는 것은 예로써 하나로 가지런히 한 효과이다.

【집주】

一說 格 正也 書曰 格其非心

일설에 따르면 '격'은 바로잡는 것이니, 『서경』에서 말하기를 "그 그릇된 마음을 바로잡는다"라고 했다.

○愚謂 政者 爲治去聲 下輔治出治 音同之具 刑者 輔治之法 德禮 則所以出治之本 而德 又禮之本也 此 其相爲終始 雖不可以偏廢

내가 생각건대 '정'이란 다스리는 도구이고, '형'이란 다스림을 보완하는 법이다. 덕과 예는 곧 다스림이 나오는 근본이 되는 것이며, 덕은 또한 예의 근본이다. 이는 서로 처음과 끝(의 관계)이 되니, 비록 한쪽으로 편중되게 폐할 수는 없지만,

【세주】

新安陳氏曰 固不可無德禮 亦不可無政刑 所謂不可偏廢也

신안 진씨가 말했다. 본디 덕예가 없으면 안 되지만 또한 정형이 없어서도 안 되는 것이니, (이것이) 이른바 '편중되게 폐할 수 없다'는 말이다.

【집주】

然 政刑 能使民遠去聲罪而已 德禮之效 則有以使民日遷善 而不自知

그러나 정형은 백성으로 하여금 죄에서 멀어지게 할 수 있을 뿐이지만 덕예의 효과는 백성으로 하여금 저도 모르게 나날이 선으로 옮겨가게 하는 것이니,

【세주】

新安陳氏曰 禮記經解篇云 使民日遷善遠罪 而不自知也 集註 本此句 析之

而分輕重焉

신안 진씨가 말했다. 『예기』의 「경해」편에 이르기를 "백성으로 하여금 나날이 선으로 옮겨가고 죄를 멀리하게 하되, (백성) 스스로는 알지 못한다"라고 했다. 집주는 이 구절에 근거해 해석하면서 경중을 구분한 것이다.

【집주】

故 治民者 不可徒恃其末 又當深探平聲其本也

그러므로 백성을 다스리는 자는 다만 그 말단에 의존해서는 안 되고 또한 마땅히 그 근본을 깊이 캐야 한다.

【세주】

新安陳氏曰 末 謂政刑 本 謂德禮

신안 진씨가 말했다. 말단은 정형을 말하고 근본은 덕예를 말한다.

○朱子曰 有德禮 則政刑在其中 不可專道政刑做不好底 但 不得專用政刑爾 聖人之意 只爲當時專用政刑治民 不用德禮 所以 有此言 聖人 爲天下何曾廢政刑來 集註 後面餘意 是說聖人謂 不可專恃政刑 然 有德禮而無政刑 又做不得 聖人說話 無一字 無意味

주자가 말했다. 덕예가 있으면 정형은 그 가운데 (포함되어) 있으니, 오로지 정형이 좋지 않은 것이라고 말할 수는 없다. 다만 정형만을 써서는 안 된다는 것뿐이다. 성인의 뜻에, 오직 당시에 정형만을 써서 백성을 다스릴 뿐 덕예는 쓰지 않는다고 여기셨기 때문이니, 그래서 이런 말씀을 하신 것이다. 성인께서 천하를 다스리심에 어찌 일찍이 정형을 폐했겠는가. 집주의 뒷부분의 남은 뜻은 성인께서 '오로지 정형에만 의존해서는 안 되지만 덕예만 있고 정형이 없는 것 또한 안 된다'고 말씀하셨음을 설명한 것이다. 성인의 말씀은 한 글자도 의미 없는 것이 없다.

○先之以法制禁令 是合下有猜疑關防之意 故 民 不從 又却齊之以刑 民不見德而畏威 但圖目前苟免於刑 而爲惡之心 未嘗不在 先之以明德 則有固有之心者 必觀感而化 然稟有厚薄 感有淺深 又齊之以禮 使之有規矩準繩之可守 則民 恥於不善 而又有以至於善

법제금령을 앞세우는 것은 당연히 (죄를 지을 것이라고) 의심하고 막으려는 뜻이 있는 것이므로 백성이 따르지 않는다. 또한 도리어 형벌로 가지런히 하면, 백성이 덕은 보지 못하면서 위력은 무서워하여, 다만 목전의 형벌을 구차하게 면하고자 꾀하되 악을 하고자 하는 마음은 없어지는 적이 없다. 밝은 덕으로 앞장서면 본래의 마음이 있는 자는 반드시 보고 감동하여 변화하지만, 품부 받은 바에 두텁고 엷음이 있고 감동함에 얕고 깊음(의 차이)이 있으니, 또한 예로 가지런히 하여 지킬 만한 법규와 준칙이 있게 하면, 백성은 불선을 부끄러워하고 또한 선에 도달함이 있다.

○雲峯胡氏曰 此篇首章曰 爲政以德 政與德爲一 此章 分政與德爲二 前章專言 古之爲政者 皆自躬行中流出 此章 則言後之爲政者 但 知道之以法制禁令 而不能躬行以率之也 故 言政刑 不如德禮之效 如此 而集註 以相爲終始合言於先 又以本末分言於後也

운봉 호씨가 말했다. 이 편의 첫 장에서 '정치를 덕으로써 한다'고 할 때는 정치와 덕이 하나가 되지만, 이 장에서는 정치과 덕을 나누었으니 둘이 된다. 앞 장은 오로지 옛날의 정치하는 것이 모두 궁행으로부터 나왔다는 말이고. 이 장은 후대의 정치하는 것이 다만 법제금령으로써 이끌 줄만 알고 능히 궁행으로써 이끌지는 못한다는 말이다. 따라서 (이 말은) 이처럼 정형은 덕예의 효과만 못하다는 말이로되, 집주는 앞에서는 (덕예와 정형이) 서로 처음과 끝이 된다고 합해 말했고, 또한 뒤에서는 본말로 구분해 말했다.

2.4-1 子曰 吾 十有五 而志于學

공자께서 말씀하셨다. 나는 15세에 배움에 뜻을 두었고,

【집주】

古者 十五 而入大學 心之所之 謂之志

옛날에는 15세가 되면 대학에 들어갔다. 마음이 가는 바를 지(志)라고 한다.

【세주】

新安陳氏曰 心之所之 說文中語

신안 진씨가 말했다. '마음이 가는 바'라는 말은 『설문』에 나오는 말이다.

【집주】

此所謂學 卽大學之道也 志乎此 則念念在此 而爲之不厭矣

여기서 말한 학(學: 배움)은 대학의 도이다. 이것에 뜻을 두면 모든 생각도 이것에 있어서, 그것을 (공부)함에 결코 싫증을 내지 않는다.

【세주】

朱子曰 孔子 只十五歲時 便斷然以聖人爲志矣 今學者 誰不爲學 只是不可謂之志于學 果能志于學 則自住不得 志字 最有力 要如饑渴之於飮食 纔有悠悠 便是志不立

주자가 말했다. 공자께서는 겨우 15세에 곧 결연히 성인(이 되는 것)으로써 뜻을 삼으셨다. 요즈음의 학자들이라 해서 누군들 배움을 하지 않겠느냐마는, 다만 '배움에 뜻을 두었다'고는 말할 수 없다. 만약 능히 배움에 뜻을 둘 수 있다면, 스스로 그만둘 수가 없는 것이다. (그러니) '지'자는 가장 힘이 있다. 반드시 마치 음식에 굶주린 것처럼 해야 하니, 조금이라도 느긋하면 곧 뜻이 서지 않은 것이다.

2.4-2 三十 而立

30세에 서고,

【집주】

有以自立 則守之固 而無所事志矣

스스로 서면 지키는 바가 굳건해서, 지(志)를 일삼을 필요가 없다(입지는 더는 문제가 안 된다).

【세주】

朱子曰 立 謂把捉得定 世間事物 皆動搖我不得 如富貴貧賤威武 不能淫移屈 是也 志 方是趨向恁去 求討未得 到此 則得而守之 無所用志矣 志 是要求箇道 猶是兩件物事 到立時 便是脚下已踏著了然 猶是守住

주자가 말했다. '입(선다는 것)'은 단단히 붙든다는 말이다. 세상의 모든 사물이 나를 동요시키지 못하니, 예컨대 부귀나 빈천이나 위세나 무력이 (내 뜻을) 적시거나(유혹하거나) 바꾸거나 굽히게 하지 못한다는 것이 이것이다. '지(志)'는 (무언가를) 좇아 향해 가서 얻으려 하지만 아직 얻지 못한 것인데, 이 단계(입 단계)에 이르면 얻어서 지키게 되니, '지'를 쓸 곳이 없다. '지'는 도를 구하려는 것이니, 오히려 두 가지 (도와 하나가 된 것이 아니라 서로 다른) 일이다. 서는(立) 단계에 이르면 바로 발밑에 이미 확실하게 밟고 있는 것이니, 확실하게 지키고 있는 것이다.

2.4-3 四十 而不惑

40세에 의혹이 없었으며,

【집주】

於事物之所當然 皆無所疑 則知之明 而無所事守矣

사물의 마땅히 그러한 바에 대해 모두 의심함이 없으니, 앎이 밝아서 지킴을 일삼을 필요가 없다.

【세주】

朱子曰 旣立矣 加以十年 玩索涵養之功 而知見明徹 無所滯礙也 蓋 於事物之理 幾微之際 毫髮之辨 無不判然於胷中 更不用守矣

주자가 말했다. 이미 서고 나서 (또) 완색(깊이 사색함), 함양(잠기어 기름)의 공부를 10년을 더하니, 앎이 명철하여 막히는 바가 없다. 대개 사물의 이치에 있어서 미세한 차이와 털끝 같은 세밀한 분별이 가슴속에 판연하지 않음이 없으니, 다시 지킴을 쓸 곳이 없다.

2.4-4 五十 而知天命

50세에 천명을 알았고,

【집주】

天命 卽天道之流行 而賦於物者 乃事物所以當然之故也 知此 則知極其精 而不惑 又不足言矣

천명은 곧 천도가 흘러가 사물에 부여된 것이니, 곧 사물이 마땅히 그러한 이유이다. 이것을 안다면 앎이 그 정밀함을 다한 것이니, 의혹이 없다는 것은 말할 필요도 없다.

【세주】

朱子曰 不惑 是隨事物上 見這道理合是如此 知天命 便是知這道理所以然 如父子之親 須是知其所以親 凡事事物物上 須知他本源來處 譬如一溪 先知得溪中有水 後知得水發源處

주자가 말했다. '불혹(의혹이 없음)'은 사물에 따라 그 도리가 마땅히 이와 같음을 아는 것이고, '지천명(천명을 암)'은 그 도리가 왜 그러한지 이유를 아는 것이니, 예컨대 '부자유친(부자간에 친함이 있음)'의 경우, 모름지기 그 친한 까닭을 알아야 하듯이, 모든 사태와 사물마다 모름지기 그 본래 근원한 곳을 알아야 한다. 비유컨대 하나의 시내에서 먼저 그 속에 물이 있음을 알고 후에 물의 발원처를 아는 것이다.

○又曰 天道流行賦予萬物 莫非至善無妄之理 而不已焉 是 則所謂天命也 物之所得爲性 性之所具爲理 名殊 而實一也 學至不惑 而又進焉 則理無不窮 性無不盡 而有以知此矣 理以事別 性以人殊 命則天道之全 而性之所以爲性 理之所以爲理者也 自天命觀之 則理性云者 小德之川流也 自理性觀之 則天命云者 大德之敦化也

또 말했다. 천도가 흘러가 만물에 부여되어, 지극히 선하고 진실한 이치가 아닌 것이 없고 또 그치지 아니하니, 이것이 이른바 천명이다. 사물이 받은 것이 성이 되고, 성에 갖추어진 것이 이가 되니, 이름은 다르지만 실체는 하나이다. 배움이 불혹에 도달하고 또 진보하면, 이는 무궁하지 않음이 없고 성은 다하지 않음이 없다는 것을 알게 된다. 이는 일마다 다르고 성은 사람마다 나뉘지만, 명(命)이라는 것은 천도의 전체로서, 성이 성이 되는 까닭이고 이가 이가 되는 까닭이다. 천명의 관점에서 보면 이나 성이라고 하는 것은 작은 덕이 개울에 흐르는 것과 같다. 이와 성의 관점에서 보면 천명이라고 하는 것은 큰 덕의 두터운 교화이다.

2.4-5 六十 而耳順

60세에 이순하고,

【집주】

聲入心通 無所違逆 知之之至 不思而得也

소리가 들어오면 마음이 통하여 어긋나거나 거스르는 것이 없는 것은 앎의 지극함이니, (애써) 생각하지 않아도 (깨달음을) 얻는 것이다.

【세주】

和靖尹氏曰 六十而耳順 聞理卽悟

화정 윤씨가 말했다. '60세에 이순하다'는 것은 이치를 들으면 곧 깨닫는다는 것이다.

○朱子曰 知天命 則猶思而得 到得耳順 則不思而得矣 聽 最是人所不著力處 今 聖人 凡耳中所聞者 便皆是道理 而無凝滯 到得此時 是於道理爛熟了 聞人言語 更不用思量 纔聞言 便曉也

주자가 말했다. 천명을 안다는 것은 생각하여 얻는 것(아는 것)이지만, 이순의 단계에 이르면 생각하지 않아도 얻는다. 듣는 것은 사람이 가장 힘을 쓰지 않는 일인데 지금 성인께서는 무릇 귀에 들리는 것이 곧 모두 도리여서

엉키거나 막히는 것이 없다. 이러한 경지에 도달하는 것은 도리가 원숙해진 것이어서, 남이 말하는 것을 들으면 생각을 하지 않아도 듣자마자 곧 깨닫는다.

○或問 四十不惑 是知之明 五十知天命 是知極其精 六十耳順 是知之之至 曰 不惑 是事上知 知天命 是理上知 耳順 是事理皆通 入耳無不順 今學者致知 儘有次第節目

혹자가 물었다. 40세의 불혹은 앎이 밝은 것이고 50세의 지천명은 앎이 그 정밀함을 다한 것이고 60세의 이순은 앎이 지극한 것입니까? 답했다. 불혹은 일의 측면에서 아는 것이고, 지천명은 이치의 측면에서 아는 것이고, 이순은 일과 이치에 모두 통하여 귀로 들으면 순하지 않은 것이 없는 것이다. 지금 배우는 자가 앎을 다하려면 반드시 (위와 같은) 순서와 절목이 있어야 한다.

○慶源輔氏曰 所知 至極而精熟 徹表徹裏 故 聲 纔入心 便通 是非判然 其貫通神速之妙 更不待少致思 而自得其理也

경원 보씨가 말했다. 앎이 지극하여 정밀하고 난숙하여 안팎을 관통한다. 그러므로 소리가 들어오자마자 마음이 곧 통하여 시비가 확연해진다. 귀신같이 빠른 오묘함으로 꿰뚫기 때문에, 조금의 생각도 하지 않아도 저절로 그 이치를 알게 된다.

○陳氏曰 纔容少思 而後得 則是內外有相扞格違逆 不得謂之順矣 如夫子聞滄浪之歌 卽悟自取之義 是耳順之證也

진씨가 말했다. 조금 생각을 해본 후에야 알게 된다면 이것은 안과 밖이 서로 어긋나고 거스르는 것이니, 순하다고 말할 수 없다. 가령 공자께서 창랑의 노래를 듣자마자 곧 스스로 취해야 할 뜻을 깨달으신 것, 이는 이순의 증거이다.

2.4-6 七十 而從心所欲 不踰矩從 如字

70세에 마음이 하고자 하는 바를 따라도 법도에 어긋남이 없었다.

【집주】

從 隨也 矩 法度之器 所以爲方者也 隨其心之所欲 而自不過於法度 安而行之 不勉而中去聲也

'종'은 따르는 것이다. '구'는 법도의 기구로서 네모를 이루는 것(네모를 그리는 자)이다. 그 마음이 하고자 하는 바를 따라도 저절로 법도에 어긋남이 없으니 편안히 여겨 행하고, 애쓰지 않아도 (법도에) 맞는 것이다.

【세주】

朱子曰 聖人 表裏精粗 無不昭徹 其體 雖是人 其實 只是一團天理 所謂從心所欲不踰矩 左來右去 盡是天理 如何不快活

주자가 말했다. 성인께서는 안과 밖, 정밀함과 거침에 대해 밝게 꿰뚫지 않은 것이 없으니, 그 몸은 비록 사람이더라도 그 실질은 다만 하나의 천리이다. 이른바 '마음이 하고자 하는 대로 따라도 법도에 어긋남이 없다'고 함은 이리 가든 저리 가든 모든 것이 다 천리이니, 어찌 쾌활하지 않겠느냐는 의미이다.

【집주】

○程子曰 孔子 生而知者也 言亦由學而至 所以勉進後人也 立 能自立於斯道也 不惑 則無所疑矣 知天命 窮理盡性也 耳順 所聞皆通也 從心所欲不踰矩 則不勉而中矣 又曰 孔子 自言其進德之序如此者 聖人 未必然 但 爲去聲學者 立法 使之盈科而後進 成章而後達耳

정자가 말했다. 공자께서는 나면서부터 아는 자인데도 배움으로 말미암아 완성되었다고 말하시는 것은 역시 뒷사람을 권면하기 위해서이다. '입'은 능히 스스로 이 도에 선다는 것이고, '불혹'은 의심하는 바가 없다는 뜻이다. '지천명'은 이치를 다하고 성을 다하는 것이고, '이순'은 듣는 바에 모두 통하는 것이고, '종심소욕불유규'는 애쓰지 않아도 (법도에) 맞는 것이다. 또 말했다. 공자께서 스스로 덕이 진보하는 순서를 이와 같이 말씀하신 것은 성인께서 반드시 그러하셨다는 것이 아니라 다만 배우는 자를 위해 법을 세워서 그들로 하여금 웅덩이를 채운 후에 (단계를 밟은 후) 나아가고 아름다운 문채를 이룬 후에(완성을 이룬 후에) 달(통달함)하게 하기 위함일 따름이다.

【세주】

朱子曰 立 是物格知至 而意誠心正之效 不止是用工處 不惑 知天命 是意誠

心正 而所知日進不已之驗 至耳順 則所知又至極而精熟 聖人 亦大約將平生爲學進德處 分許多段說 十五志學 此學 自是徹始徹終 到四十不惑 已自有耳順 從心所欲不踰矩意思 但久 而益熟爾 年止七十 若更加數十歲也 只是這箇路 不是至七十歲 便畵住了

주자가 말했다. 선다는 것은 사물을 깨우치고 앎을 지극히 하여 뜻을 참되게 하고 마음을 바르게 하는 효과를 거두는 것이니, 단순히 공부해야 할 곳인 것만은 아니다. 불혹과 지천명은 뜻을 진실하게 하고 마음을 바르게 하면 앎이 날로 진보하여 그치지 않는다는 증거이다. 이순에 이르러서는 앎이 또한 지극하여 정밀하고 난숙하다. 성인께서는 또한 평생의 공부하심과 덕의 진보함을 요약해 여러 단계로 나누어 말씀하셨지만, 15세에 배움에 뜻을 두셨다 할 때의 배움이란 그 자체로 철두철미한 것이기 때문에, 40세의 불혹에 이르러서는 이미 (그 안에) 이순과 종심소욕불유구의 뜻이 들어 있었으니, 다만 오래되어 더욱 익은 것뿐이다. 연세가 70세에 그쳤으나 만약 다시 수십 년을 더한다고 해도 다만 이 길일 뿐이니, 70세에 이르러 곧 딱 그쳐 가만히 계셨다는 말이 아니다.

【집주】

胡氏曰 聖人之敎 亦多術 然 其要 使人不失其本心而已 欲得此心者 惟志乎聖人所示之學 循其序而進焉 至於一疵不存 萬理明盡之後 則其日用之間 本心瑩縈定反然 隨所意欲 莫非至理 蓋 心卽體 欲卽用 體卽道 用卽義

호씨가 말했다. 성인의 가르치심은 또한 여러 가지 방법이 있지만, 그 요체는 사람으로 하여금 그 본심을 잃지 않게 하는 것일 따름이다. 이 마음을 얻고자 하는 자는 다만 성인께서 보여주신 배움에 뜻을 두고 그 순서를 따라 나아가야 할 뿐이다. 하나의 흠결도 없고 만 가지 이치에 완전히 밝아지는 단계에 이른 연후에는 매일매일 살아가면서 본심이 찬연하여 하고자 하는 바를 따라도 지극한 이치가 아님이 없다. 대개 마음은 본체이고 욕망은 그 쓰임(작용)이며, 도가 본체라면 그 쓰임은 의이다.

【세주】

新安陳氏曰 道 言渾淪之體 義 言隨事適宜之用

신안 진씨가 말했다. 도는 혼연한 본체(구분되지 않는 하나의 실체)를 말하고 의는 일에 따른 적절하고 마땅한 쓰임(작용)을 말한다.

【집주】

聲爲律 而身爲度矣

성(聲: 목소리)은 음률이 되고 신(身: 몸)은 법도가 된다.

【세주】

史記夏紀 禹 爲人 敏給克勤 其德不違 其仁可親 其言可信 聲爲律 身爲度

『사기』의 「하 본기」에 우임금의 사람됨은 민첩하고 넉넉하며 능하고 근면하여 그 덕은 어그러지지 않고, 그 인은 친할 만하고, 그 말은 믿을 수 있으며, 목소리는 음률이 되고, 몸은 법도가 된다고 했다.

○朱子曰 胡氏 不失其本心 一段 極好 儘用子細玩味 聖人千言萬語 只是要人收拾得箇本心 日用之間 著力屛去私欲 扶持此心出來 理 是心所當知 事是心所當爲 不要埋沒了他 如脩齊治平 皆要此心爲之 此心 皆自有許多道理 不待逐旋安排入來 聖人 立許多節目 只要人剔括 將自家心裏 許多道理出來而已

주자가 말했다. 호씨의 '그 본심을 잃지 않는다'는 한 구절은 극히 좋으니, 완전하게 자세히 감상하고 맛보아야 한다. 성인의 모든 말씀은 다만 사람으로 하여금 그 본심을 수습하게 하여 매일매일 살아가면서 사욕을 가로막고 이 마음을 붙들어 지키는 데 힘쓰게 하려는 데서 나온 것일 따름이다. 이치란 마음이 마땅히 알아야 하는 것이고 일이란 마음이 마땅히 해야 하는 것이니, 그것(이 마음)을 없애서는 안 된다. 가령 수신제가 치국평천하하는 것은 모두 이 마음으로써 해야 하는 것이다. 이 마음은 모두 스스로 허다한 도리를 가지고 있으니, 이리저리 쫓아다니고 빙빙 돌거나 이리저리 배치해 (마음속에) 집어넣을 필요가 없다. 성인께서 허다한 절목을 세우신 것은 다만 사람으로 하여금 단속하여 자기의 마음 안에서 허다한 도리가 나오게 하기 위한 것이다.

○新安陳氏曰 聲 卽天地中和之聲 自然可以爲律 身 卽天地正大之體 自然可以爲度 以此 形容不踰矩也

신안 진씨가 말했다. (성인의) 목소리는 천지의 중화(中和)의 소리이니 자연히 음률이 될 수 있고, (성인의) 몸은 천지의 바르고 큰 몸이니 자연히 법도가 될 수 있다. 이(말)로써 불유구(不踰矩)를 형용한 것이다.

【집주】

又曰 聖人 言此 一以示學者 當優游涵泳 不可躐等而進 一以示學者 當日就月將 不可半途而廢也

또 말했다. 성인께서 이를 말씀하신 것은 한편으로는 배우는 자에게 마땅히 우유함영(학문의 세계에 편안히 잠기어 헤엄침)해야지 단계를 뛰어넘어 나아가서는 안 된다는 것을 보여주시려 함이고, 다른 한편으로는 배우는 자에게 매일매일, 매달매달 계속 나아가야지 중간에 그만두어서는 안 된다는 것을 보여주시려 함이다.

【세주】

慶源輔氏曰 亟者 則躐等而進 怠者 則半途而止 亟心亡 則能優游涵泳 逐級而進 怠心亡 則能日就月將 不極不止 聖人示學者 實兼此二意

경원 보씨가 말했다. 서두르는 자는 단계를 뛰어넘어 나아가고 태만한 자는 중도에 그치니, 서두르는 마음이 없어지면 능히 우유함영하여 단계를 따라 나아갈 수 있으며, 태만한 마음이 없어지면 능히 날로 발전하여 극(완성)에 이르지 않으면 그만두지 않는다. 성인께서 배우는 자에게 보이신 것은 진실로 이 두 가지 뜻을 겸했다.

【집주】

愚謂 聖人 生知安行 固無積累魯水反之漸 然 其心 未嘗自謂已至此也

내가 생각건대 성인께서는 태어나면서부터 아시고 편안히 여겨 행하셨으니, 본디 (공부의 결과로) 점차 쌓인 것은 아니다. 그러나 그 마음(성인의 겸손한 마음)에 자신이 이미 이 경지(생지안행의 경지)에 이르렀다고 스스로 말씀하신 적은 없다.

【세주】

新安陳氏曰 苟自謂吾學已至 則便不是聖人

신안 진씨가 말했다. 만약 스스로 자신의 배움이 이미 지극하다고 말한다면 곧 성인이 아니다.

【집주】

是 其日用之間 必有獨覺其進 而人不及知者 故 因其近似 以自名

이는 매일매일 살아가면서 틀림없이 홀로 그 진보함을 깨달으신 것이지만 다른 사람들은 알아채지 못하는 것이기에, 비슷한 것(용어)으로 스스로 이름을 붙이신 것이다.

【세주】

新安陳氏曰 自爲立與不惑等名

신안 진씨가 말했다. (성인) 스스로 '입', '불혹' 등으로 이름 붙이셨다.

【집주】

欲學者 以是爲則 而自勉 非心實自聖 而姑爲是退託也 後凡言謙辭之屬 意 皆放上聲此

배우는 자로 하여금 이것을 준칙으로 삼아서 스스로 권면하게 하기 위한 것이지, (공자의) 마음이 실제로 스스로 성인이라고 여기면서도 이를 위해(배우는 자를 권면하기 위해) 잠시 겸손을 가장하신 것이 아니다. 뒤에 대개 겸양의 말이라고 한 것은 그 뜻이 모두 이와 같다.

【세주】

問 此章 如何分知行 朱子曰 志學 亦是要行 而以知爲重 立 是本於知 而以行爲重 志學 言知之始 不惑知命耳順言 知之至 立 言行之始 從心不踰矩 言行之至

물었다. 이 장에서 지와 행은 어떻게 나뉩니까? 주자가 답했다. 배움에 뜻을 둔다는 것(지학)은 또한 행하려는 것이기는 하지만 지에 중점이 있다. 선다는 것(입)은 지에 근본을 두는 것이기는 하지만 행에 중점이 있다. 배움에 뜻을 둔다는 것은 지의 시작을 말하고 불혹, 지천명, 이순은 지의 지극함을 말한다. 선다는 것은 행의 시작을 말하고 '종심불유구'는 행의 지극함을 말한다.

○十五志學 是一面學 一面力行 至三十而立 則行之效也 志學與不惑 知天命 耳順一類 是說知底意思 立 與從心所欲一類 是說到底地位

'15세의 지학'은 한편으로는 학이고 한편으로는 역행이다. '30세에 섬'은 행의 효과이다. '지학'과 '불혹', '지천명', '이순' 등의 종류는 앎의 의미를 설명하는 것이고, '입'과 '종심소욕' 등의 종류는 도달한 지위(경지)를 설명하는 것이다.

○聖人 也略有箇規模 與人同 如志學 也是衆人知學時 及其立與不惑 也有箇迹相似 若必指定謂 聖人必恁地 固不得 若說聖人 全無事乎學 只空說也不得 但 聖人 自有聖人底事

성인 역시 대략 몇 가지 규모(과정)가 있음은 (보통) 사람과 동일하다. 예컨대 '지학'은 사람들이 배울 때를 아는 것과 비슷하다. '입'과 '불혹'도 몇 가지 비슷한 과정이 있다. 만약 성인께서는 반드시 그러하셨다고 꼭 집어 말한다면 이는 결코 옳지 않다. (반면에) 만약 성인께서는 전혀 배움을 일삼으신 바가 없으니 (이런 과정으로 공부하셨다는 말씀을) 오로지 빈말이라고 생각한다면 그것도 옳지 않다. 다만 성인은 당연히 성인의 일이 있다.

○志字 最要緊 直須結褁在從心不踰矩上 然 又須循乎聖人爲學之序 方可

'지'자는 가장 요긴한 자이니, 반드시 곧바로 '종심불유구'와 결합시켜 보아야 한다. 그러나 또한 반드시 성인의 배우는 순서에 따라야만 한다.

○問 自志學而立 至從心所欲 自致知誠意 至治國平天下 二者次第等級各不同 何也 曰 論語所云 乃進學之次第 大學所云 乃論學之規模

물었다. (『논어』의) '지학'과 '이립'에서부터 '종심소욕'에 이르기까지와 (『대학』의) 치지와 성의에서 치국평천하에 이르기까지, 양자의 차례와 등급이 각각 다른 것은 어째서입니까? 답했다. 『논어』에서 말한 것은 배움의 나아가는 차례이고 『대학』에서 말한 것은 배움의 규모(범위)를 논한 것이다.

○勉齋黃氏曰 十年而後一進者 亦聖人之心 至此而自信耳 學 雖已至 而未敢自信 必反覆參驗 見其必然而無疑 然後有以自信 此 尤足以見聖人之所以爲聖人也 苟惟謂聖人謙辭以勉人 則皆架空之虛辭耳 故 集註 雖以勉人爲辭 而終以獨覺其進爲說

면재 황씨가 말했다. 10년 만에 한 번씩 나아가신 것은 또한 성인의 마음이 이에 이르러서야 스스로 자신하셨기 때문이다. 배움이 비록 이미 지극하여도 감히 스스로 자신하지 않고 반드시 반복 체험하여 그 반드시 그러함을 보아 의심이 없어진 연후에 스스로 자신함이 있으셨으니, 이 점에서 더욱 족히 성인이 성인인 이유를 알 수 있다. 만약 오로지 성인께서 겸양의 말로써 사람을 면려하셨다고 말한다면 (이런 말씀은) 모두 꾸며낸 빈 말씀이 되고 말 따름이다. 그러므로 집주는 비록 사람을 면려하기 위해 말씀하셨다고 하면서도 마침내 홀로 그 진보함을 깨달으셨기 때문이라고 설명했다.

○雙峯饒氏曰 矩字 尤爲此章之要 致知 是要知此矩 力行 是要踐此矩 立是守得此矩定 不惑 是見得此矩明 知命 是又識得此矩之所自來 耳順 是見得此矩十分透徹 從心不踰 是行得此矩十分純熟 矩者 何 此心之天則 是也 規矩 皆法度之器 規圓 善於旋轉 而無界限之可守 矩方 則有廉隅界限 截然一定而不易 智欲其圓 行欲其方 故 以矩言之 矩卽義 以方外 是也 胡氏謂 體卽道 用卽義 義字 正爲矩字而發

쌍봉 요씨가 말했다. '구'자는 더욱 이 장의 요체가 된다. 치지는 이 '구'를 알려는 것이며, 역행은 이 '구'를 실천하려는 것이고, '입'은 이 '구'를 흔들림 없이 지키는 것이고, '불혹'은 이 '구'를 밝게 아는 것이고, '지명'은 또한 이 '구'의 유래를 아는 것이고, '이순'은 이 '구'를 십분 투철하게 아는 것이고, '종심불유'는 이 '구'를 완전히 익혀 행하는 것이다. '구'란 무엇인가? 이 마음에 있는 하늘의 법칙이 곧 이것이다. 규와 구는 모두 법도의 기구이다. 규는 둥글어서 돌아서 회전하기는 좋지만 한정하여 지킬 것이 없다. 구는 모나서 모서리를 직각으로 한정하니, 일정하게 자른 듯해 바꿀 수 없다. 지혜는 둥글고자 하고 행은 방정하고자 하니 그러므로 '구'로써 말씀하셨다. '구'는 의(올바름)이니 밖을 방정하게 하는 것이 이것이다. 호씨가 "체는 도이고 용은 의"라고 말했을 때의 '의'자는 바로 '구'자의 의미에서 나온 것이다.

○雲峯胡氏曰 自堯舜以至夫子 聖聖相傳 只傳此心 夫子 年十五時 其心已自期於聖人 到七十時 其心 猶不敢自謂是聖人 若心實自聖 而姑爲是退託 豈聖人之心哉 要之 志學者 此心所向之力 立者 此心所守之定 不惑者 此心所見之明 知天命者 心與理融 而洞其所以然 耳順者 理與心會 其順也自然而然 不踰矩者 此心此理渾乎爲一 而有莫測其然者矣 十年一進 聖人之心 聖人自知之 故 卽其近似 以語學者 欲學者皆心夫聖人之心也 忘者不用其心 如何到聖處 助者 亟用其心 亦如何便到聖處

운봉 호씨가 말했다. 요순 이래로 공자에 이르기까지 성인과 성인이 서로 전하신 것은 다만 이 마음을 전하신 것뿐이다. 공자께서는 15세에 그 마음이 이미 스스로 성인(이 되기)을 기약했지만, 70세에 이르러서도 그 마음이 오히려 감히 스스로 성인이라고 하지는 못하셨다. 만약 그 마음이 실지로 스스로 성인이라고 여기면서도 이를 위해 잠시 겸손을 가장하셨다면 어찌 (그것이) 성인의 마음이겠는가. 요컨대 '지학'이란 이 마음이 향하는 바의 힘참이고, '입'은 이 마음이 지켜야 할 바의 굳음이고, '불혹'은 이 마음이 보는 바의 밝음이고, '지천명'은 마음이 이치와 융회하여 그것이 그러한 까닭을 통찰하는 것이며, '이순'은 이치가 마음과 만나 그 (이치를) 따르는 것이 저절로 그렇게 되는 것이며, '불유구'는 이 마음과 이 이치가 혼연히 하나가 된 것이지만 그러한지는(하나가 되었는지는) (보통 사람인 우리가) 헤아릴 수 없는 것이다. 10년에 한 번 진보하는 것은 성인의 마음이다. 성인께서는 스스로 그것을 아시므로 비슷한 것(용어)으로써 배우는 자에게 말씀하시어 배우는 자들이 모두 저 성인의 마음을 (자신의) 마음으로 삼게 하고자 하셨다. 잊은 자(나태한 자)는 그 마음을 쓰지 않으니 어떻게 성스러운 데 이를 수 있으며, 조장하는 자(성급한 자)가 그 마음을 서둘러 쓴다고 해서 어떻게 곧바로 성스러운 데 이르겠는가.

○新安陳氏曰 聖人所志之學 大學也 大學之道 知行爲要 此章 分知之始 知之至 行之始 行之至 朱子 一條盡之矣 聖學 自志學而始 至從心不踰矩而終 始終惟一心學也 心之所之 謂之志 念念在道 大本立矣 心之所願 謂之欲 從容中道 大用行焉 其中節次 自志學而以序進 自有欲罷不能者 常人肆其心之所欲 皆私欲耳 烏知其所謂矩 賢人 制其心之所欲 始能勉彊 而不出於矩 聖人之心 渾然天理 無一毫私欲之累 隨其心之所欲 皆天理大用之流行 自從容而不踰於矩 學者 苟能卓然立志 以志乎聖人所志之學 循其序而知行竝進焉 學 與年俱長 德 與年俱進 豈不能漸造於純熟之境 而於希聖其庶幾乎

신안 진씨가 말했다. 성인께서 뜻을 두신 배움이란 『대학』이며, 『대학』의 도는 지와 행을 요체로 삼는다. 이 장은 지의 시작과 지의 끝, 행의 시작과 행의 끝으로 나뉘며, 주자는 한 줄로 (그 뜻을) 완전하게 설명했다. 성인의 배움은 '지학'에서 시작하여 '종심불유구'에 이르러 마치니, 처음부터 끝까지 오로지 심학 하나일 뿐이다. 마음의 가는 바를 '지'라고 한다. 모든 생각이 도에 있으면 큰 근본이 선다. 마음의 원하는 바를 '욕'이라고 한다. 조용히 도에 맞으면 큰 작용이 행해진다. 그 사이의 절차는 지학에서 출발하여 순서에 따라 나아가니, 그만두고자 해도 저절로 그럴 수 없게 된다. 보통 사람은 그 마음의 하고자 하는 바를 제멋대로 하여 모두 사욕일 뿐이니, 어찌 이른바 '구'를 알겠는가. 현인은 그 마음의 하고자 하는 바를 제어하니, 비로소 능히 힘써 노력함으로써 '구'에서 벗어나지 않는다. 성인의 마음은 혼연히 천리여서 털끝만큼도 사욕이 누를 끼치지 못하고, 마음의 하고자 하는 바를 따라도 모두 천리의 큰 작용이 흘러나온 것이니 저절로 조용히 '구'를 넘지 않는다. 만일 배우는 자가 능히 탁연히 뜻을 세워서 성인께서 뜻을 두셨던 그 배움에 뜻을 두어 그 순서를 밟아 지와 행을 아울러 나아가면 배움은 세월과 함께 자라고 덕은 세월과 함께 진보하리니, 어찌 능히 완숙의 경지에 점차 다가가서 거의 성인과 비슷하게 되기를 바라지 못하겠는가.

2.5-1 孟懿子 問孝 子曰 無違

맹의자가 효를 물었다. 공자께서 말씀하셨다. 어기지 않는 것이다.

【집주】

孟懿子 魯大夫 仲孫氏 名 何忌 無違 謂不背音佩於理

맹의자는 노나라 대부 중손씨로서 이름은 하기이다. 어기지 않는다는 것은 이치에 위배되지 않는 것이다.

【세주】

朱子曰 無違 通上下而言 三家 僭禮 自犯違了 不當爲而爲 固爲不孝 若當爲而不爲 亦不孝也 詳味無違一語 一齊 都包在裏

주자가 말했다. 어기지 않는다는 것은 상하를 통칭하여 말한 것이다. 세 집안이 예를 참람히 하여 스스로 범하고 어긋났으니, 해서는 안 되는 것을 하는 것은 본디 불효이지만 마땅히 해야 하는 것을 하지 않는다면 그 또한 불효이다. 어기지 않는다는 한 구절을 상세하게 맛보면 일체가 그 안에 다 들어 있다.

○或問 無違 曰 未見得聖人之意在 且說不以禮 蓋 亦多端 有苟且以事親而違禮 有以僭事親而違禮 自有箇道理 不可違越

혹자가 어기지 않음에 대해 물었다. 답했다. 성인의 뜻이 어디 있는지 아직 알지 못한다. 또 '예로써 하지 않음'이라고 설명하더라도 또한 여러 가지 경우가 있으니, 구차스럽게 부모를 섬겨 예에 어긋나기도 하고, 참람하게 부모를 섬겨 예에 어긋나기도 한다. 스스로 각각의 도리가 있으니 어기거나 넘어서는 안 된다.

○新安陳氏曰 無違二字 簡要而涵蓄 大有深意

신안 진씨가 말했다. '무위(無違)' 두 글자는 간결하고 요령이 있으면서도 함축적이어서 대단히 깊은 뜻이 있다.

2.5-2 樊遲 御 子 告之 曰 孟孫 問孝於我 我 對曰 無違

번지가 수레를 모니, 공자께서 그에게 일러주셨다. 맹손이 나에게 효를 묻기에 내가 어기지 않는 것이라고 대답했다.

【집주】

樊遲 孔子弟子 名 須魯人 御 爲去聲孔子 御車也 孟孫 卽仲孫也

번지는 공자의 제자로서 이름은 수이다<노나라 사람이다>. '어'는 공자를 위해 수레를 몰았다는 말이다. 맹손은 곧 중손이다.

【세주】

胡氏曰 三家 皆魯桓公庶子 初以仲叔季爲氏 其後加以孫字 公子之子 稱公孫也 仲改爲孟者 庶子自爲長少 不敢與莊公爲伯 仲叔季公孫 不敢祖諸侯也 故 自以庶長爲孟 杜預 作公子譜云 仲慶父 弑君 故 改爲孟

호씨가 말했다. 세 집안은 모두 노나라 환공의 서자이다. 처음에 (각각) 중, 숙, 계로 성을 삼았다가 그 후에 '손(孫)'자를 더했다. 공자(公子)의 아들을 공손이라고 칭한다. 중(仲)을 고쳐서 맹(孟)으로 한 것은 서자의 경우라도 그 자체로 나이 많고 어린 차례가 있어 (장자일 수 있지만), 감히 (적자인) 장공과 같이 백이라고 하지 못하기 때문으로, 중, 숙, 계의 공손은 감히 제후를 조상으로 삼지 못하기 때문에 서장자(서자인 큰 아들)로서 스스로 (중이라 하지 않고) 맹이라고 했다. 두예는 공자(公子)보를 지어 "중경보가 임금을 시해했으므로 고쳐서 맹이라 했다"라고 했다.

【집주】

夫子 以懿子未達 而不能問 恐其失指 而以從親之令爲孝

공자께서는 의자가 깨닫지 못하여 묻지도 못하자, 그 (공자의 말씀이) 가리키는 바를 모르고 부모의 명령을 따르는 것이 효라고 생각할까 염려하셨다.

【세주】

新安陳氏曰 恐其以從親之令爲無違 則失其本指

신안 진씨가 말했다. 부모의 명령을 따르는 것을 어기지 않는 것이라고 여겨서 본래 가리키는 바를 잃어버릴까 염려하셨다.

【집주】

故 語音御樊遲 以發之

그러므로 번지에게 말하여 밝히셨다.

【세주】

新安陳氏曰 冀懿子 得聞之也

신안 진씨가 말했다. 의자가 그것을 듣기를 바라신 것이다.

2.5–3 樊遲曰 何謂也 子曰 生事之以禮 死葬之以禮 祭之以禮

번지가 말했다. 무슨 말씀입니까? 공자께서 말씀하셨다. 살아서 섬기는 것을 예로 하고, 죽어서 장사지내는 것을 예로 하고, 제사지내는 것을 예로 한다.

【집주】

生事葬祭 事親之始終具矣 禮 卽理之節文也

살아서 섬기고, 죽어서 장사지내고 제사지내는 일은 부모 섬김의 처음과 끝이 갖춰진 것이다. 예는 이치의 절문이다.

【세주】

慶源輔氏曰 此理字 卽指前不背於理之理字言也 禮 是先王 據事物之理 品節之 以成文者

경원 보씨가 말했다. 이 '이'자는 앞에서 '이치에 위배되지 않는다'고 할 때의 '이'자를 가리켜 말한 것이다. 예는 선왕이 사물의 이치에 의거하여 신분에 의해 절목으로 나누어 문을 이룬(성문화한) 것이다.

【집주】

人之事親 自始至終 一於禮而不苟 其尊親也 至矣 是時 三家 僭禮 故 夫子 以是警之 然 語意渾上聲然 又若不專爲三家去聲發者 所以爲聖人之言也

사람이 부모를 섬김에 처음부터 끝까지 한결같이 예로써 하되 구차하지 않으면 부모를 존숭함이 지극한 것이다. 이때에 세 집안이 예를 참람히 했으므로 공자께서 이로써 그들을 경계하신 것이다. 그러나 말씀의 뜻이 혼연하고(포괄적이고) 또한 오로지 세 집안 때문에 말씀하신 것이 아닌 듯한 것은 성인의 말씀이기 때문이다.

【세주】

朱子曰 生事葬祭之 必以禮 聖人 說得本闊 人人可用 不特爲三家僭禮而設

주자가 말했다. 살아서 섬기고, 장사지내고 제사지내는 것은 반드시 예로 해야 한다. 성인의 말씀은 본래 넓어서 사람마다 가히 쓸 수 있으니 단지 세 집안이 예를 참람하게 한 것 때문에 말씀을 베푸신 것은 아니다.

○陳氏曰 始終一以禮事親 則爲敬親之至矣 然 若何 而能一於禮 其中節文纖悉委曲 是多少事 皆不可不講

진씨가 말했다. 처음부터 끝까지 예로 한결같이 하여 부모를 섬기는 것은 부모 존숭의 지극함이다. 그러나 어떻게 해야 한결같이 예에 맞게 할 수 있는가? 그 안의 절문은 자세하고 자질구레한 것이어서 꽤나 일이 많으니 모두 배우지 않으면 안 된다.

○莆田黃氏曰 若不以禮 便是不以君子之道待其親 便是違背於理

포전 황씨가 말했다. 만약 예로 하지 않으면 곧 군자의 도로 그 부모를 모시지 않는 것이니 곧 이치에 위배되는 것이다.

【집주】

○胡氏曰 人之欲孝其親 心雖無窮 而分去聲則有限 得爲而不爲謂苟簡儉陋者 與不得爲而爲之謂僭禮者 均於不孝 所謂以禮者 爲其所得爲者而已矣

호씨가 말했다. 사람이 그 부모에 효도하려 함에, 그 마음은 비록 무궁하지만 분수는 유한하다. 할 수 있는 데도 하지 않는 것<구차하고 간소하고 누추하게

하는 자를 말한다>**과 할 수 없는 데도 하는 것**<참람한 예를 하는 자를 말한다>**은 불효라는 점에서는 동일하다. 이른바 예로 한다는 것은 그 할 수 있는 것을 하는 것일 따름이다.**

【세주】

朱子曰 爲所得爲 只是合做底 大夫 以大夫之禮事親 諸侯 以諸侯之禮事親 便是

주자가 말했다. 할 수 있는 것을 한다는 것은 다만 맞게 하는 것이니, 대부는 대부의 예로 부모를 섬기고, 제후는 제후의 예로 부모를 섬기는 것이 곧 옳다.

○齊氏曰 說與何忌 孟僖子之子 昭七年 僖子 從昭公 如楚 病不能相禮 乃講學之 二十四年 僖子 將卒 屬說與何忌 於夫子使事之 而學禮焉 時 孔子年三十四 樊遲 爲孔子御 必在哀十三年 魯 以幣召還孔子後 時 孔子年七十矣 僖子 歿已久 而懿子 猶問孝 可謂賢矣 僖子 嘗令二子 學禮孔子 不過卽其垂歿所命 以教其子爾 時 三家 習於僭 非不欲以尊親也 而不知適 以陷其親於惡 使懿子 不違其親之命 而悉以孔子所教 生事而死葬祭之 則凡其所用 皆親所得爲 而僖子之心 慰矣 奈之何 其不然也 聖人言 不迫切 而意深到 學者 所宜細玩

제씨가 말했다. 열과 하기(맹의자)는 맹희자의 아들이다. 소공 7년에 희자가 소공을 따라서 초나라에 갔을 때 능히 예로써 상대하지 못했음을 걱정하여 이에 (예를) 강학했다. 24년에 희자가 장차 죽을 무렵에 열과 하기로 하여금 공자를 모시고 예를 배우게 했다. 이때 공자의 연세는 34세였다. 번지가 공자를 위해 수레를 몬 것은 틀림없이 애공 13년 노나라가 예물을 갖춰서 공자를 돌아오도록 부른 후이니, 이때 공자의 연세는 70세였다. 희자가 죽은 지 오래되었으나 의자는 오히려 효를 물었으니 현명하다고 말할 수 있다. 희자는 일찍이 두 아들에게 공자에게 예를 배우라고 명했는데 얼마 안 되어 숨을 거둘 때에 명을 내려서(유언으로) 그 자식을 가르쳤다. 이때에 세 집안은 참람한 일을 하는 데 익숙해져서, 그 부모를 존숭하려 하지 않은 것은 아니지만 적절한 것을 알지 못하여 그 부모를 악에 빠뜨렸다. 만약 의자가 그 부모의 명을 거스르지 않고 모두 공자의 가르침에 따라 살아서는 섬기고 죽어서는 장사지내고 제사지냈다면 그 쓰는 바가 모두 그 부모가 받을 수 있는 것이었을 것이고, 희자의 마음에 위로가 되었을 것인데 어찌하여 그렇게 되지 못했는가! 성인은 말씀은 박절하지 않으시지만 그 의미는 깊이 이르니, 배우는 자는 마땅히 자세하게 살펴야 한다.

○新安陳氏曰 孔子此言 雖若告衆人 實警孟孫 雖警孟孫 仍可用於衆人 含蓄深切 所以爲聖人之言也

신안 진씨가 말했다. 공자의 이 말씀은 비록 여러 사람에게 고한 것 같아도 실지로는 맹손을 경계한 것이고, 비록 맹손을 경계한 것 같아도 또한 여러 사람에게 쓰일 수 있다. 의미가 함축되어 있고 뜻이 깊고 절실함은 성인의 말씀이기 때문이다.

○東陽許氏曰 夫子曰 生事葬祭 皆以禮 集註亦曰 人之事親 始終一於禮 而不苟 此 是就禮之中正處說 過於此 不可 不及於此 亦不可 夫子 雖戒孟孫之僭 然 當時 於所當爲者 豈皆盡善 則不及之意 亦在其中 故 又曰 語意渾然 又若不專爲三家發者 謂推廣之 無不包也

동양 허씨가 말했다. 공자께서는 '살았을 때 모시고, (죽어서는) 장사지내고 제사지내는 것 모두를 예로 하라'고 말씀하셨고, 집주에서도 또한 말하기를 '사람이 부모를 섬김에 처음부터 끝까지 한결같이 예로 하되 구차하게 하지 않는다'고 했으니, 이는 예의 적절하고 올바름에 대해 말한 것이다. 이(예의 적절하고 올바름)에 지나쳐서도 안 되고, 이에 미치지 못해도 안 된다. 공자께서는 비록 맹손의 참람함을 경계하셨으나(지나친 것을 경계하셨으나), 당시에 마땅히 해야 할 것을 어찌 모두 완전하게 잘했겠는가(미치지 못한 것이 없었겠는가). 그런즉 미치지 못했다는 뜻이 또한 그 안에 있다. 그러므로 또한 (집주에서) 말하기를 '말의 뜻이 혼연하고, 또한 마치 오로지 세 집안에 국한해서만 말씀하신 것은 아닌 것처럼 하셨다'고 한 것은 미루어 넓혀 말하면, 포함하지 않는 것이 없다는 말이다.

2.6 孟武伯 問孝 子曰 父母 唯其疾之憂

맹무백이 효를 물었다. 공자께서 말씀하셨다. 부모는 오로지 (자식이) 병이 날까 근심한다.

【집주】

武伯 懿子之子 名 彘音滯 言父母愛子之心 無所不至 唯恐其有疾病 常以爲憂也此 正解經一句 人子 體此 而以父母之心爲心 則凡所以守其身者 自不容於不謹矣 豈不可以爲孝乎

무백은 의자의 아들이고 이름은 체이다. 부모가 자식을 사랑하는 마음은 미치지 않는 바가 없지만 오로지 그 질병이 있을까 염려하여 항상 근심으로 삼는다는 말이다<이는 경문 이 구절의 본뜻이다>. 남의 자식 된 자가 이를 체득하여 부모의 마음으로써 (자신의) 마음을 삼으면, 무릇 그 몸을 지키는 일에 스스로 삼가지 않을 수 없다. 어찌 (이를) 효라고 할 수 없겠는가.

【세주】

新安陳氏曰 此五句 朱子 發孔子言外之意 方見子之孝 凡所以守其身者 包涵甚闊 謹疾 固是守身 不失身於不義 尤守身之大者

신안 진씨가 말했다. 이 다섯 구절(위 집주 후반부)은 주자가 공자의 말씀 밖에 숨은 뜻을 드러낸 것으로, 바야흐로 자식의 효도(가 무엇인지)를 보여주었다. 무릇 그 몸을 지키는 일은 심히 넓은 범위를 포괄하니, 병들까 삼가는 것은 물론 몸을 지키는 일이지만 몸이 불의에 빠지지 않는 것은 몸을 지키는 일 중에 더 큰 일이다.

【집주】

舊說 人子 能使父母不以其陷於不義爲憂 而獨以其疾爲憂 乃可謂孝 亦通

구설에는 사람의 자식이 부모로 하여금 (자식이) 불의에 빠지는 것을 근심으로 삼지 않고, 오로지 그 병만을 근심으로 삼게 하면 가히 효라 할 수 있다고 했는데, 역시 (의미가) 통한다.

【세주】

新安陳氏曰 前說 爲佳 後說 以衍餘意 則可 以解正意 則迂晦矣

신안 진씨가 말했다. 앞의 설이 좋다. 뒤의 설이 숨은 뜻을 부연한 것이라고 한다면 괜찮지만, (후설이) 올바른 뜻을 풀이한 것이라고 한다면 잘못 안 것이다.

○或問 父母 唯其疾之憂 何故 以告武伯 朱子曰 這許多所答 也是當時那許多人 各有那般病痛 故 隨而救之 又曰 其他所答 固是皆切於學者 看此句較切 其他 只是就道理上說如此 却是這句 分外 於身心上指出 若能知愛其身 必知所以愛其父母

혹자가 물었다. 무슨 까닭에 무백에게 '부모는 오로지 병이 날까 근심한다'고 알려주셨을까요? 주자가 답했다. 이러한 여러 가지 대답은 또한 당시에 그처럼 허다한 사람들이 각각 이런저런 병통(문제점)이 있었으므로 그에 따라서 (그 병통에서) 구제해주려고 하신 것이다. 또 말했다. 그 밖의 대답도 물론 모두 배우는 자에게는 절실하지만, 이 구절의 더욱 절실함을 보면 그 밖의 것들은 다만 도리의 측면에서 그렇게 말씀하신 것뿐이라고 할 수 있다. 그러나 이 구절은 (다른 대답과는) 유달리 마음과 몸의 측면에서 자신의 몸을 사랑해야 함을 알 수 있다면 그 부모를 사랑해야 하는 까닭도 틀림없이 알 수 있다는 것을 지적하신 것이다.

○雙峯饒氏曰 非特有疾時憂 無疾時亦常憂 其愛護之不謹 而有以致疾 此見父母愛子之切處 不獨謹疾而已

쌍봉 요씨가 말했다. (부모는) 다만 병이 있을 때만 근심하는 것이 아니라 병이 없을 때에도 또한 항상 근심하는데, (자식은) 그 (자신의 몸을) 사랑하고 보살핌을 삼가지 않아서 병에 이르기도 한다. 이는 부모의 자식 사랑의 절실함을 보여주는 것으로, 오로지 병들까 삼가는 것만이 (효의 전부가) 아니다.

○凡所以守其身 下一凡字 蓋 不獨謹疾而已 愚謂 已包後說之意 在其中矣

(집주의) '무릇 그 몸을 지키는 일'이라는 말에 '무릇(凡)'이라는 한 글자를 쓴 것은 대개 오로지 병들까 삼가는 것만이 아니기 때문이다. 내가 보기에 (집주의 설에는) 이미 뒤의 설(구설)의 뜻이 그 가운데 포함되어 있다.

○雲峯胡氏曰 夫子 聖人也 於疾且愼 況凡爲人子者乎

운봉 호씨가 말했다. 공자께서는 성인이시면서도 질병에 대해 또한 신중하셨으니, 하물며 무릇 남의 자식된 자이겠는가.

2.7 子游 問孝 子曰 今之孝者 是謂能養 至於犬馬 皆能有養 不敬 何以別乎 養 去聲 別 彼別反

자유가 효를 물었다. 공자께서 말씀하셨다. 오늘날의 효, 이는 능히 부양하는 것을 말한다. 개와 말에 이르러도 모두 능히 부양할 수 있으니, 공경하지 않는다면 무슨 차이가 있으리오.

【집주】

子游 孔子弟子 姓 言 名 偃吳人 養 謂飮食供奉也 犬馬 待人而食 亦若養然 言人畜許六反犬馬 皆能有以養之 若能養其親 而敬不至 則與養犬馬者 何異 甚言不敬之罪 所以深警之也

자유는 공자의 제자로서 성은 언이요, 이름은 언이다<오나라 사람이다>. '양'은 음식을 공양한다는 뜻이다. 개와 말은 사람을 기다려서(사람이 주어야) 먹으니 또한 마치 부양하는 것 같기는 하다. 사람이 개와 말을 기르는 경우에도 모두 능히 부양함이 있지만 만약 능히 그 부모를 부양하면서 공경에 지극하지 않다면 곧 개와 말을 부양하는 것과 무엇이 다르겠는가라는 말씀이니 불경의 죄를 심하게 말씀하신 것으로, 깊이 경계하신 것이다.

○胡氏曰 世俗 事親 能養足矣 狎恩恃愛 而不知其漸流於不敬 則非小失也 子游 聖門高弟 未必至此 聖人 直恐其愛踰於敬 故以是深警發之也

호씨가 말했다. 세속에서는 부모를 모시는 일은 능히 부양하면 충분하다고 여긴다. 은혜에 익숙해지고 사랑을 믿어서 점차 불경으로 흐르는 것을 알지 못하면 (이는) 작은 잘못이 아니다. 자유는 성인 문하의 높은 제자이므로 반드시 여기에 이르지는 않았을 것이다. 성인께서는 그 (자유의 부모에 대한) 사랑이 공경을 넘어서는 것을 진정 걱정하신 까닭에 이 말씀으로써 깊이 경계하심을 드러내셨다.

【세주】

問 犬馬 不能自食 待人而食者也 故 畜犬馬者 必有以養之 但不敬爾 然則養其親 而敬有所不至 不幾於以犬馬 視其親乎 敬者 尊敬而不敢忽忘之謂 非

特恭謹而已也 人 雖至愚 孰忍以犬馬視其親者 然幾微之間 尊敬之心 一有不至 則是所以視其親者 實無以異於犬馬 而不自知也 聖人之言 警乎人子未有若是之切者 延平李氏曰 此一段 恐當時之人 習矣而不察 只以能養爲孝 雖孔門學者 亦恐未免如此 故 夫子 警切以告之 使之反諸心也 苟推測至此 孝敬之心 一不存焉 卽陷於犬馬之養矣

물었다. 개와 말은 스스로 먹을 수 없고 사람을 기다려서야 먹는 까닭에, 개와 말을 기르는 일에는 반드시 부양함이 있지만 다만 공경하지는 않습니다. 그러한즉 그 부모를 부양하되 공경이 지극하지 못하면 그 부모를 개나 말처럼 보는 것과 거의 같지 않습니까? (답하기를) 경이라는 것은 존경하여 감히 소홀히 하거나 잊지 않는 것을 말하지, 다만 공손하고 삼가는 것만을 말하는 것은 아니다. 사람이 비록 지극히 어리석더라도 누가 차마 그 부모를 개나 말로 볼 수 있겠는가. 그러나 아주 짧은 순간이라도 존경의 마음이 하나라도 지극하지 못함이 있으면 이것은 그 부모 보기를 실지로 개와 말로 보는 것과 다를 바가 없는데도 스스로 (자신이 그렇게 보고 있다는 것을) 알지 못한다. 성인의 말씀이 남의 자식 된 자를 경계함에 이처럼 절실한 적이 없었다. 연평 이씨가 말하기를 "이 한 단락(의 말씀)은 당시의 사람들이 습관이 되어 살피지 못하고 다만 능히 부양하는 것을 효라고 여기는 세태를 염려하신 것이다. 비록 공자 문하의 배우는 자라고 해도 또한 여기에서 벗어나지 못할 것을 염려하셨으므로 공자께서 간절하게 경계하여 알려주시어 그들로 하여금 마음에 돌이켜 보게 하셨다. 진실로 이(구절)에 이르러 추측컨대 효경의 마음이 하나라도 있지 않으면 개와 말을 부양하는 데(잘못에) 빠진다"라고 했다.

○朱子曰 子游 是箇簡易人 如洒掃應對 便忽略了 如喪 致乎哀而止 便見他節文有未至處

주자가 말했다. 자유는 간략하고 쉬운 (것을 좋아하는) 사람이다. 예컨대 쇄소응대는 곧 소홀히 무시하고, 상을 치를 경우에는 슬퍼하는 데 그쳤으니, 곧 그가 세세한 규범에 지극하지 못한 곳이 있음을 알 수 있다.

○或問 父母 至尊親 犬馬 至卑賤 聖人之言 豈若是之不倫乎 曰 此 設戒之言也 故 特以尊卑懸絶之甚者 明之 所以深著夫能養而不能敬者之罪也

혹자가 물었다. 부모는 지극히 존엄하고 친하며, 개와 말은 지극히 낮고 천한데, 성인의 말씀이 어찌 이처럼 (차등의) 순서에 맞지 않습니까? 답했다. 이것은 경계하기 위해 가설적으로 하신 말씀이다. 그러므로 특히 존엄함과 비천함의 격차가 심한 것으로 (대비하여) 밝히셨으니, 능히 부양하면서도 공경하지는 않는 자의 죄를 깊이 드러내고자 하셨기 때문이다.

○慶源輔氏曰 能養 未必能敬 能敬 則不至於不能養也 記曰 仁人之事親如事天 可徒愛 而不知敬乎

경원 보씨가 말했다. 능히 부양한다고 해서 반드시 능히 공경하는 것은 아니지만, 능히 공경하면 곧 부양하지 못하는 데 이르지는 않는다. 『예기』(「哀公問」)에 말하기를 "인한 사람은 부모 섬기기를 마치 하늘을 섬기는 듯이 한다"라고 했으니 어찌 한갓 사랑하기만 하고 공경할 바를 몰라서 되겠는가.

○雙峯饒氏曰 是謂能養 皆能有養 看兩箇能字 便見是說養親之人 與養犬馬之人 言養親之人 能養 而不能敬 則與養犬馬之人 無所分別 非謂父母與犬馬 無別也 集註云 與養犬馬者 何異 卽是人字

쌍봉 요씨가 말했다. '이는 능히 부양하는 것을 말한다'는 구절과 '모두 능히 부양함이 있다'는 두 구절의 '능'자를 보면, 곧 부모를 부양하는 사람과 개와 말을 부양하는 사람을 말한 것이다. 부모를 부양하는 사람이 능히 부양하되 공경하지 않으면 개와 말을 부양하는 사람과 차이가 없다는 말이지 부모와 개, 말이 차이가 없다는 말은 아니다. 집주에서 '개와 말을 부양하는 것과 무엇이 다른가'라고 했을 때, (그것은) '인(사람)'이라는 글자이다[부양하는 '것'과 무엇이 다른가로 해석하지 말고 부양하는 '자(사람)'와 무엇이 다른가로 해석해야 한다].

2.8 子夏 問孝 子曰 色難 有事 弟子 服其勞 有酒食 先生饌 曾是以爲孝乎食 音嗣

자하가 효를 물었다. 공자께서 말씀하셨다. 얼굴빛(을 온화하게 하기)이 어려우니, 일이 있으면 젊은이가 그 노역을 맡고, 음식이 있으면 어른이 드시게 하는 것, 일찍이 이를 효라고 할 수 있겠는가?

【집주】

色難 謂事親之際 惟色爲難也 食 飯也 先生 父兄也 饌 飮食之也 曾 猶嘗也 蓋 孝子之有深愛者 必有和氣 有和氣者 必有愉色 有愉色者 必有婉容

'색난(얼굴빛이 어려움)'은 부모를 모실 때 오로지 얼굴빛(을 온화하게 하는 것)이 어렵다는 것이다. '사(食)'는 밥이고, '선생(先生)'은 아버지와 형이며, '찬(饌)'은 음식을 먹는 것이다. '증(曾)'은 상(嘗: 일찍이)과 같다. 대개 효자로서 깊은 사랑이 있는 자는 반드시 온화한 기운이 있고, 온화한 기운이 있는 자는 반드시 얼굴빛이 유쾌하고, 얼굴빛이 유쾌한 자는 반드시 부드러운 용모가 있다.

【세주】

新安陳氏曰 愉 悅也 色 見於面者 婉 順也 容 擧一身之容儀言之 此三句 禮記祭義篇之文 色 非可以僞爲也 惟深愛之心 根於中 而後愉婉之色容 見於外 其所以難者 乃有深愛和氣之難也

신안 진씨가 말했다. '유'는 기뻐하는 것이다. '색'이란 얼굴에 드러난 것이다. '완'은 순함(부드러움)이다. '용'은 한 몸 전체의 모습을 말한 것이다. 이 세 구절은 『예기』, 「제의」편의 글이다. 얼굴빛은 거짓으로 꾸며서 지을 수가 없다. 오로지 깊이 사랑하는 마음이 마음속에 뿌리내린 후에야 유쾌하고 부드러운 얼굴빛과 용모가 겉으로 드러난다. 그것이 어려운 까닭은 깊이 사랑하고 온화한 기운을 가지기가 어렵기 때문이다.

【집주】

故 事親之際 惟色爲難耳 服勞奉養去聲

그러므로 부모를 섬길 때 오로지 얼굴빛이 어려울 따름이며, 노역을 맡고 봉양하는 것은

【세주】

○此 事親之常事

이것(복로봉양)은 부모를 섬기는 일상의 일이다.

【집주】

未足爲孝也 舊說 承順父母之色爲難 亦通

효라고 하기에 부족하다. 구설에 부모의 얼굴빛을(보고 그 뜻을) 따르는 일이 어렵다고 한 것 역시 통한다.

【세주】

新安陳氏曰 後說 添承順父母字 方可解

신안 진씨가 말했다. 뒤의 설은 '부모를 따르고 순종하는'이라는 말을 덧붙여야 비로소 (의미가) 이해된다.

○問 知敬親者 其色必恭 知愛親者 其色必和 此 皆誠實之發見 不可以僞爲故 子夏 問孝 孔子 答之以色難 朱子曰 此說 亦好

물었다. 부모를 존경할 줄 아는 자는 그 얼굴빛이 반드시 공손하고 부모를 사랑할 줄 아는 자는 그 얼굴빛이 반드시 온화하니, 이것은 모두 성실함의 발현이지 억지로 꾸밀 수 있는 것이 아닙니다. 그렇기에 자하가 효를 물었을 때 공자께서 얼굴빛이 어렵다고 답하신 것 아닙니까? 주자가 답했다. 이 설 또한 좋다.

【집주】

○程子曰 告懿子 告衆人者也

정자가 말했다. 의자에게 알려주신 것은 (의자뿐 아니라) 여러 사람에게 알려주신 것이다.

【세주】

新安陳氏曰 事親以禮 人所通行

신안 진씨가 말했다. 부모를 예로 섬기는 것(의자에게 하신 말씀)은 사람이 두루 행해야 할 바이다.

【집주】

告武伯者 以其人多可憂之事

무백에게 알려주신 것은 그 사람(무백)이 (부모에게) 걱정을 끼칠 만한 일이 많았기 때문이다.

【세주】

問 如何見得 朱子曰 觀聖人恁地說 則知其人如此

물었다. 어떻게 알 수 있습니까? 주자가 답했다. 성인께서 그렇게 말씀하신 것을 보면 곧 그 사람이 그런지를 알 수 있다.

【집주】

子游 能養 而或失於敬 子夏 能直義 而或少溫潤之色 各因其材之高下 與其所失 而告之 故 不同也

자유는 능히 봉양은 하지만 간혹 공경을 잃는 경우가 있으며, 자하는 능히 강직하기는 하지만 간혹 따스하고 부드러운 얼굴빛이 모자란다. 각각 그 재질의 높고 낮음과 그 부족한 점에 따라 알려주셨으므로 (그 대답하신 말씀이) 서로 같지 않다.

【세주】

朱子曰 告懿子無違 意思闊 若其他所告 則就其人所患說 然 聖人 雖是告衆人 若就孟孫身上看 自是大段切 雖專就一人身上說 若於衆人身上看 亦未嘗無益

주자가 말했다. 의자에게는 '어기지 않는 것'이라고 알려주셨는데, 그 뜻은 넓다(여러 사람에게 적용된다). 다른 사람에게 알려주신 경우는 그 사람이 가진 문제에 대해 말씀하신 것이다. 그러나 성인께서 비록 여러 사람에게 알려주셨다고는 해도, 만약 맹손(의자)의 (개인적) 일신상에서 본다면 (이 말씀은 맹손에게) 그 자체로 매우 절실한 것이다. 비록 오로지 한 사람의 일신상에 대해 말씀하셨더라도 여러 사람의 신상에서 보면 또한 일찍이 이롭지 않은 것이 없다.

○子游 見處高明 而工夫 則疎 子夏 較謹守法度 依本子做 觀洒掃應對之論與博學篤志之說 可見惟高明而疎 故 必用敬 惟依本做 故 必用愛 子夏之病乃子游之藥 若以色難 告子游 以敬 告子夏 則以水濟水 以火濟火 故 聖人藥各中其病

자유의 소견은 높고 밝지만 공부는 소략하다. 자하는 비교적 법도를 근엄하게 지키고 책(지식)에 의존하여 행한다. (자유의) 쇄소응대의 논의와 박학독지의 학설을 보면 오로지 높고 밝기는 하지만 소략하다는 것을 알 수 있다. 그러므로 반드시 경을 써야 한다. (자하는) 오로지 책에 의거해 행하기 때문에 반드시 사랑을 써야 한다. 자하의 병은, 곧 자유에게는 약이다. 만약 얼굴빛이 어렵다는 것을 자유에게 알려주시고 존경을 자하에게 알려주셨다면, 곧 물로 물을 다스리고 불로 불을 다스리려는 것과 같다(잘못된 처방이다). 그러므로 성인께서는 각각 그 병에 적합하게 약을 쓰셨다.

○問 如何見子夏直義處 曰 觀其言 可者 與之 不可者 拒之 孟子亦曰 北宮黝 似子夏 是箇持身謹規矩嚴底人 問 嚴威儼恪 非所以事親 曰 太莊太嚴厲了

물었다. 자하의 강직함은 어떻게 알 수 있습니까? 답했다. '그럴 만한 자는 더불어 사귀고 그럴 만하지 않은 자는 거절한다(『논어』 19, 「자장」 3장)'는 말을 보면(알 수 있다). 맹자 또한 말하기를 북궁유가 자하를 닮았다고 했는데, (북궁유는) 몸가짐이 조심스럽고 법도가 엄한 사람이다. 물었다. 엄숙하고 격식을 차리는 것은 부모를 섬기는 바(태도)가 아닙니다. 답했다. 지나치게 장엄하고, 지나치게 엄숙한 것은 잘못이다.

○問 子夏 能直義 而或少溫潤之色 直義 莫是說其資之剛方否 曰 只是於事親時 無甚回互處

물었다. 자하는 능히 강직하되 간혹 따스하고 부드러운 얼굴빛이 모자란다고 했는데, 강직하다는 것은 그 자질이 강파르고 모나다는 것이 아닙니까? 답했다. 다만 부모를 섬길 때 매우 부드럽지는 못했다는 것뿐이다.

○問 夫子 答子游子夏問孝 意 雖不同 然 自今觀之 奉養 而無狎恩恃愛之失主敬 而無嚴恭儼恪之偏 儘是難 曰 旣知二失 則中間須自有箇處之之理 愛而不敬 非眞愛也 敬而不愛 非眞敬也 敬 非嚴恭儼恪之謂 以此爲敬 則誤矣只把做件事 小心畏謹 便是敬

물었다. 공자께서 자유와 자하가 효를 질문한 것에 대답하실 때 뜻은 비록 같지 않지만 오늘날의 입장에서 보면 봉양하되 은혜에 (아무렇지도 않게) 익숙해지고 사랑을 믿는(믿고 함부로 하는) 잘못은 저지르지 않고, 존경에 힘쓰되 지나치게 엄숙·공손하고 근엄·조신한 데 치우치는 잘못을 저지르지 않는 것은 진실로 어렵지 않습니까? 답했다. 이미 (그) 두 가지 잘못을 알았다면 그 (둘) 사이에 모름지기 처신하는 이치가 저절로 있게 된다. 사랑하되 공경하지 않는 것은 진실한 사랑이 아니며, 공경하되 사랑하지 않는 것은 진실한 공경이 아니다. 존경은 엄숙하고 공손하고 근엄하고 조신함을 일컫는 것이 아니니, 이것을 존경이라고 하면 잘못이다. 다만 일을 할 때에 조심하고 삼가는 것이 곧 존경이다.

○問 孔子答問孝四章 雖不同 意則一 曰如何 曰 彼之問孝 皆有意乎事親者 孔子 各欲其於情性上覺察 不使之偏勝 則其孝皆平正 而無病矣 曰 如此看恰好

물었다. 공자께서 효의 질문에 대답하신 네 개의 장은 비록 같지는 않지만 뜻인즉 하나라 함은 무슨 말이겠습니까? (답하자면) 그들이 효를 물은 것은 모두 부모를 섬기는 데 뜻을 둔 것이며, 공자께서는 각각 (질문자의) 그 성정을 생각하고 살펴 한쪽으로 치우치지 않게 함으로써 그 효가 모두 평정하고 병폐가 없게 하고자 하신 것입니다. 답했다. 그렇게 보면 매우 좋다.

○勉齋黃氏曰 事親之道 非貴於聲音笑貌也 而以色爲難者 色 非可以强爲也 非其眞有深愛存乎其心 惟恐一毫拂其親之意者 安能使愉婉之狀貌 見於顔面也哉 其告子夏者 所以發其篤於愛親之念也 或曰 敬與愛 兩事 常相反也 敬 則病於嚴威 愛 則病於柔順 今其告二子者如此 得無擧一 而廢一乎 曰 敬與愛 皆事親之不能無也 父母 至親也 而愛心生焉 父母 至尊也 而敬心生焉 皆天理之自然 而非人之所彊爲也 然 發之各有節 而行之各有宜 或過或不及 則二者 常相病也 故 聖人 因其所偏者 而警之 所以勉其不足 而損其有餘也 四章問孝 其一 則不辱其親 其二 則不辱其身 三 則敬 四 則愛 學者於此四者 而深體之 事親之大義 盡於此矣 述論語者 聚而次之 警人之意深矣

면재 황씨가 말했다. 부모를 섬기는 도리에 목소리와 웃는 모양을 귀하게 여기지 않고 얼굴빛을 어렵게 여기는 것은 얼굴빛은 억지로 지을 수 없는 것이기 때문이다. 진정 그 깊은 사랑이 마음에 있어서 오로지 털끝만큼이라도 그 부모의 뜻을 거스를까 두려워하는 사람이 아니라면 어찌 능히 부드럽고 온화한 모습이 얼굴에 나타나게 할 수 있겠는가? 자하에게 알려주신 것은 부모를 사랑하는 마음을 돈독히 하라는 것이다. 혹자가 말했다. 존경과 사랑은 두 가지 일로서 항상 상반되니, 존경하면 엄숙하고 위엄을 차리는 병폐가 있고, 사랑하면 유약하고 순종적인 병폐가 있습니다. 지금 두 사람에게 알려준 것이 이와 같으니, 하나를 취하고 하나를 버린 것이 아니겠습니까? 답했다. 존경과 사랑은 모두 부모를 섬기는 데 없어서는 안 된다. 부모는 지극히 친밀하니 사랑하는 마음이 생기고, 부모는 지극히 존엄하니 존경하는 마음이 생긴다. 모두 천리의 자연스러움이지, 사람이 억지로 하는 것이 아니다. 그러나 표현하는 데는 각각 절도가 있고 행하는 데는 각각 마땅한 것이 있으니, 혹은 넘치고 혹은 미치지 못하면 두 가지(존경과 사랑)는 항상 서로 병폐가 된다[존경이 넘치면 사랑이 부족하고, 존경이 부족하면 사랑이 넘치는 병폐가 있다. 그 역도 마찬가지이다]. 그러므로 성인께서는 그 치우치는 것에 대해 경계하셨으니, 부족한 것은 힘쓰고 남는 것은 덜게 하기 위해서이다. 네 장의 효의 질문 중에서 그 첫째는 그 부모를 욕되게 하지 않고, 둘째는 그 몸을 욕되게 하지 않고, 셋째는 존경하고, 넷째는 사랑하는 것이다. 배우는 자가 이 네 가지를 깊이 체득하면 부모를 섬기는 대의가 여기서 완성된다. 『논어』를 찬술한 자가 (이 네 장을) 모아서 순서대로 했으니, 사람을 경계하려는 뜻이 깊다.

○新安陳氏曰 問孝四章 乃記者 以類序次之 一 則欲不違禮以事親 二 則欲謹守身以不憂其親 三 則欲其敬親 四 則欲其愛親 學者 合四章 而深體之 事親之孝可得矣 聖人之言 如化工隨物賦形 凡一部論語中 其教人不同 及問同答異者 皆如此 不但此四章也

신안 진씨가 말했다. 효를 질문한 네 장은 기록하는 자가 종류에 따라 순서를 매긴 것이다. 첫째는 예를 어기지 않고 부모를 섬기게 하시려는 것이고, 둘째는 몸 지킴을 삼가 부모에게 걱정을 끼치지 않게 하시려는 것이고, 셋째는 부모를 공경하게 하시려는 것이고, 넷째는 부모를 사랑하게 하시려는 것이다. 배우는 자가 네 장을 합해 깊이 체득하면 부모를 섬기는 효를 얻을 수 있을 것이다. 성인의 말씀은 마치 하늘이 사물을 만들 때 (각각의) 사물에 따라 (각각의) 형체를 부여하는 것과 같다. 무릇 『논어』 한 책 중에서 사람을 가르치신 것이 같지 않은 것, 그리고 질문은 같으나 대답이 다른 것은 모두 이와 같으니 다만 이 네 장만 그러한 것은 아니다.

2.9 子曰 吾與回言終日 不違如愚 退而省其私 亦足以發 回也 不愚

공자께서 말씀하셨다. 내가 안회와 더불어 하루 종일 이야기함에 거스르지 않아 마치 어리석은 자 같지만, 물러난 후의 그 사사로움(홀로 있음)을 살펴보면 역시 족히 (내가 말한 바를) 드러내니, 안회는 어리석지 않다.

【집주】

回 孔子弟子 姓顔 字子淵魯人 不違者 意不相背音佩 有聽受 而無問難去聲也 私 謂燕居獨處上聲 非進見請問之時 發 謂發明所言之理

회는 공자의 제자로서 성은 안이고 자는 자연이다<노나라 사람이다>. '불위(거스르지 않음)'라는 것은 뜻이 서로 상반되지 않아서 들으면 받아들이고, 묻거나 논란하지 않는다는 뜻이다. '사(홀로 있음)'는 평소에 혼자서 거처할 때를 말하는 것이지, 나아가서 뵙고 질문 드릴 때를 말하는 것이 아니다. '발(드러냄)'은 말씀하신 바의 이치를 밝혀서 드러내는 것을 말한다.

【세주】

新安陳氏曰 發 如發揮發見之發 非以言語發明之也

신안 진씨가 말했다. '발'은 발휘한다거나 발현한다고 할 때의 발이지, 말로써 밝히는 것이 아니다.

【집주】

愚 聞之師曰朱子之師 姓李氏 名侗 字愿中 號延平先生 顔子 深潛純粹

내가 스승께서 이렇게 말씀하신 것을 들었다<주자의 스승은 성이 이씨고 이름은 통이며, 자는 원중이고, 호는 연평 선생이다>. 안자는 깊이 잠기고 순수하여,

【세주】

慶源輔氏曰 深潛 謂不淺露 而德性淵宏 純粹 謂無瑕疵 而氣質明淨

경원 보씨가 말했다. 깊이 잠기었다는 것은 얕게 드러나지 않고 덕성이

깊고 큰 것을 말한다. 순수하다는 것은 흠이 없으면서 기질이 맑고 깨끗한 것을 말한다.

【집주】

其於聖人體段已具 其聞夫子之言 默識心融 觸處洞然 自有條理 故 終日言 但見其不違 如愚人而已 及退省悉井反其私 則見其日用動靜語默之間 皆足以發明夫子之道 坦然由之而無疑 然後知其不愚也

성인의 체모는 이미 갖추어져 있었고, 공자의 말씀을 들음에 있어서는 말없이 깨달아 마음에 녹아들고, (생각이) 닿는 곳은 환하게 깨달아 저절로 조리가 있었다. 그러므로 온종일 말해도 다만 거스르지 않는 모습만 보이니, 마치 어리석은 사람과 같았을 뿐이다. 물러나 그 홀로 있음을 살펴보면 그 평상시의 움직임과 고요함, 말함과 침묵함 가운데 모든 것이 족히 공자의 도를 밝혀 드러내고, 거리낌 없이 그(공자의 도)로 말미암으면서(따르면서) 의심하지 않았으니, 그렇기에 그 어리석지 않음을 알 수 있다.

【세주】

致堂胡氏曰 夫子 久已知顏子之不愚 必曰 退省其私者 以見非無證之空言 且以明進德之功 必由內外相符 隱顯一致 欲學者之謹其獨也 夫子 與言終日 則所言多矣 今存者 幾 惜哉

치당 호씨가 말했다. 공자께서 안자가 어리석지 않음을 아신 지는 이미 오래되었지만, 하필 물러나 그 홀로 있는 곳을 살폈다고 말씀하신 것은 증거가 없는 헛된 말이 아님을 보이시고, 또한 덕으로 나아가는 공부는 반드시 안팎이 서로 부합하고 숨은 것과 드러난 것이 일치해야 함을 밝힘으로써 배우는 자로 하여금 그 홀로 있는 곳을 삼가게 하시려는 것이다. 공자께서 더불어 종일토록 말씀하셨다고 하셨으니 말씀하신 내용이 많았겠지만, 지금 남아 있는 것은 얼마 안 되니 아깝도다.

○朱子曰 默識心融 固是他功深力到 亦是天資高 顏子 乃生知之次 比之聖人 已具九分九釐 所爭只一釐 孔子 只點他這些 便與他相湊 他 所以深領其言 而不再問也 融字 如消融相似 如雪在湯中 若不融一句 只是一句 如何發得出來 如人喫物事 若不消 只生在肚裏 如何滋溢體膚 退省其私 私者 他人所不知 而回自知者 夫子 能察之 如心之所安 燕居獨處之所爲 見識之所獨 皆是 與中庸謹獨之獨同

주자가 말했다. '말없이 깨달아 마음에 녹아든다'는 것은 본디 그의 공부가 깊고 힘이 미쳤기 때문이지만, 또한 타고난 자질도 높은 것이다. 안자는 날 때부터 아는 자에 버금가는 자로서, 성인과 비교하면 이미 100분의 99는 갖추고 있고 다만 100분의 1만 차이가 있다. 공자께서는 다만 그에게 이 몇 말씀을 지적하셨는데, 이는 그와 함께 (바보 같다고) 농담을 하신 것이다. 그는 공자의 말씀을 깊이 이해했기에 다시 묻지 않았다. '융'자는 녹아 융합하는 것과 같으니, 마치 눈이 끓는 물에 들어간 것과 같다. 만약 한 구절이 융합하지 못하면 결국 한 구절로 남아 있을 뿐이니, 어찌 드러낼 수 있겠는가? 마치 사람이 무언가를 먹을 때에 만약 소화시키지 못하면 뱃속에 날것으로 있을 것이니, 어찌 몸에 영양분이 되겠는가? '퇴성기사(물러난 후의 그 사사로움을 살핀다)'라고 할 때의 '사'는 다른 사람은 알지 못하고 안회만 스스로 아는 것이지만 공자께서는 능히 살피셨으니, 그 (안자의) 마음이 편안히 여기는 바, 평소 홀로 거처할 때의 행하는 바, 홀로 있을 때의 견식 등이 모두 그것(공자께서 살피신 '사')으로 (이 '사'는) 『중용』에서 '근독(홀로 있는 곳을 삼감)'이라 할 때의 '독(홀로 있음)'과 같다.

○不違如愚 不消說了 亦足以發 是聽得夫子說話 便能發明於日用躬行之間 此 夫子 退而省察顔子之私如此 且如說非禮勿視聽言動 顔子 便眞箇不於非禮上視聽言動 集註謂 坦然由之而無疑 是他眞箇見得 眞箇便去做

'거스르지 않아 마치 어리석은 자 같다'는 것은 설명할 필요도 없지만, '또한 족히 드러낸다'는 것은 공자의 말씀을 들으면 곧 매일매일 실천하는 동안에 능히 밝혀 드러낼 수 있었다는 것이다. 이것은 공자께서 물러난 후의 안자의 사사로움이 이와 같음을 살피신 것이다. 또 예컨대 예가 아니면 보지도 듣지도 말하지도 행하지도 말라고 말씀하시자, 안자는 곧 진짜로 예가 아닌 것은 보지도 듣지도 말하지도 행하지도 않았다. 집주에서 말한 바 '거리낌 없이 그것(공자의 말씀)으로 말미암으면서 의심하지 않았다'는 것은 그가 진실로 깨닫고 진실로 행했다는 뜻이다.

○退 非夫子退 乃顔子退也 發 啓發也 始也如愚人 似無所啓發 今省其私 乃有啓發 與啓子之啓 不同

물러난 것은 공자께서 물러난 것이 아니라 안자가 물러난 것이다. '발'은 계발한다는 뜻이다. 처음에는 어리석은 사람처럼 계발하는 바가 없는 듯했지만 지금 그 사사로움을 살펴보니 계발하는 것이 있었다. (이때의 '계'자는) '계자(자식을 깨우침)'라고 할 때의 '계'와는 같지 않다.

○顔子 所聞 入耳著心 布乎四體 形乎動靜 則足以發明夫子之言矣

안자는 듣는 바가 귀로 들어와서 마음에 달라붙고 온몸에 퍼져서 움직이거나 고요한 중에 표현되었으니, 족히 공자의 말씀을 밝혀 드러낼 수 있었다.

○問 顔子不違 與孔子耳順相近否 曰 那地位 大段高 不違 是顔子於孔子說話 都曉得 耳順 是無所不通

물었다. 안자의 '어기지 않음'과 공자의 '이순'은 서로 유사합니까? 답했다. 그 수준은 매우 높다. 어기지 않음은 안자가 공자의 말씀을 모두 깨달았다는 뜻이고, 이순은 통하지 않는 바가 없다는 뜻이다.

○省其私 私 不專在無人獨處之地謂 如人相對坐 心意黙所趨向 亦是私

그 사사로움을 살핀다고 할 때의 사사로움은 단지 다른 사람이 없이 홀로 있는 경우만을 말하는 것이 아니다. 예컨대 남과 마주앉아 있으면서도 마음의 뜻이 조용히 향하는 바 또한 사사로움이다.

○問 亦足以發 是顔子於燕私之際 將聖人之言 發見於行事否 曰 固是 雖未盡見於行事 其理 亦當有發見處 然 燕私之際 尤見顔子踐履之實處 又曰 與之言 顔子 都無可否 似箇愚底 及退而觀其所行 夫子與之言者 一一做得出來不差 豈不足以發明夫子之道 如今 人 說與人做一器用 方與他說箇尺寸高低形製 他 聽之 全然似不曉底 及明日做得來 却與昨日所說底 更無分毫不似

물었다. '또한 족히 발한다'는 것은 안자가 평소에 홀로 있을 때, 성인의 말씀이 일을 행하는 데서 드러난다는 뜻입니까? 답했다. 진실로 그러하다. 비록 일을 행하는 데서 다 드러나지 않더라도 그 이치는 또한 당연히 드러나는 곳이 있다. 그러나 평소에 홀로 있을 때 특히 안자의 실천의 실제가 잘 드러난다. 또 말했다. 더불어서 말할 때에 안자는 (그 말에 대해) 옳다 그르다가 전혀 없어 어리석은 자와 비슷하지만, 물러난 뒤에 그 행하는 바를 보면 공자께서 그와 나눈 말씀을 하나하나 모두 행해 틀림이 없으니 어찌 공자의 도를 족히 밝혀 드러내지 못하겠는가. 마치 지금 어떤 사람이 다른 이에게 그릇 하나를 만들라고 하면서 바야흐로 그에게 그릇의 치수와 높이와 모양을 말해주었더니, 그가 들을 때에는 전연 깨닫지 못하는 듯했으나 다음날 만들어온 것이 오히려 전날 말한 것과 털끝만 한 차이도 없는 것과 같다.

○南軒張氏曰 亦足以發 其請事斯語之驗 與黙識心融 此於聖人耳順地位雖未幾及而已 同是一般趣味矣

남헌 장씨가 말했다. '또한 족히 발한다'는 구절은 "청컨대 이 말씀을 일삼겠습니다(『논어』 12, 「안연」 1장)"라는 구절의 증거이다. '말없이 깨달아 마음에 녹아듦'은 비록 성인의 이순의 경지에는 다소 못 미치지만 대개 같은 의미라고 할 수 있다.

○覺軒蔡氏曰 發者 固是發明此理 疑亦有發見活潑潑之意 夫子 再以不愚而信之 所以深喜之也

각헌 채씨가 말했다. '발(드러냄)'이란 본디 이 이치를 밝혀 드러낸다는 뜻이지만, 생각건대 또한 살아 있는 것처럼 생생하게 드러낸다는 뜻이 있는 것 같다. 공자께서 다시 어리석지 않다고 말씀하시어 그를 믿은 것은 그 점을 깊이 기뻐하셨기 때문이다.

○慶源輔氏曰 黙識 是不待言說 而自喩其意 心融 是不待思維 而自與之爲一 觸處洞然自有條理者 謂如行自己家庭中 蹊徑曲折 器用安頓 條理次序曉然在吾心目之間也

경원 보씨가 말했다. '묵식(말없이 깨달음)'은 언설을 기다리지 않고 저절로 그 뜻을 깨우친다는 것이다. '심융(마음에 녹아듦)'은 사유를 기다리지 않고 저절로 그것과 하나가 되는 것이다. '촉처통연 자유조리(닿는 곳은 환하게 깨달아 저절로 조리가 있음)'는 마치 자기 집안에서 돌아다니는 것처럼 어디로 가면 빠른지 굽었는지, 물건이 어디에 놓여 있는지, 조리와 순서가 명확하게 나의 마음과 눈 속에 있는 것과 같다.

○雲峯胡氏曰 顔子之資 隣於生知 故 無難疑答問 而自有以知夫子所言之理 顔子之學 勇於力行 故 雖燕居獨處 而亦足以行夫子所言之理 不曰行而曰發 此一發字 最有力 夫子嘗曰 語之而不惰者 其回也歟 惰則不發 發便不惰 孟子曰 有如時雨化之者 先儒 以顔子當之 物 經時雨便發 顔子 一聞夫子之言 便足以發 故 周子曰 發聖人之蘊教 萬世無窮者 顔子也 且不徒發之於人所共見之時 而能發之於己所獨知之地 顔子 蓋眞能發夫子約禮之教而爲愼獨之學者也

운봉 호씨가 말했다. 안자의 자질은 태어날 때부터 아는 자(生知)에 가깝기 때문에 논변이나 문답이 없어도 저절로 공자의 말씀의 이치를 알았다. 안자의 공부는 역행에 힘썼으므로 비록 평소에 홀로 있더라도 또한 공자께서 말씀하신 이치를 행할 수 있었다. 행한다고 하지 않고 발한다고 했으니, 여기서 '발(發: 드러냄)'자는 가장 의미 있는 글자이다. 일찍이 공자께서 "말해주면 게으르지 않는 자는 바로 회이구나(『논어』 9, 「자한」 19장)"라고 말씀하셨다. 게으르면 발하지 못하고 발하면 곧 게으르지 않은 것이다. 선유들은 맹자가 말한 '때맞춰 오는 비에 변화하는 자'에 안자가 해당한다고 꼽았다. 사물은 때맞춰 오는 비에 곧 발하며, 안자는 공자의 말씀을 한 번 들으면 곧 발할 수 있었다. 그러므로 주자(주돈이)는 "성인의 심오한 가르침을 드러내어 만세 동안 그치지 않게 한 자가 안자이다. 또한 사람들이 함께 보는 때에만 발하는 것이 아니라 자신만이 홀로 아는 바의 곳에서도 발할 수 있었다. 대개 안자는 진실로 능히 공자의 '예로써 요약한다'는 가르침을 드러내고, 홀로 있는 곳을 삼가는 공부를 한 자이다"라고 했다.

2.10-1 子曰 視其所以

공자께서 말씀하셨다. 그 소이(행하는 바)를 보고,

【집주】

以 爲也 爲善者 爲君子 爲惡者 爲小人

'이(以)'는 행하는 것이다. 선을 행하는 사람은 군자이고, 악을 행하는 사람은 소인이다.

【세주】

朱子曰 大綱且看這一箇人 是爲善底人 是爲惡底人

주자가 말했다. 또 이 사람이 선을 행하는 자인지, 악을 행하는 자인지를 대강 본다.

2.10-2 觀其所由

그 말미암은 바를 살피고,

【집주】

觀 比視爲詳矣 由 從也 事 雖爲善 而意之所從來者 有未善焉 則亦不得爲君子矣

'관(觀: 살핌)'은 '시(視: 봄)'보다 더 상세한 것이다. '유(由: 말미암음)'는 (어디로부터) 나온다는 것이다. 하는 일이 비록 선하더라도 뜻이 나온 곳이 선하지 않은 것이 있다면 또한 군자라 할 수 없다.

【세주】

朱子曰 爲善底人 又須觀其意之所從來 若本意 以爲己事所當然 無所爲而爲之 乃是爲己 若以爲可以求知於人 而爲之 是意所從來 已不善了 如齊桓伐楚 固義也 然 其意所從來 乃因怒蔡姬 而伐蔡 蔡潰 遂伐楚 則所爲雖是而所由未是也

주자가 말했다. 선을 행하는 사람에 대해서는 또한 반드시 그 뜻이 어디서 나온 것인지를 살펴야 한다. 만약 본래의 뜻이 당연히 자신이 해야 할 일이라고 생각해 다른 의도가 없이 행한다면, 이것은 위기의 일(자신을 위한 일)이다. 만약 남에게 알려지기를 구할 수 있다고 여겨서 그것을 한다면 이것은 뜻이 나온 바가 이미 선하지 못한 것이다. 예컨대 제나라 환공이 초나라를 친 것은 진실로 의로운 일이기는 하지만, 그 뜻이 나온 바는 채희에게 노해서 채나라를 친 것이고, 채나라가 무너지자 급기야 초나라를 친 것이니 행한 바가 비록 옳더라도 말미암은 바는 옳지 않다.

【집주】

或曰 由 行也 謂所以行其所爲者也

혹자가 말했다. '유(말미암음)'는 행한다는 것이니, 그 행위를 행하는 까닭을 말한다.

2.10-3 察其所安

그 편안히 여기는 바를 헤아리면,

【집주】

察 則又加詳矣

'찰(察: 헤아림)'은 다시 상세함을 더하는 것이다.

【세주】

厚齋馮氏曰 穀梁傳曰 常事曰視 非常曰觀 觀 詳於視也 易曰 仰以觀於天文 俯以察於地理 察 密於觀也

후재 풍씨가 말했다. 『곡량전』에 이르기를 "평범한 일은 본다고 하고 비상한 일은 살핀다라고 한다"라고 했으니, 살피는 것은 보는 것보다 상세하다. 『역』에 이르기를 "우러러 천문을 살피고, 굽어 지리를 헤아린다"라고 했으니, 헤아리는 것은 살피는 것보다 정밀하다.

【집주】

安 所樂音洛 下同也 所由 雖善 而心之所樂者 不在於是 則亦僞耳 豈能久而不變哉

'안(安: 편안히 여김)'은 즐기는 바이다. 말미암은 바가 비록 선하더라도 마음이 즐기는 바가 여기에 있지 않으면 곧 거짓일 따름이니, 어찌 오래토록 변하지 않을 수 있겠는가.

【세주】

程子曰 視其所以 觀人之大槩 察其所安 心之所安也

정자가 말했다. 그 행하는 바를 본다는 것은 사람의 대강을 살피는 것이다. 편안히 여기는 바를 헤아린다는 것은 마음이 편안히 여기는 바를 헤아리는 것이다.

○朱子曰 意所從來處 旣善 又須察其中心 樂與不樂 安 是中心 樂於爲善 自無厭倦之意 若中心 所樂不在 是便或作或輟 未免於僞

주자가 말했다. 뜻이 나온 곳이 이미 선하다면 또 반드시 마음속이 즐거운지 즐겁지 않은지를 헤아려야 한다. 편안하다는 것은 마음속이 선을 행하는 것을 즐거워하여 스스로 싫어하거나 게으르지 않다는 뜻이다. 만약 마음속에 즐기는 바가 없으면, 곧 어떤 때에는 하고 어떤 때에는 그만두니 거짓됨을 면하지 못한다.

○問 以是察人 是節節看到心術隱微處 最是難事 亦必在己者 能知言窮理 使心通乎道 而能精別是非 然後能察人如聖人也 曰 於樂處 便是誠實爲善 如好好色如惡惡臭 不是勉彊做來 若以此觀人 亦須以此自觀 看自家爲善 果是爲己 果是樂否

물었다. 이로써(이를 기준으로 하여) 남을 헤아리는 것은 마음씨의 은미한 곳을 자세하게 보는 것이지만, 가장 어려운 일은 또한 반드시 자신에게(자신을 살피는 데) 있습니다. 능히 말(언어로서의 지식)을 알고 지극한 이치를 궁구하여 마음이 도에 통하게 하고, 능히 시비를 정밀하게 판별할 수 있게 된 연후에야 성인처럼 능히 사람을 헤아릴 수 있습니다. 답했다. 즐기는 바이어야만 곧 진정 선을 행하는 것이니, 예쁜 여자를 좋아하고 나쁜 냄새를 싫어하는 것처럼 하며, 애써 억지로 하지 않는 것이다. 만약 이로써 남을 살피는 것이라면 또한 반드시 자신도 이로써 살펴야 하나니, 자기가 선을 행하는 것이 과연 자신을 위해서인지, 과연 즐거워하는지 아닌지를 보아야 한다.

○所以 是所爲 所由 是如此做 所安 是所樂 譬如讀書 是所爲 豈不是好事然 其去如此做 又煞多般 有爲己而讀者 有爲名而讀者 有爲利而讀者 須觀其所由從如何 其爲己而讀者 固善矣 然 或有出於勉彊者 故 又觀其所樂

'소이'는 소위(행하는 바)이고, '소유(말미암은 바)'는 이렇게 하는 것(이런 이유로 하는 것)이고, '소안'은 즐기는 바이다. 비유컨대 책을 읽는 것은 행하는 바(소위)인데 어찌 좋은 일이 아니겠느냐마는, 이렇게 해나가더라도 (그 이유는) 매우 다양해서 자신을 위해 읽는 경우, 명성을 위해 읽는 경우, 이익을 위해 읽는 경우가 있으니 반드시 그 말미암은 바가 어디에서 나온 것인지를 살펴야 한다. 자신을 위해 읽는 것은 진실로 선하지만, 혹시 애써서 억지로 하는 경우가 있으므로 또한 그 즐기는 바인지를 살펴야 한다.

○問 聖人於人之善惡 如見肺肝 當不待如此着力 曰 這 也爲常人說 聖人固不用得如此 然 聖人 觀人 也著恁地詳細 如今人 說一種長厚說話 便道聖人不恁地 只略略看便了 這箇 若不見教徹底善惡分明 如何取舍

물었다. 성인께서는 사람의 선악에 대해 마치 허파나 간을 보는 것처럼 하시니, 이처럼 힘을 쓰실 필요가 없습니다. 답했다. 이것(이 말씀)도 보통 사람들을 위해 하신 말씀이다. 성인은 본디 이와 같이 하실 필요가 없다. 그러나 성인께서는 사람을 살피는 데도 이처럼 상세하게 살피셨으니, 마치 지금 사람들이 길고 많은 이야기를 하는 것과 같다. 만약 성인께서는 그렇지 않고 다만 매우 간략하게 보시고 말았다고 말한다면, 이는 철저하게 선악을 분명히 구분해 어떻게 취하고 버릴지를 알지 못하는 것과 같다.

○問 觀人之道也 有自善 而入於惡 亦有事雖惡 而心所存本好 曰 這箇也自可見 須是如此看 方見好底鐵定 是好人 不好底鐵定 是不好人 又曰初間纔看善惡 便曉然 到觀其所由 有不善 這又勝得 當下便不是底 到察其所安 有不善 這 又勝前二項 人 不是到這裏 便做不好人看他 只是不是他心肯意肯 必不會有終

물었다. 사람을 살피는 도리에서도 (어떤 사람은) 선에서 시작해 악으로 들어가는 경우가 있고, 또한 (하는) 일이 비록 악하더라도 마음에 보존한 것은 본디 좋은 것인 경우가 있습니다. 답했다. 이 또한 저절로 알 수 있다. 모름지기 이처럼(이 말씀처럼) 보아야만 비로소 변함없이 (세 단계 모두) 좋은 사람이 좋은 사람이고, 변함없이 좋은 사람이 아니면 좋지 않는 사람임을 알 수 있다. 또 말했다. 처음에 선악을 보자마자 곧 (선인인지 악인인지) 확실한 것 같지만, 그 말미암은 바를 살펴보는 단계에 이르러 선하지 않은 바가 있으면 이것(이 판단)이 또 (앞서의 판단을) 이기니, [앞서의 판단과 달리] 곧바로 옳지 않은 것이라 해야 한다. 편안히 여기는 바를 헤아려 보는 단계에 이르러 선하지 않은 바가 있으면 이것이 또 앞의 두 항목(판단)을 이기니, 사람이 이 단계(마지막 단계인 선을 편안히 여기는 단계)에 이르지 못하면 곧 좋지 않은 사람으로 보아야 한다. 다만 그가 마음으로, 뜻으로 그렇게 하려는 것이 아니라면 결코 끝까지 그렇게 할 수는 없다.

○所安 是他平日存主習熟處 他本心 愛如此 雖所由 偶然不如此 終是勉彊 畢竟所樂 不在此 次第依舊 又從熟處去 如平日愛踞傲 勉彊敎他恭敬 一時之間 亦能恭敬 次第依舊 自踞傲了 心方安

편안히 여기는 바란 그가 평소에 주로 삼고 익혀 익숙한 곳이니 그의 본심은 그 같은 것을 사랑한다. 비록 말미암은 바가 우연히 이(자신이 편안히 여기는 것)와 다른 경우, 끝까지 억지로 애를 쓰더라도 끝내 즐기는 바가 거기에 있지 않아서 얼마 지나지 않아 옛날처럼 또 익숙한 곳을 좇아가게 된다. 만약 평소에 오만함을 사랑한다면 그에게 억지로 공경을 가르쳐서 한때 공경하게 할 수는 있지만, 얼마 지나지 않아 옛날처럼 스스로 오만해져야만 마음이 비로소 편안해진다.

○勉齋黃氏曰 視其所以 兼君子小人視之 觀其所由 則先之爲小人者 不復觀之矣 所觀者 君子也 察其所安 則君子所由之未善者 亦不復察之矣 察其所由之善 而欲知其安不安也 蓋 所以 旣爲小人 何必復觀其所由 所由 旣未善 何必復察其所安

면재 황씨가 말했다. 행하는 바를 보는 것은 군자와 소인 모두에게 해당된다. 그 말미암은 바를 살피는 것은 먼저 (소이를 보고 판단한 결과로) 소인인 자는 다시 살필 필요가 없으니, 군자만 살피면 된다. 그 편안히 여기는 바를 헤아리는 것은 군자로서(군자로 판단되었던 자라도) 그 말미암은 바가 선하지 못한 자는 또한 다시 헤아릴 필요가 없다. 그 말미암은 바를 살펴 선할 경우에만 그것을 편안히 여기는지 아닌지를 알려는 것이기 때문이다. 대개 행하는 바가 이미 소인이면 왜 하필 다시 그 말미암은 바를 살펴야 하겠는가? 말미암은 바가 이미 선하지 못하다면 왜 하필 다시 그 편안히 여기는 바를 헤아려야 하겠는가?(그럴 필요가 없다.)

○勿軒熊氏曰 所由 言意之所來 所安 言心之所安 意 是發端處 心 是全體處

물헌 웅씨가 말했다. 말미암은 바란 뜻이 (어디서) 온 것인지를 말하고, 편안히 여기는 바란 마음이 편안히 여기는 바를 말한다. 뜻은 발단이 되는 곳이고 마음은 전체가 되는 곳이다.

2.10-4 人焉廋哉 人焉廋哉

사람이 어찌 감추리오, 사람이 어찌 감추리오.

【집주】

焉 何也 廋 匿也 重平聲言 以深明之

'언'은 '어찌'라는 뜻이다. '수'는 숨긴다는 뜻이다. 거듭 말씀하시어 깊이 밝히셨다.

○程子曰 在己者 能知言窮理 則能以此察人 如聖人也

정자가 말했다. 자신에게 있는 것(능력)이 능히 말을 알고 이치를 궁구할 수 있는 것(능력)이라면, 이것으로써 사람 헤아리기를 성인처럼 할 수 있다.

【세주】

洪氏曰 此 夫子觀人之法 聽其言 觀眸子 人焉廋哉 此 孟子觀人之法 孟子之法 非有過人之聰明者 不能 夫子之法 人 皆可用 亦可以自考

홍씨가 말했다. 이것은 공자의 사람 살피는 법이다. "그 말을 듣고 눈동자를 보면 사람이 어찌 숨기겠는가(『맹자』 7, 「이루 상」 15장)", 이는 맹자의 사람 살피는 법이다. 맹자의 방법은 남보다 뛰어난 총명을 지닌 자가 아니면 쓸 수 없는 것이다. 공자의 방법은 모든 사람이 쓸 수 있고, 또 자신을 살피는 데 쓸 수 있다.

○新安陳氏曰 在我者 不明 則亦何以察人 集註 引程子之言 以補本文之意 知言 如孟子 我知言 能知人言之是非 窮盡事物之理 則心如明鏡 方能如聖人觀人之法 以察人也

신안 진씨가 말했다. 나에게 있는 것이 밝지 않으면 또한 무엇으로 남을 헤아릴 수가 있겠는가. 집주에서는 정자의 말을 인용해서 본문의 뜻을 보완했다. 말을 안다는 것은 맹자가 "나는 말을 안다(『맹자』 3, 「공손추 상」 2장)"라고 한 것과 같다. 능히 다른 사람의 말이 옳은지 그른지 알고 사물의 이치를 끝까지 궁구할 수 있으면 마음이 명경과 같아져서, 비로소 성인의 사람 살피는 법과 같이 사람을 헤아릴 수 있다.

2.11 子曰 溫故 而知新 可以爲師矣

공자께서 말씀하셨다. 옛것을 익히고 새로운 것을 알면 가히 스승이 될 수 있다.

【집주】

溫 尋繹也 故者 舊所聞 新者 今所得 言學能時習舊聞 而每有新得 則所學 在我 而其應 不窮 故 可以爲人師 若夫音扶記問之學 則無得於心

'온(익힘)'은 거듭 복습하는 것이다. 옛것이란 예전에 들은 것이다. 새로운 것이란 지금 얻은 것이다. 배움에 있어서 능히 예전에 들은 것을 때때로 익히고 매번 새로운 것을 얻을 수 있다면, 배운 바가 나에게 있어 그 응용함이 끝이 없으므로 가히 남의 스승이 될 수 있다는 말이다. 만약 무릇 기문지학(외운 대로만 질문에 대답하는 공부)이라면 마음에 얻은 것이 없으며,

【세주】

新安陳氏曰 與每有新得相反

신안 진씨가 말했다. (기문지학은) '매번 새로운 것을 얻는 것(지신 공부)'과 서로 반대된다.

【집주】

而所知 有限

아는 바에 한계가 있다.

【세주】

新安陳氏曰 與其應不窮相反

신안 진씨가 말했다. (소지유한은) '그 응용함이 끝이 없는 것'과 서로 반대된다.

【집주】

故 學記 譏其不足以爲人師 正與此意 互相發也

그러므로 (『예기』) 「학기」편에서 (기문지학은) "남의 스승이 되기에 부족하다"라고 비판하신 말씀은 바로 이 (말씀의) 뜻과 더불어 (그 의미를) 서로 드러낸다.

【세주】

朱子曰 記問之學 溫故而不知新 只記得硬本子 更不去裏面 搜尋得道理 記得十件 只是十件 記得百件 只是百件 這箇 便死殺了 知新 則就溫故中 見得這道理愈精 勝似舊時 引而伸之 觸類而長之 則常活不死殺 中庸 溫故而知新 乃是溫故重 此却是知新重

주자가 말했다. 기문지학은 옛것을 익히되 새로운 것을 알지 못한 채 다만 억지로 책을 외웠을 뿐으로, 다시 (책의) 이면으로 가 (거기 숨어 있는) 도리를 찾지 못한다. 열 가지를 외우면 다만 열 가지를 알고, 백 가지를 외우면 다만 백 가지를 알 따름이니 그것은 죽어 있는 것이다. 새로운 것을 알게 되면 옛것을 익히는 중에 그 도리를 더욱 정밀하게 깨달아 예전보다 나아진다. (기존의 지식을) 당겨서 확장하고 비슷한 것을 건드려 (지식을) 키우니 항상 살아 있고 죽지 않는다. 『중용』에서 "옛것을 익히고 새로운 것을 안다"라고 한 것은 옛것을 익히는 것이 중요하다는 뜻이고 이것(이 장의 말씀)은 곧 새로운 것을 아는 것이 중요하다는 뜻이다.

○溫故 方能知新 不溫故 而求知新 則亦不可得而求矣

옛것을 익히면 장차 새로운 것을 알 수 있다. 옛것을 익히지 않고 새로운 것 알기를 구하면 또한 구할 수가 없다.

○溫故而知新 味其語意 乃爲溫故而不知新者設 不溫故 固是間斷了 若果無所得 雖溫故 亦不足以爲人師 所以 溫故 又要知新 惟溫故 而不知新 故不足以爲人師也 這語意 在知新上 溫故知新 不是易底 新者 只是故中底道理 時習得熟 漸漸發得出來 且如一理 看幾箇人來問 就此一理上 一人與說一箇理 都是自家就此理上推究出來 所以 其應 無窮 且如記問之學 記得一事 更推第二事不去 記得九事 便說十事不出 所以 不足爲人師

'옛것을 익히고 새로운 것을 안다'는 말씀의 뜻을 음미해보면 옛것을 익히되 새로운 것을 알지 못하는 사람을 위해 하신 말씀이다. 옛것을 익히지 않는다면 이는 본디 (공부가) 끊어진 것이다. 만약 아무 소득도 없다면 비록 옛것을 익히더라도, 또한 남의 스승이 되기에는 부족하다. 그러니 옛것을 익히고 또 새로운 것을 알아야 한다. 다만 옛것을 익히기만 하고 새로운 것은 알지 못하는 까닭에 남의 스승이 되기에 부족하다는 것이다. 이 말의 강조점은 새로운 것을 안다는 데 있다. 옛것을 익히고 새로운 것을 아는 것은 쉬운 일이 아니다. 새로운 것은 다만 옛것 속에 있는 도리이니 자주 익혀서 완숙하게 되면 차차 드러난다. 또한 일리(최고의 원리인 단 하나의 포괄적 이치)의 경우에 몇 사람이 와서 이 이치에 대해 묻는 것을 보면, 이 하나의 이치에 대해 한 사람마다 (제 나름의) 하나의 이치를 말하니, (그 말들은) 모두 스스로 이 이치에 대해 탐구한 데서 나온 것이다. 그런 까닭에 그 응용이 무궁하다. 또 기문지학의 경우에는 한 가지 일을 외우면 다시 두 번째 일은 추구하지 않고, 아홉 가지 일을 외우면 다시 열 번째 일은 말하지 못하니, 그런 까닭에 남의 스승이 되기에 부족하다.

○問 不離溫故之中 而知新 其亦下學上達之理乎 曰 亦是漸漸上達之意

물었다. 옛것을 익히는 일을 떠나지 않는 중에 새로운 것을 아는 것, 그 또한 하학상달의 이치입니까? 답했다. 또한 점차로 상달한다는 뜻이다.

○道理 卽是一箇道理 論孟所載 是這一箇道理 六經所載 也是這箇道理 但 理會得了 時時溫習 覺滋味深長 自有新得

도리는 곧 하나의 도리이니, 『논어』와 『맹자』에 실린 것이 이 하나의 도리이고 6경에 실린 것도 이 도리이다. 다만 이해를 한 후 때때로 익혀서 재미가 깊고 크다는 것을 깨달으면 저절로 새로운 것을 얻게 된다.

○又曰 昔之所得 雖曰 旣爲吾有 然 不時加尋繹 則亦未免有廢棄遺忘之患 而無所據以知新矣 然 徒能溫故 而不能索義理之所以然者 則見聞雖富 誦說雖勤 而口耳文字之外 略無意見 如無源之水 其出有窮 亦將何以授業解惑 而待學者無已之求哉

또 말했다. 예전에 얻은 것은 비록 이미 내게 있다고 말할 수 있지만, 때때로 복습하지 않으면 곧 내버리고 잃어버리는 근심을 면할 수 없고, 새로운 것을 알기 위한 근거도 없어지게 된다. 반면에 단지 옛것을 익힐 줄만 알고 의리의 소이연(왜 그러한지 그 이유)을 찾지 못하는 사람은 곧 견문이 비록 풍부하고 학설을 외우는 데 비록 부지런해도 입과 귀의 문자(입으로 외우고, 귀로 들은 지식) 이외에는 거의 의견이 없어서 마치 원천이 없는 물처럼 나오다가 그쳐버리는 것과 같으니, 또한 장차 무엇으로 의혹을 푸는 것을 가르쳐 배우는 자의 끝없는 탐구를 충족시킬 수 있겠는가?

○尋繹其所已得 而每每有得於其所未得者 譬之 觀人 昨日識其面 今日識其心 於以爲師 其庶矣乎可云者 明未至此者 不足以爲師 非以爲能如是而爲師有餘也

이미 얻은 것을 복습하여 매번 그 미처 얻지 못했던 바를 알아가는 것은, 비유하자면 사람을 볼 때 어제 그 얼굴을 알고 오늘 그 마음을 아는 것과 같다. 스승이 되는 것에 대해 겨우 '가하다'고 말씀하신 것은 이 수준에 이르지 않으면 스승이 되기에 부족하다는 것을 밝히신 것이지, 능히 이렇게 할 수 있으면 스승이 되고도 남는다고 여기신 것은 아니다.

○范氏曰 溫故者 月無忘其所能 知新者 日知其所無

범씨가 말했다. 옛것을 익힌다는 것은 달마다 그 능한 것을 잊지 않는 것이며, 새로운 것을 아는 것은 날마다 그 알지 못했던 것을 아는 것이다.

2.12 子曰 君子 不器

공자께서 말씀하셨다. 군자는 그릇이 아니다.

【집주】

器者 各適其用 而不能相通 成德之士 體無不具 故 用無不周 非特爲一才一藝而已

그릇이란 각기 그 용도에 적합하지만 서로 통용할 수는 없다. 덕을 이룬 선비는 체(본체, 즉 덕)를 갖추지 않은 것이 없으므로, 용(쓰임, 즉 재능)도 두루 미치지 않음이 없다. 단지 하나의 재주와 하나의 기예에 국한되지 않는다.

【세주】

程子曰 君子 不器 無所不施也 若一才一藝 則器也

정자가 말했다. 군자는 그릇이 아니니 쓰이지 않는 곳이 없다. 만약 하나의 재주와 하나의 기예라면 곧 그릇이다.

○朱子曰 君子 才德出衆 德 體也 才 用也 亦具聖人之體用 但 其體 不如聖人之大 用 不如聖人之妙耳

주자가 말했다. 군자는 재주와 덕이 출중하다. 덕은 체이고, 재주는 용이다. (군자는) 또한 성인의 체용을 갖추었지만, 그 체가 성인만큼 크지 못하고 용이 성인만큼 오묘하지 못할 따름이다.

○君子不器 是不拘於一 所謂體無不具 人心 元有這許多道理充足 若慣熟時 自然看要如何無不周徧 如夷淸惠和 亦只做得一件事

군자가 그릇이 아니라는 것은 하나에 얽매이지 않는다는 뜻이니, 이른바 체를 갖추지 않음이 없다는 것이다. 사람의 마음에는 본래 그와 같이 많은 도리가 충족되어 있어서, 만일 익혀서 원숙해지면 어떻게 해야 두루 미치지 않는 바가 없게 되는지 저절로 알게 된다. 가령 백이의 청(맑음)과 유하혜의 화(온화함)는 또한 단지 하나의 일(한군데로 치우친 일)일 따름이다.

○問 君子不器 君子 是何等人 曰 此 通上下而言 是成德全才之君子 問 子貢汝器也 喚做不是君子得否 曰 子貢 也是箇偏底 可貴而不可賤 宜於宗廟朝廷 而不可退處 此 子貢偏處

물었다. 군자는 그릇이 아니라고 할 때의 군자는 어떤 사람입니까? 답했다. 이것은 (신분의) 상하를 통칭해 말한 것이니 (신분과 무관하게) 훌륭한 덕과 완벽한 재주를 갖춘 군자를 가리킨다. 물었다. "자공아, 너는 그릇이다"라는 말씀은 그가 군자가 아니라는 말씀 아닙니까? 답했다. 자공 또한 치우친 사람이지만, 귀히 여겨야지 천하게 여겨서는 안 된다. 종묘 조정에서는 마땅하게 했지만 물러나 있지는 못했으니, 이것이 자공의 치우친 면이다.

○南軒張氏曰 人之可以器言者 拘於才之有限者也 若君子 則進於德 進於德 則氣質變化 而才有弗器者矣

남헌 장씨가 말했다. 그릇이라고 말할 수 있는 사람은 유한한 재주에 얽매어 있는 자이다. 군자의 경우는 덕으로 나아가니, 덕으로 나아가면 기질이 변화하여 그릇이 아닌 재주를 가진 자가 된다.

○勉齋黃氏曰 各適其用 不能相通 以物言 舟之不可爲車之類也 以人言 優爲趙魏老 不可以爲滕薛大夫 是也 用無不周 見君子之不器 體無不具 原君子之所以不器也

면재 황씨가 말했다. 각기 그 용도에 적합하지만 서로 통용할 수 없다는 것은 사물로 말하자면 배는 수레가 될 수 없는 것과 같고, 사람으로 말하자면 조위(趙魏)의 가로(가신)가 되기에는 충분해도 등나라나 설나라의 대부가 될 수는 없다는 것이 그것이다. 용이 두루 미치지 않음이 없다는 것은 군자가 그릇이 아니라는 점을 드러낸 것이며, 체를 갖추지 않음이 없다는 것은 군자가 그릇이 아닌 그 이유를 찾은 것이다.

○雲峯胡氏曰 士君子之心 虛 有以具衆理 是其體 本無不具也 其心之靈 足以應萬事 是其用 可以無不周也 格致誠正脩齊治平 有以充此心之體 而擴此心之用 所以不器 故 凡局於器者 氣質之分量 小 士君子之不器者 學問之功效 大也

운봉 호씨가 말했다. 선비와 군자의 마음은 텅 비어 모든 이치를 구비하고 있으니, 이것은 그 체를 본래 갖추지 않음이 없는 것이다. 그 마음의 신령함은 족히 만사에 응할 수 있으니 이것은 그 용이 가히 두루 미치지 않음이 없는 것이다. 격물, 치지, 성의, 정심, 수신, 제가, 치국, 평천하. 이것으로써 이 마음의 체를 채우고 이 마음의 용을 확충하면, 그릇이 아닌 것이다. 그러므로 대개 그릇에 국한되는 자는 기질의 분량이 작은 것이고, 선비와 군자로서 그릇이 아닌 자는 학문의 효험이 큰 것이다.

2.13 子貢 問君子 子曰 先行其言 而後從之

자공이 군자에 대해 물었다. 공자께서 말씀하셨다. 그 말에 앞서 행하고 이후에 (말은) 그것(행동)을 따라야 한다.

【집주】

周氏曰周氏 名 孚先 字 伯忱 毗陵人 **先行其言者 行之 於未言之前 而後從之者 言之 於旣行之後**

주씨가 말했다<주씨의 이름은 부선이고, 자는 백침이며, 비릉 사람이다>. **'그 말에 앞서 행한다'는 것은 말을 하기 전에 행한다는 뜻이며, '이후에 그것을 따른다'는 것은 이미 행한 후에 말한다는 뜻이다.**

【세주】

問 先行其言而後從之 苟能行矣 何事於言 朱子曰 若道只要自家行得 說都不得 亦不是道理 聖人 只說敏於事 而謹於言 敏於行 而訥於言 言顧行 行顧言 何嘗敎人不言

물었다. '그 말에 앞서 행하고 이후에 그것을 따른다'는 것, 이를 진실로 능히 행할 수 있다면 말이 무슨 일에 소용이 있겠습니까? 주자가 답했다. 만약 오로지 스스로 행해야 할 뿐 말은 일절 해서는 안 된다고 말한다면 또한 이치가 아니다. 성인께서는 다만 일에는 민첩하되 말에는 신중해야 하고, 행동에는 민첩하되 말은 어눌해야 하고, 말은 행동을 고려해야 하고, 행동은 말을 고려해야 한다고 말씀하셨을 뿐이니 어찌 일찍이 사람에게 불언(말하지 않음)을 가르치셨겠는가.

○問 先行其言 謂人識得箇道理了 可以說出來 却不要只做言語說過 須是合下便行將去 而後從之者 及行將去 見得自家所得底道理 步步著實 然後說出來 却不是杜撰臆度 須還自家 自本至末 皆說得有著實處 曰 此說 好

물었다. '그 말에 앞서 행한다'는 것은 사람이 도리를 깨닫고 나서야 가히 말을 할 수 있다는 것이니, 말만 해버려서는 안 되고 반드시 마땅히 행해 나아가야 합니다. '후에 그것을 따른다'는 것은 장차 행하는 데 스스로 얻은 도리를 알고 한 걸음 한 걸음 착실하게 실천한 후에 말을 해야 한다는 것이니, 억지로 꾸미거나 제멋대로 추측해서는 안 되고 반드시 또한 스스로 근본부터 말단에 이르기까지 모든 말에 착실함이 있어야 합니다. 답했다. 좋은 설명이다.

○南軒張氏曰 君子 主於行 而非以言爲先也 故 其言之所發 乃其力行所至 而言隨之也 夫 主於行 而後言者 爲君子 則夫易於言 而行不踐者 是小人之歸矣

남헌 장씨가 말했다. 군자는 행함을 주로 하고 말을 우선으로 삼지 않는다. 그런 까닭에 그 말이 나온 것은 곧 역행(힘써 행함)이 이른 곳에 말이 따라 나온 것이다. 무릇 행함을 주로 하고 그 후에 말하는 자는 군자가 되니, 그런즉 무릇 말을 쉽게 여기고 실천이 따르지 않는 자는 소인으로 귀결된다.

○慶源輔氏曰 行之 於未言之前 則其行 專而力 言之 於旣行之後 則其言 實而信 正君子進德修業之道也

경원 보씨가 말했다. 말을 하기 전에 행한다면 그 행동은 전일하고 힘이 있으며, 이미 행한 후에 말한다면 그 말은 진실하고 신뢰할 만하니, 바로 군자가 덕으로 나아가고 수양을 하는 방도이다.

○雙峯饒氏曰 君子 行 在言前 言 隨行後 自然言行 不相違矣

쌍봉 요씨가 말했다. 군자의 행동은 말을 하기 전에 있고, 말은 행한 후에 뒤따르니 저절로 말과 행동이 서로 어긋나지 않는다.

【집주】

○范氏曰 子貢之患 非言之艱 而行之艱 故 告之以此

범씨가 말했다. 자공의 문제는 말하는 것이 어려운 것이 아니라 행동하는 것이 어려운 데 있으므로 이(이 말씀)로써 알려주셨다.

【세주】

朱子曰 只爲子貢多言 故云然

주자가 말했다. 다만 자공이 말이 많은 까닭에 이와 같이 말씀하셨다.

2.14 子曰 君子 周而不比 小人 比而不周

공자께서 말씀하셨다. 군자는 두루 친하지만 끼리끼리 친하지는 않고, 소인은 끼리끼리 친하기는 하지만 두루 친하지는 않는다.

【집주】

周 普徧也 比 偏黨也 皆與人親厚之意 但周 公 而比 私爾

'주'는 널리 두루 미치는 것이고 '비'는 편을 지어 모이는 것이니, 모두 남과 친하여 사이가 두텁다는 뜻이다. 다만 두루 친한 것은 공(公)이고 끼리끼리 친한 것은 사(私)일 따름이다.

【세주】

朱子曰 比之與周 皆親厚之意 周 則無所不愛 爲諸侯 則愛一國 爲天子 則愛天下 隨其親疎厚薄 無不是此愛 若比 則只是揀擇 或以利 或以勢 一等合親底 他 却自有愛憎 所以 有不周處 又曰 大槩 君子心 公而大 所以周普 小人心 狹而常私 便親厚也 只親厚得一箇

주자가 말했다. 끼리끼리 친한 것과 두루 친한 것은 모두 친하고 두텁다는 뜻이다. 두루 친한 것은 사랑하지 않는 바가 없으니, 제후의 경우에는 온 나라를 사랑하고 천자의 경우에는 온 천하를 사랑하여 그 친함과 소원함, 후함과 박함에 따라 이 사랑이 아닌 것이 없다. 끼리끼리 친한 경우에는 다만 골라 택하는 것이니, 혹은 이득이나 혹은 위세로써 같은 것끼리 모여 친한 것이다. 그것은 도리어 그 자체로 애증이 있는 까닭에 두루 친하지 못하는 바가 있다. 또 말했다. 대개 군자는 마음이 공정하고 커서 널리 두루 친하고, 소인은 마음이 좁고 항상 사사로워서 곧 친하고 두텁더라도 단지 친하고 두터운 것 그 하나일 뿐이다.

○周比 相去不遠 須分別得大相遠處 周 則徧及天下 比 則昵於親愛 無一人使之不得其所 便是周 但 見同於己者 與之 不同於己者 惡之 便是比 君子好善惡惡 皆出於公 用一善人於國於天下 則一國天下 享其治 去一惡人於一鄕一邑 則一鄕一邑 受其安 豈不是周 若小人 於惡人 則喜其合己 必親愛之 善人與己異 必傷害之 此 小人 比而不周也

두루 친한 것과 끼리끼리 친한 것은 서로 거리가 멀지 않지만(비슷해 보이지만), 그 크게 다른 점에 대해서는 반드시 분별해 알아야 한다. 두루 친하면 천하에 퍼져 미치고, 끼리끼리 친하면 친애하는 데 빠진다. 한 사람도 그 원하는 바를 얻지 못함이 없게 하는 것이 곧 두루 친한 것이며, 오직 자신과 닮은 사람을 보면 더불어 함께하고 자신과 닮지 않은 사람을 보면 미워하는 것이 바로 끼리끼리 친한 것이다. 군자가 선을 좋아하고 악을 미워하는 것은 모두 공(公)에서 나오는 것으로, 한 명의 선한 사람을 나라와 천하에 등용하면 한 나라와 천하가 그 다스림을 누리고, 한 명의 악한 사람을 한 마을과 한 읍에서 쫓아내면 한 마을과 한 읍이 그 편안함을 누리니, 어찌 두루 친함이 아니겠는가. 소인의 경우는 악한 사람에 대해서는 자신과 잘 맞는다고 기뻐하여 반드시 그를 친애하고, 선한 사람은 자신과 다르다고 반드시 그를 해치려고 하니 이것이 '소인은 끼리끼리 친하지만 두루 친하지는 않는다'는 것이다.

○君子立心 自是周徧 好惡愛憎 一本於公 小人 惟偏比 阿黨而已

군자의 마음 세움은 그 자체로 두루 넓은 것이니, 좋아하고 싫어하고 사랑하고 미워하는 것이 한결같이 공에 근거한다. 소인은 오로지 치우치고 끼리끼리 친하니, 아부하여 무리를 지을 따름이다.

○南軒張氏曰 君子小人之分 公私之間而已 周 則不比 比 則不周 天理人欲不竝立也 君子 於親疎遠近賢愚 處之 無不得其分 蓋 其心 無不溥焉 所謂周也 若小人 則有所偏係 而失其正 其所親暱 皆私情也 所謂比也

남헌 장씨가 말했다. 군자와 소인의 구분은 공과 사의 차이일 따름이다. 두루 친하면 끼리끼리 친하지 않고, 끼리끼리 친하면 두루 친하지 않으니, 천리와 인욕이 양립할 수 없는 것이다. 군자는 친한 자와 소원한 자, 가까운 자와 먼 자, 현명한 자와 어리석은 자를 대함에 그 구분을 바로하지 못하는 경우가 없고 대개 그 마음이 넓지 않은 경우가 없으니, 이른바 두루 친한 것이다. 소인의 경우는 치우치게 매인 바가 있어 그 바름을 잃고 그 친하고 가까운 바가 모두 사사로운 정이니, 이른바 끼리끼리 친한 것이다.

【집주】

○君子小人 所爲不同 如陰陽晝夜 每每相反 然 究其所以分 則在公私之際毫釐之差耳 故 聖人 於周比和同驕泰之屬 常對擧而互言之 欲學者察乎兩間 而審其取舍上聲之幾平聲也

군자와 소인이 같지 않은 것은 음과 양, 낮과 밤이 언제나 서로 상반되는

것과 마찬가지이지만, 그 다른 까닭을 따져보면 공과 사 사이의 실낱같은 차이에 있을 따름이다. 그러므로 성인께서 '주'와 '비(두루 친한 것과 끼리끼리 친한 것)', '화'와 '동(화합하는 것과 부화뇌동하는 것)', '교'와 '태(교만한 것과 엄연한 것)'를 항상 대비해서 같이 말씀하신 것은 배우는 자로 하여금 양자의 구분을 살펴서 그 취하고 버리는 기미(미묘한 단서)를 헤아리게 하고자 하심이다.

【세주】

問 取舍之幾 當在思慮方萌之初 審察之否 朱子曰 致察於思慮 固是 但 事上亦須照管 覺得思慮處失了 便著於事上看 便舍彼取此

물었다. 취하고 버리는 기미는 마땅히 사려(생각)가 막 싹트는 처음에 헤아리고 살펴야 하는 것이 아닙니까? 주자가 답했다. 사려에 대해 지극히 살피는 것은 본디 옳지만, 그러나 일에 대해서도 또한 비추어 살펴야 한다. 사려가 잘못되었다는 것을 깨달으면 곧 일에 대해서도 살펴보아서 곧 그것(예컨대 비)을 버리고 이것(예컨대 주)을 취해야 한다.

○雲峯胡氏曰 君子小人 公私相反 而聖人 歷擧周比等之相似者言之 蓋相反者 其情易知 相似者 其幾未易察 故 拳拳欲學者致審焉

운봉 호씨가 말했다. 군자와 소인은 공과 사로 서로 반대되지만, 성인께서는 '주'와 '비' 같은 서로 비슷한 것을 들어 말씀하셨다. 대개 서로 반대되는 것은 그 실정을 쉽게 알 수 있지만 서로 비슷한 것은 그 기미를 쉽게 헤아릴 수 없기 때문에, 배우는 자로 하여금 지극히 살피게 하고자 애쓰셨다.

○新安陳氏曰 通書曰 幾善惡 幾者 善惡所由分之微處也 上文 公私之際 卽所謂兩間 毫釐之差 卽所謂幾 學者 當審察於幾微處 而取其公 舍其私 周比和同驕泰三章 皆當如此看 以此章居首 故 於此 包括言之

신안 진씨가 말했다. 『통서』에 이르기를 "기미에 선악이 있다"라고 했는데, '기(기미)'라는 것은 선과 악이 나뉘기 시작하는 미묘한 곳이다. 윗글에서 말한 '공과 사의 사이'라는 것은 소위 '둘 사이'이고 '실낱같은 차이'라는 것은 소위 기미이다. 배우는 자는 마땅히 기미의 미묘한 곳을 살피고 헤아려서 그 공을 취하고 그 사를 버려야 한다. <주비>, <화동>, <교태> 세 장은 모두 마땅히 이처럼 보아야 한다. (그 세 장 가운데) 이 장이 제일 앞에 있으므로 여기에서 포괄해 말했다.

2.15 子曰 學而不思 則罔 思而不學 則殆

공자께서 말씀하셨다. 배우되 생각하지 않으면 미혹되고 (갈피를 잡지 못하고), 생각하되 배우지 않으면 위태롭다.

【집주】

不求諸心 故 昏而無得 不習其事 故 危而不安

마음에서 구하지 않는 까닭에 어둡고 얻는 것이 없으며, 그 일을 익히지 않는 까닭에 위태롭고 편안하지 못하다.

【세주】

朱子曰 學 是學其事 如讀書是學 須精思其中義理 方得 如做此事是學 須思此事道理如何 只恁低頭做 不思這道理 則所學者 粗迹耳 故 昧而無得 若只空思索 不傍事上體察 則無可據之地 而終不安穩 須是學與思 互相發明

주자가 말했다. '학(배움)'이란 그 일을 배우는 것이다. 예컨대 책을 읽는 일을 학이라 한다면, 반드시 그 가운데 있는 의리를 정밀하게 생각해야 비로소 얻게 된다. 예컨대 이 일을 하는 것을 학이라 한다면 반드시 이 일의 도리가 어떠한지를 생각해야 하는데도 그저 그렇게 머리를 숙이고 일하기만 하고 그 도리를 생각하지 않는다면, 배운 바란 거친 흔적[구식의 조잡한 방식]일 뿐이다. 그런 까닭에 어둡고 얻는 것이 없다. 만약 다만 공허하게 사색할 뿐이고 일과 관련해서 체찰(체험하여 살핌)하지 않는다면 근거할 곳이 없고 종내 안온하지 못하다. 반드시 학과 사가 서로 드러내어 밝히게 해야 한다.

○凡 學字 便兼行字意思 如講明義理 學也 纔效其所爲 便有行意

무릇 '학'이라는 글자는 '행'이라는 글자의 의미를 겸하고 있다. 예컨대 의리를 강명하는 것이 학이지만, 그 행위를 본받는 것이기도 하니 곧 행의 의미가 있다.

○思與學字 相對說 學這事 便思這事 人 說這事合恁地做 自家不曾思量這道理是合如何 則罔然而已 罔 似今人說罔兩 旣思得這事 若不去做這事

便不熟 則臬兀不安 如人學射 雖習得弓箭裏許多模樣 若不曾思量 這箇是合如何也不得 旣思得許多模樣是合如何 却不曾去射 也如何得

'사'와 '학' 두 글자는 서로 상대해 말하는 것이니, 이 일을 배우는 것은 곧 이 일을 생각하는 것이다. 사람들이 이 일을 그렇게 하는 것이 맞다고 말하면서 스스로 이 도리가 어떻게 맞는지를 생각해 헤아려 보지 않는다면 곧 미혹될 따름이다. '망(미혹됨)'은 지금 사람들이 말하는 '망량(의지할 데가 없음)'과 유사한 뜻이다. 이미 이 일을 생각하고도 이 일을 해나가지 않는다면 곧 익숙해지지 않으니, 오뚝한 것처럼 매우 불안하다. 예컨대 사람이 활쏘기를 배울 때 비록 활과 화살의 여러 가지 모양을 배웠다 하더라도 일찍이 생각하지 않았다면, 이것이 무엇에 맞는 것인지도 알 수 없다. 이미 생각해서 허다한 모양이 무엇에 맞는지를 알았다 하더라도 일찍이 활을 쏘아보지 않았다면 또한 어찌할 수 있겠는가?

○思 則自當有得 如食之 必飽耳

생각하면 응당 얻는 것이 있으니 예컨대 밥을 먹으면 반드시 배부른 것과 같다.

○問 學 謂視聖賢所言所行而效之也 思 謂硏窮其理之所以然也 徒學而不窮其理 則罔 罔 謂昏而無得 則其所學者 亦粗迹耳 徒思而無踐履之實 則殆 殆 謂危而不安 則其所思者 亦虛見爾 學而思 則知益精 思而學 則守益固 學 所以致廣大 思 所以盡精微 曰 學 不專於踐履 如學以聚之 正爲聞見之益而言

물었다. 배운다는 것은 성현께서 말씀하고 행하신 바를 보고 그것을 본받는 것을 말하고, 생각한다는 것은 그 이치의 소이연(왜 그러한지 그 이유)을 궁구하는 것을 말합니다. 단지 배우기만 하고 그 이치를 궁구하지 않으면 미혹됩니다. 미혹된다(罔)는 것은 어둡고 알지 못하는 것이니, 그 배운 바가 또한 거친 흔적일 따름입니다. 단지 생각하기만 하고 그 실천의 실제가 없으면 위태롭습니다. 위태롭다(殆)는 것은 위험하고 불안한 것을 말하니, 그 생각하는 바가 또한 공허한 의견일 따름입니다. 배우고 또 생각하면 앎이 더욱 정밀해지고, 생각하고 또 배우면 지키는 것이 더욱 공고해집니다. 배우는 것은 광대함에 이르는 까닭이 되고, 생각하는 것은 정밀함을 다하는 까닭이 됩니다. 답했다. 배운다는 것은 오로지 실천만을 의미하는 것은 아니다. 예컨대 '배워서 모은다'고 했으니, (이는) 바로 견문이 늘어난다는 것을 말한다(견문이 늘어나는 것도 배움이다).

○慶源輔氏曰 學之義 廣矣 雖不專謂習其事 然 此之謂學 則指習事而言耳 徒學而不求諸心 則內外不恊 外 雖勉强 而中 無意味 故 昏而無得 徒思而不習其事 則理事爲二 理 雖若有所得 事 則扞格 而無可卽之安 故 危而不安

경원 보씨가 말했다. 배운다는 것의 뜻은 넓다. 비록 오로지 그 일을 익히는 것을 말하지는 않더라도 여기서 말하는 '배운다'는 것은 곧 일을 익히는 것을 가리켜서 말하는 것일 따름이다. 오로지 배우기만 하고 마음에서 구하지 않으면 안팎이 협응하지 않아서, 겉으로는 비록 애써 힘쓰더라도 안으로는 의미가 없으므로 어둡고 얻는 것이 없다. 오로지 생각하기만 하고 그 일을 익히지 않으면 이치와 일이 두 가지가 되어서, 이치는 비록 얻는 바가 있는 듯해도 일은 어그러지고 근거할 만한 편안함이 없어서 위태롭고 불안하다.

○新安陳氏曰 學而思 則理益明 而不局於粗淺 思而學 則理益實 而不荒於高虛

신안 진씨가 말했다. 배우고 또 생각하면 이치가 더욱 밝아져서 거칠고 얕은 데 국한되지 않으며, 생각하고 또 배우면 이치가 더욱 진실해져서 높고 공허한 데서 황폐해지지 않는다.

【집주】

○程子曰 博學 審問 愼思 明辨 篤行 五者 廢其一 非學也

정자가 말했다. 넓게 배우고, 따져 묻고, 신중하게 생각하고, 밝게 변별하고, 독실하게 행하는 것, (이) 다섯 가지 가운데 하나라도 빠뜨리면 배우는 것이 아니다.

【세주】

新安陳氏曰 五者 中庸誠之之目 程子之說 本以論中庸耳 朱子 采之於此 以廣此章之意

신안 진씨가 말했다. 다섯 가지는 『중용』의 '성지(誠之: 참되려 노력함)'의 조목이다. 정자의 말은 본디 『중용』을 논한 것이지만, 주자는 (이 설을) 여기에 취하여 이 장의 뜻을 넓혔다.

○雲峯胡氏曰 朱子 釋中庸 學問思辨 屬擇善 知之事也 篤行 屬固執 行之事也 此 則以學爲習其事 是行之事 以思爲求諸心 是知之事 至若學而時習之

又引程子之言曰 時復思繹 則思 又是學習之事 若有不同者 要之 專言學則學兼知與行 思繹亦是學 分學與思 則思字屬知 學字屬行 中庸五者 朱子謂 學與行 是學之終始 問與辨 是思之終始 是也

운봉 호씨가 말했다. 주자는 『중용』을 풀이하여 배우고, 묻고, 생각하고, 변별하는 등의 부류는 선을 택하는 일(택선)에 속하니 앎(知)의 일이고, 독실하게 행하는 것은 굳게 잡는 일(고집)에 속하니 실천(行)의 일이라고 했다. 여기서는 곧 '학'은 그 일을 익히는 것으로 여겼으니, 실천의 일로 본 것이고, '사'는 마음에서 구하는 것으로 여겼으니, 앎의 일로 본 것이다. "배우고 때때로 익힌다"라는 구절에 이르러서는 또한 정자의 말을 인용하여 "때때로 다시 실마리를 생각한다"라고 했으니, 생각하는 것 역시 배우고 익히는 일로 본 것이다. (이 구절의 해석과 '학이시습지'에서의 해석은) 다른 점이 있는 것 같다. 요컨대 오로지 '학' 하나만을 말할 경우에는 학은 아는 것과 실천하는 것을 겸하며, 실마리를 생각하는 것 또한 학이 된다. '학'과 '사'로 나누어 말하는 경우 '사'자는 아는 일에 속하고, '학'자는 실천하는 일에 속한다. 『중용』의 다섯 가지에 대해 주자가 이르기를 "학(아는 것)과 행(실천하는 것)은 학(배움)의 처음과 끝이고, 문(물음)과 변(변별함)은 사(생각함)의 처음과 끝이다"라고 한 것이 이것이다.

2.16 子曰 攻乎異端 斯害也已

공자께서 말씀하셨다. 이단을 연구하면 해로울 뿐이다.

【집주】

范氏曰 攻 專治也 故 治木石金玉之工 曰攻

범씨가 말했다. '공'은 오로지 (그것만) 다루는(연구하는) 것이다. 그래서 나무, 돌, 쇠, 옥 등을 다루는 일을 '공'이라 한다.

【세주】

新安倪氏曰 周禮 考工記 有攻木之工 攻金之工

신안 예씨가 말했다. 『주례』, 「고공기」에 '나무를 다루는 일', '쇠를 다루는 일'이라는 구절이 있다.

【집주】

異端 非聖人之道 而別爲一端 如楊墨 是也 其率天下 至於無父無君 專治 而欲精之 爲害甚矣

이단은 성인의 도가 아니면서 따로 하나의 단서를 이루는 것이니 가령 양주나 묵적이 그것이다. 그것은 천하를 이끌어 부모가 없고 임금이 없는 데 이르게 하니, 오로지 그것만 연구하여 정밀해지려 하면 해악이 심해진다.

【세주】

或問 有以攻爲攻擊之攻 言異端不必深排者 如何 朱子曰 正道異端 如水火之相勝 彼盛 則此衰 此强 則彼弱 熟視異端之害 而不一言以正之 亦何以祛習俗之蔽哉 觀孟子所以答公都子好辨之問 則可見矣

혹자가 물었다. 어떤 이가 '공'을 공격한다고 할 때의 공이라고 보고, 이단은 꼭 깊이 배격할 필요가 없다는 말이라고 했는데, 어떻습니까? 주자가 답했다. 정도와 이단은 물과 불처럼 서로 싸우니(모순되니), 저것이 성하면 이것은 쇠하고 이것이 강하면 저것은 약해진다. 이단의 해악을 번연히 보면서도 한마디 말로 그것을 바로잡지 않는다면 또한 어찌 습속의 폐단을 제거하겠는가? 맹자가 공도자의 "(다른 사람들이 말하기를 선생님은) 따지기를 좋아한다고 합니다(『맹자』 6, 「등문공 하」 9장)"라는 질문에 대답한 것을 보면 곧 알 수 있다.

○異端 不是天生出來 天下 只是這一箇道理 緣人心不正 則流於邪說 習於彼 必害於此 旣入於邪 必害於正

이단은 하늘이 내서 나온 것이 아니며, 천하는 오로지 이 하나의 도리일 따름이다. 사람의 마음이 바르지 못한 까닭에 곧 사악한 설로 흐르고, 그것(사설)에 익숙해지면 반드시 이것(정도)에 해가 된다. 이미 사악함으로 들어가면 반드시 올바름에 해가 된다.

○問 集註云 攻 專治之也 若爲學 便當專治之 異端 則不可專治也 曰 不惟說不可專治 便略去理會他也不得 若是自家學有定止去 看他病痛却得

물었다. 집주는 '공'을 오로지 그것만 연구하는 것이라고 했는데, 만약 배움에서는 곧 마땅히 오로지 그것만 연구해야 하지만 이단의 경우에는 오로지 그것만 연구해서는 안 됩니다. 답했다. '(이단은) 오로지 그것만 연구해서는 안 된다'고 말해야 할 뿐만 아니라 그것을 대충 이해하려는 것도 안 된다. 만약 스스로 공부를 함에 (제자리를) 잡고 머물러 나아간다면 그것(이단)의 병통을 알 수 있다.

○楊氏 爲我拔一毛 而利天下 不爲 墨氏 兼愛 至不知有父 如此等事 世人見他無道理 自不去學

양씨(양주)는 자신의 머리카락 한 올을 뽑아서 천하를 이롭게 할 수 있다고 할지라도 하지 않겠다고 했고, 묵씨(묵적)는 겸애하여 부모가 있음을 알지 못하는 지경에 이르렀다. 이러한 일에 대해 세상 사람들은 그것이 도리가 없음을 알기 때문에 당연히 가서 배우지 않는다.

○慶源輔氏曰 常言 一事一件 皆爲一端 異端 非聖人之道 而別自爲一件道理也 楊氏 以爲我爲義 而非聖人所謂義 墨氏 以兼愛爲仁 而非聖人所謂仁 所以 爲異端

경원 보씨가 말했다. 보통 말하기를 하나하나의 사건이 모두 하나의 단서가 된다고 하는데, 이단은 성인의 도리가 아니면서 따로 스스로 한 가지의 도리가 된다. 양주는 자신을 의롭다고 여기지만 (그것은) 성인께서 말씀하시는 의로움이 아니며, 묵적은 겸애를 인으로 여기지만 (그것은) 성인께서 말씀하시는 인이 아니니, 그래서 이단이 된다.

○西山眞氏曰 異端之名 始見於此 孔子所指 未知爲誰 老聃楊朱墨翟 皆與孔子同時 特以洙泗之敎 方明 其說 未得肆耳 或謂孔子不闢異端 非也 如悖德悖禮之訓 已是闢墨 潔身亂倫之訓 已是闢楊矣

서산 진씨가 말했다. 이단이라는 말은 여기서 처음으로 나타나는데, 공자께서 가리키신 것이 누구인지는 알 수 없다. 노담, 양주, 묵적은 모두 공자와 동일한 시대였으나, 특히 수사(洙泗: 공맹의 유가)의 가르침이 바야흐로 밝아져 그들의 학설이 제멋대로 퍼지지는 못했다. 혹자는 공자께서 이단을 물리치지 않았다고 하는데 그것은 그릇된 말이다. 가령 '덕을 어그러뜨리고 예를 어그러뜨린다'는 가르침은 이미 묵적을 물리치신 것이고 '제 몸을 깨끗하게 하면서 윤리를 어지럽힌다'는 가르침은 이미 양주를 물리치신 것이다.

○胡氏曰 楊朱 卽莊周所謂楊子 居者 與老聃同時 墨翟 又在楊朱之前 宗師大禹 而晏嬰學之者也

호씨가 말했다. 양주는 장주가 말한 바의 양자이니, 노담과 같은 시기에 살았다. 묵적은 또한 양주 이전 시기에 살았으며 우임금을 스승으로 삼았고 안영이 배운 자이다.

○新安陳氏曰 孔子之時 楊朱未肆 故 集註 下一如字 然則異端 何所指乎 孔子謂 鄕原 德之賊 孟子謂 其自以爲是 而不可與入堯舜之道 則鄕原 亦異端也 老聃正同時 而孔子於禮曰 吾 聞諸老聃 則老聃 在當時未可以異端目之 今之老子書 先儒謂 後人託爲之 蒙莊出 而祖老氏 自此以後 始爲虛無之祖 而爲異端 不可辭矣 揚子雲曰 非堯舜文王者 爲他道 故 凡非聖人之道者 皆異端云

신안 진씨가 말했다. 공자의 시대에 양주는 아직 제멋대로 하지는 못했으므로 집주에서는 (양묵 '같은' 자라는 의미로) '여(如)'자를 썼다. 그렇다면 이단은 무엇을 지칭한 것인가? 공자께서는 '향원은 덕의 적'이라고 말씀하셨고, 맹자는 '자기 스스로 옳다고 여기니 요순의 도에는 함께 들어갈 수 없다'고 했으니, 곧 향원 또한 이단이다. 노담(노자)은 공자와 바로 같은 시기에 살았고 공자께서 예에 대해 '나는 노담에게 그것을 들었다'고 말씀하셨으니 당시에는 아직 노담을 이단으로 지목할 수 없었다. 요즈음의 『노자』 책은 선유가 말한 바에 따르면 후인이 가탁(이름을 빌림)하여 만들었다고 하는데, 어리석은 장자가 나와서 노씨(노자)를 비조로 삼은 뒤 비로소 (노자가) 허무의 학설의 선조가 되었으니 이단이 됨을 사양할 수 없다. 양자운(양웅)이 말하기를 "요, 순, 문왕이 아닌 것은 다른 도가 되니, 그런 까닭에 무릇 성인의 도가 아닌 것은 모두 이단이다"라고 했다.

【집주】

○程子曰 佛氏之言 比之楊墨 尤爲近理 所以 其害爲尤甚 學者當如淫聲美色以遠去聲之 不爾 則駸駸音侵然 入於其中矣

정자가 말했다. 불가의 말은 양묵에 비해 더욱 이치에 가깝기 때문에 그래서 그 해악이 더욱 심하다. 배우는 자는 마땅히 음탕한 소리와 아름다운 여색처럼 그것을 멀리해야 한다. 그렇게 하지 않으면 빠르게 그 안으로 빨려 들어가게 된다.

【세주】

汪氏炎昶曰 程朱之時 儒學 亦有流於禪者 故 集註 有取於程說之痛切 今學者 絶口於此 程朱之功 爲多

왕염창이 말했다. 정주 당시에 유학은 또한 선(禪)으로 흐르는 경향이 있었기 때문에 집주에서 정자의 설의 통절함을 취했다. 요즈음 배우는 자가 이(선학)에 대해 말하지 않게 된 것은 정주의 공이 크다.

○問 何以只言佛 而不及老 朱子曰 老 便是楊氏 孟子闢楊 便是闢老 如隱遁長往不來者 皆老之流 他 本不是學老 所見 與之相似

물었다. 어째서 다만 불가만을 말하고 노자는 언급하지 않았습니까? 주자가 답했다. 노자는 곧 양주와 같다. 맹자가 양주를 물리친 것은 곧 노자를 물리친 것이니 가령 은둔하여 장왕불래(멀리 가서 돌아오지 않음)하는 자는 모두 노자의 부류이다. 양주는 본래 노자에게 배운 것은 아니지만 생각이 그와 서로 유사하다.

○楊墨 只是硬恁地做 爲我兼愛 做得來也淡 不能惑人 佛氏 最有精微動人處 初見他說 出自有理 從他說 愈深 愈害人 問 佛氏所以差 曰 劈初頭 便錯了 如天命之謂性 他 把這箇 便都做空虛說了 吾儒見得都是實

양묵은 다만 무리하게 나를 위하거나 겸애할 따름이어서 해봤자 그 결과는 별것이 아니기 때문에 사람을 미혹시키지 못한다. 불가는 가장 정밀하고 미묘하게 사람을 움직이는 면이 있다. 처음 보기에는 그 학설이 이치가 있는 데서 나온 것 같지만, 그 설을 따라서 더욱 깊이 들어갈수록 더욱 사람을 해친다. 물었다. 불가가 잘못인 이유는 무엇입니까? 답했다. 애초부터 곧 그릇되었으니, 예컨대 '하늘이 명을 내린 것을 일컬어 성이라고 한다'는 것을 그들은 곧 모두 공허의 설로 만들어버린다. (반면에) 우리 유가는 그것이 모두 실체임을 안다.

○勿軒熊氏曰 韓愈云 佛者 夷狄之一法 自後漢時 流入中國 其初 不過論緣業 以誘愚民而已 後來却說心說性 雖聰明之士 亦爲之惑 學者 不可不力察而明辨也

물헌 웅씨가 말했다. 한유가 말하기를 "불가는 오랑캐의 한 가지 법이다. 후한 때부터 중국으로 유입되었는데 처음에는 인연이나 업을 논하여 어리석은 백성을 유혹하는 데 그쳤지만, 나중에는 오히려 심(心)과 성(性)을 말하여 설령 총명한 선비라도 또한 그것에 미혹되니, 배우는 자는 힘써 살펴서 밝게 분별하지 않으면 안 된다"라고 했다.

○新安陳氏曰 程子之時 名公高材 皆爲佛氏之言所陷溺 惟其近理 所以害甚 集註 采此條 而中庸序亦曰 老佛之徒出 則彌近理 而大亂眞矣 皆所以闢異端也

신안 진씨가 말했다. 정자 당시에 이름난 고관과 뛰어난 인재가 모두 불가의 학설에 빠져들었으니, 진실로 이치에 가깝기에 폐해가 심각했다. 집주에서 이 조항을 취하고, 『중용』의 서(序)에서도 또한 "도가와 불가의 무리가 나옴에 이치에 더욱 가까워서 진리를 크게 어지럽힌다"라고 한 것은 모두 이단을 물리치려는 것이다.

2.17 子曰 由 誨女知之乎 知之 爲知之 不知 爲不知 是知也女 音汝

공자께서 말씀하셨다. 유야, 너에게 안다는 것(이 무엇인지)을 깨우쳐줄까? 아는 것을 안다고 하고 모르는 것을 모른다고 하는 것, 이것이 바로 앎이다.

【집주】

由 孔子弟子 姓 仲 字 子路魯之卞人 子路 好去聲勇 蓋 有强上聲其所不知以爲知者 故 夫子 告之 曰 我 敎女 以知之之道乎 但 所知者 則以爲知 所不知者 則以爲不知 如此 則雖或不能盡知 而無自欺之蔽 亦不害其爲知矣 況由此 而求之 又有可知之理乎

유는 공자의 제자로서 성은 중이고, 자는 자로이다<노나라 변 지방 사람이다>. 자로는 용감한 것을 좋아하여 대개 그 알지 못하는 것을 억지로 안다고 하는 까닭에 공자께서 그에게 알려주시어 말씀하시기를 '내가 너에게 앎의 도리를 가르쳐줄까? 다만 아는 것은 곧 안다고 하고, 알지 못하는 것은 곧 알지 못한다고 해야 한다'고 하셨다. 이와 같이 하면 비록 혹시 완전히 알지는 못하더라도 스스로 속이는 폐단이 없고, 또한 앎이 되는 데(안다고 평가되는 데) 아무 문제가 없다. 황차 이로 말미암아 (앎을) 구하고, 또 '앎을 가능하게 하는 원리'가 있음에랴.

【세주】

朱子曰 子路 粗暴 見事 便自說曉會得 如正名一節 便以爲迂 和那箇知處也不知了 知之爲知之 不知爲不知 則無自欺之蔽 其知 固自明矣 若不說出求其知 是使人安於所不知也 故 程子 說出此意 經意方完 旣不失於自欺 又不失於自畫

주자가 말했다. 자로는 거칠고 성급해서 일을 보면 곧바로 이해했다고 스스로 말했다. 이를테면 정명(正名)이라는 한 구절에 대해 곧 우활하다고 여겼고, 또 앎이라는(앎이 무엇인지) 그것도 몰랐던 것이다. 아는 것을 안다고 하고 알지 못하는 것을 알지 못한다고 하면 자신을 속이는 폐단이 없고 그 앎이 진정 스스로 밝아진다. 만약 (아는 것은 안다 하고, 모르는 것은 모른다 하는 것만 말하고) 앎을 구한다는 말을 하지 않는다면 이는 사람으로 하여금 알지 못하는 데 안주하게 하는 것이다. 그러므로 정자가 이 뜻을 말함으로써 경전의 뜻이 비로소 완비되었으니, 먼저 자신을 속이는 잘못을 저지르지 않을 뿐만 아니라 또한 스스로 한계 짓는 잘못도 저지르지 않게 된다.

○聖人 只爲人將那不知者亦說是知 終至於知與不知 終無界限了 若人 能於其知者以爲知 於不知者以爲不知 而不强以爲知 此 便是知了 只爲子路性勇 把不知者 亦說是知 故 爲他 說如此

성인께서 (이처럼 말씀하신 것은) 다만 사람이 장차 그 알지 못하는 것을 또한 안다고 말해, 마침내 아는 것과 알지 못하는 것에 대해 끝내는 구분이 없어지는 데 이를 것이기 때문이다. 만약 사람이 능히 그 아는 것을 안다고 하고 알지 못하는 것을 알지 못한다고 할 수 있어서 억지로 안다고 생각하지 않는다면 이것이 곧 아는 것이다. 다만 자로의 성품이 용맹하여 알지 못하는 것을 또한 안다고 말하는 까닭에 그를 위해 이와 같이 말씀하셨다.

○問 學者之於義理於事物 以不知爲知 用是欺人 亦可矣 本心之靈 庸可欺乎 但 知者 以爲已知 不知者 以爲不知 則雖於義理事物之間 有不知者 而自知 則甚明 而無蔽矣 故曰 是知也 以此眞實之心 學問思辨硏究不舍 則知至物格意誠心正之事 可馴致也 夫子 以是誨子路 眞切要哉 此章 言之若易而於學者日用間關涉處 甚多 要當步步以是省察 則切身之用 蓋無窮也 曰 此說 甚善

물었다. 배우는 자가 의리나 사물에 대해 알지 못하는 것을 안다고 한다면 이로써 남을 속이는 것은 또한 가능하겠지만, (자기의) 본심의 영묘함은 어찌 가히 속일 수 있겠습니까? 다만 아는 것을 이미 안다고 하고 알지 못하는 것을 알지 못한다고 하면 비록 의리와 사물 가운데 알지 못하는 것이 있더라도 스스로 아는 것은 곧 매우 명확하여 가려짐이 없을 것입니다. 그러므로 말씀하시기를 '이것이 바로 앎이다'라고 하셨습니다. 이러한 진실한 마음으로 배우고 묻고 생각하고 변별하는 공부를 그치지 않으면 치지, 격물, 성의, 정심의 일이 가히 저절로 이루어질 것입니다. 공자께서 이것으로써 자로를 깨우치신 것은 진실로 절실하고 요긴합니다. 이 장의 말씀은 쉬운 듯하지만 배우는 자에게는 일상생활 속에 관련되는 곳이 매우 많으니 마땅히 한 걸음 한 걸음 이것으로써 성찰해야 할 것입니다. 그렇게 하면 몸에 절실한 쓰임이 대개 끝이 없을 것입니다. 답했다. 매우 좋은 설명이다.

○南軒張氏曰 是知也 言是乃知之道也

남헌 장씨가 말했다. '이것이 곧 앎이다'라는 것은 이것이 곧 앎의 방도라는 말이다.

○新安陳氏曰 强其不知以爲知 非惟人不我告 己亦不復求知 終身不知而後已 好勇者 多喜自高 不服下人 故 有此發 此 必子路初見孔子時 孔子以此箴之 後來有聞未之能行 惟恐有聞 及人告以有過 則喜 則必改此失矣 然 終有見義欠透徹處 是以 知食焉 不避其難之爲義 而不知食輒之食 爲非義也 不知者 以爲不知 則人必我告 己亦必自求知 豈非知之之道乎

신안 진씨가 말했다. 억지로 그 알지 못하는 것을 안다고 하면 남이 나에게 알려주지 않을 뿐만 아니라 자신 또한 다시 알기를 구하지 않아서 종신토록 알지 못하는 데 그치게 된다. 용맹을 좋아하는 사람은 자신을 높이 여기기를 좋아하고 남의 아래에 복종하려 하지 않는 경우가 많기 때문에 이러한 발언을 하셨다. 이것은 틀림없이 자로가 공자를 처음 뵙던 시기의 일이며, 공자가 이와 같이 경계하신 후에는 듣는 것이 있으면 능히 행하지 못할까 걱정하여 듣는 것을 두려워하고, 나아가 남이 그에게 허물이 있음을 알려주면 기뻐했으니 곧 반드시 이 잘못(모르는 것을 안다고 하는 잘못)을 고쳤을 것이다. 그러나 종내 의리를 보는 데는 투철하지 못한 곳이 있어서, 그런 까닭에 녹을 먹으면 그 환란을 피하지 않는 것이 의인 줄만 알고 첩(위나라 출공의 이름)의 녹을 먹는 것이 의가 아님은 알지 못했다. 알지 못하는 것을 알지 못한다고 하면 남이 반드시 나에게 알려주고 자신 또한 반드시 스스로 알기를 구할 것이니, 어찌 앎의 방도가 아니겠는가.

2.18-1 子張 學干祿

자장이 봉록 구하기를 배우고자 하니,

【집주】

子張 孔子弟子 姓 顓孫 名 師陳人 干 求也 祿 仕者之奉符用反也

자장은 공자의 제자로서 성은 전손이고, 이름은 사이다<진나라 사람이다>. '간(干)'은 구하는 것이다. '녹(祿)'은 벼슬하는 자가 받는 봉급이다.

【세주】

雲峯胡氏曰 本文 無問字意 編次者 因夫子 救子張之失 故 先之以此五字 以見夫子 爲子張干祿發

운봉 호씨가 말했다. 본문에는 물었다는 뜻의 글자는 없다. 편찬자는 공자께서 자장의 잘못을 구하고자 하셨다는 점에 근거하여, 먼저 이 다섯 글자(子張學干祿)를 앞에 둠으로써 공자께서 자장의 봉록 구하기 때문에 (아래의 말씀을) 하신 것임을 드러냈다.

2.18-2 子曰 多聞闕疑 愼言其餘 則寡尤 多見闕殆 愼行其餘 則寡悔 言寡尤 行寡悔 祿在其中矣行寡之行 去聲

공자께서 말씀하셨다. 많이 듣되 의문스러운 것은 빼고, 그 나머지를 신중하게 말하면 허물이 적다. 많이 보되 위태로운 것은 빼고, 그 나머지를 신중하게 행하면 후회가 적다. 말에 허물이 적고 행동에 후회가 적으면 봉록은 그 가운데 있다.

【집주】

呂氏曰呂氏 名 大臨 字 與叔 藍田人 疑者 所未信 殆者 所未安 程子曰

尤 罪自外至者也 悔 理自內出者也

여씨가 말했다<여씨는 이름은 대림이고, 자는 여숙이다. 남전 사람이다>. '의(疑: 의심스러움)'란 미덥지 못한 것이다. '태(殆: 위태로움)'란 편안하지 않은 것이다. 정자가 말했다. '우(尤: 허물)'는 죄가 밖으로부터 이르는 것이고, '회(悔: 후회)'는 이치가 안으로부터 나오는 것이다.

【세주】

新安陳氏曰 人 以我爲尤 故曰 罪自外至 我 自知其非理 而悔之 故曰 理自內出

신안 진씨가 말했다. 남이 나를 허물로 여기기에 '죄가 밖으로부터 이른다'고 했고, 내가 스스로 그 이치가 아님을 알아서 후회하기 때문에 '이치가 안으로부터 나온다'고 말했다.

【집주】

愚謂 多聞見者 學之博 闕疑殆者 擇之精 謹言行去聲者 守之約

내가 생각건대 견문이 많다는 것은 배움이 넓은 것이며, 의심스럽고 위태로운 것을 뺀다는 것은 정밀하게 선택하는 것이다. 말과 행동을 삼간다는 것은 핵심을 지키는 것이다.

【세주】

新安陳氏曰 夫子 分聞見言行疑殆 對言之 朱子 合而解之 學不博 則無可擇 多聞多見 學旣博矣 必於多中 精以擇之 闕其所未信未安者 則非泛焉龐雜之博 擇之旣精 然後加謹愼 以言行其餘之已信已安者 而所守 方得其約 約字 與博字對 約字 又自精字來 不精 則其約也 非切要之約 而茍簡之約爾 學之博 擇之精 守之約 九字 斷盡此一章 三者 不可闕一 如此 則言必當 而人不我尤 行必當 而已無可悔矣

신안 진씨가 말했다. 공자께서는 견과 문, 언과 행, 의심스러운 것과 위태로운 것을 나누어 대조시켜 말씀하셨고, 주자는 그것을 합해 해설했다. 배움이 넓지 못하면 선택할 것이 없고, 많이 듣고 많이 보아 배움이 이미 넓으면, 반드시 (그 듣고 본) 여러 가지 중에서 정밀하게 선택해야 한다. 그 미덥지 못하고 편안하지 않은 바를 빼버리면 난잡한 박식으로 흘러넘치지는 않는다. 이미 정밀하게 선택한 연후에는 그 나머지의 이미 믿을 만하고 편안한 것을 조심스럽게 말하고 행함으로써 지키는 바가 바야흐로 그 핵심을 얻게 된다. '약(約: 핵심)'자와 '박(博: 넓음)'자는 서로 대비된다. '약'자는 또한 '정(精: 정밀함)'자에서 오는 것이니, 정밀하지 않으면 그 '약' 또한 긴요한 '핵심'이 아니라 구차하고 소홀한 '간략함'일 따름이다. '넓게 배우고 정밀하게 선택하고 핵심을 지킨다(學之博擇之精守之約)'는 아홉 글자는 결단코 이 한 장의 뜻을 다했으니, 세 가지 중에 하나라도 빠뜨릴 수 없다. 이와 같이 하면 말은 반드시 마땅하여 남이 내게 허물을 삼지 않고, 행동은 반드시 마땅하여 스스로 후회할 일이 없을 것이다.

【집주】

凡言在其中者 皆 不求而自至之辭

대개 '그 가운데 있다'는 말은 모두 구하지 않아도 저절로 이른다는 말이다.

【세주】

新安陳氏曰 祿在其中 餒在其中 仁在其中 直在其中 樂亦在其中 其訓 皆同

신안 진씨가 말했다. '봉록이 그 가운데 있다'거나 '굶주림이 그 가운데 있다'거나 '인이 그 가운데 있다'거나 '곧음이 그 가운데 있다'거나 '즐거움이 또한 그 가운데 있다'는 말은 모두 그 해석이 동일하다.

【집주】

言此 以救子張之失 而進之也

이것을 말씀하시어 자장의 잘못을 구제하시고 나아가게 하셨다.

【세주】

朱子曰 此章 是教人不以干祿爲意 蓋 言行所當謹 非爲欲干祿而然也 若眞能著實用功 則惟患言行之有悔尤 何暇有干祿之心耶

주자가 말했다. 이 장은 봉록 구하기를 뜻으로 삼지 말 것을 사람들에게 가르치신 것이다. 대개 언행을 마땅히 삼가야 하는 것은 봉록을 구하기 위해 그래야 하는 것이 아니다. 만약 진실로 능히 착실하게 공부한다면 언행에 후회와 허물이 있을까 근심할 따름이니, 어느 틈에 봉록을 구하려는 마음이 있을 수 있겠는가.

○聞 是聞人之言 見 是見人之行 聞 亦屬自家言處 見 亦屬自家行處 聞見

亦互相發 亦有聞而行者 有見而言者 不可泥看 聞見 當闕其疑殆 然 又勿易言易行之

듣는다는 것은 남의 말을 듣는 것이고, 본다는 것은 남의 행동을 보는 것이다. 듣는 것은 또한 스스로 말하는 것과도 관련되고, 보는 것은 또한 스스로 행하는 것과도 관련된다. 듣고 보는 것은 또한 서로 촉발시키는 것으로, 또한 듣고서 행하는 경우도 있고, 보고서 말하는 경우도 있으니 (견과 문을 구분하느라) 구애되어서는 안 된다. 듣고 본 것 중에 의심스럽거나 위태한 것은 마땅히 빼야 한다. 그러나 또 쉽게 말하고 쉽게 행동해서도 안 된다.

○學 本是要立身 不是要干祿 然 言行能謹 人 自見知 便有得祿之道 大槩是 令他自理會身己上事 不要先萌利祿之心 又曰 若人 見得道理分明 便不爲利祿動

배움은 본래 입신(스스로 도덕적으로 바로 세움)하려는 것이지 봉록을 구하려는 것이 아니다. 그러나 언행을 능히 삼가면 남이 저절로 알아주니 곧 봉록을 얻는 방도가 있게 된다. 대개 이것은 그(자장)로 하여금 스스로 자기 신상의 일을 이해하게 하고, 먼저 이록을 구하는 마음이 싹트지 않게 하시려는 것이다. 또 말했다. 만약 사람이 도리를 분명하게 깨달으면 곧 이록에 의해 움직이게 되지는 않는다.

○祿 固人之所欲 但 要去干 不得 然 德行既修 名聲既顯 則人 自然來求祿 不待干 而自得

봉록은 본디 사람이 얻고자 하는 것이지만 구하려 해서 얻을 수는 없다. 그러나 덕행이 이미 닦이고 명성이 이미 드러나면 남이 저절로 와서 찾으니, 봉록은 구하지 않아도 저절로 얻는다.

○多聞多見 人 多輕說過了 將以爲偶然多聞多見耳 殊不知 此 正是合用功處 不然 則聞見孤寡 不足以爲學矣

많이 듣고 많이 보는 것, 사람들은 (이를) 대부분 가볍게 말해버리면서 장차 우연히 많이 듣고 많이 보게 될 것으로 여길 뿐, 이것이 바로 마땅히 힘써 공부해야 할 곳이고, 그렇게 하지 않으면 견문이 좁아져 배움이라고 하기에 부족하다는 것을 알지 못한다.

○出言 或至傷人 故 多尤 行有不至 己必先覺 故 多悔 然 此 亦以其多少言之耳 言而多尤 豈不自悔 行而多悔 亦必至於傷人矣

말을 뱉어서 간혹 사람을 상하게 하는 데 이르는 까닭에 허물이 많고, 행동에 지극하지 못한 것이 있으면 반드시 스스로 먼저 깨닫는 까닭에 후회가 많다. 그러나 이것은 또한 그 많고 적음으로써 말한 것일 따름이니, 말에는 허물이 많다고 하지만 어찌 그 자체에 후회함이 없겠으며 [말에는 꼭 허물만 있는 것이 아니라 후회도 있다] 행동에 후회가 많다고 하지만, 또한 반드시 사람을 상하게 하는 데 이르기도 하는 것이다[행동에는 꼭 후회만 있는 것이 아니라 허물도 있다].

○聖人 只教他謹言行 因帶著祿說 聖人 不教他干 但云 得祿之道 在其中 正是要抹殺了他干字

성인께서는 다만 그에게 언행을 삼가도록 가르치시면서 더불어 봉록에 대한 말씀을 덧붙여 하신 것뿐이다. 성인께서는 그에게 구하는 (방법을) 가르치신 것이 아니라 다만 봉록을 얻는 방도는 그 가운데 있다고 말씀하셨을 뿐이니, 이것은 바로 그 '간(구함)'자(벼슬을 구하려는 뜻)를 지워 없애신 것이다.

○又曰 人 處己接物 莫大於言行 聞見 所以爲言行之資也 自寡聞見 而積之多 多聞見 而擇之精 擇之精 而於言行 猶曰 必謹焉 其反身 亦切至矣 猶曰 僅足以寡尤悔而已 敢必其絶無也 君子 亦脩其在己而已 祿之得不得 非所計也 故曰 祿在其中 本爲此而反得彼之辭 豈眞敎之 以是干祿哉

또 말했다. 사람의 스스로의 처신과 남과의 교제에서는 언행보다 큰 것이 없고, 견문은 언행의 밑천이 되는 것이다. 견문이 모자라는 데서 많이 쌓아나가고, 많이 보고 듣되 정밀하게 선택하고, 정밀하게 선택하되 언행에 있어서는 오히려 반드시 삼가야 한다고 말씀하셨으니, 그 자신을 반성함이 또한 절실하고 지극하다. 그런데도 오히려 말씀하시기를 '겨우 허물과 후회를 적게 하기에 족할 뿐, 감히 반드시 완전히 없앨 수 있으랴'고 하셨다. 군자는 또한 자신에게 있는 것을 닦을 따름이며, 봉록을 얻고 얻지 못함은 계산할 바가 아니므로 '봉록은 그 가운데 있다'고 말씀하셨다. (이 말씀은) 본래 이것을 하되 도리어 저것을 얻는다는 말씀이니 어찌 진실로 이것(이 말씀)으로써 봉록을 구하라고 가르치셨겠는가.

○問 學干祿章 曰 此 是三截事 若人 少聞寡見 則不能參考得是處 故 聞見須要多 若聞見已多 而不能闕疑殆 則胡亂 把不是底 也將來做是了 既闕其疑殆 而又未能謹其餘 則必有尤悔 又問 尤悔 如何分 曰 是大凡 言不謹

則必見尤於人 人 旣有尤 自家安得無悔 行不謹 則已必有悔 己旣有悔 則人安得不見尤 此 只是各將較重處對說 又問 祿在其中 只此 便可以得祿否 曰 雖不求祿 若能無悔尤 此 自有得祿道理 若曰 耕也餒在其中矣 耕 本求飽 豈是求餒 然 耕 却有水旱凶荒之虞 則有時而餒 學 本爲道 豈是求祿 然 學 旣寡尤悔 則自可以得祿 如言直在其中矣 凡言在其中矣者 道理 皆如此

<학간록>장에 대해 물었다. 답했다. 이는 세 덩어리의 일이다. 만약 사람이 들은 것이 적고 본 것이 얼마 없으면 참고하여 옳은 것을 얻을 만한 데가 없는 까닭에 견문은 모름지기 많아야 한다. 만약 견문이 이미 많더라도 의심스럽고 위태로운 것을 빼지 못하면 곧 어지러워져서 장차 옳지 않은 것으로써 옳다고 하게 된다. 이미 그 의심스럽고 위태로운 것을 없앴지만 또한 그 나머지를 삼갈 수 없다면 반드시 허물과 후회가 있게 된다. 또 물었다. 허물과 후회는 어떻게 구분됩니까? 답했다. 대개 말을 삼가지 않으면 반드시 남에게 허물을 산다. 사람이 이미 허물이 있다면 스스로 어찌 후회가 없겠는가. 행동을 삼가지 않으면 자기에게 반드시 후회가 있고, 자기가 이미 후회가 있다면 어찌 남에게 허물을 잡히지 않을 수 있겠는가. 이것[말에는 허물, 행동에는 후회가 있다는 것]은 오로지 각각 상대적으로 중요한 측면을 대비시켜 말한 것뿐이다. 또 물었다. 봉록이 그 가운데 있다는 것은 다만 이렇게 하면 곧 봉록을 얻을 수 있다는 말 아닙니까? 답했다. 비록 봉록을 구하지 않더라도 만약 후회와 허물이 없을 수 있다면 이것은 저절로 봉록을 얻는 도리가 된다. (이는) 마치 '농사를 지어도 굶주림이 그 가운데 있다'는 말과 마찬가지로, 농사짓는 것은 본래 배부르기를 구하는 것이지 어찌 굶주림을 구하는 것이겠느냐마는, 농사에는 뜻밖의 홍수가 나거나 가물어서 흉작의 근심이 있으니 곧 간혹 굶을 때가 있다. 배우는 것은 본래 도를 위하는 것이니 어찌 봉록을 구하는 것이겠느냐마는, 그러나 배워서 이미 허물과 후회가 적어지면 저절로 봉록을 얻게 된다. 예컨대 '곧음이 그 가운데 있다'는 말도 마찬가지로, 대개 '그 가운데 있다'는 말의 해석 방식은 모두 이와 같다.

○蔡氏曰 擇精守約 固重 學博 亦不可輕 聖人 所以好古敏求 多聞擇從 多見而識 皆欲求其多也 不然 聞見孤寡 將何據 以爲擇精守約之地耶

채씨가 말했다. 정밀하게 선택하고 핵심을 지키는 것은 물론 중요하며 넓게 배우는 것 또한 가볍게 여길 수 없다. 성인께서 "옛것을 좋아하고 민첩하게 구한다", "많이 듣고 골라 좇는다", "많이 보고 기억한다"라고 말씀하신 까닭은 모두 그 많은 것을 구하고자 하심이다. 그렇지 않으면 견문이 적어지니 장차 어디에 근거하여 정밀하게 택하고 핵심을 지킬 곳으로 삼겠는가.

○新安陳氏曰 子張 有務外求聞之失 故 夫子 敎以反求諸內也

신안 진씨가 말했다. 자장은 외면의 일에 힘쓰고 유명해지기를 구하는 잘못이 있는 까닭에 공자께서 안으로 돌이켜서 구하도록 가르치셨다.

【집주】

○程子曰 修天爵 則人爵至 君子 言行能謹 得祿之道也 子張 學干祿 故 告之以此 使定其心 而不爲利祿動 若顔閔 則無此問矣

정자가 말했다. 하늘의 관직을 닦으면 사람의 관직은 따라온다. 군자가 언행을 능히 삼가는 것이 봉록을 얻는 방도이다. 자장은 봉록 구하기를 배우고자 한 까닭에 이것으로써 알려주시어 그 마음을 다잡아 이록에 움직이지 않게 하셨다. 만약 안연이나 민자건의 경우였다면 이러한 질문은 없었을 것이다.

【세주】

新安陳氏曰 顔子 終身簞瓢 閔子 堅辭費宰 豈有此問

신안 진씨가 말했다. 안자는 종신토록 한 그릇 밥과 한 표주박 물로(가난하게) 지냈고, 민자건은 비의 재 벼슬을 굳이 사양했으니 어찌 이러한 질문이 있겠는가.

【집주】

或疑 如此 亦有不得祿者 孔子蓋曰 耕也餒在其中 惟理可爲者 爲之而已矣

혹자는 이와 같이 해도 또한 봉록을 얻지 못하는 경우가 있다고 의심하지만, 공자께서 대개 말씀하시기를 '농사짓는 일은 굶주림이 그 가운데 있다'고 하셨으니, 오직 이치로 보아 가히 할 만한 것이면 (그 결과와 상관없이) 할 따름이다.

【세주】

雲峯胡氏曰 學干祿 卽脩天爵 以要人爵者 富貴在天 無可求之理 言行在我 有反求之道 學者 惟當求其在我者 則祿將不求 而自至 故 在其中三字 正爲干字而發也

운봉 호씨가 말했다. 봉록 구하기를 배우려는 것은 곧 하늘의 관직을 닦음으로써 사람의 관직을 얻으려는 것이다. 부귀는 하늘에 달려 있으니 구할 수 있는 도리가 없지만, 언행은 내게 있으니 (안으로) 돌이켜 구할 도리가 있다. 배우는 자는 오로지 마땅히 자신에게 있는 것을 구할 뿐 봉록은 장차 구하지 않아도 저절로 오니, '재기중(在其中: 그 가운데 있다)' 세 글자는 바로 '간(干: 구한다)'자 때문에 나온 말씀이다.

2.19 哀公 問曰 何爲 則民服 孔子 對曰 擧直 錯諸枉 則民服 擧枉 錯諸直 則民不服

애공이 물었다. 어떻게 하면 백성이 복종합니까? 공자께서 답하여 말씀하셨다. 곧은 자를 등용하고 뭇 굽은 자를 버리면 백성이 복종하며, 굽은 자를 등용하고 뭇 곧은 자를 버리면 백성이 복종하지 않습니다.

【집주】

哀公 魯君 名 蔣子兩反 凡 君問 皆稱孔子對曰者 尊君也 錯倉故反 捨置也 諸 衆也 程子曰 擧錯得義 則人心服

애공은 노나라 임금으로서 이름은 장이다. 대개 임금이 묻는 경우에 모두 '공자께서 답하여 말씀하셨다'고 한 것은 임금을 존숭하기 때문이다. '조(錯: 버림)'는 버려둔다는 뜻이다. '제(諸)'는 많다는 뜻이다. 정자가 말했다. 등용하고 버리는 것이 올바름을 얻으면 사람들이 마음으로 복종한다.

○謝氏曰 好去聲直 而惡去聲枉 天下之至情也 順之 則服 逆之 則去 必然之理也

사씨가 말했다. 곧은 것을 좋아하고 굽은 것을 미워하는 것은 천하의 지극한 정이니, 그것을 따르면 복종하고 거스르면 떠나는 것은 필연의 이치이다.

【세주】

新安陳氏曰 大學云 好人之所惡 惡人之所好 是謂拂人之性 謝氏之論 蓋本於此 至情 卽性之發也

신안 진씨가 말했다. 『대학』에서 말하기를 "사람들이 싫어하는 것을 좋아하고, 좋아하는 것을 싫어하는 것, 이를 일러 사람의 (본)성을 거스른다고 한다"라고 했다. 사씨의 주장은 대개 이것에 뿌리를 둔 것으로, 지극한 정은 곧 성이 드러난 것이다.

【집주】

然 或無道以照之 則以直爲枉 以枉爲直者 多矣 是以 君子 大居敬

而貴窮理也

그러나 혹시 도로써 비춰보지 않으면 곧은 것을 굽은 것이라 여기고, 굽은 것을 곧은 것이라고 여기는 경우가 많다. 이 때문에 군자는 거경(居敬)을 크게 여기고 궁리(窮理)를 귀하게 여기는 것이다.

【세주】

新安陳氏曰 居敬窮理者 明吾心 以照枉直之本 而居敬 又爲窮理之本 本文無此意 乃謝氏推本之論也 大居敬 法公羊傳 君子大居正之文 以居敬爲大而又窮理爲貴也

신안 진씨가 말했다. 거경과 궁리는 나의 마음을 밝게 하여 굽고 곧은 것의 근본을 비춰보는 것인데, 거경은 또한 궁리의 근본이 된다. 본문에는 이러한 의미가 없으니, (이는) 곧 사씨의 '근본을 미루어 보는 논의'이다. 거경을 크게 여긴다는 것은 『(춘추)공양전』(은공 3년)의 "군자는 바른 데 머무는 것을 크게 여긴다"라는 글을 본받은 것으로, 거경을 크게 여기고 또한 궁리를 귀하게 여기는 것이다.

○致堂胡氏曰 當時 三家專魯 公 安得擅擧錯之權哉 使公復問 孰爲枉直 而付擧錯之柄於夫子 夫子必有所處矣 民心旣服 公室自張 何至乞師於越 而卒以旅死哉

치당 호씨가 말했다. 당시에는 세 집안이 노나라를 전횡했으니 애공이 어찌 등용하고 버리는 권한을 가졌겠는가. (애)공으로 하여금 누가 굽고 곧은지를 다시 묻게 하고 등용하고 버리는 권한을 공자께 주게 했다면 공자께서는 반드시 처분하심이 있었을 것이니, 민심이 이미 왕실에 복종했을 것이고, 공실은 저절로 강성해졌을 것이다. (그랬다면) 어찌 월나라에 군대를 구걸하고, 마침내 객사하는 데 이르렀겠는가.

○朱子曰 當時 哀公 擧錯之權 不在己 問了 只恁休了 若會問時 夫子 尙須有說

주자가 말했다. 당시에 애공은 등용하고 버리는 권한이 자기에게 없었기에, 묻기는 했지만 그것으로 그만이었다. 만약 (계속) 물을 수 있었을 때였다면 공자께서 오히려 반드시 (더 자세한) 설명을 하셨을 것이다.

○是 便是直 非 便是枉

옳은 것은 곧 곧은 것이고, 그른 것은 곧 굽은 것이다.

○問 哀公問 何爲 則民服 往往 只是要得人畏服他 聖人 却告之以進賢退不肖 乃是治國之大本 而人心自服者 蓋 好賢 而惡不肖 乃人之正情 若擧錯得義 則人心豈有不服 謝氏又謂 若無道以照之 則以直爲枉 以枉爲直矣 君子大居敬 而貴窮理 此 又極本原而言 若人君 無知人之明 則枉直交錯 而擧錯未必得宜矣 曰 此說得分明

물었다. 애공의 질문은 어떻게 하면 백성이 복종하겠는가라는 것입니다. 흔히 다만 남들이 자기를 두려워하여 복종하는 것을 얻으려 하지만, 성인은 도리어 현명한 자를 나아가게 하고 어리석은 자를 물러나게 하는 것으로써 말씀해주셨으니, 이것은 바로 나라를 다스리는 큰 근본이요, 사람이 마음으로 스스로 복종하게 하는 것입니다. 대개 현명한 자를 좋아하고 어리석은 자를 미워하는 것은 사람의 바른 정이니, 만약 등용하고 버리는 것이 올바름을 얻으면 사람의 마음이 어찌 복종하지 않겠습니까? 사씨는 또 '만약 도로써 비춰보지 않으면 곧은 것을 굽은 것이라고 여기고, 굽은 것을 곧은 것이라고 여긴다. 군자는 거경을 크게 여기고 궁리를 귀하게 여긴다'고 했으니, 이것은 또한 근원을 끝까지 다해 말한 것입니다. 만약 임금이 사람을 알아보는 밝음이 없으면 굽은 것과 곧은 것이 서로 도착되어서 등용하고 내버리는 것이 반드시 마땅함을 얻지 못할 것입니다. 답했다. 이 설명은 명쾌하다.

2.20 季康子問 使民敬忠以勸 如之何 子曰 臨之以莊 則敬 孝慈 則忠 擧善 而敎不能 則勸

계강자가 물었다. 백성으로 하여금 공경하고 충성스럽도록 권면하려면 어떻게 해야 합니까? 공자께서 말씀하셨다. (내가) 장중하게 임하면 (나를) 공경하고, 효성스럽고 자애로우면 충성하고, 선한 자를 등용해 능하지 못한 자(능히 선하지 못한 자)를 가르치면 권면하게 됩니다.

【집주】

季康子 魯大夫 季孫氏 名 肥 莊 謂容貌端嚴也 臨民以莊 則民敬於己 孝於親 慈於衆 則民 忠於己 善者 擧之 而不能者 敎之 則民有所勸 而樂音洛於爲善

계강자는 노나라의 대부 계손씨이고 이름은 비이다. '장(莊: 장중함)'은 용모가 단정하고 엄숙한 것을 말한다. 백성에게 장중하게 임하면 백성이 나를 공경하며, 부모에 효도하고 뭇사람에게 자애로우면 백성이 나에게 충성하며, 선한 자를 등용하여 능하지 못한 자를 가르치면 백성은 권면되는 바가 있어서 선을 행하기를 즐기게 된다.

【세주】

朱子曰 莊 只是一箇字 孝慈 是兩件事 孝 是以躬率之 慈 是以恩結之 孝 是做箇樣子 慈 則推以及人 二者 須一齊有 民 方忠於己 若只孝 而不慈 或徒慈於衆 而無孝於親樣子 亦不得 善者 擧之 不善者 便棄之 民 不能便勸 惟擧其善者 而敎其不能者 所以皆勸

주자가 말했다. '장'은 다만 (하나를 가리키는) 한 글자이지만, '효자(효성과 자애)'는 두 가지 일이다. 효는 몸소 이끄는 것이고 자는 은혜로 결합하는 것이다. '효'는 모습을 만드는 것[몸으로 실천하여 겉모양으로 드러냄]이고 '자'는 [그 효를] 미루어 남에게 미치는 것이니, 두 가지가 반드시 같이 이루어져야 백성이 비로소 나에게 충성한다. 만약 다만 효성스럽기만 하고 자애롭지 않거나, 혹은 한갓 뭇사람에게 자애롭기만 하고 부모에게 효도하는 모습이 없어서는 안 된다. 선한 자를 등용하고 불선한 자를 곧 버리는 것(만으로는) 백성을 곧 권면할 수 없다. 오로지 그 선한 자를 등용해 그 능하지 못한 자를 가르쳐야 모두를 권면하게 된다.

○問 康子之意 必要使人能如此 聖人 但告之以己所當爲 而民自應者 方其端莊 孝 慈 擧善 敎不能 不是要民如此 而後爲 做得自己工夫 則民 有不期然而然者 曰 也是如此

물었다. 강자의 뜻은 반드시 남으로 하여금 이와 같이(공경하고 충성스럽게) 될 수 있게 하려는 것인데, 성인께서는 다만 자신이 마땅히 해야 할 바(를 하면) 백성이 저절로 응한다는 것을 알려주셨습니다. 바야흐로 단정하고 장중하며, 효성스럽고 자애로우며, 선한 자를 등용해 능하지 못한 자를 가르치는 것은 백성으로 하여금 이와 같이 되게 하려 한 후에 [백성이 공경하고 충성스럽게 되는 것을 목적으로 해서] 하는 것이 아닙니다. 스스로 공부를 해내면, 백성은 그렇게 되게 하려 하지 않아도 (저절로) 그렇게 됩니다. 답했다. 역시 그러하다.

○吳氏曰 康子 竊君之柄 而專其國 廢父之命 而殺其嫡 可謂不忠孝於君親矣 欲殺無道 以就有道 可謂不慈於衆矣 在己 事上接下 皆非其道 而欲人盡道於己 難矣哉

오씨가 말했다. 강자는 임금의 권력을 도둑질하여 그 나라를 마음대로 했고, 부모의 명을 버리고 그 적자를 죽였으니 가히 임금과 부모에게 불충하고 불효했다고 말할 수 있다. '무도한 자를 죽여 유도(도가 있는 사회)로 나아가려는 것'은 가히 뭇사람에게 자애롭지 못한 것이라 할 수 있다. 자신은 윗사람을 모실 때나 아랫사람을 대할 때 모두 그 도리가 아니면서 남은 자신에게 도리를 다하기를 바라기는 어렵도다.

【집주】

○張敬夫曰 此 皆在我所當爲 非爲去聲欲使民敬忠以勸 而爲之也 然 能如是 則其應 蓋有不期然而然者矣

장경부가 말했다. 이것은 모두 내가 마땅히 해야 하는 바이지, 백성으로 하여금 공경하고 충성하도록 권면하기 위해 하는 것이 아니다. 그러나 능히 이렇게 할 수 있다면, 그에 감응하여 대개 그렇게 되게 하려 하지 않아도 그렇게 되는 것이다.

【세주】

慶源輔氏曰 凡聖賢之言與事 其有本效感應處 皆當以此意推之 則庶幾無謀利計功之私矣

경원 보씨가 말했다. 무릇 성현의 말씀과 일에는 본받아 감응해야 할 곳이 있다. 모두 마땅히 이 뜻으로써 미루어나가면, 아마도 이익을 꾀하고 공로를 계산하는 사사로움이 없게 될 것이다.

○新安陳氏曰 不期而然 乃自然之感應 何假於使之然哉 莊 孝 慈 擧善而敎 蓋 不使之使也

신안 진씨가 말했다. 그러려 하지 않아도 그런 것은 곧 저절로 이루어지는 감응이니, 하필 그렇게 되도록 시킬 필요가 있겠는가? 장중하고, 효성스럽고, 자애롭고, 선한 자를 등용해 가르치는 것은 대개 (억지로) 시키지 않고도 시키는 것이다.

2.21-1 或 謂孔子曰 子 奚不爲政

혹자가 공자께 말했다. 선생님은 어째서 정치를 하지 않으십니까?

【집주】

定公 初年 孔子 不仕 故 或人 疑其不爲政也

정공 초년에는 공자께서 벼슬하지 않았기 때문에 혹자가 왜 정치를 하지 않는지 의문을 품었다.

【세주】

新安陳氏曰 吳氏云 夫子 在魯不仕 其故 有三 待賈而沽 一也 季氏逐君 二也 陽貨作亂 三也 史記云 季氏 强僭 離於正道 陽貨 專政作亂 故 孔子 不仕 集註 因以爲定公初年事 然 夫子 不仕季氏 蓋 以平子逐君 若謂强僭離於正道 則季氏數世 皆然 而夫子 何以又仕桓子乎 定五年 季平子 卒 桓子 嗣立 家臣陽貨 作亂 則定五年以前夫子不仕者 以平子 而定五年以後不仕者 以陽貨也

신안 진씨가 말했다. 오씨에 의하면 공자께서 노나라에서 벼슬하지 않은 이유는 세 가지인데, '살 사람을 기다려 팔고자 한 것(『논어』 9, 「자한」 12장)'이 첫 번째이고, 계씨가 임금을 몰아낸 것이 두 번째이고, 양화가 난을 일으킨 것이 세 번째이다. 『사기』에 의하면 계씨는 강하고 참람하여 정도에서 벗어났으며, 양화는 정치를 전횡하여 난을 일으켰으므로 그런 까닭에 공자께서 벼슬하지 않으셨다. 집주에서는 정공 초년의 일로 보았으나 공자께서 계씨에게 벼슬하지 않은 것은 대개 평자가 임금을 내쫓았기 때문이다. 만약 강하고 참람하여 정도에서 벗어난 것으로 말하자면 계씨의 여러 대에 걸쳐 모두 그러했으니, 공자께서 어찌 또한 환자에게 벼슬하셨겠는가. 정공 5년에 계평자가 죽고 환자가 자리를 이었는데 가신인 양화가 난을 일으켰다. 그렇다면 정공 5년 이전에 공자께서 벼슬하지 않으신 것은 평자 때문이고, 정공 5년 이후에 벼슬하지 않으신 것은 양화 때문이다.

2.21-2 子曰 書云 孝乎 惟孝 友于兄弟 施於有政 是亦爲政 奚其爲爲政

공자께서 말씀하셨다. 『서경』에서 효에 대해 "오로지 효도하고, 형제와 우애하고, 정치에 베푼다"라고 했는데, 이 또한 정치하는 것이니, 무엇이 정치하는 것이란 말인가?

【집주】

書 周書 君陳篇 書云孝乎者 言書之言孝如此也

『서(書)』는 「주서」의 <군진>편이다. '서운효호(書云孝乎)'라는 것은 『서경』에서 효를 이처럼 말했다는 말이다.

【세주】

新安倪氏曰 書言孝友 而起語獨言孝者 友 乃孝之推 孝 可包友也

신안 예씨가 말했다. 『서경』에서 효와 우애에 대해 말하면서도 말머리에 오직 효만을 든 것은 우애는 곧 효의 연장이고 효는 우애를 포괄할 수 있기 때문이다.

【집주】

善兄弟 曰友 書言 君陳 能孝於親 友於兄弟 又能推廣此心 以爲一家之政

형제에게 잘하는 것을 우(우애)라고 한다. 『서경』의 말은 '군진은 능히 부모에게 효도하고 형제와 우애하고, 또한 능히 이 마음을 미루어 넓혀서 한 집안의 정치로 삼았다'는 뜻이다.

【세주】

朱子曰 惟孝 友于兄弟 謂孝 然後友 友 然後政 其序如此 能推廣此心 以爲一家之政 便是齊家 緣下面 有一箇是亦爲政 故 不是國政 又曰 在我者 孝 則人 皆知孝 在我者 弟 則人 皆知弟 其政 豈不行於一家 又曰 政一家之事也 故 不止是使之孝友耳 然 孝友 爲之本也

주자가 말했다. '오로지 효도하고, 형제와 우애한다'는 것은 효도한 후에 우애하고, 우애한 후에 정치를 한다는 말이니, 그 순서가 이와 같다. '능히 이 마음을 미루어 넓혀서 한 집의 정치로 삼았다'는 것은 곧 제가(齊家: 집안을 가지런히 다스림)이다. 아래쪽에 '이것이 또한 정치이다'라는 말이 있는 것으로 보아 (여기서 말하는 정치란) 나라의 정치는 아니다. 또 말했다. 나에게 있는 자(즉 내 부모)에게 효도하면 다른 사람들이 모두 효도를 알고, 나에게 있는 자(즉 내 형제)에게 우애하면 다른 사람들이 모두 우애를 알 것이니 그 정치가 어찌 한 집안에 행해지지 않겠는가. 또 말했다. 한 집안을 다스리는 일인 까닭에 효도와 우애를 하게 하는 데 그치는 것은 아니다(효도와 우애 말고도 다른 일도 많이 있다). 그러나 효도와 우애는 (집안 다스리는 일의) 근본이 된다.

○此 全在推字上 今人 只是不善推其所爲耳 范氏言 明皇 友兄弟 而一日 殺三子 正以不能推此心也

이것은 전체가 '추(推: 미룸)'자 위에 있다. 지금 사람들은 다만 그 행위를 잘 미루어 하지 못할 따름이다. 범씨가 말하기를 "명황(당나라 현종)은 형제에게 우애가 있었으나 하루 만에 세 아들을 죽였으니 바로 이 마음을 미루지 못한 것이다"라고 했다.

○新安陳氏曰 孝友兄弟 行於家者 施於有政 行於國者 居家理 故 治 可移於官 書之本意 不過如此 朱子 特發出推廣以爲家政之意

신안 진씨가 말했다. 효도와 형제간의 우애는 가정에서 행하는 것이고, 정치에 베푸는 것은 나라에서 행하는 것이다. 집안을 잘 다스리기에 다스림이 가히 관청으로 옮겨질 수 있다. 『서경』의 본의는 이것에 불과한데, 주자가 특히 '미루어 넓혀서 집안의 정치로 삼았다'는 뜻을 드러냈다.

【집주】

孔子 引之言 如此 則是亦爲政矣 何必居位 乃爲爲政乎 蓋 孔子之不仕 有難以語音御或人者 故 託此 以告之 要平聲之 至理 亦不外是

공자께서는 그것(『서경』)을 인용해 '이처럼 하면 곧 이는 또한 정치를 하는 것이니, 하필 지위(벼슬)에 있어야만 정치한다고 하겠는가'라고 하셨다. 대개 공자께서 벼슬하지 않은 것(그 이유)은 혹자에게 말해주기에 어려움이 있는 까닭에 이것을 빌려 알려주셨으니, 요컨대 지극한 이치는 또한 이 밖에 있는 것이 아니다.

【세주】

南軒張氏曰 孝於親 則必友於兄弟 孝友 篤於家 則施於有政 亦是心而已矣 雖不爲政 而家庭間 躬行孝友 爲政之道 固在是矣 或人 勉夫子以爲政之事 夫子 告以爲政之道也

남헌 장씨가 말했다. 부모에게 효도하면 반드시 형제와 우애한다. 효도와 우애가 집안에서 돈독하면 정치에 베푸는 것 또한 이 마음일 따름이다. 비록 정치를 하지 않더라도 가정에서 효도와 우애를 몸소 행하는 것, 정치를 하는 도리는 본디 여기에 있다. 혹자는 공자께 정치의 일을 권했지만, 공자께서는 정치의 도리를 알려주셨다.

2.22 子曰 人而無信 不知其可也 大車無輗 小車無軏 其何以行之哉輗 五兮反 軏 音月

공자께서 말씀하셨다. 사람이 신의가 없다면, 그래도 되는지 모르겠다. 큰 수레에 쐐기(輗)가 없고 작은 수레에 쐐기(軏)가 없으면 무엇으로 갈 수 있겠는가.

【집주】

大車 謂平地任載之車 輗 轅端橫木 縛軛音厄以駕牛者 小車 謂田車 兵車 乘去聲車 軏 轅端上曲 鉤衡以駕馬者 車 無此二者 則不可以行 人而無信 亦猶是也

큰 수레는 평지에서 짐을 싣는 수레이고, 큰 수레의 쐐기(輗)는 끌채 끝의 가로 목으로 멍에를 묶어서 소에 메우는 것이다. 작은 수레는 농사짓는 수레나 전쟁에 쓰는 수레, 사람을 태우는 수레 등이고, 작은 수레의 쐐기(軏)는 끌채 끝의 구부러진 곳에 갈고랑이를 달아서 말에 매는 것이다. 수레에 이 두 가지가 없으면 갈 수가 없고, 사람이 신의가 없는 것 또한 이와 같다.

【세주】

或問 人而無信 不知其可也 朱子曰 人而無眞實誠心 則所言 皆妄 今日所言 要往東 明日 走在西去 這 便是言不可行

혹자가 '사람이 신의가 없다면 그래도 되는지 모르겠다'는 말에 대해 물었다. 주자가 답했다. 사람이 진실한 성심이 없으면 말하는 바가 모두 거짓되어서 오늘 동쪽으로 가겠다고 말하고서 내일이면 서쪽으로 달려가니 이것은 곧 말이 행해질(실천될) 수 없는 것이다.

○問 先生但謂 車無此二者 則不可以行 人而無信 亦猶是也 而不及無信之所以不可行 何也 曰 信 是言行相顧之謂 人若無信 語言無實 何處行得 處家則不可行於家 處鄉黨 則不可行於鄉黨 曰 此 與言不忠信 雖州里行乎哉之意 同曰 然

물었다. 선생께서는 다만 '수레에 이 두 가지가 없으면 갈 수가 없고, 사람은 신의가 없으면 또한 그와 같다'고 말씀하셨을 뿐 신의가 없으면 행세할 수 없는 까닭은 언급하지 않으셨으니, 그 이유는 무엇입니까? 답했다. 신의는 말과 행동이 서로 일치하는 것을 말한다. 사람이 만약 신의가 없으면 말에 진실함이 없는 것이니, 어디에서든 행세할 수 있겠는가? 집에 있으면 집에서 행세할 수 없고, 향당에 있으면 향당에서 행세할 수 없다. 물었다. 이 말과 "말이 진실하고 신뢰할 만하지 않으면 비록 주와 이에서인들 행세할 수 있겠는가(『논어』 15, 「위령공」 5장)"라는 말의 뜻은 동일합니다. 답했다. 그렇다.

○雙峯饒氏曰 行之之行 指車 言人無信之不可行 亦猶是也

쌍봉 요씨가 말했다. '행지(行之)'라고 할 때의 가는 것(行)은 수레를 가리킨다. 사람이 신의가 없으면 행세할 수 없는 것 또한 이와 마찬가지라는 말이다.

2.23-1 子張問 十世 可知也

자장이 물었다. 십 세를 가히 알 수 있습니까?

【집주】

陸氏曰 也 一作乎陸氏 名 元朗 字 德明 唐 蘇州人

육씨가 말했다. '야(也)'자는 어떤 책에는 호(乎)로 되어 있다<육씨는 이름은 원랑이고 자는 덕명이다. 당나라 소주 사람이다>.

○王者 易姓受命 爲一世

왕이 성을 바꾸어 명을 받는 것(왕조의 교체)을 일 세라고 한다.

【세주】

新安陳氏曰 此 與三十年爲一世之世 不同

신안 진씨가 말했다. 이것(왕조 교체로서의 세)과 30년이 한 세대가 된다고 할 때의 세(世)와는 같지 않다.

【집주】

子張問 自此以後 十世之事 可前知乎

자장은 '지금 이후로 십 세의 일을 미리 알 수 있습니까?'라고 물었다.

2.23-2 子曰 殷 因於夏禮 所損益 可知也 周 因於殷禮 所損益 可知也 其或繼周者 雖百世 可知也

공자께서 말씀하셨다. 은나라는 하나라의 예를 이어받았으니 덜고 더한 바를 가히 알 수 있다. 주나라는 은나라의 예에 이어받았으니 덜고 더한 바를 가히 알 수 있다. 그 혹시 주나라를 잇는 자는 비록 백세라도 가히 알 수 있다.

【집주】

馬氏曰馬氏 名 融 東漢 扶風人 所因 謂三綱五常 所損益 謂文質三統 愚按 三綱 謂君爲臣綱 父爲子綱 夫爲妻綱 五常 謂仁義禮智信 文質 謂夏尙忠 商尙質 周尙文

마씨가 말했다<마씨는 이름이 융이고, 후한의 부풍 사람이다>. 이어받은 바란 삼강오상을 말한다. 덜고 더한 바란 문질과 삼통(三統)을 말한다. 내가 살펴보건대 삼강은 군위신강, 부위자강, 부위처강을 말하며, 오상은 인, 의, 예, 지, 신을 말한다. 문질이란 하나라는 충을 숭상하고, 상나라는 질을 숭상하고, 주나라는 문을 숭상한 것을 말한다.

【세주】

朱子曰 質朴 則未有文 忠 則渾然誠確 無質可言矣

주자가 말했다. 질박하면 문이 없고, 충하면 혼연성확(구분되지 않는 한 덩어리임)하여 말할 만한 질이 없다.

○忠 只是朴實頭白 直做將去 質 則漸有形質制度 而未有文采 文 則就制度上 事事加文采 然 亦天下之勢 自有此三者 非聖人欲尙忠尙質尙文也 夏 不得不忠 商 不得不質 周 不得不文 彼時 亦無此名字 後人見得如此 故 命此名

충은 다만 질박하고 꾸밈이 없이 곧바로 해가는 것이며, 질은 점차 형질(바탕이 되는 모습)과 제도가 생겼지만 문채는 없는 것이며, 문은 제도에 대해 일마다 문채를 가한 것이다. 그러나 또한 천하의 추세에는 저절로 이 세 가지가 있는 것이지 성인께서 충을 숭상하거나 질을 숭상하거나 문을 숭상하고자 하신 것은 아니다. 하나라는 불가피하게 충했으며 상나라는 불가피하게 질했으며 주나라는 불가피하게 문했다. 그 당시에는 또한 이러한 이름(충, 문, 질)이 없었지만, 후대인들이 그와 같음을 보고서 이 이름을 붙였다.

【집주】

三統 謂夏正建寅 爲人統 商正建丑 爲地統 周正建子 爲天統

삼통이라는 것은 하나라의 정월은 인월이어서 인통이 되고, 상나라의 정월은 축월이어서 지통이 되고, 주나라의 정월은 자월이어서 천통이 되는 것을 말한다.

【세주】

前漢 律歷志 天統之正 始於子半 日萌色赤 地統 受之於丑初 日肇化而黃 至丑半 日芽化而白 人統 受之於寅初 日孽成而黑 至寅半 日生成而靑

전한 (『한서』) 「율력지」에 의하면 천통의 정월(한 해의 시작점)은 자반(자 방향의 중간점)에서 시작되는데, 날(일기)은 싹이 숨어 있고 색은 적색이다. 지통은 축초(축 방향의 위쪽)에서 (한 해의 시작점을) 맞이하는데, 날은 (만물이) 변하기 시작하고 색은 황색이며 축반(축 방향의 중간점)에 이르러 날은 싹이 트고 색은 백색이다. 인통은 인초(인 방향의 위쪽)에서 맞이하는데, 날은 움이 터 자라고 색은 흑색이며 인반(인 방향의 중간점)에 이르러 날은 (만물이) 성장하고 색은 청색이다.

○朱子曰 康節 分十二會 言天 開於子 地 闢於丑 人 生於寅 蓋 天運 至子 始有天 至丑 始有地 至寅 始有人 是天地人 始於此 故 三代 卽其始處 建以爲正

주자가 말했다. 강절(소옹)은 12회를 나누어 하늘은 자 방향에서 열리고 땅은 축 방향에서 열리고 사람은 인 방향에서 생겨난다고 했다. 대개 하늘의 운행은 자 방향에 이르러 처음으로 하늘이 생기고 축 방향에 이르러 처음으로 땅이 생기고 인 방향에 이르러 처음으로 사람이 생기니, 하늘과 땅과 사람이 여기에서 비롯되었다. 그러므로 3대는 (각각) 그 출발점에 기초해 정월을 세웠다.

○新安陳氏曰 正 謂正月也 不曰一月 而曰正月 取王者居正之義 迭建以爲正月 故曰 夏正 商正 周正 康節 分十二會 詳見皇極經世書

신안 진씨가 말했다. 정(正)은 정월을 말한다. 일월이라고 말하지 않고 정월이라고 말한 것은 왕은 바른 것에 거처한다는 의미를 취한 것이다. (3대가) 번차로 세워서 정월로 삼았으므로 하정, 상정, 주정이라고 한다. 강절이 12회를 나눈 것은 『황극경세서』에 자세하게 나와 있다.

【집주】

三綱五常 禮之大體 三代相繼 皆因之 而不能變 其所損益 不過文章制度 小過不及之間

삼강오상은 예의 대체[변할 수 없는 대원칙]로서 3대가 서로 이어가는 것으로, 모두 그것을 이어받을 뿐 바꿀 수 없는 것이다. 그 덜고 더한 것은 문장제도[일

종의 실정법이나 규정]가 조금 넘치거나 미치지 못하는 정도의 차이에 불과한 것으로,

【세주】

新安陳氏曰 損其過 而益其不及

신안 진씨가 말했다. 그 넘치는 것은 덜고, 미치지 못하는 것은 더한다.

【집주】

而其已然之迹 今皆可見 則自今以往 或有繼周而王去聲者 雖百世之遠 所因 所革 亦不過此 豈但十世而已乎 聖人 所以知來者 蓋如此 非若後世讖楚禁反緯術數之學也

이미 그러했던 (과거의) 자취는 지금 모두 가히 볼 수 있다. 그러므로 지금 이래로 혹시 주나라를 이어서 왕이 되는 자가 있다면 비록 백세나 멀리 떨어져 있더라도 이어받는 바와 바꾸는 바가 또한 이에 불과할 것이니, 어찌 다만 십 세뿐이겠는가. 성인께서 앞으로 올 일을 미리 아시는 것은 대개 이와 같아서, 후세의 참위나 술수의 학과는 같지 않다.

【세주】

朱子曰 所因 謂大體 所損益 謂文爲制度 那大體 是變不得底

주자가 말했다. 이어받은 것이란 대체를 말하며 덜고 더한 것이란 문장제도를 말한다. 그 대체는 변할 수가 없는 것이다.

○所因之禮 是天做底 萬世不可易 所損益之文章制度 是人做底 故 隨時更變

이어받은 바의 예는 하늘이 만든 것이니 만세가 지나도 바뀌지 않지만, 덜고 더한 바의 문장제도는 사람이 만든 까닭에 때에 따라 다시 변한다.

○問 夫子 繼周而作 則忠質損益之宜 如何 曰 孔子 有作 則併將前代忠質而爲之損益 却不似商只損益得夏 周只損益得二代 又問 孔子 監前代 而損益之 及其終也 能無弊否 曰 惡能無弊

물었다. 공자께서 주나라를 계승해 만드신다면 충과 질의 덜고 더하는 것의 마땅함은 어떠했겠습니까? 답했다. 공자께서 만드셨다면 [주의 문과 더불어] 전대(하와 상)의 충과 질을 아우르고 그것에 덜고 더하셨을 것이니, 도리어 상나라(은나라)가 다만 하나라를 덜고 더한 것이나 주나라가 다만

2대(하와 상)를 덜고 더한 것과는 달랐을 것이다. 또 물었다. 공자께서 전대를 살펴서 덜고 더하신다면 마침내 폐단이 없을 수 있겠습니까? 답했다. 어찌 폐단이 없을 수 있겠는가?

○問 其闕者 宜益 其所多者 宜損 固事勢之必然 但 聖人 於此處 得恰好 其他人 則損益過差了 曰 聖人 便措置一一中理 如周末 文極盛 故 秦興 必降殺了 周 恁地柔弱 故 秦 必變爲强戾 周 恁地纖悉周緻 秦興 一向簡易無情 直情徑行 皆事勢之必變 但 秦 變得過了 秦 旣恁地暴虐 漢興 定是寬大

물었다. 그 빠진 것은 마땅히 더하고 그 많은 것은 마땅히 더는 것은 본디 사세의 필연적인 일입니다. 다만 성인께서는 이 점에서 꼭 맞는 바를 얻으시지만, 다른 사람들은 덜고 더함에 잘못을 저지릅니다. 답했다. 성인께서는 곧 조치 하나하나가 다 이치에 맞게 하셨다. 주나라 말의 경우 문이 극히 성했던 까닭에 진나라가 일어나자 반드시 (그 문을) 깎아내렸다. 주나라가 그처럼 유약했던 까닭에 진나라는 반드시 변해 강포해졌다. 주나라는 그처럼 섬세하고 치밀했기에, 진나라가 일어나자 한결같이 간략하고 사정없이 곧바로 빠르게 행해간 것[아무런 장식 없이 실제적인 일만을 망설임 없이 실천한 것]은 모두 사세의 필연적인 변화이다. 다만 진나라는 변함이 지나쳤다. 진나라가 이미 그처럼 폭정을 했으니 한나라가 일어남에 (진에 대한 반동으로) 반드시 관대해지게 되어 있었다.

○繼周者 秦 果如夫子之言否 看秦 將先王之法 一切掃除 然 三綱五常 不曾泯滅得 如尊君卑臣 損周室君弱臣强之弊 這 自是有君臣之禮 如立法 父子兄弟 同室內息者 有禁 這 自是有父子兄弟之禮 天地之常經 自商繼夏 至秦繼周 以後 皆變這箇不得 秦之所謂損益 只是損益得太甚耳

주나라를 이은 것은 진나라인데, 과연 공자의 말씀에 부합하는가? 진나라를 보면 선왕의 법을 모조리 제거했으나 삼강오상은 일찍이 없어지지 않았다. 예컨대 임금은 높고 신하는 낮다는 점에서는 (진나라가) 주왕실의 임금이 약하고 신하가 강한 폐단을 덜었으니 이것은 (진나라) 스스로 군신의 예가 있는 것이다. 예컨대 법을 세움에 부자, 형제가 같은 방에서 쉬는 것을 금했으니 이것은 부자, 형제의 예가 있는 것이다. 천지의 상경(변함없는 원칙), 상나라가 하나라를 이은 때부터 진나라가 주나라를 이음에 이르기까지 이후 모두 이것(상경)을 바꿀 수는 없었다. 진나라가 이른바 덜고 더했다고 하지만, 다만 덜고 더하는 것이 너무 심했을 따름이다.

○此章 因字最重 所謂損益 亦只是要扶持箇三綱五常而已 如秦繼周 雖損

益 有所未當然 三綱五常 終變不得 古人 未嘗不尊君卑臣 秦人 因之 但尊者 益之而過尊 卑者 損之而過卑耳 古人 亦未嘗不德刑竝用 秦人 因之 但 德 則損之而又損 刑 則益之而又益耳

이 장에서는 '인(因: 이어받음)'자가 가장 중요하다. 이른바 덜고 더하는 것 또한 다만 삼강오상을 부지하려는 것일 따름이다. 예컨대 진나라가 주나라를 이음에, 비록 덜고 더한 것이 마땅하지 않은 바가 있었지만 삼강오상은 끝내 변하지 않았다. 옛사람들은 일찍이 임금을 높이고 신하를 낮추지 않은 적이 없었다. 진나라 사람들이 그것을 이어받았으나 다만 높은 것은 더하여 지나치게 높이고, 낮은 것은 덜어서 지나치게 낮추었을 따름이다. 옛사람들은 또한 일찍이 덕과 형을 아울러 쓰지 않은 적이 없었다. 진나라 사람들이 그것을 이어받았으나 다만 덕은 덜고 또 덜고, 형은 더하고 또 더했을 따름이다.

○新安陳氏曰 讖緯 如亡秦者胡之讖 及赤伏符等 及諸經之緯書 術數 如望氣厭勝風角等 皆是

신안 진씨가 말했다. 참위라는 것은 가령 진나라를 망하게 할 자는 호씨라는 예언이라든지 적복부(도참서의 하나) 같은 것, 그리고 여러 경전의 위서 등이다. 술수는 망기(기미를 알아내는 주술), 염승(사악한 기운을 물리치는 주술), 풍각(바람을 보고 점치는 것) 등이 모두 이것이다.

【집주】

○胡氏曰 子張之問 蓋 欲知來 而聖人 言其旣往者 以明之也 夫音扶 自修身 以至於爲天下 不可一日而無禮 天敍天秩 人所共由 禮之本也

호씨가 말했다. 자장의 질문은 대개 앞일을 알고자 하는 것이지만 성인께서는 이미 지나간 일을 말해 밝혀주셨다. 무릇 자신의 몸을 닦는 일부터 천하를 다스리는 일에 이르기까지 하루라도 예가 없어서는 안 된다. 하늘의 순서와 하늘의 질서는 사람들이 같이 말미암는 것이니, 예의 근본이다.

【세주】

新安倪氏曰 書曰 天敍有典 天秩有禮 三綱五常 卽天敍之典 天秩之禮也

신안 예씨가 말했다. 『서경』에 이르기를 "하늘의 순서는 법식이 있고, 하늘의 질서는 예가 있다"라고 했으니, 삼강오상이 곧 하늘의 순서의 법식이고 하늘의 질서의 예이다.

【집주】

商 不能改乎夏 周 不能改乎商 所謂天地之常經也 若乃制度文爲 或太過 則當損 或不足 則當益 益之 損之 與時宜之 而所因者 不壞 是 古今之通義也

상나라가 하나라의 것을 고치지 못했고 주나라가 상나라의 것을 고치지 못했으니, (고치지 못한 그것은) 이른바 하늘과 땅의 상경(변함없는 법칙)이다. 만약 제도문위(제도나 장식, 의례)가 때로 너무 지나치면 마땅히 덜어야 하고, 때로 부족하면 마땅히 더해야 한다. 더하고 더는 것은 시대에 따라 적의하면서도 이어받은 바는 무너지지 않는 것, 이는 고금의 보편적인 의리이다.

【세주】

新安陳氏曰 天地之常經 以所因言 經也 古今之通義 以所損益言 權也

신안 진씨가 말했다. 하늘과 땅의 변치 않는 법칙이란 이어받은 바로써 말하는 것이니 경(經: 변하지 않는 것)이고, 고금의 보편적 의리란 덜고 더하는 바로써 말하는 것이니 권(權: 시의에 따라 적절히 변함)이다.

【집주】

因往推來 雖百世之遠 不過如此而已矣

지나간 것에 근거해 올 것을 미루어 보면, 비록 백세나 멀리 떨어져 있어도 이와 같은 것에 불과할 것이다.

【세주】

新安陳氏曰 綱常 亘萬世而不易 制度 隨世而變易 觀三代之已往者 如此 則百世時方來 亦不過如此而已

신안 진씨가 말했다. 강상은 만세에 걸쳐 바뀌지 않으며 제도는 세상에 따라서 변화한다. 3대의 지나간 일이 이 같은 것을 보면, 바야흐로 백세 후에 올 것도 또한 이와 같은 것에 불과할 것이다.

2.24-1 子曰 非其鬼 而祭之 諂也

공자께서 말씀하셨다. 그 귀신이 아닌데도 제사지내는 것은 아첨하는 것이다.

【집주】

非其鬼 謂非其所當祭之鬼 諂 求媚也

'비기귀(非其鬼: 그 귀신이 아님)'라는 것은 그 마땅히 제사지낼 귀신이 아니라는 것을 말한다. '첨(諂: 아첨함)'은 아부하려는 것이다.

【세주】

朱子曰 如天子 祭天地 諸侯 祭山川 大夫 祭五祀 庶人 祭其先 上 得以兼乎下 下 不得以兼乎上也 庶人而祭五祀 大夫而祭山川 諸侯而祭天地 此 所謂非其鬼也

주자가 말했다. 예컨대 천자는 하늘과 땅에 제사지내고 제후는 산과 강에 제사지내고, 대부는 5사를 제사지내고, 서인은 그 선조를 제사지낸다. 윗사람은 아랫사람(의 제사)을 겸할 수 있지만 아랫사람은 윗사람을 겸할 수 없다. 서인이 5사를 제사지내고, 대부가 산천에 제사지내고, 제후가 천지에 제사지내는 것, 이것이 이른바 '그 귀신이 아니다'라는 것이다.

○問 非其鬼而祭之 如諸侯 僭天子 大夫 僭諸侯之類 又如士庶 祭其旁親遠族 亦是非其鬼否 曰 是 又如今人 祭甚麼廟神 都是非其鬼 問 如用僧尼道士之屬 都是非其鬼 曰 亦是 問 旁親遠族 不當祭 若無後者 則如之何 曰 這若無人祭 只得爲他祭 自古 無後者 祭於宗子之家

물었다. '그 귀신이 아닌데도 제사지내는 것'은 예컨대 제후가 천자(의 제사)를 참행하고 대부가 제후를 참행하는 것 같은 것입니다. 그런데 예컨대 사서인이 그 방계의 먼 친족을 제사지내는 경우도 또한 그 귀신이 아닌 것입니까? 답했다. 그렇다. 또한 지금 사람들이 무슨무슨 묘신에 제사지내는 것도 모두 그 귀신이 아니다. 물었다. 예컨대 승려와 도사를 쓰는 것과 같은 일도 모두 그 귀신이 아닙니까? 답했다. 또한 그렇다. 물었다. 방계의 먼 친족은 제사지내지 않아야 마땅하지만 만약 그 후사가 없으면 어떻게 합니까? 답했다. 이처럼 제사지낼 사람이 없는 경우에만 그를 위해 제사를 지낼 수 있다. 예로부터 후사가 없는 자는 종자의 집(종가)에서 제사지낸다.

○問 土地山川之神 人家在所不當祭否 曰 山川之神 季氏 祭之 尙以爲僭 況士庶乎 如土地之神 人家却可祭之 禮云 庶人 立一祀 或立戶 或立竈 戶竈 可祭也 又問 中霤之義 如何 曰 古人 穴居 當土室中 開一竅 取明 故 謂之中霤 而今人 以中堂 名曰 中霤者 所以存古之義也 又曰 中霤 亦土地之神之類 五祀 皆室神也

물었다. 토지, 산천의 신은 (보통) 사람의 집에서 제사지내서는 안 되는 것입니까? 답했다. 산천의 신을 계씨가 제사지내는 것도 오히려 참람한데, 하물며 사서인의 경우겠는가. 토지신의 경우에는 오히려 사람의 집에서 가히 제사지낼 수 있다. 『예기』에서 말하기를 "서인은 하나(부모 1대)의 사(祀)를 세우거나, 혹은 호를 세우고 혹은 조를 세운다"라고 했으니, 출입문의 신과 부뚜막의 신은 가히 제사지낼 수 있다. 또 물었다. 중유(中霤: 가운데 방)의 뜻은 무엇입니까? 답했다. 옛사람들은 굴에 살면서 토방의 중간에 구멍 하나를 열어 빛을 받아들였기에 (그 방을) 중유라고 했는데, 지금 사람들은 중당(집의 가운데 건물)을 중유라고 이름을 붙였으니 옛것을 보존하려는 뜻 때문이다. 또 말했다. 중유는 또한 토지신의 종류이다. 5사는 모두 집의 신이다.

○厚齋馮氏曰 其指祭者而言 謂非己所當祭者 蓋 精誠神氣之不屬也 但欲諂之 以希福耳

후재 풍씨가 말했다. (제사 받는 자가 아니라) 제사지내는 자를 가리켜 하신 말씀이니, 자기가 마땅히 제사지내야 할 것이 아니라는 말이다. 대개 정성과 신기(神氣)가 접촉되지 않는데도 다만 아첨하여 복을 바라고자 하는 것일 따름이다.

2.24-2 見義不爲 無勇也

의를 보고도 하지 않는 것은 용기가 없는 것이다.

【집주】

知而不爲 是無勇也

알면서 하지 않는 것은 용기가 없는 것이다.

【세주】

朱子曰 此處 要兩下竝看 就見義不爲上看 固見得知之 而不能爲 若從源頭看下來 乃是知之未至 所以爲之不力

주자가 말했다. 이 부분은 양면을 아울러 살펴야 한다. 의를 보고도 하지 않는다는 점에서 보면 (이는) 본디 알고서도 하지 못하는 것이지만, 만약 근원을 좇아서 본다면[하지 못하는 이유의 근원을 찾는다면] 이것은 앎이 지극하지 못해 힘써 하지 못하기 때문이다.

○勉齋黃氏曰 非鬼而祭 見義不爲 事非其類 而對言之 亦告樊遲問知之意也 一 則不當爲而爲 一 則當爲而不爲 聖人推原 其病之所自來 則曰 非鬼而祭 有求媚要福之心也 見義不爲 無勇敢直前之志也

면재 황씨가 말했다. (제사지내 마땅한) 귀신이 아닌데도 제사지내는 것과 의를 보고도 행하지 않는 것은 동일한 종류의 사태가 아닌데도 대비시켜 말씀하신 것은 또한 번지가 앎을 물은 것에 대해 알려주시려는 뜻 때문이다. 하나는 마땅히 해서는 안 되는 데도 하는 것이고, 하나는 마땅히 해야 하는 데도 하지 않는 것이다. 성인께서는 근원을 미루어서 그 병(잘못)이 어디서 온 것인지를 말씀하셨으니, 귀신이 아닌데도 제사지내는 것은 아부하려 하고 복을 구하려는 마음이 있는 것이고, 의를 보고도 하지 않는 것은 용감하게 곧장 앞으로 나가려는 뜻이 없는 것이라는 말씀이다.

○新安陳氏曰 知義 而不爲 是無浩然之氣以配道義 故也 此章 欲人不惑於鬼神之不可知 而惟用力於人道之所宜爲 他日 夫子 語樊遲 曰 務民之義 敬鬼神 而遠之 亦以鬼神對義而言 與此章 意合 蓋 嘗驗之 天下之人 其諂瀆鬼神者 必不能專力於民義 其專力於民義者 必不諂瀆於鬼神 二者 常相因云

신안 진씨가 말했다. 의를 알면서도 하지 않는 것은 호연지기로써 도의에 짝하지 못한 까닭이다. 이 장은 사람으로 하여금 귀신의 알 수 없음(신비로움)에 미혹되지 않고 오로지 사람의 도리의 마땅히 해야 할 것에 힘쓰게 하고자 하신 것이다. 다른 날 공자께서 번지에게 "사람의 의로움에 힘쓰고, 귀신을 공경하되 멀리하라(『논어』 6, 「옹야」 22장)"라고 말씀하셨는데, 또한 귀신을 의로움과 대비시켜 말씀하신 것으로, 이 장과 뜻이 합치한다. 대개 일찍이 겪어보았듯이 천하의 사람 (중에) 귀신에게 아첨하고 모독하는 자는 반드시 사람의 의로움에 전력을 다할 수 없고, 사람의 의로움에 전력을 다하는 자는 반드시 귀신에게 아첨하고 모독하지 않으니, 두 가지(귀신과 의로움)는 항상 서로 연결된다고 하겠다.

○臨川吳氏曰 非其鬼 謂所不當祭者也 義者 宜也 謂事理當然 所當爲者也 非所當祭 而祭之 是 祭所不當祭者 見其當爲 而不爲 是不爲其所當爲者 不當祭而祭 求媚而已 當爲而不爲 其懦 可知 一 過 一 不及也 夫子 告樊遲曰 務民之義 敬鬼神而遠之 夫苟於鬼神 知所遠 而於義 知所務焉 庶乎其不至於祭所不當祭 而不爲所當爲矣

임천 오씨가 말했다. 그 귀신이 아니라는 것은 마땅히 제사지내지 말아야 하는 것이라는 말이다. '의(義)'는 마땅한 것이니 사리에 당연하여 마땅히 행해야 할 것을 말한다. 마땅히 제사지내야 하는 것이 아닌데도 제사지내는 것은 마땅히 제사지내지 말아야 할 것을 제사지내는 것이고, 마땅히 해야 할 것인 줄 알면서도 하지 않는 것은 마땅히 해야 할 것을 하지 않는 것이다. 마땅히 제사지내지 말아야 하는데도 제사지내는 것은 아부하려는 것일 뿐이고, 마땅히 해야 하는데도 하지 않는 것은 그 나약함 때문임을 알 수 있다. 하나는 지나친 것이고, 하나는 미치지 못하는 것이다. 공자께서 번지에게 알려주시기를 "사람의 의로움에 힘쓰고 귀신을 공경하되 멀리하라"라고 하셨으니, 무릇 진실로 귀신에 대해서는 멀리해야 할 것임을 알고 의로움에 대해서는 힘써야 할 것임을 안다면, 아마도 그 마땅히 제사지내지 말아야 할 것을 제사지내거나 마땅히 해야 할 바를 하지 않는 데 이르지는 않게 될 것이다.

八佾第三

【집주】

凡二十六章 通前篇末二章 皆論禮樂之事

모두 26장이다. 전편 끝의 두 장에 이어 모두 예악의 일을 논한 것이다.

3.1 孔子 謂季氏 八佾 舞於庭 是可忍也 孰不可忍也

佾 音逸

공자께서 계씨에 대해 말씀하셨다. 팔일무를 그의 마당에서 추게 하니, 감히 이런 일을 할 수 있다면 감히 무엇을 못하리오.

【집주】

季氏 魯大夫 季孫氏也

계씨는 노나라 대부 계손씨이다.

【세주】

胡氏曰 古者 有姓 有氏 三家 爲桓公之後 皆姬姓 又自以仲叔季 分爲三氏也

호씨가 말했다. 옛날에는 '성'이 있고 '씨'가 있었다. 삼가는 환공의 후예이니 모두 성은 희이고, 또 제각기 중, 숙, 계로 나뉘어서 세 씨가 된다.

【집주】

佾 舞列也 天子八 諸侯六 大夫四 士二 每佾人數 如其佾數

'일'은 춤의 대열이다. 천자의 춤은 8열이고, 제후의 춤은 6열이고, 대부의 춤은 4열이고, 사의 춤은 2열이다. 매 대열의 사람 수는 그 대열의 수와 같다.

【세주】

天子 八八六十四人 諸侯 六六三十六人 餘 倣此

천자(의 춤을 추는 사람의 수)는 8 곱하기 8인 64명이고, 제후는 6 곱하기 6인 36명이며, 그 나머지도 이와 같은 방식이다.

【집주】

或曰 每佾八人

혹자는 매 대열이 8명이라고도 하지만,

【세주】

六佾 六八四十八人 餘 倣此

육일은 6 곱하기 8인 48명이며, 그 나머지도 이와 같은 방식이다.

【집주】

未詳孰是

무엇이 옳은지 확실하지 않다.

【세주】

左傳 隱公五年九月 考仲子之宮 將萬焉萬 舞名 公 問羽數於衆仲衆音終 對曰 天子 用八 諸侯 用六 大夫 用四 士 二 夫舞 所以節八音 而行八風 故 自八以下 公 從之 杜預註云 人如佾數 疏引服虔云 每佾八人

『좌전』 은공 5년 9월, 중자의 궁이 완성되어 고 제사를 지내는데 장차 만무를 추려 함에<만은 춤 이름이다>, 공이 중중에게 날개에 서는 사람의 수를 묻자 답하여 말하기를 "천자는 8인을 쓰고, 제후는 6인을 쓰고, 대부는 4인을 쓰고, 사는 2인을 씁니다. (이는) 무릇 춤이란 여덟 가지 음을 조절하여 여덟 가지 풍화를 행하는 것이기 때문입니다. 그래서 팔로부터 내려갑니다"라고 하니, 공이 그것을 따랐다. 두예의 주에는 사람의 수는 대열의 수와 같다고 했고, 소에서는 복건의 말을 인용하여 각 대열의 사람의 수는 8인이라고 했다.

○問 八佾舊說 有謂上下通以八人爲佾者 何如 朱子曰 是 不可考矣 然以理意求之 舞位 必方 是 豈其佾少 而人多如此哉

물었다. 팔일에 대한 구설에 (신분상) 위아래 모두 8인으로써 대열을 이룬다는 말이 있는데 어떠합니까? 주자가 답했다. 이것은 상고할 수가 없다. 그러나 이치로 구해본다면 춤의 자리는 필시 정사각형일 것이니, 이 어찌 대열의 수는 적고 사람의 수는 이처럼 많을 수 있겠는가?

【집주】

季氏 以大夫 而僭用天子之禮樂

계씨는 대부로서 천자의 예악을 참람히 사용했다.

【세주】

邢氏曰 僭於家廟 舞之

형씨가 말했다. 참람히 가묘에서 팔일의 춤을 추게 했다.

【집주】

孔子言 其此事 尙忍爲之 則何事 不可忍爲 或曰 忍 容忍也 蓋深疾之之辭

공자의 말씀은 '감히 이런 일을 할 수 있다면, 감히 무슨 일인들 하지 못하리오'라는 의미이며, 혹자는 말하기를 "'인'은 참는 것이니 대개 심히 싫어하여 하신 말씀이다"라고 했다.

【세주】

洪氏曰 君子 居是邦 不非其大夫 而云爾者 正君臣之大義 春秋撥亂之意也

홍씨가 말했다. "군자가 그 나라에 거처함에, 그 대부를 비난하지 않는다(『공자가어』 10)"라고 하시고도 이처럼 말씀하신 것은 군신의 대의를 바로잡으려 하심이니, 『춘추』에서 난을 평정하신 뜻과 같다.

○雙峯饒氏曰 忍字 有敢忍容忍二義 而敢忍之義 爲長 故 集註 以容忍居後

쌍봉 요씨가 말했다. '인'자에는 감인(감히 함)과 용인(참음)이라는 두 가지 의미가 있는데, 감인의 의미가 더 좋다. 그래서 집주에서 용인을 뒤에 둔 것이다.

○趙氏曰 敢忍之忍 春秋傳所謂忍人 是也 容忍之忍 春秋傳所謂君其忍之是也

조씨가 말했다. 감인의 인은 『춘추전』에 이른바 '인인(잔인한 사람, 즉 잔인한 일을 감히 저지르는 사람)'이 바로 그 예이며, 용인의 인은 『춘추전』에 이른바 '군기인지(임금이여 참으소서)'가 그 예이다.

○雲峯胡氏曰 前一忍字 指亂臣賊子之心而言 後一忍字 指春秋誅亂賊之法而言

운봉 호씨가 말했다. 앞의 '인'자는 난신적자의 마음을 가리켜 말한 것이고, 뒤의 '인'자는 『춘추』에서 난적을 비판하신 법을 가리켜 말한 것이다.

○新安陳氏曰 自王政不綱 亂臣賊子 無所忌憚 故 敢於僭竊 殊不知 君子畏義安分 自不忍於心 豈問天吏之有無哉 以此言之 前說 爲優 然 自秉春秋之筆者言之 則後說 亦足以寒亂賊之膽也

신안 진씨가 말했다. 왕의 정치가 기강이 없어진 이래 난신적자가 거리끼는 바가 없어져, 그래서 감히 참람한 짓을 하게 된다. (이는) '군자는 의를 두려워하고 자신의 분수에 만족하여 스스로 마음으로 감히 그러하지 못하는 것이지, 어찌 천리(천자의 통치)의 유무를 물으리오'라는 것을 전혀 알지 못하는 것이다. 이로써 말하자면 앞의 설(감히 함)이 더 낫다. 그러나 『춘추』의 붓을 잡은 자의 입장에서 말한다면, 뒤의 설(용인함)도 난적의 담을 서늘하게 하기에 충분하다.

○東陽許氏曰 季氏 以大夫 而僭用天子之禮樂於廟庭 此事 尙可敢忍爲之 何事 不可敢忍爲之 此忍字 就季氏上說 季氏 以大夫 而僭用天子之禮樂於廟庭 其罪 不可勝誅 此事 若可容忍 而不誅 則何事不可容忍 此忍字 就孔子上說 如此說 則說得兩可字意出

동양 허씨가 말했다. '계씨가 대부로서 천자의 예약을 가묘의 마당에서 참람히 도용했으니, 이 일을 오히려 감히 할 수 있다면 어떤 일인들 감히 하지 못하겠는가?'라는 말은 이 '인'자를 계씨에게 적용시켜 말한 것이고, '계씨가 대부로서 천자의 예약을 가묘의 마당에서 참람히 도용한 이 죄는 사형을 시켜도 모자라니, 이 일을 만약 용인해 주살하지 않는다면 어떤 일인들 용인할 수 없겠는가?'라는 말은 이 '인'자를 공자에게 적용시켜 말한 것이다. 이처럼 설명하는 것은, (본문의) 두 '가'자의 뜻을 드러내어 말한 것이다.

【집주】

○范氏曰 樂舞之數 自上而下 降殺色界反以兩而已 故 兩之間 不可以毫髮僭差也

범씨가 말했다. 악무의 수는 (신분상) 위에서 아래로 둘씩 감하여 내려간다. 그러므로 둘(두 신분) 사이는 조금이라도 참람히 어긋나게 해서는 안 되는 것이다.

【세주】

自八 殺其兩 而爲六 以下 依此

8에서 2를 감하면 6이 되고, 그 이하도 이와 마찬가지이다.

【집주】

孔子 爲政 先正禮樂 則季氏之罪 不容誅矣 謝氏曰 君子 於其所不當爲 不敢須臾處上聲 不忍 故也 而季氏 忍此矣 則雖弑父與君 亦何所憚 而不爲乎

공자께서 정치를 하심에 먼저 예악을 바로잡으시리니, 계씨의 죄는 죽음도 용납되지 않는 것이다. 사씨가 말했다. 군자가 마땅히 하지 말아야 할 일에 감히 잠시도 처하지 않는 것은 (그것을) 감히 할 수 없기 때문이다. 그런데도 계씨는 이 일을 감히 했으니, 비록 부모와 임금을 죽이는 일이라 해도 무엇을 거리껴 못하겠는가?

【세주】

朱子曰 爲人臣子 只是一箇尊君敬上之心 方能自安其分 不忍少萌一毫僭差之意 今 季氏 以陪臣 而僭天子之佾 尙忍爲之 則是已絶天理 雖悖逆作亂之事 亦必忍爲之矣

주자가 말했다. 남의 신하 되고 자식 된 자는 다만 임금과 윗사람을 존경하는 마음이 있어야 비로소 능히 자신의 분수를 지킬 수 있고, 참람히 어기려는 뜻이 조금이라도 일어나는 것을 감히 하지 못하게 된다. 지금 계씨는 배신으로서 천자의 춤을 참람히 도용했으니, 그것을 감히 행했다는 것은 곧 이미 천리를 끊어버린 것이다. (그러니) 비록 패역작란(순리를 거스르고 천하를 어지럽힘)의 일이라 하더라도 필시 감히 할 수 있을 것이다.

○問 小人之陵上 其初 蓋 微僭其禮之末節而已 及充其僭禮之心 遂至於弑父弑君 此 皆生於忍也 故 孔子 謂季氏 八佾舞於庭 是可忍也 曰 敢僭其禮 便是有無君父之心

물었다. 소인이 윗사람을 능멸함에 그 처음에는 대개 그 예의 말절(사소한 것)을 조금 참용하는 것일 뿐이지만, 예를 참용하는 마음이 가득 차게 되면 드디어 부모와 임금을 죽이는 지경에 이르니, 이것은 모두 '인(감히 함)'에서 생겨나므로, 공자께서 계씨를 일러 '집의 마당에서 팔일무를 추다니, 이것을 감히 하면'이라고 하신 것입니다. 답했다. 감히 그 예를 참람히 하는 것에는 곧 임금과 부모를 업신여기는 마음이 들어 있다.

○南軒張氏曰 季氏 以陪臣 而僭天子之舞 自睹其數 而安焉於此 而忍爲則亦何往 而不忍也 亂臣賊子之萌 皆由於忍而已 忍 則安之矣

남헌 장씨가 말했다. 계씨가 배신으로서 천자의 춤을 참용하면서 스스로 그 숫자를 보고도 이를 편안히 여겨 감히 행했으니, 또한 무엇인들 감히 못하겠는가? 난신적자가 일어나는 것은 모두 '인(감히 함)'에서 말미암을 뿐이다. 감히 한다면 그것(참용하는 것)을 편안히 여기는 것이다.

○慶源輔氏曰 范氏 就制度上說 故 以容忍爲義 言不可容忍之甚也 謝氏 就心上說 故 以敢忍爲義 言其心旣敢於此 則雖極天下之大惡 亦敢爲之矣

경원 보씨가 말했다. 범씨는 제도의 측면에서 말했기 때문에 '용인(참음)'으로 해석했으니, 용인할 수 없음의 심함을 말한 것이고, 사씨는 마음의 측면에서 말했기 때문에 '감인(감히 함)'으로 해석했으니, 그 마음이 이미 이를 감히 할 수 있었다면 비록 천하의 극악한 대악이라 하더라도 역시 감히 할 수 있을 것임을 말한 것이다.

○謝氏 先論人心之本然 以見季氏之忍心僭逆 次 又推極其忍心僭逆之害 使讀之者 惕然有警於其心 而防微謹獨之意 自有不容已者

사씨는 인심의 본연을 먼저 논함으로써 계씨의 '인심참역(감히 참역하려는 마음)'을 드러냈고, 그 다음에 또 그 '인심참역'의 해를 끝까지 추론했으니, 읽는 사람으로 하여금 두려워하면서 그 마음을 경계하게 하고, '방미근독(작은 기미를 막고 홀로 있음에 삼감)'하는 뜻을 스스로 그만두지 못하게 한다.

3.2 三家者 以雍徹 子曰 相維辟公 天子穆穆 奚取於三家之堂 徹 直列反 相 去聲

삼가(세 집안)의 사람이 '옹'을 부르며 제기를 거두어들이니, 공자께서 말씀하셨다. '상유벽공 천자목목(제후들이 도우니 천자는 심원하다)'(이라는 노래)을 어찌 삼가의 사당에서 취하는가?

【집주】

三家 魯大夫 孟孫 叔孫 季孫之家也 雍 周頌 篇名 徹 祭畢而收其俎也 天子宗廟之祭 則歌雍以徹 是時 三家 僭而用之 相 助也 辟公 諸侯也

'삼가'는 노나라 대부 맹손, 숙손, 계손의 집안이다. '옹'은 (『시경』) 「주송」의 편명이다. '철'은 제사를 마치고 제기를 거두어들이는 것이다. 천자의 종묘 제사에서는 옹을 노래 부르며 제기를 거두어들인다. 이때 삼가가 참람히 그것을 사용했다. '상'은 돕는다는 뜻이다. '벽공'은 제후이다.

【세주】

助祭之諸侯

제사를 돕는 제후이다.

【집주】

穆穆 深遠之意 天子之容也

'목목'은 깊고 원대하다는 의미이니 천자의 모습을 말한다.

【세주】

主祭者 天子

제사를 주관하는 사람은 천자이다.

【집주】

此 雍詩之辭 孔子 引之 言三家之堂 非有此事 亦何取於此義 而歌

之乎 譏其無知妄作 以取僭竊之罪

이것은 옹시의 가사로, 공자께서 그것을 인용하시어 '삼가의 사당에는 이런 일이 없는데 어찌 이 뜻을 취하여 그것을 노래 부르는가?'라고 말씀하신 것이다. 그 무지하고 망령된 행위로 참람히 훔쳐 쓴 죄를 얻었음을 비판하신 것이다.

【세주】

朱子曰 八佾 只是添人數 未有明文 故 只就其事責之 雍徹 則分明歌天子之詩 故 引詩以曉之 曰 汝之祭 亦有辟公之相助乎 亦有天子之穆穆乎 旣無此義 焉取此詩

주자가 말했다. 팔일은 단지 사람의 수를 더한 것으로 명문(명확한 문헌)이 존재하지는 않는다. 그러므로 다만 그 일에 대해서 책하셨을 뿐이고, 옹철의 경우는 천자의 시를 노래 부른 것이 분명한 까닭에 시를 인용하여 깨우쳐주신 것이니, '너(계씨)의 제사도 역시 벽공의 도움이 있으며, 천자의 목목(심원한 모습)이 있는가? 이미 이 뜻이 없는데 어찌 이 시를 취하는가?'라고 말씀하신 것이다.

○雙峯饒氏曰 上章 是罪其僭 此章 是譏其無知 惟其無知 所以 率意妄作 以取僭竊之罪 上章 是可忍也 是言其不仁 此章 無知妄作 是言其不知 惟其不仁不知 是以 無禮無義

쌍봉 요씨가 말했다. 위 장은 그 참람함을 죄주신 것이고, 이 장은 그의 무지함을 비판하신 것이니, 진실로 그 무지함 때문에 경솔히 망령된 일을 하여 참절의 죄를 저지른 것이다. 위 장의 '시가인야'는 그의 불인함을 말한 것이고 이 장의 '무지망작'은 그 무지함을 말한 것이니, 진실로 불인하고 무지하기 때문에 무례하고 무의한 것이다.

【집주】

○程子曰 周公之功 固大矣 皆臣子之分去聲 所當爲

정자가 말했다. 주공의 공은 본디 크지만 모두 신하된 자의 분수로 마땅히 행해야 할 바가 있으니,

【세주】

西山眞氏曰 子 無父母 則無此身 已因父母 而有此身 則事親 自合盡孝 臣

無君上 則無此爵位 已因君上 而有此爵位 則事君 自合盡忠 此 只是盡其本分當爲之事 非過外也

서산 진씨가 말했다. 자식이 부모가 없다면 이 몸도 없으며, 이미 부모로 인해 이 몸이 있게 되었으니, 부모를 섬김에 스스로 마땅히 효를 다해야 한다. 신하가 임금이 없으면 이 작위도 없으며 이미 임금으로 인해 이 작위가 있게 되었으니, 임금을 섬김에 스스로 마땅히 충성을 다해야 한다. 이것은 그 본분의 마땅히 해야 하는 일을 다 하는 것일 뿐이며, 그 외의 어떤 특별한 것이 아니다.

【집주】

魯 安得獨用天子禮樂哉 成王之賜 伯禽之受 皆非也 其因襲之弊 遂使季氏 僭八佾 三家 僭雍徹 故 仲尼 譏之

노나라가 어찌 홀로 천자의 예악을 쓸 수 있겠는가? 성왕의 하사함과 백금(주공의 장자)의 받아들임이 모두 잘못된 것이다. 그 계속된 폐단이 드디어 계씨로 하여금 팔일무를 참용케 했으며, 삼가가 옹철을 참용케 한 것이다. 그래서 중니께서 그것을 비판하셨다.

【세주】

朱子曰 這箇 自是不當用 便是成王賜周公 也是成王不是 若武王賜之 也是武王不是 雍詩 自是成王之樂 餘人 自是用他不得 武王 已自用不得了 何況更用之於他人 又曰 使魯 不曾用天子之禮樂 則三家 亦無緣見此等禮樂 而用之

주자가 말했다. 이것은 그 자체로 부당한 사용이니, 곧 성왕이 주공에게 하사했다면 또한 성왕이 옳지 않은 것이고, 만약 무왕이 하사했다면 또한 무왕이 옳지 않은 것이다. 옹시는 성왕의 음악이기 때문에 여타의 사람들은 당연히 그것을 사용할 수 없다. 무왕도 이미 자신이 사용할 수 없는 것이었는데, 하물며 다른 사람에게 함부로 사용하게 할 수 있겠는가? 또 말했다. 만약 노나라로 하여금 일찍이 천자의 예악을 쓰지 않게 했다면, 삼가도 이러한 예악을 보고 사용할 연유가 없었을 것이다.

○胡氏曰 按禮記明堂位篇云 成王 以周公有大勳勞於天下 命魯公 世世祀周公 以天子之禮樂 祭統云 成王 康王 追念周公之所以勳勞者 而欲尊魯 故 賜之以重祭 外祭 則郊社 是也 內祭 則大嘗禘 是也 禮運曰 魯之郊禘非禮也 周公 其衰矣 魯 僭天子之制 三家 僭魯 遂至於僭天子 程子 所以追咎

賜受 皆非也 周公 立爲經制 辨名分於毫釐間 將行之萬世 而身沒 犯之 將行之天下 而子孫 違之 豈非周公之衰乎

호씨가 말했다. 『예기』, 「명당위」편을 살펴보면 "성왕이 주공이 천하에 대해 큰 공로가 있었기 때문에 노나라 제후에게 명하여 세세토록 천자의 예악으로 주공을 제사지내게 했다"라고 했다. 「제통」편에는 "성왕과 강왕이 주공이 공로를 세운 바를 추념하여 노나라를 존중해주려 한 까닭에 중제(천자가 지내는 큰 제사)를 하사했는데 도성 밖의 제사로서는 교사가 바로 그것이고, 도성 안의 제사로서는 대상제가 바로 그것이다"라고 했다. 「예운」편에서는 "노의 교제는 예가 아니니, 주공의 도가 쇠한 것이다"라고 했다. 노나라가 천자의 제도를 참람히 사용하니, 삼가가 노나라(의 제도)를 참용하고, 드디어 천자의 예를 참용하기에 이른 것이다. (이것이) 정자가 주고받음이 모두 잘못된 것이라고 비판한 까닭이다. 주공이 법과 제도를 세우고 세세하게 명분을 나누었으니 (그것이) 장차 만세에 행해질 것인데 자신이 죽은 후 그것을 어기게 되고, 장차 천하에 행해질 것인데 자손이 그것을 어기게 되었으니 어찌 주공의 도가 쇠한 것이 아니겠는가?

○王氏曰 未嘗有天子之容 未嘗有辟公之相 魯 爲諸侯之國 自不當用 而況於三家之陪臣乎 季氏 非懵然不知其不當用 蓋 一念之無君 由之 而不自覺 則乾侯之避 豈待昭公 而後知哉 易曰 臣 弑其君 子 弑其父 非一朝一夕之故 其所由來者 漸矣 爲國者 其可不明禮分於平時 及其權歸而勢得而後 從而禁之 亦已晩矣

왕씨가 말했다. 일찍이 천자의 모습이 있지 않았고, 벽공의 도움이 있지 않았다. 노나라도 제후의 나라이니 당연히 그것을 써서는 안 되는데, 하물며 삼가의 배신들이겠는가? 계씨가 어리석어서 그것(천자의 예악)을 써서는 안 된다는 것을 몰랐던 것이 아니라, 임금을 업신여기는 생각에서 비롯되어 스스로 깨닫지 못한 것이다. 그런즉 건후(소공이 죽음을 당한 곳)를 피해야 한다는 것을 어찌 소공이 죽은 다음에야 알겠는가? 『역』(「문언전」)에서 말하기를 "신하가 그 임금을 죽이고 자식이 그 아비를 죽이는 것은 일조일석의 까닭 때문이 아니다. 그 까닭은 점점 쌓여온 것이다"라고 했으니, 나라를 다스리는 자가 평시에 예의와 분수를 밝히지 않아서야 되겠는가? 그 권세가 돌아가고 세력을 얻은 후에 이르러서야 뒤좇아 막으려고 한다면 또한 이미 늦은 것이다.

○厚齋馮氏曰 大夫 不得祖諸侯 公廟之設於私家 非禮也 由三桓始也 唯三家 皆祖桓公 而立廟 故 得以習用魯廟之禮樂 而僭天子矣 夫天子之禮樂

作於前 安然不以動其心 則凡不臣之事 皆忍爲之矣

후재 풍씨가 말했다. 대부는 제후를 (조상으로) 제사 모실 수 없고, 공묘를 사가에 설치하는 것은 예가 아닌데, (이는) 삼환에서 시작되었다. 오직 삼가가 모두 환공을 제사지내고 사당을 세웠다. 그래서 노나라 사당의 예악을 이어 사용할 수 있었고, 천자의 예를 참용하게 된 것이다. 무릇 천자의 예악을 (눈)앞에서 행하면서도 편안하여 마음이 흔들리지 않는다면 신하로서 해서는 안 되는 모든 일을 다 감히 하게 된다.

3.3 子曰 人而不仁 如禮何 人而不仁 如樂何

공자께서 말씀하셨다. 사람이 인하지 않으면 예 같은 것이 다 무엇이며, 사람이 인하지 않으면 악 같은 것이 다 무엇이리오.

【집주】

游氏曰 人而不仁 則人心 亡矣 其如禮樂 何哉 言雖欲用之 而禮樂 不爲之用也

유씨가 말했다. 사람이 인하지 않으면 사람의 마음이 없는 것이니, 예악 같은 것이 무엇이겠는가? 비록 그것을 쓰려고 하더라도, 예악이 쓰이지 않는다는 말이다.

【세주】

朱子曰 人 旣不仁 自是與那禮樂不相管攝 禮樂 亦不爲吾用矣 心 旣不仁 便是都不省了 自與禮樂不相干 禮樂 須中和溫厚底人 便行得 不仁之人 渾是一團私意 便不奈禮樂何

주자가 말했다. 사람이 이미 불인하면 당연히 그 예악과 서로 아무 상관이 없고, 예악 또한 나에게 쓰이지 않는다. 마음이 이미 불인하면 곧 어떤 것도 살펴볼 수 없게 된 것이니, 당연히 예악과는 서로 아무 상관도 없다. 예악은 모름지기 중화하고 온후한 사람이 행할 수 있는 것이며, 불인한 사람은 온통 한 덩이 사의이니, 예악을 어찌해볼 수 없다(예악은 아무 의미도 없다).

○勉齋黃氏曰 仁者 心之德 心之全德 卽仁也 游氏云 人心 亡矣 於仁之義 最親切

면재 황씨가 말했다. 인이라는 것은 마음의 덕이며, 마음의 온전한 덕이 곧 인이다. 유씨가 말한 '인심망의(사람의 마음이 없다)'라는 말은 인의 의미에 대해 가장 친절한 표현이다.

○慶源輔氏曰 不仁 則心 無其德 雖謂之心亡 可也

경원 보씨가 말했다. 불인하면 마음에 그 덕이 없는 것이니, '마음이 없다'라고 해도 된다.

○新安陳氏曰 孟子云 仁 人心也 放其心 而不知求 游氏說 當本孟子之意觀之

신안 진씨가 말했다. 맹자가 말하기를 “인은 사람의 마음인데 그 마음을 놓치고서도 구할 줄을 모른다(『맹자』 11, 「고자 상」 11장)”라고 했으니, 유씨의 설은 마땅히 맹자의 뜻에 근거해 보아야 한다.

【집주】

○程子曰 仁者 天下之正理 失正理 則無序 而不和

정자가 말했다. 인이라는 것은 천하의 바른 이치이니, 바른 이치를 잃어버리면 질서가 없고 조화롭지 못하게 된다.

【세주】

朱子曰 程子說 固好 但 少疎 不見得仁 仁者 本心之全德 人 若本然之良心存而不失 則所作爲 自有序而和 若此心一放 只是人欲私心做得出來 安得有序安得有和 仁 只是正當道理 將正理 頓在人心裏面 方說得箇仁字全

주자가 말했다. 정자의 설은 진실로 좋다. 단, 약간 소략하여 인에 대해 보지 못한 것이 있다. 인은 본심의 전덕이다. 사람이 만약 본연의 양심을 보존하여 잃어버리지 않는다면, 행하는 바가 자연히 질서 있고 조화롭게 된다. 만약 이 마음을 한 번 놓아버리게 되면, 단지 인욕과 사심이 만들어져 나올 뿐이니, 어찌 질서와 조화가 있을 수 있겠는가? 인은 단지 정당한 도리일 뿐이며, 올바른 도리가 사람의 마음속에 (내면화되어) 있다라고 해야 비로소 ‘인’자를 온전히 설명한 것이다.

○問 禮者 天理之節文 樂者 天理之和樂 仁者 人心之天理 人心 若存得這天理 便與禮樂湊合得著 若無這天理 便與禮樂湊合不著 曰 固是 若人而不仁 空有那周旋百拜鏗鏘鼓舞許多勞攘 當不得那禮樂

물었다. 예는 천리의 절문이요, 악은 천리의 화락이며, 인은 인심의 천리입니다. 인심에 만약 천리를 보존할 수 있다면 예악과 합치될 수 있을 것이지만, 만약 이 천리가 없으면 예악과 합치될 수 없는 것 아닙니까? 대답했다. 진실로 옳다. 만약 사람으로서 불인하면 헛되이 주선백배(예에 맞추어 동작하고 백 번 절함)하고 갱장고무(예에 맞추어 음악을 연주하고 춤을 춤)하는 등의 허다한 수고로움이 있다고 하더라도, 당연히 그 예악[의 의의]을 얻을 수 없다.

○問 仁者 心之德也 不仁之人 心德 旣亡 方寸之中 絶無天理 平日運量酬酢 盡是非僻淫邪之氣 無復本心之正 如此等人 雖周旋於玉帛交錯之間 鐘鼓鏗鏘之際 其於禮樂 判爲二物 若天理 不亡 則見得禮樂本意 皆是天理中發出來 自然有序而和 曰 是

물었다. 인은 마음의 덕이니 불인한 사람은 마음의 덕이 이미 없는 것입니다. 마디만 한 네모(마음) 가운데 천리가 전혀 없다면 평일의 운량수작(모든 동작과 대화)이 모두 잘못되고 편벽되거나 음사한 기운이어서, 본심의 바름을 회복한 것은 아무것도 없습니다. 이런 사람 같으면, 비록 옥백이 서로 교차하는(외교적인 예물을 주고받는) 사이에서 음악 소리가 장엄히 울려 퍼질 때에 이리저리 (예의) 동작을 하더라도, 예악과는 완전히 다른 두 물건(완전히 상관없는 존재)이 될 것입니다. 만약 천리가 없어지지 않았다면, 예악의 본의가 모두 천리 가운데서 나온 것임을 알게 될 것이니, 저절로 질서가 잡혀 조화를 이룰 것입니다. 답했다. 옳다.

○慶源輔氏曰 仁義禮智 皆正理也 此 獨以仁言者 蓋 謂專言之 而包四者之仁也

경원 보씨가 말했다. 인의예지는 모두 올바른 이치인데 여기에서 오직 인이라고만 말한 것은 대개 오로지 (단 하나로서의 인이라는 의미로) 말한 것으로서, 네 가지(인의예지)를 포함하는 (최고의 포괄적인 덕으로서의) 인을 일컫는 것이다.

○陳氏曰 禮樂 無所不在 如兩人同行 纔長先少後 便和順無爭 所以有爭只緣少長之序 亂了 又安得有和順底意 於此 見禮先 而樂後 無序 則必不和

진씨가 말했다. 예악은 있지 않은 곳이 없다. 예를 들어, 두 사람이 같이 갈 때면 언제나 윗사람이 먼저 가고 아랫사람이 뒤에 가야 곧 화순하고 다툼이 없다. 다툼의 원인은 단지 위아래 질서의 혼란에서 연유하니, (질서가 혼란한 다음에) 또 어찌 화순한 마음을 얻을 수 있겠는가? 여기에서 예가 앞서고 악이 뒤임을 볼 수 있으니, 질서가 없으면 반드시 조화도 없다.

【집주】

李氏曰李氏 名 郁 字 光祖 昭武人 **禮樂 待人而後行 苟非其人 則雖玉帛交錯 鍾鼓鏗**丘耕反**鏘**千羊反 **亦將如之何哉**

이씨가 말했다<이씨는 이름이 욱이고, 자는 광조이며, 소무 사람이다>. **예악은 (합당한) 사람이 있은 뒤에야 행해진다. 만약 그 (합당한) 사람이 아니라면 옥백이**

교차하고 장엄한 음악이 울려 퍼진다 한들 또한 장차 어쩌겠는가(무슨 의미가 있겠는가)?

【세주】

朱子曰 游氏 言心 程子 言理 李氏 言人 此 苟非其人 道不虛行之意 蓋心具是理 所以存是心 則在人也

주자가 말했다. 유씨는 마음을 말했고, 정자는 이치를 말했고, 이씨는 사람을 말했다. 이는 그 합당한 사람이 아니라면, 도가 헛되이 행해지지는 않는다는 뜻이다. 대개 마음은 이치를 갖추고 있지만, 이 마음을 보존하는 것은 사람에게 달려 있다.

○慶源輔氏曰 此章禮樂 正指玉帛鐘鼓言 故 以李說終之

경원 보씨가 말했다. 이 장에서의 예와 악은 곧 옥백종고(예물과 음악 등 겉모습으로서의 예)를 가리켜 말한 것이기 때문에 이씨의 설명으로 마무리한 것이다.

○雙峯饒氏曰 游氏 說得仁字親切 而禮樂二字 欠分明 程子 說得禮樂二字有意義 而仁字 不親切 必合二說 而一之 然後仁與禮樂之義 方備 程子 無序不和 是說無禮樂之本 李氏 鐘鼓玉帛 是說徒有禮樂之文 亦必合二說 而一之 然後如禮樂何之義 方盡 集註 用意精深 要人仔細看

쌍봉 요씨가 말했다. 유씨는 '인'자는 친절히 설명했지만 예악 두 글자는 조금 불분명하고, 정자는 예악 두 글자는 의미 있게 설명했지만 '인'자는 불친절하니, 반드시 이 두 가지 설을 합해 하나로 한 다음에야 비로소 인과 예악의 의미가 두루 갖추어진다. 정자의 '무서불화'라는 말은 예악의 근본이 없음을 설명한 것이고, 이씨의 '종고옥백'은 헛되이 예악의 절문(겉으로 드러나는 형식)만 있음을 설명한 것이니, 역시 이 두 설명을 합쳐서 하나로 한 다음에야 비로소 '예악이 무엇이리오'라는 구절의 의미를 다 (설명)할 수 있다. 집주의 의도는 정밀하고 깊으니 사람들은 자세하게 보아야 할 것이다.

○程子 序字 和字 是就理上說 若就心上說 則當言敬與和 不仁之人 其心不敬不和 無以爲行禮作樂之本 雖有禮之儀文 而儀文 不足觀 雖有樂之音節 而音節 不足聽

정자의 '서'자와 '화'자는 이치의 측면에서 말한 것이다. 만약 마음의 측면에서 말한다면 마땅히 '경'과 '화'라고 말해야 한다. 불인한 사람은 그 마음이 불경하고 조화롭지 못해서 예를 행하고 악을 연주하는 근본이 되는 것(예와 악의 근본정신)이 없으니 비록 예의 의문(儀文: 겉으로 드러난 문채)이 있다고 해도 그것은 볼만하지 않으며, 음악의 음절(악기가 내는 각각의 소리)이 있다고 해도 그것은 들을 만하지 못하다.

○勿軒熊氏曰 游氏 兼禮樂之體用言 程子 專指禮樂之體 李氏 專指禮樂之用

물헌 웅씨가 말했다. 유씨는 예악의 체와 용을 겸해서 말했고, 정자는 오로지 예악의 체를, 이씨는 오로지 예악의 용을 가리켜 말한 것이다.

【집주】

然 記者 序此於八佾雍徹之後 疑其爲去聲僭禮樂者發也

그런데 기록하는 자가 이것을 팔일과 옹철의 뒤에 둔 것은 아마도 이것이 예악을 참용한 자 때문에 나온 말씀이기 때문인 듯하다.

【세주】

新安陳氏曰 僭禮樂者 卽人之不仁者也 本文 無此意 但 以次於前二章之後 故云然

신안 진씨가 말했다. 예악을 참용하는 자는 사람으로서 불인한 자이다. 본문에는 이 뜻(예악을 참용하는 자라는 뜻)이 없지만, 단지 (이 장이) 앞의 (예악 참용의 예인) 두 장 다음에 있기 때문에 그렇게 말한 것이다.

3.4-1 林放問 禮之本

임방이 예의 근본에 대해 물었다.

【집주】

林放 魯人 見世之爲禮者 專事繁文 而疑其本之不在是也 故 以爲問

임방은 노나라 사람이다. 세간에서 예를 행하는 사람들이 오로지 번잡한 절문만을 일삼는 것을 보고, 예의 근본이 이에 있는 것이 아니라고 생각하여 질문을 한 것이다.

【세주】

勉齋黃氏曰 本之說 有二 其一曰 仁義禮智 根於心 則性者 禮之本也 故曰 中者 天下之大本 其一曰 禮之本 禮之初也 凡物有本末 初爲本 終爲末 所謂 夫禮 始諸飮食者 是也 二說 不同 集註 乃取後說 曰 儉者 物之質 戚者 心之誠 則便以儉戚爲本 又取楊氏禮始諸飮食 以證之

면재 황씨가 말했다. 근본에 대한 설에는 두 가지가 있다. 그 하나는 '인의예지는 마음에 뿌리를 두고 있으니, 성이란 예의 근본이다. 그러므로 중[마음에 내재한 본성]이 천하의 대본이다'라는 설이고, 또 하나는 '예의 근본은 예의 시작점이다. 무릇 사물에는 본말이 있어 처음이 본이 되고 마지막이 말이 되니, 이른바 예의 시작은 먹고 마시는 데서 비롯된다는 것이 바로 이것이다'라는 설이다. 이 두 가지 설은 같지 않은데, 집주에서는 뒤의 설을 취하여 말하기를 검소함이 사물의 바탕이고 슬퍼함이 마음의 참됨이니, 곧 검소함과 슬퍼함이 근본이 된다고 했고, 또 양씨의 '예가 음식에서 비롯된다'는 설명을 취하여 증명하고 있다.

3.4-2 子曰 大哉 問

공자께서 말씀하셨다. 크도다! 질문이여.

【집주】

孔子 以時方逐末 而放 獨有志於本 故 大其問 蓋 得其本 則禮之

全體 無不在其中矣

공자께서 당시 사람들이 한창 말단을 좇는 경향을 보였는데 임방만이 홀로 근본에 뜻을 두었기 때문에 그 질문을 크게 여기신 것이다. 대개 그 근본을 얻으면 예의 전체가 그 가운데 있지 않음이 없다.

【세주】

問 禮之全體 朱子曰 兼文質本末言之 有質 則有文 有本 則有末 徒文 而無質 如何行得 當時 習於繁文 人 但指此爲禮 更不知有那實處 故 放問 而夫子大之 想是此問 大段契夫子之心

예의 전체에 대해 물었다. 주자가 답했다. 문질과 본말을 겸해서 말하자면 질이 있으면 문이 있고, 본이 있으면 말이 있다. 문만 있고 질이 없다면 어떻게 행해질 수 있겠는가? 당시에 번문에만 습관이 되어 사람들이 이것(문)만을 가리켜 예라고 여기고, 그 (예의) 실질이 있음을 알지 못했다. 그래서 임방이 질문함에 공자께서 크게 여기신 것이다. 이 질문이 대단히 공자의 마음에 드셨던 듯하다.

○勉齋黃氏曰 得其本 則質文華實 皆在其中 蓋 文之與華 亦因質與誠 而生也 有本 則有末 末 固具於本矣 如木有根本 則有枝葉華實 其本立 則此木全體枝葉華實 皆在其中也

면재 황씨가 말했다. 근본을 얻으면 문질과 화실이 모두 그 안에 있다. 대개 문(문채)과 화(화려함)도 질(질박함)과 성(참됨)에서 생겨나는 것이다. 본이 있으면 말이 있으니, 말은 진실로 그 본에 갖추어져 있는 것이다. 예컨대 나무에 뿌리와 줄기가 있으면 가지와 잎과 꽃과 열매가 있고, 줄기가 서면 이 나무 전체의 가지와 잎, 꽃과 열매가 모두 그 안에 있는 것과 같다.

○雲峯胡氏曰 須看在其中三字 得禮之本 則雖不便是禮之全體 而全體 在其中矣

운봉 호씨가 말했다. 모름지기 '재기중(그 안에 있다)' 이 세 글자를 잘 보아야 한다. 예의 근본을 얻으면 비록 그것이 예의 전체는 아니라 하더라도, 전체가 그 안에 있는 것이다.

3.4-3 禮 與其奢也 寧儉 喪 與其易也 寧戚易 去聲

예에 있어서는 사치함보다는 차라리 검소함이 낫다. 상에 있어서는 잘 다스림(상의 절차를 익숙하게 처리함)보다는 차라리 슬퍼함이 낫다.

【집주】

易 治也 孟子曰 易其田疇 在喪禮 則節文習熟 而無哀痛慘怛當葛反之實者也 戚 則一於哀 而文 不足耳

'이'는 다스린다는 의미로, 맹자가 말하기를 '이기전주(논밭과 밭두둑을 다스린다, 『맹자』 13, 「진심 상」 23장)'라고 했다. ('이'는) 상례에서 절문에는 익숙하나 애통히 슬퍼하는 실질이 없는 것이다. '척'은 하나같이 애통해하기만 하여 문(꾸밈)이 부족한 것이다.

【세주】

朱子曰 治田 須是治得無窒礙 方是熟 若居喪 而習熟於禮文 行得皆無窒礙 無那惻怛不忍底意 則哀戚 必不能盡

주자가 말했다. 밭을 갈 때에는 모름지기 막히는 데가 없이 갈아야 비로소 수확이 많다. 만약 상에 거함에 예의 절문에 익숙해 있으면 행동이 모두 막힘이 없을 것이기는 하나, 그 슬프고 애통하여 차마 하지 못하는 마음이 없다면 필시 슬퍼함을 다할 수 없다.

○冠昏喪祭 皆是禮 故 皆可謂與其奢也寧儉 惟喪禮 獨不可 故 言與其易也寧戚 易者 治也 言治喪禮 至於習熟也 喪者 人情之所不得已 若習治其禮有可觀 則是樂於喪 而非哀戚之情也 故 禮云 喪事 欲其縱縱爾

관혼상제가 모두 예이다. 그러므로 모두 사치함보다는 차라리 검소함이 낫다고 말할 수 있으나, 유독 상례만은 그렇다고 할 수 없다. 그래서 (상에 대해서는) 잘 다스림보다는 차라리 슬퍼함이 낫다라고 말씀하신 것이다. 여기서 '이'는 '다스린다(익숙히 처리하다)'라는 뜻이니, 상례를 처리함에 익숙한 데 이른 것을 말한다. 상이라는 것은 인정상 어쩔 수 없이 그래야만 하는 것이다. 만약 그 예를 익숙히 처리함이 볼 만하다면, 이것은 상을 즐기는 것이지 슬퍼하는 정은 아니다. 그래서 『예기』에 이르기를 "상사에는 종종

(서툴러서 서두름)하려고 할 뿐이다"라고 했다.

【집주】

禮 貴得中

예는 '중(중정함)'을 얻는 것을 귀하게 여긴다.

【세주】

新安陳氏曰 此禮字 兼吉凶言 中者 無過不及也

신안 진씨가 말했다. 이 '예'자는 길흉을 겸해 말한 것이고, '중'이라는 것은 넘치거나 모자람이 없는 것이다.

【집주】

奢易 則過於文 儉戚 則不及而質 二者 皆未合禮

사치함과 잘 다스림은 문이 지나친 것이고, 검소함과 슬퍼함은 모자라되 질박한 것이다. 이 두 가지는 모두 아직 예에 합당한 것이 아니다.

【세주】

新安陳氏曰 謂未合禮之中

신안 진씨가 말했다. 아직 예의 중정함에 부합하지 않는다는 말이다.

【집주】

然 凡物之理 必先有質 而後有文 則質 乃禮之本也

그러나 무릇 모든 사물의 이치는 반드시 먼저 질(바탕)이 있고 그 이후에 문(꾸밈)이 있는 것이니, 질이 예의 근본이다.

【세주】

朱子曰 禮 不過吉凶二者 上句 汎以吉禮言 下句 專以凶禮言 儉戚 只是禮之本而已 及其用也 有當文時 不可一向以儉戚爲是 故曰 品節斯斯之謂禮 蓋自有箇得中恰好處

주자가 말했다. 예는 길, 흉 두 가지에 불과하다. 위 구절은 길례를 포괄적으로 말한 것이고, 아래 구절은 전적으로 흉례를 말한 것이다. 검소함과 슬퍼함은 예의 근본일 뿐 예의 적용에 이르러서는 마땅히 문을 해야 할 때가 있으니, 내내 검소함과 슬퍼함만이 옳다고 여겨서는 안 된다. 그래서 품절사사(각각의 구체적인 예)를 일컬어 예라 하니, 대개 그 자체로 '중'에 딱 들어맞는 것이 있게 마련이다.

○禮初頭 只是儉 喪初頭 只是戚 然 初亦未有儉之名 儉 是對後來奢而言 蓋 追說耳 東坡 說忠質文 謂初亦未有那質 只因後來文 便稱爲質

예는 애초에는 다만 검소했을 뿐이고, 상은 애초에는 다만 슬퍼했을 따름이다. 그러나 처음에는 검(검소함)이라는 이름(개념)도 없었다. '검'이란 '사(사치함)'가 생겨난 다음에 그에 대칭해 이름 붙인 것이니, 이는 추설[뒤에 형성된 개념]이다. 동파(소식)는 충, 문, 질을 설명하면서 "처음에는 그 '질'이라는 개념 또한 없었는데 나중에 '문'이 나옴으로써 '질'이라고 부르게 되었다"라고 했다.

○南軒張氏曰 禮者 理也 理 必有其實 而後有其文 文者 所以文其實也 若文之過 則反浮其實 而失於理矣 夫禮 而失於奢 寧過於儉也 喪 而易焉 寧過於戚也 蓋 儉與戚 其實 則存 奢 則遠於實 易 則亡其實 其文 雖備 無益也

남헌 장씨가 말했다. 예라는 것은 이치이니, 이치에는 반드시 그 실질이 있은 후에 그(에 해당하는) 문이 있다. 문은 그 실질을 수식하는 것이다. 만약 문이 지나치면 오히려 그 실질을 벗어나서 이치에 어긋나게 된다. 무릇 예를 행함에 사치함에서 잘못을 저지르는 것보다는 차라리 지나치게 검소한 것이 낫고, 상을 치름에 잘 다스리는 것보다는 차라리 지나치게 슬퍼하는 것이 낫다. 대개 검소함과 슬퍼함은 그 실질은 있는 것이지만, 사치함은 실질과는 거리가 멀고 잘 다스리는 것은 그 실질이 없는 것이니, 그 문이 비록 갖추어졌다고 하더라도 무익한 것이다.

○勉齋黃氏曰 聖人 因俗之弊 感放之意 而爲是言 本非以儉戚爲可尙 時與其流於文弊 則寧如此耳 其言之抑揚 得其中正 如此

면재 황씨가 말했다. 성인께서 시속의 폐단 때문에 임방의 뜻에 공감하시어 이 말씀을 하신 것이지, 본래 검소함과 슬퍼함을 숭상할 만한 것이라고 여기신 것은 아니다. 당시 문의 폐단에 흐르는 것보다는 오히려 이처럼 하는 것이 낫다는 것뿐이다. 그 말씀의 억양이 그 중정함(적당함과 올바름)을 얻은 것이 이와 같다.

○葉氏曰 論禮之中 雖以奢爲不遜 儉爲固 與其失之不遜 不若失之固 猶爲近本也 是以 用過乎儉 喪過乎哀 易 以爲小過 謂過者小 而得者大也

섭씨가 말했다. 예를 논하는 중에 비록 사치함을 불손한 것이라 하고 검소함을 고루한 것이라 했으나 불손함의 잘못을 저지르는 것이 고루함의 잘못을 저지르는 것만 못하니, (고루함이) 오히려 근본에 가깝다고 하겠다. 그래서 씀씀이가 지나치게 검소한 것이나 상에 지나치게 슬퍼하는 것에 대해 『역』에서는 오히려 작은 허물이라고 여겼으니, 허물은 작고 얻는 것은 크다는 말이다.

【집주】

○范氏曰 夫音扶祭 與其敬不足 而禮有餘也 不若禮不足 而敬有餘也 喪 與其哀不足 而禮有餘也 不若禮不足 而哀有餘也 禮 失之奢 喪 失之易 皆不能反本 而隨其末 故也 禮 奢而備 不若儉而不備之愈也 喪 易而文 不若戚而不文之愈也 儉者 物之質 戚者 心之誠 故 爲禮之本 楊氏曰 禮 始諸飮食 故 汚烏瓜反尊而抔蒲侯反飮 爲之簠簋音甫軌籩豆罍音雷爵之飾 所以文之也 則其本 儉而已

범씨가 말했다. 무릇 제사에 있어서는 경이 부족하고 예가 남음이 있는 것이 예가 부족하고 경이 남는 것만 못하다. 상에 있어서는 슬퍼함이 부족하고 예가 남음이 있는 것이 예가 부족하고 슬퍼함이 남는 것만 못하다. 예는 사치함에서 잘못을 저지르고 상은 능숙한 일 처리(에만 신경 쓰는 것)에서 잘못을 저지르게 되니, 모두 (예의) 근본으로 돌아가지 못하고 그 말단을 따르기 때문이다. 예에 있어서는 사치스러우면서 잘 갖추는 것이 검소하고 갖추지 못한 것만 못하며, 상에 있어서는 능숙히 일을 처리하면서 잘 꾸미는 것이 슬퍼하며 잘 꾸미지 못하는 것만 못하다. 검소함은 사물의 바탕이고, 슬퍼함은 마음의 참됨이다. 그러므로 예의 근본이 된다. 양씨가 말했다. 예는 음식에서 비롯되었으니 땅을 파서 웅덩이를 만들어 물을 담고 손으로 움켜 떠 마시다가 보궤, 변두, 뇌작의 장식을 만들었는데, 문채를 내려 했기 때문이다. 그런즉 그 근본은 검소함일 뿐이다.

【세주】

記 禮運篇云 夫禮之初 始諸飮食 其燔黍捭音擘豚 汚尊而抔飮 蕢苦怪反桴而土鼓 猶若可以致敬於鬼神 註云 古 未有釜甑 釋米捭肉 加於燒石之上 而食之耳 汚尊 鑿地爲尊也 抔飮 手掬之也 蕢 讀爲凷 謂摶土爲桴也 土鼓 築土爲鼓也

『예기』, 「예운」편에 "무릇 예의 시초는 음식에서 비롯되었다. 옛날에는 기장쌀을 굽고 돼지고기를 익혔으며, 땅을 파서 웅덩이를 만들어 물을 담고 손으로 움켜 떠 마셨으며, 흙을 뭉쳐서 북채를 만들고 흙을 뭉쳐서 북을 삼았었다. 그렇게 했으나 오히려 귀신에게 공경하는 마음을 다할 수가 있었다"라고 했다. 그 주에는 "옛날에는 가마나 시루가 없어서 뜨거운 돌 위에 쌀을 풀어놓고 고기를 눌러 구워 먹었을 뿐이다. 오준은 땅을 파서 동이로 삼은 것이며, 부음은 손으로 움켜 마시는 것이다. 괴(蕢)는 흙덩이 괘라고 읽는데 흙을 뭉쳐 부(북채)로 삼은 것을 말하며, 토고는 흙을 쌓아 북을 삼는 것이다"라고 했다.

【집주】

喪 不可以徑情而直行 爲之 衰音催麻哭踊音勇之數 所以節之也 則其本 戚而已

상에는 감정이 시키는 대로 곧바로 행해서는 안 된다. 그 때문에 최마곡용(상복을 입고, 곡을 하고, 뛰는 것)의 법이 있으니, 절제하게 하려는 것이다. 그런즉 그 근본은 슬퍼함일 따름이다.

【세주】

記 檀弓下 禮 有微情者節哭踊 有以故興物者衰絰之制 有直情而徑行者 戎狄之道也哭踊無節 衣服無制

『예기』, 「단궁 하」에 "예에는 감정을 줄이려는 것<(예컨대) 곡하고, 뛰는 것을 규제하는 것>이 있고, 까닭이 있어 (부족한 감정을 분발시키기 위해) 물건을 일으키는 것도 있다<(예컨대) 상복과 상모의 제도>. 감정을 직접적으로 표현하고 임의로 행하는 것은 오랑캐의 도이다<곡용의 규칙도 없고, 의복의 제도도 없다>"라고 했다.

【집주】

周衰 世 方以文滅質 而林放 獨能問禮之本 故 夫子 大之 而告之以此

주나라가 쇠하여 세상이 바야흐로 문으로 질을 멸하게 되었는데, 임방만이 홀로 예의 근본을 물을 수 있었기 때문에 공자께서 그것을 크게 여기시고 이와 같이 알려주신 것이다.

【세주】

朱子曰 楊氏謂 禮 始諸飮食 言禮之初 本在飮食 然 其用 未具 安有鼎俎籩豆

也 方其爲鼎俎之始 亦有文章 雕鏤繁 而質滅矣 故云 與奢寧儉 又曰 楊說喪 不可徑情而直行 此一語 稍傷那哀戚之意 其意 當如上面始諸飮食之語 謂喪主於哀戚 而爲之哭泣擗踊 所以節之 其本 則戚而已

주자가 말했다. 양씨가 예는 음식에서 비롯되었다고 한 것은 예의 시작이 본래 음식에 있었다는 말이다. 그러나 그 쓰임이 갖추어지지 않았다면 어찌 정조변두와 같은 제기가 있겠는가? 바야흐로 정과 조 같은 제기가 처음 만들어질 때도 역시 문장은 있었으니, (다만 이후에) 새기고 치장하는 것이 번다해져서 질이 사라진 것이다. 그래서 사치함보다 차라리 검소함이 낫다고 말씀하신 것이다. 또 말했다. 양씨는 '상에는 감정이 시키는 대로 곧바로 행해서는 안 된다'라고 설명했는데, 이 말은 애척(슬퍼함)의 의미를 조금 손상시킨다. 그 의미상 마땅히 위쪽의 '예는 음식에서 비롯되었다 운운'하는 말처럼 ['상에는 감정이 시키는 대로 곧바로 해서는 안 된다'는 말은 빼고] '상은 슬퍼함을 주로 하되 곡읍·벽용함은 절제하게 하려는 까닭이니, 그 근본은 척(슬퍼함)일 뿐이다'라고 해야 한다.

○慶源輔氏曰 祭與喪 皆禮也 范氏 與其不若之言 正與夫子所謂寧字義相宜 故 引之爲說 禮 失之奢 喪 失之易 皆不能反本 而流於末也 此 常情之弊也 物事也 禮而儉 則是事之未有文飾也 喪而戚 則是心之誠實自然也 故爲禮之本

경원 보씨가 말했다. 제사와 상은 모두 예이다. 범씨의 '여기불약(이것이 저것만 못하다)'이라는 말은 진실로 공자께서 말한 '녕(차라리 ~이 낫다)'자와 서로 의미가 상통한다. 그래서 그 말을 인용해 설로 삼은 것이다. 예는 사치함에서 잘못을 저지르고, 상은 능숙히 처리함에서 잘못을 저지른다는 것은 모두 근본으로 돌아가지 못하고 말단으로 흐르는 것이니, 이는 보통 사람들의 마음이 저지르는 폐단이다. (집주 범씨의 말 중) '물'은 일이다. 예에 검소한 것은 그 일에 문식이 아직 없는 것이고, 상에 슬퍼하는 것은 마음의 성실함이요 자연스러움이다. 그러므로 예의 근본이 된다.

○雙峯饒氏曰 放問 禮之本 而夫子 不告之以禮之大本 以其不切放 故也

쌍봉 요씨가 말했다. 임방이 예의 근본을 물었는데 공자께서 예의 대본으로써 알려주지 않으신 것은 임방에게 절실하지 않다고 생각하셨기 때문이다.

○雲峯胡氏曰 本 有二 其末 亦不同 本根之本 其末 爲枝葉 枝葉 出於本根 而亦能芘其本根 可相有 而不可相無 本始之本 末流 必有失禮 始於儉 末也

必奢 故曰 與其 曰 寧 孔子 因末流之失 不得已而爲反本之論也

쌍봉 요씨가 말했다. 본에는 두 가지가 있으며, 그 말도 각각 다르다. 본근(뿌리와 줄기)이라는 의미의 본의 경우, 그 말은 가지와 잎이 된다. 가지와 잎은 뿌리와 줄기에서 나오지만 역시 뿌리와 줄기를 무성하게 할 수 있으니, 서로 있어야 하는 것이지 서로 없어서는 안 된다. 본시(처음)라는 의미의 본의 경우, 그 말로 흘러가면 반드시 예를 잃게 된다. 검소함에서 시작해 말단에는 반드시 사치하게 되니 '그(말단의 폐해)보다는'이라고 말씀하시고 '차라리 (처음의 것)이 낫다'라고 말씀하신 것이다. 공자께서는 말류의 폐단 때문에 부득이하게 본(처음)으로 돌아가라는 논의를 하신 것이다.

3.5 子曰 夷狄之有君 不如諸夏之亡也

공자께서 말씀하셨다. 이적(오랑캐 사회)에 임금이 있으니 제하(중국의 제후국)에 임금 없음과 같지 않다.

【집주】

吳氏曰 亡 古無字通用 程子曰 夷狄 且有君長上聲 不如諸夏之僭亂 反無上下之分去聲也

오씨가 말했다. '망'은 옛날에 '없을 무'자와 통용되었다. 정자가 말했다. 이적에도 군장이 있으니, 제하가 참람하고 혼란하여 오히려 상하의 질서가 없는 것과는 다르다.

【세주】

厚齋馮氏曰 諸夏 諸侯之稱 夏 大也 中國 曰夏 大之也

후재 풍씨가 말했다. 제하는 제후를 칭한다. 하는 크다는 뜻이다. 중국을 하라고 하는데 크게 여기는 것이다.

【집주】

○尹氏曰 孔子 傷時之亂 而歎之也 無 非實無也 雖有之 不能盡其道爾

윤씨가 말했다. 공자께서 당시의 혼란을 안타까워하시며 탄식하신 것이다. '무'는 실제로 없다는 것이 아니라 비록 있다고 하더라도 그 (임금의) 도를 다하지 못한다는 의미이다.

【세주】

鄭氏曰 八佾一篇 無非傷權臣之僭竊 痛名分之紊亂 其言 與春秋相表裏 有疾之之辭 有鄙之之辭 有斥之之辭 有痛之之辭 孰不可忍 疾之也 奚取於三家之堂 斥之也 人而不仁 如禮樂何 鄙之也 夷狄之有君 不如諸夏之無 痛之也 百世之下 誦其言 遡其心 猶見其凜凜乎 不可犯也

정씨가 말했다. 「팔일」 이 한 편은 권신의 참절에 상심하시고, 명분의 문란을 애통히 여기지 않으신 것이 없다. 그 말씀은 『춘추』와 서로 표리를 이루니 싫어하시는 말씀이 있고, 비천하게 여기시는 말씀이 있고, 배척하시는 말씀이 있고, 애통히 여기시는 말씀이 있다. '무엇인들 감히 하지 못하겠는가?'라는 말씀은 싫어하신 것이고, '어찌 삼가의 사당에서 취하리오?'라는 말씀은 배척하신 것이며, '사람으로서 인하지 않으면 예악 같은 것이 다 무엇이리오?'라는 말씀은 비천하게 여기신 것이고, '이적에도 임금이 있으니 제하에 임금 없음과 같지 않다'는 말씀은 애통히 여기신 것이다. 백 세대가 지나서 그 말씀을 읊고, 그 마음을 찾아 올라감에 오히려 늠름하시어 감히 범할 수 없음을 알 수 있다.

○問 程子註 似專責在下者 陷無君之罪 尹氏註 似專責在上者 不能盡爲君之道 何如 朱子曰 只是一意 皆是說上下僭亂 不能盡君臣之道 如無君也

물었다. 정자의 주는 전적으로 아랫사람이 임금을 업신여기는 죄에 빠진 것을 질책한 듯하고, 윤씨의 주는 윗사람이 임금 된 도리를 다하지 못했음을 질책한 듯한데, 어떠합니까? 주자가 답했다. 이는 단지 같은 뜻이니, 모두 상하가 참람하고 혼란스러워 군신의 도리를 다하지 못하여, 임금이 없는 것과 같다는 것을 설명한 것이다.

○南軒張氏曰 夷狄 雖政教所不加 然亦必有君長 以統涖之 然後可立也 春秋之世 禮樂征伐 自諸侯出 降而自大夫出 又降而陪臣竊國命 是以 聖人傷歎以爲夷狄且有君 不如諸夏之無君也 夫諸夏者 禮樂之所由出也 今焉若此 其變亦甚矣

남헌 장씨가 말했다. 이적은 비록 정교가 가해진 바가 없다고 하더라도, 역시 반드시 군장이 있어 통치한 이후에 설[국가로서 존립할] 수 있다. 춘추시대에 와서 예악과 정벌이 제후에게서 나오고, 내려와 대부에게서 나오고, 또 내려와 배신이 국명을 절취하기에 이르렀다. 그래서 성인께서 상심하며 탄식하시어 이적에도 군주가 있으니 제하의 임금 없음과 같지 않다고 하신 것이다. 무릇 제하는 예악이 비롯되어 나오는 곳인데, 지금 이와 같으니 그 변고가 또한 심한 것이다.

○新安陳氏曰 夏所以異於夷 以有君臣之分耳 今 居中國去 人倫 反夷狄之不如 春秋所以作也

신안 진씨가 말했다. 하(중국)가 이(오랑캐)와 다른 이유는 군신의 구분이 있다는 것뿐이다. 지금 중국을 자처하면서도 인륜은 오히려 이적만 같지 않으니, (이것이) 『춘추』를 지으신 까닭이다.

3.6 季氏 旅於泰山 子 謂冉有 曰 女 弗能救與 對曰 不能 子曰 嗚呼 曾謂泰山 不如林放乎女 音汝 與 平聲

계씨가 태산에서 여 제사를 지냈다. 공자께서 염유에게 "네가 구해낼 수 없겠느냐?"라고 말씀하시니 "할 수 없습니다"라고 답했다. 공자께서 말씀하셨다. "오호라! 어찌 태산이 임방만 못하다고 하겠는가!"

【집주】

旅 祭名

'여'는 제사 이름이다.

【세주】

新安倪氏曰 祭山 曰旅 書曰 蔡蒙旅平 九山刊旅

신안 예씨가 말했다. 산에 제사지내는 것을 '여'라고 한다. 『서경』(「하서」, <우공>)에 "채몽여평(채산과 몽산이 평정되어 여제를 지내다)", "구산간여(구주의 각 산에 벌목하여 길을 내고 여제를 지내다)"라고 했다.

【집주】

泰山 山名 在魯地 禮 諸侯 祭封內山川 季氏 祭之 僭也

태산은 산 이름이며 노나라 땅에 있다. 『예기』에 제후는 영지 내의 산천에 제사지낸다 했는데, (제후 아닌) 계씨가 제사지낸 것은 참람한 짓이다.

【세주】

記 王制 天子 祭天地 諸侯 祭社稷 大夫 祭五祀 天子 祭天下名山大川 五嶽 視三公 四瀆 視諸侯視者 視其牲器之數 諸侯 祭名山大川之在其地者

『예기』, 「왕제」편에 "천자는 하늘과 땅에 제사지내고, 제후는 사직에 제사지내고, 대부는 오사에 제사지낸다. 천자는 천하의 명산대천에 제사지낸다. 오악은 삼공이 돌보고, 사독은 제후가 돌본다<시(視)는 그 희생을 담는 제기의 수를 돌보는 것이다>. 제후는 명산과 대천 중에서 자기 영지 안에 있는 것을 제사지낸다"라고 했다.

【집주】

冉有 孔子弟子 名 求魯人 時 爲季氏宰 救 謂救其陷於僭竊之罪 嗚呼 歎辭 言神 不享非禮 欲季氏 知其無益 而自止 又進林放 以厲冉有也

염유는 공자의 제자이고 이름은 구이다<노나라 사람이다>. 당시 계씨의 가재(가신)가 되었다. '구'는 계씨가 참람히 천자의 예를 절용하는 죄에 빠지는 것을 구한다는 의미이다. '오호'는 탄식하는 말이다. 이 말씀은, 귀신은 비례(예에 맞지 않는 것)를 받지 않으니 계씨가 그것이 아무 이득이 없음을 알아서 스스로 그만두게 하고자 하신 것이고, 또 임방을 추켜세워 염유를 격려하신 것이다.

【세주】

厲 激厲也

'여'는 격려하는 것이다.

○朱子曰 天子 祭天地 諸侯 祭國內山川 只緣是他屬我 故 我祭得他 若不屬我 則氣 便不與之相感 如何祭得他

주자가 말했다. 천자는 하늘과 땅에 제사지내고, 제후는 자기 나라 안의 산과 강에 제사를 지낸다. 단지 그것이 자신(의 땅)에 속하기 때문에 자신이 그것에 제사지낼 수 있는 것이고, 만약 자신에게 속하지 않는다면 기가 곧 그와 더불어 서로 감응하지 않으니 어찌 그것을 제사지낼 수 있겠는가?

○南軒張氏曰 林放 猶能問禮之本 泰山 豈受非禮之祭 鬼神 雖幽 不外乎理 人心 猶所不安 神其享之乎 意當冉有 爲其家臣 時適有旅祭事 故 夫子 欲其正救之

남헌 장씨가 말했다. 임방도 오히려 예의 근본을 물을 수 있었는데, 태산이 어찌 예가 아닌 제사를 받겠는가? 귀신이 비록 어둡다 하나 이치에 벗어나지는 않는데, 인심에 오히려 불안한 바 있는 것을 신이 받겠는가? 아마도 염유가 그의 가신이 되었을 때 마침 그 때 여제사의 일이 있었으므로 공자께서 그것을 바로잡아 구하려 하신 것 같다.

○陳氏曰 范氏說 有其誠 則有其神 最好 誠 只是眞實無妄 雖以理言 亦以心言 須是有此實理 然後致其誠敬 而副以實心 方有此神 若無此實理 雖有此實心 亦不歆享 如季氏 不當祭泰山 而冒祭 是 無此實理矣 假饒盡其誠敬

之心 亦與神不相干涉 神 決不吾享矣 古人祭祀 須有此實理相關 然後七日戒 三日齋 以聚吾之精神 吾之精神 旣聚 則所祭者之精神 亦聚 自有來格底道理

진씨가 말했다. 그 '성(誠: 참됨)'이 있어야 그 신(귀신)이 있다는 범씨의 설명이 가장 좋다. 성은 단지 진실하고 거짓 없는 것이다. 이치로 말하나 마음으로 말하나, 모름지기 이 진실한 이치가 있은 후에(이치에 합당한 후에) 그 성(참됨)과 경(경건함)을 다하고, 그 진실한 마음으로써 부응해야 비로소 그 신이 있는 것이다. 만약 이 진실한 이치가 없다면(이치에 합당하지 않은 경우라면) 비록 이 진실한 마음이 있다고 하더라도 (귀신이) 흠향하지 않을 것이다. 계씨의 경우 마땅히 태산에 제사지내지 말아야 했는데 모람하게 제사를 지냈으니, 이는 이 진실한 이치가 없는 것이다. 설사 그 성경의(참되고 경건한) 마음을 충분히 다했다고 하더라도 신과 서로 교섭할 수 없으니 신은 결코 자기 제사로 받지 않을 것이다. 옛사람들은 제사지냄에 모름지기 이 진실한 이치와 상관이 있은 뒤에야(이치에 적합한 경우에만) 7일 계하고(삼가고), 3일 제하여(몸과 마음을 깨끗이 하여) 자신의 정신을 모았다. 자신의 정신이 모아지면 제사를 받는 자의 정신도 모이니, 저절로 (귀신이) 오는 도리가 있다.

○雲峯胡氏曰 林放 一魯男子爾 猶知厭其禮之末者 泰山之神 獨不惡禮之僭者乎 夫子 爲是言 豈林放請問之時 正季氏旅泰山之時歟 抑 林放 因季氏之旅 而有是問歟

운봉 호씨가 말했다. 임방은 노나라의 한 남자일 뿐인데도 오히려 예의 말단만 추구하는 것의 잘못을 알았는데, 태산의 귀신만 홀로 예의 참람함을 싫어하지 않았겠는가? 공자께서 이 말씀을 하신 것이 어찌 임방이 질문을 했을 그때가 마침 계씨가 태산에 여 제사를 지낸 바로 그때였기 때문이겠는가? (그런 것이) 아니라면 임방이 계씨의 여 제사 때문에 그 질문을 하게 된 것인가?

【집주】

○范氏曰 冉有 從季氏 夫子 豈不知其不可告也 然而 聖人 不輕絶人 盡己之心 安知冉有之不能救 季氏之不可諫也 旣不能正 則美林放 以明泰山之不可誣 是 亦敎誨之道也

범씨가 말했다. 염유는 계씨의 집에 종사하고 있었으니, 공자께서 어찌 그가 (계씨에게 제사를 그만두라고) 고하지 못할 것임을 모르셨겠는가? 그러나 성인께서는 쉽게 사람을 끊어버리지 않으시고 자신의 마음을 다하신다. 어찌 염유가 (계씨를 좌에서) 구하지 못하고, 계씨가 간언할 수 없는 사람임을 모르셨겠는가? 이미 바로잡지 못한즉 임방을 칭찬함으로써 태산을 속일 수 없다는 점을 밝히신 것이다. 이 또한 가르침의 도이다.

【세주】

問 自八佾舞 至旅泰山 五段 皆聖人 欲救天理於將滅 故 其哀痛 一切 與春秋同意. 朱子曰 是

물었다. <팔일>장부터 <여태산>장까지 다섯 단락은 모두 성인께서 천리가 장차 없어지려 하는 것을 구하려 하신 것입니다. 그래서 그 애통해하심은 모두 『춘추』와 의미가 같은 것입니다. 주자가 답했다. 옳다.

3.7 子曰 君子 無所爭 必也射乎 揖讓而升 下而飮 其爭也 君子飮 去聲

공자께서 말씀하셨다. 군자는 다투지 않는다. 필경 (다툼이 있다면) 활쏘기라! 읍하고, 사양하며 올라가고, 내려와서 술을 마시니 그 다툼은 군자다운 것이다.

【집주】

揖讓而升者 大射之禮 耦進三揖 而後升堂也

'읍양이승(읍양하고 오름)'은 대사례에서 조를 지어 나아가 세 번 읍한 후에 당에 오르는 것이다.

【세주】

胡氏曰 大射之禮 司射 作三耦射 三耦出次 西面揖 當階 北面揖 及階 揖 所謂三揖而後升堂也

호씨가 말했다. 대사례에서 사사(사회자)가 세 조로 편성하여 활 쏘게 하며 세 조는 차례대로 나와서 서쪽에 읍하고, 계단 앞에서는 북쪽에 읍하고, 계단에 이르러서 읍하니 이른바 세 번 읍한 이후에 당에 오르는 것이다.

【집주】

下而飮 謂射畢揖降 以俟衆耦皆降 勝者 乃揖 不勝者 升取觶音置 立飮也

'하이음(내려와 마심)'은 활쏘기를 마친 후 읍하고 내려와서 여러 조가 모두 내려오는 것을 기다렸다가, 승자가 읍하면 패자는 당에 올라가 술잔을 잡고 선 채로 술을 마시는 것을 말한다.

【세주】

胡氏曰 卒射 北面揖 揖如升射適次 反位 三耦卒射 亦如之 所謂射畢揖降 以俟衆耦皆降也 司射 命設豐于西楹西 勝者之弟子 洗觶酌奠于上 勝者袒決 遂執張弓 不勝者 襲脫決 拾郤左手 右加弛弓於其上 遂以執弣 揖如始升射 及階 勝者 先升堂少右 不勝者 進北面坐 取豐上之觶 興立飮 卒觶 坐奠于

豐下 興揖先降 所謂勝者 乃揖 不勝者 升取觶立飮也

호씨가 말했다. 활쏘기를 마치면 북쪽에 읍하는데 당에 올라 활 쏘러 가던 순서대로 읍을 하고 자기 자리로 돌아온다. 세 조가 활쏘기를 마치면 역시 이와 같이 한다. 이것이 소위 '활쏘기를 마치면 읍하고 내려와 여러 조가 모두 내려올 때까지 기다린다'는 것이다. 사사가 서쪽 기둥 서쪽에 잔대를 마련하라고 명하면, 승자의 제자가 잔을 씻어 술을 붓고 그 위에 올려두며, 승자는 소매(팔찌)와 깍지를 한 채 장궁(시위를 풀지 않은 활)을 가지고 있고, 패자는 결(깍지)을 빼고 왼손의 습(팔찌)을 푼 후 이궁(시위가 풀린 활)을 그 위 오른쪽에 놓는다. 이어서 활의 줌통을 잡고 처음 활쏘기를 시작하려 할 때처럼 읍하고 계단으로 간다. 승자는 먼저 당의 약간 오른쪽에 오르고, 패자는 당의 북쪽으로 가서 앉아서 잔대 위의 잔을 쥐고 일어서서 마시고, 다 마시면 술잔을 잔대 아래에 내려놓고, 일어나 읍하고 먼저 내려간다. 이것이 소위 '승자는 읍하고 패자는 올라가 잔을 들고 선 채로 마신다'는 것이다.

【집주】

言君子 恭遜 不與人爭 惟於射 而後有爭 然 其爭也 雍容揖遜 乃如此 則其爭也君子 而非若小人之爭也

'군자는 공손하여 다른 사람들과 다투지 않는데 다만 활쏘기에는 다툼이 있다. 그러나 그 다툼은 화락하고 겸손하기가 이와 같으니, 그 다툼은 군자다운 것이며 소인의 다툼과는 같지 않다'는 말이다.

【세주】

非若小人尙氣角力之爭也

기를 숭상하고 힘을 겨루는 소인의 다툼과는 같지 않다.

○朱子曰 射 有勝負 是相爭之地 而猶若此 是不爭也 畢竟爲君子之爭 不爲小人之爭 爭得來也 君子 語勢當如此

주자가 말했다. 활쏘기는 승부가 있으니, 서로 다투는 자리이다. 그러나 이와 같이 한다면 다투는 것이 아니니, 필경 군자의 다툼이지 소인의 다툼은 아니다. 다툰다 하더라도 군자이니, 말과 태도가 마땅히 이와 같아야 한다.

○慶源輔氏曰 恭與遜 皆禮之發也 恭 主容 遜 主事 爭 則恭遜之反也 君子

恭遜 則自無所爭 獨於射 則皆欲中鵠以取勝 故 不能無爭 然 其爭也 升降揖遜雍容和緩 乃如此 是 則所謂禮樂 未嘗斯須去身者 其爭也君子 謂其異於小人之爭也 以是觀之 則信乎 君子之眞無所爭矣

경원 보씨가 말했다. 공과 손은 모두 예의 표현이다. 공은 용모를 주로 하고, 손은 일을 주로 한다[공은 용모에 대한 것이고, 손은 일과 관련된 것이다]. 다툼은 공손과 반대인데 군자는 공손하니, 당연히 다투는 바가 없다. 오직 활쏘기는 모두 과녁을 맞혀 이기려고 하는 것이니 다툼이 없을 수 없지만, 그 다툼에서는 오르내림에 읍하고 겸양하며 온화한 용모를 부드럽게 하는 것이 이와 같으니, 이는 소위 '예악이 모름지기 몸에서 떠난 적이 없음'이라고 하겠다. '그 다툼이 군자답다'는 것은 소인의 다툼과는 다르다는 말이니, 이것으로 보자면 확실히 군자는 진실로 다투는 바가 없다.

○或問 孔子 言射曰 其爭也君子 孟子 言射曰 無怨勝己者 反求諸己 此是全無爭 潛室陳氏曰 惟其不怨勝己者 其爭也 乃君子之爭 而非小人之爭 旣謂君子之爭 則雖爭 猶不爭矣 君子之爭者 禮義 小人之爭者 血氣

혹자가 물었다. 공자께서는 활쏘기에 대해 말씀하시기를 '그 다툼은 군자다운 것이다'라고 하셨고, 맹자는 활쏘기에 대해 말하기를 "자신을 이긴 자를 원망하지 않고 자기 자신에게서 돌이켜 구한다"라고 했으니, 이것은 전혀 다투는 것이 아닙니다. 잠실 진씨가 답했다. 진정 자신을 이긴 사람을 원망하지 않는다면 그 다툼은 군자의 다툼이지 소인의 다툼이 아니다. 이미 군자의 다툼이라고 했다면, 비록 다툰다 해도 다투지 않는 것과 같다. 군자의 다툼은 예의(로써 다투는 것)이며, 소인의 다툼은 혈기(로써 다투는 것)이다.

○雲峯胡氏曰 射 有似乎君子 此 則謂射之爭也君子 蓋 君子於射 若不能不較勝負 然 不勝者 未嘗少有怨勝己之心 勝者 亦略無一點喜勝之心 但 惟見其相與雍容揖讓而已 豈不足以觀君子之氣象乎

운봉 호씨가 말했다. 활쏘기는 군자와 유사한 바가 있다. 그래서 여기서(이 장에서) 활쏘기의 다툼은 군자다운 것이라고 했다. 대개 군자가 활쏘기에서 승부를 겨루지 않을 수 없지만 패자는 일찍이 자신을 이긴 사람에 대해 조금도 원망하는 마음을 가져본 적이 없고, 승자도 승리를 기뻐하는 마음이 조금도 없으며, 오직 서로 용모를 온화하게 하고 읍하고 겸손히 하는 것을 볼 따름이니, 어찌 군자의 기상을 살피는 데 부족함이 있겠는가?

3.8-1 子夏問曰 巧笑倩兮 美目盼兮 素以爲絢兮 何謂也

倩 七練反 盼 普反 絢 呼縣反

자하가 여쭈었다. '어여쁜 웃음에 귀여운 보조개, 어여쁜 눈에 맑은 눈동자여. 흰 바탕에 채색을 했구나'라고 했는데, 무슨 뜻입니까?

【집주】

此 逸詩也

이것은 (『시경』에) 빠져 있는 시이다.

【세주】

或謂 卽衛風 碩人 所云 素以爲絢兮 一句 夫子 所刪也 朱子曰 此句 最有意義 夫子 方有取焉 而反見刪 何哉 且碩人四章 章皆七句 不應此章獨多一句 而見刪 必別自一詩 而今逸矣

혹자는 (이 시가) 「위풍」, <석인>이며 위에 말한 '소이위현혜'라는 이 한 구절은 공자께서 산삭하신 것이라고 했다. 주자가 말했다. 이 구절이 가장 의미 있는 구절이어서 공자께서 바야흐로 취하신 것인데, 거꾸로 산삭되었다고 하니 웬일인가? 또 <석인> 네 장은 각 장이 모두 일곱 구인데 이 장만 한 구가 더 많아 상응하지 못해 산삭되었다고 하지만, 필시 별도의 한 편의 시였는데 지금은 없어진 것이다.

【집주】

倩 好口輔也

'천'은 귀여운 보조개이다.

【세주】

新安陳氏曰 口輔 面頰也 易 咸其輔 左傳 輔車相依

신안 진씨가 말했다. '구보'는 광대뼈(또는 뺨)이니, 『역』에는 "함기보(광대뼈가 감응한다)"라고 했으며, 『좌전』에는 "보거상의(광대뼈와 잇몸이 서로 의존한다)"라고 했다.

【집주】

盼 目黑白分也 素 粉地 畵之質也 絢 采色 畵之飾也 言人 有此倩盼之美質 而又加以華采之飾

'반'은 눈의 흑백이 분명한 것이다. '소'는 분칠한 바탕이니 그림의 바탕이다. '현'은 채색하는 것이니 그림의 장식이다. 사람이 이렇듯 보조개와 눈동자가 아름다운 바탕을 지녔는데 또 아름다운 색채의 장식을 더하는 것은

【세주】

新安陳氏曰 詩 無此句意 但 下文 素以爲絢中 涵此意

신안 진씨가 말했다. 시에는 (집주의) 이 구절 같은 의미는 없다. 단, 아래 글의 '소이위현' 안에 이 뜻이 함의되어 있다.

【집주】

如有素地 而加采色也

흰 바탕에 채색을 하는 것과 같다는 말이다.

【세주】

雙峯饒氏曰 巧笑美目二句 賦也 素以爲絢一句 比也

쌍봉 요씨가 말했다. '교소'와 '미목' 이 두 구절은 '부(서술)'이며, '소이위현' 이 한 구는 '비(비유)'이다.

【집주】

子夏 疑其反謂以素爲飾 故 問之

자하는 '흰색으로 장식한다'라고 거꾸로 말하는 것에 의문을 가졌기 때문에 이렇게 질문한 것이다.

3.8-2 子曰 繪事 後素繪 胡對反

공자께서 말씀하셨다. 그림을 그리는 일은 바탕에 흰 칠을 한 뒤에 하는 것이다.

【집주】

繪事 繪畫之事也 後素 後於素也 考工記曰 繪畫之事 後素功

‘회사’는 그림을 그리는 일이다. ‘후소’는 흰 바탕보다 나중이라는 말이다. (『주례』) 「고공기」에서는 “그림 그리는 일은 바탕을 희게 칠하는 것보다 나중이다”라고 했다.

【세주】

周禮 冬官 考工記 畫繢之事 青與赤 謂之文 赤與白 謂之章 白與黑 謂之黼 黑與青 謂之黻 五采備 謂之繡 凡畫繢之事 後素功

『주례』, 「동관 고공기」에 “그림 그리는 일에서 청과 적을 일러 문이라 하고, 적과 백을 일러 장이라고 하고, 백과 흑을 일러 보라고 하고, 흑과 청을 일러 불이라고 하고, 다섯 가지 채색이 갖추어진 것을 일러 수라고 하니, 무릇 그림 그리는 일은 바탕을 희게 칠하는 일보다 나중이다”라고 했다.

【집주】

謂先以粉地爲質 而後施五采 猶人有美質 然後可加文飾

먼저 분칠하여 바탕으로 삼은 후에 오채를 베푼다는 말이니, 사람이 먼저 아름다운 본바탕이 있은 후에 문식을 가할 수 있는 것과 같다.

【세주】

申解逸詩意

기록에 빠져 있는 시의 의미를 해설한 것이다.

3.8-3 曰 禮 後乎 子曰 起予者 商也 始可與言詩已矣

(자하가) 여쭈었다. 예가 나중입니까? 공자께서 답하셨다. 나를 분발케 하는 것은 상이로구나! 비로소 더불어 시를 말할 만하구나.

【집주】

禮 必以忠信爲質

예는 반드시 충과 신을 바탕으로 하니,

【세주】

此禮字 以儀文之禮言

이 '예'자는 의문(겉으로 표현되는 의례의 형식)으로서의 예를 말한다.

【집주】

猶繪事 必以粉素爲先 起 猶發也 起予 言能起發我之志意

그림 그리는 일에 반드시 바탕에 흰 칠을 먼저 하는 것과 같다. '기'는 분발시키는 것이니 '기여'는 능히 나의 뜻을 일으켜 분발시킨다는 말이다.

【세주】

朱子曰 起予者 謂孔子言繪事後素之時 未思量到禮後乎處 而子夏 首以爲言 正所以起發夫子之意 非謂夫子不能 而子夏能之 以教夫子也

주자가 말했다. '기여(나를 분발하게 한다)'라는 것은, 공자께서 '회사후소'를 말씀하셨을 때 아직 '예후호(예가 나중임)'라는 것에는 생각이 미치지 못하셨는데, 자하가 먼저 (예후호를) 말함으로써 정히 공자의 뜻을 일으켜 분발시키는 원인이 되었다는 것이지, 공자는 할 수 없었는데 자하는 할 수 있어서 공자를 가르쳤다는 말은 아니다.

○聖人 豈必待學者之言 而後有所起發 蓋 聖人胷中 包藏許多道理 若無人叩擊 則無由發揮於外 一番說起 則一番精神也

성인께서 어찌 반드시 배우는 자의 말이 있은 뒤에야 일으켜 분발하는 바가 있겠는가? 대개 성인의 마음속은 허다한 도리를 담고 있다. 만약 사람이 두드리지 않으면 말미암아 밖으로 발휘되는 것도 없지만, 한 번 말씀하시면 한 번 정신[신묘한 생각]이 나타난다.

【집주】

謝氏曰 子貢 因論學 而知詩見學而篇末章 子夏 因論詩 而知學 故皆可與言詩

사씨가 말했다. 자공은 학문을 논함으로써 시를 알았고<「학이」편 마지막 장에 나온다>, 자하는 시를 논함으로써 학문을 알았으니 모두 더불어 시를 말할 만하다고 하겠다.

○楊氏曰 甘 受和去聲 白 受采 忠信之人 可以學禮 苟無其質 禮不虛行 此 繪事後素之說也

양씨가 말했다. 단맛이라야 조미를 받아들이고, 흰색이라야 채색을 받아들이고, 충신한 사람이라야 예를 배울 수 있다. 만약 그 바탕이 없다면 예가 헛되이 행해지지는 않는다. 이것이 회사후소의 설이다.

【세주】

新安倪氏曰 記 禮器云 甘受和 白受采 忠信之人 可以學禮 苟無忠信之人 則禮不虛道 道 猶行也 引此以解此章 方可通 不然 禮後乎一句 何以知忠信當先 而禮文在後乎 白受采 可證繪事後素 而忠信可學禮 可解禮後乎 集註首云 禮 必以忠信爲質 亦本禮器

신안 예씨가 말했다. 『예기』, 「예기」편에 이르기를 "단맛이라야 조미를 받아들이고, 흰색이라야 채색을 받아들이고, 충신한 사람이라야 예를 배울 수 있다. 만약 충신한 사람이 아니라면 예가 헛되이 행해지지는 않는다"라고 했다. '도'는 '행'과 같다. 이것을 인용해 이 장을 해석해야 비로소 의미가 통한다. 그렇지 않다면 '예가 나중이다'라는 구절이 어떻게 '충신이 마땅히 먼저이고 예의 문(문채)이 뒤에 있다'는 말임을 알겠는가? '흰색이라야 채색을 받아들인다'는 말은 '그림을 그리는 일은 바탕을 희게 칠한 뒤의 일이다'라는 말의 증거가 될 수 있고, '충신한 사람이라야 예를 배울 수 있다'라는 말은 '예가 나중이다'라는 말을 이해할 수 있게 한다. 집주의 첫머리에서 '예는 반드시 충신을 본바탕으로 한다'라고 이른 것도 「예기」편에 근거한다.

【집주】

孔子曰 繪事 後素 而子夏曰 禮後乎 可謂能繼其志矣

공자께서 '회사후소'라고 말씀하시고 자하가 '예후호'라고 말했으니 (자하가) 능히 그 뜻을 이었다고 하겠다.

【세주】

新安倪氏曰 學記曰 善教者 使人繼其志 謂師善教 以引其端 使弟子繼師之志而開悟也

신안 예씨가 말했다. (『예기』) 「학기」편에 "좋은 선생은 사람들로 하여금 그 뜻을 잇게 한다"라고 했는데, (이는) 선생이 잘 가르친다는 것은 그 실마리를 이끌어내어 제자로 하여금 선생의 뜻을 이어서 깨닫게 한다는 말이다.

【집주】

非得之言意之表者 能之乎 商賜 可與言詩者 以此 若夫音扶玩心於章句之末 則其爲詩也 固而已矣

표현되어 있는 말의 뜻을 안 자가 아니면 이렇게 할 수 있겠는가? 자하와 자공이 더불어 시를 말할 만했던 것이 이 때문이다. 만약 장구의 말단에만 마음을 쓴다면 그 시를 이해하는 방식은 고루할 뿐이다.

【세주】

新安倪氏曰 孟子云 固哉 高叟之爲詩也 爲 猶云講治 固 謂執滯不通

신안 예씨가 말했다. 맹자가 말하기를 "고루하구나! 고수의 시 다룸이여(『맹자』 12, 「고자 하」 3장)"라고 했는데, '위(다룸)'는 강치(공부해서 이해함)한다는 말과 같고, '고(고루함)'는 꽉 막혀서 통하지 않는다는 말이다.

【집주】

所謂起予 則亦相長上聲之義也

소위 '기여' 또한 서로 기른다(성장시킨다)는 의미이다.

【세주】

新安倪氏曰 學記云 教學相長也 謂教者與學者 交相長益

신안 예씨가 말했다. 「학기」편에 이르기를 "가르치고 배우는 것이 서로를 기른다"라고 했는데, (이는) 가르치는 자와 배우는 자가 서로 도움이 되고 이익이 된다는 말이다.

○南軒張氏曰 繪事後素者 謂質爲之先 而文在後也 子夏於此 知禮文之爲後 可謂能黙會之於語言之外矣 故 夫子 有起予之言 子夏 在聖門文學之科 而其所得 蓋 如此 可謂知本矣

남헌 장씨가 말했다. '회사후소'는 질(바탕)이 먼저이고 문(채색)은 뒤에 있다는 말이다. 자하가 여기에서 예의 문이 뒤가 된다는 것을 알았으니 말씀의 밖에 있는 것을 마음속으로 말없이 이해했다고 하겠다. 그래서 공자께서 '나를 분발하게 한다'고 말씀하신 것이다. 자하는 성인 문하의 문학과에 들어 있었는데 그 얻은 바가 대개 이와 같았으니 근본을 알았다고 하겠다.

3.9 **子曰 夏禮 吾 能言之 杞 不足徵也 殷禮 吾 能言之 宋 不足徵也 文獻 不足故也 足 則吾 能徵之矣**

공자께서 말씀하셨다. 하나라의 예는 내 능히 말할 수는 있지만, 기나라에는 증명할 만한 것이 부족하다. 은나라의 예는 내 능히 말할 수는 있지만, 송나라에는 증명할 만한 것이 부족하다. (이는) 문헌이 부족하기 때문이다. (문헌만) 충분하다면 내 능히 증명할 수 있을 것이다.

【집주】

杞 夏之後 宋 殷之後

기나라는 하나라의 후예이고, 송나라는 은나라의 후예이다.

【세주】

史記 杞世家 東樓公者 夏后 禹之苗裔也杞 國名 東樓公 諡號也 又宋世家 微子開者 殷帝乙之長子 而紂之庶兄也微子 名 啓 今云開者 避漢景帝諱也

『사기』, 「기 세가」에 동루공은 하후씨이며 우 임금의 묘예(후예)라고 했다<기는 나라 이름이고 동루공은 시호이다>. 또 「송 세가」에 미자개는 은나라 제을의 장자이며 주의 서형이라고 했다<미자는 이름이 계(啓)인데 지금 개(開)라고 한 것은 한나라 경제(의 이름)를 피휘(왕이나 윗사람의 이름자를 피해서 쓰지 않는 것)한 것이다>.

【집주】

徵知陵反 證也 文 典籍也 獻 賢也 言二代之禮 我 能言之 而二國 不足取以爲證 以其文獻 不足故也 文獻 若足 則我 能取之 以證吾言矣

'징'은 증명하는 것이다. '문'은 전적이고, '헌'은 현명한 사람이다. 두 시대(하와 은)의 예는 내 능히 말할 수 있지만 두 나라(기와 송)가 취하여 검증하기 부족한 것은 문헌이 부족하기 때문이니, 문헌이 만약 충분하다면 내 능히 취하여 내 말을 증명할 수 있을 것이라는 말씀이다.

【세주】

朱子曰 孔子言 我 欲觀夏道 是故 之杞 而不足證也 吾 得夏時焉 我 欲觀商

道 是故 之宋 而不足證也 吾 得坤乾焉 說者謂 夏時 爲夏小正 坤乾 爲歸藏 聖人 讀此二書 必是大有發明處 歸藏之書 今無傳

주자가 말했다. 공자께서 "내 하 시대의 제도를 보고 싶었다. 이런 까닭으로 기나라에 갔지만 (하 시대의 제도를) 증명하기에 부족했는데, (그곳에서) '하시(하나라의 달력)'를 얻었다. 내 상 시대의 제도를 보고 싶었다. 그런 까닭으로 송나라에 갔지만 (상 시대의 제도를) 증명하기에 부족했는데, (그곳에서) '건곤(의 역)'을 얻었다"라고 말씀하셨다(『예기』, 「예운」편). 해설하는 자가 말하기를 하시는 하소정(하나라의 작은 정월)이고, 건곤은 귀장이라고 했다. 성인께서 이 두 책을 읽으셨으니 필시 크게 발명한 것이 있었을 것이지만, 귀장이라는 책은 지금 전하지 않는다.

○問 孔子 能言夏殷之禮 而無其證 是時 文獻不足 孔子 何從知得 曰 聖人 自是生知聰明 無所不通 然 亦是當時 賢者 識其大 不賢者 識其小 孔子 廣詢博問 所以知得 杞國最小 所以 文獻不足

물었다. 공자께서 하대와 은대의 예를 말할 수 있지만 그 증거가 없다고 하셨습니다. 그때 문헌이 부족했는데 공자께서는 어찌 아셨습니까? 답했다. 성인께서는 당연히 나면서부터 아시며 총명하시니 통하지 않는 바가 없다. 그러나 또한 당시에 현자는 그 큰 것을 알고 불현자는 그 작은 것을 알고 있었으니, 공자께서 (그들에게) 널리 물어 아시게 된 것이다. 기나라는 극히 작아서 문헌이 부족했다.

○問 夏殷之禮 杞宋 固不足徵 然 使聖人 得時得位 有所制作 雖無所徵 而可以義起者 亦必將有以處之 曰 夏殷之禮 夫子 固嘗講之 但 杞宋 衰微 無所考以證吾言矣 若得時有作 當以義起者 固必有以處之

물었다. 하대와 은대의 예에 대해 기나라와 송나라에는 본디 증명할 것이 부족했습니다. 그러나 성인으로 하여금 때와 지위를 얻게 해서 제도를 만드실 수 있게 한다면, 비록 증거(전거)는 없지만 가히 의로써 일어난 자[공자가 왕이 된다면 힘으로써가 아니라 의로써 왕이 되었을 것이라는 의미]는 또한 반드시 장차 그 일(제도를 만드는 일)을 맡아서 하셨을 것입니다. 답했다. 하대와 은대의 예에 대해 공자께서는 본래 일찍이 공부하셨지만 기나라와 송나라는 쇠미하여 자신의 말을 고증할 수가 없으셨다. 만약 때를 얻어 제도를 만드실 수 있었다면 의로써 일어난 자로서 당연히 그 일을 맡아서 하셨을 것이다.

○潛室陳氏曰 三綱五常 固不待取證 若其制度文 爲隨時損益者 何限 旣無文獻可證 雖聖人 不能意料臆說也

잠실 진씨가 말했다. 삼강과 오상은 본디 증거를 취할 필요가 없다. 그 제도 문물의 경우는 시대에 따라 덜고 더하는 것이니, 무슨 한계가 있으리오. (그러니) 이미 증거로 삼을 만한 문헌이 없으면, 비록 성인이라고 하더라도 마음대로 억측해 말할 수 없는 것이다.

○雙峯饒氏曰 杞宋二國 文獻 雖皆不足 然 以杞較宋 宋 去殷近 尤有存者 杞 去夏遠 且不能自振 想見尤甚 所以 孔子又言 吾 說夏禮 杞 不足證 吾學殷禮 有宋存焉 或問 夏殷之後 其文獻 旣皆不足 不知孔子於何考訂 而能言之 曰 殘編斷簡 當時 豈無存者 聖人 聰明睿知 得其一二 則可觸類以知其餘 況周之禮 實監二代 而損益之 則周之文 亦可推之 以知夏殷忠質之變 但 無徵 不信 不信 則民不從 故 聖人 雖能言之 而終不敢筆之於書 以示後世 若當時杞宋 可證得 聖人論著二代之禮 與周禮竝存 以爲百王損益之大法 豈不甚妙 惜乎 杞宋 旣不足以證二代之禮 其後 周之文獻 亦淪亡於戰國干戈與暴秦坑焚之餘 三代禮樂之教 影滅 無復遺響於後世 可歎也已

쌍봉 요씨가 말했다. 기와 송 두 나라는 비록 모두 문헌이 부족하다고 하지만 기와 송을 비교해보면 송나라는 은과 시기적으로 가깝기 때문에 더 많이 남아 있었을 것이고, 기나라는 하와 시기적으로 멀고 또 스스로 떨치지 못했기 때문에 생각건대 더욱 (부족함이) 심했을 것이다. 그래서 공자께서 또 “내 하대의 예는 말할 수 있지만 기나라에는 증명할 만한 것이 부족했다. 내 은대의 예를 배웠는데, 송나라에는 남은 것이 있었다”라고 말씀하신 것이다. 혹자가 물었다. 하대와 은대 이후 문헌이 이미 모두 부족했는데 공자께서 어디에 근거를 두고 고찰・검증해 말씀할 수 있으셨는지 모르겠습니다. 답했다. 남은 책과 끊어진 죽간이야 당시에 어찌 전혀 없었겠는가? 성인께서는 총명하고 깊고 밝게 아시니, 한두 가지를 얻으시면 그와 유사한 것에 적용하여 그 나머지를 아실 수 있다. 하물며 주대의 예는 실로 두 시대(하대와 은대)를 모범으로 삼아 덜고 더한 것이니, 주대의 문물로 추론해 보아도 하대와 은대의 충, 질(하나라의 문물은 충하고, 은나라의 문물은 질하며, 주의 문물은 문하다 함)의 변화를 알 수 있다. 그러나 증거가 없으면 믿음직하지 못하고, 믿음직하지 않으면 백성들이 따르지 않는다. 그래서 성인께서 비록 말할 수는 있으셨지만, 끝내 감히 책으로 남겨 후세에 보여주시지는 않은 것이다. 만약 당시 기나라와 송나라에서 증거를 얻을 수 있었다면 성인께서 두 시대의 예를 논저하여 주례와 함께 남기셔서 모든 왕들의 손익(제도 변화)의 대법으로 삼게 하셨을 것이니, 어찌 심히 묘하지 않았으리오. 애석하도다, 기나라와 송나라가 이미 2대(하대와 은대)의 예를 증명하기에 부족하고, 그 뒤 주의 문헌 역시 전국 시대의 전쟁과 난폭한 진나라의 분서갱유를 거치면서 없어져 버려 3대 예악의 가르침은 그림자마저 없어져 다시는 후세에 영향을 미칠 수 없게 되었으니 탄식할 만한 일이다.

○胡氏曰 文獻不足 非全不可考 特有闕耳

호씨가 말했다. 문헌이 부족하다고 하여 전혀 고찰하지 못하는 것은 아니며, 다만 빠진 것이 있을 뿐이다.

○雲峯胡氏曰 夫子 旣能言之 猶曰 無徵不信 其謹重如此 此 凡三見 禮運以爲之杞 得夏時 之宋 得坤乾 中庸 則以爲杞 不足證 有宋存焉 合而觀之 蓋 雖得夏時坤乾之文 雖於宋略有存焉者 然 其爲文獻 要皆缺略 而不完也 故 夫子 論之

운봉 호씨가 말했다. 공자께서 이미 말할 수 있다고 하시고서도 오히려 증거가 없으면 믿음직하지 않다고 말씀하셨으니, 그 삼가고 진중한 것이 이와 같으셨다. 이에 대한 것은 대체로 세 번 나온다. 「예운」편에 "기나라로 가서 하시를 얻었고, 송나라로 가서 건곤을 얻었다"라고 하셨고, 『중용』에 "기나라는 증거가 될 만한 것이 부족하고 송나라에는 남은 것이 있다"라고 말씀하셨다. 이것을 종합해보면 (이 구절은) 대개 비록 하시와 건곤의 책을 얻었다고 하더라도, 또 비록 송나라에 약간 남아 있는 것이 있다고 하더라도, 그 문헌으로 된 것은 핵심이 모두 빠지고 소략해서 완전하지 않았기에 공자께서 그 점을 논하신 것이다.

3.10 子曰 禘 自旣灌而往者 吾 不欲觀之矣禘 大計反

공자께서 말씀하셨다. 체 제사에서 술을 부어 강신하는 것부터는 내 보고 싶지 않다.

【집주】

趙伯循曰伯循 名 匡 唐 河東人 禘 王者之大祭也 王者 旣立始祖之廟 又推始祖所自出之帝 祀之於始祖之廟 而以始祖配之也

조백순이 말했다<백순은 이름이 광이고, 당나라 하동 사람이다>. 체는 왕의 큰 제사이다. 왕이 이미 시조의 사당을 세우고 또 시조가 나온 바의 임금(시조의 아버지인 임금)을 받들어 시조의 사당에서 제사지내는데, (이때) 시조는 배향한다.

【세주】

朱子曰 以始祖配祭 而不及群廟之主 不敢褻也

주자가 말했다. 시조를 배향하여 제사지내는 것으로 여러 사당(제후들의 사당)의 주인들에게는 미치지 않는 것이니, 감히 더럽힐 수 없는 것이다.

【집주】

成王 以周公有大勳勞 賜魯重祭

성왕이 주공이 큰 공로가 있다고 여겨서 노나라에 중제(천자가 지내는 큰 제사)를 하사했다.

【세주】

事 見禮記明堂位 及祭統篇

기사가『예기』,「명당위」편과「제통」편에 보인다.

【집주】

故 得禘於周公之廟 以文王爲所出之帝 而周公配之 然 非禮矣

그래서 주공의 묘에서 체 제사를 지낼 수 있었는데, 문왕을 시조가 나온 임금으로 삼고 주공을 배향했다. 그러나 이것은 예가 아니다.

【세주】

失之於僭違不王不禘之法矣

왕이 아니면 체 제사를 지내지 않는다는 법을 참람히 위반하는 잘못을 저지른 것이다.

【집주】

灌者 方祭之始 用鬱經勿反鬯丑亮反之酒 灌地 以降神也

'관'은 막 제사가 시작될 때 울창주를 땅에 부어서 강신하는 것이다.

【세주】

朱子曰 鬱鬯者 禮家 以爲釀秬爲酒 煮鬱金 香草和之 其氣 芬芳條暢也

주자가 말했다. '울창'이라는 것은 예가들이 "찰기장으로 빚은 술인데 울금과 향초를 쪄서 조화시킨 것이니, 그 기가 향기롭게 퍼져나간다"라고 한 것이다.

○慶源輔氏曰 周之祭祀 先以鬱鬯灌地 求神於陰 既奠 然後取血膋 實之於蕭以燔之 以求神於陽也

경원 보씨가 말했다. 주나라의 제사는 먼저 울창주를 땅에 부어 음지에서 신을 구하고, 이미 술잔을 올린 다음에는 피와 기름을 취해 맑은 대쑥에 채우고, 그것을 태워서 양지에서 신을 구하는 것이다.

【집주】

魯之君臣 當此之時 誠意未散 猶有可觀 自此以後 則浸以懈居隘反怠 而無足觀矣 蓋 魯祭 非禮 孔子 本不欲觀 至此 而失禮之中又失禮焉

노나라의 군신이 이때(술 부을 때)까지는 성의가 아직 흩어지지 않아 볼만한 것이 있었지만, 이때 이후는 점차 해이해져서 볼만한 것이 없었다. 대개 노나라의 제사는 예가 아니어서 공자께서 본래 보고 싶어 하지 않으셨는데, 이때에 이르러 예를 잃어버린 와중에 또 예를 잃어버렸다.

【세주】

僭禘 元已失禮 既灌懈怠 爲又失禮

체 제사를 참용한 것은 원래 예를 잃은 것인데, 이미 술을 부은 다음의 예가 해이해진 것은 또 예를 잃어버린 것이다.

【집주】

故 發此歎也

그래서 이처럼 탄식하신 것이다.

【세주】

慶源輔氏曰 僭祭之罪 雖大 而其來已久 且國惡當諱 懈怠之失 雖小 然 却是當時主祭者 切己之實病 不可不有以箴之

경원 보씨가 말했다. 제사를 참용하는 죄는 비록 크지만 그렇게 된 지 이미 오래되었고, 또 (자기) 나라의 악은 마땅히 말하기를 꺼리는 것이다[그래서 공자께서 참용의 죄는 언급하지 않으셨다]. 제사가 해이해진 잘못은 비록 작지만, 도리어 이 당시 제주 자신의 절실한 병통이니 이에 대해서는 경계함이 없을 수 없는 것이다[그래서 술을 부은 다음의 실례는 언급하셨다].

【집주】

○謝氏曰 夫子嘗曰 我 欲觀夏道 是故 之杞 而不足證也 我 欲觀商道 是故 之宋 而不足證也 又曰 我 觀周道 幽厲傷之由二王壞之 吾 舍上聲魯 何適矣

사씨가 말했다. 공자께서 일찍이 말씀하시기를 "내 하의 도를 보고자 기나라로 갔지만 증명하기에 부족했고, 내 상의 도를 보고자 송나라에 갔지만 증명하기에 부족했다"라고 하시고, 또 말씀하시를 "내 주의 도를 보고자 했지만 유왕과 여왕이 훼손시켰으니<두 왕 때문에 훼손되었다>, 내 (그나마 예가 남아 있는) 노나라를 버리고 어디로 가겠는가?

【세주】

新安陳氏曰 魯 在春秋時 爲諸侯望國 周之典禮儒書在焉

신안 진씨가 말했다. 노나라는 춘추 시대에 제후들이 우러러보는 나라가 되었는데, 주대의 전례와 유서(유가의 서적)가 그곳에 있었다.

【집주】

魯之郊禘 非禮也 周公 其衰矣以上 竝禮運文 考之杞宋 已如彼 考之當今魯事 又如此 孔子 所以深歎也

노나라가 교 제사와 체 제사를 지내는 것은 예가 아니니 주공이(주공의 도가) 쇠한 것이다"라고 하셨다<이상은 『예기』, 「예운」편의 글이다>. 기나라와 송나라를 살펴보매 이미 저와 같았고 지금<노나라의 일>을 살펴보매 또 이와 같았으니, 공자께서 그래서 깊이 탄식하신 것이다.

【세주】

問 禘之說 諸家多云 魯 躋僖公 昭穆不順 故 聖人 不欲觀 如何 朱子曰 禘 是於始祖之廟 推所自出之帝 設虛位以祀之 而以始祖配 却不曾序昭穆 故 周 禘帝嚳 以后稷配之 王者 有禘 有祫 諸侯 有祫 而無禘 此 魯所以爲失禮也

물었다. 체 제사의 설에 대해서 여러 학자가 '노나라가 희공을 올려 소목의 차례가 맞지 않아서 성인께서 보고 싶어 하지 않으신 것이다'라고 많이들 말하는데, 어떻습니까? 주자가 답했다. 체 제사는 시조의 묘에 시조가 나온 바의 임금을 높여서 허위를 만들어 제사지내고 시조를 배향하는 것이니, 오히려 일찍이 소목의 차례가 없다. 그래서 주에서 제곡을 체 제사를 지내고 후직을 배향한 것이다. 왕은 체 제사와 합 제사(신주를 천묘에 합하여 제사지내는 것)가 있고, 제후는 합 제사는 있지만 체 제사는 없다. 이것이 노나라가 예를 잃었다고 하는 이유이다.

○或問 禮記大傳云 禮 不王不禘 王者 禘其祖之所自出 以其祖配之 又喪服小記曰 王者 禘其祖之所自出 又下云 禮 不王不禘 正與大傳同 則諸侯 不得禘禮 明矣 然則春秋 書魯之禘 何也 曰 成王 追念周公 故也 祭統云 成王追念周公 賜之重祭 郊社禘嘗 是也 魯之用禘 蓋 以周公廟 而上及文王 卽周公之所出 故也

혹자가 물었다. 『예기』, 「대전」편에 이르기를 "예에 왕이 아니면 체 제사를 지내지 않으며, 왕은 그 시조가 나온 바의 임금을 체 제사를 지내고 그 시조를 배향한다"라고 했고, 또 「상복소기」편에 이르기를 "왕은 그 시조가 나온 바의 임금을 체 제사를 지낸다"라고 하고, 또 그 아래에 "예에 왕이 아니면 체 제사를 지내지 않는다"라고 했습니다. (이는) 정히 「대전」편과 같으니 제후가 체 제사를 지낼 수 없다는 것은 명백합니다. 그런데 『춘추』에 노의 체 제사를 기록한 것은 어찌된 것입니까? 답했다. 성왕이 주공을 추념하고자 했기 때문이다. 「제통」편에 이르기를 "성왕이 주공을 추념하여 중제를 하사했는데, 교 제사, 사 제사, 체 제사, 상 제사가 이것이다'라고 했다. 노나라가 체 제사를 지내는 것은 대개 주공의 사당에서로, 위로는 문왕까지 미쳤는데, (문왕은) 주공이 나온 바이기 때문이다.

○慶源輔氏曰 謝氏 蓋 併前章 通論之 此三章及下章 或 夫子一時之言 或 記者 以類次之也

경원 보씨가 말했다. 사씨는 대개 앞 장을 아울러 통론했다. 이 세 장과 아래 장은 혹 공자께서 일시에 말씀하신 것이거나 혹은 기록한 자가 비슷한 것끼리 모아 차례로 엮은 것이다.

3.11 或問 禘之說 子曰 不知也 知其說者之於天下也 其如示諸斯乎 指其掌

혹자가 체 제사의 설에 대해 물었다. 공자께서 "모른다. 그 설을 아는 자에게 천하를 다스리는 것은 여기에 놓고 보는 것과 같을 것이다"라고 하시고, 손바닥을 가리키셨다.

【집주】

先王報本追遠之意 莫深於禘 非仁孝誠敬之至 不足以與去聲此 非或人之所及也 而不王不禘之法 又魯之所當諱者 故 以不知答之 示 與視同 指其掌 弟子 記夫子言此 而自指其掌 言其明且易也 蓋 知禘之說 則理無不明 誠無不格 而治天下 不難矣 聖人 於此 豈眞有所不知也哉

선왕의 보본추원(근본에 보답하고 먼 것, 즉 죽은 이를 추모함)하는 뜻이 체 제사보다 깊은 것은 없다. 인, 효, 성, 경이 지극하지 않으면 여기에 참여할 수 없으니 혹자(의 이해)가 미칠 바가 아니며, 왕이 아니면 체 제사를 지낼 수 없다는 법 또한 노나라가 마땅히 피해야(지내지 말아야) 하는 것이기 때문에 '모른다'고 대답하신 것이다. '시(示)'는 '시(視)'와 같은 뜻이다. '지기장(손바닥을 가리키셨다)'은 제자가 공자께서 이와 같이 말씀하시고 스스로 그 손바닥을 가리키셨음을 기록한 것이니, 명백하고도 쉽다는 말이다. 대개 체 제사의 설을 안다면 이치에 밝지 않음이 없고 성(誠: 참됨)이 감통하지 않음이 없어서 천하를 다스림에 어려움이 없을 것이다. 성인께서 이것에 대해 어찌 진실로 알지 못하는 것이 있으셨겠는가?

【세주】

延平李氏曰 記曰 魯之郊禘 非禮也 周公 其衰矣 以其難言 故 春秋 皆因郊禘事中之失而書 譏魯 自在其中 今曰 禘 自旣灌而往者 吾 不欲觀之矣 則是顚倒失禮於灌而求神 以至於終 皆不足觀 蓋 歎之也 對或人之問 又曰 不知 則夫子之深意 可知矣 旣曰 不知 又曰 知其說者之於天下也 其如示諸斯乎 指其掌 則非不知也 只是難言爾 原幽明之故 知鬼神之情狀 則燭理深矣 於天下也 何有

연평 이씨가 말했다. 『예기』에 말하기를 "노나라의 교 제사와 체 제사는 예가 아니니, 주공이 쇠한 것이다"라고 했는데, (직접 예가 아니라고) 말하기 어렵기 때문에 『춘추』에서는 모두 교 제사와 체 제사를 지내는 중의 잘못[교 제사나 체 제사를 지내는 그 잘못 자체가 아니라 교 제사나 체 제사를 지내는 과정 중의 잘못]에 대해서만 기록했으니, 노나라를 비판하시는 뜻이 그 속에 있다. 지금 말씀하시기를 '체 제사에서 술을 부어 강신하는 것부터는 내 보고 싶지 않다'라고 하셨으니, 이는 술을 부어 강신을 구함에서부터 예가 무너지고 잘못되어 (이로부터) 끝에 이르기까지 모두 볼만하지 않다는 것으로, 대개 탄식하신 말씀이다. 혹자의 질문에 대답하여 또 말씀하시기를 '모르겠다'고 하셨으니 공자의 깊은 의도를 알 수 있다. 이미 '모르겠다'고 말씀하시고서는, 또 '그 설을 아는 자에게서 천하를 다스리는 것은 여기에 놓고 보는 것과 같을 것이다'라고 하시며 손바닥을 가리키셨으니 모르시는 것이 아니라 단지 말하기 어려워서일 따름이다. 유명(이승과 저승)의 원인의 근원을 탐구하고 귀신의 진정한 모습을 안다면, 이치를 밝힘이 깊은 것이니 천하를 다스림에 무슨 어려움이 있겠는가?

○朱子曰 禘 是祭之甚大甚遠者 若他祭與祫祭 止於太祖 禘 又祭祖之所自出 如祭后稷 又推稷上一代 祭之 周人禘嚳 是也

주자가 말했다. 체 제사는 제사 중에서 매우 원대한 것이다. 만약 다른 제사나 합 제사의 경우에는 태조에서 그치는데(제사를 지내는 대상이 태조까지로 한정되는데), 체 제사는 또한 조상이 나온 바(조상의 아버지)를 제사지낸다. 예를 들어 후직(주나라의 조상)에게 제사를 지낼 때 후직의 위 1대를 받들어 제사지냈으니, 주나라 사람들이 곡(제곡)에게 체 제사를 지낸 것이 바로 이것이다.

○禘之意 最深長 如祖考與己身 未相遼絶 祭禮 亦自易理會 至如郊天祀地 猶有天地之顯然者 不敢不盡其心 至祭其始祖 已自大段闊遠 難盡感格之道 今 又推始祖所自出 而祀之 苟非察理之精微 盡誠之極至 安能與於此 故 知此 則治天下 不難也 此 尙明得 何況其他 此 尙感得 何況其他

체 제사의 의미는 가장 심장하다. 조고(할아버지나 아버지)의 경우는 자신과 서로 멀어서 끊어진 적이 없으니 제례도 역시 저절로 쉽게 이해가 된다. 하늘에 교 제사를 지내거나 땅에 사 제사를 지내는 경우에는 하늘과 땅은 현연(확실하게 드러남)한 것이니 감히 그 마음을 다하지 않을 수 없다. 시조를 제사지내는 경우에는 이미 (그 거리가) 대단히 넓고 멀기 때문에 감격(감동하여 통함)의 도리를 다할 수가 없는데, (체 제사의 경우는) 지금 또 시조가 나온 바(시조의 아버지)까지 올려 제사지내니, 진실로 정밀하게 이치를 살피고 지극한 정성을 다하지 않는다면 어찌 여기에 능히 참여할 수 있겠는가? 그래서 이것을 알면 천하를 다스림에 어려움이 없는 것이다. 이를 오히려 명확하게 아니 어찌 하물며 그 나머지에서랴?(다른 것을 모르겠는가?) 이를 오히려 감통하니 어찌 하물며 그 나머지에서랴?(다른 것에 감통하지 않겠는가?)

○自祖宗以來 千數百年 只是這一氣 相傳 德厚者 流光 德薄者 流卑 但法 有止處 所以 天子 只是七廟 然 聖人心 猶不滿 故 又推始祖所自出之帝 以始祖配之 然 已自無廟 只是附於始祖之廟 然 又惟天子 得如此 諸侯以下 不與焉 故 近者 易感 遠者 難格 若粗淺之人 他誠意 如何得到那裏 不是大段見得道理分明 如何推得聖人報本反始之意 如此深遠 非是將這事去推那事 只是知得此說時 則其人 見得道理極高 以之處他事 自然沛然也

조종 이래 수천 수백 년간에 단지 하나의 기가 서로 전해진 것일 따름이다. 덕이 후한 자는 빛나는 곳으로 흐르고 덕이 박한 자는 비천한 곳으로 흐르지만, 단 법도에는 그치는 지점이 있다. 그래서 천자(의 제사 대상)는 다만 7대 조상의 사당까지인 것이다. 그러나 성인의 마음은 이것으로 차지 않아서 또 다시 시조가 나온 바의 제(시조의 선친)까지 올리고 시조를 배향시키신 것이다. 그러나 이미 그 자체의 사당이 없기 때문에 시조의 사당에 부설되어 있을 따름이다. 그렇지만 오직 천자만이 이렇게 할 수 있고 제후 이하는 여기에 참여할 수 없다. 그러므로 가까운 자(조상)는 감동하기 쉽고, 먼 자는 감통하기 어려운데, 만약 조잡하고 천한 사람 같으면 그의 정성이 어떻게 거기에 도달할 수 있겠는가? 대단히 분명하게 도리를 이해한 사람이 아니라면 어떻게 성인의 보본반시(근본에 보답하고 근원으로 거슬러 올라감)의 뜻이 이처럼 심원한지를 짐작할 수 있겠는가? 이 일을 가지고 저 일을 미루어 보는 것이 아니라[다른 제사를 가지고 체 제사의 의미를 단순히 추측하는 것이 아니라], 단지 이 설(체 제사의 설)을 이해했을 때라야 그 사람이 도리를 지극히 높게 이해한 것이니, 그것[그 도리]으로써 다른 일을 처리하면 자연히 성대하게 된다.

○天地陰陽生死晝夜鬼神 只是一理 若明祭祀鬼神之理 則治天下之理 不外於此 七日戒 三日齋 必見其所祭者 故 郊焉 則天神格 廟焉 則人鬼享 此 可謂至微而難通者 若能如此 到得治天下 以上感下 以一人感萬民 亦初無難者

천지, 음양, 생사, 주야, 귀신은 단지 하나의 이치일 따름이다. 만약 제사와 귀신의 이치에 밝다면 천하를 다스리는 이치가 여기에서 벗어나지 않는다. 7일 동안 삼가고 3일 동안 재계하면 필시 그 제사지내는 분을 뵐 것이다.

그래서 교 제사를 지내면 천신이 감동하시고, 사당에서 제사를 지내면 사람 귀신(人鬼)이 흠향하는 것이다. 이것은 지극히 정미하여 통하기 어려운 것이라 할 수 있다. 만약 이처럼 할 수 있다면 천하를 다스림에 위로써 아래를 감동하게 하고 한 사람으로써 만인을 감동하게 할 수 있게 되니, 또한 애초에 어려운 것이 없을 것이다.

○問 魯之郊禘 自成王之賜 伯禽之受 不是了 後世子孫 合如何而改 曰 時王之命 如何敢改 曰 恐不可自改 則當請命於天王 而改之否 曰 是

물었다. 노나라의 교·체 제사는 성왕께서 내리셔서 백금이 받은 것인데 옳지 않은 것입니다. 후세 자손이 어떻게 고치는 것이 합당하겠습니까? 답했다. 시왕(현재의 왕)의 명을 어떻게 감히 고칠 수 있겠는가? 물었다. 스스로 고칠 수 없다면 마땅히 천왕(천자)에게 명을 청해 고치게 하는 것이 아마도 옳지 않을는지요? 답했다. 그렇다.

○黃氏曰 根於天理之自然 謂之仁 形於人心之至愛 謂之孝 眞實無妄 謂之誠 主一無適 謂之敬 仁孝誠敬 凡祭皆然 交於神明者 愈遠 則其心 愈篤 報本追遠之深 則非仁孝誠敬之至 莫能知之行之也 其爲說 精微深遠 豈或人所能知 況又魯所當諱乎 以報本追遠之深 而盡仁孝誠敬之至 卽此心 而充之 事物之理 何所不明 吾心之誠 何所不格哉

황씨가 말했다. 천리의 자연에 근거한 것을 인이라 하고, 인심의 지극한 사랑으로 이루어진 것을 효라고 하며, 진실하여 거짓이 없는 것을 성이라 하고, 하나를 주로 하여 떠나지 않는 것을 경이라고 한다. 인, 효, 성, 경은 모든 제사에서 그러하니, 신명과 교섭하는 것이 멀수록 그 마음은 더욱 독실해진다. 보본 추원하는 마음의 깊음은 인, 효, 성, 경이 지극하지 않으면 능히 알 수도 행할 수도 없다. 그 설은 정미하고 심원하니 어찌 혹자가 능히 알 수 있는 바이겠는가? 하물며 또 노나라가 마땅히 피휘해야만 하는 것임에랴? 깊은 보본추원의 마음으로써 지극한 인, 효, 성, 경을 다하는 것, 바로 이 마음에 바탕을 두고 확충해간다면 사물의 이치가 어디에선들 명확하지 않으리오? 내 마음의 성(참됨)이 어디에선들 감동하지 않으리오?

○西山眞氏曰 萬物 本乎天 人 本乎祖 我之有此身 出於父母也 父母 又出於祖 祖 又出於始祖 始祖 又出於厥初得姓受氏之祖 雖年代悠遠 如自根而榦 自榦而枝 其本 則一而已矣 故 必推始祖之所自出 而祭之 則報本反始之義 無不盡矣 若非仁孝誠敬之極至 豈能知此禮 而行之乎 蓋 凡人 於世之近者 則意氣精神 未散 或嘗逮事 而記其聲容 必起哀敬之心 而不敢忽 若世之遠

者 相去已久 精神之存與否 不可得而知 又素不識其聲容 則有易忽之意 故禘禮 非極其仁孝極其誠敬者 不能知其禮 不能行其事 苟能知此理矣 則其他事物之理 又何難知之有 苟能感格矣 則推而格天地者 此誠而已 推而感之其他 則亦此誠而已 故曰 理無不明 誠無不格 於治天下 何難哉

서산 진씨가 말했다. 만물은 하늘에 근본을 두고 사람은 조상에 근본을 둔다. 내가 가진 이 몸은 부모에게서 나온 것이고, 부모는 또 조부모에게서 나왔고, 조부모는 또 시조에서 나온 것이며, 시조는 또 그 처음 성씨를 얻어 받은 조상에게서 나온 것이다. 비록 연대는 아득히 멀지만, 마치 뿌리에서 줄기가 나오고 줄기에서 가지가 나오는 것처럼 그 근본은 하나일 따름인 것이다. 그러므로 필경 시조가 나온 바(시조의 선친)를 올려 제사를 지낸다면, 보본반시의 뜻이 다하지 않음이 없는 것이다. 만약 인, 효, 성, 경이 지극하지 않다면 어찌 능히 이 예를 알아서 행할 수 있겠는가? 대개 보통 사람들은, 세상에 가까운 자(죽은 지 얼마 안 되는 자)는 의기와 정신이 아직 흩어지지 않아 혹 일찍이 일에 미쳐서는(제사를 지낼 때에는) 그 목소리와 모습을 기억하여 필시 슬퍼하고 공경하는 마음을 일으켜 감히 소홀히 하지 않는다. (반면) 지금 세상에서 먼 자의 경우는 서로 멀어진 것이 이미 오래되어 정신의 존재 여부를 알지 못하고, 또 평소에 그 목소리와 모습을 알지 못했으니, 쉽게 소홀한 뜻이 있게 된다. 그러므로 체 제사의 예는 인, 효를 다하고 성, 경을 다하는 자가 아니라면 그 예를 알 수 없고 그 일을 행할 수가 없다. 진실로 능히 이 이치를 안다면 기타 사물의 이치를 아는 데 무슨 어려움이 있겠는가? 진실로 감통할 수 있다면, 미루어 천지를 감통시키는 것도 이 '성(誠)'일 뿐이요, 미루어 기타의 것을 감동시키는 것도 역시 이 성일 뿐이다. 그래서 '이치에 밝지 않음이 없고 성이 감통하지 않음이 없으니, 천하를 다스림에 무슨 어려움이 있겠는가'라고 한 것이다.

○厚齋馮氏曰 中庸云 明乎郊社之禮 禘嘗之義 治國 其如示諸掌乎 蓋 夫子嘗爲郊社禘嘗 發此語 至此 復指其掌 以示或人也

후재 풍씨가 말했다. 『중용』에 이르기를 "교 제사, 사 제사의 예와 체 제사, 상 제사의 뜻에 밝다면 나라 다스리는 것은 손바닥에 놓고 보는 것과 같다"라고 했다. 대개 공자께서는 일찍이 교·사·체·상 제사를 행할 때 이 말씀을 하셨는데, 이에 이르러 다시 손바닥을 가리켜서 혹자에게 보여주신 것이다.

○雲峯胡氏曰 於禘而洞幽明之理者 理 當無所不明矣 於禘而極感格之誠者 誠 當無所不格矣 始曰 仁孝誠敬之至 末獨曰 誠 仁孝敬 皆不可不誠 而誠之至者 仁孝敬 當無不至也

운봉 호씨가 말했다. 체 제사에서 유명의 이치를 통달한 자는 이치에 대해 당연히 밝지 않은 것이 없을 것이다. 체 제사에서 감격의 성을 다하는 자는 성이 당연히 감통하지 않는 것이 없을 것이다. 처음에는 인, 효, 성, 경의 지극함을 말하고 끝에는 오직 성만을 말했는데, (이는) 인, 효, 경은 모두 성하지(참되지) 않을 수 없는 것이며 성이 지극한 자는 인, 효, 경도 당연히 지극하지 않을 수 없기 때문이다.

3.12-1 祭 如在 祭神 如神在

(조상에게) 제사를 지낼 때에는 계신 듯이 하셨으며, 신(神)에게 제사를 지낼 때에는 신이 계신 듯이 하셨다.

【집주】

程子曰 祭 祭先祖也 祭神 祭外神也 祭先 主於孝 祭神 主於敬

정자가 말했다. '제'는 선조에게 제사를 지내는 것이고, '제신'은 바깥의 신에게 제사를 지내는 것이다. 선조에게 제사를 지내는 것은 효를 주로 하며, 신에게 제사를 지내는 것은 경을 주로 한다.

【세주】

新安陳氏曰 以下句祭神 見上單一祭字 爲祭先祖也

신안 진씨가 말했다. 아래 구절의 '제신' 때문에 위 구절의 '제'라는 한 글자는 선조에게 제사를 지낸다는 의미임을 알 수 있다.

【집주】

愚謂 此 門人 記孔子祭祀之誠意

내가 생각건대 이것은 문인들이 공자께서 제사를 지내시는 성의를 기록한 것이다.

【세주】

朱子曰 孔子 祭先祖 孝心 純篤 雖死者 已遠 因時追思 若聲容 可接得 竭盡孝心 以祀之 祭外神 如山川社稷五祀之類 與山林溪谷之神 能興雲雨者 此孔子 在官時也 盡其誠敬 儼然 如神明之來格 得以與之接也 祭先 主於孝祭神 主於敬 而如在之誠 則一

주자가 말했다. 공자께서 선조를 제사지냄에 효심이 순수하고 독실하여, 비록 죽은 자는 이미 멀리 떨어져 있지만 때에 따라 추념함이 마치 목소리와 모습을 접할 수 있는 듯하셨으니, 그 효심을 다해서 제사지내신 것이다. 바깥의 신들을 제사지낸다 함은, (그 대상이) 가령 산천, 사직, 오사의 것들과 산림 계곡의 신들처럼 구름과 비를 능히 움직일 수 있는 것들이다. 이는 공자께서 관직에 있을 때의 일이다. 그 '성(誠: 참됨, 정성스러움)'과 '경(敬: 경건함)'을 다함이 엄숙하여 마치 신명이 오셔서 더불어 접할 수 있는 듯이 하셨다. 선조를 제사지내는 것은 효를 주로 하고 신을 제사지내는 것은 경을 주로 하지만, 마치 계시는 듯 여기는 성의는 한가지이다.

○問 人物 在天地間 其生生不窮者 理也 其聚而生 散而死者 氣也 氣聚在此 則理具於此 今 氣 已散而無矣 則理 於何而寓邪 然 吾之此身 卽祖考之遺體 祖考之氣 流傳於我 而未嘗亡也 其魂升魄降 雖已化而無 然 理之根於彼者 旣無止息 氣之具於我者 復無間斷 吾 能盡誠敬以祭之 此氣 旣純一而無所雜 則此理 自昭晰而不可掩 此 其血脈之較然可覩者也 曰 人之氣 傳於子孫 如木之氣 傳於實 此實之傳不泯 則其生木 雖枯毁無餘 而氣之在此者 猶自若也 此等處 從實事上推之 自見意味

물었다. 사람과 사물이 천지간에 있음에 그 생겨나고 생겨남이 다함이 없는 것은 '이(理)'이며, 모이면 생겨나고 흩어지면 죽는 것(없어지는 것)은 '기(氣)' 입니다. 기가 여기에 모이면 이는 여기에 갖추어집니다. 지금 기가 이미 흩어져 없으니 이가 어디에 깃들겠습니까? 그러나 나의 이 몸은 조상이 물려준 몸이고 조상의 기는 나에게 전해져서 일찍이 없어진 적이 없습니다. 그 (조상의) 혼은 하늘로 올라가고 백은 땅으로 내려가 비록 이미 변해서 없지만, 그러나 그에게 뿌리박고 있던 이는 원래 그쳐서 쉰 적이 없고, 나에게 갖추어진 기는 다시 끊어진 적이 없으니, 내 능히 성과 경을 다해 제사를 지낼 수 있는 것입니다. 이 기가 이미 순일하여 잡된 것이 없으니 이 이는 스스로 밝아서 가려질 수 없습니다. 이는 혈맥처럼 명확하여 가히 볼 수 있는 것입니다. 답했다. 사람의 기가 자손에게 전수되는 것은 마치 나무의 기가 씨에 전해지는 것과 같다. 이 씨에 전해진 것은 사라지지 않으니, 그 생목이 비록 말라 훼손되어 남은 것이 없다고 하더라도, 여기(씨 안)에 있는 기는 오히려 그대로이다. 이런 것들은 실제의 일로써 추론해보면 저절로 의미가 드러난다.

○問 先生 答廖子晦云 氣之已散者 旣化而無 有根於理而日生者 則固浩然而無窮 故 上蔡言 我之精神 卽祖考之精神 蓋 謂此也 此 是說天地氣化之氣否 曰 此氣 只一般 若說有子孫底 引得他氣來 不成無子孫底便絶無了 如諸侯祭 因國之在其地 而無主後者 如太公封於齊 便祭爽鳩氏之屬 蓋 他 先主此國來 禮 合祭他 惟繼其國者 則合祭之 非在其國者 便不當祭 道理合如此 便有此氣 使無子孫 其氣 亦未嘗亡也 要之 通天地人 只是這一氣 所以 說洋洋乎 如在其上 如在其左右 虛空逼塞 無非此理 自要人看得活 難以言曉也

물었다. 선생님께서 요자회(요덕명)에게 답하여 말하시기를 "기가 흩어져 버린 것은 이미 변화해 없어진 것이지만, 이에 근거하여 매일 생겨나는 것은 진실로 호연하여 무궁한 것이다"라고 하셨습니다. 그러므로 상채(사양좌)가 "내 정신은 곧 조상의 정신이다"라고 말한 것은 대개 이것을 이른 것입니다. 이것은 천지기화(천지의 기가 변화함)의 기를 설명한 것 아닙니까? 답했다. 이 기는 매일반일 뿐이다. 만약 자손이 있는 사람은 (자손에게) 그의 기를 이끌어줄 수 있다고 말한다면 자손이 없는 사람은 곧 완전히 (그 기가) 없어지고 만다는 말이 되는데, (이는) 말이 안 된다. 제후의 경우, 그 땅에 있는 나라를 이어받았을 때 후계 군주가 없는 자를 제사지내는 것이니, 예컨대 태공이 제나라에 봉해짐에 상구씨를 제사지낸 것과 같은 것이다. 대개 그가 이 나라에서 먼저 군주 노릇을 했다면 그를 합제하는 것이 예이다. 오직 그 나라를 이은 자는 합제하고, 그 나라에 있는 자가 아니라면 곧 마땅히 제사지내지 않는 것이니, 도리가 마땅히 이와 같다. 이 기가 있다면 비록 자손이 없더라도 그 기는 일찍이 없어지지 않는다. 요컨대 천, 지, 인을 통해 이 하나의 기가 있을 뿐이다. 그러므로 "양양하도다, 마치 위에 있는 듯하며 마치 좌우에 있는 듯하다(『중용』 16장)"라고 했으니 허공을 꽉 채운 것이 이 이[기를 잘못 말한 듯하다] 아님이 없다. 마땅히 사람으로 하여금 생생하게 보게 해야지, 말로 깨우쳐주기는 어렵다.

○問 天地山川之屬 分明是一氣流通 而亦兼以理言之 上古聖賢 則專以理言 曰 有是理 必有是氣 問 上古聖賢 所謂氣 只是天地間公共之氣 若祖考精神 畢竟 是自家精神 曰 祖考 亦只是這公共之氣 此身 在天地間 便是理與氣凝聚底 天子 統攝天地 負荷天地間事 與天地相關 這心 便與天地相通 如諸侯 不當祭天地 與天地不相關 便不能相通 聖賢 道在萬世 功在萬世 今行聖賢之道 傳聖賢之心 便是負荷這物事 這氣 便與他相通 如釋奠 列許多籩豆 禮儀不成 是無此氣 姑漫爲之

물었다. (선생님은) 천지산천 같은 것은 분명히 하나의 기가 흘러 통한 것인데도 또한 이를 겸해서 말씀하셨고, 상고의 성현들은 오직 이로만 말씀하셨습니다. 답했다. 이 이가 있으면 반드시 이 기가 있다. 물었다. 상고의 성현들이 말씀하신 바의 기는 단지 천지간의 공공의 기이고, 가령 조상의 정신은 필경 자신의 (공공의 기가 아닌 개인의) 정신입니다. 답했다. 조상도 또한 이 공공의 기일 뿐이다. 이 몸이 천지간에 존재함은 곧 이와 기가 엉켜 모인 것이다. 천자는 천지를 통섭하고 천지간의 일을 떠맡으니, 천지와 서로 관련이 있어서 이 마음(천자의 마음)이 곧 천지와 상통하게 되는 것이다. 예컨대 제후가 마땅히 천지에 제사지내지 말아야 하는 것은 천지와 서로 관련이 없어서 곧 능히 상통할 수가 없기 때문이다. 성현은 그 도가 만세에 있고 그 공이 만세에 있는 것으로, 지금 성현의 도를 행하고 성현의 마음을 전수하는 것은 곧 이 일을 떠맡는 것이니 이 기가 곧 그(성현)와 서로 통하게 된다. 예컨대 석전에 허다한 제기를 늘어놓고도 의례가 제대로 이루어지지 않는 것은 이 기가 없이 어물어물 제멋대로 하기 때문이다.

○問 虛空中 無非氣 死者 旣不可得而求矣 子孫 盡其誠敬 則祖考 卽應其誠 還是虛空之氣 自應吾之誠 還是氣 只是吾身之氣 曰 只是自家之氣 蓋 祖考之氣 與己連續

물었다. 허공에는 기 아닌 것이 없고, 죽은 자는 이미 구해볼 수 없습니다. 자손이 그 '성(誠)'과 '경(敬)'을 다하면 조상이 곧 그 성에 응답하는데, (이는) 허공의 기가 스스로 내 정성에 응답하는 것입니까, 아니면 (응답하는) 이 기는 단지 내 몸의 기일 따름입니까? 답했다. 단지 자신의 기일 따름이다. 대개 조상의 기는 자신과 이어져 있다.

○問 非所當祭而祭 則爲無是理矣 若有是誠心 還亦有神否 曰 神之有無也不可必 然 此處 是以當祭者而言 若非所當祭底 便須有誠意 然 這箇 都已錯了

물었다. 마땅히 제사지내지 말아야 하는 바를 제사지내면 옳은 이치가 없는 것이 됩니다. 만약 이 참된 마음이 있다면 오히려 역시 신도 있는 것 아닙니까? 답했다. 신의 유무는 꼭 그렇다고 할 수는 없다. 그러나 여기서는 마땅히 제사지내야 하는 것에 대해 말한 것이다. 만약 마땅히 제사지내야 할 것이 아니라면 곧 모름지기 성의가 있다고 하더라도, 이것은 모두 이미 잘못된 것이다.

3.12-2 子曰 吾 不與祭 如不祭與 去聲

공자께서 말씀하셨다. 내가 제사에 참여하지 않았다면 제사를 지내지 않은 것과 같다.

【집주】

又記孔子之言 以明之 言己當祭之時 或 有故 不得與 而使他人

攝之

다시 공자의 말을 기록해 (앞글의) 의미를 밝힌 것이다. 자신이 직접 제사를 지내야 할 때에 혹 까닭(일)이 있어 참여하지 못해 다른 사람을 시켜 대신하게 했다면,

【세주】

慶源輔氏曰 有故 謂疾病或不得已之事

경원 보씨가 말했다. '유고(有故: 까닭이 있음)'란 질병이나 부득이한 일을 말한다.

【집주】

則不得致其如在之誠 故 雖已祭 而此心 缺然 如未嘗祭也

(이는) 곧 계신 듯이 하는 정성을 다하지 못한 것이니, 그러므로 비록 제사는 이미 지냈어도 이 마음은 무엇이 빠진 듯하여 마치 일찍이 제사를 지내지 않은 것과 같다는 말씀이다.

○范氏曰 君子之祭 七日戒 三日齊莊皆反 必見所祭者 誠之至也

범씨가 말했다. "군자가 제사지냄에 7일 동안 조심하고 3일 동안 깨끗이 하면, 반드시 제사지내는 분을 뵐 수 있다"라는 것은 정성의 지극함이다.

【세주】

記坊記 七日戒 三日齊 承一人焉 以爲尸 注云 承 猶事也 又祭義 致齊於內 散齊於外 齊之日 思其居處 思其笑語 思其志意 思其所樂 思其所嗜 齊三日 乃見其所爲齊者 祭之日 入室 僾音愛然 必有見乎其位 周還音旋出戶 肅然必有聞乎其容聲 出戶而聽 愾音慨然必有聞乎其歎息之聲

『예기』, 「방기」에 "7일 동안 조심하고, 3일 동안 깨끗이 하며, 한 사람을 모셔서 시(尸)로 삼는다"라고 했는데, 그 주석에 이르기를 "'승'은 모시는 것이다"라고 했다. 또 「제의」에서는, "안으로는 치재(마음가짐을 가지런히 함)하고, 밖으로는 산재(외부적 행동을 삼감)한다. 제계를 하는 날에는 그 계시던 곳을 생각하며, 그 웃음과 목소리를 생각하며, 그 좋아하시던 바를 생각하며, 그 즐기시던 것을 생각한다. (이렇게) 3일 동안 재계해야 그 재계하는 배[제사를 받는 사람]를 뵙게 될 것이니, 제삿날에 사당에 들어가면 (조상의 모습이) 방불하게도 필시 그 위(位)에 나타나 보이고, (제사 중에) 움직이고

문을 나오게 되면 숙연하게도 필시 그 움직이는 소리가 들리며, (제사를 마치고) 문을 나오면서 들으면 한탄스럽게도 필시 그 탄식하는 소리가 들릴 것이다"라고 했다.

【집주】

是故 郊 則天神格 廟 則人鬼享 皆由己以致之也 有其誠 則有其神 無其誠 則無其神 可不謹乎

그래서 교 제사에는 천신이 감통하고 묘 제사에는 사람 귀신이 흠향하는 것이니, 모두 자신으로 말미암아 이루어지는 것이다. 그 정성이 있으면 그 신이 있고 그 정성이 없으면 그 신도 없으니, 삼가지 않을 수 있겠는가?

【세주】

朱子曰 誠者 實也 有誠 則凡事都有 無誠 則凡事都無 如祭 有誠意 則幽明便交 無誠意 便都不相接

주자가 말했다. 정성은 실질이다. 정성이 있으면 범사가 모두 있는 것이고, 정성이 없으면 범사가 모두 없는 것이다. 예컨대 제사에 성의가 있으면 이승과 저승이 곧 교섭하고, 성의가 없으면 곧 모두 서로 접할 수 없게 된다.

○神明 不可見 惟心盡其誠敬 專一在於所祭之神 便見得洋洋 如在其上 如在其左右 然則神之有無 在此心之誠不誠 不必求之恍惚之間也

신명은 볼 수 없는 것이다. 오직 마음이 그 성과 경을 다하여 제사지내는 신에게 오로지 하나로 집중하면 곧 양양하게 위에 계신 듯하고, 좌우에 계신 듯한 것을 알 수 있다. 그러므로 신의 유무는 이 마음이 정성을 다하느냐 아니냐에 달려 있는 것이지, 반드시 황홀한 사이에(신비로운 경험 중에서) 구할 필요는 없다.

○胡氏曰 祭先 所以感通者 吾身 卽所祭先祖之遺也 祭神 所以感通者 吾身 卽所祭神之主也 因其遺 因其主 而聚其誠意 則自然感格 所謂有其誠 則有其神也

호씨가 말했다. 선조에게 제사지냄에 감통할 수 있는 까닭은 내 몸이 제사지내는(제사를 받는) 선조가 물려주신 것이기 때문이며, 신에게 제사지냄에 감통할 수 있는 까닭은 내 몸이 제사지내는 신의 제주가 되기 때문이다.

그 물려받았다는 점과 그 제주가 된다는 점 때문에, 그 성의를 모은다면 자연히 감통할 것이니, (이것이) 이른바 '그 정성이 있으면 그 신이 있다'는 것이다.

○雙峯饒氏曰 范氏意 是說有此誠時 方有此神 若無此誠 則倂此神無了 不特說神來格 不來格也

쌍봉 요씨가 말했다. 범씨의 견해는 이 정성이 있을 때라야 비로소 이 신이 있다는 말이다. 만약 이 정성이 없으면 결코 이 신도 없다는 것이지, 단지 신이 와서 감통하느냐 아니냐만을 말한 것은 아니다.

【집주】

吾 不與祭 如不祭 誠爲實 禮爲虛也

'내가 제사에 참여하지 않으면 마치 제사지내지 않은 것과 같다'고 하셨으니, 정성은 실(실질)이고 예는 허(겉 형식)이다.

【세주】

慶源輔氏曰 禮爲虛 非言凡禮皆虛 特指攝祭之禮而言耳 誠爲實 則指如在之誠意言也

경원 보씨가 말했다. '예는 허이다'라는 말은 모든 예가 모두 허라는 말이 아니라, 다만 대신 제사지내는 예를 지적하여 말한 것일 따름이다. '정성은 실이다'라는 말은 마치 계신 듯이 하는 성의를 가리켜 말한 것이다.

○新安陳氏曰 范氏 有其誠之誠 專指誠敬之實心言 非但指誠實之實理言 蓋 古禮所祭 未有不合實理之神 此章本旨 主於如在之誠 必盡如在之實心 斯見所祭之爲實有矣

신안 진씨가 말했다. 범씨가 '그 성이 있다'고 할 때의 성은 오로지 성과 경의 진실한 마음을 가리켜 말한 것이지 단지 성실의 실제 이치('매사에 성실하다' 할 때의 그 성실)를 가리켜 말한 것은 아니다. 대개 옛 예에서 제사지낸 바는 실리의(실제 이치에 맞아 마땅히 제사지내야 하는) 신과 합치되지 않은 적이 없다. 이 장의 본뜻은 계신 듯이 하는 정성을 위주로 하는 것이다. 필시 계신 듯이 하는 진실한 마음을 다한다면, 이에 제사지내는 (제사를 받는) 분이 실제로 있음을 볼 수 있다.

3.13-1 王孫賈問曰 與其媚於奧 寧媚於竈 何謂也

왕손가가 물었다. 아랫목에 아부하는 것보다는 오히려 부엌에 아부하는 것이 낫다는 것은 무슨 말입니까?

【집주】

王孫賈 衛大夫 媚 親順也 室西南隅爲奧 竈者 五祀之一 夏所祭也

왕손가는 위의 대부이다. '미(媚: 아부함)'는 친하게 따르는 것이다. 방의 서남쪽 귀퉁이를 '오(奧: 아랫목)'라고 한다. '조(竈: 부엌)'란 5사의 하나로서 여름에 제사지내는 것이다.

【세주】

禮記 月令 孟春之月 其祀戶 孟夏 祀竈 中央 祀中霤 孟秋 祀門 孟冬 祀行

『예기』, 「월령」에 "맹춘의 달(1월)에는 호(창문)에 제사지내고, 맹하에는 조(부엌)에 제사지내고, 중앙(한 해의 한가운데)에는 중류(가운데 방)에 제사지내고, 맹추에는 문에 제사지내고, 맹동에는 행(길)에 제사지낸다"라고 했다.

【집주】

凡祭五祀 皆先設主 而祭於其所 然後迎尸 而祭於奧 略如祭宗廟之儀 如祀竈 則設主於竈陘音刑 祭畢 而更設饌於奧 以迎尸也

무릇 5사를 제사지낼 때는 모두 먼저 신주를 설치하고 그곳에서 제사지낸 후 시동을 맞이하여 아랫목에서 제사지내는데, 대략 종묘에 제사지내는 의례와 같이 한다. 예컨대 부엌 신을 제사지내는 경우에는 부뚜막 앞터에 신주를 설치하고, 제사가 끝나면 다시 아랫목에 제수를 진설하고 시동을 맞이한다.

【세주】

朱子曰 陘 是竈門外平正 可頓柴處 陘 非可做好安排 故 又祭於奧 以成禮 五祀 皆然 問 五祀 皆有尸 以誰爲之 曰 今 無可考 但 墓祭 以家人爲尸 以此推之 祀竈之尸 恐膳夫之類 祀門之尸 恐閽人之類 祀山川 則虞衡之類 儀禮 周公 祭泰山 召公爲尸

주자가 말했다. '형(陘)'은 부엌 문 밖의 평평하고 바른 곳으로, 땔감을 정리해 둘 수 있는 곳이다. 형은 (제수를) 잘 배치할 수 있는 곳이 아니므로 또 아랫목에서 제사지냄으로써 예를 완성한다. 5사가 다 그러하다. 물었다. 5사에는 모두 시동이 있는데, 누구를 시킵니까? 답했다. 지금은 고찰할 수 없다. 그러나 묘제에서는 집안사람을 시동으로 삼는데, 이로 미루어 보면 부엌 제사 때의 시동은 아마도 요리사 부류가 될 것이고, 문 제사의 시동은 아마도 문지기 부류가 될 것이고, 산천을 제사지내는 경우는 산지기 부류일 것이다.『의례』에 주공이 태산에 제사지낼 때 소공을 시동으로 삼았다고 한다.

○問 主與尸 其別 如何 旣設主 祭於其所 又迎尸 祭於其奧 本是一神 以奧爲尊 以主爲卑 何也 曰 不是尊奧而卑主 但 祭五祀 皆設主於其處 則隨四時更易 皆迎尸於奧 則四時皆然 而其尊 有常處耳

물었다. 신주와 시동은 어떻게 다릅니까? 이미 신주를 설치하고 그곳에서 제사를 지내고 또 시동을 맞이하여 아랫목에서 제사를 지내니 본래 같은 신인데 아랫목은 존귀하게 여기고 신주는 낮게 여기는 것은 왜 그렇습니까? 답했다. 아랫목을 존귀하게 여기고 신주는 낮게 여기는 것이 아니다. 다만 5사를 제사지냄에 모두 그 장소에 신주를 설치하니 사시에 따라 (그 장소가) 다시 바뀌지만, 모두 아랫목에서 시동을 맞이하는 것은 사시가 다 마찬가지니 그 존귀함은 일정한 장소(아랫목)가 있다.

○雙峯饒氏曰 五祀 先設主席 而祭於其所 親之也 後迎尸 而祭於奧 尊之也 祭於其所 近於褻 止祭於奧 又非神所栖 故 兩祭之 以盡求神之道也

쌍봉 요씨가 말했다. 5사는 먼저 신주와 자리를 설치하고 그 장소에서 제사지내는데, 이는 친하게 여기는 것이다. 뒤에 시동을 맞이하여 아랫목에서 제사지내는데, 이는 존숭하는 것이다. 그 장소에서 제사지내는 것은 지저분한 것에 가깝고, (반면) 단지 아랫목에서 제사지내는 것은 또 그 신이 깃들인 곳이 아니기 때문에, 양쪽에서 제사지냄으로써 신을 구하는 도리를 다하는 것이다.

【집주】

故 時俗之語 因以奧有常尊 而非祭之主 竈 雖卑賤 而當時用事

그러므로 시속의 말인 '아랫목은 항상 존귀함이 있으나 제사의 주인은 못되고 부엌은 비록 비천하나 때맞추어 용사(권력을 행사함)한다'는 말로써

【세주】

新安陳氏曰 奧 乃一室中 最尊處 五祀 皆迎尸於奧 雖有常尊 然 戶竈之類 乃祭之主 而奧非祭之主也 以奧之尊 見竈爲卑賤 夏屬火 竈以火爨 夏祭主之 當夏之時 用夏之事

신안 진씨가 말했다. 아랫목은 한 방 안에서 가장 존귀한 곳이다. 5사는 모두 아랫목에서 시동을 맞이하니 (아랫목은) 비록 항상 존귀함이 있으나, 창문이나 부엌 등은 곧 제사의 주인이고, 아랫목은 제사의 주인이 아니다. 아랫목의 존귀함으로써 부엌의 비천함을 알 수 있다. 여름에 불을 붙일 때 부엌에서 불을 때니, (부엌이) 여름 제사에서 주인 노릇을 한다. 여름이 되면 여름의 일을 쓰는 것이다.

【집주】

喩自結於君 不如阿附權臣也 賈 衛之權臣 故 以此諷孔子

스스로 임금과 맺는 것이 권신에게 아부하는 것만 못하다는 것을 비유한 것이다. 가는 위의 권신인 까닭에 이로써 넌지시 공자를 떠본 것이다.

【세주】

以奧比君 以竈比權臣

아랫목으로써 임금을 비유했고, 부엌으로써 권신을 비유했다.

3.13-2 子曰 不然 獲罪於天 無所禱也

공자께서 말씀하셨다. 그렇지 않다. 하늘에 죄를 얻으면 빌 곳이 없다.

【집주】

天 卽理也 其尊無對 非奧竈之可比也 逆理 則獲罪於天矣 豈媚於奧竈 所能禱而免乎

하늘은 곧 '이(理)'이다. 그 존귀함은 상대가 될 것이 없으니 아랫목이나 부엌에 비할 수 있는 것이 아니다. 이를 거스르면 하늘에 죄를 얻는 것이니, 어찌 아랫목이나 부엌에 아부하여 빌어 면할 수 있는 것이겠는가?

【세주】

朱子曰 獲罪於天 只是論理之當否 不是論禍福 問 獲罪於蒼蒼之天 抑獲罪於此理 曰 天之所以爲天者 理而已 天 非有此道理 不能爲天 故 蒼蒼者 卽此道理之天

주자가 말했다. 하늘에 죄를 얻는다는 것은 다만 '이'에 마땅한지 아닌지를 논하는 것이지 화복을 논하는 것이 아니다. 물었다. 푸르고 푸른 하늘(자연으로서의 하늘)에 죄를 얻는다는 것입니까, 아니면 이 '이'에 죄를 얻는다는 것입니까? 답했다. 하늘이 하늘이 되는 까닭은 '이' 때문일 뿐이다. 하늘에 이 도리가 없으면 하늘이 될 수 없다. 그러므로 푸르고 푸른 것(하늘)은 곧 이 도리의 하늘이다.

○慶源輔氏曰 凡物 必有對 惟天 則無所不包 惟理 則無所不在 故 尊而無對

경원 보씨가 말했다. 모든 사물은 상대되는 것이 있다. 오직 하늘만이 포함하지 않는 것이 없고 오직 이만이 없는 곳이 없다. 그러므로 존귀하여 상대될 만한 것이 없다.

○吳氏曰 天 雖積氣 理 寓氣中 逆理 則得罪於天 而禍及之矣

오씨가 말했다. 하늘은 비록 기가 쌓인 것이지만 이가 기 가운데 깃들어 있다. 이를 거스르면 하늘에 죄를 얻어 화가 미친다.

○新安陳氏曰 天卽理也 一句 是昭昭之天 合人心之天言之 理 原於天 而具於人心 逆理 則自欺此心之天 是 卽欺在天之天 而獲罪 非自外至矣

신안 진씨가 말했다. "하늘은 곧 '이'이다"라는 한 구절은 밝고 밝은 하늘을 사람 마음의 하늘과 합해 말한 것이다. '이'는 하늘에 근거를 두되 사람의 마음에 구비되어 있다. '이'를 거스르면 스스로 이 마음의 하늘을 속이는 것으로 이는 곧 하늘에 있는 하늘을 속이는 것이니, 죄를 얻는 것은 밖에서 이르는 것이 아니다.

【집주】

言但當順理 非特不當媚竈 亦不可媚於奧也

다만 마땅히 '이'를 따라야 할 뿐 비단 마땅히 부엌에 아부하지 말아야 할 뿐 아니라, 또한 아랫목에도 아부해서는 안 된다는 말이다.

【세주】

朱子曰 緊要 是媚字不好

주자가 말했다. 중요한 것은 이 '미(媚: 아부함)'자가 좋지 않은 뜻이라는 점에 있다.

○雲峯胡氏曰 纔說媚字 便已非理 非理 則獲罪於天矣

운봉 호씨가 말했다. '미'자를 말하기만 하면 이는 이미 '이'가 아니다(아부는 그 대상이 누가 되든 다 '이'가 아니다). 이가 아니면 곧 하늘에 죄를 얻는 것이다.

【집주】

○謝氏曰 聖人之言 遜而不迫 使王孫賈而知此意 不爲無益 使其不知 亦非所以取禍

사씨가 말했다. 성인의 말씀은 겸손하고 급박하지 않으시니 만약 왕손가가 이 뜻을 알게 된다면 (왕손가에게) 이익이 안 될 리 없고, 설사 모른다 하더라도 (공자 자신에게) 화를 부르게 되는 것은 아니다.

【세주】

朱子曰 王孫賈 庸俗之人 見孔子在衛 將謂有求仕之意 欲孔子附己 故 有媚奧與媚竈之言 彼 亦雖聞有孔子之聖 但 其氣習卑陋 自謂有權 可以引援得孔子也 子曰不然者 謂媚奧與媚竈 皆非也 天下 只有一箇正當道理 循理而行 便是天 若稍違戾於理 便是得罪於天 更無所禱告 而得免其罪也 猶言違道以干進 乃是得罪於至尊至大者 可畏之甚 豈媚時君 與媚權臣 所得而免乎 此 是遜辭以拒王孫賈 亦使之得聞天下有正理也

주자가 말했다. 왕손가는 속된 사람이다. 공자께서 위나라에 계실 때 뵈었는데, 벼슬을 구할 뜻이 있으면 공자로 하여금 자기에게 붙으라고 장차 말하려 했기에 '아랫목에 아부하느니 부엌에 아부하느니'라는 말을 했던 것이다. 그 또한 비록 공자가 성인임을 들은 적이 있지만 다만 그 기습이 비루하여, 권세가 있으니 공자를 이끌어줄 수 있다고 스스로 말한 것이다. 공자께서 '그렇지 않다'라고 말씀하신 것은 아랫목에 아부하는 것이나 부엌에 아부하는 것이나 다 잘못이라는 말이다. 천하에는 다만 하나의 정당한 도리가 있을 뿐이니, '이'를 따라서 행하면 그것이 곧 하늘이다. 만약 조금이라도 '이'를 어기면 그것이 곧 하늘에 죄를 얻는 것이니, 기도하여 그 죄를 면할 수가 없는 것이다. (이 말은) '도를 어겨 나아가기(벼슬하기)를 구하면 그것이 곧 지극히 존귀하고 지극히 큰 자(하늘)에 죄를 얻는 것이니, 심히 두려워할 만하다. 어찌 당시의 군주에게 아부하고 권신에게 아부하여 면할 수 있겠는가'라는 말이다. 이는 겸손한 말로써 왕손가를 거절하고, 또한 그로 하여금 천하에는 바른 도리가 있음을 얻어 듣게 한 것이다.

○南軒張氏曰 夫子謂 苟獲罪於天 則媚奧媚竈 皆何所益 蓋 胷中所存 一有不直 則爲獲罪於天矣 夫欲求媚 是不直之甚者也 斯言 卽禱祀而論之 而所以答其意者 亦無不盡矣

남헌 장씨가 말했다. 공자께서는 만약 하늘에 죄를 얻는다면 아랫목에 아부하고 부엌에 아부한들 무슨 소용이 있느냐고 말씀하셨다. 대개 가슴속에 품은 생각이 하나라도 곧지 못한 것이 있다면 곧 하늘에 죄를 얻는 것이다. 무릇 아부하려는 것은 곧지 못한 것 중에서도 심한 것이다. 이 말씀은 기도와 제사에 근거해 논하신 것이지만, 그(왕손가의) 뜻에 답하신 바(대답) 또한 다하지 않음이 없다.

○西山眞氏曰 聖人 道大德宏 如天地 故 其發言 渾渾乎如元氣之運 不曰媚奧竈之非 但言獲罪於天無所禱也 亦如對陽貨 但言吾將仕矣 其言渾然圭角不露 旣非阿徇 又不違忤 此 所以爲聖人之言也 常人之於權貴 非迎逢苟悅 則必激觸使怒 雖直言激觸者 不失其正 然 比之聖人氣象 猶未免陷於一偏 然 此 非勉强可及 苟欲師慕其萬一 惟敬以存養 使心平氣和 則庶乎其可近爾 程子謂 讀論語者 要識聖賢氣象 如此章之類 優游玩味 則其氣象可見矣 又曰 使王孫賈 知此意 則必惕然自省 平日所爲 咈理 得罪於天者已多 是 乃開其悔悟之機也 如不知此意 亦不至觸之 以招禍

서산 진씨가 말했다. 성인께서는 천지처럼 도가 크고 덕이 넓으시니, 그 말씀하심도 원기의 움직임처럼 크고 크시다. 아랫목과 부엌에 아부하는 것이 잘못이라고 말씀하지 않으시고 다만 '하늘에 죄를 얻으면 빌 곳이 없다'라고만 말씀하셨으니, 이는 마치 양화에 대해 다만 "내가 장차 벼슬하겠다"라고만 말씀하신 것과 같다. 그 말씀은 혼연(모나지 않음)하여 규각(뾰족한 모서리)이 드러나지 않고, 아부하지 않으면서도 또한 거스르지도 않으니 이는 성인의 말씀인 까닭이다. 보통 사람은 권세 있고 귀한 사람에게 영합하여 기쁘게 하려 하거나 그렇지 않으면 부딪치고 건드려 노여움을 산다. 직언으로 부딪치고 건드리는 것은 비록 올바름을 잃은 것은 아니지만 성인의 기상에 비해 본다면 오히려 한쪽으로 치우친 것을 면할 수 없다. 그러나 이는 억지로 한다고 미칠 수 있는 것은 아니다. 만약 그 만분의 일이라도 사모하여 '경(敬)'으로써 존양하고 심기를 평화롭게 한다면 아마도 근접할 수는 있으리라. 정자는 『논어』를 읽는 자는 성현의 기상을 알아야 한다고 했는데, 이 장 같은 것을 여유 있게 감상한다면 그 기상을 가히 알 수 있을 것이다. 또 말했다. 왕손가로 하여금 이 뜻을 알게 한다면 반드시 평소에 '이(理)'를 어겨 하늘에 죄를 얻은 것이 이미 많다는 것을 척연(두려워 삼감)히 스스로 반성할 것이니, 이는 곧 후회하고 깨달을 (반성의) 기회를 열어주는 것이다. 만약 이 뜻을 모른다고 해도 또한 건드려서 화를 부르는 데는 이르지 않는다.

○王孫賈 衛之權臣 觀聖人獲罪於天之語 則其儆之深矣 然 他日 稱衛靈公之不亡 則以其國有人之故 而王孫賈 治軍旅 亦與焉 蓋 其人 雖不善 至於治兵 則其所長 此 又憎而知其善之意 聖人之心 至公 如天地 此 其一事也

왕손가는 위의 권신인데, 성인의 '하늘에 죄를 얻는다'는 말씀을 보면 그 경계하심이 깊은 것이다. 그러나 다른 날 '위령공이 망하지 않는 것은 그 나라에 사람이 있기 때문'이라 하시고, 왕손가의 군대 다스림을 또한 인정하셨다. 대개 그 사람됨이 비록 선하지 않더라도 군대를 다스리는 데는 잘하는 것이 있었다. 이는 또 미워하시되 그 잘하는 것은 알아주신다는 뜻으로, 성인의 마음은 마치 천지처럼 지극히 공정하시니 이는 그 한 사례이다.

3.14 子曰 周 監於二代 郁郁乎文哉 吾從周郁 於六反

공자께서 말씀하셨다. 주는 2대(하와 은)를 살폈으니 빛나도다 그 문이여, 나는 주를 따르겠다.

【집주】

監 視也 二代 夏商也 言其視二代之禮 而損益之 郁郁 文盛貌

'감(監)'은 보는 것이다. 2대는 하와 상이다. 2대의 예를 살펴 덜고 더했다는 말이다. '욱욱(郁郁)'은 문이 성한 모습이다.

○尹氏曰 三代之禮 至周大備 夫子 美其文而從之

윤씨가 말했다. 3대의 예는 주에 이르러 크게 갖추어졌으니, 공자께서 그 문을 찬미하시고 따르셨다.

【세주】

問 周 監二代之制 而損益之 其文 大備 亦時使然也 聖人 不能違時 烏得不從周之文乎 然 亦少有不從處 如行夏之時 乘商之輅 是也 朱子曰 周之文 固可從 而聖人 不得其位 無制作之時 亦不得不從也 使夫子而得邦家 則將損益四代 以爲百王不易之法 不專於從周矣

물었다. 주는 2대의 제도를 살펴 덜고 더해서 그 문이 크게 갖추어졌는데, 이는 또한 때가 그렇게 하게 한 것입니다. 성인께서도 때는 어길 수 없으니 어찌 주의 문을 따르지 않을 수 있으셨겠습니까? 그러나 또한 약간 따르지 않으신 것도 있으니 예컨대 하의 시(역법)를 행하시고 상의 수레를 타신 것이 그것입니다. 주자가 답했다. 주의 문은 본디 따를 만한 것이지만, 성인께서 그 지위를 얻지 못하시어 제작할 때가 없었으니 따르지 않을 수 없었다. 만약 공자로 하여금 나라를 얻게 했으면 장차 4대(의 제도)를 덜고 더하시어 백왕이 바꾸지 않을 법으로 삼으셨을 것이니 오로지 주만 따르지는 않으셨을 것이다.

○聖人 固當從時王之禮 周 禮之盛 又非有不可從 設使夫子得位 有作意其從二代者 不能多於從周也 蓋 法令 旣詳 豈可更略 略 則姦宄愈滋矣

성인은 본디 당시 왕의 예제를 따르는 것이다. 주는 예가 성했으니 또 따르지 못할 것은 아니었다. 설사 공자께서 (임금의) 위를 얻어 제작할 뜻이 있으셨더라도 2대의 것을 따르는 것이 주를 따르는 것보다 많을 수는 없었을 것이다. 대개 법령이 이미 자세하니 어찌 가히 줄일 수 있으랴. 줄이면 간사한 도둑이 더욱 끓을 것이다.

○問 前輩 多以夫子 損益四代之制 以告顔子 而又曰 吾從周 其說 似相牴牾然 中庸 吾學周禮 今用之 吾從周 若答爲邦之問 乃其素志耳 曰 得之

물었다. 선배들은 공자께서 4대의 제도를 덜고 더하는 것을 안자에게 알려주셨고, 또 '나는 주를 따르겠다'라고 말씀하신 것 때문에, 그 설이 서로 모순된다고 여기는 경우가 많았습니다. 그러나 『중용』에 "나는 주례를 배웠다. 지금 그것이 쓰이니 나는 주를 따르겠다(『중용』 28장)"라고 하셨으니, 나라 다스리는 일에 대한 질문에 답하신 것(『논어』 15, 「위령공」 10장)이 곧 평소의 뜻일 것입니다. 답했다. 옳다.

○南軒張氏曰 禮 至周盛 且備 不可有加 故 夫子 欲從周 使居制作之位 大體 則從周 其間損益之宜 如夏時 殷輅 韶舞 則有之矣

남헌 장씨가 말했다. 예는 주에 이르러 성하고 또 갖추어졌으니 더할 것이 없다. 그러므로 공자께서는 주를 따르고자 하셨다. 만약 제작할 수 있는 지위에 계셨다면 대체는 주를 따르고 그 사이에 덜고 더함의 적의함이 있었을 것이니, (주의 것이 아닌 것으로는) 예컨대 하의 역법, 은의 수레, 소무의 음악 등이 있었을 것이다.

○慶源輔氏曰 先王之制 與氣數相爲始終 而前後相爲損益 固非一人一日之所能致也 三代之禮 至周大備 則以氣數 至此極盛 而前後相承互爲損益 至此始集其大成也 夫子 美其文 而從之 豈苟云乎哉

경원 보씨가 말했다. 선왕의 제도는 기수(성쇠의 운명)와 서로 시종을 이루고 (시대의) 전후에 따라 서로 덜고 더하게 되는 것이니, 본디 한 사람이 하루에 이룰 수 있는 것이 아니다. 3대의 예는 주에 이르러 크게 갖추어졌으니 기수가 이에 이르러 극성한 것이고, 전후에 따라 서로 이어받아 서로 덜고 더하는 것은 이에 이르러 비로소 집대성되었다. 공자께서 그 문을 아름답게 여기시어 따르신 것이지, 어찌 구차스럽게 (그냥) 말씀하셨겠는가?

○新安陳氏曰 周之文 亦承夏忠商質之後 風氣漸開 人文漸著 不得不然者 況武王周公制作之初 參酌損益 良不苟矣 夫子 得不從之 蓋 從周盛時文質

得宜之文 非從周末文勝質之文也

신안 진씨가 말했다. 주의 문은 또한 하의 충과 상의 질의 뒤를 이은 것으로, 풍기(풍조)가 점차 열리고 인문이 점차 드러나매 그렇게 되지 않을 수 없었던 것이다. 황차 무왕과 주공이 처음 제작했을 때에는 참작하여 덜고 더하여 아름답고 구차스럽지 않았으니, 공자께서 따르지 않을 수 있었으랴. 대개 주나라가 번성할 때의 '문과 질이 적의함을 얻은 문'을 따르신 것이지 주나라 말의 '문이 질을 이긴 문'을 따르신 것은 아니다.

3.15 子 入大廟 每事問 或曰 孰謂 鄹人之子 知禮乎 入大廟 每事問 子 聞之曰 是禮也大 音泰 鄹 側留反

공자께서 태묘에 들어 매사를 물으셨다. 혹자가 말했다. 누가 추인의 아들이 예를 안다고 하는가? 태묘에 들어 매사를 묻는구나. 공자께서 듣고 말씀하셨다. 이것이 예이다.

【집주】

大廟 魯 周公廟

태묘는 노나라 주공의 묘이다.

【세주】

公羊傳 文公十三年 周公 稱大廟 魯公 稱世室 群公 稱宮 周公 何以稱大廟于魯 封魯以爲周公也 周公 拜乎前 魯公 拜乎後 曰 生以養周公 死以爲周公主拜 謂周公及其子伯禽 始受封時 拜於文王廟也

(『춘추』) 「공양전」 문공 13년 조에 보면 "주공은 태묘라 칭하고, 노공은 세실이라 칭하고 여러 공(여타의 제후)은 궁이라 칭한다. 주공(의 묘)은 왜 노나라에서 태묘라고 칭하는가? 노나라에 봉한 것은 주공이기 때문이다. 주공은 (봉함을 받아) 배알하기 전(의 이름)이고, 노공은 배알한 후(의 이름)이다. 그래서 '(문왕은) 살아서는 주공을 길렀고, 죽어서는 주공의 주인이 되었다'고 한다"라고 했다<'배(拜)'는 주공과 그 아들 백금이 처음 봉해졌을 때 문왕의 묘에 배알한 것을 말한다>.

【집주】

此 蓋 孔子始仕之時 入而助祭也

이는 대개 공자께서 처음 벼슬했을 때의 일로, (태묘에) 들어가 제사를 도우셨다.

【세주】

朱子曰 觀或稱鄹人之子 知其爲少賤之時

주자가 말했다. 혹자가 추인의 아들이라고 부른 것을 보면 그것이 어리고 천할 때의 일임을 알 수 있다.

【집주】

鄹 魯 邑名 孔子父叔梁紇下沒反 嘗爲其邑大夫

추는 노나라의 읍 이름이다. 공자의 아버지 숙량흘이 일찍이 그 읍의 대부가 되었다.

【세주】

朱子曰 呼鄹人之子 是與孔子之父相識也

주자가 말했다. 추인의 아들이라고 부른 것은 공자의 아버지와 서로 아는 사이이기 때문이다.

【집주】

孔子 自少 以知禮聞 故 或人 因此而譏之 孔子言是禮者 敬謹之至 乃所以爲禮也

공자는 어릴 때부터 예를 아는 것으로 소문이 났다. 그러므로 혹자가 이를 빌미로 기롱한 것이다. 공자께서 '이것이 예이다'라고 말씀하신 것은 경건하고 삼감이 지극한 것, 그것이 곧 예가 되는 것이라는 말이다.

【세주】

朱子曰 是禮也 謂卽此便是禮也

주자가 말했다. '이것이 예이다'라는 말은 바로 이것이 곧 예라는 말이다.

【집주】

○尹氏曰 禮者 敬而已矣 雖知 亦問 謹之至也 其爲敬 莫大於此 謂之 不知禮者 豈足以知孔子哉

윤씨가 말했다. 예라는 것은 경건함일 뿐이다. 비록 알더라도 또한 물으니, 삼감의 지극함이다. 그 경건함은 이보다 더 큰 것이 없다. 그것을 일러 예를 모른다고 한 자가 어찌 족히 공자를 알겠는가?

【세주】

朱子曰 入大廟 每事問 知底 更審問 方見聖人不自爲是 執事 不可不問 固然

然 亦須知聖人平日於禮 固無有不知 而臨事敬愼 又如此也 又曰 平日講學 但聞其名 而未識其器物 未見其事實 故 臨事 不得不問耳

주자가 말했다. 태묘에 들어 매사를 물으셨으니, 아는 것도 다시 살펴 물으신 것이다. (이로써) 바야흐로 성인께서 스스로 옳다고 생각하지 않으셨음을 알 수 있다. 일을 집행함에 물어보지 않을 수 없음은 본디 당연한 것이다. 그러나 또한 성인께서 평소 예에 대해 본디 모르시는 것이 없으셨지만 일에 임해 경건하고 신중하심이 또 이와 같으셨다는 것을 반드시 알아야 한다. 또 말했다. 평소 공부에서는 다만 그 이름을 들었을 뿐으로, 그 기물(이 어떤 것인지)은 알지 못하고 그 일의 실제도 본 적이 없었으니, 일에 임해 묻지 않을 수 없으셨다.

○問 每事問 尹氏謂 雖知 亦問 敬愼之至 問者 所未知也 問所知焉 似於未誠 尹氏之說 聖人之心 恐不如是 曰 以石慶數馬 與張湯陽驚事 相對觀之 可見雖知亦問 自有誠僞之別 兼 或人 謂夫子 爲鄹人之子 則亦夫子始仕初入太廟時事 雖平日知其說 然 未必身親行之 而識其物也 故 問以審之 理當如此 必不每入而每問也 然 大綱節目 與其變異處 亦須問也

물었다. 매사를 물었다는 것에 대해 윤씨는 비록 알면서도 또한 물었으니 경건하고 신중함이 지극하다고 했는데, 묻는 것은 모르는 것을 묻는 것이지 아는 것을 물으면 진실하지 않은 것이니 윤씨의 설은(윤씨의 설과는 달리) 아마도 성인의 마음은 그렇지 않은 듯합니다. 답했다. 석경이 말을 센 것과 장탕이 거짓 놀란 일을 서로 대조해보면 비록 알면서도 묻는 것에는 그 자체로 진실한 것과 거짓된 것이 있다는 것을 알 수 있다. 겸해서 혹자가 공자를 추인의 아들이라고 했으니 또한 공자께서 처음 벼슬하여 처음 태묘에 들어갔을 때의 일임을 알 수 있다. 비록 평소에 그 설을 알고는 있었으나 꼭 몸소 행하여 그 기물을 알고 계셨던 것은 아니다. 그래서 이치가 마땅히 이러한지를 물어 살피셨다. 꼭 들어갈 때마다 번번이 물어야 하는 것은 아니지만, 대강의 절목과 그 변화에 대해서는 또한 반드시 물어야 한다.

○南軒張氏曰 禮 以敬爲主 宗廟之事 嚴矣 其大體 聖人 固無不知也 至於有司之事 則容亦有所不知者焉 知與不知 皆從而問 敬其事也 或以爲不知禮 聖人 告之以是禮也 所以明禮意之所存也

남헌 장씨가 말했다. 예는 경건함을 위주로 한다. 종묘의 일은 엄숙한 것이다. 그 대체에 대해서는 성인께서 본디 모르시는 것이 없었지만 유사의 일에 이르러서는 또한 모르시는 것이 있었을 수도 있다. 아는 것과 모르는 것 모두를 좇아 물었으니 그 일을 경건히 함이다. 혹자가 예를 모른다고 하자 성인께서는 '이것이 예이다'라고 알려주셨으니, 예의 뜻이 어디에 있는지를 밝히신 것이다.

○覺軒蔡氏曰 聖人 聰明睿知 固無不知 然 亦但知其理而已 若夫制度器數之末 掌之有司 容亦有所不知者 至若器物節文 已經講論 及今方見之 亦須問 然後審也

각헌 채씨가 말했다. 성인께서는 총명예지하시니 본디 모르는 것이 없다. 그러나 또한 다만 그 이치를 아시는 것뿐이지, 제도나 기물의 숫자 등 말단적인 것에 대해서는 유사가 관장하니 혹시 모르시는 것이 있을 수 있다. 기물이나 절문 같은 것에 이르러서는 이미 강론하셨지만 지금 바야흐로 (실지로) 보게 됨에 또한 반드시 물은 후 살피셨다.

○吳氏曰 邑大夫 稱人 春秋書人者 左傳多云大夫 如文九年 許人 是也 傳稱新築人 仲叔于奚 亦此例 之子 少賤稱 春秋 仍叔之子 左傳曰 弱 他章賊夫人之子 皆謂父之子也 孟僖子 病不能相禮 使二子學禮於夫子 齊 犂彌曰 孔某 知禮而無勇 則夫子 以知禮聞 可知矣

오씨가 말했다. 읍의 대부를 (그 읍) 사람이라고 칭한다. 『춘추』에 (어디) 사람이라고 쓴 것을 『좌전』에 대부라고 말한 경우가 많으니, 예컨대 문공 9년의 '허 사람'이라는 것이 그것(그 예)이다. 『(좌)전』에 '신축 사람' 중숙우해라 했으니 역시 그 예이다. (누구)의 아들이라는 것은 어리고 천할 때의 호칭이다. 『춘추』에서 잉숙의 아들이라 했는데, 이를 『좌전』에서는 약이라 했고, 다른 장에서는 "남의 아들을 망친다"라고 했으니, 모두 아버지의 아들을 말한 것이다. 맹희자가 예로 상대하지 못했음을 걱정하여 두 아들로 하여금 공자께 예를 배우게 했고, 제나라 이미가 "공 아무개는 예는 알지만 용기가 없다"라고 했으니 공자께서 예를 아는 것으로 소문이 나 있었음을 알 수 있다.

○陳氏曰 此章 須於敬謹之至處 玩聖人氣象

진씨가 말했다. 이 장에서는 모름지기 경건하고 삼감이 지극한 곳에서의 성인의 기상을 완미해야 한다.

○厚齋馮氏曰 或者 輒稱聖人以鄹人之子 而且以不知禮爲譏 自常人處之其辭必厲 否 則置之不足以辨 今語定氣和 如酬答之常 初不較其言之遜傲

也 夫子之德量 宏哉

후재 풍씨가 말했다. 혹자가 번번이 성인을 추인의 아들이라 칭하고, 또 예를 모른다고 기롱했는데, 보통 사람이 그런 경우를 당했으면 그 (대꾸의) 말이 반드시 사나웠을 것이고, 아니면 따질 필요도 없다고 버려두었을 것이다. (공자께서는) 지금 말씀은 안정되고 기운은 온화하여 마치 보통의 대화 같으니, 애초부터 그 말의 겸손함과 오만함은 비교하지(따지지) 않으신 것이다. 공자의 도량은 굉장하도다.

○新安陳氏曰 於此 略無不平之詞 尤可以觀聖人氣象

신안 진씨가 말했다. 여기에는 거의 불평의 말씀이 없으시니, 더욱 성인의 기상을 볼 수 있다.

3.16 子曰 射 不主皮 爲力 不同科 古之道也爲 去聲

공자께서 말씀하셨다. 활쏘기는 가죽(꿰뚫기)을 주로 하지 않는다. 힘을 쓰는 것이 등급이 다르기 때문이니, 옛 도이다.

【집주】

射 不主皮 鄕射禮文 爲力 不同科 孔子 解禮之意 如此也 皮 革也 布侯而棲革於其中 以爲的 所謂鵠也

'활쏘기는 가죽 꿰뚫기를 주로 하지 않는다'는 것은 (『의례』) 「향사례」의 글이다. '힘을 쓰는 것이 등급이 다르다'는 것은 공자께서 이처럼 예의 의미를 해석하신 것이다. '피(皮)'는 가죽이다. 베로 된 후(표적 걸개)를 거는데, 그 가운데 부분은 가죽으로 하여 표적(명중점)으로 삼으니 소위 '곡(과녁)'이다.

【세주】

新安倪氏曰 侯以布 鵠以革 考工記曰 梓人爲侯 廣與崇方 參分其廣 而鵠居一焉 蓋 方制其皮 以爲鵠 鵠 小鳥 而難中 以中之爲儁 故 謂的爲鵠

신안 예씨가 말했다. 후(표적 걸개)는 포로 하고, 곡(과녁)은 가죽으로 한다. (『주례』) 「고공기」에 말하기를 "재인(목수)이 후를 만들 때 넓이와 높이(가로 세로)를 네모로 만들고, 그 넓이를 삼분하여 그중 하나에 곡을 둔다"라고 했다. 대개 그 가죽을 네모나게 만들어 곡으로 삼는데, 곡은 작은 새로서 맞히기 어려워 맞히면 뛰어난 것으로 친다. 그러므로 적(표적)을 곡이라 한다.

【집주】

科 等也 古者 射以觀德

'과(科)'는 등급이다. 옛날에는 활쏘기로서 덕을 관찰했는데

【세주】

禮記 射義云 射者 所以觀盛德也

『예기』, 「사의」에 말하기를 "활쏘기는 성한 덕을 관찰하는 것이다"라고

했다.

【집주】

但 主於中去聲 下同 而不主於貫革 蓋 以人之力 有强弱 不同等也 記曰樂記篇 武王克商 散軍郊射 而貫革之射息 正謂此也

다만 명중하는 것을 주로 하고 과녁 꿰뚫는 것을 주로 하지 않았다. 대개 사람의 힘이 강약이 있어 동등하지 않기 때문이다. 『예기』<「악기」편>에 말하기를 "무왕이 상을 이기고 군사를 흩어 교외에서 활쏘기를 했는데 가죽 꿰뚫는 활쏘기를 그쳤다"라고 했으니, 바로 이를 말함이다.

【세주】

樂記 註 散軍 則不廢農事 郊射 則不忘武備 射宮 在郊 故 曰郊射 貫革者 射穿甲革 所以主皮也

(『예기』) 「악기」 주석에 "군사를 흩은 것은 농사를 폐하지 않으려는 것이고, 교외에서 활쏘기를 한 것은 무비를 잊지 않으려는 것이다. 사궁은 교외에 있으므로 그래서 교사라고 한다. '관혁(가죽 꿰뚫기)'이라는 것은 갑혁(갑옷)을 꿰뚫는 것이니, 가죽 꿰뚫는 것을 주로 하는 것이다"라고 했다.

【집주】

周衰 禮廢 列國兵爭 復扶又反尙貫革 故 孔子 歎之

주나라가 쇠하여 예가 폐지되고 열국이 전쟁을 함에 다시 가죽 꿰뚫기를 숭상하게 되니, 그래서 공자께서 그것을 탄식하신 것이다.

○楊氏曰 中 可以學而能 力 不可以强而至 聖人 言古之道 所以正今之失

양씨가 말했다. 맞히는 것은 배워서 능하게 될 수 있지만 힘은 억지로 도달하게 할 수 없다. 성인께서 옛 도를 말씀하신 것은 지금의 잘못을 바로잡고자 하신 것이다.

【세주】

朱子曰 夫子 亦非是惡貫革之射 但 是當時皆習於此 故 言古人之道耳 如古人 亦只是禮射 不主皮 若武射 依舊 要貫革 若不貫革 何益

주자가 말했다. 공자께서도 또한 가죽 꿰뚫는 활쏘기를 미워하신 것은 아니다. 다만 당시에 모두 이에 습관이 되어 있었던 까닭에 옛사람의 도를 말씀하신 것일 뿐이다. 옛사람의 경우도 또한 다만 예사(의례로서의 활쏘기)에서만 가죽 꿰뚫기를 주로 하지 않았을 뿐이다. 무사(군사훈련으로서 활쏘기)에서는 옛날처럼 가죽을 꿰뚫어야 하는 것이니, 만약 가죽을 꿰뚫지 않는다면 무슨 이익이 있겠는가?

○先王設射 謂弧矢之利 以威天下 豈不願射得深中 如不失其馳 舍矢如破 發彼小豝 殪此大兕之類 皆是要得透 豈固以不主皮爲貴 而但欲略中而已 蓋 鄕射之時 是習禮容 若以貫革爲貴 則失所以習禮之意 故謂 若有人 體直心正 持弓矢 又審固 若射 不貫革 其禮容 自可取 豈可必責其貫革哉 此所以謂爲力不同科也 射之本意也 是要得貫革 只是大射之禮 本於觀德 不全是裸肱決射御底人 只要內志正 外體直 取其中 不專取其力耳

선왕께서 활쏘기를 만드신 것은 화살의 날카로움으로 천하에 위세를 떨치려 함이라 했으니, 어찌 활쏘기에 깊이 맞히는 것(꿰뚫는 것)을 원하지 않았으리오. 예컨대 "빠른 말달리기에 실수하지 않고, 화살을 쏘면 격파한다", "저 작은 암퇘지를 쏘고 이 큰 무소를 잡는다(『시경』, 「소아」의 구절)"라는 것은 모두 꿰뚫으려는 것이니 어찌 본디 가죽 꿰뚫기를 귀히 여기지 않고 다만 대강 맞히려고만 했겠는가? 대개 향사의 때에는 예모를 익히는 것이니 만약 가죽 꿰뚫기를 귀히 여기면 예를 익히고자 하는 의의를 잃게 된다. 그래서 만약 어떤 사람이 몸을 곧게 하고 마음을 바르게 하여 활과 화살을 잡고 또 신중히 자세를 공고하게 하고 쏘았으면 가죽을 꿰뚫지 못했더라도 그 예모는 그 자체로 취할 만한 것이니, 어찌 꼭 가죽 꿰뚫기를 요구하겠는가? 이것이 '힘을 쓰는 것은 등급이 다르다'라고 하는 이유이다. 활쏘기의 본뜻은 가죽을 꿰뚫으려는 것이지만, 다만 대사례는 덕을 관찰하는 데 본뜻을 두니, 팔다리를 걷어붙이고 결사적으로 활 쏘고 마차 모는 사람이 다가 아니다. 다만 안으로는 뜻을 바르게 하고 밖으로는 몸을 곧게 해야 하며, 맞히는 것을 취하지 오로지 그 힘만을 취하지는 않는다.

○問 古人 射 要如何用 曰 其初也 只是脩武備 聖人 文之以禮樂

물었다. 옛사람들은 활쏘기를 어디에 쓰려 했습니까? 답했다. 처음에는 다만 무비를 닦는 것이었지만 성인께서 예악으로 문채를 내셨다.

○勉齋黃氏曰 不主皮 未嘗以貫革爲非也 但 取其中 而貫與不貫 不論耳 雖矢

不沒而墜地 不害其爲中也 若主貫革 則唯有力者 得射 世之能射者 寡矣 不主貫革 則人 皆可射也

면재 황씨가 말했다. '가죽 꿰뚫기를 주로 하지 않는다'는 것은 가죽 꿰뚫는 것이 잘못이라는 말은 아니다. 다만 맞히는 것을 취하고, 꿰뚫었느냐 못 꿰뚫었느냐는 따지지 않는다는 것이다. 비록 화살이 (꿰뚫어서) 사라지지 않고 땅에 떨어져도 맞힌 것이 되는 데는 지장이 없다. 만약 가죽 꿰뚫기를 주로 하면 오직 힘 있는 자만이 활을 쏠 수 있을 것이고, 세상에 활 잘 쏘는 자는 몇 안 될 것이다. 가죽 꿰뚫기를 주로 하지 않으면 사람들이 모두 활을 쏠 수 있게 된다.

○慶源輔氏曰 時平 則射以觀德 世亂 則射主貫革 二者 固各有所宜 然貫革之射 可暫 而不可常 武王之事 是也

경원 보씨가 말했다. 시절이 평화로우면 활쏘기로써 덕을 관찰하고, 세상이 어지러우면 활쏘기는 가죽 꿰뚫는 것을 주로 한다. 이 두 가지는 본디 각각 그 마땅한 바가 있다. 그러나 가죽 꿰뚫는 활쏘기는 잠시 할 수 있는 것이지, 항상 그래서는 안 된다. 무왕의 일이 바로 그 예이다.

○新安陳氏曰 儀禮 鄕射禮曰 禮射 不主皮 鄭氏註 禮射 謂以禮樂射 大射 賓射 燕射 是也 夫子 引儀禮之文 去上一禮字 若讀全句 而味之 意自明白 蓋 有禮射 有武射 治世 行禮射 兵爭 則尙武射 此言 古之道也 與古者言之不出 皆是言古者 以見今之不古也

신안 진씨가 말했다. 『의례』, 「향사례」에 말하기를 "예사는 가죽 꿰뚫기를 주로 하지 않는다"라고 했는데, 정씨(정현)의 주에 "예사는 예악으로써 활을 쏘는 것이니 대사, 빈사, 연사가 그것이다"라고 했다. 공자께서는 의례의 글을 인용하시면서 위의 '예' 한 글자를 빼셨으니, 만약 ('예'자를 빼지 않은) 전체 구절을 읽고 음미한다면 그 의미는 저절로 명백하다. 대개 예사가 있고, 무사가 있다. 치세에는 예사를 행하고, 전쟁 때에는 무사를 숭상한다. '옛 도이다'라는 이 말과 "옛날에는 말을 꺼내지 않았다(『논어』 4, 「이인」 22장)"라는 말은 모두 '옛날'이라고 말함으로써 지금이 옛날이 아님(옛날과 다름)을 드러내신 것이다.

3.17-1 子貢 欲去告朔之餼羊去 起呂反 告 古篤反 餼 許氣反
자공이 고삭(초하루를 알리는 의식)의 희생양을 없애고자 했다.

【집주】

告朔之禮 古者 天子 常以季冬 頒來歲十二月之朔于諸侯 諸侯受而藏之祖廟 月朔 則以特羊告廟 請而行之 餼 生牲也 魯 自文公始不視朔 而有司 猶供此羊 故 子貢 欲去之

고삭의 예는 (다음과 같다.) 옛날에 천자가 항상 겨울 끝 달(섣달)에 다음 해의 열두 달의 달력을 제후에게 반포하면 제후는 이를 받아서 조묘(조상의 사당)에 보관하고, 매월 초하루가 되면 특양(온 마리의 양)을 희생으로 하여 묘에 고하고 [그 달의 달력을 시행하기를] 청해 시행했다. '희'는 산 희생물이다. 노나라는 문공 때부터 처음 삭(고삭의 예)을 보지(행하지) 않았지만 유사는 아직도 이 양을 바쳤다. 그러므로 자공이 이를 없애고자 한 것이다.

【세주】

胡氏曰 周禮 大史 頒告朔于邦國 左氏傳 文公 十六年 疏云 天子 頒朔于諸侯 諸侯 受之 藏于祖廟 每月之朔 以特牲 告廟 受而施行之 遂聽治此月之政 竊意 此 周家 所以一侯國 而侯國 所以奉王命之常禮也 餼 卽特牲也 必於祖廟者 示不敢專 且重其事也 魯 自文公 六年 閏月 不告朔 至十六年 四不視朔 左氏傳 疏云 此後 有不告朔者 亦不復書 其譏已明 以後不復譏也 然則定哀之時 遂以不告朔爲常 故 子貢 以有司所供之羊 爲徒費 而欲去之 夫子 遂責之也 大抵 處事之際 有利害 有是非 主於利害 則見物 而不見理 主於是非 則見理 而不見物 子貢之說 豈初年貨殖之心 猶未脫去歟

호씨가 말했다. 『주례』, (「춘관종백」) <태사> 조에는 "달력을 제후국에 반포한다"라고 했고, 『(춘추)좌씨전』 문공 16년의 소에 말하기를 "천자가 제후에게 달력을 반포하면 제후는 이를 받아 조묘에 보관하고, 매월 초하루에 특생(온 마리의 희생물)으로써 묘에 고하여 (그달의 달력을) 받아서 시행하고, 마침내 그달의 정치를 청취했다"라고 했다. 내가 생각건대 이는 주가(주나라의 집안, 즉 제후)가 하나의 제후국이기 때문이고, (이렇게 하는 것이) 제후국이 왕명을 받드는 상례이기 때문이다. '희'는 곧 특생이다. 반드시 조묘에서 하는 것은 감히 제멋대로 하지 않음을 보이려는 것이고, 또 그 일을 중시하기 때문이다. 노나라는 문공 6년 윤달에 고삭을 하지 않기 시작하여 16년까지 4번 고삭을 하지 않았다. 『좌씨전』의 소에 말하기를 "이 이후 고삭을 하지 않은 경우가 있어도 또한 다시 기록하지 않았는데, 이는 이미 명백히 비판했으므로 이후에는 다시 비판하지 않았기 때문이다"라고 했다. 그러한즉 정공과 애공의 때에는 드디어 고삭을 하지 않는 것이 상례가 되었다. 그러므로 자공은 유사(담당 관리)가 바치는 양이 헛된 비용이라고 생각하여 없애려 했으니, 공자께서 마침내 책망하신 것이다. 대저 일에 대처할 때에는 이익과 손해(의 관점)가 있고 옳고 그름(의 관점)이 있다. 이익과 손해에 중점을 두면 물건만 보이고 이치는 보이지 않는다. 옳고 그름에 중점을 두면 이치만 보이고 물건은 보이지 않는다. 자공의 말은 어찌 초년의 재산을 늘리려는 마음에서 아직도 벗어나지 못했는가?

3.17-2 子曰 賜也 爾 愛其羊 我 愛其禮

공자께서 말씀하셨다. 사야, 너는 그 양을 아까워하지만 나는 그 예를 아까워한다.

【집주】

愛 猶惜也 子貢 蓋 惜其無實而妄費 然 禮雖廢 羊存 猶得以識之

'애'는 아까워하는 것이다. 자공은 대개 실질이 없이 비용만 쓰는 것을 아까워했지만 그러나 예는 비록 폐지되었으나 양(바치는 것)은 아직 남아 있었으니 오히려 (그 예를) 기억할 수 있어,

【세주】

識 音 志 記也 記其爲告朔羊也

'지(識)'는 음이 지이고, 뜻은 기억함이다. 그것이 고삭의 양이라는 것을 기억한다는 말이다.

【집주】

而可復焉 若倂去其羊 則此禮 遂亡矣 孔子 所以惜之

다시 (그 예를) 회복할 수 있다. 만약 양마저 없애버리면 이 예가 완전히

없어진다. 공자께서 아까워하신 이유이다.

○楊氏曰 告朔 諸侯 所以稟命於君親 禮之大者

양씨가 말했다. 고삭은 제후가 임금과 조상에게서 명을 받는 것이니 예 가운데 큰 것이다.

【세주】

新安陳氏曰 朔 受之天子 藏之祖廟 一禮行 而尊君尊祖之大節得焉

신안 진씨가 말했다. 삭(달력)은 천자에게서 받고 조묘에 보관하는 것이니, 예 하나를 행함으로써 임금을 높이고 조상을 높이는 큰 예절을 얻을 수 있다.

【집주】

魯 不視朔矣 然 羊存 則告朔之名 未泯 而其實 因可擧 此 夫子所以惜之也

노나라는 고삭을 하지 않았지만 양이 남아 있으면 고삭의 이름은 사라지지 않을 것이니, 그 실상은 이로 말미암아 일으킬(회복할) 수 있다. 이것이 공자께서 아까워하신 이유이다.

【세주】

朱子曰 愛禮存羊 須見得聖人意思大 常人 只屑屑惜小費 聖人之心所惜者禮 所存者 大也

주자가 말했다. 예를 아껴 양을 남기는 것에 대해, 모름지기 성인의 뜻이 큰 것임을 알아야 한다. 보통 사람들은 다만 쩨쩨하게 작은 비용을 아까워하지만 성인의 마음이 아까워하는 것은 예이고, 보존하는 것은 큰 것이다.

○南軒張氏曰 夫子之意 以爲禮雖廢而羊存 庶幾 後之人 猶有能因羊 以求禮者 是 則羊 雖虛器 固禮之所寓也 玩夫子之辭意 則子貢之欲去羊 其亦隘狹 而少味矣

남헌 장씨가 말했다. 공자의 뜻은, 예는 비록 폐지되었으나 양은 남아 있으니 아마도 뒷사람들은 오히려 양 때문에 그 예를 구할 수 있으리라는 것이다. 이는 곧 양은 비록 헛된 도구이나 본디 예가 깃드는 곳이기 때문이다. 공자의 말씀의 뜻을 완미해보면 자공이 양을 없애려 한 것은 역시 (그 뜻이) 좁고 재미가 없다.

○勉齋黃氏曰 當時 諸侯 雖不告朔 而羊尙在 是 禮之大體 雖亡 而猶有一節 存也 有一節 則因此一節 以復其大體 若去羊 則是 倂此一節之禮 去之矣

면재 황씨가 말했다. 당시에 제후들은 비록 고삭을 하지 않았지만 양은 아직도 남아 있었다. 이는 예의 대체는 비록 없어졌지만 하나의 절차는 남아 있는 것이다. 하나의 절차가 남아 있으면 그 절차 하나로 말미암아 그 대체를 회복할 수 있다. 만약 양을 없애면 이는 이 예의 한 절차마저도 없애는 것이다.

○厚齋馮氏曰 是時 諸侯 固自紀元 而天子所存者 僅正朔 此禮 蓋 甚重也

후재 풍씨가 말했다. 이때 제후는 이미 스스로 기원을 사용했고(스스로 연호를 지어 썼고), 천자가 보존한 것이라고는 겨우 정삭(정통의 달력)뿐이었으니, 이 예는 대개 (의미상) 매우 중요한 것이었다.

3.18 子曰 事君盡禮 人 以爲諂也

공자께서 말씀하셨다. 임금을 섬김에 예를 다하면 사람들은 아첨한다고 여긴다.

【집주】

黃氏曰黃氏 名 祖舜 字 繼道 二山人 孔子 於事君之禮 非有所加也 如是而後盡爾 時人不能 反以爲諂 故 孔子 言之 以明禮之當然也

황씨가 말했다<황씨의 이름은 조순이고, 자는 계도이다. 이산 사람이다>. 공자께서 임금을 모시는 예에서 (예를 다했을 뿐, 예 이외의 다른 것을) 더 보태신 것은 아니다. 이렇게 한 후에야 (예를) 다하는 것인데, 당시 사람들은 (그렇게) 하지 못했기에 거꾸로 아첨한다고 여겼다. 그러므로 공자께서는 그렇게 말씀하심으로써 예가 마땅히 그러해야 함을 밝히셨다.

【세주】

葉氏少蘊曰 如拜下之類 違衆 而從禮宜 時人 以爲諂也

섭소온이 말했다. 배하(마당 아래에서 절함) 같은 것은 뭇사람(의 방식)을 어기고 예의 마땅함을 따른 것인데, 당시 사람들은 아첨한다고 여겼다.

【집주】

○程子曰 聖人 事君盡禮 當時 以爲諂 若他人 言之 必曰 我 事君盡禮 小人 以爲諂 而孔子之言 止於如此 聖人 道大德宏 此亦可見

정자가 말했다. 성인께서 임금을 섬김에 예를 다했는데 당시에는 아첨한다고 여겼다. 만약 다른 사람이 말했다면 반드시 "나는 임금을 섬김에 예를 다하는데 소인들이 아첨한다고 여긴다"라고 했을 것인데, 공자의 말씀은 이런 정도에서 그쳤으니, 성인의 도가 크고 덕이 넓음을 여기서 또한 알 수 있다.

【세주】

胡氏曰 聖人 事君盡禮 非自賢以駭俗 內交以媚君也 亦曰 畏天命 畏大人而已矣

호씨가 말했다. 성인께서 임금을 예를 다하여 섬긴다고 하신 것은 자신의 현명함을 내세워 세속을 놀라게 하고 속으로는 교제하여 임금에게 아부하려는 것이 아니다. 또한 "천명을 두려워하고, 대인을 두려워한다(『논어』 16, 「계씨」 8장)"라고 말씀하셨을 뿐이다.

○趙氏曰 聖人 必至禮而止 故曰 盡 豈於禮之外 又有加益哉 當時 君弱臣强 事上簡慢 反以爲諂

조씨가 말했다. 성인께서는 반드시 지극한 예를 하시고서야 그쳤기에 '다한다'라고 하셨다. 어찌 예 이외에 더한 것이 있었겠는가? 당시에는 임금은 약하고 신하는 강해서 임금을 소홀하게 모시고서는 오히려 (공자더러) 아첨한다고 여겼다.

○新安陳氏曰 按黃氏 就盡字上 深味之 程子 就人字上 深味之 於此 見得聖人意思氣象 可謂味聖言之法

신안 진씨가 말했다. 살피건대 황씨는 '진'자에 입각하여 깊이 음미했고, 정자는 '인'자에 입각하여 깊이 음미했다. 이에 성인의 뜻과 기상을 알 수 있었으니, (이들의 방법은) 성인의 말씀을 맛보는 법이라 할 만하다.

3.19 定公問 君使臣 臣事君 如之何 孔子對曰 君 使臣 以禮 臣 事君以忠

정공이 물었다. 임금이 신하를 부리는 것과 신하가 임금을 모시는 것은 어떠해야 합니까? 공자께서 대답하셨다. 임금은 신하를 예로써 부리고, 신하는 임금을 충성으로 섬겨야 합니다.

【집주】

定公 魯君 名 宋 二者 皆理之當然 各欲自盡而已

정공은 노나라의 임금으로 이름은 송이다. 두 가지는 모두 이치의 당연함이니 각각 스스로 (할 바를) 다하려는 것일 따름이다.

【세주】

此 兩平言之 正意也

이는 양쪽을 공평하게 말한 것이니, (이 구절의) 본뜻이다.

【집주】

○呂氏曰 使臣 不患其不忠 患禮之不至 事君 不患其無禮 患忠之不足

여씨가 말했다. 신하를 부림에는 그 불충함을 걱정하지 않고 예를 다하지 못함을 걱정한다. 임금을 섬김에는 그 무례함을 걱정하지 않고 충성이 부족함을 걱정한다.

【세주】

此 交互言之 不責人 而責己 各盡所當然 所以 足上正意也

이는 상호 간으로[각각 상대방을 위해 자신이 어떻게 해야 하는지] 말한 것으로 남을 탓하지 않고 자신을 탓하여 각자가 마땅한 바를 다해야 한다는 것이니, 그러므로 위의 본뜻을 만족시킨다.

【집주】

尹氏曰 君臣 以義合者也 故 君 使臣以禮 則臣 事君以忠

윤씨가 말했다. 군신은 의로 합한 사이이다. 그러므로 임금이 신하를 예로써 부리면 신하는 임금을 충성으로 섬긴다.

【세주】

新安陳氏曰 尹氏 加一則字 以此章 爲定公言 警君之意也 若爲臣言 則君雖不以禮 臣 豈可以不忠

신안 진씨가 말했다. 윤씨는 '즉'자 하나를 더함으로써 이 장을 정공을 위한 말로 해석했으니, 임금을 경계하는 뜻이 된다. 만약 신하를 위한 말이라면, 임금이 비록 예로써 하지 않는다고 해서 신하가 어찌 불충할 수 있겠는가?

○朱子曰 爲君 當知爲君之道 不可不使臣以禮 爲臣 當盡爲臣之道 不可不事君以忠 君臣上下 兩盡其道 天下 其有不治者哉 乃知聖人之言 本末兩盡

임금이 되면 마땅히 임금이 되는 도리를 알아야 하니, 신하를 예로 부리지 않을 수 없다. 신하가 되면 마땅히 신하가 되는 도리를 다해야 하니 임금을 충성으로 섬기지 않을 수 없다. 군신, 상하의 양쪽이 그 도를 다하면 천하가 다스려지지 않을 수 있겠는가? 그러니 성인의 말씀이 본말 양쪽을 다했음을 알 수 있다.

○問 忠 只是實心 人倫 皆當用之 何獨於事君上說忠 曰 父子兄弟夫婦人 皆自知愛敬 君臣 以義合 人 易得苟且於此 說忠 是就不足處說

물었다. 충은 다만 진실한 마음으로, 인륜이 모두 마땅히 그래야 하는 것인데, 왜 하필 임금을 섬기는 데만 충을 말합니까? 답했다. 부자, 형제, 부부의 경우는 사람들이 모두 저절로 애경해야 함을 알지만, 군신 관계는 의합에 의한 것이므로 사람들이 이에 대해 구차해지기 쉽다. 충을 말한 것은 [군신 관계가 진실한 마음이 부족한 곳이어서] 부족한 곳에 대해 말한 것이다.

○厚齋馮氏曰 以尊臨卑者 易以簡 當有節文 以下事上者 易以欺 當盡其心 君臣 以義合 名分 雖嚴 必各盡其道 三家之强 惟有禮 可以使之 定哀 以吳越謀伐 則非禮矣 徒激其變 無益也 大抵 聖人之言 中立不倚 異時 答齊景公之問 亦曰 君君 臣臣 父父 子子 景公曰 善哉 必有以黙動者矣 本末兩盡 含蓄不露 此 聖人之言也 若乃孟子 國人寇讎之喩 可以警其君 而不可以諭其臣 責善則離之說 可以告其父 而不可以訓其子 此 聖賢之言 所以有辨也

후재 풍씨가 말했다. 존귀한 사람이 비천한 사람을 대하는 것은 소홀하기 쉬우니 마땅히 절문(의례의 규정)이 있어야 한다. 아랫사람이 윗사람을 모시는 것은 속이기 쉬우니 마땅히 그 마음을 다해야 한다. 군신 관계는 의합의 관계이므로 명분은 비록 엄하지만 반드시 각각 그 도를 다해야 한다. 삼가(노의 권력 세 가문)는 강성하기 때문에 오직 예가 있어야만 부릴 수 있다. 정공과 애공은 오월을 동원해 토벌할 것을 꾀했으니 예가 아니고, 헛되이 변란만 일으켰으니 이익이 아니다. 대저 성인의 말씀은 중립적이어서 한쪽으로 치우치지 않았다. 다른 때 제 경공의 질문에 답하시면서도 또한 "임금은 임금답고, 신하는 신하답고, 아버지는 아버지답고, 아들은 아들다워야 한다(『논어』 12, 「안연」 11장)"라고 하시자 경공이 말하기를 "좋도다"라고 했으니 반드시 말 없는 중에 움직인 것(감동한 것)이 있었을 것이다. 본말 양쪽을 다했으되 함축되어 노골적이지 않으니, 이는 성인의 말씀이기 때문이다. 예컨대 맹자의 경우 "나라 사람들이 원수처럼 여긴다(『맹자』 8, 「이루 하」 3장)"라는 비유는 임금을 경계하는 데는 쓸 수 있지만, 그 신하를 깨우치는 데는 쓸 수 없다. "책선(잘하라고 책망함)하면 소원해진다(『맹자』 7, 「이루 상」 18장)"라는 설은 아버지에게는 말해줄 수 있지만 아들을 가르치는 데 쓸 수는 없다. 이것이 성인(공자)과 현인(맹자)의 말씀이 구분되는 이유이다.

3.20 子曰 關雎 樂而不淫 哀而不傷樂 音洛

공자께서 말씀하셨다. 관저는 즐겁되 음란하지 아니하고 슬프되 다치지 아니한다.

【집주】

關雎 周南國風 詩之首篇也 淫者 樂之過而失其正者也 傷者 哀之過而害於和者也 關雎之詩 言后妃之德 宜配君子 求之未得 則不能無寤寐反側之憂 求而得之 則宜其有琴瑟鍾鼓之樂 蓋 其憂 雖深 而不害於和 其樂 雖盛 而不失其正 故 夫子 稱之如此 欲學者玩其辭 審其音 而有以識其性情之正也

관저는 (『시경』의) 「주남」, <국풍>의 시로 『시경』의 제일 첫 편이다. '음(淫)'이란 즐거움이 지나쳐 그 올바름을 잃은 것이다. '상(傷)'이란 슬픔이 지나쳐 조화를 해치는 것이다. 관저의 시는 후비의 덕이 마땅히 군자에 짝할 만해서, 구하여 얻지 못하면 자나 깨나 엎치락뒤치락하는 근심이 없을 수 없으며, 구하여 얻으면 마땅히 금슬과 종고의 즐거움(부부의 화락함)을 누린다는 말이다. 대개 그 근심은 비록 깊으나 조화를 다치지 않았고, 그 즐거움은 비록 성하나 그 올바름을 잃지 않았다. 그러므로 공자께서 이처럼 칭찬하셨으니, 배우는 자로 하여금 그 가사를 완미하고 그 소리(곡조)를 살펴 그 성정의 바름을 깨닫게 하시려 함이다.

【세주】

朱子曰 此詩看來 是宮中人作 所以 形容 到寤寐反側 外人 做不到此 樂止於琴瑟鐘鼓 是不淫也 若沈湎淫泆 則淫矣 憂 止於展轉反側 是不傷也 若憂愁哭泣 則傷矣 此 是得性情之正

주자가 말했다. 이 시를 보면 궁중 안의 사람이 지은 것이다. 그래서 모습을 형용함이 '자나 깨나 엎치락뒤치락한다'는 데까지 이르렀다. 바깥사람은 이런 데 이를 수 없다. 즐거움이 금슬과 종고에 그치는 것은 음란하지 않은 것이다. 만약 음일에 깊이 빠지면 음란한 것이다. 근심이 엎치락뒤치락하는 데서 그치면 다치지 않은 것이다. 만약 근심하고 슬퍼하여 흐느껴 울면 다치는 것이다. 이(시)는 성정의 바름을 얻었다.

○問 關雎 樂而不淫 哀而不傷 是詩人性情如此 抑詩之詞意如此 曰 是有那

情性 方有那詞氣聲音

물었다. 관저는 즐겁되 음란하지 아니하고 슬프되 다치지 아니한다는 것은 시인의 성정이 이러하다는 말입니까, 아니면 시의 말뜻이 이러하다는 말입니까? 답했다. 이러한 정성(성정)이 있어야 비로소 이러한 말 기운과 소리가 있다.

○關雎 是樂之卒章 故曰 關雎之亂 亂者 樂之卒章也 故 楚辭有亂 曰 是也 前面 須更有 但 今不可考耳

관저는 음악의 마지막 장입니다. 그래서 '관저의 난'이라 했습니다. '난'이란 음악의 마지막 장입니다. 그런 까닭에 『초사』에 난이 있습니다. 답했다. 옳다. 전에는 반드시 [그 음악이] 있었겠지만 지금은 고증할 수 없다.

○南軒張氏曰 哀樂 情之爲也 而其理 具於性 哀而至於傷 樂而至於淫 是則情之流 而性之汨矣 樂而不淫 哀而不傷 發不踰 則性情之正也 非養之有素者 其能然乎

남헌 장씨가 말했다. 슬픔과 즐거움은 정의 활동이지만 그 이치는 성에 구비되어 있다. 슬퍼하여 다치는 데 이르고 즐거워하여 음란한 데 이르는 것은 정이 흐르는 것(절제를 잃는 것)이고, 성이 혼란된 것이다. 즐겁되 음란하지 않고 슬프되 다치지 않아서 드러내되 넘지 않으면 성정의 바름이다. 평소에 기른 바가 없는 자가 능히 그럴 수 있겠는가?

○胡氏曰 觀詩之法 原其性情 玩其辭語 審其聲音而已 今 性情難知 聲音不傳 惟辭語可玩味爾 然 因其辭語 可以知其性情 至於播之長言 被之管絃 則聲音 亦略可見矣

호씨가 말했다. 시를 감상하는 법은 그 성정을 탐색하고 그 가사를 감상하며 그 소리(곡조)를 살피는 것뿐이다. 지금 성정은 알기 어렵고 소리는 전해지지 않으며 오직 가사만이 감상할 수 있을 뿐이다. 그러나 그 가사 때문에 그 성정을 알 수 있고, 긴 소리로 펴보고 관현에 실어보면 그 소리도 또한 대강은 알 수 있다.

○慶源輔氏曰 哀樂 情也 未發 則性也 由性之正 故 發乎情 亦正

경원 보씨가 말했다. 슬픔과 즐거움은 정이고, 아직 드러나지 않으면 성이다. 성의 바름에 연유하는 까닭에 정으로 드러나는 것 또한 바르다.

○雙峯饒氏曰 自他詩觀之 言憂者 常易至於悲傷 如澤陂之詩曰 有美一人 傷如之何 寤寐無爲 涕泗滂沱 是也 言樂者 常易至於淫泆 如溱洧之詩曰 洧之外 洵訏且樂 惟士與女 伊其相謔 贈之以芍藥 是也 惟關雎之詩 最得性情之正

쌍봉 요씨가 말했다. 다른 시에서 보건대 근심을 말한 것은 항상 슬퍼하여 다치는 데 이르기 쉬우니, 예컨대 <택파>의 시에 "미인이 있어 마음이 상해 어찌하나, 자나 깨나 눈물, 콧물만 비 오듯 흘리네"라고 한 것이 그것이다. 즐거움을 말한 것은 항상 음일에 이르기 쉬우니, 예컨대 <진유>의 시에 "유수의 밖은 넓고 또 즐거워, 남자와 여자가 서로 희롱하며 작약을 주고받네"라고 한 것이 그것이다. 오직 관저의 시만이 가장 성정의 바름을 얻었다.

○雲峯胡氏曰 集註 於詩無邪 曰 使人得其性情之正 指凡詩之用而言 此則曰 有以識性情之正 獨指關雎之詩而言 蓋 樂不淫 哀不傷 是詩人性情之正也 如鄭衛之詩 樂過而淫 哀過而傷 則亦有非性情之正者矣 然 讀者 於此有所懲創 則亦可以得其性情之正 集註前後 可以參看

운봉 호씨가 말했다. 집주는 '시는 사특함이 없다'는 구절에 대해서는 '사람으로 하여금 성정의 올바름을 얻게 하는 것'이라 하여 일반적인 시의 쓰임새를 지적했는데 이(구절)를 말하면서는 성정의 올바름을(이 시 자체가 성정의 올바름임을) 알 수 있다고 했으니, 이는 다만 관저의 시만을 가리켜 말한 것이다. 대개 즐겁되 음란하지 않고 슬프되 다치지 않는 것은 시인의 성정의 올바름이다. 예컨대 정나라나 위나라의 시는 즐거움이 지나쳐 음란하고, 슬픔이 지나쳐 다치니, 또한 성정의 올바름이 아닌 경우도 있다. 그러나 독자가 여기서(정, 위의 시에서) 뉘우치고 경계하는 바가 있다면 또한 성정의 올바름을 얻을 수 있다. 앞뒤의 집주는 참고할 만하다.

○勉齋黃氏曰 先生 晩年 再改削集註 止於此章

면재 황씨가 말했다. 선생(주희)이 만년에 다시 집주를 고친 것은 이 장에서 그쳤다.

3.21-1 哀公 問社於宰我 宰我對曰 夏后氏以松 殷人以柏 周人以栗 曰使民戰栗

애공이 사에 대해 재아에게 물었다. 재아가 대답했다. 하후씨는 소나무로 했고, 은나라 사람들은 잣나무로 했고, 주나라 사람들은 밤나무(율)로 했는데, 백성으로 하여금 전율케 하려는 것입니다.

【집주】

宰我 孔子弟子 名 予魯人 三代之社不同者 古者 立社 各樹其土之所宜木 以爲主也

재아는 공자의 제자로서 이름은 여이다<노나라 사람이다>. 3대의 사가 같지 않은 것은 옛날에 사를 세울 때 각각 그 땅에 적당한 나무를 심어 (신)주로 삼았기 때문이다.

【세주】

唐 孔氏曰 夏都 安邑 宜松 商都 亳 宜栢 周都 豐鎬 宜栗

당의 공씨(공영달)가 말했다. 하나라의 도읍은 안읍이니 소나무가 적당했다. 상의 도읍은 박이니 잣나무가 적당했다. 주나라의 도읍은 풍호이니 밤나무가 적당했다.

○問 以木造主 還是以樹爲主 朱子曰 只以樹爲社主 使神依焉 如今人 說神樹之類 以木名社 如櫟社 枌榆社之類

물었다. 나무로 신주를 만드는 것입니까, 아니면 나무를 (심어서) 신주로 삼는 것입니까? 주자가 답했다. 다만 나무를 가지고 사의 주인으로 삼아서 신이 깃들이게 하는 것이다. 예컨대 오늘날 사람들이 신령스러운 나무라고 말하는 것과 같은 것으로, 나무로써 그 사의 이름을 붙이니 역(상수리나무)사, 분운(느릅나무)사 등이 있다.

○沙隨程氏曰 古者 以木爲主 今也 以石爲主 非古也

사수 정씨가 말했다. 옛날에는 나무로 신주를 만들었고 지금은 돌로 신주를 만드니, 옛날과 다르다.

【집주】

戰栗 恐懼貌 宰我又言 周所以用栗之意 如此 豈以古者戮人於社故 附會其說與音余

'전율'은 두려워하는 모습이다. 재아가 또 주나라가 밤나무를 사용한 까닭이 이와 같다고 말했지만, 어찌하여 옛날에 사에서 사람을 죽인 것을 가지고 그 설을 억지로 갖다 붙였는가?

○慶源輔氏曰 按甘誓曰 用命 賞於祖 弗用命 戮于社 蓋 古者 建國 左祖右社 左陽 右陰 陰主殺 軍行 載社主以行 弗用命 則戮之於社也

경원 보씨가 말했다. 살피건대 (『서경』, 「하서」의) <감서>에는 "명을 지키면 조묘에서 상을 주고 명을 어기면 사에서 죽인다"라고 했다. 대개 옛날에 건국을 하면 왼쪽에는 조묘를 두고 오른쪽에는 사를 두었다. 왼쪽은 양이고 오른쪽은 음이니, 음은 죽이는 것을 주로 한다. 군대가 행군할 때 사의 신주를 싣고 가는데, 명을 어기면 사에서 죽였다.

3.21-2 子 聞之 曰 成事不說 遂事不諫 旣往不咎

공자께서 듣고 말씀하셨다. 이루어진 일이라 말하지 않으며, 끝난 일이라 비판하지 않고, 이미 지나간 일이라 허물하지 않겠다.

【집주】

遂事 謂事雖未成 而勢不能已者 孔子 以宰我所對 非立社之本意 又啓時君殺伐之心 而其言已出 不可復扶又反救 故 歷言此 以深責之 欲使謹其後也

'수사(끝난 일)'는 일은 비록 이루어지지 않았으나 그 형세는 이미 돌이킬 수 없는 것을 말한다. 공자께서는 재아가 대답한 것이 사를 세우는 본뜻이 아니고, 또 당시의 임금에게 살벌한 마음을 일으키게 한다고 생각하셨지만, 그 말이 이미 나와버린 것이라 다시 바로잡을 수 없었기에 여러 번 이렇게 말씀하시어 깊이 책망하시고, 그 다음에는 삼가게 하고자 하셨다.

○尹氏曰 古者 各以所宜木 名其社 非取義於木也 宰我 不知而妄對 故 夫子 責之

윤씨가 말했다. 옛날에는 각각 그 적당한 바의 나무로써 그 사의 이름을 붙였는데, 그 나무(이름)에서 뜻을 취한 것은 아니었다. 재아는 모르면서도 망령되이 대답했기에 공자께서 책망하신 것이다.

【세주】

問 宰我所言 尙未見於事 如何不可救 朱子曰 此 只責他易其言 未問其見於事 與未見於事 所謂 斯言之玷 不可爲也 蓋 欲使謹於言耳

물었다. 재아가 말한 바는 아직도 일로 실현된 것은 아닌데 왜 바로잡을 수 없습니까? 주자가 답했다. 이는 다만 그가 쉽게 말한 것을 책망한 것일 뿐 일로 실현되었는지 아직 실현되지 않았는지는 묻지 않으셨으니, 소위 "이 말의 잘못은 어찌할 수 없다(『시경』, 「대아」, <탕 억>)"라는 것이다. 대개 말하는 데 삼가게 하고자 하신 것이다.

○慶源輔氏曰 宰我 在言語之科 然 觀此戰栗之對 則失於鑿 流於妄者 或不能免 大凡 己所未曉之事 而妄言以語人 不惟無益 而失己欺人之弊 有不可勝言者 又況導人以殺戮之事哉 此 夫子 所以深責之也

경원 보씨가 말했다. 재아는 (공문 4과 중) 언어의 과(말을 잘하는 부류)에 드는데, 그러나 이 전율의 대답을 보면 (지나치게) 천착하는 잘못과 망령된 것으로 흐르는 것을 혹 면하지 못한 듯하다. 대개 자신이 잘 알지 못하는 일을 망령된 말로 남에게 말해주는 것은 이익이 없을 뿐만 아니라 (또한) 자신은 잘못을 저지르고 남은 속이는 폐단이 이루 다 말할 수 없는 것인데, 또 하물며 (잘못 말해주어) 남을 살육의 일로 이끄는 것이겠는가? 이것이 공자께서 깊이 책망하신 이유이다.

3.22-1 子曰 管仲之器 小哉

공자께서 말씀하셨다. 관중의 그릇은 작구나.

【집주】

管仲 齊大夫 名 夷吾 相去聲桓公 覇諸侯 器小 言其不知聖賢大學之道 故 局量去聲 褊淺 規模 卑狹 不能正身修德 以致主於王道

관중은 제나라의 대부이고 이름은 이오인데, 환공을 도와 제후를 제패했다. 그릇이 작다는 것은 성현의 『대학』의 도를 알지 못한 까닭에 국량이 솔고 얕으며 규모가 낮고 좁아서, 몸을 바로하고 덕을 쌓아 군주(제 환공)를 왕도에 이르게 하지 못했음을 말한다.

【세주】

朱子曰 局量褊淺 是他容受不去了 容受不去 則富貴 能淫之 貧賤 能移之 威武 能屈之矣 規模 是就他設施處說

주자가 말했다. 국량이 좁고 얕다는 것은 그가 받아들이지 못했다는 것이다. 받아들이지 못하면 부귀가 능히 음란하게 하고 비천이 능히 (뜻을) 옮기게 하며 힘에 의한 위협이 능히 굽히게 할 수 있다. 규모는 그가 시행한 일에 관해 말한 것이다.

○器小 是以分量言 若以學問充之 小 須可大

그릇이 작다는 것은 분량을 두고 말하는 것이다. 만약 학문으로 채운다면 작은 것은 반드시 커질 수 있다.

○問 孔子 見他一生 全無本領 只用私意小智 僅能以功利 自彊其國 若是王佐之才 必不如此 故 謂之器小 曰 是

물었다. 공자께서는 그(관중)의 일생이 완전히 본령(근본이 되는 원칙)이 없으며, 다만 사사로운 뜻과 작은 지혜를 써서 겨우 공리(功利: 실제적인 이익)로써 스스로 그 나라를 강하게 만들었을 뿐이라고 보셨습니다. 만약 왕좌지재(왕도를 보좌할 수 있는 재주를 지닌 사람)라면 반드시 이와 같지는 않았을 것입니다. 그래서 그릇이 작다고 하는 것입니다. 답했다. 그렇다.

○問 須是如孟子言 居天下之廣居 立天下之正位 行天下之大道 方是大器 曰 是

물었다. 모름지기 맹자의 말처럼 천하의 넓은 자리에 거처하고 천하의 바른 자리에 서며 천하의 대도를 행해야(『맹자』 6, 「등문공 하」 2장) 비로소 큰 그릇입니다. 답했다. 그렇다.

○勉齋黃氏曰 局量 指心之蘊蓄 規模 指事之發見 心者 器之體 事者 器之用 不能正身脩德 則心之所向 可知 不能致主於王者 則事之所就 可知 局量褊淺 則規模必卑狹 未有不能正身脩德 而能致主於王道者

면재 황씨가 말했다. 국량이란 마음에 쌓인 것을 가리키며, 규모란 일이 드러난 것(성취된 것)을 가리킨다. 마음이란 그릇의 체이고 일이란 그릇의 용이다. 몸을 바르게 하고 덕을 닦지 못했다 했으니 (관중의) 마음이 지향한 바를 알 수 있고, 군주를 왕자(왕도를 실현한 임금)가 되게 하지 못했다 했으니 그 성취한 일을 알 수 있다. 국량이 솔고 얕으면 규모는 반드시 낮고 좁게 되어 있다. 몸을 바르게 하고 덕을 닦지 못한 자가 군주를 왕도에 이르게 할 수 있는 경우는 없다.

○胡氏曰 局量規模 以器言 褊淺卑狹 以小言 不知聖賢大學之道 所以 器小也 本之不立也 不能正身脩德 以致主於王道 器小之驗也 效之不至也 無是本 則無是效也

호씨가 말했다. 국량과 규모는 그릇을 두고 하는 말이고, 솔고 얕고 낮고 좁다는 것은 작다는 말이다. 성현의 『대학』의 도를 모르니 그래서 그릇이 작은 것이요, 근본이 서지 않는 것이다. 몸을 바르게 하고 덕을 닦아 군주를 왕도에 이르게 하지 못한 것은 그릇이 작은 증거요, 효과가 지극하지 못한 것이다. 이 근본이 없으면 이 효과도 없다.

○東陽許氏曰 大學之道 八事 先以修身爲本 而後及家國天下 蓋 見理旣明 行事 自然件件中節 不敢踰禮犯分 今 管仲 如此 只是格物致知工夫未到 見理不明 故 爲所不當爲 踰禮犯分 凡事 都要向上 不知反成小器

동양 허씨가 말했다. 『대학』의 도는 여덟 가지 일(8조목)로, 먼저 몸을 닦는 것을 근본으로 한 후에 집안과 나라와 천하에 미치는 것이다. 대개 이치를 명확하게 알면 일을 행함에 자연히 일마다 법도에 맞고 감히 예를 넘어서거나 분수를 어기지 않게 된다. 지금 관중이 이러한 것은 다만 격물치지의 공부가 경지에 도달하지 못해 이치를 분명히 알지 못했기 때문으로, 그런 까닭에 마땅히 하지 말아야 할 일을 하고 예를 넘어서고 분수를 어겼으며, 모든 일을 다 향상시키려고만 [실제적인 발전만을 도모하려] 했지 (이렇게 하는 것이) 거꾸로 작은 그릇을 만든다는 것을 몰랐다.

3.22-2 或曰 管仲 儉乎 曰 管氏 有三歸 官事不攝 焉得儉

焉 於虔反

혹자가 말했다. 관중은 검소합니까? (공자께서) 답하셨다. 관씨는 삼귀를 가졌고 관(가신)의 일을 겸직시키지 않았으니, 어찌 검소하다고 할 수 있겠는가?

【집주】

或人 蓋 疑器小之爲儉 三歸 臺名 事見形甸反說苑

혹자는 대개 그릇이 작다는 것이 검소하다는 것 아닌지 의심했다. 삼귀는 대(누각)의 이름이다. 『설원』에 그 일이 나와 있다.

【세주】

劉向 說苑 善說篇 齊桓公 立仲父 致大夫 曰 善吾者 入門而右 不善吾者 入門而左 有中門而立者 桓公問焉 對曰 管子之知 可與謀天下 其彊 可與取天下 君恃其信乎 內政委焉 外事斷焉 民而歸之 是亦可奪也 桓公曰 善 乃謂管仲政 則卒歸於子矣 政之所不及 惟子是匡 管仲 故 築三歸之臺 以自傷於民

유향의 『설원』, 「선설」편에 "제 환공은 중보(관중)를 세우면서 대부들을 불러서 '내가 잘했다고 생각하는 자는 문을 들어와 오른쪽에 서고, 잘못했다고 생각하는 자는 문을 들어와 왼쪽에 서라'고 했는데 문 가운데 선 자가 있었다. 환공이 (그 까닭을) 묻자 대답했다. '관자의 지혜는 가히 천하를 도모할 수 있고, 그 강성함은 가히 천하를 취할 수 있습니다. 임금께서는 그 믿음직함을 믿어서 내정은 맡기고 바깥일은 마음대로 하게 하셨습니다. 백성[의 여론]이 그에게 돌아가겠지만, 이는 또한 빼앗을 수 있는 것입니다.' 환공이 말했다. '좋다.' 그러고는 관중에게 말하기를 '정치는 마침내 그대에게 돌아갔으니 정치가 미치지 못하는 것은 그대가 바로잡으라'고 했다.

관중이 그래서 삼귀의 대를 짓고 스스로 백성[의 여론]을 걱정했다"라고 했다.

○朱子曰 管氏 有三歸 不是一娶三姓女 若此 却是僭 此一段意 只擧管仲奢處 以形容他不儉 下段所說 乃形容他不知禮處 便是僭竊 恐不可做三娶說

주자가 말했다. 관씨가 삼귀가 있었다는 것은 한 번에 세 성씨의 여자를 취했다는 것이 아니다. 만약 그렇다면 이는 곧 참람함인데, 이 문단의 의미는 다만 관중의 사치함을 지적함으로써 그가 검소하지 않음을 그리려는 것이고, 아래 문단의 말은 그가 예를 모른다는 것을 그리려는 것으로, 그것이 곧 참람함이다. 아마도 삼취설(세 여자를 취했다는 설)은 안 되는 것 같다.

○厚齋馮氏曰 以歸民之左右與中 故 臺 謂之三歸

후재 풍씨가 말했다. 백성의 [여론이] 왼쪽, 오른쪽, 그리고 가운데로 돌아간다는 의미로 대를 삼귀라 했다.

【집주】

攝 兼也 家臣 不能具官 一人 常兼數事 管仲 不然 皆言其侈

'섭'은 겸하는 것이다. 가신은 그 직책을 다 구비할 수 없기 때문에 한 사람이 보통 몇 가지 일을 겸하는데, 관중은 그리하지 않았다. (삼귀나 관사불섭은) 모두 그것이 사치스럽다는 말씀이다.

3.22-3 然則管仲 知禮乎 曰 邦君 樹塞門 管氏 亦樹塞門 邦君 爲兩君之好 有反坫 管氏 亦有反坫 管氏而知禮 孰不知禮好 去聲 坫 丁念反

그러면 관중은 예를 압니까? 답하셨다. 나라의 임금(제후)은 수(문 가리는 벽)로 문을 가리는데 관씨도 수로 문을 가렸고, 나라의 임금은 두 임금의 우호를 위해 반점(잔 놓는 대)을 두는데 관씨도 또한 반점을 두었으니, 관씨가 예를 안다면 누가 예를 모르겠는가?

【집주】

或人 又疑不儉爲知禮 屛音丙 謂之樹 塞 猶蔽也 設屛於門 以蔽內外也

혹자가 또 검소하지 않은 것이 예를 아는 것이 아닌지 의심했다. 병(가림)을 일러 '수'라 한다. '색'은 가리는 것이다. 문에 병을 설치하여 안과 밖을 가린다.

【세주】

趙氏曰 古者 人君 別內外 於門樹屛 以蔽塞之 蓋 小墻 當門中也 禮 天子外屛 諸侯 內屛 大夫以簾 士以帷

조씨가 말했다. 옛날에 임금은 내외를 구분하기 위해 문에 병(가림 담)을 세워 가렸다. 대개 작은 담으로, 문 가운데 위치했다. 예에 천자는 외병을 하고, 제후는 내병을 하고, 대부는 발을 쓰고, 사는 휘장을 썼다.

【집주】

好 謂好會 坫 在兩楹之間 獻酬飮畢 則反爵於其上 此 皆諸侯之禮 而管仲 僭之 不知禮也

'호'는 우호를 위한 회합을 말한다. '점'은 두 기둥 사이에 있는데 술잔을 주고받아 다 마신 다음 그 위에 잔을 뒤집어놓는 곳이니, 이는 모두 제후의 예인데 관중이 참람하게 행했으니 예를 모르는 것이다.

【세주】

古註 圖說 坫 以木爲之 高 八寸 足高 二寸 漆赤中

고주의 도설에 보면 '점'은 나무로 만드는데, 높이는 8촌이고 다리 높이는 2촌이며 가운데 붉은 옻칠을 한다.

○趙氏曰 古者 諸侯 與隣國爲好會 主君 獻賓 賓 筵前受爵 飮畢 反此虛爵於坫上 於西階上 拜 主人 於阼階上 答拜 賓 於坫取爵 洗爵以酢主人 主人受爵飮畢 反此虛爵於坫上 主人 阼階上拜 賓 答拜 是賓主飮畢 反爵於坫也 大夫 則無之

조씨가 말했다. 옛날에 제후가 이웃나라와 우호 회합을 할 때 주인인 임금이 손님에게 술을 바치면 손님은 자리 앞에서 잔을 받고, 다 마신 후에는 이 빈 잔을 뒤집어 점 위에 놓고, 서쪽 계단으로 올라가 절한다. 주인은 동쪽 계단으로 올라가 답절을 한다. 손님은 점에서 잔을 잡아 잔을 씻고 술을 주인에게 부어준다. 주인은 잔을 받아 다 마신 후 이 빈 잔을 뒤집어 점 위에 올려놓는다. 주인은 동쪽 계단 위에서 절하고 손님은 답절을 한다. 이것이 '손님과 주인이 다 마신 후 잔을 뒤집어 점 위에 올려놓는다'는 것이다. 대부는 (이런 예가) 없다.

【집주】

○愚謂 孔子 譏管仲之器小 其旨 深矣 或人 不知 而疑其儉 故 斥其奢 以明其非儉 或 又疑其知禮 故 又斥其僭 以明其不知禮 蓋 雖不復扶又反 下同明言小器之所以然 而其所以小者 於此 亦可見矣 故 程子曰 奢而犯禮 其器之小 可知 蓋 器大 則自知禮 而無此失矣 此言 當深味也

내가 생각건대 공자께서 관중의 그릇이 작다고 비판하신 것은 그 의미가 깊다. 혹자가 알지 못하고 검소한 것이 아닌지 의심했기에 그 사치함을 지적하심으로써 그 검소하지 않음을 밝히셨고, 혹자가 또 예를 아는 것이 아닌지 의심했기에 또 그 참람함을 지적하심으로써 그 예를 알지 못함을 밝히셨다. 대개 비록 그릇이 작은 이유를 다시 밝혀 말씀하시지는 않았지만 작은 이유는 여기서 또한 알 수 있다. 그러므로 정자가 말하기를 "사치하고 예를 범했으니 그 그릇이 작은 것을 알 수 있다. 대개 그릇이 크면 저절로 예를 알아서 이러한 잘못이 없다"라고 했다. 이 말은 마땅히 깊이 음미해야 한다.

【세주】

慶源輔氏曰 器大 則天下之物 不足以動其心 而惟義理之是行

경원 보씨가 말했다. 그릇이 크면 천하의 사물이 그 마음을 움직이기에 족하지 않아, 다만 의리에 맞는 올바른 행동만 한다.

○胡氏曰 奢者 器之小 而盈也 犯禮者 器之盈 而溢也

호씨가 말했다. 사치한 것은 그릇이 작아 가득 찬 것이고, 예를 범하는 것은 그릇이 가득 차서 넘치는 것이다.

【집주】

蘇氏曰蘇氏 名 軾 字 子瞻 號 東坡 眉山人 **自修身正家 以及於國 則其本深 其及者遠 是謂大器 揚雄所謂 大器 猶規矩準繩 先自治 而後治人者 是也**

소씨가 말했다<소씨는 이름은 식이고, 자는 자첨이며, 호는 동파이다. 미산 사람이다>. **몸을**

닦고 집안을 바르게 하는 일에서 시작하여 나라(를 잘 다스리는 데)에 이르면 그 근본이 깊은 것이고 그 미치는 것도 먼 것이니, 이를 큰 그릇이라고 한다. 양웅이 말한 바 "큰 그릇은 둥근 자나 모난 자, 수평기나 먹줄 같은 것으로, 먼저 스스로 다스리고 나서 남을 다스린다"라고 한 것이 그것이다.

【세주】

楊子 先知篇 或曰 齊 得夷吾 而覇 仲尼曰 小器 請問大器 曰 大器 其猶規矩準繩乎 先自治 而後治人之謂大器

양자 (『법언』) 「선지」편(에 다음과 같이 나와 있다) 혹자가 물었다. "제나라는 이오(관중)를 얻어 패자가 되었는데, 중니는 '작은 그릇이다'라고 했으니, 청컨대 큰 그릇이란 어떤 것인지 묻습니다." 답했다. "큰 그릇이란 둥근 자나 모난 자, 수평기나 먹줄 같은 것으로, 먼저 자신을 다스린 후 남을 다스리는 것을 일러 큰 그릇이라 한다."

【집주】

管仲 三歸反坫 桓公 內嬖六人 而覇天下 其本 固已淺矣 管仲死 桓公薨 天下 不復宗齊

관중은 삼귀와 반점을 두었고, 환공은 후궁 여섯을 두고 천하를 제패했으니 그 근본은 본디 매우 얕았다. 관중이 죽고 환공이 죽은 후 천하는 다시는 제나라를 종주로 삼지 않았다.

【세주】

左傳 僖公十七年 齊侯之夫人 三 王姬 徐嬴 蔡姬 皆無子 齊侯 好內 多內寵 內嬖如夫人者 六人 長衛姬 生武孟 少衛姬 生惠公 鄭姬 生孝公 葛嬴 生昭公 密姬 生懿公 宋華子 生公子雍

『(춘추)좌전』 희공 17년에 보면 "제후의 부인은 셋인데 왕희, 서영, 채희로서 모두 아들이 없었다. 제후는 궁녀를 좋아하여 총애하는 궁녀가 많았는데, 후궁으로서 부인과 마찬가지인 자가 여섯이었다. 큰 위희는 무맹을 낳았고, 작은 위희는 혜공을 낳았고, 정희는 효공을 낳았고, 갈영은 소공을 낳았고, 밀희는 의공을 낳았고, 송화자는 공자 옹을 낳았다"라고 했다.

○新安陳氏曰 功業 無本 宜仲僅可沒身 公且薨於亂也

신안 진씨가 말했다. 공업에 근본이 없었으므로 당연히 관중은 겨우 (제대로)

죽을 수 있었고 환공은 또 난 때문에 죽었다.

【집주】

楊氏曰 夫子 大管仲之功 而小其器 蓋 非王佐之才 雖能合諸侯 正天下 其器 不足稱也 道學不明 而王霸之略 混爲一途 故 聞管仲之器小 則疑其爲儉 以不儉告之 則又疑其知禮 蓋 世 方以詭遇爲功 而不知爲去聲之範 則不悟其小 宜矣

양씨가 말했다. 공자께서는 관중의 공은 크게 여기시면서도 그 그릇은 작게 여기셨다. 대개 왕좌지재(왕도의 성취를 보좌할 인재)가 아니면 비록 능히 제후를 연합하고 천하를 바로잡더라도 그 그릇은 칭찬할 만하지 않다. (혹자는) 학문에 밝지 못해 왕도와 패도의 방략을 하나의 (같은) 길이라고 혼동했기 때문에 관중의 그릇이 작다는 말씀을 듣고는 검소한 것이 아닌지 의심했고, 검소하지 않다고 말씀해주시자 또 예를 아는 것이 아닌지 의심했다. 대개 세상 사람들은 바야흐로 속임수를 공이라 여기고, 규범을 따라야 한다는 것은 모르니 그 (그릇의) 작음을 깨닫지 못하는 것도 당연하다.

【세주】

孟子 滕文公下篇 王良曰 吾 爲之範 我 馳驅 終日 不獲一 爲之詭遇 一朝而獲十

『맹자』, 「등문공 하」편 (<1장>)에 왕량이 말하기를 " 내가 규범대로 하여 말을 달리니 하루 종일 한 마리도 못 잡다가 속임수로 하자(말을 달리자) 하루아침에 열 마리를 잡았다"라고 했다.

○問 使仲器局宏闊 須知我所爲功烈 如彼其卑 豈肯侈然自肆 至於奢僭如此 朱子曰 也不說道 功烈卑時 不當如此 便是功大 亦不可如此

물었다. 관중으로 하여금 국량을 넓히게 한다면 반드시 자신이 행한 공적이 그처럼 낮은 것임을 알았을 것이니, (그랬다면) 어찌 오만하게 제멋대로 하여 이처럼 사치하고 참람한 데 이르려 했겠습니까? 주자가 답했다. 또한 '공적이 낮을 때에는 이래서는 안 된다'고 말할 수는 없다. 공이 크다 해도 역시 이래서는 안 된다.

○奢而犯禮 是他裏面著不得 見此些小功業 便以爲驚天動地 所以 肆然犯禮 無所忌也 亦緣他只在功利上走 所以 施設不過如此 才做到此 便不覺自足矣 古人 論王霸 以爲王者 兼有天下 伯者 能率諸侯 此 以位論 固是如此

然 使其正天下 正諸侯 皆出於至公 而無一毫之私心 則雖在下位 何害其爲王道 惟其摟諸侯 以伐諸侯 假仁義以爲之 欲其功盡歸於己 故 四方貢賦皆歸於其國 天下 但知有伯 而不復知有天子 此 其所以爲功利之心 而非出於至公也 在學者身上論之 凡日用常行 應事接物之際 纔有一毫利心 便非王道 便是伯者之習 此 不可不省察也

(관중이) 사치해 예를 범한 것은 그의 내면에 (예가) 확립되지 못했기 때문으로, 이 사소한 공적을 보고 오히려 경천동지할 공적이라고 생각해 제멋대로 예를 범해 거리낌이 없었다. 또한 그는 다만 공리적인 것만을 추구했기 때문에 그래서 베푼 것(업적)이 이러한 것에 불과했다. 겨우 이(이런 수준)에 도달했는데도 오히려 자족할 줄을 몰랐다. 옛사람들이 왕도와 패도를 논할 때, 왕자는 천하를 겸유하고 백자(패자)는 능히 제후를 통솔할 수 있다고 생각했는데, 이는 지위를 두고 논한 것으로, 본디 그렇기는 하지만, 그러나 만약 천하를 바로잡고 제후를 바로잡는 것이 모두 지공(지극한 공공의 마음)에서 나와 터럭만큼의 사심도 없다면 비록 낮은 지위에 있다한들 왕도를 행하는 데 무슨 지장이 있겠는가. 오로지 제후를 끌어 모아 제후를 치면서 인의(의 이름)를 빌려 그리하고서는, 그 공을 모두 자기에게로 돌리려 했던 까닭에 사방의 공부(세금)를 모두 그 나라(자기 나라, 즉 제나라)에 돌렸다. 천하에 다만 백자(패자)가 있는 것만을 알고 다시 천자가 있음을 몰랐으니, 이는 공리를 추구하는 마음에서 한 것이지 지공에서 나온 것이 아니다. 배우는 자의 입장에서 논하자면 무릇 매일의 일상에서 일에 응하고 사물에 접할 때 터럭만큼의 이익의 마음이 있기만 하면 곧 왕도가 아니라 패도의 습관이니, 이는 성찰하지 않을 수 없다.

○桓公 伐楚 只去問他 包茅與昭王不返二事 便見他只得如此休 據當時憑陵中夏 暫僭稱王 其罪大矣 如何不理會 蓋 纔說著此事 楚 決然不服 便是勢住不得 故 只尋此年代久遠已冷底罪 過及些小不供貢事去問 想他見無大利害 決不深較 只要他稍退聽 便收殺了 此 亦是器小之故 纔是器小 自然無大功業

환공이 초를 칠 때 다만 그(초나라)에게 포모(제후가 천자에게 띠 풀을 바치는 것)와 소왕이 돌아오지 않은 것 두 가지 일만을 문책했을 따름으로 그(환공)가 이렇게만 하고 말았던 것임을 알 수 있다. 당시에 (초나라가) 중하(중국)를 침범하고 갑자기 왕을 참칭했던 사실에 의거하면 그 죄는 큰 것인데 어찌 몰랐으리오. 대개 이 일을 말하기만 하면 초는 결단코 굴복하지 않았을 것이니 사세가 어쩔 수 없었던 것이다. 그래서 다만 이 세월이 오래되어 이미 식어버린 죄와 허물이 사소한 공납을 바치지 않은 일을 두고 문책했으니, (그렇게 하면) 그(초)가 큰 이익이나 손해가 없다고 여겨 결코 깊이 대립하지는 않을 것이라고 생각한 것이다. (이는) 다만 그(초)로 하여금 물러나 (명을) 듣고 처벌을 받아들이게 하려는 것이었다. 이는(이렇게 한 것은) 또한 그릇이 작았기 때문이다. 겨우 이렇게 그릇이 작았기에 자연히 큰 공업이 없었다.

○如蘇氏說 見得不知大學本領 所以局量褊淺處 如楊氏說 見得不能致主王道 所以卑狹處 兼二說看 其義方備

소씨의 설처럼 보면 『대학』의 본령을 몰랐던 것이 국량이 솔고 얕은 이유라는 점을 알 수 있고, 양씨의 설처럼 보면 군주를 왕도에 이르게 하지 못했다는 것이 낮고 좁은 이유라는 점을 알 수 있다. 이 두 설을 겸해 보아야 그 뜻이 비로소 갖추어진다.

○慶源輔氏曰 大其功 所以從衆而揚其善也 小其器 所以卽事而名其實也

경원 보씨가 말했다. 그 공을 크게 여기신 것은 뭇사람을 따라 그 선을 높이신 것이다. 그 그릇을 작게 여기신 것은 일에 근거하여 그 실제를 규정하신 것이다.

○才與器 皆生於氣質 其所能爲者 謂之才 其所能受者 謂之器 仲之才 雖足以合諸侯正天下 而其器之小 不能大其受 局於氣 奪於私 是以 奢而犯禮 苟免幸濟 而其所成就者 亦如此之卑也 使仲 而嘗學於聖人之門 知大學之道 而從事焉 則其器之小者 可以大 而其才之能爲者 亦將光明盛大矣

재주와 그릇은 모두 기질에서 생겨난다. 그 능히 할 수 있는 바(능력)를 재주라 하고 그 능히 받아들일 수 있는 바(용량)를 그릇이라 한다. 관중의 재주는 비록 족히 제후를 연합하고 천하를 바로잡을 수 있었지만 그 그릇은 작았기에 그 용량을 키울 수는 없었다. 기질에 국한되고 사욕에 사로잡혔기 때문에 사치하고 예를 범했으며, 구차스럽게 면하고 다행히 구제되기는 했지만 그 성취한 바는 또한 이렇게 낮았다. 만약 관중으로 하여금 일찍이 성인의 문하에서 배워 『대학』의 도를 알고 일에 종사하게 했다면 그 그릇의 작음도 키울 수 있었을 것이고 그 유능한 재주 또한 빛나고 성대했을 것이다.

○齊氏曰 器小 惜其度量 不可以大受 雖勳勞如周公 猶且赤舃几几 自視歉然 況僅以其君伯乎 然則孔子 何爲大其功 曰 功 較之召忽 則有餘 量 較之周公 則不足 大其功 爲天下幸 小其器 爲仲惜爾

제씨가 말했다. 그릇이 작다는 것은 그 도량이 크게 받아들일 수 없음을 안타까워하신 것이다. 비록 그 공훈은 주공과 비슷하지만 오히려 붉은 신을 신고 점잔을 빼면서도(높은 지위를 차지하고서도) 스스로 만족스럽지 않다고 생각했던 데다가, 하물며 겨우 그 임금을 패자로 만들었음에랴[그러니 어찌 주공에 비교하겠는가]. 그런데 공자께서는 왜 그 공을 크다고 하셨는가? 답하자면 공은 소홀에 비한다면 남음이 있고, 국량은 주공에 비한다면 부족하다. 그 공을 크게 여기신 것은 천하를 위해 다행한 일이라고 생각하신 것이고, 그 그릇을 작게 여기신 것은 관중을 위해 안타까워하신 것이다.

○劉氏彭壽曰 以霸者之功效 計之 則仲 亦得爲春秋之仁人 以王道之軌轍範之 則仲 不免爲三王之罪人 此 所以大其功 而小其器

유팽수가 말했다. 패자로서의 공효로써 계산하자면 관중은 역시 춘추 (시대)의 인인(인한 사람)이라 할 수 있다. 왕도의 규범으로 따진다면 관중은 세 왕(요, 순, 우의 세 성인 임금)에 대한 죄인임을 면할 수 없다. 이것이 그 공을 크게 여기시고 그 그릇을 작게 여기신 이유이다.

○歐陽氏玄曰 器 如物之所受 淺深限量 自有不可誣者 仲 惟器小易盈 不能使己無三歸之奢 君無多嬖之溺 齊政 不旋踵而衰 器之所受 不過如是而止 使能擴而充之 則可以拓聖賢之業 載宇宙之量矣

구양현이 말했다. 그릇은, 물건을 받아들이는 바에 얕고 깊음의 한도가 있는 것처럼, 원래 억지로 할 수 없는 점이 있다. 관중은 그릇이 작아 쉽게 차서 자기로 하여금 삼귀의 사치가 없게 하지 못했고, 임금으로 하여금 후궁을 많이 두어 탐닉하는 것을 없애지 못했다. 제나라의 정치는 얼마 안 있어 쇠퇴했으니, 그릇이 받아들인 바가 이런 정도에 지나지 못하고 말았다. 만약 확충할 수 있었다면, 성현의 사업을 개척하고 우주의 양(우주 전체의 큰 양)을 실을 수도 있었을 것이다.

○厚齋馮氏曰 齊桓入國 在魯莊九年 仲 始獲用 三桓之僭魯 乃在昭襄之世 距仲且百餘年 仲之僭奢 蓋 先諸國之大夫也 夫子 此章 不與仲 深矣 後百年而孟氏 又斥之 以曾西之所不爲 天下後世 始知有王佐事業 而仲始卑 霸圖始陋 向微孔孟之論 天地之正誼 或幾乎熄矣

후재 풍씨가 말했다. 제나라 환공이 입국한 것은 노나라 장공 9년인데 관중은 (이때) 처음 등용되었다. 삼환이 노나라에서 참람한 일을 했던 것은 소공과 양공 시절인데, (그때는) 관중과 시간차가 100여 년이 되니 관중의 참람함과 사치함은 대개 여러 나라의 대부를 (시간적으로) 앞서는 것이다. 공자께서는 이 장에서 관중을 깊이 인정하지 않으셨고, 100년 후 맹씨(맹자) 또한 증서도 하지 않는 것이라 하여 (관중을) 배척했으니, 천하가 후세에 비로소 왕도를 보좌하는 사업이 있음을 알게 되고 비로소 관중이 비천하고 패도가 누추한 것임을 알게 되었다. 그때 공맹의 논의가 없었다면 천지의 올바른 의론은 혹 얼마 안 되어 그치고 말았을 것이다.

○雲峯胡氏曰 三代而後 中國 未有覇 而仲 輔其君 先之 未有以大夫僭諸侯者 而仲 塞門反坫 先之 春秋 正其綱 故 責齊桓 而不責管仲 論語 紀其實故 責管仲 而不責齊桓 蓋 皆不知有大學之道者也 嗚呼 是時 大學之書 未出也 夫子而後 亦旣有大學之書矣 然 未聞有行大學之道者 何哉

운봉 호씨가 말했다. 3대 이후 중국에는 아직 패자가 없었는데 관중이 그 임금을 도와 (패자로 만들었으니) 선구가 되었고, 대부로서 제후에게 참람했던 자가 없었는데 관중이 색문과 반점을 둠으로써 선구가 되었다. 『춘추』는 기강을 바로잡았기 때문에 제 환공을 책하고 관중은 책하지 않았으며, 『논어』는 그 실제를 기록했기 때문에 관중을 책하고 제 환공은 책하지 않았다. 대개 (관중이나 환공이나) 모두 『대학』의 도가 있다는 것을 몰랐던 자들이다. 오호라, 이때에는 『대학』이라는 책은 아직 나오지 않았다. 공자 이후에는 또한 이미 『대학』의 책이 있게 되었는데도 『대학』의 도를 행하는 자가 있다는 말을 들은 적이 없으니, 어인 일인가?

3.23 子 語魯大師樂 曰 樂 其可知也 始作 翕如也 從之 純如也 皦如也 繹如也 以成語 去聲 大 音泰 從 音縱

공자께서 노의 태사에게 음악에 대해 말씀하셨다. 음악은 알 수 있는 것이다. 처음 시작할 때는 합하고, 풀려서는(본격적으로 연주되면서는) 조화롭고 명확하고 (끊이지 않고) 이어짐으로써 완성된다.

【집주】

語 告也 大師 樂官名 時 音樂廢缺 故 孔子 敎之 翕 合也 從 放也 純 和也 皦 明也 繹 相續不絶也 成 樂之一終也

'어'는 고하는 것이다. 태사는 악관(음악 담당 관리)의 명칭이다. 당시에 음악이 쇠퇴해 없어졌기에 공자께서 가르치신 것이다. '흡'은 합하는 것이다. '종'은 풀리는 것이다. '순'은 조화로운 것이다. '교'는 명확한 것이다. '역'은 서로 이어져 끊이지 않는 것이다. '성'은 음악이 한 번 끝나는 것이다.

【세주】

成 如書所謂 韶之九成 記所謂 武之六成 是也

'성(끝남)'이란 『서경』에서 이른바 "소(순 임금의 음악)의 아홉 번 성(끝남)"이라거나 『예기』에서 이른바 "무(주 무왕의 음악)의 여섯 번 성"이라 할 때의 ('성'이) 이것이다.

【집주】

○謝氏曰 五音六律不具 不足以言樂 翕如 言其合也 五音合矣 淸濁高下 如五味之相濟 而後和 故曰 純如 合而和矣 欲其無相奪倫 故 曰皦如 然 豈宮自宮 而商自商乎 不相反而相連 如貫珠可也 故曰 繹如也以成

사씨가 말했다. 5음과 6률이 갖추어지지 않으면 음악이라고 하기에 부족하다. '흡여'는 그 합침을 말하니, 5음이 합친 것이다. 맑고 탁하고 높고 낮은 소리가 마치 다섯 가지 맛이 서로 돕는 것처럼 한 후에 조화가 이루어지니, 그래서 '순여'라고 하는데, 합쳐져서 조화로운 것이다. 서로 순서를 빼앗으려 하지 않기 때문에 '교여'라고 한다. 그러나 어찌 궁(음)이 스스로 궁이겠으며 상(음)이 어찌 스스로 상이겠는가? 서로 대립하지 않고 연결되기를 마치 구슬을 꿰듯이 해야 한다. 그러므로 '이어짐으로써 완성된다'고 한다.

【세주】

朱子曰 味其語勢 蓋 將正樂而語之之辭

주자가 말했다. 그 어세를 맛보면, 대개 장차 음악을 바로잡으려 말씀하신 말이다.

○南軒張氏曰 周衰 樂廢 蓋 雖其聲音 亦失之矣 聖人 因其義 而得其所以爲聲音者 而樂 可正也

남헌 장씨가 말했다. 주나라가 쇠하고 음악이 쇠퇴했으니, 대개 비록 그 소리(악곡)나마 또한 잃어버렸다. 성인께서는 그 의의에 근거하여 소리가 되어야 할 바를 얻으셨기에 음악을 바로잡을 수 있었다.

○覺軒蔡氏曰 始作 樂之始也 成 樂之終也 始作翕如 則八音合矣 從之純如 則合而和也 皦如 則和而又有別也 繹如也以成 則別而又不失於和也 數言之間 曲盡作樂始終節奏之妙 大師而可與語 此 其亦非常人也歟

각헌 채씨가 말했다. '시작'은 음악의 시작이다. '성'은 음악의 끝이다. '시작은 흡여하다'고 했으니, 8음이 합친 것이다. '풀려서는 순여하다'고 했으니 합쳐져서 조화로운 것이다. '교여하다'고 했으니, 조화롭되 또한 구별이 있는 것이다. '이어짐으로써 완성된다'고 했으니, 구별되되 조화를 잃지 않는 것이다. 몇 마디 말씀 사이에 음악의 시작과 끝, 연주의 묘미를 자세히 다 말씀하셨다. 태사는 더불어 말할 만했으니 이 사람 또한 보통 사람이 아니리라.

○雙峯饒氏曰 此章 有三節 始作 是其初 從之以後 是其中 以成 是其終 翕合之餘 有純和 純和之中 有明白 明白之中 無間斷 方是作樂之妙

쌍봉 요씨가 말했다. 이 장은 세 절로 구성된다. '시작'은 그 첫 절이고, '종지' 이후는 가운데 절이고, '이성'은 끝 절이다. 합쳐진 나머지 조화로움이 있고, 조화로운 가운데 명백함이 있고, 명백한 가운데 끊임이 없으니 바야흐로 이것이 음악 연주의 묘미이다.

○厚齋馮氏曰 純 所謂八音克諧是已 皦 所謂無相奪倫是已 繹 所爲始終相

生是已

후재 풍씨가 말했다. '순'이란 소위 8음이 능히 화합하는 것이다. '교'는 소위 서로 순서를 빼앗지 않는 것이다. '역'은 처음부터 끝까지 서로 이어지는 것이다.

○新安陳氏曰 八音不合 則不備 故 始 必翕合 然 不可拘迫生澁 故 從之欲其和 然 和 易以混 而無別 故 和中 欲其皦然分明 然 分明中 又不可斷續故 又貴繹如 而樂 於是 終焉 自始至終 合而和 和而明 明而續 必兼此四節不可缺一 則樂之始終 條理盡矣

신안 진씨가 말했다. 8음이 합치지 않으면 갖추어지지 않은 것이다. 그래서 처음에는 반드시 합쳐져야 한다. 그러나 구애되고 핍박되거나 생경하고 난삽해서는 안 되기 때문에 풀려서는 조화롭고자 하는 것이다. 그러나 조화로우면 쉽게 뒤섞여 구별이 되지 않으므로 조화로운 가운데서도 명백하게 분명히 하고자 하는 것이다. 그러나 분명한 가운데서도 또한 끊어져서는 안 되니 그래서 이어지는 것을 귀히 여기는 것이다. 그리하여 음악은 여기서 끝이 난다. 처음부터 끝까지 합치되 조화롭고, 조화롭되 명백하고, 명백하되 이어지는 것, 반드시 이 네 가지 원칙을 겸해야지 하나라도 빠져서는 안 된다. (그리하면) 음악의 처음부터 끝까지 조리를 다하는 것이다.

3.24 儀封人 請見曰 君子之至於斯也 吾 未嘗不得見也 從者 見之 出曰 二三子 何患於喪乎 天下之無道也 久矣 天 將以夫子爲木鐸請見 見之之見 賢遍反 從 喪 皆去聲

의의 봉인이 뵙기를 청하면서 말했다. 군자가 이곳에 옴에 내가 일찍이 뵙지 못한 적이 없다. 종자가 뵙게 했다. 나와서 말했다. 너희들은 왜 잃은 것(공자의 벼슬 잃음)을 걱정하는가? 천하에 도가 없어진 지 오래되었으니, 하늘이 장차 공자를 목탁으로 삼으려 한다.

【집주】

儀 衛邑 封人 掌封疆之官

'의'는 위나라의 읍이다. '봉인'은 국경을 담당하는 관리이다.

【세주】

胡氏曰 封人 周官名 掌爲畿封而植之 左氏傳 所謂穎谷封人 祭封人 蕭封人 皆此類

호씨가 말했다. 봉인은 주의 관직 이름으로 경계를 위한 둑을 세우는 일을 맡았다. 『좌씨전』에 이른바 영곡봉인, 제봉인, 소봉인 등이 모두 이 종류이다.

【집주】

蓋 賢而隱於下位者也

대개 현명하면서도 낮은 지위에 숨어 있는 자이다.

【세주】

胡氏曰 封人 有請見之心 則非若沮溺之狷介自高矣 自言其得見君子之多 則見其好賢有素 而所聞不淺狹矣 雖其見聖人而請問之辭 不傳 然 意象和平 進退從容 出語門人 又深得其大致 則賢而隱於下位者也

호씨가 말했다. 봉인은 뵙기를 청하는 마음이 있었으니 장저(長沮)나 걸익(桀溺, 『논어』 18, 「미자」 6장에 나오는 은자들)처럼 고집스럽고 스스로 높다고 생각하는 자와는 다르다. 스스로 많은 군자를 뵐 수 있었다고 말했으니 평소에 현자를 좋아하고, 들은 것이 얕고 좁지 않았음을 알 수 있다. 비록 성인을 뵙고 질문한 말은 전하지 않으나 뜻과 기상이 화평하고 진퇴가 조용하며, 나와서 문인에게 한 말은 또 그 큰 의의를 깊이 얻었으니 현명하면서도 낮은 지위에 숨어 있는 자이다.

【집주】

君子 謂當時賢者 至此 皆得見之 自言其平日不見絶於賢者 而求以自通也

'군자'는 당시의 현자를 말한다. '이곳에 이르면 모두 다 뵈었다'는 것은 평소에 현자에게 거절당하지 않았음을 말함으로써 (뵙기를) 구해 스스로 알리려는 것이다.

【세주】

夫子 行經衛邑 而封人 因請見 故 云然

공자께서 위읍을 지나가심에, 이 때문에 봉인이 뵙기를 청한 까닭에 그렇게 말한 것이다.

【집주】

見之 謂通使得見 喪 謂失位去國 禮曰 喪欲速貧 是也

'현지(뵙게 하다)'란 연락해 뵈올 수 있게 한 것을 말한다. '상(잃음)'은 벼슬을 잃고 나라를 떠난 것을 말한다. 『예기』에 "잃으면 빨리 가난해지려고 한다"라는 것이 그것이다.

【세주】

意夫子 失魯司寇 去魯 歷聘時

공자께서 노나라 사구의 벼슬을 잃고 노나라를 떠나서 역빙(여러 나라를 순방함)하던 때인 듯하다.

○張氏存中曰 喪欲速貧 出禮記檀弓 詳見孟子滕文公上篇

장존중이 말했다. "잃으면 빨리 가난해지려 한다"라는 말은 『예기』, 「단궁」편에 나오는데, 『맹자』, 「등문공 상」편에 자세히 나와 있다[『맹자』, 「등문공

상」에는 이와 관련된 구절이 없다. 아마도 「등문공 하」 3장을 잘못 말한 듯하다].

【집주】

木鐸 金口木舌 施政教時 所振以警衆者也

목탁은 금으로 된 입(방울의 겉)에 나무 혀(방울 속의 딸랑이)를 넣은 방울인데, 정교를 시행할 때 흔들어서 뭇사람을 경계하는 것이다.

【세주】

胡氏曰 明堂位 言振木鐸於朝

호씨가 말했다. (『예기』) 「명당위」편에 "조정에서 목탁을 흔든다"라고 했다.

○齊氏曰 木鐸 金口木舌 若金鐸 則金口金舌 春用木 秋用金 文用木 武用金 時與事之不同也

제씨가 말했다. 목탁은 금구목설이고, 금탁의 경우는 금구금설이다. 봄에는 목탁을 쓰고 가을에는 금탁을 쓴다. 문사에는 목탁을 쓰고 무사에는 금탁을 쓴다. 때와 일에 따라 다른 것이다.

【집주】

言亂極當治去聲 天 必將使夫子得位設教 不久失位也 封人 一見夫子 而遽以是 稱之 其得於觀感之間者 深矣

혼란이 극심하면 마땅히 다스려지는 것이니 하늘이 반드시 장차 공자로 하여금 지위를 얻어 가르침을 베풀게 하실 것이라 벼슬을 잃은 것이 오래가지는 않을 것이라는 말이다. 봉인이 공자를 한 번 뵙고 곧바로 이렇게 말했으니 보고 느끼는 사이에 얻은 것이 깊다.

【세주】

朱子曰 這裏 儘好看 如何從者見之後 便見得夫子恁地 這裏 也見得儀封人高處

주자가 말했다. 여기서 종자가 뵙게 한 후 어떻게 곧 공자께서 그러하심을 알 수 있었는지를 아주 잘 볼 수 있다. 여기서 또 의봉인의 고매한 점을 알 수 있다.

○問 儀封人 亦是據理而言 若其得位失位 則非所及知也 曰 儀封人與夫子說話 皆不可考得 此人 辭氣最好 必是箇賢有德之人 一見夫子 其觀感之間必有所見 故 爲此言 前輩 謂作者七人 以儀封人 處其一 以此

물었다. 의봉인 또한 이치에 근거해 말했을 것입니다. 벼슬을 얻느냐 잃느냐 하는 것은 알 수 있는 것이 아닙니다. 답했다. 의봉인과 공자의 대화는 모두 고찰할 수 없다. 이 사람은 사기(어조)가 극히 좋으니 반드시 현명하고 덕이 있는 사람일 것이다. 한 번 공자를 뵙고 그 보고 느끼는 사이에 반드시 본 바가 있어서 그래서 이런 말을 한 것이다. 선배 학자들은 작자 7인(『논어』 14,「헌문」 37장에 나오는 은둔자 7인) 가운데 의봉인을 그중 한 사람으로 친다고 했는데, 이 때문이다.

○慶源輔氏曰 聖人德容之盛 觀之者 固當知所敬愛矣 然 封人之贊夫子 則因所見 而驗所聞 卽其已然 而得其將然 不惟有以見聖人之當乎天 而又有以知天之不能違乎聖人也

경원 보씨가 말했다. 성인의 덕과 용모의 광대함을 본 자는 본디 마땅히 경애해야 함을 알게 된다. 그러나 봉인이 공자를 찬양한 것은 본 바에 근거하고 들은 것을 확인한 것이며, 이미 그러한 것(과거의 사실)에 근거하여 장차 그러할 것(미래의 일)을 안 것이니, 다만 성인이 하늘에 해당한다는 것을 안 것일 뿐만 아니라 또한 하늘이 성인을 거스를 수 없음을 안 것이다.

○新安陳氏曰 封人 一見夫子 能知聖道之不終廢 世道之不終亂 天意之不終忘斯世 可謂知足以知聖人 且知天矣

신안 진씨가 말했다. 봉인은 한 번 공자를 뵙고 능히 성스러운 도가 마침내 폐해지지 않을 것이며 세상의 도가 마침내 어지러워지지 않을 것이며 하늘의 뜻이 마침내 이 세상을 잊지는 않을 것임을 알았으니, 지혜가 족히 성인을 알고 또 하늘을 안다고 말할 수 있다.

【집주】

或曰 木鐸 所以徇于道路

혹자가 말하기를 목탁은 도로를 순행하는 것이라 했는데,

【세주】

書曰 每歲孟春 道人 以木鐸 徇于路

『서경』에 말하기를 매년 초봄에 도인이 목탁을 가지고 도로를 순행한다고 했다.

【집주】

言天 使夫子失位 周流四方 以行其敎 如木鐸之徇于道路也

하늘이 공자로 하여금 마치 목탁을 가지고 도로를 순행하는 것처럼, 벼슬을 잃고 사방을 주류하면서 그 가르침을 행하게 하신 것이라는 말이다.

【세주】

慶源輔氏曰 前說 意實而味長 後說 意巧而味短

경원 보씨가 말했다. 앞의 설은 의미가 실질적이면서 맛이 길고(풍부하고), 뒤의 설은 의미는 교묘하나 맛이 짧다(단순하다).

○雙峯饒氏曰 夫子 得位與不得位 封人 所不能知 其所可知者 夫子道德如是 天 將使振揚文敎 以開天下後世也 必矣 或得位 或周流四方 皆在其中

쌍봉 요씨가 말했다. 공자께서 벼슬을 얻을지 못 얻을지는 봉인이 알 수 있는 것이 아니다. 알 수 있는 것은 공자의 도덕이 이와 같으니, 하늘이 (공자로 하여금) 장차 틀림없이 문교를 진작하게 하시어 천하의 후세를 열어주시리라는 것이다. 혹 벼슬을 얻거나 사방을 주류하는 것은 모두 그 안에 포함된다.

○新安陳氏曰 後說 與喪字 及天下之無道久 皆不甚相應 朱子 姑存之耳

신안 진씨가 말했다. 뒤의 설은 '상(잃음)'자나 '천하에 도가 없어진 지 오래되었다'는 구절과 모두 심히 상응하지 못하는데, 주자가 잠시 기록해두었다.

3.25 子 謂韶 盡美矣 又盡善也 謂武 盡美矣 未盡善也

공자께서 소(악)에 대해 말씀하셨다. 아름다움을 다했고 또 선을 다했다. 무(악)에 대해 말씀하셨다. 아름다움을 다하기는 했으나 선을 다하지는 못했다.

【집주】

韶 舜樂 武 武王樂 美者 聲容之盛 善者 美之實也

'소'는 순임금의 음악이고 '무'는 무왕의 음악이다. '미(아름다움)'란 소리와 모습의 성대함이고 '선'이란 아름다움의 실질이다.

【세주】

朱子曰 美 如人生得好 善 則其中有德行也 實 是美之所以然處

주자가 말했다. '미'는 마치 사람이 잘(예쁘게) 태어난 것 같은 것이라면 '선'은 그런 중에 덕행이 있는 것이다. '실(실질)'은 아름다움이 아름다움이 되는 이유이다.

○慶源輔氏曰 聲容 樂之聲 舞之容也 美之實 謂其聲容之所以美

경원 보씨가 말했다. '성용(소리와 모습)'이란 음악의 소리와 춤의 모습이다. 아름다움의 실질이란 그 소리와 모습이 아름다운 이유를 말한다.

【집주】

舜 紹堯致治去聲 武王 伐紂救民 其功一也 故 其樂 皆盡美

순은 요를 이어 지극한 정치를 이루었으며 무왕은 주(은의 마지막 왕)를 정벌하여 백성을 구했으니, 그 공은 한가지이다. 그러므로 그 음악은 모두 아름다움을 다한 것이다.

【세주】

胡氏曰 韶 盡揖讓繼紹之美 武 盡發揚蹈厲之美

호씨가 말했다. 소는 양보하고 뒤를 잇는 아름다움을 다했고, 무는 세차게 일어나고 분기하여 힘쓰는 아름다움을 다했다.

【집주】

然 舜之德 性之也 又以揖遜而有天下 武王之德 反之也 又以征誅而得天下 故 其實 有不同者

그러나 순의 덕은 본성을 따른 것이고 또 사양하고 겸손함으로써 천하를 얻었고, 무왕의 덕은 본성으로 돌아가려는 것이고 또 정복하고 주살함으로써 천하를 얻었다. 그러므로 그 실질은 같지 않은 점이 있다.

【세주】

朱子曰 美 是言功 善 是言德 問 說揖遜征誅 足矣 何必說性之反之 曰 也要就他本身處說 使舜 當武王時 畢竟 更彊似大武 使武王當舜時 必不及韶

주자가 말했다. '미(아름다움)'는 공을 말하는 것이고, 선은 덕을 말하는 것이다. 물었다. 읍손(사양함과 겸손함)과 정주(정복하고 주살함)를 말한 것으로 충분한데 왜 하필 성지(본성을 따름)와 반지(본성으로 돌아가려 애씀)를 말했습니까? 답했다. 또한 그 본질적인 면에 대해 말해야 하기 때문이다. 순으로 하여금 무왕의 시대를 당하게 한다면 필경 또 대무(무왕의 음악, 즉 무)보다 나았을 것이지만, 무왕으로 하여금 순의 시대를 당하게 한다면 반드시 소(순임금의 음악)에 미치지 못했을 것이다.

○德 有淺深 時 又有幸不幸 舜之德 旣如此 又遇著好時節 武王 德不及舜 又遇著不好時節 故 盡美 而未盡善

덕에는 얕고 깊음이 있고, 때에는 행, 불행이 있다. 순의 덕은 이미 이와 같았고 또 좋은 시절을 만났다. 무왕은 덕은 순에 미치지 못하고 또 좋지 않은 시절을 만났다. 그러므로 아름다움을 다하기는 했지만 선을 다하지는 못했다.

○樂 觀其深矣 若不見得性之反之不同處 豈所謂聞其樂而知其德乎

음악은 그 깊은 곳을 보는 것이다. 만약 성지와 반지의 다른 점을 알지 못한다면 어찌 이른바 그 음악을 듣고 그 덕을 안다고 할 수 있으리오?

○樂 便是德之影子 韶武之樂 正是聖人一箇影子 要得因此以觀其心

음악은 곧 덕의 그림자이다. 소와 무의 음악은 바로 성인의 하나의 그림자이다. 이것에 근거해서 그 마음을 볼 수 있어야 한다.

○韶武 今 皆不可考 但 書 稱德惟善政 至勸之以九歌 此 便是作韶樂之本 所謂九德之歌 九韶之舞 是也 武王之武 看樂記 便見蓋是象伐紂之事 所謂南者 自南而北伐紂也 氣象 便不恁地和 韶樂 只是和而已

소와 무는 지금은 모두 고찰할 수 없다. 단, 『서경』(「우전」, <대우모>)에서 말하기를 "덕은 정치를 좋게 한다", "아홉 노래로 지극히 권했다"라고 했으니, 이는 곧 소악을 지은 근본이다. 소위 9덕의 노래란 9소의 춤, 그것이다. 무왕의 무악은 (『예기』) 「악기」를 보면 대개 주를 정벌할 때의 일을 그린 것임을 알 수 있다. 소위 '남'이란 남쪽에서 북쪽으로 가 주를 정벌했다는 것이다. (무의) 기상은 그렇게 온화하지 않다. 소악은 다만 온화할 뿐이다.

【집주】

○程子曰 成湯 放桀 惟有慚德 武王 亦然 故 未盡善 堯舜湯武 其揆一也 征伐 非其所欲 所遇之時 然爾

성탕(탕왕)은 걸을 내쳤으니 다만 덕에 대해 부끄러워함이 있었다. 무왕도 또한 그러했으니, 그런 까닭에 선을 다하지는 못한 것이다. 요, 순, 탕, 무는 그 법도는 다 마찬가지로, 정벌은 원해서 한 것이 아니라 만난 때가 그러했던 것이다.

【세주】

朱子曰 舜 性之 武王 反之 自是有淺深 又舜 以揖遜 武 以征伐 征伐 雖是順天應人 自是有不盡善處 今 若要彊說舜武同道也不得 必欲美舜 而貶武王也不得 又曰 舜武不同 正如孟子言 伯夷伊尹之於孔子不同 至謂得百里之地 而君之 皆能以朝諸侯 有天下 行一不義 殺一不辜 而得天下 不爲 是則同也 舜武同異 正如此 故 武之德 雖比舜自有淺深 而治功 亦不多爭

주자가 말했다. 순은 본성을 따랐고 무왕은 본성으로 돌아가려 했으므로, 그 자체로서 얕고 깊음의 차이가 있다. 또 순은 사양함과 겸손함으로써 했고 무왕은 정벌로써 했다. (무왕의) 정벌은 비록 하늘을 따르고 사람에 응한 것이기는 하지만 그 자체로 선을 다하지 못한 점이 있다. 지금 억지로 순과 무왕이 같은 도라고 말하려 해서도 안 되고, 꼭 순을 미화하고 무왕을 폄하하려 해서도 안 된다. 또 말했다. 순과 무왕이 다른 것은 바로 맹자가 말했듯이 '백이와 이윤이 공자와 다른 것'이고, (같은 것은) "백 리의 땅을 얻어 임금 노릇을 하면 모두 제후의 조하를 받으며 천하를 손에 넣을 수 있으리라는 점과, 불의한 일 하나를 행하고 무고한 자 하나를 죽이면 천하를 얻을 수 있다고 해도 하지 않으리라는 점, 이 점에서는 같다(『맹자』 3, 「공손추 상」 2장)." 순과 무왕의 같은 점과 다른 점은 바로 이와 같다. 그러므로 무왕의 덕이 비록 순에 비해 그 자체로 얕고 깊음의 차이가 있지만 다스린 공은 역시 많이 다르지 않다.

○問 征伐 固武王之不幸 使舜當之 不知如何 曰 只恐舜 是生知之聖 其德盛人 自歸之 不必征伐耳 不然 事 到頭也住不得 如文王 亦然 且如殷 始咎周 周人戡黎 祖伊恐 奔告于受 這事勢 便自是住不得 若曰 奔告于受 則商之忠臣義士 何嘗一日忘周 自是紂昏迷爾

물었다. 정벌은 본디 무왕의 불행입니다. 만약 순으로 하여금 (그런 경우를) 당하게 했다면 어떠했을지 모르겠습니다. 답했다. 순은 나면서부터 아시는 성인이고 그 덕이 성대하므로 사람들이 저절로 돌아갔을 것이라 아마도 꼭 정벌하지는 않았을 것이다. 그렇지 않고 일이 마침내 멈출 수 없는 것이라면 문왕의 경우처럼 또한 그렇게 했을 것이다. 은나라가 처음으로 주나라를 허물을 잡자 주나라 사람들이 여를 쳤는데 조이는 두려워하여 달아나 수(은의 마지막 왕 주의 이름)에게 고했지만 이 사세는 응당 멈출 수 없는 것이었다. 만약 '달아나 수에게 고했다면 상의 충신과 의사들이 어찌 일찍이 하루라도 주나라를 잊었겠는가'라고 말한다면 [그 답은] 주가 혼미했기 때문이다 [충신, 의사들의 염려에도 불구하고 상이 망한 것은 주 임금이 혼미했기 때문이다].

○西山眞氏曰 聖人 於湯武之事 每微有不足之意 如論樂 則以武爲未盡善 論泰伯文王 皆稱其爲至德 此 非貶湯武也 惜其不幸而爲此 不獲已之擧也 然 恐後世 遂以湯武爲非 故曰 湯武革命 順乎天 而應乎人 論語 微有不滿之意者 恐後世 亂臣賊子 借湯武之名 以窺伺神器也 易 發革命之義者 恐後世 亂君 肆行於上 無所憚也 聖人立言 爲後世 慮至深遠矣

서산 진씨가 말했다. 성인께서는 탕왕과 무왕의 일에 대해 매번 약간의 불만족하신 뜻이 있으셨다. 예컨대 음악을 논하실 때는 무악이 선을 다하지 못했다고 여기셨고, 태백과 문왕을 논하실 때는 모두 지극한 덕이라고 칭찬하셨다. 이는 탕왕과 무왕을 폄하하시려는 것이 아니라, 불행히 이(정벌)를 했지만 부득이한 거사였음을 안타까워하신 것이다. 그러나 후세에 드디어 탕왕과 무왕을 잘못이라 여길까 걱정하시어 '탕무의 혁명은 하늘에 따르고 사람에 응한 것'이라고 하셨다. 『논어』에서 약간 불만족한 뜻을 품으신 것은 후세의 난신적자가 탕무의 이름을 빌려 신기를 엿볼까 걱정하셨기 때문이고, 『역』에서 혁명의 의의를 드러내신 것은 후세의 어지러운 군주가 위에서 제멋대로 해 꺼리는 것이 없을까 걱정하셨기 때문이다. 성인께서 말씀을 세우심에 후세를 위해 심려하심이 지극히 깊고도 멀다.

3.26 子曰 居上不寬 爲禮不敬 臨喪不哀 吾 何以觀之哉

공자께서 말씀하셨다. 윗자리에 있으면서 너그럽지 않고, 예를 행하면서 경건하지 않고, 상에 임하면서 슬퍼하지 않으면 내가 무엇으로 그를 살펴볼 것인가?

【집주】

居上 主於愛人 故 以寬爲本 爲禮 以敬爲本 臨喪 以哀爲本 旣無其本 則以何者 而觀其所行之得失哉

윗자리에 있는 것은 사람을 사랑하는 것을 위주로 하니, 그러므로 너그러움을 근본으로 한다. 예를 행하는 것은 경건함을 근본으로 한다. 상에 임하는 것은 슬픔을 근본으로 한다. 이미 그 근본이 없다면 무엇으로 그 소행의 잘잘못을 살펴보겠는가?

【세주】

朱子曰 居上而不寬 爲禮而不敬 臨喪而不哀 更無可據依以爲觀矣 寬敬哀本也 其本旣亡 雖有條敎法令之施 威儀進退之節 哭泣擗踊之數 皆無足觀者 若能寬敬哀了 却就寬敬哀中 考量他所行之是否 若不寬不敬不哀 則雖有其他是處 皆在不論量之限矣

주자가 말했다. 윗자리에 있으면서 너그럽지 않고, 예를 행하면서 경건하지 않고, 상에 임하면서 슬퍼하지 않으면 살펴보는 데 근거할 만한 것이 없다. 너그러움, 경건함, 슬픔은 근본이다. 그 근본이 이미 없어지면 비록 조교법령(각종 명령과 법률)의 시행과 위의진퇴(엄숙한 모습을 갖추고 들고나는 각종 의례)의 규칙, 곡읍벽용(곡하고, 절하고, 가슴 치고, 뛰는 각종 상례)의 빈번함이 있다 하더라도 모두 족히 살펴볼 것이 없다. 만약 능히 너그럽고 경건하고 슬퍼한다면 그 너그럽고 경건하고 슬퍼하는 중에 그의 소행의 옳고 그름을 재어볼 수 있지만, 너그럽지 않고 경건하지 않고 슬퍼하지 않는다면 비록 다른 옳은 것이 있다고 하더라도 모두 따지고 재어볼 대상에 들지 않는다.

○如寬 便有過不及 哀 便有淺深 敬 便有至不至 須是有其本 方可就本上看他得失厚薄

너그러움의 경우는 지나치거나 모자라는 차이가 있고, 슬픔은 얕고 깊은 차이가 있고, 경건함은 지극하고 지극하지 못한 차이가 있다. 모름지기 그 근본이 있은 연후에야 비로소 근본에 입각해서 그 득실과 후박을 살펴볼 수 있다.

○寬 有政教法度 而行之以寬耳 非廢弛之謂也 如敬敷五教在寬 蓋 寬 行於五教之中也

너그러움은 정교와 법도가 있으면서 그것을 너그럽게 행하는 것이지 해이하게 하는 것을 말하는 것이 아니다. "다섯 가르침을 경건히 널리 펴되 너그러이 하라(『서경』, 「우서」, <순전>)"는 것처럼, 대개 너그러움은 다섯 가르침을 시행하는 중에 행해지는 것이다.

○吾何以觀之 不是不去觀他 又不是不足觀 只爲他根源都不是了 更把甚麽 去觀他 重在以字上

'내가 무엇으로 그를 살필 것인가'라는 말씀은 그를 살펴보지 않는다는 것도 아니고 또 살펴보기 족하지 않다는 것도 아니다. 다만 그의 근원이 모두 옳지 않기 때문에 다시 무엇을 가지고 그를 살펴볼 것인가라는 말이다. 중점은 '이(以: ~로써)'자 위에 있다.

○南軒張氏曰 居上不寬 則失所以爲長人之本 其他 雖有所爲 尙可觀乎 爲禮而不敬 臨喪而不哀 則繁文末節 雖多 亦何以觀也 然 寬 非縱弛之謂 總其大綱 使人得以自效也

남헌 장씨가 말했다. 윗자리에 있으면서 너그럽지 않으면 남의 어른 노릇하는 근본이 되는 바를 잃은 것이니, 그 나머지는 비록 행한 바가 있다 하더라도 오히려 살펴볼 만하겠는가? 예를 행하면서 경건하지 않고 상에 임하면서 슬퍼하지 않으면 번문 말절(복잡하고 세세한 규칙)이 비록 많아도 또한 무엇으로 살펴볼 것인가? 그러나 너그러움이란 방종하고 해이한 것을 말하는 것이 아니라 그 대강을 통괄함으로써 다른 사람으로 하여금 스스로 본받게 하는 것이다.

○雙峯饒氏曰 以字 訓用 謂用寬敬哀三者 觀之也 蓋 有此三者 則其大體已得 方可就此觀其小節 若無此三者 則全體都不是 更把甚底 去看他

쌍봉 요씨가 말했다. '이(以)'자의 훈은 '용(用: 쓰다)'이니, 너그러움, 경건함, 슬픔 이 세 가지를 써서 그를 살핀다는 말이다. 대개 이 셋이 있으면 그 대체를 이미 얻은 것이니, 비로소 이에 대해 그 세세한 행동을 살펴볼 수 있다. 만약 이 셋이 없으면 전체가 모두 다 옳지 않은 것이니, 다시 무엇으로써 그를 살펴볼 것인가?

里仁第四

【집주】

凡二十六章

모두 26장이다.

4.1 子曰 里仁 爲美 擇不處仁 焉得知處 上聲 焉 於虔反 知 去聲

공자께서 말씀하셨다. 마을은 (풍속이) 인후한 것이 아름다운 것이다. 인후한 곳에 거처를 택하지 않는다면 어찌 지혜롭다 하겠는가?

【집주】

里有仁厚之俗 爲美 擇里 而不居於是焉 則失其是非之本心 而不得爲知矣

마을에 인후한 풍속이 있는 것이 아름다운 것이다. 마을을 선택함에 이런 곳에 거처하지 않으면 시비지심(옳고 그름을 분별하는 마음)을 잃은 것이니 지혜롭다고 할 수 없다.

【세주】

朱子曰 擇字 因上句爲文 問 此章 謝氏 引孟子擇術爲證 如何 曰 聖人本語只是擇居 不是說擇術 古人 居必擇鄕 遊必擇士 又問 今人 數世居此土 豈宜以他鄕俗美 而遽遷邪 曰 古人 危邦不入 亂邦不居 近而言之 若一鄕之人皆爲盜賊 吾 豈可不知所避

주자가 말했다. '택'자는 앞 구절(이인위미)로부터 의미가 연결된다. 물었다. 이 장에 대해서 사씨가 맹자의 '택술위증(기술[직업]을 택하는 것이 그의 마음의 증거가 됨)'을 인용했는데 어떠합니까? 답했다. 성인께서 본래 말씀하신 것은 단지 거처를 택하는 것이지 직업을 택하는 것이 아니다. 옛사람은 거처함에 반드시 고을을 선택하고 노닐 때는 반드시 선비를 선택했다. 또 물었다. 지금 사람이 여러 세대 동안 이 땅에 거주했는데 어찌 마땅히 타향의 풍속이 아름답다는 이유로 급히 옮기겠습니까? 답했다. 옛사람은 위태로운 나라에는 들어가지 않고 혼란한 나라에는 거처하지 않았으니 비근하게 말해서 가령 한 마을의 사람이 모두 도적이라면 내 어찌 피할 바임을 몰라서야 되겠는가?

○勉齋黃氏曰 居必擇鄕 居之道也 薰陶染習 以成其德 賙恤保愛 以全其生 豈細故哉 夫子 稱子賤 而嘆魯多君子 以此也

면재 황씨가 말했다. 거처함에 고을을 택하는 것은 거처함의 도이다. (훌륭한 사람들과 더불어 삶으로써) 저절로 감화가 이루어져서 그 덕을 이루며, 돕고 돌보고 지키고 사랑하여서 그 생을 온전히 하는 것이니, 어찌 사소한 일이라고 하겠는가? 공자께서 자천을 칭찬하시되 (그 이유로) 노나라에 군자가 많기 때문이라고 찬탄하신 것은 바로 이 때문이다.

○勿軒熊氏曰 學而篇 言親仁 此 言處仁 後篇 言以友輔仁 又言居是邦 友其士之仁者 居養見聞之助 薰陶漸染之益 皆資於人者也

물헌 웅씨가 말했다. 「학이」편에서는 친인(어진 이와 친함)이라고 말씀하셨고, 여기서는 처인(어진 곳에 거처함)이라고 말씀하셨고, 뒤편에서는 '벗으로 인을 보완한다'고 말씀하셨고, 또 '이 나라에 거처함에 선비 중 인자를 벗으로 삼는다'고 말씀하셨으니, 거처하고 섭생하고 듣고 봄으로써 얻는 도움과 저절로 감화가 이루어지는 이익이 모두 사람에게 밑천이 된다.

○雲峯胡氏曰 集註 仁厚之俗四字 有斟酌 一里之中 安得人皆仁者 但 有仁厚之俗 則美矣

운봉 호씨가 말했다. 집주의 '인후지속'이란 네 글자는 짐작되는 바가 있다. 한 마을 중에 어찌 모든 사람이 어진 사람일 수 있겠는가? 단지 인후한 풍속이 있다면 아름다운 것이다.

○新安陳氏曰 惻隱羞惡辭讓是非 皆人之本心 是非之心 知之端也 不知 則失是非之本心矣

신안 진씨가 말했다. 측은, 수오, 사양, 시비는 모두 사람의 본래 마음이다. 옳고 그름을 분별하는 마음은 앎의 단서이니, 알지 못하면 옳고 그름을 분별하는 본래의 마음을 잃게 된다.

4.2 子曰 不仁者 不可以久處約 不可以長處樂 仁者 安仁 知者 利仁樂 音洛 知 去聲

공자께서 말씀하셨다. 불인자는 오랫동안 곤궁함에 머물 수 없고, 오랫동안 즐거움에 머물 수도 없다. 인자는 인을 편안히 여기고, 지자는 인을 이익으로 여긴다.

【집주】

約 窮困也 利 猶貪也 蓋 深知篤好去聲 而必欲得之也

'약'은 곤궁한 것이다. '이'는 탐하는 것이니 대개 깊이 알고 독실히 좋아하여 반드시 그것을 얻고자 하는 것이다.

【세주】

雙峯饒氏曰 知者之於仁 如小人之貪利 皆深知篤好 必欲得之

쌍봉 요씨가 말했다. 지자는 인에 대해 마치 소인이 이익을 탐하는 것처럼, 모두 깊이 알고 독실히 좋아하여 반드시 그것을 얻고자 한다.

【집주】

不仁之人 失其本心 久約必濫 久樂必淫

불인한 사람은 그 본심을 잃었으니 오랫동안 곤궁하면 반드시 넘치고(아무렇게나 하고), 오랫동안 즐거우면 반드시 빠진다(음일에 젖는다).

【세주】

南軒張氏曰 不仁者 勉强而暫處 則有之 差久 則移於約樂 無所不至矣

남헌 장씨가 말했다. 불인자는 억지로 애써 잠시 머무는 경우는 있지만, 조금만 오래되면 곤궁이나 즐거움에서 (다른 곳으로) 옮겨가서 이르지 않는 곳이 없게 된다.

○雙峯饒氏曰 濫 如水之泛濫 淫 如水之浸淫 久約者 爲饑寒所逼 而不能自守 以致放蕩 於禮法之外 如水之溢出外去 故曰 濫 久樂者 爲富貴所溺 而不

能自守 不知不覺 至於驕奢 如水之浸入裏來 故曰 淫 濫字 是窮斯濫矣之濫 淫字 是富貴不能淫之淫

쌍봉 요씨가 말했다. '남'은 물이 범람하는 것과 같고, '음'은 물이 스며드는 것과 같다. 오랫동안 곤궁한 자는 굶주림과 추위에 핍박되어 스스로 지키지 못하여 예법의 밖으로 방탕함에 이르게 되니 이것은 마치 물이 넘쳐서 바깥으로 나가는 것과 같아 '남(넘침)'이라 한다. 오랫동안 즐기는 자는 부귀에 빠진 바 되어 스스로 지키지 못하여 부지불식중에 교만하고 사치하게 되니 이것은 마치 물이 안으로 침입하는 것과 같아서 '음(젖음)'이라고 한다. '남'자는 '궁사람의(窮斯濫矣: 궁하면 넘친다)'라고 할 때의 남이고, '음'자는 '부귀불능음(富貴不能淫: 부귀가 스며들지 못한다)'이라고 할 때의 음이다.

○吳氏曰 約與豐對 樂與憂對 對擧之互文也 不仁者 不可一日處 聖人之言 待人以厚 故 以久長言之爾

오씨가 말했다. 약(곤궁)은 풍(풍요)과 대비되고, 낙(즐거움)은 우(근심)와 대비된다. 대립되는 개념을 들어 병치시킨 글이다. 불인자는 단 하루도 처할 수 없지만, 성인의 말씀은 후하게 사람을 대우하는 까닭에 오랫동안이라고 말씀하셨다.

○雲峯胡氏曰 仁義禮知 皆吾本心 而仁 統三者 仁 一失 則三者 俱失矣 所以 於上章焉得知 則曰 失其是非之本心 此於不仁 則直曰 失其本心 集註之精密 如此

운봉 호씨가 말했다. 인의예지는 모두 나의 본심이지만 인은 나머지 세 가지 덕을 통괄하니 인 하나를 잃으면 세 가지 덕이 모두 사라진다. 그래서 앞 장의 '언득지'에 대해서는 (네 본심 중의 하나인) 시비의 본심을 잃었다고 말했고, 이 장의 '불인'에 대해서는 곧바로 그 본심(그 전체)을 잃었다고 말했다. 집주의 정밀함이 이와 같다.

○東陽許氏曰 不仁者 久約 則憂患 而諂諛卑屈之態生 苟且邪僻之行作 久富貴 則佚樂 而驕矜縱誕之氣長 踰節陵分之事興 約者 日流於卑下 樂者 日過於僭躐 是 濫與淫意思

동양 허씨가 말했다. 불인자가 오랫동안 곤궁하면, 근심하고 걱정이 많아서 아첨하고 비굴한 태도가 생겨나고, 구차하고 사벽한 행동이 일어난다. 오랫동안 부귀하면, 즐거움에 빠져서 교만하고 방종하고 방탕한 기운이 자라나고, 절도를 넘고 분수를 넘어서는 일이 일어난다. '약자(곤궁한 자)'는 날로 비루한 데 흐르고, '낙자(즐기는 자)'는 날로 지나치게 참람해지니 이것이 '남'과 '음'의 뜻이다.

【집주】

惟仁者 則安其仁 而無適不然 知者 則利於仁 而不易所守 蓋 雖深淺之不同 然 皆非外物所能奪矣

오로지 인자라야 그 인을 편안히 여겨 어디에 가나 그러하지 않음이 없고, 지자라야 인을 이익으로 여겨 지키는 바를 바꾸지 않는다. 대개 비록 깊고 얕음이 같지 않으나 둘(인자와 지자) 다 모두 바깥의 사물이 능히 (그 마음을) 빼앗지 못한다.

【세주】

朱子曰 仁者 溫淳篤厚 義理自然具足 不待思而爲之 而所爲 皆是義理 所謂仁也 知者 知有是非 而取於義理 以求其是 而去其非 所謂知也

주자가 말했다. 인자는 온순하고 돈독하고 의리가 저절로 모두 갖추어져 있어 생각한 다음에 하는 것이 아닌데도 하는 일이 모두 의리에 맞으니, 이른바 인이라고 한다. 지자는 옳고 그름이 있음을 알아 의리에서 (근거를) 취하여 그 올바름을 구하고 그릇됨을 제거하니, 이른바 지라고 한다.

○仁者安仁 如孟子說 動容周旋 中禮者 盛德之至也 哭死而哀 非爲生者也 經德不回 非以干祿也 言語必信 非以正行也 這 只順道理合做處 便做 更不待安排布置

'인자안인'이라는 것은 맹자가 "모든 동작과 행위가 예에 맞는 것은 성덕이 지극한 것이다. 죽음에 곡하고 슬퍼하는 것은 살아 있는 자를 위한 것이 아니다. 도덕을 꿋꿋이 지켜 돌이키지 않음은 녹봉을 구하기 위해서가 아니다. 말에 믿음이 있는 것은 행실을 바로잡기 위한 것이 아니다(『맹자』 14, 「진심 하」 33장)"라고 말한 것처럼 이는 단지 도리에 따라 마땅히 해야 할 것이면 곧 할 뿐, 다시 안배포치(의도적으로 이리저리 맞추어 재고 배치함)할 필요가 없다.

○深 謂仁者 淺 謂知者 仁者之心 便是仁 知者 未能無私意 只是知得私意不是著脚所在 又知得無私意是好 所以 千方百計 亦要克去私意

심(깊음)은 인자를 일컫고 천(얕음)은 지자를 일컫는다. 인자의 마음이 곧 인이다. 지자는 사의(사사로운 뜻)가 없을 수 없으나, 다만 사의라는 것이

발 댈 만한 곳이 아님을 알고, 또 사의가 없는 것이 좋다는 것을 안다. 그래서 온갖 계책으로 또한 사의를 극복하려 한다.

○慶源輔氏曰 無適不然 無所往而不安也 不易所守 知而勿去是也

경원 보씨가 말했다. 어디를 가도 그렇지 않음이 없다는 것은 어디를 가더라도 편안하지 않음이 없다는 것이고, 지키는 바를 바꾸지 않는다는 것은 (올바름을) 알아서 옳은 것을 떠나지 않는다는 것이다.

○胡氏曰 舜之飯糗茹草 若將終身 被袗衣鼓琴 若固有之 此 安仁者之久處約 長處樂也 原憲 環堵 閔損汶上 魯之季文子 齊之晏平仲 此 利仁者之久處約 長處樂也

호씨가 말했다. 순임금은 후와 여초(거친 음식) 먹기를 종신토록 할 것처럼 했고, 진의(좋은 옷)를 입고 고금(음악)을 누리기를 원래 가지고 있던 것처럼 했다. 이것이 안인자(인을 편안히 여기는 자)의 구처약(오랫동안 곤궁함에 머묾)과 장처락(오랫동안 즐거움에 머묾)이다. 원헌이 환도(작은 집)에 산 것, 민손(민자건)이 문강 위에 있겠다는 것, 노의 계문자와 제의 안평중의 경우는 이인자(인을 이익으로 여기는 자)의 구처약과 장처락이다.

○雙峯饒氏曰 安仁者 心與仁一 仁卽我 我卽仁 故曰 其仁 卽仁者之仁也 利仁者 心與仁 猶二 於仁猶有間 故曰 於仁 猶未是仁 不過利於仁耳

쌍봉 요씨가 말했다. 안인자는 마음과 인이 하나이다. 인이 곧 나이고 내가 곧 인이다. 그러므로 기인(其仁: 그 인, 즉 인 그 자체)이라 하니, 곧 인자의 인이다. 이인자는 마음과 인이 아직 둘이어서 인과 여전히 간극이 있다. 그러므로 어인(於仁: 인에, 즉 대상으로서의 인)이라 하니, 아직 인은 아니며 인을 이롭게 여기는 것에 지나지 않는다.

【집주】

○謝氏曰 仁者 心 無內外遠近精粗之間去聲 非有所存 而自不亡 非有所理 而自不亂 如目視而耳聽 手持而足行也 知者 謂之有所見 則可 謂之有所得 則未可 有所存 斯不亡 有所理 斯不亂 未能無意也 安仁 則一 利仁 則二

사씨가 말했다. 인자는 마음에 안과 밖, 멂과 가까움, 정밀함과 성김 사이의 틈이 없어 보존하려 하지 않아도 저절로 없어지지 않고, 애써 헤아리려 하지 않아도 저절로 혼란해지지 않는다. 예컨대 눈이 보고, 귀가 듣고, 손으로

잡고, 발로 가는 것(저절로 그렇게 되는 것)과 같다. 지자는 무엇인가 본 것(안 것)이 있다고 말할 수는 있지만 얻은 것이 있다고 말할 수는 없다. 애써 보존하려 하니 잃지는 않고, 애써 헤아리니 혼란스럽지는 않다. 그러나 아직 의도가 없다고는 할 수 없다. 안인은 (마음과 인이) 하나이고, 이인은 (마음과 인이) 둘이다.

【세주】

朱子曰 上蔡見識 直是高 諸解中 未有及此者

주자가 말했다. 상채(사양좌)의 견식은 진정으로 높아서 여러 해석 중에 이만한 것이 없다.

○慶源輔氏曰 存 言其體 理 言其用 知者 有所操存其體 斯不亡 有所經理其用 斯不亂 仁者 則不待如此 一體一用 皆自然而然

경원 보씨가 말했다. 존(存: 보존함)은 그 체(본체)를 말하는 것이고 이(理: 헤아림)는 그 용(쓰임)을 말하는 것이다. 지자는 그 체를 보존하려고 노력하면 잃어버리지 않고, 그 용을 헤아리려고 노력하면 혼란스럽지 않게 된다. 인자는 이 같은 것을 기다리지 않고(노력하지 않고도) 체 하나하나, 용 하나하나가 모두 다 자연히 그렇게 된다.

○雙峯饒氏曰 心 無內外遠近精粗之間 是說他仁熟處 他人 於此處能存 於彼處或不能存 於此處能理 於他處或不能理 唯仁者 內面如此 外面亦如此 遠近精粗無適不然 內 謂存處時 外 謂應事接物時 近 謂日用常行處 遠 謂非日用常行處 精 如治詩書禮樂等事 粗 如治錢穀甲兵等事 存 是心存 理 是事理

쌍봉 요씨가 말했다. 마음이 안과 밖, 멂과 가까움, 정밀함과 성김 사이에 틈이 없다는 것은 그의 인이 완숙한 것을 말한다. 다른 사람(인자가 아닌 사람)은 이곳에서는 능히 보존하면서 저곳에서는 보존할 수 없기도 하고 이곳에서는 능히 헤아릴 수 있지만 저곳에서는 헤아리지 못하기도 한다. 오직 인자만이 내면이 이와 같으며 외면도 역시 이와 같아서 멀고 가까움, 정밀하고 성김 그 어디를 가더라도 그러하지 않음이 없다. (여기서) '안'은 보존하는 때를 말하고, '밖'은 사물에 응접하는 때를 말한다. '가까움'은 일상생활을 하는 것을 말하고, '멂'은 일상적인 사태가 아닌 것을 말한다. '정밀함'은 시, 서, 예, 악 등을 공부하는 일을 말하며, '성김'이란 재정, 군사 등 실무적인 일을 말한다. '존'이란 마음에 보존한다는 것이고 '이'란 일을 처리한다는 것이다.

【집주】

安仁者 非顔閔以上上聲 去聖人爲不遠 不知此味也 諸子 雖有卓越之才 謂之見道不惑 則可 然未免於利之也

안인이라는 것은 안회나 민자건 이상으로 성인과의 거리가 멀지 않은 사람이 아니면 그 맛을 알지 못한다. 여러 제자가 비록 탁월한 재능이 있지만, 도를 알고 미혹되지 않았다고 말할 수는 있어도 아직 (인을) 이익으로 여기는 수준을 면하지는 못했다.

【세주】

朱子曰 吾心 渾然一理 無內外遠近精粗 須知非顔閔以上 不知此味 及到顔閔地位 知得此味 猶未到安處

주자가 말했다. '내 마음은 혼연히 하나의 이이어서 안과 밖, 멂과 가까움, 정밀함과 성김의 구분이 없다'는 이 경지는 안자와 민자건 이상이 아니면 그 맛을 알지 못하고, 또 안자나 민자건의 경지에 이르러 그 맛을 알았다고 해서 편안히 여기는 경지에 도달한 것은 아니라는 점을 반드시 알아야 한다.

○仁知 雖一 然 世間人品所得 自有不同 顔子曾子 得仁之深者也 子夏子貢 得知之深者也

인과 지는 비록 하나이지만 세상 사람들이 성취한 인품은 당연히 같지 않음이 있다. 안자와 증자는 인을 얻은 것이 깊은 자이고, 자하와 자공은 지를 얻은 것이 깊은 자이다.

○或問 而今做工夫 且須利仁 曰 惟聖人 自誠而明 合下便自安仁 若自明而誠 須是利仁

혹자가 물었다. 지금 공부를 함에, 반드시 인을 이익으로 여겨야 합니까? 답했다. 오직 성인만이 참됨으로 말미암아 밝으니, 본디 곧 응당 인을 편안히 여긴다. 만약 밝음으로 말미암아 참되려는 수준(성인이 아니고 성인을 본받으려는 수준)이라면 모름지기 인을 이익으로 여겨야 한다.

○勉齋黃氏曰 安仁利仁 則所存者 天理 故 安於義命所當然 而物欲 不能以累其心 所以 處約樂之久 而不爲之動也

면재 황씨가 말했다. 안인하고 이인하면 보존된 것이 천리이기 때문에 의리와 운명의 당연한 바를 편안히 여기게 되고, 물욕은 그 마음에 누를 끼칠 수 없다. 그래서 곤궁함과 즐거움에 오랫동안 처해도 흔들리지 않는다.

○吳氏曰 易繫 論語 多以仁知竝言 樊遲 亦再問仁知 大抵 學問 不出知行 知主知 而仁主行也

오씨가 말했다. 『역』의 「계사」와 『논어』에 지와 인을 함께 언급한 것이 많이 있다. 번지 역시 거듭 인과 지를 물었다. 대저 학문은 지와 행에서 벗어나지 않으니 지는 앎을 주로 하고 인은 행을 주로 한다.

○雲峯胡氏曰 不仁者 失其本心者也 安仁者 本心 非有所存 而自不失 利仁者 能存其本心 而惟恐失之 嗚呼 安之者 不可遽及 失之者 可爲戒 而守之者 可爲法矣

운봉 호씨가 말했다. 불인자는 그 본래 마음을 잃은 자이다. 안인자는 본래의 마음을 보존하려고 하지 않아도 저절로 잃지 않는 사람이고, 이인자는 그 본래의 마음을 보존할 수는 있지만 이것을 잃을까 염려하는 사람이다. 오호라! 편안히 여기는 자(안인의 수준)는 갑자기 미칠 수 있는 것이 아니다. (본심을) 잃은 자(불인자)는 경계로 삼을 만하며, (본심을) 지키는 자(이인자)는 모범으로 삼을 만하다.

4.3 子曰 唯仁者 能好人 能惡人好 惡 皆去聲

공자께서 말씀하셨다. 오직 인자만이 능히 남을 좋아하고 능히 남을 미워할 수 있다.

【집주】

唯之爲言 獨也 蓋 無私心 然後好惡 當去聲於理 程子所謂 得其公正 是也

'유'의 말뜻은 '홀로'이다. 대개 사심이 없게 된 후에야 호오(좋아하고 미워함)가 이치에 맞게 되니, 정자가 말한 바 "그 공정함을 얻었다"라는 것이 이것이다.

【세주】

程子曰 仁者 用心以公 故 能好惡人 公 最近仁

정자가 말했다. 인자는 공으로써 마음을 쓰기 때문에 능히 사람을 좋아하거나 미워할 수 있다. 공은 인에 가장 가깝다.

○朱子曰 程子之言 約而盡 公者 心之正也 正者 理之得也 一言之中 體用備矣

주자가 말했다. 정자의 말은 간략하면서도 그 의미를 다 표현했다. 공이란 마음의 올바름이요, 정이란 이치에 맞는 것을 말한다. 한마디 말 속에 체와 용을 갖추고 있다.

○公正 今人 多連看 其實 公 自是公 正 自是正 這兩箇字 相少不得 公是心裏公 正 是好惡得來當理 苟公而不正 則其好惡 必不能皆當乎理 正而不公 則切切然於事物之間 求其是 而心 却不公 此兩字 不可少一

공과 정은 요즘 사람들이 많은 경우 둘을 이어서 (하나의 단어로) 보는데, 기실 공은 공이요 정은 정이다. 이 두 글자는 둘 중 하나라도 빼고 이해해서는 안 된다. 공은 마음속이 공하다는 것이고, 정은 호오가 [객관적으로] 마땅한 이치를 얻은 것을 의미한다. 만약 공하되 정하지 않다면 그 호오가 반드시 모두 이치에 부합한다고 할 수는 없다. 정하되 공하지 않다면 절실하게 사물의 사이에서 그 옳음을 얻으려고 하겠지만 그 마음은 오히려 공하지 못하다. 이 두 글자는 하나라도 빼서는 안 된다.

○程子 只著公正兩字 解這處 某 怕人理會不得 故 以無私心 解公字 好惡當於理 解正字 有人好惡當於理 而未必無私心 有人無私心 而未必好惡當於理 然 惟公而後能正 公 是箇廣大無私意 正 是箇無所偏向處

정자는 다만 '공정' 두 글자를 써서 이곳(구절)을 해석했다. 나는 사람들이 잘 이해하지 못할까 우려해 무사심(사심이 없음)으로써 '공'자를 해석했고, 호오가 이치에 부합함으로써 '정'자를 해석했다. 호오가 이치에 부합하지만 반드시 무사심이 아닌 사람도 있고, 사심이 없지만 반드시 호오가 이치에 합당하지는 않는 사람도 있을 수 있다. 그러나 오직 공한 이후에 정할 수 있는 것이니, 공은 넓고 커서 사심이 없는 것을 의미하며, 정은 [그 호오가 이치에 부합해서] 편향된 바가 없는 상태를 의미한다.

○胡氏曰 無私心 體也 好惡當於理 用也

호씨가 말했다. 무사심은 체(본체)이고, 호오가 이치에 부합하는 것은 용(쓰임)이다.

○雙峯饒氏曰 忠淸章 論仁 是因事而原其心 故 先言當理 而後言無私心 能好惡 是由心而達於事 故 先言無私心 而後言當於理

쌍봉 요씨가 말했다. <충청>장(『논어』 5, 「공야장」 18장)에서 인을 논할 때는 실제적인 사태에 기인해서 그 마음의 근원을 찾아보는 것이기 때문에 먼저 이치에 합당한지를 말하고 그 후에 무사심을 말했다. 능호오(능히 좋아하고 미워할 수 있음)는 마음에서 기인해 실제 사태에 이르는 것이기 때문에 먼저 무사심을 말한 다음 이치에 합당함을 말했다.

【집주】

○游氏曰 好善而惡惡如字 **天下之同情 然 人每失其正者 心有所繫**牽於私 **而不能自克也 惟仁者 無私心 所以能好惡也**

유씨가 말했다. 선을 좋아하고 악을 미워하는 것은 천하의 공통된 감정이지만 사람이 매번 그 올바름을 잃는 것은 마음이 매인 데가 있어<사사로움에 매인 것이다> **스스로 (그것을) 극복하지 못하기 때문이다. 다만 인자만이 사심이 없는 까닭에 능히 좋아하고 미워할 수 있다.**

【세주】

朱子曰 好善而惡惡 天下之同情 若稍有些私心 則好惡之情發出來 便失其

正 惟仁者 心中渾是正理 見人之善 則好之 見不善者 則惡之 或好或惡 皆因人之有善惡 而吾心廓然大公 絶無私繫 故 見得善惡十分分明 而好惡無不當理 故 謂之能好能惡

주자가 말했다. 선을 좋아하고 악을 미워하는 것은 천하의 공통된 감정이다. 만약 조금이라도 사심이 있으면, 호오의 감정은 표현되자마자 곧 그 올바름을 잃어버리게 된다. 오직 인자만이 그 마음이 올바른 이치와 혼연일체여서 남의 선을 보면 곧 그것을 좋아하고 불선자를 보면 곧 그것을 미워한다. 혹은 좋아하고 혹은 싫어하는 것은 모두 그 사람이 선을 가졌는지 악을 가졌는지에 기인하되, 내 마음(인자의 마음)은 넓고 크게 공정하여 조금의 사심도 없기 때문에 선과 악을 십분 분명하게 볼 수 있고, 호오가 이치에 합당하지 않음이 없다. 그래서 이를 일컬어 능히 좋아하고, 능히 미워할 수 있다고 한다.

○慶源輔氏曰 仁者 心之德 純是義理 纔有纖毫私欲 便是不仁 不仁 則其好惡 自然與義理相違悖矣

경원 보씨가 말했다. 인이란 마음의 덕이며 순수하게 의리 그 자체이다. 터럭만큼의 사욕이 있다면 곧 불인이다. 인하지 않으면 그 호오가 자연히 의리와 서로 차이가 나고 어그러지게 된다.

○胡氏曰 好其所是 惡其所非 人之至情也 然 有一毫私意 雜乎其間 則憎而不知其善 愛而不知其惡者 有矣 故 好惡當理 惟仁者 能之 仁者之心 渾然天理 無一毫私意 其心之所好 理之所當好 其心之所惡 理之所當惡也

호씨가 말했다. 그 옳은 것을 좋아하고 그 잘못된 것을 미워하는 것은 사람의 지극한 감정이다. 그러나 조금이라도 사의가 그 사이에 섞이면, 미워하기 때문에 그 선한 것을 모르고, 사랑하기 때문에 그 악한 것을 모르는 경우도 있다. 그러므로 호오가 이치에 부합하는 것은 오직 인자만이 할 수 있다. 인자의 마음은 혼연한 천리로서 조금의 사의도 없다. 그 마음이 좋아하는 것은 이치상 마땅히 좋아해야 하는 것이고 그 마음이 싫어하는 것은 이치상 마땅히 싫어해야 하는 것이다.

○雲峯胡氏曰 好惡之心 人 皆有之 獨仁者 能之 大學曰 惟仁人 能愛人 能惡人 皆須看能字 好惡當於理 始可謂之能 不然 非能好能惡也

운봉 호씨가 말했다. 호오의 마음은 사람들이 모두 가지고 있지만, 오직 인자만이 능히 (좋아하고 미워)할 수 있다.『대학』에서 "오직 인자만이 능히 남을 사랑할 수 있고 남을 미워할 수 있다"라고 했는데 모두 모름지기 '능'이라는 글자를 유의해서 보아야 한다. 호오가 이치에 부합해야 비로소 '능'이라 이를 수 있으니, 그렇지 않다면 능히 좋아할 수 있거나 능히 미워할 수 있는 것이 아니다.

4.4 子曰 苟志於仁矣 無惡也惡 如字

공자께서 말씀하셨다. 진실로 인에 뜻을 두었다면 악(악행)은 없다.

【집주】

苟 誠也

'구'는 '진실로'이다.

【세주】

如苟日新之苟

'구일신(진실로 날로 새로이 한다)'의 '구'와 같다.

○胡氏曰 苟字 有二義 有以苟且爲言者 苟合苟美之類 是也 有以誠實爲言者 此章及苟子不欲之類 是也

호씨가 말했다. '구'자는 두 가지 의미가 있다. 구차함(겨우)을 의미하는 경우가 있는데 구합(겨우 맞다), 구미(겨우 아름답다) 등이 그 경우이다. 진실함(진실로)을 의미하는 경우가 있는데 이 장과 '구자불욕(진실로 공자께서는 바라지 않으셨다)' 등이 그 경우이다.

【집주】

志者 心之所之也 其心 誠在於仁 則必無爲惡之事矣

'지'란 마음이 가는 바를 말한다. 그 마음이 진실로 인에 있으면 반드시 악을 행하는 일이 없다.

【세주】

朱子曰 方志仁時 便無惡 若間斷不志仁時 惡又生

주자가 말했다. 바야흐로 인에 뜻을 두었을 때 곧 악이 없다. 만약 잠시라도 인에 뜻을 두지 않았을 때에는 악이 다시 생겨난다.

○勉齋黃氏曰 人心 不可兩用 志於此 必遺於彼 所患者 無其志耳 夫仁者

此心之全德 誠志於仁 則必先存此心天理之公 而去其人欲之私 惡念 何自而生乎

면재 황씨가 말했다. 사람의 마음은 둘로 나눠 쓸 수 없다. 여기에 뜻을 두면 반드시 저기를 떠나게 된다. 염려해야 할 일은 오직 그 뜻이 없다는 데 있다. 무릇 인이란 이 마음의 완전한 덕이다. 진실로 뜻이 인에 있다면 반드시 먼저 이 마음에 천리의 공을 보존하고 인욕의 사사로움을 제거해야 한다. (이렇게 한다면) 악념이 어디에서 생겨나겠는가?

○潛室陳氏曰 此 是君子小人分路 猶向東行人 一心向東去 無復有回轉向西之理 西行人 亦然

잠실 진씨가 말했다. 이것이 군자가 되느냐 소인이 되느냐의 분기점이다. 동쪽으로 가려는 사람은 한마음으로 동쪽으로 갈 뿐, 다시 돌아 서쪽으로 갈 까닭이 없다. 서쪽으로 가려는 사람도 역시 마찬가지이다.

○勿軒熊氏曰 語 言志有三 曰志學 曰志道 曰志仁 仁則 直指本心 尤親切矣

물헌 웅씨가 말했다. 『논어』에는 '지'를 세 번 언급하고 있다. 학문에 뜻을 둔다, 도에 뜻을 둔다, 인에 뜻을 둔다라는 것이 바로 그것이다. 인은 본래의 마음을 곧바로 가리키는 것이니, (지인은) 더욱 가깝고 절실하다.

○新安陳氏曰 苟志於仁 四字 涵三意 志於仁與志於道 不同 仁是道德之精純 志是志向之堅定 而又加以誠焉 則於爲惡之事 可保其必無矣

신안 진씨가 말했다. '구지어인(진실로 인에 뜻을 둔다)' 이 네 자의 말씀은 세 가지 의미를 함의하고 있다. 인에 뜻을 두는 것과 도에 뜻을 두는 것은 같지 않다. '인'은 도와 덕의 정수이며, '지'는 지향이 견고히 정해지는 것이며, (인에 뜻을 둔다는 것은) 또 여기에 '참됨'을 더하는 것이니, 그러한 즉 악을 저지르는 일이 반드시 없을 것임을 보장할 수 있다.

【집주】

○楊氏曰 苟志於仁 未必無過擧也 然而爲惡 則無矣

양씨가 말했다. 진실로 인에 뜻을 두었다 해서 반드시 실수가 없다고는 할 수 없겠지만 악행을 저지르는 일은 없다.

【세주】

朱子曰 志於仁 則雖有過差 不謂之惡 惟其不志於仁 是以 至於有惡 此志字 不可草草看

주자가 말했다. 인에 뜻을 두었다면 비록 약간의 실수가 있다 하더라도 그것을 일러 악이라 하지는 않는다. 오직 인에 뜻을 두지 않았을 때 악에 이르게 되니 이 '지'자는 함부로 쉽게 보아서는 안 된다.

○慶源輔氏曰 過擧 謂或用意過當 或資質之偏 或氣壹之動志 無惡 則志爲之主也 志在於仁 則思慮 自不到惡上矣

경원 보씨가 말했다. 실수란 의도가 지나치거나 자질이 편향되거나 기질이 한군데로 치우쳐 그 뜻을 움직이거나 해서 저지르는 것을 말한다. 악이 없다면 뜻이 그것(인)을 주로 삼은 것이다. 뜻이 인에 있은즉, 생각이 저절로 악에 이르지 않게 된다.

○通書解曰 有心悖理爲惡 無心失理爲過

『통서해』에 "마음이 있어(의도적으로) 이치를 어그러뜨리면 악이 되고, 마음이 없이(무의도적으로) 이치를 잃으면 과(실수)가 된다"라고 했다.

4.5-1 子曰 富與貴 是 人之所欲也 不以其道得之 不處也 貧與賤 是 人之所惡也 不以其道得之 不去也惡去聲

공자께서 말씀하셨다. 부와 귀는 사람이 원하는 바이지만, 그 도로써 얻은 것이 아니라면 머물지 아니한다. 빈과 천은 사람이 싫어하는 바이지만, 그 도로써 얻은 것이 아니라면 떠나지 아니한다.

【집주】

不以其道得之 謂不當得而得之

'그 도로써 얻은 것이 아니다'라고 함은 마땅히 얻어야 하는 것이 아닌데도 얻었다는 말이다.

【세주】

或問 君子而有以非道得富貴者 何也 朱子曰 是 亦一時不期而得之 非語其平日之素行也

혹자가 물었다. 군자이면서 도가 아닌 것으로써 부귀를 얻는 경우가 있다 함은 무슨 말입니까? 주자가 답했다. 이는 역시 일시적으로 그러려고 하지 않았는데 얻은 것을 말하는 것이지 평소의 소행을 말하는 것은 아니다.

○勉齋黃氏曰 博奕鬪狠奢侈淫肆之類 皆所以取貧賤之道 不以其道者 謂無此等事 而爲水火盜賊 詿誤陷於刑戮之類 以致貧賤也

면재 황씨가 말했다. 놀이, 도박, 사치, 음탕 등 일은 모두 빈천의 길을 취하게 되는 원인이다. '그 도로써가 아니다'라는 것은 이러한 일을 하지 않았는데도 천재지변이나 도둑을 당하는 것, 그리고 모함 때문에 형륙(사법적 처벌)에 빠지는 일 등으로 빈천하게 되는 경우를 의미한다.

【집주】

然 於富貴 則不處 於貧賤 則不去 君子之審富貴 而安貧賤也 如此

그러나 부귀에는 머물지 않고, 빈천에서는 떠나지 않아야 한다. 군자가 부귀를 따지고 빈천을 편안히 여기는 것이 이와 같다.

【세주】

程子曰 無道而得富貴 其爲可恥 人 皆知之 而不處焉 惟特立者 能之

정자가 말했다. 도 없이 부귀를 얻는 것이 부끄러워할 만하다는 것은 사람들이 모두 알지만 거기에 머물지 않는 것은 오직 특립자(특별히 뛰어난 자)만이 할 수 있다.

○朱子曰 不以其道得富貴 須是審 苟不以其道 決是不可受 不以其道 得貧賤 却要安 蓋 我雖是不當貧賤 然 當安之 不可於上面計較云 我 不當得貧賤 有汲汲求去之心

주자가 말했다. 그 도(부귀를 얻는 정당한 도리)가 아닌 방식으로 부귀를 얻었는지 반드시 따져보아야 한다. 만약 그 도로써 얻은 것이 아니라면 결코 받아들여서는 안 되며, 그 도가 아닌 방식으로 빈천에 이른 경우에는 오히려 (그 빈천을) 편안히 여겨야 한다. 나에게 빈천이 부당하다 하더라도 마땅히 편안히 여겨야 하는 것이지, 위쪽(나보다 처지가 나은 사람)과 비교해 나에게 빈천은 부당한 일이라고 하면서 서둘러 (부귀를) 구해 (빈천을) 떠나려고 하는 마음을 가져서는 안 된다.

○問 富貴不處 是安於義 貧賤不去 是安於命 蓋 吾 何求哉 求安於義理而已 不當富貴而得富貴 則害義理 故 不處 不當貧賤而得貧賤 則自家義理 已無愧 居之何害 富貴 人所同欲 若不仔細 便錯了 貧賤 人所同惡 自家旣無愧義理 若更去其中 分疏我不當貧賤 便不是

물었다. 부귀에 머물지 않는다는 것은 의(올바름)에 편안해하는 것이고, 빈천을 떠나지 않는다는 것은 명(운명)에 편안해하는 것입니다. 대개 제가 무엇을 구해야겠습니까? (답했다.) 의리에 편안함을 구할 따름이다. 부귀를 얻는 것이 마땅하지 않은 데도 부귀를 얻는 것은 의리를 해치니 그것에 머물지 않는 것이고, 빈천한 것이 마땅하지 않은데도 빈천에 머물게 된다면 자신의 의리에 어떤 부끄러움도 없으니 빈천에 머물러 있다고 하여 무슨 해가 있겠는가? 부귀는 사람들이 모두 바라는 바이니, 자세히 살피지 않으면 곧 잘못되어버린다. 빈천은 사람들이 모두 싫어하는 것이지만 자신이 이미 의리에 부끄러움이 없는데도 만약 곧 빈천을 떠나면서 내가 빈천한 것은 부당한 일이라고 변명한다면, 곧 옳지 않다.

○富貴 不以道得之 如孔子主我衛卿可得之類

부귀를 도로써 얻지 않았다 함은 예컨대 "공자가 나를 주인으로 삼으면 위나라의 경 자리를 얻을 수 있다(『맹자』 9, 「만장 상」 8장)"라고 하는 경우와 같은 것이다.

○王氏曰 審有兩端 安只一路

왕씨가 말했다. 따지는 것은 두 방향[머물거나 떠남]이 있고 편안히 여김은 다만 한 길[머묾]이다.

○葉氏曰 富貴 不苟處 則可以長處樂 貧賤 不苟去 則可以久處約

섭씨가 말했다. 부귀에 구차히 머물지 않는다면 오랫동안 즐거움에 머물 수 있고, 빈천을 구차히 떠나지 않는다면 오랫동안 곤궁함에 머물 수 있다.

4.5-2 君子 去仁 惡乎成名惡 平聲

군자가 인을 떠나면 어디에서 이름을 이루겠는가?

【집주】

言君子 所以爲君子 以其仁也 若貪富貴 而厭貧賤 則是自離去聲其仁 而無君子之實矣 何所成其名乎

'군자가 군자가 되는 이유는 그 인 때문이다. 부귀를 탐하고 빈천을 싫어한다면 자연히 그 인에서 멀어져 군자의 실질이 없어지니 어디에서 그 이름을 이루겠는가?'라는 말이다.

【세주】

慶源輔氏曰 貪字與審字 相反 厭字與安字 相反

경원 보씨가 말했다. '탐'자와 '심'자는 서로 반대되며, '염'자와 '안'자도 서로 반대된다.

○雙峯饒氏曰 君子 去仁 惡乎成名 是結上生下

쌍봉 요씨가 말했다. '군자가 인을 떠나면 어디에서 이름을 이루겠는가'라는 말씀은 위 구절을 마무리를 짓고 아래 구절을 생성하고 있다.

○新安陳氏曰 名者 實之賓 因名字 而遡其實

신안 진씨가 말했다. 이름이란 실[개념의 내용]의 손님[개념의 형식]이다. (『장자』, 「소요유」) 이름을 통해서 그 실을 찾아간다.

4.5-3 君子 無終食之間違仁 造次必於是 顚沛必於是造七到反 沛 音貝

군자는 밥 한 그릇 먹는 동안에도 인을 떠나지 않으며 급할 때도 이(인)에 의거하고, 당황스러울 때도 이에 의거한다.

【집주】

終食者 一飯之頃 造次 急遽苟且之時 顚沛 傾覆流離之際 蓋 君子之不去乎仁 如此 不但富貴貧賤取舍上聲 下同之間而已也

'종식'이란 한 끼 밥 먹는 (짧은) 시간을 말하며, '조차'는 급박하고 구차한 때를 말한다. '전패'는 엎어지고 넘어지거나 떠내려가는 때를 말한다. 대개 군자가 인에서 떠나지 않음이 이와 같으니, (인에서 떠나지 않아야 하는 것은) 단지 부귀와 빈천을 취하느냐 버리느냐 하는 경우만이 아니다.

【세주】

朱子曰 杜預謂 草次之期 言草草不成禮也 便是此意 左傳 過信爲次 亦是苟且 不爲久計之意 苟且 是時暫處 非如大賓大祭之時 顚沛 如曾子易簀之時

주자가 말했다. 두예는 "초차지기는 바빠서 예를 이룰 수 없다는 말이다"라고 했는데 바로 이 뜻이다. 『좌전』의 '과신위차(군대가 사흘 이상 머무르는 것을 '차'라고 한다. 『춘추좌전』, 장공 3년 동)'도 역시 구차함이니, 오래 (그러려고) 계획하지 않았다는 뜻이다. 구차함이란 한때 잠시 머무는 것을 말하는 것이지, 큰 손님을 맞이하거나 큰 제사를 지내는 때(특별한 때) 같은 것은 아니다. 전패는 증자가 역책(죽기 직전 신분에 맞지 않는다고 자리를 바꿈)할 때와 같은 경우이다.

○無終食違仁 是無時而不仁 造次顚沛必於是 是無處而不仁

밥 한 끼 먹을 동안에도 인을 떠나지 않는다는 것은 어느 때에도 인하지 않음이 없다는 것이고, 급박하고 당황스러운 경우에도 반드시 인에 의거한다는 것은 어디에서도 인하지 않음이 없다는 의미이다.

○西山眞氏曰 此章 當作三節看 處富貴貧賤而不苟 此一節 猶是麤底工夫 至終食不違 又是一節 乃存養細密工夫 然 猶是平居暇日事 可勉而至 至於造次急遽之時 患難傾覆之際 若非平時存養已熟 至此 鮮不失其本心 若能至此 猶必於是仁 乃至細密工夫 其去安仁地位 已不遠矣 然 若無麤底根基 豈有遽能造於細密者 故 必以審富貴安貧賤爲本 然後能進於此 乃用功之序也

서산 진씨가 말했다. 이 장은 마땅히 세 절로 나누어서 보아야 한다. '부귀빈천에 머무름에 구차하지 않아야 한다'는 것이 한 절로서 거친 공부에 해당한다. '밥 한 끼 먹을 동안에도 인을 떠나지 않아야 한다'는 것이 또 한 절이니 존양하는 세밀한 공부를 의미한다. 그러나 이것은 오히려 평소 한가한 때의 일이니 노력하여 이를 수 있다. 잠시 사이의 급박한 때나 환난을 만나 경황이 없을 때, 평상시 존양 공부가 완숙하지 않다면 이에 이르러 본심을 잃지 않는 경우가 드물다. 만약 이러한 때에 이르러서도 오히려 반드시 인에 의거할 수 있다면 이는 곧 세밀한 공부에 도달한 것이니, (이 경지는) 안인(인을 편안히 여김)의 경지에서 멀지 않다. 그러나 만약 거친 공부의 뿌리와 기틀이 없다면 어찌 갑자기 세밀한 공부에 다가갈 수 있겠는가? 그래서 반드시 부귀를 따지고 빈천을 편안히 여기는 것을 근본으로 삼은 후에야 능히 이 경지에 나아갈 수 있다. 이것이 공부의 순서이다.

【집주】

○言君子爲仁 自富貴貧賤取舍之間 以至於終食造次顚沛之頃 無時無處 而不用其力也 然 取舍之分去聲明 然後存養之功 密 存養之功 密 則其取舍之分 益明矣

'군자가 인을 행함은 부귀빈천을 취사(취하거나 버림)하는 경우부터 밥 한 끼 먹는 짧은 시간과 구차하고 경황이 없는 때에 이르기까지, 언제 어디서나 그 힘을 쓰지 않음이 없다. 그러나 취사의 구분이 명확해진 다음에 존양의 공부가 정밀해지고, 존양의 공부가 정밀해지면 취사의 구분이 더욱 명확해진다'는 말이다.

【세주】

朱子曰 此言 內外大小 皆當理會 外若不謹細行 則內何以爲田地根本 內雖有田地根本 而外行不謹 則亦爲之搖奪 如世間 固有小廉曲謹 而臨大節無可取者 亦有外面界辨分明 而內守不固者

주자가 말했다. 이 구절에 대해서는 안과 밖, 크고 작음을 모두 이해해야 한다. 밖으로 세세한 행동을 삼가지 못한다면, 안으로 무엇을 근본의 터전으로 삼겠는가? 안으로 비록 근본의 터전이 있다한들 밖으로 드러나는 행동을 삼가지 않다면, 역시 그 때문에 (내면의 근본이) 흔들리고 빼앗기게 될 것이다. 예컨대 세상에는 본디 작은 청렴과 세세한 삼감은 있으나 큰 절개에 임해서는 취할 만한 것이 없는 자도 있으며, 또 밖으로 분별은 분명하나 안으로 지키는 것이 견고하지 않은 자도 있다.

○慶源輔氏曰 取舍之分 在外 審富貴 安貧賤 是也 而實有助於內 存養之功在內 所謂無終食造次顚沛之違 是也 而實有益於外 故 取舍明 則存養愈精密 而無違缺之處 存養密 則取舍愈分明 而無疑似之差

경원 보씨가 말했다. 취사의 구분은 바깥에 있으니(외면의 문제이니) 부귀를 따지고 빈천을 편안히 여기는 것이 바로 그것이다. 그러나 (이는) 실로 내면에 도움이 된다. 존양의 공부는 안에 있으니(내면의 문제이니) 이른바 밥 한 끼 먹는 동안이나 급박하고 경황이 없는 때라도 인을 떠나지 않는 것이 바로 그것이다. 그러나 실로 외면에 도움이 된다. 그러므로 취사에 밝으면 존양 공부가 더욱 정밀해져서 어긋나고 결여되는 곳이 없게 된다. 존양의 공부가 정밀해지면 취사가 더욱 분명해져서 비슷한 것을 진짜라고 생각하는 잘못이 없어지게 된다.

○雙峯饒氏曰 天下之所同欲者 莫如富貴 所同惡者 莫如貧賤 雖君子之心 亦無以異於人也 然 人之常情 欲之 則必趨之 惡之 則必避之 鮮有不因是而喪其所守者 惟君子 則不然 於富貴未嘗不欲 而得之不以其道 則寧避之 而不處 於貧賤 未嘗不惡 而得之雖不以道 亦寧安之 而不去 是 何君子欲惡之與人同 而去取之與人異邪 誠以富貴 雖可欲 而所欲 有大於富貴者 貧賤雖可惡 而所惡 有大於貧賤者 千乘萬鍾 得之 若可以爲榮 然 義之不度 而有害於吾本心之仁 則適足以爲辱 不得之 若可以爲戚 然 命之能安 而無害於吾本心之仁 則乃所以爲樂 人 能知此 而於二者之間 審所擇焉 則天理人欲

去取之分 判然於中 而存養省察 以全吾本心之仁者 自有不容已者矣 是以古之君子 戰戰兢兢 靜存動察 不使一毫慢易非僻之私得以留於其間 而有終食之違焉 造次之時 人所易忽也 而不敢忽 顚沛之地 人所易忘也 而不敢忘 使此心之仁 無頃刻之間斷 無所毫釐之空闕 而後爲至焉 此其所以動靜周流 隱顯貫徹 而日用之間 無非天理之流行也

쌍봉 요씨가 말했다. 세상 사람들이 모두 바라는 것 중에 부귀만 한 것이 없으며 모두 싫어하는 것 중에 빈천만 한 것이 없다. 비록 군자의 마음이라 하더라도 보통 사람들과 다르지 않다. 그러나 인지상정(사람들의 일반적 감정)은 그것을 바라면 반드시 좇고 싫어하면 반드시 피하니 이로 말미암아 그 지켜야 할 바를 잃지 않은 경우가 드물다. 오직 군자만이 그렇지 않으니, 부귀에 대해서는 일찍이 바라지 않은 적이 없지만 그 도가 아닌 방식으로 얻었다면 오히려 그것을 피할지언정 머물지 않으며, 빈천에 대해서는 싫어하지 않은 적이 없지만 비록 그 도가 아닌 방식으로 얻었다 하더라도 오히려 편안히 여길지언정 떠나지 않는다. 이것이 왜 군자가 바라고 싫어하는 것은 보통 사람들과 같지만 떠나고 취하는 것은 보통 사람과 다른지, 그 이유이다. 진실로 부귀가 바랄 만한 것이기는 하지만 바라는 것이 부귀보다 더 큰 것이 있고, 빈천이 비록 싫어할 만한 것이기는 하지만 싫어하는 것이 빈천보다 더 큰 것이 있다. 천 대의 수레와 만 종의 봉록을 얻는 것은 영예로 여길 만하지만 옳음에 있어서(옳고 그름이라는 점에서) 법도에 맞지 않고 내 본심의 인에 해가 된다면 오히려 족히 욕됨으로 여기고, 얻지 못하는 것은 근심스러운 일이라 여길 만하지만 명에 있어서 (운명이라는 점에서) 편안히 여길 수 있고 내 본심의 인에 해가 되지 않는다면 곧 그것을 즐거운 바로 삼는다. 사람들이 능히 이를 알아 이 양자 사이에서 선택해야 할 바를 따진다면 천리와 인욕을 취하고 버리는 구분이 마음속에 명확해진다. 존양 성찰함으로써 내 본심의 인을 온전하게 하는 것은 본디 그칠 수 없는 것이다. 그런 까닭에 옛날의 군자는 전전긍긍, 고요히 있을 때는 (본심을) 보존하고 움직일 때는 잘 살펴, 터럭만 한 태만하고 잘못된 사욕도 그 사이에 머무르지 못하게 해 밥 한 끼 먹는 동안의 떠남도 없었다. 짧은 순간은 사람들이 쉽게 소홀히 하는 것이지만 감히 소홀히 하지 않고, 자빠지고 엎어지는 곳은 사람들이 쉽게 잊는 것이지만 감히 잊지 않아, 반드시 이 마음의 인이 잠시의 끊어짐도 없도록 하고 털끝만 한 빈틈도 없게 한 다음에야 지극해진다. 이는 (본심의 인이) 움직이거나 고요히 있거나 두루 흐르고, 은밀한 곳에서나 드러난 곳에서나 관철되어, 일상의 삶에 천리의 흐름이 아닌 것이 없는 것이다.

4.6-1 子曰 我 未見好仁者 惡不仁者 好仁者 無以尙之 惡不仁者 其爲仁矣 不使不仁者加乎其身好 惡 皆去聲

공자께서 말씀하셨다. 나는 아직 인을 좋아하는 자와 불인을 미워하는 자를 보지 못했다. 인을 좋아하는 자는 더할 것(인보다 더 좋아하는 것)이 없다. 불인을 미워하는 자는 인을 행함에, 불인한 것이 자신에게 가해지지 않게 한다.

【집주】

夫子 自言未見好仁者 惡不仁者 蓋 好仁者 眞知仁之可好 故 天下之物 無以加之 惡不仁者 眞知不仁之可惡 故 其所以爲仁者 必能絶去不仁之事 而不使少有及於其身 此 皆成德之事 故 難得而見之也

공자께서는 인을 좋아하는 자와 불인을 미워하는 자를 보지 못하셨다고 스스로 말씀하셨다. 대개 인을 좋아하는 자는 인이 좋아할 만한 것임을 진정 알기 때문에 천하의 어떤 것도 더할 것이 없다. 불인을 미워하는 자는 불인이 미워할 만한 것임을 진정 알기 때문에, 그 인을 행하는 것(방식)이 반드시 불인한 일을 끊어버려서 조금도 자신에게 미치지 못하게 한다. 이(양자)는 모두 성덕(덕을 이룬 사람)의 일이라서 얻어 보기 매우 어렵다.

【세주】

朱子曰 好仁惡不仁 只是利仁事 却有此二等 然 亦無大優劣 好仁者 是資性渾厚底 惻隱之心 較多 惡不仁者 是資性剛毅底 羞惡之心 較多 聖人謂 我未見好仁惡不仁者 又從而解之曰 我意所謂 好仁者 須是無以尙之 惡不仁 須是不使不仁者加乎其身 是好之篤惡之切 非略略恁地知好惡底

주자가 말했다. 인을 좋아하고 불인을 미워하는 것은 다만 이인(인을 이익으로 여김)하는 일로, 이 두 가지가 있지만 (둘 사이에) 큰 우열은 없다. 인을 좋아하는 사람은 자질과 성품이 혼후하여 측은지심이 비교적 많고, 불인을 싫어하는 사람은 자질과 성품이 강하고 굳세어 수오지심이 비교적 많다. 성인께서 '나는 인을 좋아하고 불인을 미워하는 자를 아직 보지 못하셨다'고 말씀하셨고, 또 이어서 그것을 해석하면서 말씀하시기를 '내가 말한 바의 뜻은 인을 좋아하는 자는 모름지기 더 보탤 것이 없고, 불인을 미워하는 자는 모름지기 불인한 것으로 하여금 자신의 몸에 미치지 못하게 한다(는 뜻이다)'고 하셨으니, 이는(여기서 말하는 좋아함이나 미워함이란) 독실하게 좋아하는 것이고 절실히 미워하는 것이지, 대충 그럭저럭 미워하고 좋아할 줄 아는 것이 아니다.

○好仁者 如好好色 擧天下之物 無以加尙之 若有以尙之 則其好 可移矣 若說我好仁 又却好財好色 便是不曾好仁 惡不仁者 如惡惡臭 惟恐惡臭之及其身 好好色 惡惡臭 皆是己身上事 非是專言好他人之仁 惡他人之不仁也

인을 좋아하는 자는 마치 예쁜 여자를 좋아하여 천하의 어떤 것도 보탤 수 없는 것과 같다(예쁜 여자를 좋아하는 것 외에 더 좋아하는 것은 없다). 만약 그것에 무언가를 보탤 수 있는 것이라면, 그 좋아함은 (다른 대상으로) 옮겨갈 수도 있을 것이다. 만약 나는 인을 좋아하면서 동시에 많은 재물과 예쁜 여자도 좋아한다고 말한다면, (나는) 이미 인을 좋아하지 않는 것이다. 불인을 미워하는 자는 마치 악취를 미워하여 오로지 그 악취가 자신의 몸에 미칠까 염려하는 것과 같다. 예쁜 여자를 좋아하고 악취를 싫어하는 것은 모두 자기 신상의 일이니, 단지 타인의 인을 좋아하고 타인의 불인을 미워하는 것만을 말하는 것은 아니다.

○好仁惡不仁之人 地位儘高 直是難得 禮記 無欲而好仁 無畏而惡不仁者 天下一人而已 正是此意

인을 좋아하고 불인을 미워하는 사람의 경지는 매우 높아서 참으로 얻기 어렵다. 『예기』(「표기」)에 "바라는 것 없이 인을 좋아하고, 겁나는 것이 없으면서도 불인을 미워하는 사람은 천하에 한 사람뿐이다"라고 한 것이 바로 이 뜻이다.

○顏子 明道 是好仁 孟子 伊川 是惡不仁

안자와 명도(정호)는 인을 좋아하는 사람이고, 맹자와 이천(정이)은 불인을 미워하는 사람이다.

○惡不仁 終是兩件 好仁 却渾淪了 學者 未能好仁 且從惡不仁上做將去 庶幾堅實 又曰 好仁而未至 却不及那惡不仁之切底 蓋 惡不仁底 眞是壁立千仞 滴水滴凍 做得事成

불인을 미워하는 것은 종내 [인을 좋아하는 것과 구분되는] 두 가지 일이지만, 인을 좋아하는 것은 오히려 [어떻게 하는 것인지] 불분명한 것이다. 배우는 자가 아직 능히 인을 좋아할 수는 없다 하더라도 불인을 미워하는 공부를 좇아 해나가다 보면 아마도 견실해질 것이다. 또 말했다. 인을 좋아하나 아직 지극하지 못한 것은 오히려 저 불인을 절실히 미워하는 것에 미치지 못한다. 대개 불인을 미워하는 것은 진실로 천 길 낭떠러지에서 물방울이 떨어져 고드름이 얼듯 일을 성취해나가는 것이다.

○潛室陳氏曰 性 各有偏重 顔子 是好仁之人 豈不能惡不仁 然 好仁意思 勝如惡不仁 孟子 是惡不仁之人 豈不能好仁 然 惡不仁意思 勝如好仁 故 各於偏重處成就

잠실 진씨가 말했다. 본성에는 각자 편중되는 것이 있다. 안자는 인을 좋아한 사람이니 어찌 불인을 미워할 수 없었겠느냐마는 다만 인을 좋아하는 생각이 불인을 미워하는 것보다 많았다. 맹자는 불인을 미워한 사람이니 어찌 인을 좋아할 수 없었겠느냐마는 불인을 미워하는 생각이 인을 좋아하는 것보다 많았다. 그래서 각자 편중된 곳에서 성취한 것이다.

○蔡氏曰 論資質 則惡不仁者 不如好仁者之渾然 論工夫 則好仁者 不如惡不仁者之有力 要之 皆成德之事

채씨가 말했다. 자질로 논한다면 불인을 미워하는 자는 인을 좋아하는 자의 혼연함(온전함)만 못하지만, 공부로 논하자면 인을 좋아하는 자는 불인을 미워하는 자의 유력함(힘 있게 추진함)만 못하다. 요컨대 모두 덕을 이룬 자의 일이다.

○雙峯胡氏曰 好仁者 於好上重 惡不仁者 於惡上重 惡不仁者 未便是仁 因其惡不仁也 而後能爲仁 故曰 其爲仁矣 其是將然之辭 旣惡不仁 則亦將爲仁矣 是 何也 以其惡之之深 不使不仁之事加於其身 故也

쌍봉 요씨가 말했다. '호인자'는 '호(좋아한다는 점)'에 중점이 있고, '오불인자'는 '오(미워한다는 점)'에 중점이 있다. 불인을 미워하는 자는 아직 인한 것은 아니지만, 불인을 미워하는 것으로 말미암아 이후에 능히 인을 행할 수 있게 된다. 그래서 '기위인의(인을 행한다)'라고 하셨으니, 장차 그렇게 된다는 말씀이다. 이미 불인을 미워한다면 역시 장차 인을 행할 것이다. 이것은 왜 그런가? 그 깊이 미워함으로써 불인의 일이 자신의 몸에 미치지 않게 하기 때문이다.

4.6-2 有能一日用其力於仁矣乎 我 未見力不足者

능히 하루 동안 인에 힘을 쓰는 자가 있는가? 나는 힘이 부족한 자(힘이 부족해서 그리 못하는 자)도 본 적이 없다.

【집주】

言好仁惡不仁者 雖不可見 然 或有人 果能一旦奮然用力於仁 則我 又未見其力有不足者 蓋 爲仁在己 欲之 則是 而志之所至 氣必至焉 故 仁 雖難能 而至之 亦易去聲 下同也

인을 좋아하고 불인을 미워하는 자는 비록 보지 못했지만, 그러나 혹시 어떤 사람이 과연 능히 하루아침에 분연히 인에 힘쓰는 경우가 있을 수 있겠는데, 나는 또 그 힘에 부족함이 있는 자도 본 적이 없다는 말씀이다. 대개 인을 행하는 것은 자신에게 달려 있으니, 그것을 하고자 하면 곧 그리하게 되고, 뜻이 이르는 곳에 기가 반드시 [뜻을 따라] 이르게 된다. 그러므로 인은 비록 능하기는 어려우나 이르는 것[지향하는 것]은 또한 쉽다.

【세주】

問 一日用其力 將志氣合說 如何 朱子曰 用力 說氣較多 志 亦在上面了 志之所至 氣必至焉 夫志 氣之帥也 氣 體之充也 人出來 萎萎衰衰恁地柔弱 亦只是志不立 志立 自是奮發敢爲 這氣便生 志在這裏 氣便在這裏 志與氣 自是相隨 若眞箇要求仁 豈患力不足

물었다. '하루 동안 그 힘을 씀'에 대해 지(의지)와 기(기운)를 합해 설명한 이유는 무엇입니까? 주자가 답했다. 용력(힘을 씀)은 기가(기의 측면이) 비교적 많고, 지가 또한 (기의) 위쪽에 있다는 말이다. 지가 이르는 곳에 반드시 기가 이른다. 무릇 지는 기를 이끄는 것이오, 기는 몸에 차 있는 것이다. 사람이 나면서부터 비썩 마르고 비실거려 그렇게 유약한 경우, 또한 다만 지가 서지 않은 것이다. 지가 서면 자연히 분발하여 용감히 행하게 되니 그 기가 곧 생겨난다. 지가 여기에 있으면 곧 기도 여기에 있게 되니, 지와 기는 자연히 서로 따르는 것이다. 만약 진정 인을 구하고자 한다면 어찌 힘이 부족한 것을 걱정하겠는가?

4.6-3 蓋 有之矣 我 未之見也

대개 있기는 하겠지만, 나는 아직 보지 못했다.

【집주】

蓋 疑辭 有之 謂有用力而力不足者 蓋 人之氣質 不同 故 疑亦容或有此昏弱之甚 欲進而不能者 但 我 偶未之見耳 蓋 不敢終以爲易 而又歎人之莫肯用力於仁也

'개'는 의심하는 말이다. '유지(있다)'라는 것은 힘을 쓰되 힘이 부족한 자가 있다는 말이다. 대개 사람의 기질은 서로 같지 않은 까닭에 이렇게 (기질이) 매우 혼미하고 약하여 나아가고자 하지만 그러지 못하는 자가 아마도 있을 수도 있겠지만, 다만 나는 우연으로도 만나보지 못했을 따름(이라는 말씀)이다. 대개 감히 종내 [그런 자를 만나보는 것이] 쉽다고 여기시지 않은 것이고, 또 사람들이 기꺼이 인에 힘을 쓰지 않음을 탄식하신 것이다.

【세주】

朱子曰 有一般人 其初用力 非不切至 到中間 自是欲進不能 所謂力不足者 中道而廢 正是說此等人 這般人 亦未之見 可見用力於仁者之難得也

주자가 말했다. 보통 사람은 처음에는 힘을 씀에 절실하고 지극하지 않은 것은 아니지만, 중간에 이르러서는 나아가고자 하나 그러지 못하는 경우가 있으니, 소위 '역부족자'이다. '중도이폐(중도에서 그치는 것)'는 바로 이런 사람을 두고 하는 말이다. 이런 사람들조차 보지 못하셨으니 인에 힘쓰는 사람을 보기 어려운 것을 가히 알 수 있다.

【집주】

○此章 言仁之成德 雖難其人 然 學者 苟能實用其力 則亦無不可至之理 但 用力而不至者 今亦未見其人焉 此 夫子 所以反覆而歎惜之也

이 장은 인의 덕을 이룬 사람, 비록 그런 사람을 (만나기는) 어렵다는 말씀이지만 배우는 자가 진실로 힘을 쓸 수 있다면 이르지 못할 리가 없다. 다만 힘을 쓰나 도달하지 못하는 사람, 지금 그런 사람마저도 아직 보지 못하셨으니, 이것이 공자께서 반복하여 탄식하신 이유이다.

【세주】

慶源輔氏曰 此章 三言未見 而意 實相承 初言成德者之未見 次言用力者之未見 末又言用力而力不足者之未見 無非欲學者 因是自警 而用力於仁耳

경원 보씨가 말했다. 이 장에는 보지 못했다는 말이 세 번 나오지만 그 뜻은 실로 서로 이어져 있다. 처음에는 덕을 이룬 사람을 보지 못하셨다고 말씀하셨고, 두 번째는 인에 힘쓰는 사람을 보지 못하셨다고 말씀하셨고, 마지막에는 인에 힘을 쓰지만 힘이 부족한 사람을 보지 못했다고 말씀하셨다. 배우는 자로 하여금 이로 말미암아 스스로 경계하고 인에 힘쓰게 하고자 하심이 아닌 것이 없다.

○雲峯胡氏曰 好仁惡不仁者 利仁之事 用力於仁者 勉行之事 皆未之見 可歎也 用力而未至者 亦未之見 益可歎也 然 不必謂世無其人 但 謂我未見其人 猶有不絕望之意焉 其勉人也 切 而待人也 厚 可於此觀聖人之心矣

운봉 호씨가 말했다. 인을 좋아하고 불인을 미워하는 것은 이인(인을 이익으로 여김)의 일이며, 인에 힘쓰는 것은 면행(열심히 실천함)의 일이다. 모두 보지 못하셨으니 탄식할 만하고, 힘을 쓰되 이르지 못하는 자도 보지 못하셨으니 더욱 탄식할 만하다. 그러나 세상에 그러한 사람이 꼭 없다고는 말씀하시지 않으시고 단지 내가 그러한 사람을 아직 보지 못했다고 말씀하신 것은 오히려 절망하지는 않으신다는 뜻이 있는 것이니, 사람을 면려하심은 절실하고 사람을 대우하심은 두텁다. 여기서 성인의 마음을 볼 수가 있다.

4.7 子曰 人之過也 各於其黨 觀過 斯知仁矣

사람의 허물에는 각기 그 종류가 있다. 그 허물을 보면 인을 알 수 있다.

【집주】

黨 類也 程子曰 人之過也 各於其類 君子 常失於厚 小人 常失於薄 君子 過於愛 小人 過於忍 尹氏曰 於此觀之 則人之仁不仁可知矣

'당'은 종류이다. 정자가 말했다. 사람의 허물에는 각각 그 종류가 있다. 군자는 항상 후한 데서 실수를 하고, 소인은 항상 야박한 데서 실수를 한다. 군자는 사랑함에서 허물을 저지르고 소인은 잔인함에서 허물을 저지른다. 윤씨가 말했다. 이로써 보면 (허물의 종류를 살펴보면) 그 사람이 인한지 불인한지를 알 수 있다.

【세주】

朱子曰 君子 過於厚與愛 雖是過 然 亦是從那仁中來 血脈 未至斷絶 若小人之過於薄忍 則仁之血脈 已斷絶 謂之仁 可乎

주자가 말했다. 군자가 후함과 사랑함에서 허물을 범한다는 것은 비록 그것이 허물이라고 하더라도 역시 그 인 가운데서 나온 것이라서 (인의) 혈맥이 아직 단절된 상태에 이르지는 않았다. 소인이 저지르는 야박함과 잔인함의 허물 같은 것은 인의 혈맥이 이미 단절된 것이니, 그것을 일러 인이라고 할 수 있겠는가?

○人之過 不止於厚薄愛忍四者 伊川 只是擧一隅耳 若君子過於廉 小人過於貪 君子過於介 小人過於通之類 皆是然 亦不止此 但 就此等處看 則人之仁不仁 可見 而仁之氣象 亦可識 故 但言斯知仁矣

사람의 허물은 후함과 야박함, 사랑함과 잔인함 이 네 가지(에서 비롯됨)에 그치지 않으며 이천(정이)은 단지 그 한 모퉁이만을 들어서 예시했을 따름이다. 예컨대 군자는 청렴하려고 하는 데서 허물을 범하고 소인은 탐욕을 부리려는 데서 허물을 범하며, 군자는 절개를 지키려는 데서 허물을 범하고 소인은 어울리려는 데서 허물을 범하는 것과 같은 경우도 모두 그러하며, 또 이런 경우에만 그치지도 않는다(다양한 경우가 있을 수 있다). 다만 이러한 곳에 대해 살펴본다면 사람이 인한지 불인한지를 알 수 있고 인의 기상도 역시 알 수가 있다. 그래서 다만 그 인을 알 수 있다고 말씀하신 것이다.

○劉氏云 周公 使管叔監殷 而管叔 以殷畔 昭公 不知禮 而孔子 以爲知禮 實過也 然 周公 愛其兄 孔子 厚其君 是 乃所以爲仁也

유씨가 말했다. 주공이 관숙으로 하여금 은나라를 감독하게 했는데 관숙이 은나라를 가지고 배반한 것이나, 소공이 예를 모르는데도 공자께서 예를 안다고 여기신 것은 실로 허물이다. 그러나 주공은 그 형을 사랑하고 공자께서는 자신의 임금을 후하게 대접하셨으니(그런 이유로 허물을 지은 것이니), 이것이 곧 인이 되는 이유이다.

○觀過 斯知仁 猶曰 觀人之過 足知夫人之所存也 若於此而欲求仁之體 則失聖人本意矣

'허물을 보면 그 인을 알 수 있다'는 것은 사람의 허물을 보면 그 사람이 간직하는 바를 족히 알 수 있다는 말과 같다. (그런데) 만약 여기에서(이 구절에서) 인의 본체를 구하려고 한다면 이는 성인의 본래 의도를 잃어버리는 것이다.

○慶源輔氏曰 人情 於人之過失 多不致察 故 夫子 發此歎耳

경원 보씨가 말했다. 사람의 보통 감정은 사람의 허물에 대해 깊이 성찰해보지 않는 경우가 많기 때문에 공자께서 이렇게 탄식하신 것이다.

○蔡氏曰 聖經 渾涵宏博 但曰 人之過也 各以其黨 而厚薄愛忍 自無不包 但曰 觀過 而觀人自觀 自無不備 但曰 斯知仁 而仁不仁 皆在其中矣

채씨가 말했다. 성경(성스러운 경전)은 혼함(넓게 포용함)하고 굉박(웅대하면서 넓음)하여서, 단지 사람의 허물에 각기 종류가 있다고만 말씀하셨지만 후함과 박함, 사랑함과 잔인함을 그 자체로 포함하지 않음이 없고, 단지 허물을 본다고만 말씀하셨지만 남을 보는 것과 자신을 보는 것을 그 자체로 겸비하지 않음이 없으며, 단지 그 인함을 알 수 있다고만 말씀하셨지만 인함과 불인함이 모두 그 안에 있다.

○潛室陳氏曰 過於厚處 卽其仁 可知 過於薄處 卽其不仁 可知 觀其人之過 可以知其仁不仁矣 中含不仁字

잠실 진씨가 말했다. 후한 데서 허물을 범한즉 그 사람의 인함을 알 수 있고, 야박한 데서 허물을 범한즉 그 사람의 불인함을 알 수 있다. 그 사람의 허물을 보고 그가 인한지 불인한지를 알 수 있으니, 그 가운데(인을 알 수 있다고 말씀하신 그 말씀 가운데) 불인이라는 글자가 함의되어 있다.

○或曰 聖人 只說知仁 尹氏又曰 人之仁不仁 可見 何也 雙峯饒氏曰 他見各於其黨 兼君子小人而言 故 下句 亦作仁不仁說 要之 上文 雖兼兩邊 其意 實重在這一邊 觀過知仁 恐只說這一邊好底 言雖過也 然 因其過 猶足以見其仁 如周公孔子之過 是也 若小人 則無處不薄 無處不忍 何待其過 然後知其不仁

혹자가 물었다. 성인께서는 단지 인을 알 수 있다고 말씀하셨는데 윤씨가 또 사람이 인한지 불인한지를 알 수 있다고 말한 것은 어째서입니까? 쌍봉요씨가 답했다. 그(윤씨)는 '각어기당'이라는 위 구절을 군자와 소인을 겸해 하신 말씀으로 보았기 때문에 아래 구절에서도 또한 인, 불인의 설을 지은 것이다. 요컨대 위의 문장(경전의 본문)이 비록 양쪽(인, 불인)을 겸했지만 그 의미의 실제 중점은 이 한 쪽(인)에 있는 것이다. 허물을 보고 인한지를 안다는 것은 아마도 단지 좋은 쪽 한 쪽만을 말씀하신 것 같다. 비록 허물이라고 말씀하셨지만 그 허물로 말미암아 충분히 그 인함을 볼 수 있으니 예컨대 주공과 공자의 허물이 바로 그것이다. 만약 소인 같으면 어디서든 야박하고 잔인하지 않음이 없으니, 어찌 그 허물을 범할 것을 기다린 후라야 비로소 그가 불인함을 알겠는가?

【집주】

○吳氏曰 後漢 吳祐謂 掾俞絹反以親故 受汚辱之名 所謂觀過知仁是也

오씨가 말했다. 후한의 오우가 "서리가 아버지 때문에 오욕의 명을 받았구나! 이른바 허물을 보고 그 인함을 안다 하더니"라고 한 것이 바로 이것이다.

【세주】

後漢書 吳祐 順帝時 遷膠東侯相 祐政 唯仁簡以身率物 吏人 懷而不欺 嗇夫孫性嗇夫 小吏也 私賦民錢 市衣以進其父 父得而怒曰 有君如是 何忍欺 促歸伏罪 性 慙懼 詣閤 持衣自首 祐 屛音丙左右 問其故 性 其談父言 祐曰 掾以親故 受汚辱之名 所謂觀過斯知仁矣 使歸謝父 還以衣遺去聲之

『후한서』에 "오우는 순제 때 교동후의 재상으로 옮겨갔는데, 오우의 정치는 오로지 어질고 대범하며 자신이 앞장서서 사람들을 따르게 했으니 향리들이 사모하여 속이지 않았다. 색부(세리)<색부는 작은 벼슬아치이다> 손성이 사사로이 백성들에게 세금을 걷어 (그 돈으로) 옷을 사서 아버지에게 바쳤는데, 아버지가 그것을 받고서는 노해 말하기를 '군(오우)이 있어 이와 같거늘(이렇게 선치를 하고 계시거늘) 어찌 차마 속이는가?'라고 하며 돌아가 엎드려 죄를 빌기를 재촉했다. 손성이 부끄럽고 두려워 옷을 가지고 관청에 나아가 자수하니 오우가 좌우를 물리치고 그 사정을 물었다. 손성이 아버지가 한 말을 이야기하니 오우가 '서리가 아버지 때문에 오욕의 이름을 얻었구나! 이른바 허물을 보고 그 인함을 안다 하더니'라고 말하고, (손성으로 하여금) 돌아가 아버지에게 사죄하고, 그 옷은 두고 오게 했다"라고 했다.

【집주】

愚按 此 亦但言人雖有過 猶可卽此 而知其厚薄 非謂必俟其有過 而後賢否 可知也

내가 생각건대 이 또한 다만 사람이 비록 허물이 있다고 하더라도 오히려 이(허물)에 근거해 그가 후한지 야박한지를 알 수 있다는 것을 말씀하신 것이지, 반드시 허물이 있기를 기다린 후에야 비로소 그가 현명한지 아닌지를 알 수 있다는 말씀은 아니다.

【세주】

勉齋黃氏曰 人雖有過 不可以其過而忽之 於此而觀其類 乃可以得其用心之微也 或謂 與仁同功 其仁 未可知 與仁同過 然後其仁 可知 記禮者之意 亦可取乎 曰 如此 則是 必欲得其人之過 而觀之 然後知其仁 恐非聖人之意也

면재 황씨가 말했다. 사람이 비록 허물이 있다고 하더라도 그 허물 때문에 홀대해서는 안 된다. 여기에서 그 (허물의) 종류를 보아야 그 마음 씀의 미묘함을 알 수 있다. 혹자는 "인자와 공로가 같다고 해도 그가 인한지는 아직 알 수 없고 인자와 허물이 같은 후에야 그가 인한지를 알 수 있다. 예를 기록한 자(『예기』의 편찬자)의 (이러한) 뜻 역시 취할 만하다"라고 했지만, 답하자면, 그렇다고 한다면 그 사람이 꼭 허물 짓기를 바라고 (그 허물을) 살펴본 이후에야 비로소 그가 인한지를 알 수 있다는 것이니, (이러한 해석은) 성인의 뜻이 아닌 듯하다.

○雲峯胡氏曰 人之過 兼君子小人而言 觀過 獨指君子而言 仁者 人之本心也 君子 不失其本心 故 觀其無心之過 猶可知其本心之存 小人 本心已亡矣 又何觀焉

운봉 호씨가 말했다. '인지과(사람의 허물)'는 군자와 소인을 겸해서 말씀하신 것이고, '관과(허물을 봄)'는 오직 군자만을 가리켜서 말씀하신 것이다. 인이란 사람의 본래 마음이며 군자는 그 본래 마음을 잃지 않았기 때문에 그가 무심히 저지른 허물을 보고 오히려 그 본래 마음이 보존되어 있음을 알 수 있다. 소인은 본래 마음을 이미 잃어버렸으니 (굳이 그 허물을) 왜 보겠는가?

4.8 子曰 朝聞道 夕死 可矣

공자께서 말씀하셨다. 아침에 도를 들으면 저녁에 죽어도 괜찮다.

【집주】

道者 事物當然之理 苟得聞之 則生順死安 無復扶又反遺恨矣 朝夕所以甚言其時之近

도라는 것은 사물의 당연한 이치이다. 진실로 도를 들을 수 있다면 살아서는 순응하고(도에 어긋나지 않고) 죽어서는 편안할 것이니, 다시 여한이 없을 것이다. 조석은 시간상 가까움을 강조하여 말한 것이다.

【세주】

胡氏曰 夫子 但以夕死爲可 而今兼生順言之者 惟其生順 而後死安也 果能有所聞 必不肯置身於一毫不順之地矣

호씨가 말했다. 공자께서는 단지 저녁에 죽어도 괜찮다고만 말씀하셨는데, 지금 살아서는 순응한다는 말을 겸해서 말한 것은 오직 살아서 (도에) 순응한 이후에야 죽어서 편안하다는 의미이다. 만약 능히 들은 바가 있다면 반드시 자신의 몸을 털끝만큼이라도 도에 어긋나는 곳에 두지 않으려고 할 것이다.

○新安陳氏曰 生順死安四字 本張子西銘 存吾順事沒吾寧也

신안 진씨가 말했다. '생순사안(살아서 도에 순응하고 죽어서 편안함)' 이 네 글자는 장재의 『서명』의 "내가 살았을 때는 순응하여 모시고, 내가 죽어서는 편안할 것이다"라는 말에 근거를 둔 것이다.

【집주】

○程子曰 言人不可以不知道 苟得聞道 雖死可也 又曰 皆實理也 人知而信者 爲難 死生 亦大矣 非誠有所得 豈以夕死爲可乎

정자가 말했다. 사람이 도를 몰라서는 안 되니 진실로 도를 얻어 듣는다면 비록 죽어도 괜찮다는 말씀이다. 또 말했다. (도는) 모두 진실한 이치이지만, 사람들이 (이를) 알고 또 믿는 것은 어려운 일이다. 죽고 사는 것은 또한 큰일인데, 진정으로 (도를) 얻은 것이 아니라면 어찌 저녁에 죽어도 괜찮다고 할 수 있겠는가?

【세주】

程子曰 聞道 知所以爲人也 夕死可矣 是不虛生也

정자가 말했다. 도를 듣는 것은 사람이 사람이 되는 이유를 아는 것이다. 저녁에 죽어도 괜찮다는 말은 헛되이 살지 않았다는 의미이다.

○朱子曰 道 只是事物當然之理 只是尋箇是處 若見得道理分曉 生固好死亦不妨 夕死可矣 只是說便死也不妨 非謂必死也

주자가 말했다. 도는 사물의 당연한 이치일 뿐이요, 단지 옳은 것을 찾는 일일 뿐이다. 만약 도리를 분명하게 알았다면, 살면 물론 좋지만 죽는다 해도 별 문제가 되지 않는다. 저녁에 죽어도 괜찮다는 것은 죽는다 해도 별 문제가 되지 않는다는 것이지 반드시 죽으라는 의미는 아니다.

○道 誠不外乎日用常行之間 第恐知之或未眞耳 若是知得眞實 必能信之篤 守之固 幸而未死 則可以充其所知 爲聖爲賢 萬一卽死 亦不昏昧過了一生如禽獸然 是以 爲人 必以聞道爲貴也

도는 진정 일상의 언제나 행하는 일 밖에 있는 것이 아니다. 다만 (도를) 알았는데 혹시 (그 앎이) 진실하지 못할까 염려할 뿐이니, 만약 진실하게 알면 반드시 독실하게 믿을 수 있고 견고하게 지킬 수 있다. 다행히 죽지 않는다면 앎을 확충하여 성인도 되고 현인도 될 수 있고, 설사 곧 죽는다 하더라도 아둔하게 마치 금수처럼 일생을 보내지는 않은 것이다. 이런 까닭에 사람이 되는 일은 반드시 도를 듣는 것을 귀히 여긴다.

○聖人 非謂人聞道而必死 但 深言道不可不聞耳 蓋 將此二句來反之 曰若人一生而不聞道 雖長生 亦何爲 人而聞道 則生也不虛 死也不虛 若不聞道 則生也枉了 死也枉了

성인께서는 사람이 도를 들으면 반드시 죽어야 한다고 말씀하신 것이 아니라, 도는 듣지 않으면 안 된다는 점을 깊이 말씀하신 것뿐이다. 대개 이 두 구절을 뒤집어 말한다면, 사람이 일생 도를 듣지 못한다면 비록 오래 산들 무엇하겠는가? 사람으로서 도를 들으면 삶도 헛되지 않고 그 죽음도 헛되지 않다. (그러나) 만약 도를 듣지 못했다면 삶도 잘못된 것이고 그 죽음도 잘못된 것이다.

○聞道 不止知得一理 須是知得多 有箇透徹處

도를 듣는다는 것은 하나의 이치만을 아는 것에 그치지 않으니, 모름지기 많이 알고 투철한 바가 있어야 한다.

○潛室陳氏曰 此聞 非謂耳聞 謂心悟也 卽程門所謂 一日融會貫通處爲學 若不見此境界 雖皓首窮經 亦枉過一生 若已到此境界 雖死 無憾 亦不虛了一生也

잠실 진씨가 말했다. 여기서 듣는다는 것은 귀로 듣는 것이 아니라 마음으로 깨닫는 것을 의미하니, (도를 듣는다는 것은) 곧 정자의 문인들이 말한 바 "어느 날 융회관통(여러 지식을 합쳐 하나의 원리로 꿰뚫음)하는 것으로 공부를 삼는다"라는 것이다. 만약 이런 경지를 모르면 비록 흰머리가 될 때까지 경전을 공부한다 하더라도 한평생을 잘못 산 것이며, 만약 이러한 경지에 이르렀다면 비록 바로 죽는다 하더라도 유감이 없으니 또한 일생을 헛되이 보낸 것이 아니다.

○厚齋馮氏曰 人 不知道 有愧於生 道 罕得聞 人 無不死 使誠聞道 雖死何憾 曰可矣 非謂必至於死也

후재 풍씨가 말했다. 사람이 도를 알지 못하면 삶에 부끄러움이 있다. 도는 드물게 듣는 것이고 사람은 죽지 않을 수 없다. 가령 진실로 도를 듣는다면 비록 죽는다 하더라도 무슨 유감이 있겠는가? '가의(괜찮다)'라고 말씀하신 것은 꼭 죽음에 이르러야 한다는 말씀은 아니다.

○齊氏曰 子貢猶謂 性與天道 不可得聞 必如曾子之唯 而後能聞爾

제씨가 말했다. 자공은 오히려 성과 천도는 들을 수 없었다고 했다. 반드시 증자처럼 대답(공자가 내 도는 일이관지라고 하자 증자가 예라고 대답함)한 연후에야 비로소 (도를) 능히 들은 것이다.

○雙峯饒氏曰 人 不聞道 則動作云爲是非 皆不知 冥行而已 枉在天地間做人 旣聞道 方知爲子 必不可不孝 爲臣 必不可不忠 每事順理而行 生旣順理則俯仰無愧 其死方安 問 如曾子 得正而斃 方死而安 曰 曾子 唯聞道 所以須要易簀 曾元 唯未聞道 惟知以姑息愛其親 故 以幸至旦爲請 此章 重在聞道不在死生

쌍봉 요씨가 말했다. 사람이 도를 듣지 못하면 동작, 말, 행위의 옳고 그름을 모두 모르는 채 무턱대고 행동할 뿐이니, 천지간에 사람 노릇을 제대로 하지 못하는 것이다. 도를 들으면 자식으로서 효도하지 않을 수 없고 신하로서 충성하지 않을 수 없다는 것을 비로소 알게 되어, 매사에 이치에 순응하여 행하게 된다. 살아서 이미 이치에 순응했다면, 하늘을 우러러보고 땅을 굽어보아도 한 점 부끄러움이 없고 그 죽음도 바야흐로 편안하다. 물었다. 증자는 올바름을 얻고 난 뒤 죽었기에 바야흐로 죽어서 편안했던 것입니까? 답했다. 증자는 오직 도를 들었기에 반드시 역책(신분에 맞는 자리로 바꿈)하려 했고, 증원은 오직 도를 아직 듣지 못했기에 오로지 그저 그 부모를 사랑해야 한다는 것만을 알아서 부모가 다행히 아침까지 (자리를 바꾸지 않아) 편안하시기를 청으로 삼은 것이다. 이 장의 핵심은 도를 듣는다는 데 있는 것이지, 죽고 살고에 있는 것이 아니다.

○雲峯胡氏曰 道者 人之所以爲人之理 聞道者 此心 眞有得乎此理 朝聞道 朱子所謂 一旦豁然貫通者也 苟無平日積累之勤 必無一朝頓悟之妙 謂之人 而昧其所以爲人之理 與禽獸草木同生死 可乎 不可乎 縱使有長生不死之說 亦復可乎 不可乎 可矣二字 令人惕然有深省處

운봉 호씨가 말했다. 도는 사람이 사람 되는 바의 이치이다. 도를 듣는다는 것은 이 마음에 진실로 그 이치를 얻음이 있다는 것이니, '아침에 도를 듣는다'는 것은 주자가 말한 바처럼 하루아침에 활연관통한다는 말이다. 만약 평일에 쌓인 노력이 없다면 하루아침에 갑자기 깨닫는 묘수는 없다. 사람이라 불려도 사람이 되는 바의 이치에 어두우면 금수초목처럼 죽고 사는 것이니 가하겠는가, 불가하겠는가? 설사 장생불사의 설이 있다고 하더라도 (금수초목처럼 살면서 장생불사한다는 것이) 또 가하겠는가, 불가하겠는가? '가의(괜찮다)' 이 두 글자는 사람으로 하여금 엄숙하게 깊이 반성하게 하는 바가 있다.

4.9 子曰 士 志於道 而恥惡衣惡食者 未足與議也

공자께서 말씀하셨다. 선비가 도에 뜻을 두고도 나쁜 음식과 나쁜 옷을 부끄러워하면 족히 더불어 의논할 만하지 못하다.

【집주】

心 欲求道 而以口體之奉不若人爲恥 其識趣七住反 向也之卑陋 甚矣 何足與議於道哉

마음으로는 도를 구하려 하면서 신체의 봉양(먹고 사는 것)이 남과 같지 못함을 부끄러워한다면 그 식견과 취향의 비루함이 심한 것이니, 어찌 족히 더불어 도를 의논할 만하겠는가?

○程子曰 志於道 而心 役乎外 何足與議也

정자가 말했다. 도에 뜻을 두면서도 마음은 바깥에 의해 부림을 당한다면 어찌 족히 더불어 의논할 만하겠는가?

【세주】

華陽范氏曰 志於道者 重內而忘外 恥惡衣惡食者 未能忘外也 徇其外 而無得於內矣 夫豈足與議哉

화양 범씨가 말했다. 도에 뜻을 둔 사람은 (마음) 안을 중요시하고 밖을 잊는다. 나쁜 옷과 나쁜 음식을 부끄러워하는 사람은 밖을 아직 잊지 못한 것이라, 바깥을 좇아서 마음 안에는 얻은 것이 없으니, 무릇 어찌 족히 더불어 의논할 만하겠는가?

○問 志道 如何尙恥惡衣食 朱子曰 有這般半上落下底人也 志得不力 只名爲志道 及外物來誘 則又遷變了

물었다. 도에 뜻을 두고서 어떻게 오히려 나쁜 옷과 음식을 부끄러워할 수 있겠습니까? 주자가 답했다. 이처럼 반쯤 올라갔다가 다시 떨어지는 사람이 있다. (그는) 뜻이 힘을 얻지 못하고 다만 이름만 뜻을 도에 둔 데 불과할 뿐으로, 외물이 유혹하면 곧 바뀌어 변해버린다.

○問 志於仁 則能無惡 志於道 乃猶有此病 何也 曰 仁 是最切身底道理 志於仁 大段是親切做工夫 所以 必無惡 志於道 則說得來闊 凡 人有志於學 皆是也 若志得來汎 而不切 則未必無恥惡衣食之事

물었다. 인에 뜻을 두면 능히 악이 없을 수 있습니다. 도에 뜻을 두었는데도 오히려 이러한 잘못이 있다는 것은 어째서입니까? 답했다. 인은 자신에게 가장 절실한 도리이니, 인에 뜻을 두는 것은 대단히 가깝고 절실하게 공부하는 것이다. 그래서 반드시 악이 없다. 도에 뜻을 둔다는 것은 그 말이 포괄적이어서, 무릇 사람이 학문에 뜻을 두는 것 등이 모두 여기에 속한다. 만약 뜻이 넓어서(여러 가지여서) 절실하지 않으면 나쁜 음식과 옷을 부끄러워하는 일이 꼭 없다고만 할 수는 없다.

○求安與飽者 猶以適乎口體之實也 此 則非以其不可衣且食也 特以其不美於觀聽而自恧焉 若謝氏所謂 食前方丈 則對客泰然 疏食菜羹 則不能出諸其戶者 蓋 其識致卑凡 又在求飽與安者下矣

편안함과 배부름을 구하는 것은 오히려 신체를 충실하게 하는 데는 적합하다. 이런 사람(악의악식을 부끄러워하는 사람)은 (나쁜 것이) 입고 먹을 수 없는 것이기 때문이 아니라, 다만 (남들이) 보거나 듣고 아름답지 않다고 할 것이기 때문에 스스로 부끄러워한다. 가령 사씨가 말한 바 '밥상이 잘 차려지면 손님을 태연히 대하지만, 거친 밥과 나물국이면 (부끄러워) 문지방을 나서지 못하는 사람'은 대개 그 식견이 비루하고 평범하니, 또한 포만함과 안락함을 구하는 사람보다도 (그 수준이) 아래에 있다.

○陳氏曰 志方求 而未眞有得 安保其無外役以分之

진씨가 말했다. 뜻이 바야흐로 (도를) 구하기는 하지만 진정 얻지는 못했다면, 어찌 외물에 휘둘리어 (마음이) 나뉘지 않음을 보장할 수 있겠는가?

○西山眞氏曰 志於道者 心 存於義理也 恥衣食之惡者 心 存於物欲也 理之與欲 不能兩立 故 聖人 以此爲戒也 學者 必須於此分別得明白 然後可以進道 不然 則亦徒說而已 顔子 一簞食一瓢飮 不改其樂 此 是不恥惡食 子路 衣敝縕袍 與衣狐貉者立而不恥者 此 是不恥惡衣 前輩有云 咬得菜根 何事不可爲 是亦此意

서산 진씨가 말했다. 도에 뜻을 둔 사람은 그 마음이 의리에 있고, 나쁜 옷과 음식을 부끄러워하는 사람은 그 마음이 물욕에 있다. 이치는 욕망과 양립할 수 없다. 그래서 성인께서 이로써 경계를 삼으신 것이다. 배우는 자는 반드시 이를 명백히 분별한 이후에야 도로 나아갈 수 있다. 그렇지 않으면 한갓 말일 뿐이다. 안자가 한 그릇의 밥과 한 표주박의 물을 먹으면서도 그 즐거워하는 바를 고치지 않은 것, 이것이 나쁜 음식을 부끄러워하지 않는 것이며, 자로가 해진 옷을 입고도 여우가죽 옷을 입은 사람과 함께 서서 부끄러워하지 않은 것, 이것이 초라한 옷을 부끄러워하지 않는 것이다. 선배들이 말한 '야채 뿌리를 깨물 수만 있다면 무슨 일인들 못하리오'라는 말도 바로 이 뜻이다.

○葉氏曰 心 一而已 役於物 則害於道 篤於道 則忘於物 天理人欲消長之機 聖人之所深辯 而學者之所當加察也

섭씨가 말했다. 마음은 하나뿐이니, (그 하나뿐인 마음이) 외물에 부려지면 도에 해가 되고, 도에 독실하면 외물을 잊게 된다. 천리와 인욕이 줄어들고 늘어나는 기제, (이는) 성인께서 깊이 헤아리신 것이요, 배우는 자가 마땅히 더욱 살펴보아야 하는 것이다.

○王氏曰 未字 見聖人待人寬厚處 兩何足字 是先儒鞭迫緊切處

왕씨가 말했다. '미'자는 성인께서 사람을 대하시는 관대함을 보여주는 곳이고, (집주의) 두 번의 '하족'자는 선배 유학자(주자와 정자)가 편달(채찍질로 격려하는 것)한 긴요한 곳이다.

○新安陳氏曰 內重 而見外之輕 得深 而見誘之小 斯人也 與之議道 則識高明 而論精微 今云學道 而尙羞惡衣食 則與不學無識之俗人 何異 其內不重得不深 可知矣 言此 以厲爲士而識趣卑陋者也

신안 진씨가 말했다. (마음) 안이 무거워서 밖의 가벼움을 알고, 얻은 것이 깊어서 유혹의 작음을 아는 (사람), 이 사람이야말로 더불어 도를 의논한다면 식견이 높아지고 논의가 정밀해질 것이다. 지금 도를 공부한다고 하면서 오히려 나쁜 옷과 음식을 부끄러워한다면 배우지 못한 무식한 속인과 무엇이 다르겠는가? (그런 자는) 안이 무겁지 않고 얻은 것이 깊지 않음을 알 수 있다. 이렇게 말씀하심으로써, 선비라면서 그 식견과 취향이 비루한 자를 꾸짖으신 것이다.

4.10 子曰 君子之於天下也 無適也 無莫也 義之與比

適 丁歷反 比 必二反

공자께서 말씀하셨다. 군자가 천하에 (처함에) 꼭 해야 하는 것도 없고 꼭 하지 말아야 하는 것도 없고, (다만) 의를 따를 뿐이다.

【집주】

適 專主也 春秋傳去聲曰 吾誰適從 是也

'적'은 오로지 주로 삼는다는 의미이니, 『춘추전』에 "내 꼭 누구를 따르리오" 라고 한 것이 바로 이것이다.

【세주】

左傳 僖公五年 晉侯 使士蔿 爲二公子 築蒲與屈 士蔿 退而賦曰 狐裘尨音蒙茸以狐服爲裘 貴者之裘也 尨茸 亂貌 言貴者之多也 一國三公蒲屈 大都 耦國 故 獻公與二公子鼎立爲三 吾誰適從言 城不堅 則爲二公子所怨 堅之 莫不肯也 則爲國仇 不忠 無以事君 故 不知所適從

『(춘추)좌전』에, 희공 5년 진나라의 제후(진 헌공)가 사위로 하여금 그의 두 아들을 위해 포성과 굴성을 쌓게 했는데, 사위가 물러나 부를 지어 말하기를 "호구(갖옷 입은 귀한 자제들)가 몽용(많은 모습)하구나<여우 가죽으로 갖옷을 만드니, 귀한 이의 갖옷이다. 몽용은 어지러운 모습이니 귀한 이가 많다는 뜻이다>. 한 나라에 공이 셋이니<포와 굴은 큰 성으로 나라에 모반했다. 그러므로 헌공과 두 공자가 서로 솥발같이 (국도, 포, 굴) 셋으로 대립했다> 내 꼭 누구를 따르리오?"라고 했다<성이 견고하지 않으면 두 공자에게 원망을 듣고, 견고하게 하면 좋아하기는 하겠지만, (그렇게 하면) 나라의 적이 되어 불충하게 되니 임금을 섬길 방법이 없다. 그러니 누구를 꼭 따라야 하는지 알 수 없다>.

【집주】

莫 不肯也 比 從也

'막'은 하지 않으려는 것이고, '비'는 따른다는 뜻이다.

【세주】

勉齋黃氏曰 於天下 言於天下之事 無不然 惟義之從 不可先懷適莫之念也

면재 황씨가 말했다. '어천하(천하에)'라는 말은 '천하의 일에 그렇지 않은 것이 없다'는 말이다. 의를 따를 뿐이지, 꼭 해야 한다거나 꼭 하지 말아야 한다거나 하는 생각을 먼저 품어서는 안 된다.

【집주】

○謝氏曰 適 可也 莫 不可也 無可無不可 苟無道以主之 不幾平聲於猖音昌狂自恣乎 此 佛老之學 所以自謂心無所住而能應變 而卒得罪於聖人也 聖人之學 不然 於無可無不可之間 有義存焉 然則君子之心 果有所倚乎

사씨가 말했다. '적'은 가하다, '막'은 불가하다는 뜻이다. 가한 것도 불가한 것도 없으면서 만약 도로써 주를 삼지도 않는다면, (이는) 거의 미쳐서 제멋대로 하는 것에 가깝지 않겠는가? 이것이 불교나 노자의 학이 '마음이 머무는 곳이 없어서 (어떤 일이든) 대응하여 변통할 수 있다'고 스스로 말하면서도 끝내 성인께 죄를 짓게 되는 까닭이다. 성인의 학은 그렇지 않아서, 가한 것도 없고 불가한 것도 없는 그 사이에 의가 존재한다. 그러니 군자의 마음이 과연 (가, 불가의 어느 한 쪽으로) 치우칠 바가 있겠는가?

【세주】

朱子曰 義 是吾心所處之宜者 見事合恁地處 則隨而應之 更無所執也 義當富貴 便富貴 義當貧賤 便貧賤 當生則生 當死則死 只看義理合如何

주자가 말했다. 의란 내 마음이 처할 바의 마땅함이다. 일이 그렇게 하는 것이 합당한지를 알면 그에 따라 대응하니, 또한 고집하는 것이 없는 것이다. 의에 (비추어) 부귀함이 마땅하면 곧 부귀하고, 의에 빈천함이 마땅하면 곧 빈천한다. 사는 것이 마땅하면 살고, 죽는 것이 마땅하면 죽는다. 단지 의리가 마땅히 어떠해야 하는지만 볼 뿐이다.

○慶源輔氏曰 道是體 義是用 聖人之學 以道爲主 而隨事汎應 有義存焉 處物爲義 心無適莫 只看義合如何 雖若有所倚 而實無所倚 道義 變動不居 未嘗有所倚著 故也 無適莫 而不主於義 則猖狂妄行 無適莫 而義之比 則步步著實也

경원 보씨가 말했다. 도는 체이고 의는 용이다. 성인의 학문은 도를 주로 삼으나, 일에 따라 모든 사태에 대응하는 데는 의가 존재한다. 외부 대상에 대처함에 의로써 하니, 마음에 적(꼭 해야 함)이나 막(꼭 하지 말아야 함)이 없이 오직 의가 마땅히 어떠해야 하는지만 본다. 비록 마치 한쪽으로 기운 듯하지만 실제로는 기운 바가 없다. 도의는 움직이는 것이지 (한군데로) 고정되어 있지는 않으니, 일찍이 한쪽으로 기운 바가 없기 때문이다[꼭 어떻게 해야만, 예컨대 꼭 부귀하거나 꼭 빈천해야만 도의에 맞는 것은 아니기 때문이다]. 적도 없고 막도 없으면서도 의를 위주로 삼지도 않으면 미쳐서 경거망동하게 되고, 적도 없고 막도 없지만 의를 따르면 걸음걸음마다 착실하게 된다.

○雙峯饒氏曰 心 不可先有所主 當於事至物來 虛心觀理 惟是之從而已 老主虛 佛主空 自謂無所住著 似乎無適莫 然 無義爲之據依 故 至於猖狂自恣 問 吾儒 異於二氏者 何在 曰 吾儒 則見虛空中辟塞 皆是實理 故 未應則無思無爲 而此理已具 已應 則無適莫 而惟義之從

쌍봉 요씨가 말했다. 마음은 먼저 주로 삼는 것이 있어서는 안 된다. 사물이 이르게 되면 마음을 비우고 이치를 살펴 오직 옳은 것만을 따를 뿐이다. 노자는 허를 주로 하고 불교는 공을 주로 하면서 스스로 머물러 집착하는 것이 없다고 말하니, (유가의) 적과 막이 없는 것과 비슷하다. 그러나 근거해서 의지할 만한 의가 없기 때문에 미쳐서 제멋대로 하는 데 이르게 된다. 물었다. 우리 유가가 둘과 다른 점은 어디에 있습니까? 답했다. 우리 유가는 허와 공 가운데 채워져 있는 것이 모두 참된 이치임을 안다. 그러므로 (사물에) 응하지 않을 때에는 생각도 행위도 없지만 그 이치는 이미 갖추어져 있는 것이고, 이미 응했을 때에는 적과 막이 없이 오로지 의만을 따를 뿐이다.

○東陽許氏曰 無適莫者 有義爲之主 無可無不可者 義在可 則可 義在不可則不可爾 心無主者 應事 則可亦可 不可亦可也 何獨應變不同於聖人 其應常亦未嘗有同也

동양 허씨가 말했다. 적과 막이 없다는 것은 의가 있어서 주가 된다는 것이다. 가한 것도 없고 불가한 것도 없다는 것은 의가 가함에 있으면 가한 것이고 의가 불가함에 있으면 불가한 것일 뿐이라는 말이다. 마음에 주가 되는 것이 없는 자[노자나 불교]는 일에 응할 때 가한 것도 가하고 불가한 것도 가하니, 어찌 다만 응변(변칙적 사태에 대응하는 것)만이 성인과 다르겠는가? 응상(통상적 사태에 대응하는 것)도 역시 일찍이 같지 않다.

4.11 子曰 君子 懷德 小人 懷土 君子 懷刑 小人 懷惠

공자께서 말씀하셨다. 군자는 덕을 생각하고 소인은 땅을 생각하며, 군자는 형을 생각하고 소인은 혜택을 생각한다.

【집주】

懷 思念也 懷德 謂存其固有之善 懷土 謂溺其所處上聲之安 懷刑 謂畏法 懷惠 謂貪利 君子小人 趣向不同 公私之間而已

'회'는 생각하는 것이다. '회덕(덕을 생각함)'은 본디 가지고 있는 선을 보존하는 것이고, '회토(땅을 생각함)'는 그 머무는 바의 안락함에 빠지는 것이다. '회형(형을 생각함)'은 법을 두려워하는 것이고 '회혜(혜택을 생각함)'는 이익을 탐하는 것이다. 군자와 소인은 취향이 같지 않으니, (그 차이점은) 공과 사의 차이일 따름이다.

○尹氏曰 樂音洛善謂懷德 惡烏路反不善謂懷刑 所以爲君子 苟安懷土 務得懷惠 所以爲小人

윤씨가 말했다. 선을 즐기고<회덕을 말한다> 불선을 미워하는 것<회형을 말한다>이 군자가 (군자) 되는 까닭이며, 구차스럽게 편안하려 하고<회토> 얻는 것에 힘쓰는 것<회혜>이 소인이 (소인) 되는 까닭이다.

【세주】

問 所貴乎君子者 正以其無所待於外 而自脩也 刑者 先王所以防小人 君子何必以是爲心哉 朱子曰 無慕於外 而自爲善 無畏於外 而自不爲非 此 聖人之事也 若自聖人以降 亦豈不假於外以自脩飾 所以能見不善如探湯 不使不仁者加乎其身 皆爲其知有所畏也 所謂君子者 非謂成德之人也 若成德之人 則誠不待於懷刑也 但言如此 則可以爲君子 如此 則爲小人

물었다. 군자에게서 귀중하게 여겨지는 것은 바로 바깥(의 것)을 기다리지 않고 스스로 닦는다는 점입니다. 형(법)이란 선왕께서 소인(의 범죄)을 막기 위해 만드신 것입니다. 군자가 왜 하필 이(형)로써 마음을 삼아야 합니까? 주자가 답했다. 바깥을 사모함이 없이 스스로 선을 행하는 것이나 바깥을 두려워하지 않으면서도 스스로 잘못을 행하지 않는 것, 이는 성인의 일이다. 만약 성인 이하의 사람의 경우라면 어찌 바깥에 의존하지 않고 스스로 닦을 수 있겠는가? 능히 불선을 보면 끓는 물을 살펴보듯이 하고, 불인한 것이 내 몸에 미치지 못하게 하는 까닭은 모두 두려워할 바가 있다는 것을 알기 때문이다. (여기서의) 이른바 군자라는 것은 성덕지인(덕이 완성된 사람)을 말하는 것이 아니다. 성덕지인은 진실로 형을 생각할 필요가 없다. 다만 이렇게 하면(회덕·회형하면) 군자가 되고, 이렇게 하면(회토·회혜하면) 소인이 된다고 말씀하신 것일 뿐이다.

○樂善 惡不善 猶曰 好仁 惡不仁 必以刑言 則管仲所謂畏威如疾 申公巫臣所謂愼罰務去之之謂 大抵 懷德之君子 不待懷刑 而自安於善 懷土之小人特欲全其所保 而未必有逐利貪得之心 其爲善惡 亦各有深淺矣

선을 즐기고 불선을 미워한다는 것은 인을 좋아하고 불인을 미워한다는 것과 같은 말이다. 굳이 형으로써 말씀하신 것은 관중의 "위엄을 두려워하기를 질병(을 두려워하는 것)처럼 한다(『국어』)"라는 말과 신공 무신의 "벌(받을 것)을 (두려워해) 삼가고, 그것을 벗어나려 애쓴다(『춘추좌전』)"라는 말(의 의미)을 가리키신 것이다. 대저 덕을 생각하는 군자는 형을 생각할 필요도 없이 스스로 선을 편안하게 여긴다. 땅을 생각하는 소인은 다만 자기가 가진 것을 온전히 보존하려 할 뿐으로, 반드시 이익을 좇고 이득을 탐하는 마음이 있는 것은 아니다. 그 선악에도 깊고 얕음의 차이가 있다.

○問 此章 君子小人所懷不同 與周比和同相反者 無異否 雙峯饒氏曰 懷土懷惠 固皆是爲利 然 與那爲惡底小人 又似少異 但 用心 旣殊 其終 亦必至於相反

물었다. 이 장에서 군자와 소인의 생각하는 바가 다르다는 것하고, 주비(두루 친함과 무리지음)와 화동(화합함과 부화뇌동함)처럼 서로 반대되는 것하고는 같습니까, 다릅니까? 쌍봉 요씨가 답했다. 회토와 회혜는 본디 모두 이익을 위하는 것이지만 저 악행(이 경우는 비나 동)을 하는 소인과는 또 약간 다른 점이 있는 것 같다. 다만 그 마음 씀이 이미 다르기 때문에, 그 마지막에는 필시 (군자와) 서로 반대되는 상태에 이르게 된다.

○雲峯胡氏曰 論語 以君子小人對言者 甚多 他章 多指其所爲者言 此章則指其所思者言 所爲者 行事之著 所思者 心術之微也

운봉 호씨가 말했다. 『논어』에는 군자와 소인을 대비시켜 하신 말씀이 매우 많다. 다른 장에서는 그 행하는 바를 지적해서 말씀하셨는데 이 장에서는 생각하는 바를 지적해서 말씀하셨다. 행위는 겉으로 드러나 보이는 행사이고, 생각은 마음 씀의 (잘 드러나지 않는) 미묘한 움직임이다.

○新安陳氏曰 懷德者 安於善 懷刑者 畏法 而不敢爲不善 懷土者 自戀其所有 懷惠者 貪得人之所有 又此所謂懷土 與易所謂安土 不同 易 與樂天敦仁連言 有安分不外求之意 此則 集註曰 溺其所處之安 又曰 苟安 其相去遠矣

신안 진씨가 말했다. 회덕(덕을 생각함)이란 선을 편안히 여기는 것이고 회형(형을 생각함)이란 법을 두려워하여 감히 불선을 행하지 않는 것이다. 회토(땅을 생각함)는 자신이 소유한 것에 연연해하는 것이고 회혜(혜택을 생각함)는 남의 소유를 탐하는 것이다. 그런데 여기서 회토라는 것은 『주역』에서 말한 바의 '안토(땅을 편안히 여김)'와는 같지 않다. 『주역』에서는 (안토를) '낙천돈인(천명을 즐기고 인을 두텁게 함)'이라는 구절과 연이어 말했으니 분수를 편안하게 여기고 바깥에서 구하지 않는다는 의미이다. 이것(회토)은 집주에서는 머무는 곳의 편안함에 빠지는 것이라 했고, 또 구차하게 편안한 것이라고 했으니, (그 의미는 안토와) 거리가 멀다.

○東陽許氏曰 德者 人得於天之善理 卽大學所謂 明德 君子 常切思懷 念念不忘 欲至於至善之地 小人 不知有此 徇其欲心 惟思自逸 不能遷善以成德 君子 常念刑法之可畏 而自守其身 不至於犯之 小人 但思惠利之所在 不能擇義 惟務苟得 雖有刑法在前 亦不顧

동양 허씨가 말했다. 덕이란 사람이 하늘로부터 부여받은 선한 이치이니 대학에서 말한 명덕이 바로 그것이다. 군자는 항상 절실하게 생각하여 생각할 때마다 잊지 않고 지선의 경지에 이르려고 한다. 소인은 이러한 것이 있는지 모르고 다만 자신의 욕심을 좇아 자신의 안락만을 생각하니, 선으로 옮아가 덕을 이루지 못한다. 군자는 형과 법이 두려워할 만하다는 것을 항상 생각하여 스스로 자신의 몸을 지키니, (형과 법을) 어기는 데 이르지 않는다. 소인은 혜택과 이익이 있는 곳만을 생각하여 의를 선택하지 못하고 오로지 구차하게 얻는 데만 힘쓰니, 비록 형과 법이 자기 앞에 있어도 또한 돌아보지 않는다.

4.12 子曰 放於利而行 多怨放 上聲

공자께서 말씀하셨다. 이익에 의거해서 (일을) 행하면 원망이 많아진다.

【집주】

孔氏曰孔氏 名 安國 西漢人 **放 依也 多怨 謂多取怨**

공씨가 말했다<공씨는 이름이 안국이고 서한 때 사람이다>. **'방'은 의거한다는 뜻이다. '다원'이란 원망을 많이 얻게 된다는 말이다.**

○程子曰 欲利於己 必害於人 故 多怨

정자가 말했다. 자신에게 이익이 되게 하려면, 반드시 남에게는 해가 된다. 그러므로 원망이 많아진다.

【세주】

朱子曰 放於利而行 只是要便宜底人 凡事 只認自家有便宜處 便不恤他人 所以 多怨

주자가 말했다. (어떤 사람이) 이익에 의거하여 행하면 (그 사람은) 자기 편할 대로 하려는 사람일 뿐이다. (이런 사람은) 모든 일에서 단지 자신에게 편리한 것이 있는 것만 알고, 남은 곧 돌보지 않는다. 그래서 원망이 많아진다.

○勉齋黃氏曰 謂之放 則無一言一動 不在於利也 謂之多 則其怨之者 不但一二人而已 惟其放利 所以 多怨

면재 황씨가 말했다. '방(의거함)'이라고 말한 것은 모든 말과 모든 행동이 이익에 있지 않은 것이 없다는 말이다. '다(많음)'라고 말한 것은 원망하는 자가 단지 한둘만이 아니라는 말이다. 오로지 이익에만 의거하기 때문에 원망이 많아진다.

○雙峯饒氏曰 事事依利而行 則利己害人處 必多 所以 多怨 多字 從放字上生

쌍봉 요씨가 말했다. 모든 일을 이익에 의거하여 행하면 나 자신에게는 이익이 되지만 남에게는 해를 입히는 바가 반드시 많게 된다. 그래서 원망이 많아진다. '다'자는 '방'자(의 의미)에서 나오는 것이다.

4.13 子曰 能以禮讓爲國乎 何有 不能以禮讓爲國 如禮何

능히 예양으로써 나라를 다스릴 수 있다면 무슨 어려움이 있겠는가? 예양으로써 나라를 다스릴 수 없다면 예 같은 것이 다 무엇이리오?

【집주】

讓者 禮之實也

'양(사양함)'이란 예의 실질이다.

【세주】

王氏曰 讓 以心言 故曰 禮之實

왕씨가 말했다. '양'은 마음에 대한 말이기 때문에 예의 실질이라고 했다.

【집주】

何有 言不難也 言有禮之實以爲國 則何難之有 不然 則其禮文雖具 亦且無如之何矣 而況於爲國乎

'하유'는 어려움이 없다는 뜻이다. '예의 실질이 있어 그것으로써 나라를 다스린다면 무슨 어려움이 있겠는가? 그렇지 않으면(예의 실질이 없으면) 비록 예문이 갖추어져 있다고 하더라도 또한 어찌해볼 수 없다. (그러니 예의 실질이 없다면) 황차 나라를 다스림에야(예가 무슨 의미가 있겠는가?)'라는 말이다.

【세주】

問 讓者 禮之實也 莫是辭讓之端 發於本心之誠然 故曰 讓 是禮之實 朱子曰 是 若玉帛交錯 固是禮之文 而擎拳曲跽升降俯仰 也只是禮之文 皆可以僞爲 惟是辭讓 方是禮之實 這 却僞不得 旣有是實 自然是感動得人心 若以好爭之心 而徒欲行禮文之末以動人 如何感化得他

물었다. '양(사양함)'이란 예의 실질입니다. 사양의 단서는 본심의 진정한 본모습에서 발휘되기 때문에 양이 예의 실질이라고 말한 것 아닙니까? 주자가 답했다. 그렇다. 예컨대 옥백을 교차하는 것(제후가 천자를 뵙는 예)도 본디 예의 문(겉으로 드러나는 꾸밈)이며, 손을 높이 들어 모으고 무릎 꿇어 앉으며 오르내리고 구부리고 우러러보는 것도 예의 문일 뿐이니 모두 가식적으로도 할 수 있다. 오직 이 사양함이야말로 예의 실질이니 이것은 가식적으로 할 수 없는 것이다. 이미 실질이 있으면 자연히 남의 마음을 감동시킬 수 있다. 만약 다툼을 좋아하는 마음으로써 예문의 말절만으로 남을 감동시키려고 한다면, 어찌 그를 감화시킬 수 있겠는가?

○先王之爲禮讓 正要朴實頭用 若不能以此爲國 則是禮爲虛文爾 其如禮何

선왕들께서 예양을 행하신 것은 바로 소박하고 진실하게 (예양을) 쓰려 하신 것이다. 만약 이것(예양)으로써 나라를 다스릴 수 없다면, 예는 헛된 문식이 될 따름이니, 예 같은 것이 다 무엇이겠는가?

○問 禮者 自吾心恭敬 至於事 爲之節文 兼本末而言也 讓者 禮之實 所謂恭敬辭讓之心 是也 君子 欲治其國 亦須是自家盡得恭 方能以禮爲國 所謂一家讓一國興讓 則爲國 何難之有 不能盡恭敬辭讓之心 則是無實矣 雖有禮之節文 亦不能行 況爲國乎 曰 且不奈禮之節文何 何以爲國

물었다. 예란 내 마음의 공경함이고 일에 이르러서는(실제 사태에서는) 절문(겉으로 표현되는 규범)이 되니, (이는) 본말을 겸하여 말한 것입니다. 양이란 예의 실질이니 이른바 공경사양지심이 바로 이것입니다. 군자가 그 나라를 다스리려고 한다면, 역시 모름지기 스스로 공경함을 다해야 비로소 나라를 예로 다스릴 수 있습니다. 이른바 한 집안이 양(사양함)을 갖추면 한 나라에 양이 흥한다(『대학』 전 9장)고 했으니, 그런즉 나라를 다스리는 데 무슨 어려움이 있겠습니까? 공경하고 사양하는 마음을 다하지 못하면 그 실질이 없는 것이어서, 비록 예의 절문이 있다고 하더라도 행할 수 없으니, 하물며 나라를 다스리는 데야(말할 것도 없습니다). 주자가 답했다. (그렇기는 하지만) 또 예의 절문으로써 어찌할 수 없다면, 무엇으로써 나라를 다스리겠는가?

○雙峯饒氏曰 孟子 告梁王 謂上下交征利 而國危 又謂後義先利 不奪不饜此 正是不讓處 如何爲國 夫子 是以 春秋之時 禮文雖在 然 陪臣 僭大夫大夫 僭諸侯 諸侯 僭天子 故 有爲而言

쌍봉 요씨가 말했다. 맹자가 양혜왕에게 "위와 아래가 서로 이익을 빼앗으면 나라가 위태로워진다"라고 했고, 또 "의를 뒤로하고 이익을 앞세우면, (남의 것을) 빼앗지 않으면 마음에 차지 않는다(『맹자』 1, 「양혜왕 상」 1장)"라고 했는데, 이것이 바로 사양하는 마음이 없는 것이니 어떻게 나라를 다스리겠는가? 이런 까닭에 공자께서는 춘추 시대에 예문은 비록 존재했지만 배신은 대부에게 참람하고, 대부는 제후에게 참람하고, 제후는 천자에게 참람했기 때문에 (이런 사태를 비판하려는) 의도를 가지고 말씀하셨다.

○雲峯胡氏曰 能字 亦緊要 行禮非難 能讓爲難 常人 雖欲讓 私欲 害之 有欲讓而不能者 故 書 首稱堯爲克讓 讓者 禮之實 能 則實於讓

운봉 호씨가 말했다. (경문의) '능(能)'자 역시 긴요하다. 예를 행하는 것은 어렵지 않으나 양(사양)을 잘하기는 어렵다. 보통 사람들은 양하려고 하나 사욕이 그것을 해쳐, 양하려 해도 못하는 자가 있을 수 있다. 그래서 『서경』의 첫머리에 요임금을 극양하셨다고 칭송했던 것이다. '양'은 예의 실질이고, '능'이란 곧 양을 실천하는 것이다.

○新安陳氏曰 世人 於辭受之際 始或虛讓 而卒也實受 非讓也 必以辭讓之實心 行辭讓之實事 始可以言讓 有禮之實 則爲國而有餘 無禮之實 則爲禮且不足 其不能爲國意 蓋 在言外也

신안 진씨가 말했다. 세상 사람들이 받는 것을 사양할 때, 처음에는 거짓으로 사양하는 척하다가 끝내 실제로는 받는데, (이는) 양이 아니다. 반드시 실제 사양하는 마음으로 실제 사양하는 일을 실천해야만 비로소 양이라고 말할 수 있다. 예의 실질이 있으면 나라를 다스리고도 남음이 있지만, 예의 실질이 없으면 예를 행하는 데도 부족하니, '나라를 다스릴 수 없다'는 뜻이 대개 언외에 숨어 있다.

4.14 子曰 不患無位 患所以立 不患莫己知 求爲可知也

공자께서 말씀하셨다. 지위가 없음을 걱정하지 말고, (그 지위에) 설 수 있는 까닭을 걱정하라. 나를 알아주지 않음을 걱정하지 말고 알아줄 만해지기를 구하라.

【집주】

所以立 謂所以立乎其位者

'소이립'은 그 지위에 설 수 있는 까닭을 의미한다.

【세주】

朱子曰 猶言不怕無官做 但怕有官不會做

주자가 말했다. 관직이 없을까 걱정하는 것이 아니라 다만 관직이 있으면 (그 직무를) 잘해나가지 못할까 걱정한다는 말이다.

【집주】

可知 謂可以見知之實

'가지(알아줄 만함)'는 알아줄 만한 실질을 말한다.

○程子曰 君子 求其在己者而已矣

정자가 말했다. 군자는 자신에게 있는 것을 구할 따름이다.

【세주】

朱子曰 致君澤民之具 達 則行之 無位 非所患也 聖人所說 只是教人 不求知 但盡其在我之實而已

주자가 말했다. 치군택민(임금에게 충성하고 백성에게 혜택을 줌)의 도구(벼슬)는 (능력이) 닿으면 하는 것이니, 지위가 없는 것 자체는 걱정거리가 아니다. 성인께서 말씀하신 바는 '알아주기를 구하지 말고 다만 자신에게 있는 실질을 다하라'고 사람들에게 가르치신 것일 뿐이다.

○南軒張氏曰 患所以立 求爲可知 爲己者之事也 若有患無位 與人莫己知

之心 一毫之萌 則爲徇於外矣 不患莫己知 而求爲可知 則君子爲己之學 蓋可知矣 若曰 使在己有可知之實 則人 將自知之 則是亦患莫己知而已 豈君子之心哉

남헌 장씨가 말했다. 지위에 설 수 있는 까닭을 걱정하는 것과 알아줄 만해지기를 구하는 것은 모두 위기하는(자신을 위해 공부하는) 자의 일이다. 만약 지위의 없음과 남이 나를 알아주지 않음을 걱정하는 마음이 터럭만큼이라도 일어난다면 이는 바깥을 좇는 것이다. 자신을 알아주지 않음을 걱정하지 않고 알아줄 만해지기를 구한다면 대개 (그 사람이) 군자의 위기지학(을 하고 있음)을 알 수 있다. 만약 나에게 알아줄 만한 실질이 있으면 사람들은 장차 저절로 나를 알아줄 것이라고 말한다면, 이것 역시 자신을 알아주지 않음을 걱정하는 것일 뿐이니 어찌 군자의 마음이라 하겠는가?

○勉齋黃氏曰 求諸己 而在人者 有不得 在我無憾矣 求諸人 而在我者 有不足 祇自愧而已

면재 황씨가 말했다. 나에게서 구하는데, 남에게 있는 것을 못 얻으면 나로서는 유감이 없다(남에게 있는 것을 못 얻었다 해서 내가 유감이 있을 리 없다). 남에게서 구하는데, 나에게 있는 것이 부족하면 스스로 부끄러울 따름이다.

○慶源輔氏曰 人情 惟患無位耳 君子 則以立乎其位者爲患 人情 惟患莫己知耳 君子 則以無可知之實爲患 此 正爲己之學也

경원 보씨가 말했다. 사람들의 보통 감정은 지위가 없음을 걱정할 뿐인데, 군자는 그 지위에 서는 것을 오히려 걱정으로 삼고, 사람들의 보통 감정은 남이 알아주지 않음을 걱정할 뿐인데, 군자는 남이 알아줄 만한 실질이 없음을 걱정으로 삼는다. 이것이 바로 위기지학이다.

4.15-1 子曰 參乎 吾道 一以貫之 曾子曰 唯參 所金反 唯 上聲

공자께서 말씀하셨다. 삼아, 나의 도는 하나로써 꿰뚫는 것이다. 증자가 답했다. 예.

【집주】

參乎者 呼荒故反 下同曾子之名 而告之 貫 通也 唯者 應之速 而無疑者也 聖人之心 渾上聲然一理體一 而泛應曲當去聲 用各不同用殊 曾子 於其用處 蓋 已隨事精察 而力行之 但 未知其體之一爾 夫子知其眞積力久 將有所得

'삼호(삼아)'라는 것은 증자의 이름을 불러서 가르쳐주셨다는 것이다. '관'은 통한다는 의미이고, '유'는 대답이 신속하고 의심이 없는 것이다. 성인의 마음은 혼연한 하나의 이이지만<체는 하나이다>, 세세한 모든 사태에 각각 올바른 방식으로 대응하시는 데는 그 용(쓰임)이 각각 다르다<용은 (각각으로) 나뉜다>. 증자는 그 쓰이는 곳에 대해서는 대개 이미 일에 따라 자세히 살펴서 힘써 행했으나, 단 그 체가 하나라는 사실은 아직 몰랐다. 공자께서는 그가 참됨이 쌓이고 힘쓴 것이 오래되었으니 장차 얻을 바가 있을 것임을 아셨다.

【세주】

新安倪氏曰 荀子 勸學篇 其積力久 則入 謂眞誠之積 用力之久

신안 예씨가 말했다. 『순자』, 「권학」편에 "그 쌓임과 힘씀이 오래되면 들어간다"라고 했으니, (이는) 참된 성실함이 쌓이고 노력한 것이 오래되었음을 말한다.

【집주】

是以 呼而告之 曾子 果能黙契其指 卽應之速 而無疑也

이 때문에 불러서 알려주셨다. 증자는 과연 능히 이 가르침을 묵계(말없이 이해함)할 수 있었기에, 신속히 대답하고 의심이 없었다.

【세주】

朱子曰 一 是一心 貫 是萬事 看甚事來 聖人 只這心應去 只此一心之理 盡貫衆理

주자가 말했다. (일이관지의) '일'은 일심(한 마음)이고, '관'은 만사(에 통하는 것)이다. 어떤 일이 오는 것을 보시면(어떤 사태에 당면하면) 성인께서는 다만 이 마음으로 응하여 나아가시니, 다만 이 한마음의 이치가 여러 이치를 모두 꿰뚫는 것이다.

○問 未唯之前 如何 曰 未唯之前 見一事 是一箇理 及唯之後 千萬箇理只是一箇 如事君忠 是此理 事親孝交友信也 是此理 以至精粗大小之事 皆此一理貫通之 曾子 先只見得聖人千條萬緖都好 不知都是從這一心做來及聖人告之 方知都是從這一箇大本中流出 如木千枝萬葉都好 都是從這生氣流注貫去也

물었다. '예' 하고 대답하기 전에는 어떠했습니까? 답했다. 대답하기 전에는 (각각의) 하나의 일을 보면 (각각의) 하나의 이치(라고 생각했지만), 대답한 이후에는 천 개, 만 개의 이치가 단지 하나일 뿐이다(라는 것을 알았다). 예컨대 임금을 섬김에 충성하는 것도 이 이치이고, 부모를 섬김에 효도하는 것과 친구를 사귐에 신의가 있는 것도 바로 이 이치이다. 정밀하고 거칠고 크고 작은 모든 일에 이르기까지 이 하나의 이치가 (그 모든 일을) 관통한다. 증자는 단지 성인의 천조만서(천 가지 조항과 만 가지 단서)가 모두 좋다는 것만 알고, 이것이 모두 한마음에서 나온 것임은 몰랐다. 성인이 알려주신 연후에야 비로소 그것이 하나의 큰 근본 안에서 흘러나오는 것임을 알게 되었다. 예컨대 나무의 천 개의 가지와 만 개의 잎사귀가 모두 좋지만, 그것은 모두 이 생기에서 흘러나와 꿰뚫어 들어간 것과 같다.

○曾子工夫 已到千條萬緖 一一身親歷之 聖人一點 他便醒 觀禮記曾子問中 問喪禮之變 曲折無不詳盡 便可見曾子 是一一理會過來

증자의 공부는 이미 천조만서를 하나하나 모두 자신이 몸소 섭렵하는 데 이르렀으니, 성인께서 한 번 귀띔해주시자마자 그는 곧 깨달았다. 『예기』의 「증자문」편 중에 상례의 변화에 대한 질문이 있는데, 세세한 곡절에 대해 상세하지 않음이 없는 것을 보면 증자가 하나씩 하나씩 이치를 깨달아 왔음을 곧 알 수 있다.

○一 對萬而言 不可只去一上尋 須去萬上理會 若見夫子語一貫 便將許多合做底 都不做 只理會一 不知却貫箇甚底 貫如散錢 一如索子 曾子 盡數得許多散錢 只無一索子 夫子 便把這索子與之 今若沒一錢 只有一條索子 亦將何以貫 今 不愁不理會得一 只愁不理會得貫 理會貫未得 便言一 天資高

者 流爲佛老 低底 只成一箇鶻突物事

'일(하나)'은 '만(온갖 것)'에 대비시켜 한 말씀이니 다만 '일'에서만 찾으려고 해서는 안 되며, 반드시 '만' 위에서(온갖 것에 대해) 이해해나가야 한다. 만약 공자께서 '일관(하나로 꿰뚫음)'을 말씀하신 것을 보고, 마땅히 공부해야 할 허다히 많은 이치는 모두 공부하지 않고, 단지 '일'만을 (곧바로) 이해하려고 한다면 결국 '관(꿰뚫음)'이 어떤 것인지를 모르게 된다. (비유하자면) '관'은 흩어진 동전과 같고, '일'은 새끼줄과 같다. 증자는 번번이 흩어진 수많은 동전을 다 얻었지만, 다만 새끼줄이 없었는데 공자께서 이 새끼줄을 주셨다. 만약 지금 동전은 한 개도 없고 새끼줄만 있다면 그 새끼줄로써 무엇을 꿰겠는가? 지금 '일'을 이해하지 못하는 것이 걱정이 아니라 다만 '관'을 이해하지 못하는 것이 걱정인데도, (그것을 모르고 오히려) '관'을 이해하지 못하면서도 곧 '일'을 말한다. (이런 사람들 중에서) 하늘이 주신 자질이 높은 자는 불교나 노장으로 흘러가 버리고, 낮은 자는 한 가지 골똘한 (작은) 일을 이루게 될 뿐이다.

○問 中庸曰 鳶飛戾天 魚躍于淵 言上下察也 君子之道 造端乎夫婦 及其至也 察乎天地 此 是子思 在天擧一物 在地擧一物 在人擧夫婦 鳶與魚其飛躍雖不同 其實 一物爲之耳 夫婦之道 亦不出乎此 是 皆子思發明一貫之道也 孔子 繫易辭 有曰 以言乎遠 則不禦 以言乎邇 則靜而正 以言乎天地之間 則備矣 亦發明斯道也 曰 所引中庸易傳之言 以證一貫之理 甚善 愚意所謂一貫者 亦如是

물었다. 『중용』(12장)에서 말하기를 " '새가 하늘을 어지러이 날고 물고기가 연못에서 뛰논다'는 것은 아래와 위를 살펴서 하는 말이다. 군자의 도는 부부에서 그 단서를 이루어나가 지극한 데 이르러서는 천지를 살핀다"라고 했으니, 이는 자사가 하늘에서 한 물건(새)을 들고 땅에서 한 물건(물고기)을 들고 인간에서는 부부를 들어(설명한 것으로) 새와 물고기가 나르고 뛰는 것은 비록 다르지만 기실은 하나의 물건(하나의 이치)이 그렇게 하게 하는 것이니, 부부의 도 또한 여기에서 벗어나지 않는다(는 말입니다). 이는 모두 자사가 일관지도를 드러내어 밝힌 것입니다. 공자가 『역』의 「계사 상」(6장)에서 말씀하신 바 "먼 것에 대해 말하자면 그치지 않고, 가까운 것에 대해 말하자면 고요하되 바르고, 천지지간에 대해 말하자면 갖추어져 있다"는 말씀 역시 이 도를 드러내 밝히신 것입니다. 답했다. 『중용』과 『역전』의 말을 인용해서 '하나로 꿰뚫는 이치'를 논증한 것은 매우 좋다. 내가 뜻한 바 소위 일관이라는 것도 역시 그와 같다.

○東陽許氏曰 一理 貫萬事 固是說事物雖衆 只是一箇道理 此言吾道一以貫之 是就聖人應事處說 須要體認得 聖人之心 全是理 行出 全是道 如此方是吾道一以貫之 若只說萬理一原 却只是論造化 與此章意 不相似

동양 허씨가 말했다. 하나의 이치가 만사를 관통한다는 것은 본디 사물이 비록 많다 하더라도 단지 하나의 이치일 뿐임을 말한 것이다. '내 도는 하나로 꿰뚫는 것이다'라는 이 말씀은 성인께서 사물에 응했을 때에 대해 말한 것이다. 모름지기 성인의 마음은 모두 이치 그 자체이고, (성인의) 행위가 나오는 것도 모두 도(에서)라는 점을 몸으로 깨달아야 한다. 이처럼 해야 비로소 '내 도는 하나로 꿰뚫는 것이다'라고 할 수 있다. 만약 단지 만 가지 이치가 하나에서 근원한다고 말하기만 한다면 이는 오히려 단지 조화(신비스러운 생성)를 논하는 것일 뿐이니, 이 장과 그 의미가 서로 비슷하지 않다.

4.15-2 子出 門人問曰 何謂也 曾子曰 夫子之道 忠恕而已矣

공자께서 나가셨다. 문인이 물었다. 무슨 말씀입니까? 증자가 답했다. 선생님의 도는 충서일 뿐이다.

【집주】

盡己之謂忠 推己之謂恕 而已矣者 竭盡而無餘之辭也 夫子之一理 渾然而泛應曲當

자신을 다하는 것을 일러 '충'이라 하고, 자신을 미루는 것(자신을 미루어 남에게 미침)을 '서'라고 한다. '이이의'라는 것은 완전히 다해서 남음이 없다는 말이다. 공자의 하나의 이치는 혼연하여 세세한 모든 사태에 각각 올바른 방식으로 대응하니,

【세주】

此 聖道之一貫

이는 성인의 도의 일관됨이다.

【집주】

譬 則天地之至誠無息 而萬物 各得其所也

비유하자면 천지가 지극히 참되고 쉬지 않아서 만물이 각기 그 제자리(그 마땅한 바)를 얻는 것과 같다.

【세주】

新安陳氏曰 此 就聖人分上移上一步 借天地之道之體用 以形容聖道之體用

신안 진씨가 말했다. 이는 성인의 단계에서 한 걸음 더 올라가 천지의 도의 체용을 빌려 성인의 도의 체용을 그려낸 것이다.

【집주】

自此之外 固無餘法 而亦無待於推矣

이 외에는 진실로 다른 원리가 없으니 또한 미루기를(미루어 미치기를, 즉 추기하기를) 기다릴 필요가 없다.

【세주】

朱子曰 自此之外 固無餘法 便是那竭盡無餘之謂

주자가 말했다. '이 외에는 진실로 다른 원리가 없다' 함은 모두 다해 남은 것이 없다는 말이다.

○慶源輔氏曰 聖道之體用 與天地一 則至矣 盡矣 不可以有加矣 故曰 自此之外 固無餘法 皆自然而然 莫之爲而爲 故曰 亦無待於推矣

경원 보씨가 말했다. 성인의 도의 체용은 천지와 하나이니 지극한 것이고 완전한 것이어서 더할 것이 없다. 그러므로 '이 외에 진실로 다른 원리가 없다'고 한 것이다. 모두 자연히 그런 것이지 하려고 해서 하는 것이 아니니, 그래서 '또한 미루기를 기다릴 필요가 없다'고 한 것이다.

【집주】

曾子 有見於此 而難言之 故 借學者盡己推己之目 以著明之 欲人之易去聲曉也

증자가 이것에 대해 깨달은 바가 있었으나 그것을 말하기가 어려워 배우는 자의 진기(자신을 다함)와 추기(자신을 미루어 남에게 미침)의 (두) 항목을 빌려서 밝혀 드러냈으니, (이는) 다른 사람들이 쉽게 깨닫게 하고자 한 것이다.

【세주】

河東侯氏曰 無恕 不見得忠 無忠 做恕不出來 誠有是心之謂忠 見之功用之謂恕 明道言 忠恕二字 要除一箇除不得 正謂此也

하동 후씨가 말했다. '서'가 없으면 (충이 드러나지 않기 때문에) '충'을 알 수 없다. '충'이 없으면 '서'가 만들어져 나오지 않는다. 진실로 이 마음이 있음을 일러 '충'이라고 하고 (그 마음이) 겉으로 드러나 쓰인 것을 '서'라고 한다. 명도(정호)가 '충서 이 두 글자는 하나를 빼려고 해도 뺄 수가 없다'고 한 말은 바로 이것을 의미한다.

○朱子曰 盡己之謂忠 推己及物之謂恕 忠恕二字之意 只當如此說 曾子說夫子之道 而以忠恕爲言 乃是借此二字 綻出一貫 一貫 乃聖人公共道理 盡己推己 不足以言之 緣一貫之道 難說與學者 故 以忠恕曉之

주자가 말했다. 자신을 다하는 것을 '충'이라 하고 자신을 미루어 남에게 미치는 것을 '서'라고 한다. '충서' 이 두 글자의 의미는 마땅히 이처럼 말해야 할 뿐이다. 증자가 공자의 도를 말하면서 '충서'로 말한 것, 이는 곧 이 두 글자를 빌려서 '일관'의 의미를 드러낸 것이다. (그렇지만) '일관'은 성인의 공공의(모든 것에 적용되는 표준으로서의) 도리이니, 진기와 추기로서는 이것을 설명하기에 부족하다. (다만) 일관지도는 배우는 자에게 설명해 주기가 어렵기 때문에 충서로써 밝힌 것이다.

○一貫 自是難說 曾子 借學者忠恕 以形容一貫 猶所謂借粗以形容細

'일관'은 원래 설명하기가 어렵다. 증자는 배우는 자의 충서를 빌려서 일관을 형용했지만, (이는) 오히려 거친 것을 빌려서 세밀한 것을 형용한 셈이다.

○忠恕 則一 而在聖人在學者 則不能無異 此 正猶孟子言 由仁義行 與行仁義 別耳 曾子所言忠恕 自衆人觀之 於聖人分上極爲小事 然 聖人分上無非極致 蓋 旣曰 一貫 則無大小之殊 故也 猶天道至微 四時行 百物生 莫非造化之神 不可專以太虛無形爲道體 而形而下者 爲粗迹也

'충서'는 하나이지만, 성인과 배우는 자에게는 차이가 없을 수가 없다. 이는 바로 맹자의 "인의로 말미암아 행하는 것과 인의를 행한다는 것은 구별된다"는 말과 같다. 증자가 말한 충서는 보통 사람들이 보면 성인에게는 아무것도 아닌 작은 것이라고 생각되기도 하겠지만, 성인에게는 지극하지 않은 것이 없다. (왜냐하면) 대개 이미 '일관'이라고 하신 말씀 자체가 곧 크고 작음의 구별이 없다는 말씀이기 때문이다. 천도가 지극히 세밀하여 사시가 유행하고 백물이 생겨나니 조화(만물을 만들어냄)의 신묘함이 아닌 것이 없지만, (그렇다고 해서) 오로지 태허무형(완전히 비어서 형체가 없음)이 도체(도의 본체)이고 형이하자(구체적인 형상을 지닌 존재)는 그 거친 흔적에 지나지 않는다고 말해서는 안 된다.

○一 是忠 貫 是恕 體一 而分殊

'일'은 충이고 '관'은 서이다. 체는 하나이지만 흩어지면 각각 다르다.

○忠 只是一箇忠 一片實心 做出百千箇恕來

'충'은 다만 하나의 충이다. 한 조각의 진실한 마음이 백, 천 개의 '서'를 만들어낸다.

○忠 在一心上 恕 則貫乎事物之間 只是一箇一 分着便各有一箇一 老者安之 是這一箇一 少者懷之 亦是這一箇一 莫非忠也 恕 則自忠而出 所以貫之也

'충'은 마음에 있고 '서'는 사물의 사이를 꿰뚫는다. 그러니 다만 하나인 하나이지만 나뉘어서는 각각 하나인 하나를 가지게 되는 것이다. 늙은 자를 편안히 하는 것은 이 하나의 하나이며 어린 자를 품는 것 역시 이 하나의 하나이니, 충이 아닌 것이 없다. 서란 충에서 나와서 꿰뚫는 것이다.

○夫子 言一貫 曾子 言忠恕 子思 言大德小德 張子 言理一分殊 只是一箇 在聖人分上 日用千條萬緒 只是一箇渾淪眞實底 流行貫注他 更下不得一箇推字 曾子 假借來說貼出一貫底道理 要知天地 是一箇無心底忠恕 聖人 是一箇無爲底忠恕 學者 是一箇着力底忠恕 學者之忠恕 乃是忠恕 正名正位 固是一箇道理 在三者 自有三樣 程子曰 天地 無心而成化 聖人 有心而無爲 此語 極是親切

공자께서는 일관, 증자는 충서, 자사는 대덕소덕, 장자(장재)는 이일분수를 말했는데, (이는 모두) 다만 같은 것일 뿐이다. 성인의 입장에서는 매일의 천조만서가 모두 하나의 혼륜한 진실함이 흘러나와 꿰뚫어 들어가는 것이니, (여기에 대해) '추(미룸: 의도적인 노력으로서의 미룸)'자는 쓸 수 없다. 증자는 (충서를) 빌려서 일관의 도리에 붙여서 말한 것이니, 천지로서는 하나의 '무심한 충서'이고, 성인으로서는 하나의 '무위한(저절로 이루어지는) 충서'이고, 배우는 자로서는 하나의 '힘써 행하는 충서'임을 알아야 한다.

(이 셋 가운데) 배우는 자의 충서가 곧 (보통 말하는) 충서이다. 정명(이름을 바로 함)과 정위(자리를 바로함)는 본디 한 도리이지만 이 삼자(천지, 성인, 배우는 자)에게는 각각 세 가지 모습이 된다. 정자가 말하기를 "천지는 마음이 없지만 모든 것을 이루고, 성인은 마음이 있지만 의도적으로 하지는 않으신다(의도하지 않아도 저절로 그리 하신다)"라고 했으니, 이 말은 지극히 친절하다.

○忠 在聖人 是誠 恕 在聖人 是仁 仁與誠 則說開了 惟忠恕二字相粘 少一箇不得

'충'은 성인에게는 '성(참됨)'이고 '서'는 성인에게는 '인(어짐)'이다. 인과 성은 (둘을) 떼어서 말할 수 있지만, 오직 '충서' 두 글자는 서로 붙어 있는 것이라서 하나라도 줄여서는 안 된다.

○問 夫子之道 如太極 天下之事 如物之有萬物 雖有萬 而所謂太極者 則一太極 雖一 而所謂物之萬者 未嘗虧也 至於曾子以忠恕形容一貫之妙 亦如今人 以性命言太極也 不知是否 曰 太極 便是一 到得生兩儀時 這太極 便在兩儀中 生四象時 這太極 便在四象中 生八卦時 這太極 便在八卦中

물었다. 공자의 도는 태극과 같고 천하의 일은 사물에 만물(온갖 사물)이 있음과 같으니, 비록 만 가지(사물)가 있으나 이른바 태극은 하나요, 태극은 비록 하나이나 이른바 만 가지 사물은 이지러지지 않습니다(각각 제 모습을 잃지 않습니다). 증자가 충서로 일관의 묘를 형용한 데 대해서는 또한 요즘 사람들이 성명(하늘이 품부한 본성의 명령)으로써 태극을 말하는 것과 같다고 생각합니다만, (제 말이) 옳은지 틀렸는지 모르겠습니다. 답했다. 태극은 곧 하나이지만 양의(음양)가 생겨날 때에는 그 태극이 양의 안에 있고 사상이 생겨날 때에는 그 태극이 사상에 있고 팔괘가 생겨날 때에는 그 태극이 팔괘 중에 있다.

○覺軒蔡氏曰 盡己之謂忠 須是此心發得十分盡 方是忠 若留得一分未盡 便不得謂之忠 推己之謂恕 須是推己心以及人 如己心之所欲 方是恕 若有一處推不到 便不得謂之恕 此 是學者著力之忠恕也 下文 程子曰 維天之命 於穆不已 乾道變化 各正性命 朱子曰 譬則天地之至誠無息 而萬物各得其所 此 是天地聖人自然之忠恕也 學者 誠能由著力之忠恕 亦可做到自然之忠恕 所謂及其成功一也

각헌 채씨가 말했다. '진기'를 일러 '충'이라 하니, 모름지기 이 마음이 십분 완전하게 발휘되어야 비로소 충이다. 만약 조금이라도 미진하면 충이라고 이를 수 없다. '추기'를 일러 '서'라고 하니, 모름지기 자기의 마음을 미루어 다른 사람에게 미쳐 (다른 사람에게도) 자기 마음이 하고자 하는 바와 같이 해야 비로소 서이다. 만약 한 곳이라도 미루어 미치지 않으면 서라고 이를 수 없다. 이것이 배우는 자가 힘써야 할 충서이다. 아래 글에서 정자는 '하늘의 명은 심원하여 그치지 않고 건도의 변화는 각각의 성명을 바로한다'고 했고, 주자는 '비유하자면 천지는 지극히 참되어 쉬지 않으니 만물이 그 마땅한 바를 얻는다'고 했는데, 이는 천지와 성인의 자연스러운(저절로 이루어지는) 충서이다. 배우는 자가 진정으로 '힘써 행하는 충서'로 말미암을 수 있다면 또한 '자연스러운 충서'에 도달할 수 있으니, 이른바 '그 성공에 이르러서는 같다'는 것이다.

○新安陳氏曰 此 曾子 就聖人分上 移下一步 借學者忠體恕用之名 以形容聖道之體用

신안 진씨가 말했다. 이것은 증자가 성인의 단계에서 아래로 한 걸음 내려가서 배우는 자의 충체서용(충은 체이고 서는 용임)의 이름을 빌려 성인의 도의 체용을 형용한 것이다.

【집주】

蓋 至誠無息者 道之體也 萬殊之所以一本也 萬物各得其所者 道之用也 一本之所以萬殊也 以此觀之 一以貫之之實 可見矣

대개 '지성무식(지극히 참되어 쉬지 않음)'이란 도의 체이니, 만 가지 다른 사물이 하나의 근본이 되는(하나의 근본으로 귀착되는) 까닭이다. 만물이 '각득기소(각각이 그 마땅한 바를 얻음)'한다는 것은 도의 용이니, 하나의 근본이 만 가지 다른 사물이 되는 까닭이다. 이로써 살펴보면 '일이관지'의 실제를 알 수 있다.

【세주】

朱子曰 忠者 盡己之心 無少僞妄 以其必於此而本焉 故曰 道之體 恕者 推己及物 各得所欲 以其必由是而之焉 故曰 道之用

주자가 말했다. '충'이란 자기를 다하는 마음으로 조금의 거짓이나 망령됨도 없는 것이니, 반드시 이것(충)을 근본으로 삼아야 하기 때문에 도의 체라고 한다. '서'란 자기를 미루어 사물에 미쳐 각각(의 사물)이 그 원하는 바를 얻는 것이니, 반드시 이것(서)으로 말미암아 나아가야 하기 때문에 도의 용이라 한다.

○忠 卽是實理 如維天之命 於穆不已 亦只以這實理流行 發生萬物 牛得之 而爲牛 馬得之 而爲馬 草木得之 而爲草木

충은 곧 실리(참된 이치)로 '하늘의 명은 심원하여 그치지 않는다'는 것처럼 역시 다만 이 실리가 흘러가 만물을 발생시키니, 소가 그것(실리)을 얻으면 소가 되고 말이 그것을 얻으면 말이 되고 초목이 그것을 얻으면 초목이 된다.

○一本 是統會處 萬殊 是流行處 在天道言之 一本 是元氣之於萬物 有日月星辰昆蟲草木之不同 而只是一氣之所生 萬殊 則是日月星辰昆蟲草木之所得以生者 一箇 自是一箇模樣 在人事言之 則一理之於萬事 有君臣父子兄弟朋友動息洒掃應對之不同 而只是此理之所貫 萬殊 則是君臣父子兄弟朋友之所當於道者 一箇 是一箇道理 其實 只是一本

'일본(하나의 근본)'은 통합해 모인 것이다. '만수(만 가지 사물의 서로 다름)'는 (흩어져) 흘러간 것이다. 천도에 대해 말하자면 일본이란 만물에서의 원기 같은 것이니 일월성신, 곤충, 초목이 서로 다르지만 다만 하나의 기가 탄생시킨 것이다. 만수란 일월성신, 곤충, 초목이 얻어 태어난 것이 각각 하나(의 기)이기 때문에 저절로 각각 다른 하나의 모습이 되는 것이다. 인사에 대해 말하자면 (일본이란) 만사에서의 일리(하나의 이치) 같은 것이니, 군신, 부자 형제, 부모, 동식, 쇄소응대(등의 일)는 서로 다르지만 이 (하나인) 이치가 꿰뚫는 바일 뿐이다. 만수란 군신, 부자, 형제, 붕우의 각각(의 일)의 도에 합당한 바가 각각 하나여서 각각 하나씩의 도리인 것이지만, 기실은 다만 일본일 뿐이다.

○慶源輔氏曰 集註 又擧天地之體用 而釋之 雖不言聖人之體用 然 在其中矣 故 直言道之體道之用而已 亦不復明言天地也

경원 보씨가 말했다. 집주에서는 또 천지의 체용을 들어 해석했으니, 비록 성인의 체용을 말하지는 않았지만 그 안에 (그런 뜻이) 있다. 그러므로 곧바로 도의 체와 도의 용을 말했을 뿐, 또한 다시 천지(의 체용)라고 명백하게 말하지는 않았다.

○萬殊之所以一本者 指用之出於體 謂萬殊之實 出於一本也 一本之所以萬殊者 指體之散於用 謂一本之實 散於萬殊也 指用之出於體 指體之散於

用 則一以貫之之實 可見矣

'만수'가 하나의 근본이 된다는 것은 용이 체에서 나온다는 것을 가리키니, 만수의 실제가 하나의 근본에서 나오는 것을 말한다. '일본'이 만수가 된다는 것은 체가 용으로 흩어지는 것을 가리키니, 일본의 실제가 만수로 흩어지는 것을 말한다. 용이 체에서 나오고 체가 용으로 흩어지는 것을 가리키면(가리킨다는 것을 알면) 일이관지의 실제를 가히 알 수 있다.

○西山眞氏曰 天地與聖人 只是一誠字 天地 只一誠 而萬物 自然各遂其生 聖人 只一誠 而萬事 自然各當乎理 學者 未到此地位 且須盡忠恕二字 誠是自然底忠恕 忠恕 是著力底誠 孔子 告曾子以一貫 本是言誠 曾子 恐門人曉未得 故 降下一等 告以忠恕 要之 忠恕盡處 卽是誠

서산 진씨가 말했다. 천지와 성인은 다만 하나의 '성(참됨)'자일 뿐이다. 천지는 다만 하나의 성이로되 만물이 자연히 각각 그 삶을 완수한다. 성인은 다만 하나의 성이로되 만사가 자연히 이치에 합당한다. 배우는 자는 아직 이 경지에 이르지 못했으니 모름지기 '충서' 두 글자를 다해야 한다. 성은 저절로 그러한 것으로서의 충서이고, 충서는 애써 노력하는 성이다. 공자께서 증자에게 일관을 알려주신 것은 본디 성을 말씀하신 것이고, 증자는 문인들이 깨닫지 못할까 봐 한 단계 내려서 충서로 알려준 것이다. 요컨대 충서가 다한 곳(완성된 것), 그것이 곧 성이다.

○雙峯饒氏曰 一以貫之 之字 指萬而言 萬者 一之對也 一 是指道之總會處 萬 是指道之散殊處 道之總會 在心 道之散殊 在事 以道之總會在一心者 貫道之散殊在萬事者 故 曰 吾道一以貫之 當看道字 問 曾子 荅門人 何不曰 一本萬殊 體立用行之類 而曰 忠恕 何也 曰 不若忠恕兩字 學者所易曉 便可用功 盡得忠 便會有這一 盡得恕 便會以貫之 一以貫之 是自然底忠恕 忠恕 是勉强底一以貫之 曾子之學 主於誠身 故 其告人 便就行處說

쌍봉 요씨가 말했다. '일이관지'의 '지'자는 '만(만 가지 사물)'을 가리켜 한 말씀인데, 만이란 '일'의 대응이다. '일'은 도가 다 모인 곳을 가리키고, '만'은 도가 흩어진 곳을 가리킨다. 도가 다 모이면 마음 안에 있고, 도가 흩어져 달라지는 것은 일(사물이나 사태)에 있다. 도가 한마음에 다 모인 것으로써 도가 만사에 흩어진 것을 꿰뚫는다. 그래서 '내 도는 하나로 꿰뚫는 것이다'고 하셨으니, 마땅히 '도'자를 보아야 한다. 물었다. 증자가 문인의 질문에 '일본만수(하나의 근본이 만물로 달라진다)'나 '체립용행(체가 서면 용은 행해진다)' 등의 말로 대답하지 않고 충서라고 한 것은 어째서입니까?

답했다. 배우는 자가 쉽게 깨달아 곧 노력할 수 있는 것으로 '충서' 두 글자만 한 것이 없다. 충을 완전히 얻으면 곧 이 일(하나의 근본)을 가질 수 있고, 서를 완전히 얻으면 곧 (하나의 근본으로써) 꿰뚫을 수 있다. 일이관지는 자연스러운 충서이고, 충서는 애써 노력하는 일이관지이다. 증자의 학문은 성신(자신의 몸을 참되게 함)에 중점을 두었기 때문에 남에게 알려줄 때 실천하는 것에 대해 말했다.

○東陽許氏曰 上言至誠無息 是以天地之至誠無息 喩夫子之一理渾然 萬物各得其所 是以天地之生萬物各得其所 喩夫子之泛應曲當 下言至誠無息者 道之體 是言夫子之心 至誠無息 乃道之體 萬物各得其所 是言夫子之應萬事 各得其所 爲道之用

동양 허씨가 말했다. (집주의) 앞쪽에서 '지성무식(지극히 참되어 쉬지 않음)'이라고 말한 것은 '천지의 지성무식'으로써 공자의 '일리혼연(혼연한 하나의 이치임)'을 밝힌 것이다. '만물각득기소(만물이 각각 그 마땅한 바를 얻음)'는 '천지가 만물을 냄에 각각 그 마땅한 바를 얻음'으로써 공자의 '범응곡당(모든 일에 각각의 올바른 방식으로 대응하심)'을 밝힌 것이다. (집주의) 아래쪽에서 '지성무식이란 도의 체이다'라고 말한 것은 공자의 마음이 지극히 참되어 쉬지 않으시니 (그것이) 곧 도의 체임을 말한 것이고, '만물각득기소'라고 말한 것은 공자께서 만사에 대응하심에 각각 그 마땅한 바를 얻었으니 (그것이) 도의 용임을 말한 것이다.

【집주】

或曰 中心爲忠 如心爲恕 於義亦通

혹자가 말하기를 "중심이 충이고 여심이 서이다('충'자는 '중'자와 '심'자의 결합이고, '서'자는 '여'자와 '심'자의 결합이다)[의미상으로는 마음이 원리에 맞는 것이 충이고 내 마음처럼 만물을 대하는 것이 서이다]"라고 했는데 의미상으로는 역시 통한다.

【세주】

朱子曰 中心爲忠 如心爲恕 見周禮疏 如 比也 比自家心 推將去 仁與恕只爭些子 自然底 是仁 比而推之 便是恕

주자가 말했다. '중심위충 여심위서'는 『주례』의 소에 나온다. '여'는 비견한다는 것이니, 자기의 마음에 비견하여 미루어 나아가는 것이다. '인'과 '서'는 단지 조금 달라서 저절로 그러한 것이 인이라면, 비견해서 미루어 나아가는 것이 곧 서이다.

○慶源輔氏曰 中心爲忠 謂中心所存 本無一毫之不盡也 如心爲恕 謂如我之心 而推之於外 無彼此之間也

경원 보씨가 말했다. '중심위충'은 마음 가운데 보존한 것이 본디 조금의 다하지 못함도 없는 것을 말한다. '여심위서'라는 것은 내 마음처럼 내 바깥의 것에 미루어 너와 나 사이의 구별이 없는 것을 말한다.

【집주】

○程子曰 以己及物 仁也 推己及物 恕也 違道不遠 是也

정자가 말했다. 자신으로써 사물에 미치는 것이 인이고, 자신을 미루어 사물에 미치는 것은 서이니, 도와 어그러짐(도와의 차이, 혹은 거리)이 멀지 않다는 것이 바로 이것(서)이다.

【세주】

朱子曰 以己 是自然流出 不待安排布置 推己 是著力 便有轉折 只是爭箇自然與不自然

주자가 말했다. '이기(자신으로써)'는 자연스럽게 흘러나오는 것이니 안배포치(의도적으로 이리저리 생각하고 노력함)를 기다리지 않는다. '추기(자신을 미루어)'는 힘쓰는 것이니 곧 (이리저리 생각하여) 뒤집고 꺾는 것이 있다. (그러므로 이기와 추기는) 다만 자연과 부자연(저절로 그러한 것과 그렇지 못한 것)의 차이가 있을 뿐이다.

○以己及物 是大賢以上聖人之事 聖人 是因我這裏 有那意思 便去及人 如因我之饑寒 便見得天下之饑寒 自然恁地去及他 便是以己及物 如賢人以下 知得我旣是要如此 想人亦要如此 而今不可不敎他如此 三反五折 便是推己及物 只是爭箇自然不自然

'이기급물'은 대현 이상 성인의 일이다. 성인은 내가 여기 그런 뜻이 있으면 곧 남에게 미쳐나간다. 예를 들어 내가 배고프고 추우면, 곧 천하의 배고픔과 추움을 알아 저절로 그렇게 남에게 미치는 것이다. 이것이 곧 '이기급물'이다. 현인 이하의 경우에는 내가 이미 이렇게 하려고 한다는 것을 알면 남도 역시 이렇게 하려 한다고 생각하고, 지금 어쩔 수 없이 남으로 하여금 그렇게 하게 한다. (이렇게 하는 것은) 세 번 뒤집고 다섯 번 꺾는 것이니[이리저리 생각해보고 또 다르게 생각해보고 하는 것이니] 이것이 곧 '추기급물'이다. (이는) 다만 자연과 부자연의 차이일 뿐이다.

【집주】

忠恕一以貫之 忠者 天道 恕者 人道 忠者 無妄 恕者 所以行乎忠也 忠者 體 恕者 用 大本達道也 此與違道不遠異者 動以天爾

'충서는 일이관지이다'라고 할 때 '충'은 천도이며 '서'는 인도이다. 충은 거짓됨이 없는 것이고, 서는 충을 행하는 것이다. 충은 체이며 서는 용이니 대본달도(큰 근본과 뛰어난 도)이다. 이것(일관지도, 대본달도로서의 충서)이 위도불원(도와 크게 어그러지지 않는 것으로서의 충서, 즉 『중용』에서 말하는 충서)과 다른 점은 하늘(의 도)로써 움직인다는 점뿐이다.

【세주】

朱子曰 天道 是體 人道 是用 動以天之天 只是自然

주자가 말했다. 천도는 체이며 인도는 용이다. '하늘로써 움직인다'고 할 때의 하늘은 자연(저절로 그러함)일 뿐이다.

○問 天道人道 初非以優劣言 自其渾然一本言之 則謂之天道 自其與物接者言之 則謂之人道耳 曰 然 此與誠者天之道 誠之者人之道 語意 自不同

물었다. 천도와 인도는 애초에 우열로써 (구분해) 말한 것이 아닙니다. 혼연한 하나의 근본이라는 점에서 말한다면 그것을 일러 천도라고 하고, 사물과 응접한다는 점에서 말한다면 그것을 일러 인도라고 하는 것뿐 아니겠습니까? 답했다. 그렇다. 이것과 (『중용』의) "성(참됨)은 하늘의 도요, 성하려고(참되려고) 하는 것은 사람의 도"라는 말과는 그 말뜻이 서로 같지 않다.

○忠 是未感而存諸中者 所以 謂之天道 恕 是已感而見諸事物者 所以 謂之人道 忠 是自然 恕 是隨事應接 略假人爲 所以 有天人之辨

'충'은 감응하기 전에 중(마음)에 존재하는 것이다. 그래서 천도라고 한다. '서'는 감응해서 사물에 드러나는 것이다. 그래서 인도라고 한다. 충은 저절로 그러한 것이며 서는 일에 따라서 응접하는 것이니, 대략 인위(사람의 의도적 행위)를 빌리는 것이다. 그러므로 하늘과 사람의 구분이 있다.

○問 推程子動以天之說 則聖人之忠恕 爲動以天 賢人之忠恕 爲動以人矣

又以忠爲天道 恕爲人道 何也 且盡己推己 俱涉人爲 又何天人之分 曰 彼以聖賢而分 此 以內外而分 盡己 雖涉乎人爲 然 爲之在己 非有接於外也 從橫錯綜 見其竝行 而不相悖 則於此無疑矣 又曰 中庸之言 則動以人爾

물었다. 정자의 '동이천(하늘로써 움직임)'이라는 설을 미루어 보면, 성인의 충서는 '동이천'이 되고 현인의 충서는 '동이인(사람으로써, 즉 사람의 방식으로 움직임)'이 됩니다. (그런데) 또 충은 천도라 하고 서는 인도라 하는 것은 어째서입니까? 또 '진기'와 '추기'는 모두 인위(사람의 행위)에 포함되는 것인데, 또 하늘과 사람으로 구분하는 것은 어째서입니까? 답했다. 저것(동이천과 동이인)은 성인과 현인으로써 구분하는 것이고, 이것(진기와 추기)은 내와 외로 구분하는 것이다. 진기가 인위와 관련이 있지만 그것(진기)을 하는 것은 자기(내부)에게 있는 것이지 외물에 접해서 하는 것이 아니다. 가로, 세로로 뒤엉키어 있지만 그렇게 (개념들이) 병행하되 서로 어그러지지 않음을 알면 이에 의심이 없어지리라. 또 말했다. 『중용』의 (충서는 도와 크게 어그러지지 않는다는) 말은 '동이인'일 뿐이다.

○潛室陳氏曰 忠恕 是對立底道理 故 以體用言 其體無妄 故曰 天 其用推行 故曰 人

잠실 진씨가 말했다. 충과 서는 서로 대립하는 도리이다. 그러므로 체와 용으로 말했다. 그 체는 거짓됨이 없으므로 하늘(의 도)이라 하고, 그 용은 미루어 행하는 것이므로 사람(의 도)이라 한다.

○黃氏曰 以聖人 比學者 聖人之忠 是天之天 聖人之恕 是天之人 學者之忠 是人之天 學者之恕 是人之人 畢竟 忠是體 近那未發 故 雖學者 亦有箇天 恕是用 便是推出外去底 故 雖聖人 亦有箇人

황씨가 말했다. 성인을 배우는 자에 비교해보면 성인의 '충'은 하늘의 하늘(의 도)이고, 성인의 '서'는 하늘의 사람(의 도)이다. 배우는 자의 충은 사람의 하늘(의 도)이고 배우는 자의 서는 사람의 사람(의 도)이다. 필경 충은 체로서 미발(아직 드러나지 않음)에 가까우니, 그러므로 비록 배우는 자라 할지라도 또한 어떤 하늘(의 도)이 있고, 서는 용으로서 곧 미루어 밖으로 나아가는 것이니, 그러므로 비록 성인이라 할지라도 또한 어떤 사람(으로서의 도)이 있다.

○陳氏曰 中庸 以中爲大本 是專指未發處言之 此 以忠爲大本 則是就心之存主 眞實無妄處言之 徹首徹尾 無間於未發已發 程子 只是借大本達道四

字言之 其意 自不同

진씨가 말했다. 『중용』에서 '중'으로써 대본(큰 근본)을 삼는다는 것은 오로지 아직 발현되지 않은 것을 가리켜 말한 것이다. 여기서는 '충'으로써 대본을 삼았으니, 이는 마음이 주로 삼아 보존하는 것이 진실하고 또 거짓됨이 없다는 것에 대해 말한 것이다. [충은] 철두철미하여 발현되기 전과 발현된 다음이 아무 차이가 없다. 정자는 다만 '대본달도' 네 글자를 빌려 말했을 뿐으로 그 뜻은 서로 같지 않다.

【집주】

又曰 維天之命 於穆不已 忠也 乾道變化 各正性命 恕也

또 말했다. '하늘의 명은 심원하여 그치지 않는다'는 것은 '충'이다. '건도가 변화해 각각이 성명을 바로한다'는 것은 '서'이다.

【세주】

朱子曰 維天之命 於穆不已 此 不待盡而忠也 乾道變化各正性命 此 不待推而恕也

주자가 말했다. '하늘의 명은 심원하여 그치지 않는다'는 이 말은 다하기를 기다리지 않고도['진기'하지 않아도] '충'이라는 말이다. '건도가 변화하여 각각이 그 성명을 바로한다'는 이 말은 미루기를 기다리지 않고도['추기'하지 않아도] '서'라는 말이다.

○陳氏曰 天命 卽天道之流行 而賦於物者 不已 卽無息也 此 摘詩二句 以言天地之道 至誠無息 卽天地之道之忠也 由乾道之變化 以生萬物 而萬物 各得其性命之正 此 摘易二句 以言萬物之各得其所 卽天地之道之恕也 朱子謂 譬則天地之至誠無息 而萬物各得其所 及 至誠無息者 道之體 萬物各得其所者 道之用 等語 皆是祖述程子此條而 敷演之 皆是卽天地之道 以形容聖人之道 根源於程子 而盡發於朱子 淵乎微哉

진씨가 말했다. '천명'은 곧 천도가 유행하여 만물에 부여된 것이다. '그치지 않는다'는 것은 곧 쉬지 않는다는 말이다. 이는 『시』의 두 구절을 따서 '천지의 도가 지극히 참되어 쉬지 않음'을 말한 것이니, 이는 곧 천지의 도의 '충'이다. '건도의 변화로 말미암아 만물을 낳고, 만물은 각각 그 성명의 올바름을 얻는다'는 이 말은 『역』의 두 구절을 따서 '만물이 각각 그 마땅한 바를 얻음'을 말한 것이니, 곧 천지의 도의 '서'이다. 주자가 말한 바 '비유하자면 천지는 지극히 참되어 쉬지 않으니 만물이 그 마땅한 바를 얻는다'는 말과 '지극히 참되어 쉬지 않는다는 것은 도의 체요, 만물이 각각의 마땅한 바를 얻는다는 것은 도의 용이다'라고 한 말 등은 정자의 이 구절을 조술하되 부연한 것이니, 이는 모두 천지의 도에 근거하여 성인의 도를 형용한 것이다. 근원은 정자에게 있고 주자에 의해 완전히 밝혀졌으니, 심원하고 미묘하도다.

○曾子 借忠恕 以明一貫 是將一貫放下說 程子 借天地 以明忠恕 是將一貫提起說

증자는 '충서'를 빌려 '일관(의 뜻)'을 밝혔으니, 이는 일관을 내려서 (낮은 수준의 것으로 만들어) 말한 것이다. 정자는 천지를 빌려 충서를 밝혔으니, 이는 일관을 일으켜 (높은 수준의 것으로 만들어) 말한 것이다.

【집주】

又曰 聖人 教人各因其才 吾道 一以貫之 惟曾子 爲能達此 孔子所以 告之也

또 말했다. 성인께서는 사람을 가르치심에 각각 재능에 근거하셨으니, '내 도는 하나로서 꿰뚫는 것이다'(라는 말씀은) 오직 증자만이 이에 도달할 수 있다고 여기셨기에 그래서 공자께서 일러주신 것이다.

【세주】

胡氏曰 渾然一理者 純亦不已 無毫髮之間斷 在學者 則爲忠 在夫子 則爲一 在天地 則爲至誠無息也 泛應曲當者 酬酢萬變 無不合乎理 在學者 則爲恕 在夫子 則爲貫 在天地 則爲萬物各得其所也 一卽體 貫卽用 體隱而用顯 故 用可見 學者之所能知 體不可見 非學之至者 不能知也 以子出 門人問觀之 當時侍坐 非必一人 獨呼曾子 語之 惟曾子爲能達此耳

호씨가 말했다. '혼연한 하나의 이치'라는 것은 순수하고 또 그치지 않아서 털끝만 한 중단도 없는 것으로, 배우는 자에게는 '충'이 되고, 공자에게는 '일'이 되고, 천지에는 '지극히 참되어 쉬지 않음'이 된다. '모든 일에 올바른 방식으로 대응한다'는 것은 (말이나 행동 등을) 주고받는 것이 만 번 변해도 이치에 맞지 않는 것이 없다는 것으로, 배우는 자에게는 '서'가 되고, 공자에게는 '관'이 되고, 천지에는 '만물이 그 마땅한 바를 얻음'이 된다. '일'은 곧 체이고 '관'은 곧 용이다. 체는 숨어 있고 용은 드러난다. 그러므로 용은 볼 수 있어서 배우는 자가 능히 알 수 있는 것이다. 체는 볼 수 없으니 배움이 지극한 자가 아니면 알 수 없는 것이다. '공자께서 나가시자 문인이 물었다'는 것으로 볼 때, 당시에 (공자를) 모시고 앉아 있던 사람이 꼭 한 사람만은 아닌데 유독 증자를 불러 그것을 말씀해주신 것은 오직 증자만이 능히 이에 도달할 수 있다고 여기셨기 때문이다.

【집주】

曾子 告門人曰 夫子之道 忠恕而已矣 亦猶夫子之告曾子也

증자가 문인에게 말하기를 '선생님의 도는 충서일 뿐이다'라고 한 것 역시 공자께서 증자에게 알려주신 것이다.

【세주】

新安陳氏曰 曾子之才 能達一貫 故 夫子 以一貫告之 門人之才 未達一貫 惟可告以忠恕 故 曾子 以忠恕告之 此 所謂敎人各因其才 所以 曰 亦猶夫子之告曾子也

신안 진씨가 말했다. 증자의 재능은 능히 '일관'에 도달할 수 있었다. 그렇기에 공자께서는 일관을 알려주셨다. 문인들의 재능은 일관에 도달하지 못하여 오직 '충서'를 알려줄 수 있을 뿐이었다. 그렇기에 증자는 충서를 알려주었다. 이는 소위 사람을 가르침에 그 재능에 근거한다는 것이니, 그래서 '역시 공자께서 증자에게 알려주신 것이다'라고 (집주에서) 말했다.

【집주】

中庸所謂 忠恕 違道不遠 斯 乃下學上達之義

『중용』에서 말한 바 '충서는 도와 어그러짐이 멀지 않다'는 것, 이는 곧 '하학상달(낮은 수준의 일상의 것을 배워 높은 수준의 도에 도달함)'의 뜻이다.

【세주】

朱子曰 忠恕名義 自合依違道不遠 乃掠下敎人之意 欲學者下學乎忠恕 而上達乎道也 曾子 却是移上一階 說聖人之忠恕 到程子 又移上一階 說天地之忠恕 其實 只是一箇忠恕 須自看敎有許多等級分明

주자가 말했다. '충서'의 이름의 뜻(개념의 뜻)은 그 자체로 '도와 어그러짐이 멀지 않음'과 합치하지만, 단계를 낮추어 사람을 가르치는 뜻이 담겨져 있으니, 배우는 자가 아래로 충서를 배워 위로 도에 도달하게 하려는 것이다. 증자는 오히려 한 단계 위로 올라가 성인의 충서를 말했고, 정자에 이르러서는 또 한 단계 올라가 천지의 충서를 말했지만 그것은 사실 모두 하나의 충서일 뿐이다. 모름지기 가르침에는 허다한 등급이 있음을 스스로 분명하게 보아야 한다.

○或問 曾子 未知體之一處 莫是但能行其粗 而未造其精否 曰 不然 聖人所以發用流行處 皆此一理 豈有精粗 緣他但見聖人之用不同 而不知實皆此理流行之妙 故 告之 曰 吾道一以貫之 曾子 遂能契之深 而應之速 云而已矣者 謂聖人 只是箇忠 只是箇恕 只是箇至誠不息萬物各得其所而已

혹자가 물었다. 증자는 아직 (도의) 체가 하나임을 알지 못하고 다만 그 거친 것만을 능히 행했을 뿐, 그 정밀한 것은 아직 도달하지 못한 것 아닙니까? 답했다. 그렇지 않다. 성인께서 그 용을 펴 흘러가게 한 것은 모두 이 하나의 이치이니 어찌 정밀함과 거침이 있겠는가? 그(증자)가 다만 성인의 용이 같지 않은 것만을 보고, 실제로는 그것이 모두 이 이치의 흘러감의 오묘함임은 알지 못했기 때문에 '내 도는 하나로 꿰뚫는 것'이라고 알려주신 것이다. 증자가 마침내 그것을 깊이 새기고 신속하게 응하여 '이이의(일 뿐이다)'라고 말한 것은 '성인이란 다만 충(그 자체)일 뿐이고, 다만 서(그 자체)일 뿐이고, 다만 지극히 참되어 쉬지 않아 만물이 각각 그 마땅한 바를 얻는 것(그 자체)일 뿐이다'라고 말한 것이다.

○子貢 尋常自知識而入道 故 夫子 警之 曰 汝 以予爲多學而識之者歟 對曰 然 非歟 曰 非也 予 一以貫之 蓋 言吾之多識不過一理耳 曾子 尋常自踐履入道 事親孝 則眞能行此孝 爲人謀 則眞箇忠 與朋友交 則眞箇信 故 夫子 警之 曰 汝 平日之所行者 皆一理爾 惟曾子 領略於片言之下 故曰 忠恕而已矣 以吾夫子之道 無出於此也 又曰 夫子 只以一貫語此二人 亦須是他承當得 想亦不肯說與領會不得底人 曾子 是踐履篤實上 做到 子貢 是博聞强識上 做到

자공은 보통 지식으로부터 도로 들어갔다. 그래서 공자께서는 그를 경계하여 말씀하시기를 '너는 내가 많이 배워서 아는 자라고 여기느냐'(고 하시니) '그렇습니다. 아닙니까?'(라고 하자), '아니다. 나는 하나로 꿰뚫는다'고 하셨으니, 대개 나의 많은 지식은 하나의 이치에 불과하다는 말씀이다. 증자는 보통 실천으로부터 도로 들어갔으니, 부모를 효로 모시라 하면 진실로 능히 그 효를 행하고, 남을 위해 일을 도모할 때는 진실로 충실하고, 벗을 사귀면 진실로 믿음이 있게 하니 그런 까닭에 공자께서 그를 경계하여 말씀하시기를 '너의 평일의 소행은 모두 하나의 이치일 뿐이다'라고 하셨다. 오직 증자만이 한 마디 말 아래 깨달음을 얻었기에 '충서일 뿐이다'라고 했으니, '우리 선생님의 도는 이에서 벗어나지 않는다'는 뜻이다. 또 말했다. 공자께서는 '일관'이라는 말씀을 다만 이 두 사람에게만 하셨으니, 역시 모름지기 그들은 그럴 만해서 (그런 말씀을) 듣게 된 것이고, 아마도 역시 이해하지 못할 사람에게는 말씀해주려 하지 않으신 것 같다. 증자는 독실한 실천을 통해 (그 경지에) 도달했고, 자공은 박문강지(널리 듣고 잘 기억함)를 통해서 도달했다.

○曾子父子 相反 曾點 天資高明 見得甚高 却於行上工夫 疎略 曾參 天資本魯 合下不曾見得 却是日用間積累做工夫去 一貫之說 待夫子告之 而後知然 一唯之後 本末兼該 體用全備 故 傳道之任 不在其父 而在其子 虛實之分學者 其必有以辨之

증자 부자(아버지와 아들)는 서로 다르다. 증점(증자의 아버지)은 타고난 자질이 고명하여 앎(의 수준)이 매우 높았지만 오히려 행함의 공부는 소략했다. 증삼(증자)은 타고난 자질이 본래 노둔하여 원래 일찍이 알지는 못했지만 오히려 매일의 일상에서 쌓아나가는 공부를 해나갔다. 일관지설은 공자께서 가르쳐주신 다음에야 알게 되었다. 그러나 한 번 예라고 대답한 이후에는 본말을 겸하여 갖추고, 체용을 온전히 갖추었다. 그래서 도를 전하는 임무는 아버지(증점)에게 있었던 것이 아니고 그 아들(증자)에게 있었으니, 헛된 것과 진실한 것의 차이에 대해 배우는 자는 반드시 분별함이 있어야 할 것이다.

○潛室陳氏曰 聖人 一心 渾然天理 事物 各當其可 猶一元之運 萬化自隨 初無著力處 至於學者 須是認得 人己一般意思 却安排 敎入塗轍 須是下工夫 方可要知忠恕 是一貫意思 一貫 是包忠恕而言 忠恕 是箇生底一貫 一貫 是箇熟底忠恕 又曰 易所謂 何思何慮 殊途而同歸 百慮而一致者 正聖人一貫之說也

잠실 진씨가 말했다. 성인께서는 한마음이 혼연한 천리여서 사물이 각각의 마땅한 바를 얻으니, (이는) 마치 하나의 원기가 움직임에 만물의 생성이 저절로 뒤따르는 것과 같아서 애초부터 힘을 기울이시는 곳이 없다. 배우는 자의 경우는 모름지기, 사람들이 자신의 평범한 의사로써 오히려 이리저리 생각을 굴리면 (그것이) 진흙탕의 길로 들어가게 한다는 점을 인식해야 한다. 반드시 공부를 해야만 비로소 '충서'가 '일관'의 뜻이라는 것을 알게 된다. '일관'은 충서를 포함해서 하는 말이니, 충서는 익지 않은 일관이고 일관은 익은 충서이다. 또 말했다. 『역』에서 이른바 "무엇을 생각하고 무엇을 염려하는가, 길은 달라도 같은 곳으로 돌아가고, 백 가지 생각은 일치한다(『주역』, 「괘사전 하」 5에 유사하지만 구조는 반대인 '同歸而殊途 一致而百

慮'라는 구절이 있음)"라는 것이 바로 성인의 일관의 설이다.

○雙峯饒氏曰 忠恕爲說 蓋 有三焉 一 謂忠爲天道 恕爲人道者 此 以微而天理 顯而人事 分忠恕也 而聖人人事之際 莫非天理之流行 非微顯一以貫之與 二 謂忠者無妄 恕者所以行乎忠者 此 以內而存心 外而行事 分忠恕也 而聖人之行事 莫非此心之無妄實爲之 非內外 一以貫之與 三 謂忠者體 恕者用 大本達道者 此 以靜而未發 動而已發 分忠恕也 而聖人已發之和 皆未發之中實爲之 非動靜一以貫之與 是三者 各以兩端 相爲對待 而以此貫彼 脈絡相因 亦猶忠之所以爲恕 而恕之本乎忠也

쌍봉 요씨가 말했다. '충서'의 설명은 세 가지가 있다. 첫 번째는 충은 천도이고 서는 인도라는 설이니, 이는 숨어 있으면 천리이고 드러나면 인사(사람의 일)라는 것으로써 충과 서를 나누는 것이다. 성인께서 인사를 행하실 적에 천리가 흘러나온 것이 아닌 것이 없으니, (이는) 미현(숨음과 드러남)의 일이관지가 아니겠는가? 두 번째는 충은 거짓됨이 없는 것이고 서는 충을 행하는 것이라는 설이니, 이는 안으로 마음을 보존하는 것과 밖으로 일을 실천하는 것으로써 충과 서를 나누는 것이다. 성인의 행사(일을 실천함)는 이 마음의 거짓되지 않음이 실로 그렇게 하게 한 것이 아닌 경우가 없으니, (이는) 내외의 일이관지가 아니겠는가? 세 번째는 충은 체이고 서는 용이어서 대본과 달도라는 설이니, 이는 고요하여 아직 발현되지 않은 것과 움직여서 이미 발현된 것으로써 충과 서를 나누는 것이다. 성인에게서 이미 발현된 화(조화로움)는 모두 아직 발현되기 전의 중(원리에 맞는 순정한 덕)이 실로 그렇게 하게 한 것이니, (이는) 동정(움직임과 고요함)의 일이관지가 아니겠는가? 이 세 가지는 각각 양단(두 가지 대립되는 개념)으로써 서로 상대시켜서 이것으로써 저것을 꿰뚫어 맥락이 서로 연결되게 한 것이니, (요약해 말하면) 또한 충은 서를 행하게 하는 원인이고 서는 충에 근본을 둔다고 하겠다.

○程子謂 忠恕 違道不遠 下學忠恕 所以上達一貫 此論 不可易 曾子用功處 不必他求 只看大學所說 便是 問 大學所說 如何 是忠恕 曰 修身以上 忠之事也 齊家以下 恕之事也 問 程子曰 以己及物 仁也 推己及物 恕也 不言忠恕 而言仁恕 何也 曰 此 先言仁恕之別 且先敎人識恕字之本義 然後 言一以貫之之忠恕 與違道不遠之忠恕 不同 蓋 違道不遠之恕 正自推己及人之恕 而 一以貫之之恕 則是以己及人之仁 與推己及人之恕 有異 故曰 此與違道不遠 異者 動以天爾

정자가 말한 바 충서는 도와 어긋남이 멀지 않고, 아래로 충서를 배우는 것은 위로 일관에 도달하기 위함이라는 이 논의는 고칠 수 없다. 증자가 노력한 곳(이 어디인지)은 굳이 다른 데서 찾을 필요가 없고, 다만 『대학』에서 말한 바를 보면 된다. 물었다. 『대학』에서 말한 바가 왜 충서입니까? 답했다. 수신 이상은 충의 일이고, 제가 이하는 서의 일이다. 물었다. 정자가 말하기를 자신으로써 남에게 미치는 것을 인이라 하고, 나를 미루어 남에게 미치는 것을 서라고 한다 했는데, 충서를 말하지 않고 인서를 말한 것은 어째서입니까? 답했다. 이는 먼저 인과 서를 구별하고 또 먼저 사람으로 하여금 '서'자의 본뜻을 알게 한 연후에 '일이관지의 충서(『논어』에 나오는 하나로 꿰뚫는 도로서의 충서)'와 '위도불원의 충서(『중용』에 나오는 도와 어그러짐이 멀지 않은 것으로서의 충서)'가 같지 않음을 말한 것이다. 대개 위도불원의 서는 바로 그 자체 추기급인의 서이지만 일이관지의 서는 이기급인의 인이니, 추기급인의 서와는 차이가 있다. 그래서 '이것(일이관지의 서, 또는 이기급인의 인)이 위도불원과 다른 점은 동이천(하늘로써 움직임)이라는 점뿐이다'라고 (정자가) 말했던 것이다.

○王氏曰 朱子之說 是言一貫 而忠恕在其中 程子之說 是言忠恕 而一貫在其中 朱子 於夫子之意詳 程子 於曾子之意詳 程子 言以己及物一句 上應無待於推 下應動以天爾

왕씨가 말했다. 주자의 설은 '일관'을 말한 것이지만 '충서'가 그 안에 포함되어 있다. 정자의 설은 충서를 말한 것이지만 일관이 그 안에 포함되어 있다. 주자는 공자의 뜻에 상세했고, 정자는 증자의 뜻에 상세했다. 정자가 말한 '이기급물'의 한 구절은 위로는 '무대어추(미루기를 기다릴 필요가 없음)'에 상응하고 아래로는 '동이천(하늘로써 움직임)'에 상응한다.

○雲峯胡氏曰 曾子 借學者之忠恕 以明夫子一貫之似 程子 則卽天地之忠恕 以明夫子一貫之眞 末擧中庸違道不遠 專爲學者言之 本只是下學之事 未說到上達 因論語之一貫 而及中庸之忠恕 則中庸之言 乃下學上達之義 蓋 下學忠 所以上達聖人之一 下學恕 所以上達聖人之貫也 大抵 不說出天地之忠恕 則人 以一貫爲淺近 而忽聖人之道以爲易 不說歸學者之忠恕 則人 以忠恕爲高虛 而畏聖人之道以爲難 此 程子朱子 敎人之意也

운봉 호씨가 말했다. 증자는 배우는 자의 충서를 빌려 공자의 일관과 비슷한 것을 밝혔고, 정자는 천지의 충서에 입각하여 공자의 일관의 참뜻을 밝혔다. (정자의 말의) 끝부분에 『중용』의 '위도불원'을 든 것은 오로지 배우는 자를 위해 말한 것이니, 본디 하학의 일일 뿐 상달에 대해서는 말하지 않았다.

『논어』의 '일관'으로 말미암아 『중용』의 '충서'를 언급한 것은 『중용』의 말이 곧 하학상달의 뜻이기 때문이다. 대개 아래로 충을 배우는 것은 위로 성인의 '일(하나의 도)'에 도달하려는 것이고, 아래로 서를 배우는 것은 위로 성인의 '관(꿰뚫음)'에 도달하려는 것이다. 대저 천지의 충서까지 나가 말하지 않으면 사람들이 일관을 얕고 가까운 것으로 여겨 성인의 도를 쉽다고 생각해 소홀히 하고(소홀히 할 우려가 있고), 배우는 자의 충서로 돌아와 말하지 않으면 사람들이 충서를 높고 공허한 것으로 여겨 성인의 도를 어렵다고 두려워한다(두려워할 우려가 있다). 이는 정자와 주자의 '사람을 가르치려는 뜻'이다.

○新安陳氏曰 曾子之學 固主於力行 然 亦未嘗不先於致知 觀集註 隨事精察而力行之之語 精察 卽致知也 況大學成於曾子 格物致知 實大學之始教 又觀記曾子問中 禮之權變曲折纖悉 必講明之 豈有全不加意於致知 而變化其氣質之魯者哉

신안 진씨가 말했다. 증자의 배움은 본디 역행(힘써 실천함)을 주로 하는 것이지만, 일찍이 치지(앎에 지극함)를 먼저 하지 않은 적이 없었다. 집주를 보면 '(증자는) 일을 따라 정밀히 살피고 힘써 행했다'는 말이 있는데, (그 말에서) 정밀히 살핀다는 것은 곧 치지이다. 하물며 『대학』은 증자에 의해 이루어졌고, 격물치지는 실로 『대학』의 첫 가르침임에랴. 또 『예기』의 「증자문」편 가운데를 보면 (증자는) 예의 임기응변과 자세한 내용을 하나도 빠짐없이 반드시 강론해 밝혔다. 어찌 전혀 치지에 뜻을 더하지 않고 그 기질의 노둔함을 변화시킨 자가 있겠는가?

4.16 子曰 君子 喩於義 小人 喩於利

공자께서 말씀하셨다. 군자는 의에 밝고, 소인은 이익에 밝다.

【집주】

喩 猶曉也 義者 天理之所宜 利者 人情之所欲

'유'는 밝다는 뜻이다. '의'라는 것은 천리의 마땅한 바이다. '이'란 보통 사람의 마음이 원하는 바이다.

○程子曰 君子之於義 猶小人之於利也 唯其深喩 是以 篤好去聲 楊氏曰 君子 有舍生而取義者 以利言之 則人之所欲 無甚於生 所惡去聲 無甚於死 孰肯舍生而取義哉 其所喩者 義而已 不知利之爲利 故也 小人 反是

정자가 말했다. 군자에게 의는 소인의 이익과 같으니, 다만 깊이 알기 때문에 돈독히 좋아하는 것이다. 양씨가 말했다. 군자는 삶을 버리고 의를 취하는 자이다. 이익으로 말하자면 사람이 원하는 것 중에 삶보다 더한 것이 없고, 싫어하는 것 중에 죽음보다 더한 것이 없으니, 누가 즐겨 삶을 버리고 의를 취하겠는가? (군자가 그러한 것은) 그 밝은 바가 오직 의뿐이고 이익이 이익이 되는지를 모르기 때문이다. 소인은 이와 반대이다.

【세주】

朱子曰 君子 見得這事 合當如此 那事 合當如彼 但 裁處其宜 而爲之

주자가 말했다. 군자는 이 일은 이렇게 해야 합당하고, 저 일은 저렇게 해야 합당한지를 안다. 다만 그 마땅한 대로 판단해 처리하여 행할 뿐이다.

○君子之於義 見得委曲透徹 故 自樂爲 小人之於利 亦是 於曲折纖悉間 都理會得 故 深好之

군자는 의에 대해 자세하고 투철하게 알기 때문에 스스로 즐겨 행하고, 소인 또한 역시 이익에 대해 자세한 모든 것을 죄다 잘 이해하기 때문에 깊이 좋아하는 것이다.

○喩義喩利 不是氣稟如此 君子 存得此心 自然喩義 小人 陷溺此心 故所知者 只是利 若說氣稟定了 則君子小人 皆由生定 學力 不可變

의에 밝고 이익에 밝은 것은 (선천적으로 부여받은) 기품이 그래서 그런 것이 아니다. 군자는 이 마음을 보존할 수 있기에 자연히 의에 밝게 되고, 소인은 이 마음에 빠진 까닭에 아는 것이 다만 이익이 될 뿐이다. 만약 기품이 정해버리는 것이라고 한다면, 군자나 소인은 모두 나면서부터 정해져 배움의 힘이 변화시킬 수 없는 것이 되고 만다.

○南軒張氏曰 學者 莫先於義利之辨 蓋 義者 無所爲而然也 凡有所爲而然 皆人欲之私 而非天理之存 此 義利之分也 朱子謂 義者 無所爲而然 此言可謂擴前聖之所未發

남헌 장씨가 말했다. 배우는 자에게는 의와 이익을 구분하는 것이 무엇보다 먼저이다. 대개 의란 목적 없이 그러한 것이다. 무릇 (무엇인가 의도하는) 목적이 있어서 그러한 것은 모두 인욕의 사사로움이지 천리를 보존한 것이 아니다. 이것이 의와 이익의 구분이다. 주자가 말한 바 의란 목적 없이 그러한 것이라는 이 말은 가히 전의 성인께서 드러내지 못하신 것을 확충했다고 할 수 있다.

○象山陸氏曰 此章 以義利 判君子小人 學者 於此 當辨其志 人之所喩 由其所習 所習 由其所志 志乎義 則所習者 必在於義 斯喩於義矣 志乎利 則所習者 必在於利 斯喩於利矣

상산 육씨가 말했다. 이 장은 의와 이익으로써 군자와 소인을 판별했다. 배우는 자는 이에 마땅히 그 뜻(지향해야 할 바)을 가려야 할 것이다. 사람의 밝은 바는 그 익힌 바로 말미암고, 익힌 바는 그 뜻한(뜻을 둔) 바로 말미암는다. 의에 뜻을 두면 그 익히는 바가 반드시 의에 있게 되고, 그러면 의에 밝게 된다. 이익에 뜻을 두면 그 익히는 바가 반드시 이익에 있게 되고, 그러면 이익에 밝게 된다.

○雙峯饒氏曰 此 指君子小人之已成者而言 所以 於義與利之精微曲折 各能深曉 程子 是說喩以後事 象山 是說喩以前事

쌍봉 요씨가 말했다. 이는 이미 이루어진 군자와 소인을 가리켜 말한 것이다. 그래서 의와 이익의 지극히 세세하고 작은 것까지 (군자, 소인) 각각이 능히 깊이 밝은 것이다. 정자는 밝아진 이후를 설명했고, 상산은 밝아지기 이전을 설명했다.

○王氏曰 篤好 在喩後 志習 在喩先

왕씨가 말했다. 돈독히 좋아하는 것은 밝아진 다음이고, 뜻을 두는 것과 익히는 것은 밝아지기 전이다.

○陳氏曰 天理所宜者 只是當然而然 無所爲而然也 人情所欲者 只是不當然而然 有所爲而然也

진씨가 말했다. 천리의 마땅한 바란 다만 마땅히 그러해야 해서 그러한 것이고, 목적 없이 그런 것이다. 보통 사람의 마음이 바라는 바란 다만 마땅히 그러하지 않아야 하는데 그러한 것이고, 목적이 있어서 그런 것이다.

○新安陳氏曰 君子喩義 未嘗求利 然 義之所安 卽利之所在 義之利 而利自在其中 小人喩利 雖專求利 然嚮利 必背義 不義之利 利愈得 而害愈甚矣 要之 義利之界限 學者 先明辨其幾微 次必剛決其取舍 至深喩其趣味 則君子小人 成天淵判矣

신안 진씨가 말했다. 군자는 의에 밝으니 일찍이 이익을 구한 적이 없지만, 의에 있어서 편안한 것이 곧 이익이 있는 곳이니, (이 이익은) 의의 이익으로서 이익은 본디 그 가운데 있다. 소인은 이익에 밝으니 비록 오로지 이익만을 구하지만 이익을 추구하면 반드시 의를 배반하게 되니, (이 이익은) 불의의 이익으로서 이익을 얻을수록 손해가 더 심해진다. 요컨대 의와 이익의 경계에 대해 배우는 자는 먼저 그 기미를 밝게 가리고, 다음에는 반드시 그 취하고 버릴 것을 굳세게 결단해야 한다. 그 취미(취향이나 기호)를 깊이 깨닫게 되면 군자이냐 소인이냐는 하늘과 못(땅)처럼 확실하게 구분된다.

4.17 子曰 見賢 思齊焉 見不賢 而內自省也省 悉井反

공자께서 말씀하셨다. 현명한 이를 보면 같아질 것을 생각하고, 현명하지 못한 이를 보면 (내 마음) 안으로 스스로를 살펴보라.

【집주】

思齊者 冀己亦有是善 內自省者 恐己亦有是惡

'사제(같아질 것을 생각함)'란 자신 또한 그 선이 있기를 원하는 것이다. '내자성(안으로 스스로를 살펴봄)'이란 자기 또한 그 악이 있을까 우려하는 것이다.

【세주】

雙峯饒氏曰 省 謂警省 非徒察也

쌍봉 요씨가 말했다. '성(살핌)'은 경계하여 살피는 것을 말하지, 그저 살펴보는 것이 아니다.

【집주】

○胡氏曰 見人之善惡不同 而無不反諸身者 則不徒羨人 而甘自棄 不徒責人 而忘自責矣

호씨가 말했다. 남의 선악이 (나와) 같지 않은 것을 보면 스스로 돌이켜 보지 않는 경우가 없는 사람은 헛되이 남을 부러워하기만 하면서 스스로 포기하기를 즐겨하지는 않으며, 헛되이 남을 책망하기만 하면서 스스로 책망하기를 잊지는 않는다.

【세주】

程子曰 見賢 便思齊 有爲者 亦若是 見不賢 而內自省 蓋 莫不在己

정자가 말했다. 현명한 이를 보면 곧 같아지기를 생각한다. 유능한 자(에 대해서)도 또한 이처럼 한다. 현명하지 못한 이를 보면 안으로 스스로를 살펴본다는 것은 대개 (그런 악이) 나에게는 있지 않게 한다(는 뜻이다).

○鄭氏南升曰 見人之賢者 知其德行之可尊可貴 則必思我亦有是善 天之所賦 未嘗虧欠 何以不若於人 必須勇猛精進 求其必至於可尊可貴之地 見不賢者 則知彼是情欲汩沒 所以 至此 必須惕然省察 恐己亦有是惡 潛伏於內 不自知覺 將爲小人之歸 此 言君子 當反求諸身如此

정남승이 말했다. 현명한 자를 만나 그 덕행이 존경할 만하고 귀히 여길 만함을 알게 되면, 반드시 나도 그 선을 가져야겠다고 생각해야 한다. 하늘이 품부하신 것이 이지러지거나 빠진 것이 없는데 왜 남만 못하겠는가? 모름지기 용맹 정진하여 반드시 존경받을 만하고 귀히 여겨질 만한 경지에 이르게 해야 한다. 현명하지 못한 자를 만나면 그가 정욕에 골몰하여 이 지경에 이르렀다는 것을 알게 되니, 모름지기 혹시 나 또한 그 악을 가지고 있어 그것이 마음속에 잠복해 있어서 나도 모르는 새 장차 소인으로 귀결되는 것은 아닌지 걱정스럽게 살펴보아야 한다. 이는 군자는 마땅히 이와 같이 돌이켜 자신에게서 구해야 한다는 말이다.

○慶源輔氏曰 人心之明賢否 所不能遁 然 徒見之 而不反諸身以致思齊內省之誠 則無益於我 非爲己之學也

경원 보씨가 말했다. 사람 마음의 현명함과 그렇지 못함은 숨길 수 없는 것이다. 그러나 다만 보기만 하고 스스로 돌이켜 보아 사제(같아지기를 생각함)와 내성(안으로 살펴봄)의 성의를 다하지 않으면 나에게 이익됨이 없으니 위기지학(나를 위한 공부)이 아니다.

4.18 子曰 事父母 幾諫 見志不從 又敬不違 勞而不怨

공자께서 말씀하셨다. 부모를 모심에 부드럽게 간언하고, 따르지 않으려는 뜻을 보면 또 공경하여 어기지 아니하고, 힘들어도 원망하지 아니한다.

【집주】

此章 與內則之言 相表裏

이 장은 (『예기』) 「내칙」의 말과 서로 표리가 된다.

【세주】

朱子 全引內則之文 以解此章

주자는 모두 「내칙」의 글을 끌어다가 이 장을 해석했다.

【집주】

幾 微也 微諫

'기'는 약하다는 뜻으로 (기간은) 미간(부드럽게 간언함)이니,

【세주】

坊記曰 微諫不倦

(『예기』) 「방기」에 말하기를 '미간불권(부드럽게 간언하여 싫증 내지 않는다)'이라고 했다.

【집주】

所謂父母有過 下氣怡色柔聲以諫也

소위 "부모가 허물이 있으면 기를 낮추어 안색을 환하게 하고 목소리를 부드럽게 하여 간언한다"라는 것이다.

【세주】

所謂以下 皆內則文 下倣此

소위 이하는 모두 내칙의 글이다. 아래도 마찬가지이다.

○朱子曰 幾諫 只是漸漸細密諫 不要峻暴硬要闌截

주자가 말했다. '기간(부드럽게 간언함)'이란 다만 점점 세밀하게 간언하는 것일 뿐, 준엄하고 난폭한 태도로 억지로 잘라 끊으려 해서는 안 된다.

○問 幾諫 是見微而諫否 曰 人做事 亦自有驀地做出來 那裏去討幾微處

물었다. '기간'은 (부모가 잘못할) 기미를 보고 간언한다는 것입니까? 답했다. 사람이 일을 저지를 때 역시 당연히 갑자기 저지르는 경우가 있다. 그런 경우에 무슨 기미를 찾을 수 있겠는가?

○胡氏曰 子之事親 主於愛 雖父母有過 不容不諫 然 必由愛心以發 乃可故 下氣怡色柔聲 皆深愛之形見者也 所以 謂幾微而諫 不敢顯然直遂其己意也

호씨가 말했다. 자식이 부모를 모시는 일은 사랑을 주로 삼는다. 부모가 허물이 있는데 간언하지 않는 것은 비록 용납되지는 않지만, 그러나 반드시 사랑의 마음에서 해야만 한다. 그러므로 기를 낮추어 안색을 환하게 하고 목소리를 부드럽게 하는 것은 모두 깊이 사랑하는 모습이 드러난 것이다. 그래서 부드럽고 완곡하게 간언해야지, 감히 드러내놓고 곧바로 자기 뜻을 관철하려 해서는 안 된다고 말한 것이다.

【집주】

見志不從 又敬不違 所謂諫若不入 起敬起孝 悅則復扶又反諫也

'따르지 않으려는 뜻을 보면 또 공경하여 어기지 아니한다'는 것은 소위 "간언이 용납되지 않으면 더욱 공경하고, 더욱 효도하여, 기뻐하면 다시 간언한다"라는 말이다.

【세주】

朱子曰 又敬不違 敬已是順了 又須委曲作道理以諫 上不違微諫之意 恐唐突以觸父母之怒 下不違欲諫之心 務欲致父母於無過之地 見父母之不從 恐觸其怒 遂止而不諫者 非也 務欲必諫 遂至觸其怒者 亦非也

주자가 말했다. '또 공경하여 어기지 아니한다'는 것은 '공경하니 이미 순종하는 것이지만, (그런 다음) 또 자세하게 도리에 맞게 간언해야 한다'는 말이다. 위로는 미간의 뜻을 어기지 말아야 하니, 당돌함으로 부모의 노여움을 촉발할까 염려되기 때문이다. 아래로는 간언하려는 마음을 어기지 않아야 하니, 부모가 아무 허물도 없는 경지에 이르도록 힘써야 하기 때문이다. 부모가 따르지 않는 것을 보고 노여움을 촉발할까 두려워 드디어 그만두고 간언하지 않는 것은 잘못이다. 반드시 간언하려 애써 그 노여움을 촉발하는 것도 또한 잘못이다.

【집주】

勞而不怨 所謂與其得罪於鄕黨州閭 寧孰與熟同諫

힘들어도 원망하지 아니한다는 것은 소위 "향당과 주려(동네나 고을)에 (부모가) 죄를 얻는 것보다는 오히려 숙간(능숙하게 간언함)하는 것이 낫다.

【세주】

新安陳氏曰 不曰 苦諫 而曰 孰諫 孰字 有深味 純孰以諫 終欲諭父母以道而已

신안 진씨가 말했다. 고간(괴롭게 간언함)이라 하지 않고 숙간(능숙하게 간언함)이라 했는데, 이 '숙'자는 깊은 의미가 있다. 능숙하게 (가장 적절한 방식으로) 간언해 마침내 부모를 도로 깨우치려 할 뿐이다.

【집주】

父母 怒不悅 而撻他達反之流血 不敢疾怨 起敬起孝也

부모가 노해 기뻐하지 아니하고, 회초리를 쳐 피가 흘러도 감히 원망하지 아니하고, 더욱 공경하고 더욱 효도한다"라는 말이다.

【세주】

問 微諫者 下氣怡色柔聲以諫也見得 孝子 深愛其親 雖當諫過之時 亦不敢伸己之直 而辭色皆婉順也 見志不從 又敬不違 纔見父母心中 不從所諫 便又起敬起孝 使父母歡悅 不待父母有難從之辭色 而後起敬起孝也 若或父母 堅不從所諫 甚至怒而撻之流血 可謂勞苦 亦不敢疾怨 愈當起敬起孝 此聖人 教天下之爲人子者 不惟平時有愉色婉容 雖遇諫過之時 亦當如此 甚至勞而不怨 乃是深愛其親也 朱子曰 推得也好

물었다. '미간'이라는 것이 기를 낮추고 안색을 환하게 하고, 목소리를 부드럽게 하여 간언하는 것인 줄은 알겠습니다. 효자는 그 부모를 깊이 사랑하여 비록 허물을 간언해야 하는 사태를 당해서도 또한 감히 자신의 곧음을 내세우지 않고 말씨와 안색을 모두 부드럽고 순하게 합니다. 따르지 않으려는 뜻을 보면 또 공경하여 어기지 않아야 하니, 만약 부모의 심중에 간언을 따르지 않으려는 바가 있음을 보기만 하면 곧 또 더욱 공경하고 더욱 효도하여 부모를 기쁘게 해야지, 부모가 따르기 어렵다는 말씀이나 안색을 할 때까지 기다린 후에야 더욱 공경하고 더욱 효도해야 하는 것은 아닙니다. 만약 부모가 완강하게 간언을 따르지 않고 심지어는 노하여 회초리를 쳐 피가 흐르면 가히 수고롭고 괴롭다 할 수 있지만, 또한 감히 원망하지 않고 마땅히 더욱더 공경하고 더욱 효도해야 합니다. 이는 성인께서 천하의 자식된 자들을 가르치신 것입니다. 다만 평상시에 기쁜 안색과 부드러운 태도를 해야 할 뿐만 아니라 비록 허물을 간언할 때를 만나서도 또한 마땅히 이처럼 해서, 심지어는 힘들어도 원망하지 않아야 그 부모를 깊이 사랑하는 것입니다. 주자가 답했다. 잘 추론했다.

○西山眞氏曰 起者 竦然興起之意 孰者 反復純熟之謂 不諫 是陷親於不義 使得罪於州閭 等而上之 諸侯不諫 使親得罪於國人 天子不諫 使親得罪於天下 是以 寧孰諫也 怒撻之流血 猶不敢怨 況下於此乎 諫不入 起敬起孝 諫而撻 亦起敬起孝 孝敬之外 豈容有他念 亦豈容有一息忘乎

서산 진씨가 말했다. '기(일으킴)'란 송구한 마음으로 (공경과 효를) 일으킨다는 뜻이고, '숙'이란 거듭해 능숙해진다는 말이다. 간언하지 않는 것은 부모를 불의에 빠뜨려 고을에서 죄를 얻게 하는 것이다. 같은 방식으로 올라가 보면, 제후가 간언하지 않으면 부모로 하여금 나라 사람에게 죄를 얻게 하는 것이고, 천자가 간언하지 않으면 부모로 하여금 천하에 죄를 얻게 하는 것이다. 그러니 숙간하는 것이 낫다. 노하여 회초리를 쳐 피가 흘러도 오히려 감히 원망하지 않는데, 하물며 이 이하(초달보다 약한 질책)에 있어서이랴. 간언이 용납되지 않으면 더욱 공경하고 더욱 효도하고, 간언했다가 회초리를 맞으면 또한 더욱 공경하고 더욱 효도해야 한다. 효도와 공경 이외에 어찌 다른 생각이 있을 수 있겠는가? 또 어찌 잠시라도 (효도와 공경을) 잊을 수 있겠는가?

4.19 子曰 父母在 不遠遊 遊必有方

공자께서 말씀하셨다. 부모가 계시면 멀리 나가지 않으며, 나가면 반드시 그 행방이 있어야 한다.

【집주】

遠遊 則去親遠 而爲日久 定省悉井反曠 而音問疎 不惟己之思親不置 亦恐親之念我不忘也 遊必有方 如已告云之東 則不敢更適西 欲親必知己之所在 而無憂 召己 則必至而無失也

멀리 나가면 부모를 멀리 떠나 날짜가 오래되어 정성(자리를 돌보고 문안 인사를 드림)이 비고 음문(소리 내고 여쭘)이 소홀해지니 자신의 부모를 생각함(부모를 돌봄)이 제대로 행해지지 않을 뿐 아니라, 또한 부모가 나를 염려해 잊지 못할까 걱정된다. '나가면 반드시 그 행방이 있어야 한다'는 것은 예컨대 이미 동쪽으로 간다고 알렸으면 감히 고쳐 서쪽으로 가지 아니하여, 부모로 하여금 반드시 내가 있는 곳을 알아 걱정하지 않게 하고, 나를 부르면 틀림없이 돌아갈 수 있게 하려는 것이다.

【세주】

慶源輔氏曰 詳味集註 非身歷心驗之 不能盡其精微曲折之意如此 事親者宜身體之 又曰 有親者遠遊 固不可 近遊 亦當有方

경원 보씨가 말했다. 집주를 자세히 감상해보면 몸으로 겪고 마음으로 체험하지 않았다면 이처럼 그 정밀하고 자세한 뜻을 다할 수는 없었을 것이다. 부모를 모시는 자는 마땅히 (이를) 몸으로 체현해야 할 것이다. 또 말했다. 부모가 있는 자가 멀리 나가는 것은 본디 안 되는 일이지만, 가까이 가더라도 또한 마땅히 그 행방이 있어야 한다.

○問 有不得已 而遠遊 如之何 雙峯饒氏曰 不遠遊 是常法 不得已 而遠出 又有處變之道 聖人言常 不言變

물었다. 부득이하여 멀리 가야 할 때는 어찌합니까? 쌍봉 요씨가 답했다. 멀리 나가지 않는 것이 일반적인 법이지만, 부득이하여 멀리 나갈 때는 또 예외의 도리가 있다. 성인께서는 일반적인 경우를 말씀하신 것이지, 예외를 말씀하신 것은 아니다.

【집주】

范氏曰 子 能以父母之心爲心 則孝矣

범씨가 말했다. 자식이 능히 부모의 마음을 제 마음으로 삼을 수 있다면 곧 (그것이) 효이다.

【세주】

朱子曰 父母愛子之心 未嘗少置 人子愛親之心 亦當跬步不忘

주자가 말했다. 부모의 자식을 사랑하는 마음은 일찍이 조금이라도 베풀지 않는 바가 없다. 남의 자식 된 자가 부모를 사랑하는 마음 또한 마땅히 반걸음, 한 걸음을 걸을 때라도 잊지 않아야 한다.

○胡氏曰 遠遊 特事之至近者爾 惟能卽是 而推之 則凡可以貽親之憂者 皆不敢爲矣 范氏之說 深得其旨

호씨가 말했다. 멀리 나가는 것은 특히 일 가운데 지극히 가까운(늘 일어날 수 있는) 일이다. 진실로 능히 이에 기초해 밀고 나갈 수 있다면, 무릇 부모의 근심을 살 만한 일은 모두 다 감히 하지 않을 것이다. 범씨의 설은 깊이 그 뜻을 얻었다.

○新安陳氏曰 朱子 十四歲喪父韋齋先生 事母盡孝 所以 發明此章曲盡孝子之心 老杜曰 頗覺良工心獨苦 信哉

신안 진씨가 말했다. 주자는 14세에 아버지 위재 선생을 잃고 어머니를 모시는 데 효를 다했다. 그래서 이 장의 곡진한 효자의 마음을 밝혀 드러냈다. 노두(두보)가 말하기를 "자못 알겠노라, 기술 좋은 장인은 그 마음이 홀로 괴로웠음을(두보의 <題李尊師松樹障子歌>의 한 구절)"이라고 했는데, 참으로 그러하다.

4.20 子曰 三年 無改於父之道 可謂孝矣

공자께서 말씀하셨다. 3년 동안 아버지의 도를 고치지 아니하면 가히 효라고 할 수 있다.

【집주】

胡氏曰 已見賢遍反首篇 此 蓋 複音福出 而逸其半也

호씨가 말했다. 이미 첫 편(「학이」 11장)에 나왔다. 이는 대개 거듭 나온 것인데, 그 반은 없어진 것이다.

4.21 子曰 父母之年 不可不知也 一則以喜 一則以懼

공자께서 말씀하셨다. 부모의 연세는 알지 않을 수 없다. 한편으로는 기쁘고, 한편으로는 두렵다.

【집주】

知 猶記憶也

'지'는 기억한다는 뜻이다.

【세주】

胡氏曰 謂念念在此 而不忘也

호씨가 말했다. ('지'란) 생각이 항상 이에 있어 잊지 않는 것을 말한다.

【집주】

常知父母之年 則旣喜其壽 又懼其衰 而於愛日之誠 自有不能已者

항상 부모의 연세를 기억하면 그 오래 사심은 이미 기쁘지만 또 그 노쇠하심은 두려우니, 하루하루를 아까워하는 정성은 마땅히 능히 그칠 수가 없는 것이다.

【세주】

南軒張氏曰 以年之盛衰 察氣之强弱 而喜懼存焉 亦人子盡心於其親之一事也

남헌 장씨가 말했다. 연세의 성쇠(사실 날이 많고 적음)로써 기력의 강함과 약함을 살피니, 기쁨과 두려움이 병존한다. 이 또한 남의 자식 된 자가 그 부모에 대해 마음을 다하는 일 중 하나이다.

○王氏曰 愛日之誠四字 於懼字 旨意深切

왕씨가 말했다. '애일지성(하루하루를 아까워하는 정성)' 네 글자는 '구(두려워함)'자에 대해 그 의미가 깊이 절실하다.

○雲峯胡氏曰 人生百年 曰期 而能百年者 幾何人哉 姑以其期言之 如年八十 可喜也 而期者 僅二十年 可懼也 年九十 尤可喜也 而期者 僅十年 尤可懼

也 故 可喜之中 政自有可懼者 存焉

운봉 호씨가 말했다. 인생 100년을 일기(한 기간)라고 하지만 능히 100년을 사는 자가 몇이나 되리오. 만약 그 일기로 말하자면, 예컨대 연세가 80세이면 기뻐할 만하지만, 일기에는 겨우 20년이 남은 것이니 두려워할 만하다. 연세가 90세이면 더욱 기뻐할 만하지만 일기에는 겨우 10년 남은 것이니 더욱 두려워할 만하다. 그러므로 기뻐할 만한 중에 분명 응당 두려워할 만한 것이 있다.

○新安陳氏曰 愛日者 懼來日之無多 惜此日之易過 而於事親之道 有不及也 王安石詩 古人一日養 不以三公換 得愛日之意

신안 진씨가 말했다. '애일(하루하루를 아까워함)'이란 두렵게도 남은 날이 많지 않고, 안타깝게도 오늘은 쉬이 지나가 부모를 모시는 도리에 미치지 못함이 있다는 뜻이다. 왕안석의 시에 "옛사람은 (부모) 하루 모시는 것을 삼공의 지위와 바꾸지 않았다"라고 했는데, '애일'의 의미를 잘 표현했다.

4.22 子曰 古者 言之不出 恥躬之不逮也

공자께서 말씀하셨다. 옛날에는 말을 (함부로) 꺼내지 않았으니 몸이 미치지 못함을 부끄러워했기 때문이다.

【집주】

言古者 以見形甸反今之不然 逮 及也 行去聲 不及言 可恥之甚 古者所以不出其言 爲去聲此故也

옛날이라고 말씀하신 것은 지금은 그렇지 않다는 것을 보이시려고 함이다. '체'는 미친다는 뜻이다. 행동이 말에 미치지 못하면 심히 부끄러워할 만하다. 옛날에 그 말을 꺼내지 않은 것은 이 때문이다.

○范氏曰 君子之於言也 不得已 而後出之 非言之難 而行之難也 人 惟其不行也 是以 輕言之 言之 如其所行 行之 如其所言 則出諸其口 必不易矣易 去聲

범씨가 말했다. 군자는 말을 함에 부득이한 경우에만 (말을) 꺼냈으니, 말하기가 어려워서가 아니라 행하기가 어려워서이다. 사람들은 행하지 않으려(행하지 않아도 된다고) 생각하기 때문에 쉽게 말한다. 그러나 말하면 (말이) 그 행동과 같고, 행동하면 (행동이) 그 말과 같으려면 입으로 꺼내는 것(말하기)은 결코 쉽지 않다.

【세주】

○朱子曰 此章緊要 在恥字上 若是無恥底人 未曾做得一分 便說十分矣 范氏說 最好 只緣胡亂 輕易說了 便犯行不當事 非踐履到底 烏能及此

주자가 말했다. 이 장의 핵심은 '취(부끄러워함)'자에 있다. 만약 부끄러움이 없는 사람이라면, (행동은) 일 푼도 하지 않고 말은 십 푼을 한다. 범씨의 설이 가장 좋지만 다만 호란 때문에 경솔히 말해놓고 그만 마땅하지 않은 일을 저지르고 말았다. 실천이 지극한 사람이 아니면 어찌 이(경지)에 이를 수 있겠는가?

○人之所以易其言者 以其不知空言無實之可恥也 若恥 則自是力於行 而言之出 也不敢易矣

사람이 말을 쉽게 하는 이유는 실제가 없는 빈말이 부끄러워할 만하다는 것을 모르기 때문이다. 만약 부끄러워한다면 당연히 실천에 힘을 쓰고, 말을 꺼내는 것도 감히 쉽게 하지 않을 것이다.

○厚齋馮氏曰 古人 言之必行 不能躬行 而徒言之 是所恥也 後之學者 直講說而已 義理 非不高遠 而吾躬 自在一所 不知恥之 何哉

후재 풍씨가 말했다. 옛사람들은 말을 하면 반드시 실천했다. 몸소 실천하지 못하면서 말만 하는 것, 이것이 부끄러운 것이다. 후세의 배우는 자들은 곧바로 강설만 할 뿐으로, 의리는 고원하지 않음이 없으나 그 몸은 다른 곳에 있으면서도 부끄러운 줄을 모르니 웬일인가?

4.23 子曰 以約失之者 鮮矣鮮 上聲

공자께서 말씀하셨다. 약(스스로 단속함) 때문에 잘못을 하는 경우는 드물다.

【집주】

謝氏曰 不侈然以自放之謂約

사씨가 말했다. 오만하게 제멋대로 하지 않는 것을 '약'이라 한다.

【세주】

慶源輔氏曰 約與放 相反 約 則守乎規矩之中 放 則逸於規矩之外

경원 보씨가 말했다. '약(단속함)'과 '방(멋대로 함)'은 서로 반대된다. '약'은 규범 안에서 지키는 것이고, '방'은 규범의 밖으로 넘어서는 것이다.

【집주】

尹氏曰 凡事約 則鮮失 非止謂儉約也

윤씨가 말했다. 모든 일을 단속하면 잘못이 드물다. 다만 검약만을 말하는 것이 아니다.

【세주】

朱子曰 約 有收斂近裏著實之意 非徒簡而已 或曰 約 恐失之吝嗇 曰 這約字只是凡事自收斂

주자가 말했다. '약'은 가까운 곳에서 착실하게 단속한다는 뜻이 있으니, 다만 간략함만은 아니다. 혹자가 말했다. 약(절약, 검소)하면 인색의 잘못을 저지르지 않을까 염려됩니다. 답했다. 이 '약'자는 다만 모든 일을 스스로 단속한다는 뜻일 뿐이다.

○此約字 是實字 若約之以禮 約其情 則約字 輕

이 '약'자는 실자(명사)이다. '예로써 제약한다', '그 정을 제약한다' 같은 경우의 '약'자는 경성이다.

○問 以約失之者鮮 凡 人 須要檢束 令入規矩準繩 便有所據守 方少過失 或是 侈然自肆 未有不差錯 日 說得甚分明

물었다. 약 때문에 잘못하는 자는 드물다(는 말은 다음과 같은 뜻 아닙니까?) 무릇 사람은 반드시 (스스로) 단속하여 규범과 원칙에 들어가게 해야만, 근거하여 지킬 것이 있어 비로소 과실이 적어집니다. 혹 오만하게 제멋대로 하고도 잘못을 저지르지 않는 경우는 없습니다. 답했다. 매우 분명하게 잘 말했다.

○南軒張氏曰 凡 人 事事以節約存心 則有近本之意 雖未能皆中節 而失則鮮矣

남헌 장씨가 말했다. 무릇 사람이 매사에 절약(절제하고 단속함)으로 마음을 삼으면 근본에 다가가려는 뜻이 있으니, 비록 모든 것이 다 절도에 맞을 수는 없겠지만 잘못은 드물게 된다.

4.24 子曰 君子 欲訥於言 而敏於行行 去聲

공자께서 말씀하셨다. 군자는 말은 어눌하고자 하고, 행동은 민첩하고자 한다.

【집주】

謝氏曰 放言易去聲 故 欲訥 力行難 故 欲敏

사씨가 말했다. 말을 함부로 하기는 쉬우므로 어눌하고자 하는 것이다. 힘써 행하기는 어려우므로 민첩하고자 하는 것이다.

【세주】

或問 言 懼其易 故 欲訥 訥者 言之難出諸口也 行 懼其難 故 欲敏 敏者 力行而不惰也 朱子曰 然

혹자가 물었다. 말에 대해서는 그 쉬움을 두려워하는 까닭에 어눌하고자 하니, '눌'이란 말이 입에서 나오기 어렵다는 것입니다. 행동에 대해서는 그 어려움을 두려워하는 까닭에 민첩하고자 하니, '민'이란 힘써 행하여 게을리하지 않는 것입니다. 주자가 답했다. 그렇다.

○致堂胡氏曰 敏訥 雖若出於天資 然 可習也 言煩 以訥矯之 行緩 以敏勵之 由我而已 不自變其氣質 奚貴於學哉

치당 호씨가 말했다. 어눌함과 민첩함은 비록 마치 선천적 자질에서 나오는 듯하지만, (후천적으로) 익힐 수 있는 것이다. 말이 번다한 것은 어눌함으로 고치고 행동이 느린 것은 민첩함으로 격려하는 것, 이는 나에게 달려 있을 뿐이다. 스스로 그 기질을 변화시키지 않는다면 배움에서 무엇이 귀하리오?

○南軒張氏曰 言 則欲訥 行 則欲敏 蓋 篤實自修 無一毫徇外之意也

남헌 장씨가 말했다. 말은 어눌하고자 하고 행동은 민첩하고자 하는 것은 대개 독실하게 스스로 닦아 털끝만치도 밖을 따르려는 뜻이 없는 것이다.

○雙峯饒氏曰 此 卽矯輕警惰之法

쌍봉 요씨가 말했다. 이는 곧 경솔함을 고치고 게으름을 경계하는 법이다.

【집주】

○胡氏曰 自吾道一貫 至此十章 疑皆曾子門人所記也

호씨가 말했다. '오도일관(본 편 15장)'에서부터 여기까지 열 장은 아마도 모두 증자의 문인이 기록한 것인 듯하다.

4.25 子曰 德不孤 必有隣

공자께서 말씀하셨다. 덕은 외롭지 않으니, 반드시 이웃이 있다.

【집주】

隣 猶親也 德 不孤立 必以類應 故 有德者 必有其類 從之 如居之有隣也

'인'은 친함이다. 덕은 외로이 서지 않으니, 반드시 무리(비슷한 자들)가 응하게 마련이다. 그러므로 덕이 있는 자는 반드시 그 무리가 있어 따르니, 마치 거처함에 그 이웃이 있는 것과 같다.

【세주】

朱子曰 德不孤 以理言 必有隣 以事言

주자가 말했다. 덕이 외롭지 않다는 것은 이치의 측면에서 하는 말이고, 반드시 이웃이 있다는 것은 실제의 측면에서 하는 말이다.

○問 隣 是朋類否 曰 然 非惟君子之德 有類 小人之德 亦自有類

물었다. 이웃이란 붕우의 무리입니까? 답했다. 그렇다. 비단 군자의 덕만 무리가 있는 것이 아니라 소인의 덕 또한 당연히 무리가 있다.

○此言 有德者 聲應氣求 必不孤立 與易中德不孤 不同 彼言 敬義立 則內外兼備 德盛 而不偏孤 不孤 訓爻中大字

이 말은 덕이 있는 자는 (같은) 소리끼리 응하고 (같은) 기질끼리 서로 구하여 반드시 외로이 서지 않는다는 말로, 『역』(「곤괘 문언전」) 가운데 '덕불고'라는 말과는 같지 않다. (『역』의) 그 말은 경의(경건함과 의로움)가 서면 내외가 겸비되고 덕이 성하여 치우치거나 외롭지 않다는 말이다. '불고'는 효사 중의 '대'자를 해석한 것이다.

○新安陳氏曰 秉彝好德 人心所同 同德相應 天理自然之合也

신안 진씨가 말했다. 법을 지키고 덕을 좋아하는 것은 사람의 마음이 다 같은 것이고, 같은 덕이 서로 응하는 것은 천리에 따라 자연스럽게 모이는 것이다.

4.26 子游曰 事君數 斯辱矣 朋友數 斯疏矣數 色角反

자유가 말했다. 임금을 섬김에 번거로이 (간언을) 하면 이는 욕을 보게 된다. 벗을 사귐에 번거로이 (충고를) 하면 이는 소원해진다.

【집주】

程子曰 數 煩數也 胡氏曰 事君 諫不行 則當去 導友 善不納 則當止 至於煩瀆 則言者輕 聽者厭矣 是以 求榮而反辱 求親而反疏也 范氏曰 君臣朋友 皆以義合 故 其事 同也

정자가 말했다. '삭'은 번거롭게 자주 하는 것이다. 호씨가 말했다. 임금을 섬김에 간언이 행해지지 않으면 마땅히 떠나야 한다. 벗을 이끎에 선이 받아들여지지 않으면 마땅히 그만두어야 한다. 번거로이 귀찮게 하는 데 이르면 말하는 자는 경솔해지고 듣는 자는 지겨워한다. 이런 까닭에 영화를 구하지만 거꾸로 욕을 보게 되고, 친함을 구하지만 거꾸로 소원해진다. 범씨가 말했다. 군신과 붕우의 관계는 모두 의합의 관계이니, 그 일이 같다.

【세주】

勿軒熊氏曰 後篇言 以道事君 不可 則止 忠告而善道之 不可 則止 皆此意也

물헌 웅씨가 말했다. 후편의 "도로써 임금을 섬기되 안 되면 그만둔다(『논어』 11, 「선진」 23장)", "충고하여 선으로 이끌되 안 되면 그만둔다(『논어』 12, 「안연」 23장)"라는 것은 모두 이 뜻이다.

○新安陳氏曰 大倫中 以人合者 皆主義 義 有可否之分 合則從 不合則去 不比父子兄弟 以天合者 皆主恩 恩 則無可去之理 故 君臣朋友之事 同也

신안 진씨가 말했다. 대륜(인륜 중의 큰 것) 중에 인합(사람이 맺은 결합)은 모두 의를 위주로 한다. 의는 가하냐 불가하냐의 구분이 있으니, 맞으면 따르고 안 맞으면 떠난다. 부모, 형제의 천합(하늘이 맺은 결합)이 모두 은혜를 위주로 하는 것과는 비교되지 않는다. 은혜는 떠날 수 있는 도리가 없다. 그러므로 군신과 붕우의 일은 (인합이라는 점에서) 같다.

○東陽許氏曰 事君交友之道 所當爲者 固非一端 此章 以君友同言 又同一

數字 所以專主諫爭說

동양 허씨가 말했다. 임금을 섬기고 벗을 사귀는 도리 가운데 마땅히 해야 할 바가 본디 (이 장에서 말한 것) 한 종류의 일뿐인 것은 아니다. 이 장에서 임금과 벗을 같이 말하고, 또 같은 '삭'자를 쓴 것은 오직 간쟁이라는 면을 위주로 말했기 때문이다.

公冶長第五

【집주】

此篇 皆論古今人物賢否得失

이 편은 모두 고금의 인물들의 현명함과 어리석음, 잘잘못을 논한 것이다.

【세주】

公冶長以下 在當時 爲今人也 孔文子以下 古人也

공야장 이하는 당시로 보아서는 지금의 사람이고, 공문자 이하는 옛사람이다.

【집주】

蓋 格物窮理之一端也 凡二十七章 胡氏 以爲疑多子貢之徒所記云

(이 장은) 대개 격물궁리(사물을 깨우치고 이치를 궁구함)의 일단(한 방식)이다. 모두 27장이다. 호씨는 많은 부분이 자공의 제자들이 기록해 말한 것이 아닌가 생각했다.

【세주】

以子貢方人 故 疑其然

자공이 사람을 비교한 것 때문에 그런 것이 아닌가 생각했다.

5.1-1 子 謂公冶長 可妻也 雖在縲絏之中 非其罪也 以其子妻之 妻去聲 下同 縲 力追反 絏 息列反

공자께서 공야장에 대해 말씀하셨다. 가히 사위 삼을 만하다. 비록 밧줄에 묶여 있었어도(구금되어 있었어도) 그의 죄가 아니다.(라고 하시고) 그 딸을 처로 삼게 하셨다.

【집주】

公冶長 孔子弟子魯人 一云齊人 妻 爲之妻如字也 縲 黑索也 絏 攣閭緣反也 古者 獄中 以黑索拘攣罪人 長之爲人 無所考 而夫子 稱其可妻 其必有以取之矣 又言其人 雖嘗陷於縲絏之中 而非其罪 則固無害於可妻也 夫音扶 有罪無罪 在我而已 豈以自外至者 爲榮辱哉

공야장은 공자의 제자이다<노나라 사람이다. 일설에 제나라 사람이라고 한다>. '처'는 처로 삼게 한다는 뜻이다. '유'는 검은 밧줄이다. '설'은 묶는다는 뜻이다. 옛날에는 옥중에서 검은 밧줄로 죄인을 묶어놓았다. (공야)장의 사람됨은 (기록이 없어서) 고찰할 수가 없지만, 공자께서 사위 삼을 만하다고 말씀하신 것을 보면 반드시 취할 만한 것이 있었을 것이다. 또 그 사람이 비록 일찍이 구금에 빠지기는 했으나 그 죄가 아니라고 말씀하셨으니, 본디 사위 삼는 데는 아무런 문제가 없다. 무릇 유죄, 무죄는 나에게 달려 있을 뿐이니, 어찌 밖에서 온 것으로써 영욕으로 삼으리오.

【세주】

朱子曰 雖嘗陷縲絏 而非其罪 則其平昔之行 可知 非謂以非罪陷縲絏爲可妻也

주자가 말했다. 비록 일찍이 구금에 빠졌으나 그 죄가 아니라고 했으니, 평상시의 행위를 알 수 있다. 죄 없이 구금에 빠지면 사위 삼을 수 있다는 말은 아니다.

○慶源輔氏曰 在我無得罪之道 而不幸有罪自外至 何足以爲辱 在我有得罪之道 雖或幸免其罪於外 何足以爲榮 故 君子 有隱微之過 於暗室屋漏之中 則其心愧恥 若撻于市 不幸而遇無妄之災 則雖市朝之刑 裔夷之竄 皆受

之而無恧也

경원 보씨가 말했다. 자기에게 죄를 얻을 만한 일이 없는데 불행히 죄가 밖에서 이르는 경우도 있으니 (이 경우) 어찌 족히 욕되게 여기겠는가. 자기에게 죄를 얻을 만한 일이 있는데 비록 요행히 밖으로 그 죄를 면하더라도 어찌 족히 영광되게 여기겠는가. 그러므로 군자는 어두운 방안, 깊숙한 곳에서 (아무도 모르는) 은밀한 죄가 있다고 하더라도 그 마음에 부끄러워한다. 만일 장터에서(여러 사람이 보는 데서) 매를 맞더라도 불행히 죄 없이 재난을 당한 것이라면 비록 장터와 조정에서 형을 받고 오랑캐에게 숨어간다고 하더라도 모두 받아들이고 부끄러워하지 않는다.

○雙峯饒氏曰 可妻 以其素行取之 縲絏非罪 以其一事言之 在縲絏 則似不可妻 非其罪 則無害於可妻也

쌍봉 요씨가 말했다. 사위 삼을 수 있다는 것은 평소의 행동 때문에 (사위로) 취할 수 있다는 것이다. 구금되었으나 그 죄가 아니라는 것은 (평소의 행동이 아니라) 그 한 가지 일만 말한 것이다. 구금되어 있으므로 사위 삼을 수 없는 듯이 보이지만 그 죄가 아니므로 사위 삼는 데 문제가 되지 않는다.

○齊氏曰 匡章 非孟子 遂爲不孝之子 公冶長 非夫子 遂爲有罪之人 天下之不遇聖賢者 衆矣

제씨가 말했다. 광장은 맹자가 아니었다면 끝내 불효한 자식이 되었을 것이고(『맹자』 8, 「이루 하」 30장), 공야장은 공자가 아니었다면 마침내 죄가 있는 사람이 되었을 것이다. (불행히도) 천하에는 성현을 만나지 못한 사람이 많다.

○東陽許氏曰 擇壻之意 全在可妻也上 下面却言 長 雖曾在縲絏 自是爲人所誣累 非長實有罪 則縲絏 不足汚其行

동양 허씨가 말했다. 사위로 택하시겠다는 뜻은 모두 '가처야(사위 삼을 만하다)'(라는 구절)에 들어 있다. 아래 구절은 '장이 비록 일찍이 구금되어 있었다 하나 남이 무고한 탓 때문이지 장이 실제로 죄가 있는 것은 아니니, 구금된 것이 그의 행실을 족히 더럽힐 수 없다'는 말씀이다.

5.1-2 子 謂南容 邦有道 不廢 邦無道 免於刑戮 以其兄之子妻之

공자께서 남용에 대해 말씀하셨다. 나라에 도가 있으면 버려지지 않고, 나라에 도가 없으면 형륙(형벌에 의해 죽음을 당함)을 면한다.(라고 하시고) 그 형의 딸을 처로 삼게 하셨다.

【집주】

南容 孔子弟子 居南宮 名 縚音滔 又名 适 字 子容 謚神至反 正作諡 敬叔 孟懿子之兄也魯人 不廢 言必見用也 以其謹於言行去聲 故能見用於治去聲朝音潮 免禍於亂世也 事 又見賢遍反第十一篇

남용은 공자의 제자로서 남궁에 거처했으며 이름은 도 혹은 괄이다. 자는 자용이고, 시호는 경숙이며, 맹의자의 형이다<노나라 사람이다>. '불폐'는 반드시 쓰인다는 말이다. 그 언행을 삼갔기 때문에 (잘) 다스려진 조정에는 쓰일 수 있었고 난세에는 화를 면할 수 있었다. (이) 일은 11편에도 보인다.

【세주】

朱子曰 三復白圭 見其謹言 言行 相表裏 謹言 必能謹行矣 又曰 邦有道 是君子道長之時 南容 必不廢棄 邦無道 是小人得志以陷害君子之時 南容 能謹其言行 必不陷於刑戮

주자가 말했다. '삼복백규(<백규>의 시를 세 번 반복함. 『논어』 11, 「선진」 5장)'를 보면 그가 말을 삼간 것을 알 수 있다. 언행은 서로 표리가 되는 것이니, 말을 삼갔으면 반드시 행동도 삼갈 수 있었을 것이다. 또 말했다. 나라에 도가 있으면 군자의 도가 우세할 때이니 남용은 반드시 버려지지 않았을 것이다. 나라에 도가 없으면 소인이 뜻을 얻어서 군자를 해치고 (곤경에) 빠뜨리는 때이지만 남용은 능히 그 언행을 삼갔으니 반드시 형륙에 빠지지 않았을 것이다.

○新安陳氏曰 此章 本不見謹於言行意 參以三復白圭章 故云

신안 진씨가 말했다. 이 장에는 본디 언행을 삼갔다는 뜻은 보이지 않는다. 다만 <삼복백규>장을 참고한 까닭에 그렇게 말한 것이다.

【집주】

○或曰 公冶長之賢 不及南容 故 聖人 以其子妻長 而以兄子妻容 蓋 厚於兄 而薄於己也 程子曰 此 以己之私心 窺聖人也 凡人避嫌者 皆內不足也 聖人 自至公 何避嫌之有 況嫁女 必量其才 而求配 尤不當有所避也

혹자가 말하기를 "공야장의 현명함은 남용에 미치지 못한다. 그렇기 때문에 성인께서 그 딸로써 공야장의 처로 삼으시고 그 형의 딸로써 남용의 처로 삼으셨다. 대개 형에게는 후하고 자신에게는 박하셨기 때문이다"라고 했는데, (이에 대해) 정자가 말했다. 이는 자신의 사사로운 마음으로 성인을 엿본 것이다. 보통 사람들이 혐의를 피하려는 것은 모두 안(내면)이 부족하기 때문이다. 성인께서는 스스로 지극히 공정하시니 어찌 혐의를 피함이 있으리오. 하물며 딸을 시집보내는 데 반드시 그 재질을 살펴서 배필을 구하셨을 뿐이지, (혐의를) 피하려는 바가 있었다는 것은 더욱 당치않다.

【세주】

配 合也 夫婦 皆可以配言

'배'는 합하는 것이다. 남편과 아내는 모두 (서로의) 배(짝)라고 말할 수 있다.

【집주】

若孔子之事 則其年之長上聲幼 時之先後 皆不可知 惟以爲避嫌 則大不可 避嫌之事 賢者 且不爲 況聖人乎

만약 공자께서 하신 일이라면 그 (딸들의) 나이의 장유(많고 적음)와 (결혼한) 때의 선후 모두 알 수 없다. 다만 피혐하려는 것이라고 생각해서는 절대 안 된다. 피혐의 일은 현자도 하지 않는데 하물며 성인이리오?

【세주】

厚齋馮氏曰 免於刑戮 非必免於縲紲也 縲紲之不免 聖人所不能計 特計其能保首領耳 蓋 世亂 而刑戮 易於陷之也 唯謹身 免禍 庶保其妻子爾

후재 풍씨가 말했다. 형륙을 면한다고 해서 반드시 구금을 피하는 것은 아니다. 구금의 면할 수 없음(그가 구금을 면할지 못 면할지)은 성인도 헤아릴(예측할) 수 없는 것이고, 다만 목숨을 보존하는 것은(그가 목숨을 보존할지 못할지는) 헤아릴 수 있다. 대개 세상이 혼란하면 형륙에 빠지기 쉽다. 오직 근신해야 화를 면하고 겨우 그 처자를 보존할 수 있을 뿐이다.

5.2 子 謂子賤 君子哉 若人 魯無君子者 斯焉取斯焉 於虔反

공자께서 자천에 대해 말씀하셨다. 군자로다, 이런 사람은. 노나라에 군자가 없었더라면 이 사람이 어떻게 그것(군자가 되는 덕)을 얻었겠는가.

【집주】

子賤 孔子弟子 姓 宓

자천은 공자의 제자이다. 성은 밀이다.

【세주】

考之韻書 此字 音 密 又云 姓也 通作虙 音 伏

운서를 살펴보면 이 글자의 음은 밀이다. 또 "성씨인데, 보통은 복이라 쓰고, 음은 복이다"라고 했다.

【집주】

名 不齊魯人 上斯 斯此人 下斯 斯此德 子賤 蓋 能尊賢取友 以成其德者

이름은 부제이다<노나라 사람이다>. 위의 '사'는 바로 이 사람이라는 말이고 아래 '사'는 바로 이 덕이라는 말이다. 자천은 대개 능히 현명한 사람을 존경하고 (좋은) 친구를 얻어서 그 덕을 이룬 자이다.

【세주】

說苑 子賤 爲單父宰 所父事者 二人 所兄事者 五人 所友者 十一人 皆教子賤 以治人之術

『설원』에 (보면) 자천은 단보의 가재가 되었는데, 아버지로 모신 이가 두 사람, 형으로 모신 이가 다섯 사람, 벗으로 사귄 이가 열한 사람인데, 모두 자천에게 치인지술(사람을 다스리는 수법)을 가르쳤다.

○朱子曰 居鄉而多賢 其老者 吾 當尊敬師事 以求其益 其行輩與吾相若者

則納交取友 親炙漸磨 以涵養德性 薰陶氣質

주자가 말했다. 동네에 거처함에 현명한 사람이 많이 있다. 그 (가운데) 늙은이는 내가 마땅히 존경하고 스승으로 모셔 도움이 되기를 구하고, 그 (가운데) 항배(항렬이나 연배)가 나와 비슷한 자는 교제하여 벗으로 삼아 친히 가르침을 받아 점차 연마하여 덕성을 함양하고 기질을 훈도한다.

○胡氏曰 家語云 子賤 少孔子四十九歲 有才智仁愛 爲單父宰 民不忍欺 以年計之 孔子卒時 子賤 方年二十餘歲 意其進師夫子 從諸弟子遊 而切磋以成其德者 故 夫子 歎之如此

호씨가 말했다. 『공자가어』에 이르기를 자천은 공자보다 49세가 어리다. 재주와 지혜, 어진 사랑이 있었다. 단보의 가재가 되었는데 백성들이 차마 속이지 못했다. 나이로 계산해보면 공자가 돌아가셨을 때 자천은 바야흐로 나이 20여 세였는데, 나아가 공자를 스승으로 모시고 여러 제자를 따라 어울리며 절차탁마하여 그 덕을 이루기를 뜻했다. 그래서 공자께서 이처럼 찬탄하신 것이다.

【집주】

故 夫子 旣歎其賢 而又言 若魯無君子 則此人 何所取以成此德乎 因以見賢遍反魯之多賢也

그러므로 공자께서는 이미 그 현명함을 찬탄하시고, 또 '노나라에 군자가 없었다면 이 사람이 어디에서 얻은 것으로써 이 덕을 이루었으리오'라고 말씀하심으로써 노나라에 현자가 많음을 드러내셨다.

【세주】

朱子曰 論語中說君子 有說最高者 有大槩說者 如言賢者之類 聖人 於子賤南宮适 皆曰 君子哉若人 皆大槩說

주자가 말했다. 『논어』 가운데 군자라고 말하신 것 중에는 최고(수준)를 말하는 것도 있고 대개 그러하다고 말하는 것도 있다. 예컨대 현자의 부류에 대해 말하는 경우, 성인께서는 자천과 남궁괄에 대해 모두 '군자로다, 이런 사람은'이라고 하셨으니, (이는) 모두 대개설[최고 수준의 군자가 아니라 대략 군자라 할 만하다는 의미]이다.

○南軒張氏曰 非特歎魯之多賢 言美質 係乎薰陶之效 如此也

남헌 장씨가 말했다. 비단 노나라에 현자가 많음을 찬탄하신 것만이 아니라 기질이 아름다워지는 것이 이처럼 훈도의 효과와 관계가 있다는 것을 말씀하신 것이다.

【집주】

○蘇氏曰 稱人之善 必本其父兄師友 厚之至也

소씨가 말했다. 남의 선을 칭찬할 때에는 반드시 (그 사람의) 부형과 사우에 근거를 두어야(그들 때문임을 말해야) 지극히 후한 것이다.

【세주】

雙峯饒氏曰 稱人善 已可言厚 又推本其父兄師友 乃厚之至也

쌍봉 요씨가 말했다. 남의 선을 칭찬하면 이미 후하다고 말할 수 있다. 또 그 부형과 사우에 근본을 미루면 지극히 후한 것이다.

5.3 子貢問曰 賜也 何如 子曰 女 器也 曰 何器也 曰 瑚璉也女 音汝 瑚 音胡 璉 力展反

자공이 물었다. 저는 어떻습니까? 공자께서 답하셨다. 너는 그릇이다. 무슨 그릇입니까? 호련이다.

【집주】

器者 有用之成材 夏曰瑚 商曰璉 周曰簠簋音甫鬼 皆宗廟盛平聲黍稷之器 而飾以玉 器之貴重而華美者也

'기'라는 것은 쓸모 있는 기성의 인재를 말한다. 하대에는 호라고 했고 상대에는 연이라 했고 주대에는 보궤라고 했는데, 모두 종묘의 서직을 담는 그릇으로서 옥으로 장식했으니 그릇 중에서 귀중하고 화려하고 아름다운 것이다.

【세주】

新安倪氏曰 按明堂位曰 夏后氏之四璉 殷之六瑚 周之八簋 是 商曰瑚 夏曰璉也 此 因舊註 想因瑚在上 璉在下 而誤耳 外方內圓 曰簠 外圓內方 曰簋

신안 예씨가 말했다. (『예기』) 「명당위」편을 보면 하후씨의 네 개의 연, 은의 여섯 개의 호, 주의 여덟 개의 궤라고 했으니, 이는 상에서는 호라고 하고 하에서는 연이라고 한 것이다. 이것은 아마도 옛 주석에 호가 위(먼저)에 있고 연이 밑에 있었기 때문에 (주희가 집주에서) 착오를 범한 것 같다. 밖이 네모나고 안이 둥근 것을 보라고 하고, 밖이 둥글고 안이 네모난 것을 궤라고 한다.

【집주】

子貢 見孔子 以君子許子賤 故 以己爲問 而孔子 告之以此 然則子貢 雖未至於不器 其亦器之貴者歟

자공이 공자께서 자천이 군자임을 인정하신 것을 본 까닭에 자기로써(자기는 어떠한지) 질문을 삼으니, 공자께서 이처럼 알려주셨다. 그런즉 자공이 비록 불기(쓰임이 한정되지 않는 수준 높은 인재)에 이르지는 못했지만 그 역시 그릇 가운데서는 귀한 것이리라.

【세주】

程子曰 瑚璉 可施禮於宗廟 如子貢之才 可使於四方 可使與賓客言而已
정자가 말했다. 호련은 종묘의 의례에 쓸 수 있다. 자공의 재주 같으면 사방으로 사신 보낼 만하고 빈객과 더불어 대화하게 할 만할 뿐이다.

○朱子曰 子貢 畢竟只是器 非不器也 子貢 是器之貴者 與賤器不同 然可貴而不可賤 宜於宗廟朝廷 而不可退處 此 子貢之偏處

주자가 말했다. 자공은 필경 다만 기일 뿐 불기는 아니다. 자공은 기 중에서는 귀한 자이니 천한 기와는 같지 않다. 그러니 귀히 여겨야지 천히 여길 수는 없다. 종묘 조정에서는 마땅하게 했지만 물러나 머물지는 못했다. 이것이 자공의 편벽된 곳이다.

○南軒張氏曰 瑚璉雖貴 終未免於可器也 賜 能因其所至 而勉其所未至 則亦何所限量哉

남헌 장씨가 말했다. 호련은 비록 귀하나 마침내 기라고 할 수 있음을 면할 수는 없다. 자공은 능히 그 이른(성취한) 바에 근거하여 이르지 못한 바를 (이르도록) 노력할 수 있었으니, 또한 어찌 한계가 있었겠는가?

○雙峯饒氏曰 用之宗廟 故曰 貴 盛黍稷 故曰 重 飾以珠玉 故曰 華美 子貢之才 可使從政 爲卿大夫 是貴重也 而又有言語文章之可觀 是華美也

쌍봉 요씨가 말했다. 종묘에 쓰이기 때문에 귀하다 하고, 서직을 담으므로 중요하다 하고, 주옥으로써 장식했으므로 화미하다 한다. 자공의 재주는 정치에 참여하여 경대부가 될 만하니 귀하고 중한 것이다. 또한 언어, 문장이 볼 만하니 화미한 것이다.

○胡氏曰 器者 各適其用 而不能相通 此 以爲有用之成材者 因下文瑚璉而加重其詞爾

호씨가 말했다. 기라는 것은 각자 그 쓰임에 맞는 것이니 서로 통용할 수가 없다. 이 말씀은 쓸모 있는 기성의 인재라 여기신 것으로, 아래 구절의 호련이라는 말 때문에 그 말에 무게를 더했다.

○或問 子貢 未至於子賤之君子歟 雲峯胡氏曰 子賤 亦未便不是器之君子 特子賤 能有所取 以成德 可充之 以至於不器 子貢 雖有用之成材 尙有所局

而未至於不器也

혹자가 물었다. 자공은 자천(수준)의 군자에 이르지 못한 것입니까? 운봉호씨가 답했다. 자천 또한 곧바로 기(그릇 수준)의 군자가 아니라고 하기는 곤란하지만, 다만 자천은 얻은 것이 있어 덕을 이루고 채워서 불기에 이를 수 있었다. 자공은 쓸모 있는 기성의 인재라고는 하나 아직도 국한된 바가 있어 불기에 이르지 못한 것이다.

5.4-1 或曰 雍也 仁而不佞

혹자가 말했다. 옹(염옹)은 인하되 말재주가 없다.

【집주】

雍 孔子弟子 姓 冉 字 仲弓魯人 佞 口才也

옹은 공자의 제자인데, 성은 염이고 자는 중궁이다<노나라 사람이다>. '영'은 말재주이다.

【세주】

程子曰 有便佞之才者 多入於不善 故 學 不貴

정자가 말했다. 말재주가 있는 자는 불선에 빠지는 경우가 많으므로 배움은 (말재주를) 귀히 여기지 않는다.

○朱子曰 佞 是無實之辨 又曰 佞 是捷給便口者 不是諂 是箇口快底人 却未問是不是 一時言語 便抵當得去 撰得說話也好 如子路 何必讀書之言 子曰 惡夫佞者 是也

주자가 말했다. '영'은 진실이 없는 말재주이다. 또 말했다. '영'은 재빠르게 말을 잘하는 자이지 아첨하는 사람은 아니다. 이런 입이 재빠른 자는 옳은지 그른지도 묻지 않고, 한때의 말은 저당 잡혀 먹고, 이야기를 꾸며내기도 잘한다. 예컨대 자로가 "하필 독서하리오"라고 하자 공자께서 "말 잘하는 자를 미워한다(『논어』 11, 「선진」 24장)"라고 하신 것이 바로 이것이다.

【집주】

仲弓 爲人 重厚簡默 而時人 以佞爲賢 故 美其優於德 而病其短於才也

중궁의 사람됨은 중후하고 간묵(대범하고 말이 적음)했는데 당시 사람들은 말 잘하는 것을 현명하다고 생각했다. 그래서 (혹자가) 덕에 뛰어난 것을 찬미하면서도 재주가 모자란다고 문제 삼았다.

【세주】

慶源輔氏曰 仲弓 從事於敬恕 以求仁 又在德行之科 而夫子 稱其可使南面

今 或者 又以不佞爲慊 則決非務外而事口者 故 以爲重厚簡黙也 人情 徇外而不事內 求名 而不務實 故 以佞爲賢

경원 보씨가 말했다. 중궁은 경(경건함)과 서(자신을 미루어 남에게 미침)에 종사함으로써 인을 구했다. 또 (소위 공문 4과 중) 덕행의 과에 속했고 공자께서는 임금이 될 만하다고 칭찬하셨다. 지금 혹자가 또 말 잘하지 못하는 것을 단점으로 삼는 것을 보면 (염옹은) 결코 바깥을 힘쓰고 입(말)을 일삼는 자가 아님을 알 수 있다. 그러므로 (집주에서) 중후·간묵하다고 한 것이다. 보통 사람의 감정은 바깥을 좇아 안을 일삼지 않으며 이름을 구하기만 하고 실질에 힘쓰지 않으므로, 말 잘하는 것을 현명하다고 여긴다.

5.4-2 子曰 焉用佞 禦人以口給 屢憎於人 不知其仁 焉用佞焉 於虔反

공자께서 말씀하셨다. 어찌 말재주를 쓰겠는가? 말재주만으로 사람을 대하면 번번이 남들에게 미움을 산다. (염옹이) 인한지는 알지 못하나, 어찌 말재주를 쓰겠는가?

【집주】

禦 當也 猶應答也 給 辨也 憎 惡去聲 下同也 言何用佞乎 佞人 所以應答人者 但以口取辨 而無情實 徒多爲人所憎惡爾

'어'는 맞이하는 것이니, 응답하는 것과 같다. '급'은 처리하는 것이다. '증'은 미워하는 것이다. '어찌 말재주를 쓰겠는가. 말 잘하는 자는 다른 사람을 대함에 다만 입으로 처리하려 할 뿐, 진실함이 없어서 헛되이 사람들에게 미움을 받는 경우가 많다.

【세주】

慶源輔氏曰 佞人 恃口以禦人 浮淺躁妄 發言成文 雖若可聽 然 其情實 則未必如此 心口 旣不相副 自然招尤 而取憎也

경원 보씨가 말했다. 말 잘하는 사람은 입에 의지해 사람을 대하니 부박하고, 얕으며, 조급하고, 망령되다. 말을 내놓으면 번지르르하니 비록 들을 만하기는 하지만 그 사정의 실제는 꼭 그런 (말과 같은) 것은 아니다. 마음과 입이 서로 부합하지 않으니 자연히 허물을 부르고 미움을 산다.

○新安陳氏曰 口才 雖俗人所賢 而實正人所惡

신안 진씨가 말했다. 말 재주는 비록 속인들이 현명하다고 여기는 것이지만, 실로 올바른 사람들은 미워하는 것이다.

【집주】

我 雖未知仲弓之仁 然其不佞 乃所以爲賢 不足以爲病也 再言焉用佞 所以深曉之

내가 비록 중궁의 인은 모르지만 그러나 그 말재주 없음은 곧 현명함이 되는 것이지, 단점이 될 수는 없다'는 말씀이다. '어찌 말재주를 쓰겠는가'라는 말씀을 두 번 하신 것은 깊이 깨닫게 하려 하심이다.

【세주】

厚齋馮氏曰 左氏傳云 寡人不佞 蓋 以佞爲才 衛 以祝鮀之佞 治宗廟 然顔子爲邦之問 夫子 則告之以遠佞人 蓋 木訥者 近仁 多言者 數窮 佞多失言不佞 不害其爲賢也

후재 풍씨가 말했다. 『좌씨전』에 말하기를 "과인이 말재주가 없다"라고 했으니, 대개 말 잘하는 것을 재주로 여긴 것이다. 위나라는 축타의 말재주로 종묘를 다스렸다. 그러나 안자가 나라 다스리는 일을 여쭙자 공자께서 "말 잘하는 이를 멀리하라(『논어』 15, 「위령공」 10)"라고 알려주셨다. 대개 나무처럼 말 못하는 자가 인에 가깝고(『논어』 13, 「자로」 27장), 말이 많은 자는 번번이 궁해진다(노자, 『도덕경』 5장). 말을 잘하면 실언하는 경우가 많지만 말을 잘 못하는 것은 현명하다고 하는 데 아무 지장도 없다.

○新安陳氏曰 或人 稱仲弓之仁 而短其不佞 夫子 不輕許仲弓以仁 而反喜其不佞

신안 진씨가 말했다. 어떤 사람이 중궁의 인을 칭찬하면서 그 말재주 없음을 단점으로 들었다. 공자께서는 중궁이 인한 것을 가벼이 인정하지는 않으셨지만 오히려 그 말재주 없음은 기뻐하셨다.

【집주】

○或疑 仲弓之賢 而夫子 不許其仁 何也 曰 仁道至大 非全體而不

息者 不足以當之 如顔子亞聖 猶不能無違於三月之後 況仲弓雖賢 未及顔子 聖人 固不得而輕許之也

혹자가 중궁의 현명함에도 공자께서 그 인을 인정하지 않으신 것은 어째서인지 의문을 가졌다. 답하건대 인의 도는 지극히 커서, 완전히 체현하여 쉬지 않는 자가 아니면 족히 감당할 수 없다. 안자 같은 아성(성인에 버금가는 이)도 오히려 3개월이 지난 후에는 어기지 않을 수 없었는데, 황차 중궁이 비록 현명하다 하나 안자에 미치지 못함에랴. 성인께서는 원래 가벼이 인정하실 수 없었던 것이다.

【세주】

蔡氏曰 全體 是天理渾然 無一毫之雜 不息 是天理流行 無一息之間 愛之理心之德 六字 所以訓仁之義 爲甚切 全體不息 四字 所以盡仁之道 爲甚大 只此十字之約 不惟諸儒累千百言 莫能盡 而前後聖賢所論仁字 溥博精深 千條萬緒 莫不總會於十字之中矣

채씨가 말했다. 전체(모든 것을 아우르는 완전한 본체)란 천리가 혼연하여 터럭만한 잡스러움도 없는 것이고, 불식(쉬지 않음)이란 천리가 유행하여 한순간도 쉬지 않는 것이다. '애지리심지덕(인이란 사랑함의 이치요, 마음의 덕이다)'의 여섯 글자는 인의 뜻을 해석한 것으로 (그 뜻이) 매우 절실하고, '전체불식' 네 글자는 인의 도를 다 말한 것으로 (그 뜻이) 매우 크다. 겨우 열 글자로 요약되어 있지만, 여러 유가가 수천 수백 마디 말로도 다 할 수 없었던 것일 뿐만 아니라 전후의 성현들이 인이라는 글자를 논한 바의 넓고 정밀한 천 가지 조항과 만 가지 단서가 열 글자 가운데 몽땅 통합되어 있지 않은 것이 없다.

○勉齋黃氏曰 當理而無私心 朱子 據所聞於師者而言 此章 卽己之所見而言 全體二字 已足以該當理無私心之義 加以不息二字 又五字未盡之旨 蓋亦因其所已聞 而發其所獨得 故 子文文子章 雖引師說 而或問乃曰 仁者心之德而天之理也 自非至誠盡性 通貫全體 無少間息 不足以名之 則亦引前章之說 以釋後章之旨 亦足以見前說之義 爲詳且密也

면재 황씨가 말했다. '당리이무사심(이치에 합당하고 사심이 없음)'이라는 말은 주자가 스승에게 들은 바에 의거해 말한 것이다. 이 장에서는 (주자) 자신의 소견으로써 말했다. '전체'라는 두 글자는 이미 이치에 합당하고 사심이 없다는 뜻을 충분히 갖추고 있는데, 또 '불식' 두 글자를 더함으로써 다섯 글자(당리무사심)가 다하지 못한 뜻을 다했다. 대개 또한 이미 들은 바에 근거하면서도 홀로 깨달은 것을 드러낸 것이다. 그러므로 <자문문자>장(『논어』 5, 「공야장」 18장)에서는 비록 스승의 설을 인용했으나 『혹문』(『논어혹문』, 「공야장」 18장 부분)에서는 곧 "인이란 마음의 덕이요 하늘의 이치이니, 본디 '지성진성(지극히 참되어 본성을 다함)', '통관전체(전체를 꿰뚫음)', '무소간식(잠시도 쉬지 않음)'하지 않으면 (인이라) 이름 붙이기에 충분하지 않다"라고 했으니, 또한 앞 장(본 장)의 설을 인용하여 뒷장(「공야장」 18장)의 뜻을 해석한 것이다. 역시 족히 앞의 설(본 장의 설)의 뜻이 상세하고 세밀함을 알 수 있다.

○陳氏曰 仁 惟此心 純是天理 無一毫人欲之私 乃可以當其名 全體云者 非指仁之全體而言 乃所以全體之也

진씨가 말했다. 인이란 다만 이 마음이 순수하게 천리여서 터럭만큼의 인욕의 사사로움도 없어야 그 이름을 감당할 수 있다. (집주에서) 전체라고 말한 것은 인의 전체를 가리켜 말한 것이 아니라 완전히 체현한다는 뜻이다.

○西山眞氏曰 仁者 兼該萬善 無所不備 如人之頭目手足皆具 然後謂之人也

서산 진씨가 말했다. 인이란 만 가지 선을 겸비하여 갖추지 않은 것이 없는 것이니, 마치 사람이 머리와 눈과 팔다리를 모두 갖춘 후에야 사람이라고 할 수 있는 것과 같다.

○雙峯饒氏曰 此體字 當作活字看 卽君子體仁之體 仁之體 本全 故 體此仁者 不可以不全

쌍봉 요씨가 말했다. 여기서의 '체'자는 마땅히 '활(움직임을 의미하는 글자, 즉 동사)'자로 보아야 하니, '군자가 인을 체현한다'고 할 때의 체이다. 인의 본체는 본디 완전한 것이므로 이 인을 체현한 자는 완전하지 않을 수 없다.

○雲峯胡氏曰 全體而不息 如眞蔡之說 則仁之體 本自渾全 如陳饒之說 則是以人全體之 愚 玩朱子之意 仁道至大 是說仁 全體而不息者 是說仁者之人 故 著一者字 蓋 仁 只是人之本心 所貴乎仁者 於此心本體 無一毫之虧欠 又無一息之間斷也

운봉 호씨가 말했다. '전체이불식'에 대해서 진씨와 채씨의 설의 경우는 인의 본체가 본래 스스로 혼연하고 완전하다는 것이고, 진씨와 요씨의 설의 경우는 사람이 그것(인)을 완전히 체현한다는 것이다. 내가 주자의 뜻을 완상해보건대 '인도지대(인의 도는 지극히 크다)'라는 것은 인을 설명한 것이고, '전체이불식자'는 인자인 사람을 설명한 것이다. 그렇기에 '자(사람)'자 한 자를 붙인 것이다. 대개 인이란 다만 사람의 본심일 뿐이니, 인자에게 있어서 귀중한 것은 이 마음의 본체가 터럭만큼의 이지러짐이나 모자람도 없고 또 한순간의 끊어짐도 없는 데 있다.

○新安陳氏曰 胡氏通 主仁者之人之說 自是 程子曰 公而以人體之 則爲仁 此 體仁之說也 曾子曰 士 不可以不弘毅 仁以爲己任 弘也 死而後已 毅也 仁者 本心之全德 必欲以身體而力行之 全體此仁 卽弘也 一息尙存 此志不容少懈 此 不息 卽毅也 必如此 始足以參透全體而不息者之語歟

신안 진씨가 말했다. 『호씨통』(운봉 호씨, 즉 호병문의 『논어통』)에서는 '인자인 사람(어진 사람)'이라는 설을 주장했는데, 당연히 옳다. 정자가 말하기를 "공(공정함), 사람으로서 그것을 체현하면 곧 인이 된다"라고 했으니, 이는 '인을 체현한다'는 설이다. 증자는 "선비는 홍의하지 않을 수 없다. 인을 자신의 임무로 삼는 것이 홍(넓음)이고, 죽은 다음에야 그치는 것이 의(굳셈)이다(『논어』 8, 「태백」 7장)"라고 했다. 인이란 본심의 완전한 덕으로 반드시 몸으로 체득하고 힘써 행해 이 인을 완전히 체현하려는 것이 곧 홍(넓음)이요, 한 숨이 아직 남아있으면(죽기 직전이라도) 이 뜻을 해이하게 할 수 없으니 이를 쉬지 않는 것이 곧 의(굳셈)이다. 반드시 이처럼 한 후에야 비로소 온몸에 스며들어 쉬지 않는 자라는 말(을 하기)에 충분할 수 있으리라.

5.5 子 使漆雕開仕 對曰 吾 斯之未能信 子 說說 音悅

공자께서 칠조개에게 벼슬을 하게 하셨다. (칠조개가) 대답해 말했다. 저는 그것에 대해 아직 자신할 수 없습니다. 공자께서 기뻐하셨다.

【집주】

漆雕開 孔子弟子 字 子若蔡人 斯 指此理而言 信 謂眞知其如此而無毫髮之疑也 開 自言未能如此

칠조개는 공자의 제자로 자는 자약이다<채나라 사람이다>. '사'는 이 이치를 가리켜 말한 것이다. '신'은 그것이 그러함을 진정으로 알아 조금의 의심도 없는 것이다. 칠조개는 그렇게 할 수 없어서,

【세주】

新安陳氏曰 未能眞知此理 而無毫髮之疑 則正當學時 未是學優而仕時

신안 진씨가 말했다. 아직 이 이치를 진정으로 알아 조금의 의심도 없지는 못했으니, 바로 배워야 할 때이지 아직 '배워 여유가 있으면 벼슬할' 때는 아니다.

【집주】

未可以治人 故 夫子 說其篤志

아직 사람을 다스릴 수 없다고 스스로 말했다. 그래서 공자께서 그 독실한 뜻을 기뻐하셨다.

【세주】

程子曰 不先自信 何以治人

정자가 말했다. 먼저 자신이 없으면 무엇으로 사람을 다스리겠는가?

○朱子曰 斯之一字 甚大 有所指而言 如事君忠 事父孝 皆是這箇道理 若自信得及 則雖欲不如此 不可得 若自信不及 如何勉强做得 欲要自信得及 又須自有所得 於這箇道理上見得透 全無些子疑處 方是信

주자가 말했다. '사(그것)' 한 글자는 (그 뜻이) 매우 크니, 가리키는 바가 있어 하는 말이다. 예컨대 임금을 충성으로 섬기고 부모를 효성으로 섬기는 것은 모두 이 도리이니, 만약 스스로 자신이 미칠 수 있으면(그 일에 대해 자신이 있으면) 비록 그렇게 하지 않으려 해도 그러지 않을 수 없다. 만약 자신이 없으면 어떻게 억지로 할 수 있겠는가? 자신을 가지려 한다면 또한 모름지기 스스로 얻은 바가 있어야 하니, 이 도리에 대해 투철하게 알아서 조금의 의심스러운 것도 없어야 비로소 자신이 있는 것이다.

○斯 只是這許多道理 見於日用之間 君臣 父子 仁義 忠孝之理 於是 雖已見得如此 却自恐做不盡 不免或有過差 尙自保不過 雖是知其已然未能 決其將然 故曰 吾斯之未能信

'사'는 다만 일상의 삶에서 드러나는 군신, 부자, 인의, 충효의 이치 같은 이 허다한 도리일 뿐이다. 이(이 이치)에 대해 비록 그것이 그러한지는 알았지만 그것을 제대로 실천하지는 못할까, 혹 잘못을 저지르는 것을 면치 못할까 걱정하여 오히려 잘못이 없도록 스스로 지키려 하니, 비록 지금까지는 아직 능하지 못함을 알지만 장차 앞으로는 결단코 그러하려(능하게 되려) 하기 때문에 '저는 아직 그것에 대해 자신이 없습니다'라고 말한 것이다.

【집주】

○程子曰 漆雕開 已見大意 故 夫子 說之

정자가 말했다. 칠조개는 이미 대의를 알았다. 그래서 공자께서 기뻐하셨다.

【세주】

朱子曰 大意 便是本初處 若不曾見得大意 如何下手做工夫 若已見得大意 而不下手做工夫 亦不可 斯者 非大意而何 若推其極 只是性 蓋 帝之降衷 便是

주자가 말했다. 대의는 곧 근본이 되는 시작점이다. 만약 일찍이 대의를 몰랐다면 어떻게 공부에 손쓸 수 있겠는가? 만약 이미 대의를 알았다면 공부에 손쓰지 않는 것 또한 옳지 않으니 '사'라는 것이 대의가 아니고 무엇이겠는가? 만약 그 끝까지 밀고 나간다면 그것은 다만 '성'일 뿐이니, 대개 '제지강충(하늘의 상제께서 백성에게 올바른 마음을 내리심, 『서경』, 「상서」, <탕고>)'이 곧 그것이다.

○陳氏曰 開 於心體上 未到昭晰融釋處 所以 未敢出仕 其所見處 已自高於

世俗諸儒 但 其下工夫 不到頭 故 止於見大意爾

진씨가 말했다. 칠조개는 마음의 실체에 있어서는 아직 명확하고 융합된 단계에 이르지 못했기에 그래서 감히 출사하려 하지 않았다. 그 안 바는 이미 세속의 여러 유자보다 높은 경지였지만, 다만 공부를 하는 것이 아직 완성에 도달하지 못했기에 대의를 아는 데 그쳤다.

【집주】

又曰 古人 見道分明 故 其言如此

또 말했다. 옛사람들은 도를 분명히 알았기에 그 말이 이와 같았다.

【세주】

或問 開 未能自信 而程子 以爲已見大意 見道分明 何也 朱子曰 人 惟不見其大者 故 安於小 惟見之不明 故 若存若亡 一出一入 而不自知其所至之淺深也 今 開之不安於小如此 則非見乎其大者 不能矣 卒然之間 一言之對 若目有所見 而手有所指者 且其指之於身 又如此其切 而不容自欺也 則其見道之明 又爲何如 然 曰見大意 則於細微容或有所未盡 曰見道分明 則固未必見其反身而誠也

혹자가 물었다. 칠조개는 아직 자신하지 못했는데 정자는 (칠조개가) 이미 대의를 알았고 도를 분명히 알았다고 여겼으니 무슨 이유입니까? 주자가 답했다. 사람이 오직 그 큰 것을 알지 못한 까닭에 작은 것에 안주하고, 오직 명확하게 알지 못한 까닭에 있기도 하고 없기도 하고, 나가기도 하고 들어오기도 하여 그 도달한 바가 얕은지 깊은지를 스스로 알지 못하는 것이다. 지금 칠조개는 이처럼 작은 것에 안주하지 않았으니 그 큰 것을 알지 못한 자는 그럴 수 없는 것이다. 갑작스러운 순간에 한마디 대답한 것이 마치 눈이 본 바가 있고 손이 가리키는 바가 있는 것처럼 했고 또 자신을 가리킨 것이 이처럼 절실하여 스스로 속이는 것을 용납하지 않았으니, 그 도를 명확히 안 것은 또 어떠한가? 그러나 대의를 알았다고 하는 것은 미세한 점에서 혹시 미진한 바가 있을 수 있다는 것이며, 도를 분명히 알았다고 하는 것이 본디 꼭 '반신이성(자신을 돌이켜 참됨에 이름, 『맹자』 13, 「진심 상」 4장)'을 알았다는 것은 아니다.

○慶源輔氏曰 人 惟見道不分明 故 所言 含糊不決 今 開 斷然以爲未能信 未可以仕 而治人 故 知其見道分明也

경원 보씨가 말했다. 사람이 오직 도를 분명히 알지 못한 까닭에 말하는 바가 모호해서 명쾌하지 못하다. 지금 칠조개는 단연코 아직 자신이 없어 벼슬하여 사람을 다스릴 수 없다고 여겼으니, 그런 까닭에 도를 분명히 알았음을 알 수 있다.

○胡氏曰 謂之見道分明者 凡毫釐之未信 皆自知之也

호씨가 말했다. '도를 분명히 알았다'는 것은 무릇 털끝만큼의 자신 없음도 모두 스스로 알았다는 말이다.

【집주】

謝氏曰 開之學 無可考 然 聖人 使之仕 必其材 可以仕矣 至於心術之微 則一毫不自得 不害其爲未信 此 聖人 所不能知 而開自知之

사씨가 말했다. 칠조개의 학문은 고찰할 수 없지만 성인께서 그를 벼슬하게 하셨으니 반드시 그 재질은 벼슬할 만했을 것이다. 미세한 마음 씀에 있어서는 조금이라도 스스로 얻지 못한 것이 있으면 자신이 없다고 여겨도 무방하다. 이는 성인께서 알 수 있는 바가 아니고 칠조개 자신이 스스로 알 수 있는 것이다.

【세주】

慶源輔氏曰 聖人 明於知人 何不能知 但 其未信之實 毫釐纖悉處 與意味曲折 不若開自知之精耳

경원 보씨가 말했다. 성인께서는 사람을 아는 데 밝으시니 어찌 모르실 수 있으리오. 다만 그 자신없어함의 실제에 있어 그 자세한 부분이나 의미의 자세한 곡절에 대해서는 칠조개 자신이 스스로 정밀하게 아는 것만 못하다는 것뿐이다.

【집주】

其材 可以仕 而其器 不安於小成 他日所就 其可量乎 夫子 所以說之也

그 재질은 가히 벼슬할 만하면서도 그 그릇은 소성에 안주하지 않았으니, 나중에 성취할 바를 가히 헤아릴 수 있겠는가? 공자께서는 그래서 기뻐하신 것이다.

【세주】

朱子曰 據他之材 已自可仕 只是他 不伏如此小用了 又欲求進 是 他 先見大

意了 方肯不安於小成 若不見大意者 只安於小成耳 如人 食藜藿 未食芻豢 只知藜藿之美 及食芻豢 則藜藿 不足食矣 又曰 他 是不肯便做小底 所謂有天民者 達可行於天下 而後行之者也

주자가 말했다. 그의 재질에 근거해보면 그는 이미 당연히 벼슬할 만했다. 다만 그는 이처럼 작게 쓰이는 것을 받아들일 수 없어서 또 더 나아가기를 원했다. 이는 그가 진작 대의를 알았기 때문에 소성에 안주하려 하지 않은 것이다. 만약 대의를 알지 못한 자라면 다만 소성에 안주할 뿐이다. 예컨대 사람이 명아주 잎과 콩잎만 먹고 고기를 먹어보지 못해 단지 명아주 잎과 콩잎이 맛있는 줄로만 알다가 고기를 먹게 되면 명아주 잎과 콩잎이 먹을 만하지 않게 되는 것과 같다. 또 말했다. 그는 작은 일을 하는 것을 즐기지 않았으니, 소위 "하늘의 백성이 있으니, 천하에 행할 만한 수준에 도달해야 행하는 자이다(『맹자』 13, 「진심 상」 19장)."

○問 開之未信 若一理見未透 卽是未信否 曰 也不止說一理 行一不義 殺一不辜 得天下 不爲 須是眞見得不義不辜處 便不可以得天下 若說略行不義略殺不辜 做到九分 也未甚害 也不妨 這 便是未信處 這裏更須玩味省察體認存養 亦會見得決定恁地 而不可不恁地 所謂脫然如大寐之得醒 方始是信處耳

물었다. 칠조개의 자신 없음, 그것은 하나의 이치를 투철히 알지 못하면 곧 자신 없는 것 아닙니까? 답했다. 또한 하나의 이치에 대해서만 말하는 것이 아니다. "하나의 불의한 일을 행하고 한 사람의 무고한 이를 죽여서 천하를 얻을 수 있다 해도 하지 않는다(『맹자』 3, 「공손추」 2장)"라고 할 때, 모름지기 불의한 일이나 무고한 일로는 곧 천하를 얻을 수 없다는 것을 진정 알아야 한다. 만약 대충 불의를 행하고 대충 무고한 이를 죽여 (10푼 중에) 9푼을 달성하면 크게 문제될 것도 없고 큰 상관도 없다고 생각한다면 이것이 곧 자신이 없는 것이다. 여기에 대해 또한 모름지기 음미하고 성찰하고, 몸으로 인식하고 보존해 길러야 하고, 또한 그렇게 결심을 정했으면 그렇게 하지 않으면 안 된다는 것을 알아야만 한다. 소위 "마치 긴 꿈에서 깨어나듯 벗어나야(『근사록』 2, 「위학」 91장)" 비로소 자신 있는 것이다.

○開所謂斯 是 他 見得此箇道理了 只是信未及 他 眼前看得闊 只是踐履猶未純熟 他 是見得箇規模大 不入這小底窠坐 曾點 被他見得高 下面許多事 皆所不屑爲 到他說時 便都恁地脫洒 想見他 只是天資高 便見得恁地都不曾做工夫

칠조개가 그것이라고 말한 것은 그가 이 도리를 알았다는 것이다. 다만 아직 자신이 미치지 못했을 뿐이다. 그는 눈앞에 넓게 트인 것을 보았는데, 다만 그 실천이 아직 익숙지 않던 것뿐이다. 그는 규모가 큰 것을 알았기에 이 작은 자리에 들어가려 하지 않은 것이다. 증점은 그[정자]에 의해 견식이 높다고 평가되었지만, 아래쪽(일상사)의 허다한 일은 모두 즐겨하려 하지 않았다. 그가 말을 했을 때(공자께 '기수에서 목욕 운운'하는 자신의 뜻을 말했을 때)에 이르러서는 이미 그렇게 초탈했으니, 아마도 그(증점)는 다만 선천적 자질이 높아서 그렇게 (잘) 알 수는 있었겠지만 이미 일찍이 공부를 해나가지는 않았던 것 같다.

○點 見得高 却於工夫上 有疎略處 開 見處不如點 然 有向進之意 點 規模大 開 尤縝密

증점은 높은 것을 알기는 했으나 오히려 공부에서는 소략한 곳이 있었다. 칠조개는 안 것은 증점만 못했으나 앞으로 나아가려는 뜻이 있었다. 증점은 규모가 크고, 칠조개는 더욱 세밀했다.

○論資禀之誠慤 則開 優於點 語其見趣超詣脫然無毫髮之累 則點 賢於開 然 開之進 則未已也

자질의 성실함을 논하자면 칠조개가 증점보다 나았고, 견식과 취향의 초탈하고 조금의 구애받음도 없는 것을 말하자면 증점이 칠조개보다 나았다. 그러나 칠조개의 진보는 그치지 않았다.

○慶源輔氏曰 器 言其志量也 所見者大 所知者明 則其志量 自然不肯安於小成 其進進不已之意 不至於大而化 化而不知之神 不止也 則他日所就 果可量乎

경원 보씨가 말했다. '기(그릇)'란 그 뜻의 크기를 말한다. 본 것이 크고 아는 것이 밝으면 그 뜻의 국량은 자연히 소성에 안주하려 하지 않는다. 그 계속 나아가 그치지 않으려는 뜻은 '커서 교화시키고(성인의 경지) 교화시키되 알 수 없는 신묘함(신인의 경지)(『맹자』 14, 「진심 하」 25에 유사한 구절이 있음)'에 이르지 않으면 그치지 않으니, 앞으로 성취할 바를 과연 헤아릴 수 있겠는가?

○胡氏曰 開 得其大 而不局於小

호씨가 말했다. 칠조개는 그 큰 것을 얻어서 작은 것에 국한되지 않았다.

○雙峯饒氏曰 集註 釋悅字 有三 朱子謂 悅其篤志 程子謂 悅其已見大意 謝氏謂 悅其不安於小成 其實 相貫 惟其見大意 故 不安於小成 惟其不安於小成 故 篤志

쌍봉 요씨가 말했다. 집주에서 '열(기뻐하다)'자를 해석한 것이 세 가지이다. 주자는 '그 독실한 뜻을 기뻐하셨다'고 했고, 정자는 '그 이미 대의를 안 것을 기뻐하셨다'고 했고, 사씨는 '그 소성에 안주하지 않음을 기뻐하셨다'고 했는데, 그 실제는 서로 통한다. 진실로 대의를 알았기에 소성에 안주하지 않은 것이고, 진실로 소성에 안주하지 않았기에 뜻이 독실한 것이다.

○按程氏遺書 曰 曾點 漆雕開 已見大意 集註 采之 以曾點事在後 不欲學者躐之 故 去上二字

『정씨유서』(『이정유서』)를 살펴보면 "증점과 칠조개는 이미 대의를 알았다"라고 했는데, 집주는 그것을 인용하면서 증점의 일은 뒤에 두었으니 배우는 자가 단계를 뛰어넘는 것을 원하지 않았기 때문이다. 그래서 (집주에서는) 위의 두 글자(증점이라는 두 글자)는 뺐다.

○雲峯胡氏曰 已見大意 已字 有意味 蓋 漆雕開 已見大意 而未析其微 曾點 已見大意 而易略於細 使二子之學 各有所進 則其已然者 固如此 而其未然者 當不止於此也 已字 當如此看

쌍봉 요씨가 말했다. '이미 대의를 알았다'는 말에서 '이(이미)'자는 의미가 있다. 대개 칠조개는 이미 대의를 알았지만 아직 그 미묘함은 명확히 몰랐고, 증점은 이미 대의를 알았지만 세밀한 것에 대해서는 쉬이 소홀했다. 두 사람의 배움으로 하여금 각각 그 진보하는 바가 있게 한다면 이미 그러한 것(대의를 본 것)은 본디 그러하겠지만(바뀔 리가 없지만), 아직 그러하지 못한 것(부족한 것)은 당연히 이(부족한 데)에 그치지 않았을 것이다. '이'자는 마땅히 이처럼 보아야 한다.

5.6 子曰 道不行 乘桴浮于海 從我者 其由與 子路 聞之喜 子曰 由也 好勇過我 無所取材桴 音孚 從 好 竝去聲 與平聲 材與裁同 古字借用

공자께서 말씀하셨다. 도가 행해지지 않아 뗏목을 타고 바다에 떠돈다면 나를 따를 자는 유이리라. 자로가 듣고 기뻐했다. 공자께서 말씀하셨다. 유는 용감함을 좋아함이 나보다 더하지만, 헤아려 취하는 바가 없다.

【집주】

桴 筏也筏 房越反 編竹木爲之 程子曰 浮海之歎 傷天下之無賢君也 子路 勇於義 故 謂其能從己 皆假設之言耳此歎 與欲居九夷 同意 子路 以爲實然 而喜夫子之與己 故 夫子 美其勇 而譏其不能裁度待洛反 事理 以適於義也

'부'는 뗏목이다<벌(의 음)은 '부'와 '월'의 반절이다. 대나 나무를 엮어 만든다>. 정자가 말했다. 바다를 떠돈다는 탄식은 천하에 현명한 군주가 없음을 마음 아파하신 것이다. 자로는 의에 용감하므로 능히 자신을 따를 것이라고 하셨지만, 이는 모두 가정의 말씀이다<이 탄식은 '구이 가운데 거주하고자 한다'는 탄식과 같은 뜻이다>. 자로는 실제로 그럴 것이라고 생각해서 공자께서 자신과 함께하시려 함을 기뻐했다. 그러므로 공자께서 그 용맹함은 찬미하셨지만 그 사리를 헤아려 의에 적합하게 하지 못함은 기롱하신 것이다.

【세주】

慶源輔氏曰 聖人 欲浮海 豈有憤世長往之意 其憂時閔道之心 蓋 有不得已者 子路 不惟今日遂以夫子爲必行 而喜其與己 其平日所爲 多傷於剛果 而不能裁度以適義 如率爾之對 迂也之言 皆是也 夫子 所以 教之

경원 보씨가 말했다. 성인께서 바다를 떠돌고자 하신 것이 어찌 세상에 분개하여 멀리 떠나려는 뜻이 있어서였겠는가? 시절을 우려하고 도를 안타까워하는 마음에 대개 부득이한 바가 있었던 것이다. 자로는 지금 마침내 공자께서 꼭 떠나신다고 생각하고 자신과 함께하실 것임을 기뻐했던 것만이 아니라, 평소의 행실도 강과함(굳세고 과감함) 때문에 실수를 하는 경우가 많아 헤아려 의에 적합하게 하는 것을 잘하지 못했다. 예컨대 황급히 대답한 것(『논어』 11, 「선진」 25장)이나 우활하다고 대꾸한 말(『논어』 13, 「자로」 3장)이 모두 그 예이다. 그래서 공자께서 (그 점을) 가르치셨다.

○胡氏曰 得時行道 使天下無不被其澤 此 聖人之本心 世衰道否 至於無所容其身 豈聖人之得已 乘桴浮海 雖假設之辭 然 傷時之不我用也 如子路之勇於義 不以流離困苦 而二其心 故 謂其能從我 是 皆憂深思遠 而形於言也 子路 不知夫子之本心 而喜夫子之與己 可謂直情徑行 而無所忖度也

호씨가 말했다. 때를 얻어 도를 행하여 천하에 은택이 끼치지 않음이 없게 하는 것, 바로 이것이 성인의 본심이다. 세상이 쇠퇴하고 도가 부정되어 그 몸을 용납할 곳이 없는 지경에 이르렀다고 해서 어찌 성인께서 그러실 수 있으리오. 뗏목을 타고 떠돈다는 말씀은 비록 가정의 말씀이지만 시절이 자신을 써주지 않음을 안타까워하신 것이다. 자로는 의에 용맹한 사람이기 때문에 떠돌아다니며 곤란을 당해도 두 마음을 가지지 않을 것이다. 그래서 능히 나를 따를 사람이라고 말씀하신 것이다. 이것은 모두 깊이 걱정하시고 멀리 생각하셔서 (그것이) 말씀으로 드러난 것이다. 자로는 공자의 본심을 알지 못하고, 공자께서 자신과 함께하시려 함을 기뻐하기만 했으니, 가히 자신의 감정대로 곧바로 나아갈 뿐 헤아리는 바가 없다고 할 수 있다.

○汪氏炎昶曰 集註 能不能字 是揚而抑之處 所能者 稟賦之剛果 所不能者 學力之未至也

왕염창이 말했다. 집주의 '능'자와 '불능'자는 띄우고 누르는 것이다. (자로의) 능한 바는 품부 받은 강과함이고 능하지 못한 바는 배우는 힘이 지극하지 못한 것이다.

○新安陳氏曰 既云勇於義 又云不能裁度事理以適於義 何也 蓋 勇於義 是略見大意 能勇於行 不能裁度事理以適於義 是不能審察精義 而有誤勇決行之者 故 其仕於衛也 知食焉不避其難之爲義 而死之 是勇於義 不知食出公之食爲非義 是不能裁度事理以適於義也

신안 진씨가 말했다. 이미 의에 대해 용감하다고 말해놓고, 또 사리를 헤아려 의에 적합하게 하는 데는 능하지 못하다고 말한 것은 어째서인가? 대개 의에 용감하다는 것은 (대강의) 큰 뜻을 대충 보고 용감하게 행동할 수 있다는 것이고, 사리를 헤아려 의에 적합하게 하지 못한다는 것은 정밀한 의를 살피지 못해서 잘못된 용기로 결행하는 경우가 있다는 것이다. 그러므로 위나라에서 벼슬할 때 먹으면(녹을 받으면) 그 난을 피하지 않는 것이

의라는 것을 알아 (그 난에) 죽은 것, 이것이 의에 용감했다는 것이고, 출공(위의 제후)의 녹을 먹는 것이 의가 아닌 것은 몰랐다는 것, 이것이 사리를 헤아려 의에 적합하게 하지 못했다는 것이다.

5.7-1 孟武伯問 子路 仁乎 子曰 不知也

맹무백이 물었다. 자로는 인합니까? 공자께서 답하셨다. 알지 못한다.

【집주】

子路之於仁 蓋 日月至焉者 或在或亡 不能必其有無 故 以不知告之

자로는 인에 있어서는 대개 일월로(하루나 한 달에 한 번 정도로) 이르는 자이다. 혹 있기도 하고 혹 없기도 하기 때문에 꼭 있다거나 꼭 없다고는 말할 수 없다. 그러므로 알지 못한다고 알려주셨다.

5.7-2 又問 子曰 由也 千乘之國 可使治其賦也 不知其仁也乘 去聲

또 물으니 공자께서 답하셨다. 자로는 천승의 나라는 가히 그 군대를 다스리게 할 만하지만, 그 인은 알지 못한다.

【집주】

賦 兵也 古者 以田賦出兵 故 謂兵爲賦 春秋傳去聲 後凡言春秋傳者同 所謂 悉索所白反敝賦 是也左傳襄公八年 悉索敝賦 以討于蔡 三十一年 悉索敝賦 以來會時事 言子路之才 可見者如此 仁 則不能知也

'부'는 병(군대)이다. 옛날에는 땅의 세금에 근거하여 군사를 냈으므로 병을 부라 했다. 『춘추전』에 이른바 "저희의 군대를 모조리 모아"라고 한 것이 그것이다<『좌전』 양공 8년에 '저희의 군대를 모조리 모아 채나라를 토벌했다'고 했고, 31년에는 '저희의 군대를 모조리 모아 당시의 일에 대응했다'고 했다>. 자로의 재주가 이처럼 볼만하지만 인한지는 알지 못한다는 말씀이다.

【세주】

朱子曰 仲由 可使治賦 才也 不知其仁 以學言

주자가 말했다. '중유(자로)는 군대를 다스리게 할 수는 있다'는 것은 재능에 대한 말이고, '그 인은 알지 못한다'는 것은 배움에 대한 말이다.

5.7-3 求也 何如 子曰 求也 千室之邑 百乘之家 可使爲之宰也 不知其仁也

구(염유)는 어떠합니까? 공자께서 답하셨다. 구는 천실의 읍이나 백승 집안의 재는 시킬 수는 있지만 그 인은 알지 못한다.

【집주】

千室 大邑 百乘 卿大夫之家 宰 邑長上聲家臣之通號

천실은 대읍이고 백승은 경대부의 집안이다. 재는 읍장이나 가신의 통칭이다.

5.7-4 赤也 何如 子曰 赤也 束帶立於朝 可使與賓客言也 不知其仁也朝 音潮

적(공서화)은 어떠합니까? 공자께서 답하셨다. 적은 띠를 두르고 조정에 서서 사신과 대화하게 할 수는 있지만 그 인은 알지 못한다.

【집주】

赤 孔子弟子 姓 公西 字 子華魯人

적은 공자의 제자로서 성은 공서이고, 자는 자화이다<노나라 사람이다>.

【세주】

○朱子曰 渾然天理 便是仁 有一毫私意 便是不仁 三子之心 不是都不仁

但是不純爾

주자가 말했다. 혼연한 천리가 곧 인이고 털끝만한 사의라도 있으면 곧 불인이다. 세 제자의 마음이 모두 불인한 것은 아니지만, 단 순정하지는 않다(순수한 인은 아니다).

○問 三子 雖全體未是仁 苟於一事上 能當理 而無私心 亦可謂之一事之仁否 曰 不然 蓋 纔說箇仁字 便用以全體言 若一事上 能盡仁 便是他全體是仁了 若全體有虧 這一事上 必不能盡仁 纔說箇仁字 便包盡許多事 無不當理而無私了 所以 三子 當不得箇仁字 聖人 只稱其才 聖門工夫 不過居敬窮理以修身也 由 求 只是這些工夫未到 故 夫子 所以 知其未仁 若能主敬 以窮理工夫到此 則德性常用 物欲不行 而仁流行矣

물었다. 이 세 사람은 비록 전체가 인인 것은 아니지만, 가령 하나의 일에서는 능히 이치에 합당하고 사심이 없으니 역시 하나의 일에서는 인이라고 할 수 있는 것 아닙니까? 답했다. 그렇지 않다. 대개 인이라는 글자는 말하기만 하면(인이라고 하기만 하면) 그것은 전체로서 말하는 것이다. 만약 한 가지 일에서 인을 다할 수 있다면 이는 곧 그 전체가 다 인이다. 만약 전체에 어그러짐이 있다면 한 가지 일에서도 반드시 인을 다할 수가 없다. 인이라는 글자를 말하기만 하면 모든 허다한 일에서 이치에 맞지 않음이 없고 사사로움이 없는 것이다. 그래서 세 사람은 당연히 인이라는 글자를 얻을 수가 없는 것이니, 성인께서는 단지 그 재주를 칭찬하셨을 뿐이다. 성인 문하의 공부는 거경궁리하여 수신하는 것에 불과하다. 유와 구는 단지 그러한 공부가 아직 (경지에) 이르지 못했을 뿐이기에, 공자께서는 아직 인하지 않음을 아셨다. 만약 능히 주경하여 궁리 공부가 여기에 이르면 덕성은 항상 쓰이고, 물욕은 행해지지 않아서 인이 흐르게 된다.

○慶源輔氏曰 諸子之於仁 蓋 亦勉焉 而未能有諸己也 故 或日一至焉 或月一至焉 能造其域 而不能久耳 方其志氣淸明 存養不懈 則是心存 而有其仁及私意橫生 一有間斷 則是心亡 而無其仁矣 將以爲有 則有時而無 將以爲無 則有時而有 旣不能必其有無 則以不知告之

경원 보씨가 말했다. 여러 제자가 인에 대해서 대개 애쓰기는 했지만 자신에게 그것(인)이 있게 하지는 못했다. 그러므로 혹은 하루에 한 번 이르고 혹은 한 달에 한 번 이를 뿐이었다. 그 영역에 도달하기는 하지만 오래가지는 못했던 것이다. 바야흐로 그 지기(뜻과 기운)가 청명하고 존양함에 게으르지 않으면 이 마음이 보존되어 그 인이 있게 되고, 사의가 멋대로 생겨서 한 번 끊어짐이 있으면 그 마음이 사라져 인이 없어지는 것이다. 장차 있다고 생각하면 없을 때가 있고, 장차 없다고 생각하면 있을 때가 있으니, 꼭 있다거나 꼭 없다고 말할 수 없다. 그렇기 때문에 알지 못한다고 하신 것이다.

○勿軒熊氏曰 此 與後篇 由可使有勇 求可使足民 赤願爲小相章 互見兵財禮樂 乃國之大政 而三子之意 皆足以當之 見聖門有用之學 然 治事之才易見 本心之德 難全 故 夫子 皆不許其仁

물헌 웅씨가 말했다. 이 장과 후편의 "유는 (백성을) 용맹하게 할 수 있다, 구는 백성을 풍족하게 할 수 있다, 적은 소상이 되고 싶다"라고 한 장(『논어』 11, 「선진」 25장)은 두 장 다 군사와 재정, 예악이 나라의 큰 정사임을 보여주는 것으로, 세 사람의 뜻은 모두 그것을 감당하기에 충분하니 성인 문하의 유용한 학문(이 어떤 것인지)을 알 수 있다. 그러나 일을 다스리는 재주(가 있는 자)는 쉽게 볼 수가 있지만 본심의 덕은 온전하게 하기 어려운 것이다. 그래서 공자께서는 모두 그 인을 인정하지 않으셨다.

5.8-1 子 謂子貢 曰 女與回也 孰愈女 音汝 下同

공자께서 자공에게 말씀하셨다. 너와 안회 중에 누가 더 나은가?

【집주】

愈 勝也

'유'는 낫다는 뜻이다.

5.8-2 對曰 賜也 何敢望回 回也 聞一以知十 賜也 聞一以知二

(자공이) 대답했다. 제가 어찌 감히 회(와 같기)를 바라겠습니까? 회는 하나를 듣고 열을 알고, 저는 하나를 듣고 둘을 압니다.

【집주】

一 數之始 十 數之終 二者 一之對也

하나는 수의 시작이고, 열은 수의 끝이다. 둘이란 하나의 상대어이다.

【세주】

胡氏曰 十者 數之終 以其充極之所至而言 二者 一之對 以其彼此之相形而言

호씨가 말했다. 열은 수의 끝이니 끝까지 가득 차는 데 이르렀음을 두고 하는 말이고, 둘은 하나의 상대어로서 그것과 이것이 서로 상대하는 형세를 두고 하는 말이다.

【집주】

顔子 明睿余例反所照 卽始而見終 子貢 推測而知 因此而識彼 無

所不說音悅 告往知來 是其驗矣

안자는 밝은 총명함이 밝히는 바이니 처음을 보면(보자마자) 곧 끝을 알고, 자공은 추측하여 아니 이것으로 말미암아 저것을 안다. '무소불열(안자가 공자의 말씀에 기뻐하지 아니함이 없음)', '고왕지래(자공은 가는 것을 말해주니 오는 것을 안다는 공자의 평가)'가 그 증거이다.

【세주】

程子曰 子貢之知 亞於顏子 知至 而未至之也

정자가 말했다. 자공의 앎은 안자에 버금간다. 앎이 지극하지만 아직 그(안자의 경지)에 이르지는 못했다.

○朱子曰 明睿所照 推測而知 兩句 當玩味 明睿所照 如明鏡在此 物來畢照 推測而知 如將些子火逐些子照去

주자가 말했다. '명예소조(밝은 총명함이 밝힘)'와 '추측이지(추측하여 앎)' 두 구절은 마땅히 잘 음미해야 한다. '명예소조'는 맑은 거울이 여기 있어 물건이 오면 반드시 비추는 것과 같고, '추측이지'는 조그만 불을 가지고 무엇인가를 쫓아가면서 비추는 것과 같다.

○慶源輔氏曰 聞一知十 不是知一件 限定知得十件 只是知得周徧 始終無遺 聞一知二 亦不是聞一件 限定知得二件 只是知得通達 無所執泥 知得周徧 始終無遺 故 無所不悅 知得通達 無所執泥 故 告往知來 然 思與睿 亦非兩事 但 有生熟之異 始 則思而通 久 則明睿生 而物無遺照矣 又曰 惟是生知之聖人 則全體昭著 不待推廣 若夫學而知之者 則須居敬窮理 漸漸開明 固不能無淺深之異也

경원 보씨가 말했다. 하나를 들으면 열을 안다는 것은 한 가지를 알면 꼭 열 가지만 한정해서 알게 된다는 것이 아니라, 다만 두루 알아서 처음부터 끝까지 빠뜨리는 것이 없다는 것이다. 하나를 들으면 둘을 안다는 것도 또한 하나를 알면 꼭 둘만 한정해서 알게 된다는 것이 아니라, 다만 앎이 통달하여 고집하는 바가 없다는 것이다. 두루 알아서 처음부터 끝까지 빠뜨리는 것이 없으니 '무소불열'이고, 앎이 통달하여 고집하는 바가 없으니 '고왕지래'이다. 사(생각함)와 예(총명함)는 두 가지 일이 아니라 다만 날것과 익은 것의 차이일 뿐이다. 처음에는 '사(생각)'를 해서 통하는 것이고, (생각함이) 오래되면 밝은 '예(총명함)'가 생겨나 사물이 비치지 않는 경우가 없다. 또 말했다. 만약 나면서부터 아시는 성인이라면 전체가 환하니 미루어 넓힐 필요가 없지만, 만약 배워서 아는 자라면 모름지기 거경궁리하여 점점 눈을 열어가는 것이니, 본디 얕고 깊고의 차이가 없을 수 없다.

○胡氏曰 顔子之於吾言無所不說 可謂知十之驗 子貢之告諸往而知來者 可爲知二之驗 又曰 聞一知十 豈有事可指哉 亦以況顔子明哲 擧首見尾 而已所不及耳

호씨가 말했다. 안자가 '나(공자)의 말을 기뻐하지 않음이 없다'는 것은 열을 안다는 것의 증거라 할 수 있고, 자공이 '가는 것에 대해 말해주면 오는 것을 안다'는 것은 둘을 안다는 것의 증거라 할 수 있다. 또 말했다. 하나를 들으면 열을 안다는 것이 어찌 (구체적 사례를 들어) 가리킬 수 있는 일이 있으리오. 또한 '안자는 명철하며 머리를 들어주면 꼬리를 보니, 내가 미칠 수 있는 바가 아님'을 묘사한 것에 불과하다.

5.8-3 子曰 弗如也 吾 與女弗如也

공자께서 말씀하셨다. 그만 못하다. 내가 인정하노니, 너는 그만 못하다.

【집주】

與 許也

'여'는 허여(인정)한다는 뜻이다.

○胡氏曰 子貢方人 夫子 旣語音御以不暇 又問其與回孰愈 以觀其自知之如何 聞一知十 上知去聲之資 生知之亞也 聞一知二 中人以上之資 學而知之之才也 子貢 平日 以己方回 見其不可企丘氏 去智 二反及 故 喩之如此 夫子 以其自知之明 而又不難於自屈

호씨가 말했다. 자공이 사람을 비교하자 공자께서는 틈이 없다고 말씀하셔 놓고서는(『논어』 14, 「헌문」 31장) 또 회와 (자공 중에) 누가 더 나으냐라고 물으신 것은 (자공) 스스로 어떻게 생각하는지를 보려고 하셨기 때문이다. 하나를 들으면 열을 아는 것은 상지(지적으로 탁월한 자)의 자질로서, 태어나면서부터 아는 자에 버금가는 것이다. 하나를 들으면 둘을 아는 자는 중간 이상의 자질을 가진 것으로서, 배워서 아는 자의 재능이다. 자공은 평상시에 자신을 회와 비교하여 (회에게) 미치려 할 수 없음을 알았기에 이와 같이 비유했다. 공자께서는 (자공이) 스스로 아는 것이 명확하고, 또 스스로 굴복하는 것을 어려워하지 않았다는 점 때문에

【세주】

朱子曰 凡人 有不及人處 多 不能自知 雖知 亦不肯屈服 如子貢 自屈於顔子 可謂高明 夫子 所以與其弗如之說

주자가 말했다. 보통 사람은 다른 사람에게 미치지 못하는 것이 많으나 스스로 그것을 알지 못하고, 비록 안다고 하더라도 굴복하려 하지 않는다. 자공의 경우, 스스로 안자에게 굴복했으니 고명하다고 할 만하다. (이것이) 공자께서 그만 못하다고 인정하는 말씀을 하신 이유이다.

○慶源輔氏曰 自屈 生於自知 自知之明 則不容於不自屈也 且自知之明 則不安於已知 不難於自屈 則不畫於已至 此 夫子 所以許之

경원 보씨가 말했다. 자굴(스스로 굴복함)은 스스로를 아는 것에서 생긴다. 스스로를 아는 것에 밝으면 자굴하지 않을 수 없다. 또한 스스로를 잘 알면 자기가 아는 것에 안주하지 않고, 자굴을 어려워하지 않으면 자신이 이르려는 수준에 한계를 긋지 않는다. 이것이 공자께서 인정하신 까닭이다.

【집주】

故 旣然之 又重去聲許之 此 其所以終聞性與天道 不特聞一知二而已也

이미 그렇다고 하시고 또 거듭 그것을 인정하셨다. 이것이 (자공이) 마침내 성과 천도를 들을 수 있었던 이유이다. (자공은) 단지 하나를 듣고 둘을 아는 것만은 아니었던 것이다.

【세주】

朱子曰 聖人之道 大段 用敏悟曉得底 敏悟曉得時 方擔荷得去 如子貢 雖所行未實 然 他 却極是曉得 擔荷得去 使其見處更長一格 則所行自然又進一步 聖門 自曾顔而下 便用 還子貢 如冉閔 非無德行 然 終是曉不甚得 擔荷聖人之道不去 所以 孔子 愛呼子貢 而與之 語意 蓋 如此

주자가 말했다. 성인의 도는 대단한 것이니, 민오(민첩한 깨달음)로써만 깨우칠 수 있는 것이다. 민오로 깨우칠 수 있을 때 비로소 무거운 짐을 감당해나갈 수 있다. 자공의 경우, 비록 소행은 아직 견실하지 못하지만, 그는 끝까지 추구하여 깨달을 수 있었고, 짐을 감당해나갈 수 있었다. 그 안목을 한 단계 성장시킬 수 있다면 소행도 자연히 또 진일보할 수 있다. 성인 문하의 증자와 안자 이하 중에서 쓴다면 역시 자공이고, 염유와 민자건의 경우에는 덕행이 없는 것은 아니지만 끝내 깨우침이 깊지 못하여 성인의 도를 짊어지고 갈 수가 없었다. 그래서 공자께서 자공을 아껴서 부르셔서 인정하신 것이니, 그 말씀의 뜻은 대개 이와 같다.

○新安陳氏曰 孔門穎悟 莫如顏子 子貢 可以亞之 所以 終得聞性與天道與一以貫之 豈局於聞一知二者哉

신안 진씨가 말했다. 공자 문하에서 영리하고 슬기로운 것으로 치자면 안자만 한 사람이 없다. 자공은 그에 버금가서 마침내 성과 천도, 그리고 '일이관지(하나의 도리로 꿰뚫음)'를 들을 수 있었으니 어찌 하나를 듣고 둘을 아는 데 국한된 자이리오.

5.9-1 宰予 晝寢 子曰 朽木 不可雕也 糞土之牆 不可杇也 於予與 何誅朽 許久反 杇 音汚 與 平聲 下同

재여가 낮잠을 자고 있으니, 공자께서 말씀하셨다. 썩은 나무에는 조각을 할 수가 없고 썩은 흙으로 만든 담장에는 흙손질을 할 수가 없으니, (재)여에게 꾸짖어 무엇하리오.

【집주】

晝寢 謂當晝而寐 朽 腐也 雕 刻畫也 杇 鏝莫官反也 言其志氣昏惰 教無所施也

'주침'은 낮에 자는 것을 말한다. '후'는 썩었다는 뜻이고, '조'는 그림을 새기는 것이다. '오'는 흙손이다. 그의 지기(뜻과 기운)가 어둡고 게을러서 가르침이 베풀어질 곳이 없다는 말이다.

【세주】

新安陳氏曰 志 謂心志 氣 謂血氣 志先惰 氣隨而昏 則教無施處 如朽木糞牆 雕杇之工 無施力處也

신안 진씨가 말했다. '지'는 마음의 의지를 말하고, '기'는 혈기를 말한다. 지가 먼저 나태해지면 기가 따라서 혼미해지니 가르침이 베풀어질 곳이 없다. 썩은 나무나 썩은 담장의 경우 조각이나 흙손질에서 그 힘을 베풀 곳이 없는 것과 마찬가지이다.

【집주】

與 語辭 誅 責也 言不足責 乃所以深責之

'여'는 어조사이다. '주'는 꾸짖는 것이다. 꾸짖을 만하지도 않다고 말씀하신 것은 깊이 꾸짖으신 것이다.

5.9-2 子曰 始吾於人也 聽其言 而信其行 今 吾 於人也 聽其言 而觀其行 於予與 改是行 去聲

공자께서 말씀하셨다. 처음에 내가 사람에 대해 그 말을 듣고 그 행동을 믿었는데, 이제 나는 사람에 대해 그 말을 듣고 그 행동을 관찰하게 되었으니, (재)여 때문에 이를 고치게 되었다.

【집주】

宰予 能言 而行不逮 故 孔子 自言於予之事 而改此失 亦以重去聲警之也

재여는 말에 능하나 행동은 미치지 못했다. 그래서 공자께서 재여의 일 때문에 (자신의) 그 잘못을 고쳤다고 스스로 말씀하셨으니, 또한 무겁게 경계하신 것이다.

【세주】

慶源輔氏曰 宰予 以言語稱於聖門 而孟子 亦以爲善爲說辭 然 論喪 則欲其短 論仁 則病其愚 對社 則失其義 至此 晝寢 而夫子 深責之 且自言於予之事 而改此失 則能言 而行不逮 可見矣

경원 보씨가 말했다. 재여는 성인의 문하에서는 언어(말 잘하는 것)로 일컬어졌는데 맹자 역시 말을 잘한다고 여겼다. 그러나 상을 논했을 때는 짧게 하고자 했고, 인을 논했을 때는 (인이) 어리석음이라고 싫어했고, 사(토지신을 모신 사당)에 대해서는 뜻을 잘못 해석했다. 여기에 이르러 낮잠을 자서 공자께서 심하게 책하시고 또 재여의 일 때문에 그 잘못을 고쳤다고 말씀하셨으니, 그가 말은 잘하나 행동은 미치지 못함을 알 수 있다.

【집주】

胡氏曰 子曰 疑衍文 不然 則非一日之言也

호씨가 말했다. '자왈'은 연문인 듯하다. 만약 그렇지 않다면 하루(같은 날)의 말씀이 아닐 것이다.

○范氏曰 君子之於學 惟日孜孜 斃毗祭反而後已 惟恐其不及也 宰

予 晝寢 自棄孰甚焉 故 夫子 責之 胡氏曰 宰予 不能以志帥入聲氣 居然而倦 是宴安之氣 勝 儆戒之志 惰也 古之聖賢 未嘗不以懈惰荒寧爲懼 勤勵不息自彊 此 孔子 所以深責宰予也 聽言觀行 聖人不待是而後能 亦非緣此而盡疑學者 特因此立敎 以警群弟子 使謹於言 而敏於行耳

범씨가 말했다. 군자는 배움에 있어서 오직 매일 열심히 하여 죽은 다음에야 그치니, 오직 그 미치지 못함을 걱정할 뿐이다. 재여는 낮잠을 잤으니 자포자기함이 이보다 더 심한 것이 있으리오. 그래서 공자께서 그를 책망하신 것이다. 호씨가 말했다. 재여는 의지로써 기를 거느리지 못했다. 그저 그렇게 있으면서 권태로워하니, 이는 안일을 좋아하는 기운은 지나치고 경계하는 뜻은 게으른 것이다. 옛 성현들은 일찍이 늘어진 게으름과 아무것도 안하는 안일함을 두려워하지 않은 적이 없었고, 근면하게 스스로 노력하는 것을 쉰 적이 없었다. 이것이 공자께서 재여를 심히 꾸짖으신 까닭이다. 말을 듣고 행동을 관찰하는 것, 성인께서 이를 하신 다음이라야만 비로소 (사람 판단을) 할 수 있는 것은 아니다. 또한 이 일로 말미암아 배우는 자 모두를 다 의심하신 것도 아니다. 다만 이 일로 말미암아 가르침을 세우시어 여러 제자를 경계하심으로써 (그들로 하여금) 말에 삼가고 행동에 민첩하게 하셨을 뿐이다.

【세주】

覺軒蔡氏曰 學者 誠能立志以自彊 則氣 亦從之 不至於昏惰 何有於晝寢 故 學 莫先於立志

각헌 채씨가 말했다. 배우는 자가 진실로 능히 뜻을 세워서 스스로 힘쓰면 기 또한 그것을 따르기 때문에 어두움과 게으름에 이르지 않으니, 어찌 낮잠 자는 일이 있겠는가? 그러므로 배움은 뜻을 세움보다 먼저인 것이 없다.

○慶源輔氏曰 玩理以養心 則志不昏 以志而帥氣 則氣不惰 志不昏 氣不惰 則有受敎之地 而聖人之敎 可得而施也 朽木 不可雕 糞土之牆 不可杇 正以喩其志氣昏惰 而敎無所施耳 聽言觀行 聖人明睿所照 不待是而後能 至誠與人 不逆於詐 故 非緣此而盡疑學者 仁以體物 敎人不倦 故 因此立敎 以警群弟子也

경원 보씨가 말했다. 이치(理)를 완미하여 그것으로써 마음을 기르면 뜻이 어두워지지 않고, 뜻으로써 기를 거느리면 기가 게을러지지 않는다. 뜻이 어둡지 않고 기가 게으르지 않으면 가르침을 받을 곳이 있으니, 성인의 가르침이 베풀어질 수 있다. 썩은 나무는 조각할 수 없고 썩은 흙 담장에는 흙손질할 수 없다는 것은 바로 뜻과 기가 혼탁하여 가르침이 베풀어질 곳이 없음을 비유한 것이다. 성인께서는 밝은 총명함으로 비추시니, 말을 듣고 행동을 관찰하는 것, 이를 하신 다음이라야만 비로소 (사람 판단을) 할 수 있는 것은 아니다. 지성으로써 사람을 대하시고 속일 것이라고 미리 짐작하지는 않으셨으니, 이 일 때문에 배우는 자를 모두 다 의심하지는 않으셨다. 인으로 사물을 이루시고, 사람을 가르침에 게으르지 않으시기 때문에 이 일로 말미암아 가르침을 세워 여러 제자를 경계하신 것이다.

5.10 子曰 吾 未見剛者 或對曰 申棖 子曰 棖也慾 焉得剛焉 於虔反

공자께서 말씀하셨다. 나는 아직 군센 자를 보지 못했다. 혹자가 대답했다. 신장(이 있습니다). 공자께서 말씀하셨다. (신)장은 욕심스러운 것이지, 어찌 군세다 할 수 있으리오.

【집주】

剛 堅彊不屈之意 最人所難能者 故 夫子 歎其未見 申棖 弟子姓名 魯人 慾 多嗜慾也 多嗜時利反慾 則不得爲剛矣

'강'은 단단하고 강해서 굽히지 않는다는 뜻이니, 사람이 능히 하기 가장 어려운 것이다. 그래서 공자께서 아직 보지 못했음을 탄식하셨다. 신장은 제자의 이름이다<노나라 사람이다>. '욕'은 좋아하는 욕심이 많은 것이다. 좋아하는 욕심이 많으면 군세다 할 수 없다.

【세주】

問 慾欲 何分別 朱子曰 無心欲字 虛 有心慾字 實 二字 亦通用

물었다. 욕(慾)과 욕(欲)은 어떻게 구분됩니까? 주자가 답했다. 심(心)이 없는 '욕(欲)'자는 허하고(구체적이지 않고), 심이 있는 '욕(慾)'자는 실하지만(구체적이지만) 두 글자는 또한 서로 통한다.

【집주】

○程子曰 人有慾 則無剛 剛 則不屈於慾 謝氏曰 剛與慾 正相反 能勝物之謂剛 故 常伸於萬物之上 爲物揜之謂慾 故 常屈於萬物之下 自古 有志者 少 無志者 多 宜夫子之未見也 棖之慾 不可知其爲人 得非悻悻下頂反自好去聲者乎

정자가 말했다. 사람이 욕심이 있으면 군셈은 없다. 군세면 욕심에 굴하지 않는다. 사씨가 말했다. 군셈과 욕심은 서로 완전히 반대된다. 사물을 능히 이기는 것을 군셈이라고 한다. 그러므로 항상 만물의 위에서 (나의 뜻이) 펴져 있다. 사물에 의해 압도되는 것을 욕심이라고 한다. 그러므로 항상 만물의 아래에 굴하게 된다. 자고로 뜻이 있는 자는 적고 뜻이 없는 자는 많다. 그러니 공자께서 보지 못하신 것도 당연하다. 신장의 욕심은 알 수 없지만 아마도 그 사람됨은 성을 잘 내고 스스로를 좋아하는 자라고 할 수 있지 않을까?

【세주】

新安倪氏曰 孟子集註 悻悻 怒意 自好 自愛其身也

신안 예씨가 말했다. 『맹자집주』에 (보면) '행행'은 성낸다는 뜻이고, '자호(자신을 좋아함)'는 스스로 제 몸을 사랑하는 것이다.

【집주】

故 或者 疑以爲剛 然 不知此其所以爲慾耳

그러므로 혹자는 (이것이) 굳센 것이 아닌가 하고 생각했다. 그러나 (혹자는) 이것이 욕심이 된다는 것은 알지 못했다.

【세주】

程子曰 凡 人有慾 則不剛 至大至剛之氣 在養之可以至焉

정자가 말했다. 무릇 사람은 욕심이 있으면 굳셀 수 없다. 지극히 크고 지극히 굳센 기운은 길러서 도달할 수 있는 곳, 거기에 있다.

○朱子曰 剛 是堅强不屈 卓然有立 不爲物欲所累底人 故 夫子 以爲未見

주자가 말했다. 굳셈(굳센 사람)은 단단하고 강하여 굽히지 않고, 확연히 우뚝 서서, 물욕이 누를 끼칠 수 없는 사람이다. 그러므로 공자께서는 보지 못했다고 여기셨다.

○凡人 纔貪一件物事 便被這物事壓得頭低了 纔有些慾 便被他牽引去此中 便無所主 焉得剛

보통 사람은 겨우 한 건의 일을 탐하기만 하면, 곧 그 일에 머리를 눌리어 굴복하게 된다. 이러한 욕심이 있기만 하면, 곧 그것(욕심)에 의해 그 가운데로 이끌려 들어가게 되고, 주가 되는 바(주체)가 없어진다. 그러니 어찌 굳셀 수 있으랴?

○節齋蔡氏曰 范氏謂 剛者 天德 惟無慾者 乃能之 神龍 惟有慾 是以 人得求其慾 而制之 亦得而食之 聖人 無慾 故 天下萬物 不能易也 蘇氏謂

有志而未免於慾者 其志 嘗屈於慾 惟無慾者 能以剛自遂 某 聞之師 曰 剛者外 雖退然自守 而其中 不詘於慾 悻悻者 外 雖有崛彊之貌 而其中 實有計較勝負之意 卽此 便是慾 聖人 觀人 直從裏面觀出 見得他中無所主 只是色莊便是慾了

절재 채씨가 말했다. 범씨는 "굳셈이라는 것은 천덕(하늘의 덕)이니 욕심이 없는 자라야만 능히 굳셀 수 있다. 신룡은 다만 욕심이 있으니, 이 때문에 사람이 그 욕심을 통해서 제어할 수 있어서 잡아먹을 수 있다. 성인은 욕심이 없으니, 그러므로 천하 만물이 (그 뜻을) 바꿀 수 없다"라고 했다. 소씨는 "뜻이 있되 욕심을 벗어나지 못하는 자는 그 뜻이 항상 욕심에 굴복한다. 오로지 욕심이 없는 자만이 능히 굳셈으로써 스스로 이룰 수 있다"라고 했다. 내가 스승께 듣기에 "굳센 자는 겉으로는 비록 물러나 스스로 지키는 것 같으나, 그 속으로는 욕망에 굴하지 않는다. 화를 잘 내는 사람은 겉으로는 비록 우뚝 솟아 강한 것처럼 보이나 그 속으로는 계산하고 비교하고 승부하는 마음이 있으니, 이것은 곧 욕심이다. 성인께서 사람을 살피시는 방식은 곧바로 그 내면으로부터 보아 나가시니, 그가 마음속에 주가 되는 바가 없어 다만 얼굴빛만 장엄할 뿐, 실제로는 욕심임을 아신다"라고 하셨다.

○胡氏曰 剛 則己大物小 凡 天下之可欲者 皆不足以動之 所謂伸於萬物之上 是也 慾 則己小物大 隨其意之所貪 俯首下氣以求之 所謂屈於萬物之下是也 所以 相對而相反 有此 則無彼也

호씨가 말했다. 굳세면 나는 크고 사물은 작다. 무릇 천하의 욕심낼 만한 것은 모두 (나를) 움직이기에 족하지 않다. 이른바 만물 위에 펴져 있다는 것이 바로 이것이다. 욕심이 있으면 나는 작고 사물은 크다. 그 뜻이 탐하는 바에 따라서 머리를 굽히고 기를 낮추어서 구하니, 이른바 만물의 아래에 굴복한다는 것이 바로 이것이다. 그래서 서로 상대되어 서로 반대(상반되는 모순 관계)가 되니, 이것이 있으면 저것은 없다.

○西山眞氏曰 所謂勝物者 謂立志堅强 不爲外物所奪 凡 榮辱得喪禍福死生 皆不足以動之 如孟子所謂 富貴不能淫 貧賤不能移 威武不能屈 此之謂勝物 非剛暴恃氣求以勝人之謂也 爲物掩之謂慾 言陷溺於物欲之中 不能自克 如爲物遮覆掩遏 而不能出也

서산 진씨가 말했다. 이른바 사물을 이긴다는 것은 뜻을 세움이 단단하고 강하여 바깥의 사물에 의해 빼앗기지 않는 것을 말하니, 무릇 영욕, 득실, 화복과 사생이 모두 족히 (그 뜻을) 움직이지 못한다. 맹자가 말한 바 "부귀가 유혹하지 못하고 빈천이 (뜻을) 옮기게 하지 못하며, 위세와 폭력이 굽히게 하지 못하는 것(『맹자』 6, 「등문공 하」 2장)", 이를 일러 사물을 이긴다고 하니, (굳셈은) 강폭하고 기가 센 것을 자랑하여 남에게 이기는 것을 말하는 것이 아니다. 사물에 의해 가려지는 것을 일러 욕심이라고 하니, 물욕의 가운데 빠져서 스스로 이기지 못하여, 마치 사물에 의해 가려지고 막혀서 그로부터 빠져나오지 못하는 것 같은 것을 말한다.

○雙峯饒氏曰 悻悻 只是色厲底人 孟子所謂 諫於其君 而不受 則怒 悻悻然見於其面 是也 此等人 外面 雖似剛 其中心 不過爲名 這 便是自好 便是慾 卽所謂色厲 而內荏也

쌍봉 요씨가 말했다. '행행(성을 냄)'(하는 사람)은 다만 겉으로 얼굴색이 사나운 사람일 뿐이다. 맹자가 말한 "그 임금에게 간하여 받아들여지지 않으면 노하여 그 성냄이 그 얼굴에 드러난다(『맹자』 4, 「공손축 하」 12장)"라는 것이 바로 그것이다. 이러한 종류의 사람은 겉보기에는 비록 굳센 것 같지만, 그 속마음은 이름을 위하는 것(명예의 추구)에 불과하다. 이는 곧 스스로를 좋아하는 것이고, 또 곧 욕심이니, 소위 얼굴빛만 사납고 안은 나약한 자이다.

○厚齋馮氏曰 棖之剛 乃血氣之剛 夫子所言 乃義理之剛也 血氣之剛 物慾得以屈之 惟義理之剛 則不爲外物所奪爾

후재 풍씨가 말했다. 신장의 굳셈은 곧 혈기의 굳셈이고, 공자께서 말씀한 것은 곧 의리의 굳셈이다. 혈기의 굳셈은 물욕이 굴복시킬 수 있다. 오직 의리의 굳셈만이 바깥 사물에게 빼앗기지 않는다.

○雲峯胡氏曰 孟子 論浩氣曰 至大至剛 此 天地之正氣也 悻悻自好 客氣也 或人 於申棖惑其剛之似 而夫子 識其不剛之眞

운봉 호씨가 말했다. 맹자는 호기를 논하여 말하기를 '지극히 크고 지극히 굳센 것(『맹자』 3, 「공손축 상」 2장)'이라 했는데, 이는 천지의 바른 기운이고, 성을 내고 스스로를 좋아하는 것은 객기이다. (이 장에 나온) 혹자는 신장이 굳센 것과 비슷해서 미혹되었지만, 공자께서는 그 진정 굳세지 못하다는 것을 아셨다.

5.11 子貢曰 我 不欲人之加諸我也 吾 亦欲無加諸人 子曰 賜也 非爾所及也

자공이 말했다. 저는 남이 나에게 하지 말았으면 하는 것을 또한 남에게 하는 일이 없고자 합니다. 공자께서 말씀하셨다. 사야, 네가 미칠 수 있는 것이 아니다.

【집주】

子貢言 我所不欲人加於我之事 我 亦不欲以此加之於人 此 仁者之事 不待勉强上聲 故 夫子 以爲非子貢所及

자공은 남이 나에게 하지 말았으면 하는 일을 나도 남에게 하지 않겠다고 말했는데, 이는 인자의 일이니 (인자는) 억지로 애쓸 필요가 없다. 그러므로 공자께서는 자공이 미칠 수 없는 일이라 여기셨다.

【세주】

朱子曰 欲無加諸人 此等地位 是本體 明浄 發處 盡是不忍之心 不待勉强 乃仁者之事 子貢 未到此田地 而遽作此言 故 夫子 謂非爾所及 言不可以躐等

주자가 말했다. 남에게 하지 않고자 하는 이러한 경지는 본체가 명정하고, (그 본체가) 발휘되는 경우는 모두 불인지심(차마 그러하지 못하는 마음, 즉 인의 마음)인 경지이니 억지로 애쓸 필요가 없는 것으로, 이는 곧 인자의 일이다. 자공은 이러한 경지에 도달하지 못했는데도 급작스럽게 이런 말을 했다. 그러므로 공자께서 네가 미칠 수 있는 바가 아니라고 하셨으니, (단계를) 뛰어넘어서는 안 된다는 말씀이다.

【집주】

○程子曰 我 不欲人之加諸我 吾 亦欲無加諸人 仁也 施諸己而不願 亦勿施於人 恕也 恕 則子貢或能勉之 仁 則非所及矣 愚謂 無者 自然而然 勿者 禁止之謂 此 所以爲仁恕之別必列反

정자가 말했다. 남이 내게 하지 말았으면 하는 일을 나도 남에게 하는 일이 없고자 하는 것이 인이다. 나에게 베풀어지기를 원하지 않는 것을 또한 남에게

도 베풀지 말라는 것은 서이다. 서는 혹 자공이 능히 노력할 수 있는 것이지만, 인은 미칠 수 있는 것이 아니다. 내가 생각건대 '무(없고자 한다)'라는 것은 저절로 그러한 것이고 '물(하지 마라)'이란 금지하는(의도적으로 하지 말아야 한다는) 말이니, 이것이 인과 서가 구분되는 구분점이다.

【세주】

○朱子曰 此章 程子 晩年仁熟 方看得如此分曉 說得如此明白 所以分仁恕者 只是生熟難易之間爾 熟底 是仁 生底 是恕 自然底 是仁 勉强底 是恕 無計較無覩當底 是仁 有計較有覩當底 是恕

주자가 말했다. 이 장(에 대해), 정자는 만년에 인이 무르익어서 바야흐로 이처럼 분명히 볼 수 있었고 이처럼 명백하게 말할 수 있었다. 인과 서가 구분되는 구분점이란 단지 날 것과 익은 것, 어려운 것과 쉬운 것의 차이일 뿐이다. 익은 것이 인이고 날 것이 서이다. 자연스러운 것이 인이고 억지로 애쓰는 것이 서이다. 계산이나 비교가 없고 마땅하다고 보는 것도 없는 것이 인이다. 계산이나 비교가 있고 마땅하다고 보는 것이 있는 것이 서이다.

○雲峯胡氏曰 本文無字 是子貢說 勿字 是夫子說 程子 是借夫子說恕之事 以見子貢所言是仁之事

운봉 호씨가 말했다. 본문의 '무'자는 자공의 말이고 ('물시어인'이라 할 때의) '물'자는 공자의 말씀이다. 정자는 공자께서 서를 설명하신 일을 빌려서 자공이 말한 바가 인의 일이라는 것을 보여주었다.

5.12 子貢曰 夫子之文章 可得而聞也 夫子之言性與天道 不可得而聞也

자공이 말했다. 선생님(공자)의 문장은 얻어들을 수 있지만, 선생님께서 성과 천도를 말씀하시는 것은 얻어 들을 수 없다.

【집주】

文章 德之見賢遍反 下同乎外者 威儀文辭 皆是也

문장은 덕이 밖으로 드러난 것이니, 위의(위엄과 용모)나 문사(글과 말)가 다 그것(문장)이다.

【세주】

慶源輔氏曰 威儀 德之見乎容貌者 文辭 德之見乎言語者

경원 보씨가 말했다. 위의는 덕이 용모에 드러난 것이고 문사는 덕이 언어에 드러난 것이다.

【집주】

性者 人所受之天理 天道者 天理自然之本體 其實 一理也 言夫子之文章 日見乎外 固學者所共聞 至於性與天道 則夫子 罕言之 而學者 有不得聞者 蓋 聖門 敎不躐等 子貢 至是 始得聞之 而歎其美也

성이란 사람이 부여받은 천리이다. 천도란 천리자연의 본체이니 기실은 '하나의 이'이다. 공자의 문장은 매일 겉으로 드러났으니, 분명 배우는 자들이 모두 같이 들었을 것이다. 성이나 천도에 이르러서는 공자께서 드물게 말씀하셨으니, 배우는 자들 중에는 얻어듣지 못한 자가 있었을 것이다. 대개 성인의 문하의 가르침은 단계를 뛰어넘지 않는다. 자공은 이에 이르러 비로소 처음 얻어들을 수 있었기에 그 아름다움을 찬탄한 것이다.

【세주】

問 子貢 是因文章中 悟性天道 抑 後來聞孔子說邪 朱子曰 是後來聞孔子說

曰 文章 亦是性天道之流行發見處 曰 固亦是發見處 然 他 當初只是理會文章 後來是聞孔子說性與天道 今 不可硬做是因文章得

물었다. 자공은 문장으로 말미암아 성과 천도를 깨달았다는 것입니까, 아니면 나중에 공자의 (성과 천도에 대한) 말씀을 들었다는 것입니까? 주자가 답했다. 나중에 공자의 말씀을 들은 것이다. 물었다. 문장도 또한 성과 천도가 흘러서 발현된 것입니까? 답했다. 물론 역시 발현된 것이다. 그러나 그(자공)는 애초에는 그저 문장을 이해하는 데 불과했고, 나중에야 공자께서 성과 천도를 설명하시는 것을 들은 것이다. 지금 억지로 문장으로 말미암아 (깨달았다고) 할 수는 없다.

○陳氏曰 聖人 敎不躐等 平時只是敎人以文章 到後來地位高 方語以性與天道爾

진씨가 말했다. 성인의 가르침은 단계를 뛰어넘지 않으시니, 평소에는 사람을 문장으로 가르치셨을 뿐이고, 나중에 수준이 높아졌을 때에 이르러 비로소 성과 천도에 대해 말씀하셨다.

○新安陳氏曰 堯之文章 朱子 釋以禮樂法度 與此不同者 堯 達而在上 其文章 見於治天下 夫子 窮而在下 其文章 惟見於吾身 在天下 故 以禮樂法度言 在吾身 故 以威儀文辭言也

신안 진씨가 말했다. 요(임금)의 문장을 주자는 예악법도로 해석했는데 이 (장의 해석)와는 다르다. 요는 현달하여 위(임금의 자리)에 있었으므로 그 문장은 천하를 다스리는 데 드러났으나, 공자는 궁하여 아래에 있었으므로 문장이 단지 몸에 드러났을 뿐이었다. (문장이) 천하에 있으므로 예악법도라고 말했고, (문장이) 내(공자) 몸에 있으므로 위의문사라고 말한 것이다.

【집주】

○程子曰 此 子貢 聞夫子之至論 而歎美之言也

정자가 말했다. 이는 자공이 공자의 지극한 논의를 듣고 그것을 탄미한 말이다.

【세주】

王氏曰 此理 在天 未賦於物 故曰 天道 此理 具於人心 未應於事 故曰 性 卽元亨利貞 仁義禮智 是也 文章 至顯而易見 此理 至微而難言

왕씨가 말했다. 이 이가 하늘에 있어 아직 사물에 부여되지 않았으면 천도라 하고, 이 이가 사람의 마음에 갖추어졌지만 아직 일(구체적 사태)에 응하지 않았으면 성이라 하니, 원형이정 인의예지가 그것이다. 문장은 완전히 드러난 것이니 쉽게 볼 수 있지만, 이 이는 지극히 은미하니 말하기 어렵다.

○西山眞氏曰 文章二字之義 五色錯而成文 黑白合而成章 文者 粲然有文章者 蔚然有章 文章可聞 夫子 平日以身教人 凡 威儀文辭 自然成文有章者皆是 所謂吾無隱乎爾 吾無行而不與二三子者 是也 若性與天道 則淵奧精微 未可遽與學者言 恐其億度料想 馳心玄妙 反躐等而無所益 故 罕言之論語 僅有性相近一語 亦已是兼言氣質之性 非言性之本 至於贊易 方云 乾道變化 各正性命 一陰一陽之謂道 繼善成性 方是 正說性與天道 亦可謂罕言矣 子貢 後來始得聞之 而有此歎也

서산 진씨가 말했다. '문장' 두 글자의 뜻을 보면 오색이 교차하여 문을 이루고, 흑백이 합해 장을 이루니, 문이란 찬연히 문채가 있는 것이고, 장이란 울연히(아름답게) 무늬가 있는 것이다. 문장은 가히 들을 수 있으니, 공자께서 평소에 몸소 사람들을 가르치심에 무릇 위의문사가 자연히 문을 이루고 장을 이룬 것이 모두 이것이다. (공자께서) 말씀하신 바 "나는 감추는 것이 없다. 내가 너희 몇 사람들과 같이하지 아니한 것이 없다(『논어』 7, 「술이」 23장)"라는 것이 이것이다. 성과 천도의 경우에는 심오하고 정미하여 급작스레 배우는 자들에게 말씀해주실 수 없었는데, (말씀해주시면) 제 마음대로 억측하고 상상하여 현묘한 것에 마음을 쏟고, 거꾸로 단계를 뛰어넘어서 아무 이익이 없을까 우려하시어 드물게 말씀하셨던 것이다. 『논어』에는 (성에 대한 말씀이) 겨우 "성은 서로 가깝다"라는 말씀 하나뿐인데, 이 또한 기질의 성을 겸하여 하신 말씀이고, 성의 근본(본연의 성)을 말씀하신 것은 아니다. 『역』을 찬술하심에 이르러서야 비로소 말씀하시기를 "건도가 변화하여 각각이 성명을 바르게 한다", "한 번 음하고 한 번 양한 것을 도라 한다", "선을 이어 성을 이룬다"라고 하셨으니, 바야흐로 이것이 바로 성과 천도를 설명하신 것으로 역시 가히 드물게 말씀하셨다 할 만하다. 자공은 나중에 비로소 그것을 얻어들었기에 이 찬탄이 있었던 것이다.

5.13 子路 有聞 未之能行 唯恐有聞

자로는 들은 것이 있는데 아직 (그것을) 능히 행하지 못하면, 다만 (더) 듣는 것이 있을까 두려워했다.

【집주】

前所聞者 旣未及行 故 恐復扶又反有所聞 而行之不給也

전에 들은 것을 아직 실천함에 이르지 못했기 때문에 다시 듣는 것이 있으면 미처 실천하지 못할 것을 두려워한 것이다.

○范氏曰 子路 聞善 勇於必行 門人 自以爲弗及也 故 著之 若子路 可謂能用其勇矣

범씨가 말했다. 자로는 선을 들으면 반드시 실천함에 용감했다. 문인들은 스스로 (자로에게) 미치지 못한다고 생각했기에 (이 구절을) 써놓았다. 자로 같으면 가히 그 용맹을 쓸 줄 안다고 할 만하다.

【세주】

朱子曰 子路 不急於聞 而急於行 此 古人爲己之實處 如人之飮食 珍羞羅列 須喫盡 方好 喫不盡 又增加 亦徒然

주자가 말했다. 자로는 듣는 데 급하지 않고 실천하는 데 급했다. 이것이 옛사람의 위기지학의 실제이다. 예컨대 사람이 밥을 먹는데 진수성찬이 차려져 있으면 반드시 다 먹어야 좋은 것이지, 다 먹지도 못했는데 더 차린들 또한 헛일이다.

○南軒張氏曰 有所聞 而實未副 勇者之所恥也 唯恐有聞 則其篤於躬行 可知 門人 記此 亦可謂善觀子路者矣 然 比之 得一善拳拳服膺而不失者 則未免有强力之意耳

남헌 장씨가 말했다. 들은 바는 있는데 실천이 아직 부응하지 못하는 것, 이는 용감한 자가 부끄러워하는 바이다. '다만 듣기를 두려워한다'고 했으니 그 몸소 실천함에 독실했음을 알 수 있다. 문인이 이를 기록한 것 또한 가히 자로를 잘 관찰한 것이라고 할 수 있다. 그러나 하나의 선을 얻으면 충실히 지켜 잃지 않는 자에 비하면 (자로는) 억지로 힘쓰려는 뜻이 있음을 면하지는 못했다.

○慶源輔氏曰 人之有勇 多有用於非所當用者 子路之勇 用以力行 眞能用其勇矣

경원 보씨가 말했다. 사람이 용기가 있으면 (그 용기를) 마땅히 쓰지 말아야 할 곳에 쓰는 경우가 많다. 자로의 용기는 힘써 실천하는 데 썼으니, 진정 그 용기를 잘 쓸 줄 알았다.

○勿軒熊氏曰 子路 勇於力行 而致知工夫 不及 所以 死於孔悝之難

물헌 웅씨가 말했다. 자로는 힘써 행하는 데는 용감했으나 치지(완전한 앎에 이름) 공부는 미치지 못했다. 그래서 공회의 난에 죽었다.

○或曰 此 卽子路聞斯行之之勇 門人 以爲弗及而著之 夫子 以爲兼人而退之 何也 雲峯胡氏曰 著之者 門人 弗及其行之勇 推敬之辭也 退之者 夫子恐其徒事乎行之勇 陶成之術也

혹자가 물었다. 이(구절)는 곧 자로의 '들으면 그것을 실천하는 용기(에 대한 것)'입니다. 문인은 (자신이 자로에게) 미치지 못한다고 생각하여 (이 구절을) 썼고, 공자께서는 (자로가) 겸인(남을 이기려 함)하다고 생각하여 뒤로 물러나게 하셨으니(『논어』 11, 「선진」 21장) 어찌된 일입니까? 운봉 호씨가 답했다. (이 구절을) 쓴 것은 문인이 그 실천하는 용기에 미치지 못하여 (자로를) 받들어 존경해서 쓴 말이고, 뒤로 물러나게 하신 것은 공자께서 (자로가) 헛되이 실천하는 용기만을 일삼을까 우려하신 것이니 교육의 기술이다.

5.14 子貢問曰 孔文子 何以謂之文也 子曰 敏而好學 不恥下問 是以 謂之文也好 去聲

자공이 물었다. 공문자는 왜 (시호를) '문'이라 합니까? 공자께서 답하셨다. 민첩하면서도 배우기를 좋아하고, 아랫사람에게 묻는 것을 부끄러워하지 않은 까닭에 '문'이라 한다.

【집주】

孔文子 衛大夫 名 圉音語 凡 人性敏者 多不好學

공문자는 위의 대부이고, 이름은 어이다. 무릇 사람의 성품이 민첩한 자는 배움을 좋아하지 않는 경우가 많고,

【세주】

恃其天資 多怠於學

선천적 자질을 믿고 배움에 게으른 경우가 많다.

【집주】

位高者 多恥下問

지위가 높은 자는 아랫사람에게 묻는 것을 부끄러워하는 경우가 많다.

【세주】

位高自驕 多恥問於卑下

지위가 높으면 저절로 교만해지기 때문에 아랫사람에게 묻는 것을 부끄러워하는 경우가 많다.

【집주】

故諡法 有以勤學好問爲文者 蓋 亦人所難也 孔圉 得諡爲文 以此而已

옛 시법(시호를 정하는 법)에 배움에 부지런하고 묻기를 즐기는 것을 문이라고

한 경우가 있는데, 대개 이 또한 사람이 하기 어려운 일이다. 공어가 '문'이라는 시호를 얻은 것은 이 때문일 뿐이다.

○蘇氏曰 孔文子 使太叔疾 出其妻而妻去聲之 疾通於初妻之娣大計反 文子 怒 將攻之 訪於仲尼 仲尼 不對 命駕而行 疾奔宋 文子 使疾弟遺室孔姞渠乙反 其爲人如此 而謚曰文 此 子貢之所以疑而問也

소씨가 말했다. 공문자는 태숙질로 하여금 그 처를 내쫓고 (자기 딸을) 처로 삼게 했다. 질은 전처의 동생과 통했는데, 문자가 노하여 장차 공격하려 함에 중니(공자)를 방문했다. 중니는 대답하지 않고 말을 매도록 명하여 떠났다. 질은 송나라로 도망갔고, 문자는 질의 동생 유로 하여금 공길(공문자의 딸 이름)을 아내로 삼게 했다. 그 사람됨이 이와 같은데도 시호를 문이라 했으니 이것이 자공이 의심하여 물은 까닭이다.

【세주】

春秋左氏傳云 哀公十一年冬 衛太叔疾 出奔宋 初 疾娶于宋子朝子朝 宋人衞大夫 其娣嬖 子朝 出 孔文子 使疾出其妻出宋朝之女而妻之 疾 使侍人誘其初妻之娣 寘於犂衞邑而爲之一宮 如二妻 文子 怒欲攻之 仲尼 止之 遂奪其妻文子 遂奪其女 不嫁太叔疾 或淫于外州 外州人 奪之軒 以獻奪太叔疾之軒車 以獻於君 恥是二者以奪妻奪軒 二事爲恥 故 出 衛人 立其弟遺遺 疾之弟使室孔姞孔姞 文子之女 疾之妻也 使遺室之 孔文子之將攻太叔也 訪於仲尼 仲尼曰 胡簋之事胡禮器也 夏曰胡 周曰簋 則嘗學之矣 甲兵之事 未之聞也 退 命駕而行

『춘추좌씨전』에 이르기를 애공 11년 겨울, 위의 태숙질이 송으로 도망갔다. 처음에 질은 송자조의<자조는 송나라 사람인데 위의 대부였다> 딸에게 장가들었는데, 그 처제를 사랑했다. 자조가 쫓겨나자 공문자가 질로 하여금 그 처를 쫓아내게 하고<송조의 딸을 쫓아냈다> 자기 딸과 결혼시켰다. 질이 시자로 하여금 그 전처의 동생을 유인해 이<위나라의 한 읍이다>에 두게 하고 첩궁으로 삼으니, 결국 처를 둘 둔 셈이었다. 문자가 노하여 그를 공격하려 했는데 중니가 그만두게 했다. 드디어 그 처를 빼앗았다<문자가 드디어 그 딸을 빼앗아 태숙질과 결혼생활을 못하게 했다>. 외주에서 음란한 일을 하니 외주 사람들이 헌(수레)을 빼앗아 임금에게 바쳤다<태숙질의 수레를 빼앗아 그 임금에게 바쳤다>. 이 두 일<처를 빼앗기고, 수레를 빼앗긴 두 일을 부끄러워했다>을 부끄러워하여 도망갔다. 위나라 사람들이 그 동생인 유<유는 질의 동생이다>를 세우고 공길을 아내로 삼게 했다<공길은 문자의 딸로 질의 처이다. 유로 하여금 아내로 삼게 했다>. 공문자가 장차 태숙을 공격하려고 함에 중니를 방문했는데, 중니는 "호궤의 일<호궤는

예에 쓰는 그릇이다. 하나라는 호라 했고, 주나라는 궤라 했다>은 일찍이 배웠지만 전쟁하는 일은 들은 바가 없습니다"라고 말하고 물러나와 말을 매게 하고 떠났다.

【집주】

孔子 不沒其善 言能如此 亦足以爲文矣 非經天緯地之文也

공자께서는 그 선함을 매몰시키지 않으시니 능히 이러할 수 있다면('민이호학 불치하문'할 수 있다면) 또한 문이라고 하기에 족하다고 말씀하셨다. (그러나) 경천위지의(천하를 경륜하는) 문은 아니다.

【세주】

史記 諡法解 惟周公旦太公望 嗣王業 建功于牧野 終將葬 乃制諡 遂敍諡法 諡者 行之迹 號者 功之表 有大功 則賜之善號以爲稱也 車服者 位之章也 是以 大行 受大名 細行 受細名 行 出於己 名 出於人 名謂諡號 經緯天地 文 道德博聞 文 勤學好問 文 慈惠愛民 文 愍民惠禮 文 賜民爵位 文

『사기(정의)』, 「시법해」(장수절)에 "오직 주공 단과 태공 망이 왕업을 이어 목야에서 공을 세우고 마침내 죽어서 장례를 치를 때에 시호를 제정했는데, (그로부터) 시호를 베푸는 법이 이루어졌다. 시란 행실의 족적이고 호란 공로의 표창이다. 대공이 있으면 좋은 호를 내려서 칭찬하는 것이다. 차복(수레와 옷)이라는 것은 지위의 표장이다. 이 때문에 큰 행실은 큰 이름을 받고 작은 행실은 작은 이름을 받는다. 행실은 자신에게서 나오지만 이름은 남에게서 나오니, 이름하여 시호라 한다. 경천위지(천하를 경륜함)를 문, 도덕박문(도덕적이고 널리 들음)을 문, 근학호문(배움에 부지런하고 묻기를 좋아함)을 문, 자혜애민(자혜롭고 백성을 사랑함)을 문, 민민혜례(백성을 어여삐 여기고 은혜로운 예를 베풂)를 문, 사민작위(백성에게 작위를 내림)를 문이라 한다"라고 했다.

○朱子曰 此章 因論諡而發 然 人 有一善之可稱 聖人 亦必取之 此 天地之量也

주자가 말했다. 이 장은 시호를 논함으로 인해 나온 것이다. 그러나 사람이 칭찬할 만한 하나의 선이 있으면 성인께서는 역시 반드시 (그것을) 인정해 주셨으니, 이는 천지의 도량이다.

○問 孔姞事 如此不好 便敏學好問 濟得甚事 曰 古諡法 甚寬 所謂節以一惠 言只有一善 亦取之 節者 節略而取其一善也 孔文子 固是不好 只敏學下

問 亦是他好處 周禮諡 只有二十八字 不成說孔文子與文王一般 蓋 人有善多者 則摘其尤善者一事 以爲諡 亦有只有一善 則只取其一善 以爲諡 而隱其惡 如孔文子 是也 惟無一善可稱 而純於惡 然後名曰 幽厲耳

물었다. 공길의 일이 이렇게 좋지 않은데도 오히려 민학호문이라 했으니, 무슨 일을 했다는 것입니까? 답했다. 옛 시법은 매우 관대해 소위 '절이일혜'라고 했으니, 다만 한 가지 선이라도 있으면 또한 그것을 취한다는 말이다. '절'이라는 것은 다른 것은 (좋지 않더라도) 생략해버리고 그 한 가지 선을 취한다는 것이다. 공문자는 진실로 좋지 않은 자였으나, 다만 '민학하문'은 또한 그의 장점이었다. 주례의 시호는 다만 28자에 불과했으니, 공문자와 문왕이 (시호가 같은 문이라고 해서) 똑같다고 말할 수는 없다. 대개 사람이 선이 많으면 (그 가운데) 더욱 선한 것 하나를 뽑아서 시호로 삼고, 단지 한 가지 선만 있는 경우에는 한 가지 선만 취해 시호로 삼고 악을 숨긴다. 공문자가 이 경우이다. 오직 칭찬할 만한 하나의 선도 없고 순전히 악한 경우에만 유(어두움), 여(사나움)로 부를 뿐이다.

○如織布絹 經是直底 緯是橫底 經天緯地 是一橫一直 皆是文理 故 謂之文 裁成天地之道 輔相天地之宜 此 便是經緯天地之文

견포를 짤 때에 경은 세로의 것(날줄)이고, 위는 가로의 것(씨줄)이다. 경천위지라는 것은 한 번은 가로로, 한 번은 세로로 교차하는 것이니 모두 문(무늬)의 결이다. 그러므로 문이라고 한다. 천지의 도를 재단해 이루고 천지의 마땅함을 보완해 돕는 것(『역』, 「괘사전」), 이것이 곧 경천위지의 문이다.

○胡氏曰 日月星辰風雨霜露 天文也 山嶽河海草木花卉 地文也 微而鳥獸蟲魚 皆有文焉 舜 在璿璣玉衡 以齊七政 經天之文也 封山濬川 若草木鳥獸 緯地之文也 天文粲乎上 地文陳乎下 聖人 處乎中 而經緯之 所以裁成輔相之以爲用也

호씨가 말했다. 일월성신 풍우상로는 하늘의 문채이고, 산악하해 초목화훼는 땅의 문채이다. 미물인 조수충어도 모두 문채가 있다. 순임금은 여러 가지 옥기로써 칠정(일월과 다섯 별, 즉 천문)을 가지런히 했으니 이것은 경천의 문이고, 산을 정하고 내를 준설하고 초목조수를 보살폈으니 이것은 위지의 문이다. 천문은 위에서 찬란하고 지문은 아래에서 펼쳐지되, 성인은 그 가운데 처해 (천의 도와 지의 도를) 씨줄, 날줄로 삼아 엮으시니, '재성보상(지나친 것은 자르고 모자라는 것은 보완해 천지의 도를 완성함)'이 쓰임이 된다.

○厚齋馮氏曰 謚法之爲文者 六 而勤學好問 居其一 殆取諸此歟

후재 풍씨가 말했다. 시법에 문이 되는 것은 여섯 가지인데, 근학호문은 그중의 하나에 해당이 되니 아마도 이로부터 취한 것일 것이다.

5.15 子 謂子産 有君子之道 四焉 其行己也 恭 其事上也 敬 其養民也 惠 其使民也 義

공자께서 자산에 대해 말씀하셨다. (자산은) 군자의 도 네 가지를 가지고 있다. 그 스스로의 행함은 공손하고, 윗사람을 모심에는 경건하고, 백성을 기름에는 은혜롭고, 백성을 부림에는 의롭다.

【집주】

子産 鄭大夫 公孫僑音喬 恭 謙遜也 敬 謹恪充各反也

자산은 정나라 대부이며 (이름이) 공손교이다. '공'은 겸손함이며 '경'은 근각함(조심스럽고 성실함)이다.

【세주】

慶源輔氏曰 首篇 釋恭爲莊敬 此 又釋爲謙遜者 恭敬 謙遜 皆禮之端 緣此下文 有事上也敬 故 以謙遜釋恭 謹恪釋敬 蓋 謙遜 乃恭之實 而於行己爲切 謹恪 乃敬之實 而於事上爲宜也

경원 보씨가 말했다. 첫 편(「학이」)에서는 '공'을 장경함(근엄하고 경건함)이라고 해석했는데 여기서는 또 겸손함이라고 해석한 것은(다음과 같은 이유이다), 공경과 겸손은 모두 예의 단서로서 이 아래 구절에 윗사람을 섬김에 '경'하다는 말이 있기 때문에 겸손으로 공을 해석하고 근각으로 경을 해석한 것이다. 대개 겸손함은 공의 실제 내용으로서 스스로 행함에 있어서의 절실함이고, 근각함은 경의 실제 내용으로서 윗사람을 모시는 데 있어서의 마땅함이다.

【집주】

惠 愛利也 使民義 如都鄙有章 上下有服 田有封洫忽域反 廬井有伍之類

'혜'는 사랑하고 이롭게 하는 것이다. 백성을 부림에 의로웠다는 것은 가령 도읍과 시골에는 (각각에 적합한) 법규가 있게 하고, 상하에는 (신분에 따른) 복장이 있게 하고, 밭에는 두둑과 고랑이 있게 하고, 민간에는 오가의 조직이 있게 한 것 등이다.

【세주】

左傳 襄公三十年 鄭子皮 授子産政 子産 使都鄙有章 上下有服 田有封洫 廬井有伍 杜氏註 國都及邊鄙 車服 尊卑 各有分部 公卿大夫服 不相踰 封 疆也 洫 溝也 廬 舍也 九夫爲井 使五家相保

『좌전』 양공 30년 조에 "정자피가 자산에게 정치를 맡겼다. 자산은 도읍과 시골에 법규가 있게 하고, 상하에 복장이 있게 하고, 들에 두둑과 고랑이 있게 하고, 농촌의 민간에 오가의 조직이 있게 했다"라고 했고, (이에 대한) 두씨(두예)의 주에는 "수도와 변방의 시골, 수레와 복장, 신분의 고하에 각각 구분이 있다. 공경대부의 의복은 서로 (규정을) 넘지 않는다. 봉은 두둑이고 혁은 고랑이다. 여는 집이다. 성인 남자 아홉 명이 1정을 이룬다. 다섯 집이 서로 보를 서게 한다"라고 했다.

○朱子曰 有章 是有章程條法 有服 是貴賤衣冠 各有制度 鄭國人謂 取我田疇而伍之 取我衣冠而褚之 是 子産爲國時 衣服 有定制 不敢著底 皆收之囊中 故曰 取而褚之 又曰 有章 是一都一鄙 各有規矩 有服 是衣冠服用 皆有等級高卑 義字 有剛斷之意 其養民則惠 及使民則義 惠與義 相反 便見得子産之政 不專在於寬 就都鄙有章處 見得義字在子産上 不在民上

주자가 말했다. '장이 있다'는 것은 규정과 법률이 있다는 것이다. '복이 있다'는 것은 귀천의 의관에 각기 제도가 있다는 것이다. 정나라 사람들이 이르기를 '나의 밭을 취하여 오를 이루고, 나의 의관을 취하여 쌓아둔다'고 했는데, 이것은 자산이 정치를 할 때 의복에 정해진 제도가 있어서 감히 (규정에 어긋나는 옷을) 입지 못하고 모두 거두어서 자루에 넣었다는 것이다. 그래서 '취해서 쌓아둔다'고 했다. 또 말했다. '장이 있다'는 것은 도읍과 시골에 각각 규범이 있다는 것이고 '복이 있다'는 것은 의관을 입고 씀에 모두 등급의 높고 낮음이 있다는 것이다. '의'자는 굳건하고 단호하다는 의미가 있다. 백성을 기르는 데는 은혜롭게 하고 백성을 부리는 데는 의롭게 했다고 했는데, 은혜로움와 의로움은 서로 상반된다는 점에서 자산의 정치가 오로지 관용에 있지는 않았음을 알 수 있다. '도읍과 시골에 장이 있다'는 말을 보면 '의'자는 자산에게 있는(해당되는) 것이지, 백성들에게 있는 것이 아님을 알 수 있다[자산의 정치가 의로웠다는 것이지, 백성이 의롭다는 것은 아니다].

○或問 四者 亦有序乎 曰 行己恭 則其事上 非有容悅之私而能敬矣 惠於民

而後 使之以義 則民雖勞 而不怨矣

혹자가 물었다. 네 가지에는 또한 순서가 있습니까? 답했다. 스스로의 행함에 공손하면 윗사람을 섬김에 아첨하는 사사로움이 없어 경건할 수 있다. 백성에게 은혜롭게 한 후에 의로써 부리면 백성들이 비록 수고롭다 하더라도 원망하지 않는다.

○新安陳氏曰 事上之敬 卽行己之恭之所推 使民之義 又所以濟其養民之惠也

신안 진씨가 말했다. 윗사람을 섬김에 경건함은 스스로의 행함에 있어서의 공손함을 밀고 나아간 바(결과)이다. 백성을 부림에 있어서의 의로움은 백성을 기름에 있어서의 은혜로움을 이루기 위한 것이다.

【집주】

○吳氏曰 數上聲 下同其事而責之者 其所善者 多也 臧文仲 不仁者 三 不知去聲者 三 是也

오씨가 말했다. 몇 가지 일을 들어서 비판하는 것은 선한 것이 많다는 것이다. (예를 들어) 장문중이 불인한 것이 셋이고, 지혜롭지 못한 것이 셋이라고 한 것이 바로 이것이다.

【세주】

張氏存中曰 左傳 文公三年 秋八月丁卯 大事于大廟 躋僖公 逆祀也僖是閔兄 嘗爲臣位 應在下 今 躋居閔上 故曰 逆祀 仲尼曰 臧文仲 不仁者 三 不知者 三 下展禽展禽 柳下惠也 文仲 知其賢 而使在下位 不與立於朝也 廢六關塞關 陽關之屬 凡六關 所以禁絶來遊 而廢之 妾織蒲以蒲爲席 是與民爭利 三不仁也 作虛器謂居蔡之室 而山節藻梲也 有其器無其位 故曰 虛 縱逆祀聽夏父弗忌躋僖公 祀爰居爰居 海鳥也 三不知也 又按家語 顔回篇曰 置六關 王肅云 六關 關名 魯 本無此關 文仲 置之 以稅行客 故 爲不仁 傳曰 廢六關 未知孰是 姑併錄之

장존중이 말했다. 『좌전』 문공 3년[2년의 잘못인 듯함] 가을 팔월 정묘일조에 보면 "태묘에서 대사를 지내는 데 희공을 올렸으니, 역사(순서가 뒤집힌 제사)이다<희는 민의 형이다. 그러나 일찍이 신하의 위치에 있었으니 마땅히 아래에 있어야 하는데 지금 민의 위에 올렸으니, 그래서 역사라 한다>. 중니께서 말씀하시기를 '장문중은 불인한 것이 셋이고, 지혜롭지 못한 것이 셋이다. 전금을 아래에 둔 것<전금은 유하혜이다. 문중이 그의 현명함을 알고서도 낮은 지위에 두게 하고, 더불어 조정에 서지 않았다>, 육관(여섯 관문)을 폐한 것<육관이란 새관이나 양관 같은 것이다. 대개 육관은

들어와 돌아다니는 것을 막기 위한 것인데 폐지했다>, 처가 포를 짠 것<포로 자리를 짜서 백성들과 이익을 다투었다> 이 세 가지의 불인함이다. 허기(가짜 기물)를 만든 것<점치는 거북을 간직하려고 기둥머리에는 산을 새기고 담 기둥에는 마름을 그린 것을 말한다. 그 기물은 갖추었지만 그(에 상응하는) 지위는 없었기 때문에 '허'라고 했다>, 역사를 따른 것<하보불기가 희공을 올리려는 것을 허락했다>, 원거를 제사지낸 것<원거는 바닷새이다> 이 세 가지의 지혜롭지 못한 것이다'라고 하셨다"라고 되어 있다. 『가어』, 「안회」편을 살펴보면 "육관을 설치했다"라고 했는데, 왕숙은 "육관은 관문의 이름이다. 노나라에는 본래 이러한 관문이 없었는데 문중이 이것을 설치하고 지나는 사람에게서 세를 거두었다. 그래서 불인한 것이다"라고 했다. 『(좌)전』에는 '육관을 폐지했다'라고 했는데 어느 말이 옳은지 몰라서 잠시 함께 기록해둔다.

【집주】

數其事而稱之者 猶有所未至也 子產 有君子之道 四焉 是也 今或以一言蓋一人 一事蓋一時 皆非也

몇 가지 일을 들어서 칭찬하는 것은 오히려 미치지 못하는 바가 있다는 것이다. 자산에게 군자의 도가 넷이 있다는 것이 이것이다. 오늘날 혹 한마디 말로 (그 사람이 그렇다고) 한 사람을 통칭하거나 하나의 일로 (그 시대가 그렇다고) 한 시대를 통칭하는 것은 모두 잘못이다.

【세주】

厚齋馮氏曰 自其立謗政 作丘賦 制參辟 鑄刑書 言之 其所未盡者 誠多也 自春秋之時 言之 知君子之道者 誠寡也 聖人之言 褒不溢美 貶不溢惡 稱其所長之多 而所短 自不能掩爾

후재 풍씨가 말했다. 방정(잘못된 정책)을 세우고, 언덕세를 만들고, 삼벽(하, 은, 주 3대의 형법)을 제작하고, 형서를 주조한 것으로 말하자면 미진한 것(자산이 완전하지 못한 점)이 참으로 많다. 춘추의 시대라는 점에서 말하자면 군자의 도를 아는 자는 참으로 적었다. 성인의 말씀은 표창할 때는 지나치게 미화하지 않으시고, 폄하할 때는 지나치게 나쁘게 말씀하지 않으시니, 그 장점이 많음을 칭찬하셨다고 하더라도 단점은 저절로 가릴 수 없다.

○雲峯胡氏曰 集註 於使民義 獨跡其實而言者 子產 爲政三年 輿人 頌之曰 我有子弟 子產敎之 我有田疇 子產植之 及其卒也 孔子 聞之曰 古之遺愛也 先儒云 子產精神 全在義字上 夫民之所以頌之 夫子所以取之者 以其惠而

能義 孟子所謂 惠而不知爲政 姑指濟人一事而言爾

운봉 호씨가 말했다. 집주에서는 (자산의 도 넷 가운데) '백성을 부림에 의롭다'는 하나에 대해서만 그 실제를 확인해 말했다. 자산이 정치를 한 지 3년 만에 수레 부리는 사람이 칭송하여 말하기를 "나에게 자식이 있는데 자산이 가르쳤고, 나에게 밭두둑이 있는데 자산이 세워주었다"라고 했다. (자산이) 죽자, 공자께서 듣고 말씀하시기를 "옛날 방식의 사랑(이 남아 있는 사람)이다"라고 하셨다(『춘추좌전』, 소공 20년 12월 조). 선유가 말하기를 "자산의 정신은 모두 '의'라는 글자 위에 있다. 무릇 백성들이 칭송한 이유, 공자께서 그것을 인정하신 이유는 은혜로우면서도 능히 의롭게 할 수 있었다는 데 있다. 맹자가 말한 바 '은혜로우나 정치할 줄은 모른다'는 것은 다만 사람을 배로 건네준 일(『맹자』 8, 「이루 하」 2장)을 가리켜 말한 것일 뿐이다"라고 했다.

5.16 子曰 晏平仲 善與人交 久而敬之

공자께서 말씀하셨다. 안평중은 남과 사귀기를 잘했으니, 오래되어도 공경했다.

【집주】

晏平仲 齊大夫 名 嬰 程子曰 人交久 則敬衰 久而能敬 所以爲善

안평중은 제나라 대부이고 이름은 영이다. 정자가 말했다. 사람이 사귐이 오래되면 공경함이 쇠퇴한다. 오래되어도 능히 공경하는 것이 잘 사귀는 것이다.

【세주】

南軒張氏曰 聖人 論豫之六二 介于石不終日貞吉 以爲君子 上交不諂 下交不瀆 爲知幾 蓋 交道 易以淩夷 非正其志者 莫之能守也 交久而敬不衰 亦可謂善矣 聖人 於人 雖一善必錄 天地之心也

남헌 장씨가 말했다. 성인께서 (『역』) 「예」의 <육이> 괘의 '돌처럼 절개가 있다. 날이 마치기 전에 바르고 길하다'는 구절을 논하시면서, 군자가 윗사람과 교제함에 아첨하지 않고 아랫사람과 교제함에 모독하지 않으면 기미를 아는 것이라 여기셨다(『역』, 「계사하전」 5장). 대개 사귐의 도는 (친구를) 업신여기고 우습게 알기 쉽기 때문에 그 뜻을 바르게 하지 않는 자는 능히 지킬 수가 없다. 사귐이 오래되어도 공경함이 쇠퇴하지 않으면 또한 가히 잘한다고 할 수 있다. 성인께서는 사람에 대해 하나의 선이라도 있으면 반드시 기록하시니, 천지의 마음이시다.

○勉齋黃氏曰 朋友 人倫之一 可不敬乎 攝以威儀 相觀以善 一有不敬 則失朋友之道矣 惟其久而敬也 則愈久而愈親 拍肩執袂 以爲氣合 酒食遊戲相徵逐 以爲生死不相背負 未有能全交者也 夫子 美平仲之善交友之道 盡於此矣

면재 황씨가 말했다. 붕우는 인륜의 하나이니 가히 공경하지 않을 수 있겠는가. 위의(예의에 맞는 행동거지)로써 서로 당기고 선으로써 서로 살피는 것이다. 한 번이라도 공경하지 않으면 붕우의 도를 잃은 것이다. 오직 오래되어도 공경한다면, 오래되면 될수록 더욱 친해진다. 어깨를 치고 소매를 잡는 것으로 기가 통한다고 생각하고, 술 마시고 유희하고 서로 오라고 부르고 쫓아가고 하는 것을 가지고 죽거나 살거나 서로 배신하지 않을 것이라고 생각하지만, (그런 자들은) 사귐을 온전하게 하는 자가 없다. 공자께서는 안평중의 친구를 잘 사귀는 도가 이 점에서 완전했다고 찬미하셨다.

○葉氏少蘊曰 夫子在齊 與平仲處者 八年 故 知其如此

섭소온이 말했다. 공자께서 제나라에 계실 때 평중과 같이 지내신 것이 8년이었다. 그래서 그가 이와 같음을 아셨다.

○新安陳氏曰 常人之交 初則敬 久則玩 久而玩 必不能全交 久而不替初心之敬 所以爲善交也

신안 진씨가 말했다. 보통 사람들의 사귐은 처음에는 공경하지만 오래되면 장난치고 놀게 된다. 오래되어 장난치고 놀게 되면 반드시 사귐을 온전히 할 수 없다. 오래되어도 초심의 공경함을 바꾸지 않는 것이 잘 사귀는 것이다.

5.17 子曰 臧文仲 居蔡 山節藻梲 何如其知也梲 章悅反 知 去聲

공자께서 말씀하셨다. 장문중이 큰 거북을 보관하려고 절(기둥머리)에는 산을 새기고, 절(동자기둥)에는 마름을 그렸으니, 어떻게 지혜롭다 하겠느냐?

【집주】

臧文仲 魯大夫 臧孫氏 名 辰魯孝公 生僖伯彄 字 于臧 辰 其曾孫 謚 文居 猶藏也 蔡 大龜也

장문중은 노나라의 대부로서 장손씨이며, 이름은 진이다<노나라 효공이 희백강을 낳았는데 자는 우장이다. 진은 그 증손이고, 시호는 문이다>. '거'는 보관한다는 뜻이다. '채'는 큰 거북이다.

【세주】

古註 蔡 國君之守龜 出蔡地 因以爲名 長尺有二寸

고주에 "채는 국군(나라의 임금)이 지키는 거북인데, 채나라 땅에서 나왔기 때문에 (채로) 이름을 삼았다. 길이는 1척 2촌이다"라고 했다.

【집주】

節 柱頭 斗栱音拱也 藻 水草名 梲 梁上短柱也 蓋 藏龜之室 而刻山於節 畵俗作畫藻於梲也 當時 以文仲爲知 孔子言 其不務民義 而諂瀆鬼神如此 安得爲知 春秋傳所謂 作虛器 卽此事也

'절'이란 기둥머리의 두공(장식)이다. '조'는 수초의 이름이다. '절'은 대들보 위의 짧은 기둥이다. 대개 거북을 보관하는 방을 만들면서 기둥머리에 산을 새기고 동자기둥에는 물풀을 그려놓는다. 당시에 문중을 지혜롭다고 여겼는데, 공자께서는 '사람의 의로움에 힘쓰지 않고 귀신에게 아첨하여 모독함이 이와 같으니 어찌 지혜롭다 하겠느냐'고 말씀하셨다. 『춘추좌전』에 이른바 허기(헛된 기물)를 만들었다는 것이 바로 이 일이다.

【세주】

朱子曰 卜筮事 聖人 固欲人信之 然 藏龜 須自有合當處 今 乃如此 是 他心

惑於鬼神 一向倒在卜筮上了 安得爲知 古說 他僭 若是僭 便是不仁了 今只主不知言 大夫不藏龜 禮家 乃因立此說 臧文仲 在當時 人說是非常底人 孔子 直見他不是處 便見得聖人顯微闡幽處

주자가 말했다. 점치는 일은 성인께서 본디 사람들이 그것을 믿게 하려는 것이다. 그러나 거북을 보관하는 것은 모름지기 스스로 합당한 장소가 있는데도 지금 이와 같이 했으니, 이는 그의 마음이 귀신에게 미혹되어 오로지 점치는 데만 쏠려 있는 것이니, 어찌 지혜롭다 하겠는가? 옛 설에는 그가 참람하다고 했는데, 만약 참람하다면 곧 불인한 것이다. 지금은 다만 지혜롭지 못하다는 점에 주안점을 두고 말한 것이다. 대부는 거북을 간직하지 않는 것이니, 예가(예의 전문가)들은 이 때문에 이 설(참람하다는 설)을 세웠던 것이다. 장문중은 당시 사람들이 비상한 사람이라고 말했지만, 공자께서는 곧바로 그의 옳지 않은 점을 보셨으니 성인께서 숨은 것을 드러내시고 어두운 것을 밝히셨음을 곧 알 수 있다.

○南軒張氏曰 所貴乎知者 爲其明見理之是非也 方其時世俗 以小慧爲知 故 於文仲有惑焉 夫子 明之 使人知夫 所謂知者 在此 而不在彼也

남헌 장씨가 말했다. 앎에서 귀한 것은 이치의 옳고 그름을 명확하게 아는 것이다. 바야흐로 당시의 세속에서는 작은 지혜를 지혜로움이라고 여겼기에 문중에게 미혹됨이 있었다. 공자께서는 이를 밝히시어 사람들로 하여금 알게 하셨으니, 소위 지혜로움이란 여기(공자께) 있는 것이지 거기(장문중에게) 있는 것이 아니다.

○新安陳氏曰 不務民義 本文 無此意 然 諂瀆鬼神者 必不務民義 務民義者 必不諂瀆鬼神 二者常相關 樊遲 問知 子曰 務民之義 敬鬼神而遠之 可謂知矣 朱子 蓋 卽答樊遲問知之意 以斷臧文仲歟

신안 진씨가 말했다. (경전의) 본문에는 사람의 의로움에 힘쓰지 않는다는 뜻은 없다. 그러나 귀신에게 아첨하여 모독하는 자는 반드시 사람의 의로움에는 힘을 쓰지 않는 법이고, 사람의 의로움에 힘쓰는 자는 반드시 귀신에게 아첨하여 모독하지 않으니, 이 두 가지 일은 언제나 서로 관련이 있다. 번지가 앎(지혜로움)을 물으니, 공자께서 답하시기를 "사람의 의로움에 힘쓰고 귀신을 공경하되 멀리하면 가히 지혜롭다 할 만하다(『논어』 6, 「옹야」 20)"라고 하셨다. 주자는 번지의 앎에 대한 질문에 대해 (공자가) 대답한 의미에 근거하여 장문중을 끊은(비판한) 것이리라.

【집주】

○張子曰張子 名 載 字 子厚 號 橫渠先生 長安人 山節藻梲 爲藏龜之室 祀爰居之義 同歸於不知 宜矣

장자가 말했다<장자는 이름이 재이고, 자는 자후이며, 호는 횡거 선생이다. 장안 사람이다>. 절에 산을 새기고 절에 마름을 그려 거북을 보관하는 방을 만든 것과 바다새를 제사지낸 것의 의미는 모두 지혜롭지 못함으로 귀결되는 것이 마땅하다.

【세주】

朱子曰 三不知 皆是諂瀆鬼神之事

주자가 말했다. (앞 장에 나온) 세 가지 지혜롭지 못한 일은 모두 귀신에게 아첨하여 모독하는 일이다.

○國語 魯語 海鳥曰爰 居止於魯東門之外 三日 臧文仲 使國人祭之 文仲以爲神 故 命人祭之

『국어』, 「노어」에 보면 "해조를 원이라고 하는데, (그 새가) 노나라 동문 밖에 사흘 동안 머무르니 장문중이 나라 사람들을 시켜 제사지내게 했다. 문중은 (그 새를) 신이라고 생각했기 때문에 사람들에게 제사지내게 했다"라고 했다.

5.18-1 子張問曰 令尹子文 三仕爲令尹 無喜色 三已之 無慍色 舊令尹之政 必以告新令尹 何如 子曰 忠矣 曰 仁矣乎 曰 未知 焉得仁知 如字 焉 於虔反

자장이 여쭈어 말했다. 영윤 자문은 세 번 벼슬하여 영윤이 되었지만 기쁜 기색이 없었고, 세 번 그만두었지만 화내는 기색이 없었습니다. 지난 영윤의 정치를 반드시 새 영윤에게 고했습니다. 어떠합니까? 공자께서 답하셨다. 충성스럽구나. 물었다. 인합니까? 답하셨다. 모르겠다. 어찌 인이라 할 수 있으리오.

【집주】

令尹 官名 楚上卿 執政者也 子文 姓 鬪 名 穀奴口反於音烏菟音徒

영윤은 벼슬 이름인데, 초나라의 상경으로서 집정자이다. 자문은 성은 투이고, 이름은 누오도이다.

【세주】

○左傳 宣公四年初 若敖 娶於䢵 生鬭伯比 若敖 卒 從其母 畜於䢵 淫於䢵子之女伯比 私淫之 生子文焉 䢵夫人 使棄諸夢中 夢音 蒙 又如字 澤名也 虎乳之 䢵子田 見之懼 而歸夫人以告言其女 私通伯比所生 遂使收之 楚人 謂乳穀 謂虎於菟 故 命之 曰 鬭穀於菟 以其女妻去聲伯比 實爲令尹子文

『좌전』에 보면 선공 4년 초에 약오가 운에서 처를 얻어 투백비를 낳았다. 약오가 죽자 (투백비는) 그 모친을 따라 운에서 길러졌는데, 운자의 여식과 음행을 저질러<백비가 사사로이 음행을 했다> 자문을 낳았다. 운 부인이 몽 가운데 버리게 했는데<'몽'은 음이 몽이고, 같은 글자이다. 못 이름이다>, 호랑이가 그에게 젖을 먹이니 운자전이 그것을 보고 두려워하여 부인에게 돌아가 고했다<그 딸이 백비와 사통하여 낳은 것이라고 말했다>. 마침내 그를 거두게 했다. 초나라 사람들은 젖먹이는 것을 누라 하고, 호랑이를 오도라 했다. 그래서 이름 붙이기를 투누오도라 했다. 그 딸을 백비의 처로 삼았다. (투누오도 이 사람이) 실로 영윤 자문이다.

【집주】

其爲人也 喜怒不形 物我無間去聲 知有其國 而不知有其身 其忠盛矣 故 子張疑其仁

그 사람됨은 기쁨과 노여움을 드러내지 않았고, 남과 나 사이에 간격이 없었다. 그 나라가 있음은 알고 자신의 몸이 있음은 몰랐으니 그 충성이 성대하다. 그런 까닭에 자장이 그가 인한 것이 아닌가 생각한 것이다.

【세주】

勉齋黃氏曰 喜怒不形 釋三仕三已無喜慍 物我無間 釋舊政告新 知有其國而不知有其身 通釋上兩件

면재 황씨가 말했다. 기쁨과 노여움을 드러내지 않았다는 것은 세 번 벼슬하고 세 번 그만두었는데도 기뻐함과 노여워함이 없었다는 것을 풀이한 것이고, 남과 나 사이에 간격이 없었다는 것은 구정을 신 영윤에게 고했다는 것을 풀이한 것이고, 그 나라가 있음은 알지만 자신의 몸이 있음은 몰랐다는 것은 이 두 가지를 통틀어 풀이한 것이다.

【집주】

然 其所以三仕三已而告新令尹者 未知其皆出於天理 而無人欲之私也 是以 夫子 但許其忠 而未許其仁也

그러나 세 번 벼슬하고 세 번 그만둔 일과 새 영윤에게 알려준 일의 이유가 모두 천리에서 나오고 인욕의 사사로움이 없었던 것 때문인지는 잘 알 수 없다. 그래서 공자께서는 단지 그 충성스러움은 인정하셨지만 그 인은 인정하지 않으신 것이다.

【세주】

或問 令尹子文 忠矣 孔子 不許其仁 何也 程子曰 此 只是忠 不可謂之仁若比干之忠 見得時 便是仁也

혹자가 물었다. 영윤자문은 충성스러운데도 공자께서 그 인을 인정하지 않으신 것은 어째서입니까? 정자가 답했다. 이것은 단지 충이지 인이라고 할 수는 없다. 만약 비간의 충성 같으면, 보면 곧 인임을 알 수 있다.

○問 令尹子文之忠 若其果無私意 出於至誠惻怛 便可謂之仁否 朱子曰固是 然 不消泥他事上說 須看他三仕三已還是當否 以舊政告新令尹 又須

看他告得是否 只緣他大體 旣不是了 故 其小節 有不足取 如管仲之三歸反坫 聖人 却與其仁之功者 以其立義正也 故 管仲 是天下之大義 子文 是一人之私行耳

물었다. 영윤자문의 충이 만약 과연 사사로운 뜻이 없이 지극한 정성과 측은의 마음에서 나온 것이라면 인이라 할 수 있지 않습니까? 주자가 답했다. 물론 그렇다. 하지만 그 일(행위)에만 구애되어 말할 필요는 없다. 반드시 세 번 벼슬하고 세 번 그만둔 행위가 마땅한지 아닌지를 보아야 하며, 지난 정치를 새 영윤에게 고한 것도 반드시 그가 고한 것이 맞는지 아닌지를 보아야 한다. 그의 대체(큰 행동)는 이미 옳지 않기 때문에 그의 소절(소소한 좋은 행동)은 취하기에는 부족함이 있다. 예컨대 관중은 삼귀반점(누대 셋을 둔 일과 반점이라는 기물을 둔 일, 즉 신분에 맞지 않은 사치스럽고 참람한 일, 『논어』 3, 「팔일」 22장)을 했음에도 불구하고 성인께서 곧 인의 공이라고 인정하신 것은 그가 의를 바로 세웠기 때문이다. 그러므로 관중은 천하의 대의이고, 자문은 개인의 사사로운 행동일 뿐이다.

5.18-2 崔子 弑齊君 陳文子 有馬十乘 棄而違之 至於他邦 則曰 猶吾大夫崔子也 違之 之一邦 則又曰 猶吾大夫崔子也 違之 何如 子曰 淸矣 曰 仁矣乎 曰 未知 焉得仁乘 去聲

최자가 제나라 임금을 죽이자, 진문자가 말 10승이 있었는데도 그것을 버리고 (제나라를) 떠났습니다. 다른 나라에 이르러서 곧 말하기를 우리 대부 최자와 같구나 하고 떠났습니다. 한 나라에 가서 곧 또 말하기를 우리 대부 최자와 같구나 하고 떠났습니다. 어떠합니까? 공자께서 답하셨다. 맑구나. 물었다. 인합니까? 답하셨다. 모르겠다. 어찌 인이라 할 수 있으리오.

【집주】

崔子 齊大夫 名 杼直呂反 齊君 莊公 名 光 陳文子 亦齊大夫 名

須無 十乘 四十匹也 違 去也 文子 潔身去亂

최자는 제나라 대부이고 이름은 저이다. 제나라 임금은 장공인데 이름이 광이다. 진문자 역시 제나라 대부이고 이름은 수무이다. 10승은 (말) 40필이다. '위'는 떠난다는 뜻이다. 문자는 몸을 깨끗하게 하고 어지러운 나라를 벗어났으니

【세주】

不使弑逆之惡 得汚其身

임금을 죽이는 반역의 악이 그 몸을 더럽히지 않게 했다.

【집주】

可謂淸矣 然 未知其心果見義理之當然 而能脫然無所累乎 抑不得已於利害之私 而猶未免於怨悔也 故 夫子 特許其淸 而不許其仁

맑다고 할 만하다. 그러나 그 마음이 과연 의리의 당연함을 알아 초탈하게 구애된 바가 없어서 그랬는지, 아니면 이해의 사사로움 때문에 부득이해서 그리하고, 원망과 후회를 면치 못했는지는 잘 알 수 없다. 그래서 공자께서는 다만 그의 맑음은 인정하셨지만 그 인은 인정하지 않으신 것이다.

【세주】

春秋 襄公二十五年夏五月乙亥 齊 崔杼 弑其君光 左傳 齊棠公棠邑大夫之妻東郭偃之姊也 東郭偃臣崔武子 棠公死 偃御武子以弔焉 見棠姜而美 遂取之 莊公通焉 驟如崔氏 以崔子之冠賜人 侍者曰 不可 公曰 不爲其無冠乎言雖不爲崔子 猶自應有冠 崔子因是 又以其間伐晉也間晉之難 而伐之 曰 晉 必將報 欲弑公 以說於晉 而不獲間 公 鞭侍人賈擧 而又近之 乃爲崔子間公伺公間隙 五月 莒子 朝于齊 甲戌 饗諸北郭 崔子 稱疾不視事 欲使公來 乙亥 公 問崔子 遂從姜氏 姜氏 入于室 與崔子 自側戶出 公 拊楹而歌歌以命姜 侍人賈擧 止衆從者而入 閉門 甲興 公 登臺而請 弗許 請盟 弗許 請自刃於廟 弗許 皆曰 君之臣 杼 疾病不能聽命 近於公宮謂崔子宮近公宮 或淫者詐稱公 陪臣干掫有淫者 不知二命干掫行夜 行夜得淫人 受崔子命討之 不知他命 公 踰墻 又射之 中股 反隊與墜同 遂弑之

『춘추』 양공 25년 여름 5월 을해 조에 "제의 최저가 그 임금 광을 죽였다"라고 했다. 『좌전』에는 "제나라 당공<제나라 당읍의 대부이다>의 처는 동곽 언의 누이동생이다. 동곽 언은 최무자를 섬겼다. 당공이 죽자 언이 최자를 태우고

조문을 했는데, (최자가) 당강(당공의 처인 언의 누이동생)을 보고 예쁘다고 여겨 드디어 그녀를 취했다. 장공이 이를 알고 최씨(최자)에게 급히 달려가 최자의 관을 빼앗아 남에게 주니, 시자가 불가하다고 말렸다. 공은 '관이 없어서 되겠는가'라고 말했다<최자라서 그런 것이 아니라 응당 그 사람도 스스로 관이 있어야 하기 때문이라고 말했다>. 최자는 이 때문에, 그리고 (장공이) 틈을 타 진나라를 공격했기 때문에<진나라의 내란을 틈타 공격했다> '진나라가 반드시 보복할 것이다'라고 하고, 진나라에 아부하려고 장공을 죽이려 했으나 그 틈을 얻지 못했다. 장공이 시자 가거를 채찍질하고, 또 다시 (가거를) 가까이하자 이것이 최자에게는 공을 엿볼 틈이 되었다<장공의 틈새를 엿보았다>. 오월에 거자가 제에 조알하자 갑술일에 북곽에서 향연을 열었다. 최자는 칭병하여 일을 보지 않고 장공으로 하여금 오게 했다. 을해일(다음날)에 장공이 최자를 문병하면서 드디어 강씨를 좇아가자, 강(최자의 처)은 방에 들어가서 최자와 함께 옆방을 통해 빠져 나갔다. 장공이 난간을 잡고 노래했다<노래하여 강에게 명했다>. 시자 가거가 여러 종자를 멈추어 못 들어오게 하고 문을 닫고 무기를 들었다. 장공이 대에 오르기를 청했지만 (가거는) 불허했다. 맹약을 청했으나 불허했다. 스스로 묘에서 자살하는 것도 불허했다. 모두 말하기를 '군의 신하 저(최자)는 병이 들어 명을 들을 수 없습니다. 공의 궁실에 가깝기 때문에<최자의 집이 장공의 궁 가까이 있는데, 혹 음란한 자가 공을 사칭할지도 모르기 때문이라는 말이다> (최자가) 배신들(최자의 가신들)에게 음란한 행위를 하는 자를 잡으라고 했으니, 다른 명은 알지 못합니다<딱따기를 치면서 야경을 돌고, 야경을 돌다가 음란한 자를 만나면 최자의 명을 받아 단속할 뿐 다른 명령은 모른다는 말이다>'라고 했다. 공이 담장을 넘자 활을 쏘아 다리를 맞혔다. 거꾸로 떨어지자<대는 떨어진다는 뜻이다> 드디어 죽였다"라고 했다.

【집주】

愚 聞之師 曰 當去聲理而無私心 則仁矣

내가 선생님께 들었는데 "이치에 합당하고 사심이 없는 것이 곧 인이다"라고 하셨다.

【세주】

朱子曰 有人 事當於理 而未必無私心 有人 無私心 而處事 又未必當於理 惟仁者 內無私心 而外之處事 又當於理 須表裏心事一 皆純乎天理 而無一毫之私 乃可

주자가 말했다. 어떤 사람은 일은 이치에 합당하지만 꼭 사심이 없는 것은 아닐 수도 있고, 어떤 사람은 사심은 없으나 일을 처리함에 이치에 합당하지 않을 수도 있다. 오로지 인자만이 (마음) 안으로는 사심이 없고 또 밖으로는 이치에 합당하다. 모름지기 겉과 속, 일과 마음이 하나여서 모두 천리에 순수하고 또 터럭만큼도 사심이 없어야만 옳다.

【집주】

今 以是 而觀二子之事 雖其制行去聲之高 若不可及 然 皆未有以見其必當於理 而眞無私心也 子張 未識仁體 而悅於苟難

지금 이로써 이 두 사람의 일을 보건대 비록 그 행동 절제의 수준 높음은 미칠 수 없는 것처럼 보이지만, 그러나 모두 반드시 이치에 합당하고 또 진실로 사심이 없었는지는 모르겠다. 자장은 아직 인의 체를 알지 못하고 구차히 힘든 일을 (훌륭한 것이라고) 기뻐하여

【세주】

荀子 不苟篇曰 君子 行不貴苟難 唯其當之爲貴 注 當 謂合禮義也

『순자』, 「불구」편에 말하기를 "군자는 행동에서 구차히 힘든 것을 귀히 여기지 않는다. 다만 마땅함을 귀히 여긴다"라고 했다. 주에 '당'은 예의에 합치하는 것이라고 했다.

【집주】

遂以小者二子之小善 信其大者仁 夫子之不許也 宜哉 讀者於此 更以上章不知其仁雍也 仁而不佞 及孟武伯問 子路仁乎 後篇 仁則吾不知之語憲問 克伐怨欲 不行 幷與三仁微子 箕子 比干 夷齊之事求仁 得仁 觀之則彼此交盡 而仁之爲義 可識矣

드디어는 작은 것<두 사람의 작은 선>을 큰 것<인>이라고 믿었으니 공자께서 인정하지 않으심이 마땅하다. 독자가 여기에서 다시 위 장의 '그 인을 알지 못한다'는 말씀<(위의 장이란) '옹은 인하되 말재주가 없다'는 구절과 '맹무백이 자로가 인한지를 물었다'는 구절을 말한다>과 후편의 '인인지는 나는 알지 못한다'는 말씀<(원)헌이 다투고 잘난 척하고 원망하고 탐욕 부리는 일을 행하지 않음을 물은 구절(『논어』 14, 「헌문」 2장)을 말한다>과 아울러 세 인자<미자, 기자, 비간을 말한다(『논어』 18, 「미자」 1장)>와 백이, 숙제의 일<(백이, 숙제가) 인을 구해 인을 얻은 것을 말한다>을 보면, 이것과 저것이 서로 완전히 비교되어 인의 의의를 가히 알 수 있을 것이다.

【세주】

問 陳文子之淸 令尹子文之忠 使聖人爲之 則是仁否 程子曰 不然 聖人爲之 亦只是淸忠

물었다. 진문자의 청과 영윤자문의 충을 성인께서 하신다면 인이라 할 수 있겠습니까? 정자가 답했다. 그렇지 않다. 성인께서 하셔도 역시 단지 청과 충일 뿐이다.

○朱子曰 仁者 心之德 聖人 所以不許二子者 正以其事 雖可觀 而其本心 或有不然也 子文 三仕三已 略無喜慍 盡以舊政 告之新尹 文子有馬十乘 棄之如敝屣然 此 豈是易事 後人 因孔子不許之以仁 便以二子之事爲未足道 此 却不可 須當思二子所爲 如此高絶 而聖人不許之以仁者 因如何 便見得二子不可易及 仁之體段 實是如何 切不可容易看

주자가 말했다. 인은 마음의 덕이다. 성인께서 두 사람을 인정하지 않으신 이유는 바로 그 일은 비록 볼만하나, 그 본심이 혹 그렇지 않을 수도 있기 때문이었다. 자문이 세 번 벼슬하고 세 번 그만두면서도 대략 기쁨과 노여움의 기색이 없었고, 지난 정치를 새 영윤에게 다 알려준 것, 그리고 문자가 말 10승을 버리기를 헌신짝처럼 한 것, 이것이 어찌 쉬운 일이겠는가? 뒷사람들이 공자께서 인을 인정하지 않으신 것을 두고 두 사람의 일이 족히 말할 거리도 못 된다고 생각하는 것, 이는 오히려 잘못된 것이다. 모름지기 마땅히 이 두 사람의 행위가 이처럼 고절한데도 성인께서 인으로 인정하시지 않으신 것은 무엇 때문인지를 생각해보아야 한다. 그러면 곧 이 두 사람의 일이 쉽게 미칠 수 있는 것이 아니라는 것을 알 수 있고, 인의 체단[본체로서의 모습]이 실로 어떠한 것인지는 결코 쉽게 볼 수 있는 것이 아니라는 것을 알 수 있다.

○二子忠淸 只就事上說 若比干夷齊之忠淸 只就心上說 比干夷齊 是有本底忠淸 忠淸裏 有仁 二子之忠淸 只喚做忠淸

두 사람의 충청(충성됨과 맑음)은 다만 곧 일에 대해 말한 것이다. 비간과 백이, 숙제의 충청의 경우는 다만 마음에 대해 말한 것이다. 비간과 백이, 숙제는 근본이 있는 충청이니, 충청 안에 인이 있다. 이 두 사람의 충청은 (이름만) 충청이라고 부를 뿐이다.

○問 子文文子之事 程子謂 聖人爲之 亦只是淸忠 夫 聖人 無一事之非仁 而乃云爾者 何也 南軒張氏曰 程子之意 大要 以爲此事只得謂之淸忠 然

在二子爲之 曰忠 曰清 而止矣 仁則未知也 在聖人事 或有類此者 以其事言 亦只得謂之忠清 然而所以然者 則亦不妨其爲仁也 如伯夷之事 雖以淸目之 亦何害其爲仁乎

물었다. 자문과 문자의 일에 대해 정자가 성인께서 그것을 하셔도 단지 충청일 뿐이라고 했습니다. 무릇 성인은 하나의 일도 인이 아님이 없으신데 그렇게 말한 것은 어째서입니까? 남헌 장씨가 답했다. 정자의 뜻은 요컨대 이 일은 다만 청과 충이라고 불릴 수 있을 뿐이라고 생각한 것이다. 그러나 이 두 사람이 그 일을 한다면 충이요 청이라고 부를 수 있는 데 그칠 뿐으로, 인한지는 알 수 없는 것이다. 성인의 일인 경우에는 혹 이와 비슷한 일이 있다면 그 일로써만 말하자면 또한 충이나 청이라고 말할 수 있을 뿐이지만, 그 일을 한 이유를 보자면 그것을 인이라고 해도 무방하다. 가령 백이의 일은 비록 청의 항목에 넣을 수 있지만 그것이 인이 되는 데 무슨 지장이 있으리오.

○胡氏曰 不知其仁 謂非全體不息者 不足以當之也 仁則吾不知 謂仁則天理渾然 自無克伐怨欲之累不行 不足以言之也 殷有三仁 謂三人同出於至誠惻怛之意 故 不咈乎愛之理 而有以全其心之德也 夷齊之仁 謂皆求合乎天理之正 而卽乎人心之安也 夫 全體者 無虧欠也 不息者 無間斷也 至於外若無虧欠間斷 而中之私意 根萌猶在焉 亦不得謂之仁 必其見於事者 皆當於理 而發於心者 皆無所私 然後 可以謂之仁也

호씨가 말했다. '부지기인(그 인을 알지 못한다)'이라는 말씀은 전체(완전한 인 그 자체)로서 쉬지 않는 자가 아니면 그것(인)에 해당하기에 부족하다는 말이다. '인즉오부지(인인지는 나는 알지 못한다)'라는 말씀은 인이란 천리의 혼연함이기 때문에 다투고 잘난 척하고 원망하고 욕심을 부리는 잘못이 없어, (그런 일을) 행하지 않는다 해도 그렇게(인이라고) 말하기에 부족하다는 말이다. 은에는 인자가 셋 있었다는 말은 세 사람(의 행동)이 동일하게 지극한 정성과 측은의 뜻에서 나왔으므로 사랑함의 이치에 어긋남이 없고 그 마음의 덕을 온전히 하는 바가 있었다는 말이다. 백이, 숙제의 인이라는 말은 (백이, 숙제) 모두가 천리의 올바름에 합치되기를 구하고, 인심의 편안함에 근거를 두었다는 말이다. 무릇 전체라는 것은 이지러지거나 모자라는 것이 없다는 뜻이다. 쉬지 않는다는 것은 끊어짐이 없다는 의미이다. 밖으로는 마치 이지러짐이나 모자람, 끊어짐이 없는 듯하나 마음 안의 사사로운 생각의 뿌리나 맹아가 아직도 있다면 역시 인이라고 할 수 없다. 반드시 일에 드러나는 것이 이치에 합당하고 또 내면에서 발휘되는 것도 모두 사사로운 것이 없는 연후에야 비로소 인이라고 할 수 있다.

○雙峯饒氏曰 論語 言仁 有以德言者 有以事言者 如雍也仁而不佞 問子路仁乎 克伐怨欲 不行焉 可以爲難 皆是以德言 子文 文子 未知 焉得仁 夷齊求仁 得仁 殷有三仁 皆是以事言 以德言 非全體而不息 不足以當之 以事言則須當理而無私心 乃可以當之 顔子 於仁 可言全體 仲弓 便不可謂之全體顔子 三月不違 庶幾久而不息 日月至焉 能至而不能久 不可謂之不息 夷齊三仁 事當理 而心無私 故 皆可謂之仁 子文 文子之事 非特心未能無私 而事亦不當理 何以得爲仁乎

쌍봉 요씨가 말했다. 『논어』에서 인을 말한 것에는 덕으로써 말한 것과 일(행위)로써 말한 것이 있다. 예를 들어 '옹은 인하되 말재주가 없다', '자로가 인한지를 물었다', '다투고 잘난 척하고 원망하고 탐욕 부리는 것을 아니하는 것은 어렵다고 할 수 있다'는 구절은 모두 덕으로써 말한 것이다. '자문이나 문자는 (인한지는) 알지 못한다. 어찌 인이라 할 수 있으리오', '백이, 숙제는 인을 구하여 인을 얻었다', '은나라에는 세 사람의 인인이 있다'는 구절은 모두 일로써 말한 것이다. 덕으로써 말하는 경우 전체로서 쉬지 않는 자가 아니면 이에 해당된다고 할 수 없다. 일로서 말하는 경우, 모름지기 마땅히 이치에 합당하고 사심이 없어야 여기에 해당될 수 있다. 안자는 인에서 전체라고 말할 수 있지만, 중궁은 오히려 전체라고 말할 수 없다. 안자는 3개월을 어기지 않았다 하니, 거의 '오랫동안 쉬지 않는 것'이지만, 날이나 달로써 이르는 자들은 이를 수는 있지만 오래가지는 못하니 그것을 '쉬지 않는 것'이라고 할 수는 없다. 백이와 숙제, 그리고 세 인자는 일이 이치에 합당하고 마음에 사사로움이 없으니, 그런 까닭에 모두 인이라고 할 수 있다. 자문과 문자의 경우는 단지 마음에 사사로움이 없을 수 없을 뿐만 아니라 일 또한 모두 이치에 합당한 것도 아니니, 어찌 인이라고 할 수 있겠는가?

【집주】

今 以他書考之 子文之相去聲楚 所謀者 無非僭王猾戶八反夏之事

지금 다른 책을 가지고 살펴보면, 자문이 초의 재상이 되어 도모한 일이 왕을 참칭하고 중국을 어지럽힌 일 아닌 것이 없다.

【세주】

左傳 莊公 三十年 楚 殺令尹子元 以鬬穀於菟爲令尹 僖公 二十三年 楚成得臣伐陳 取焦夷 子文 以爲功 使子玉爲令尹 子文爲令尹 凡二十八年注 杜氏曰 按 莊公三十年 楚成王立九年矣 僖公 二十三年 卽成王之三十六年也 楚 自武王三十七年 僭稱王 魯桓公之八年也 武王 五十一年卒 子 文王

立 文王十三年卒 子 堵敖立 堵敖五年卒 弟 成王立 僖公元年 楚成王之十四年也 楚伐鄭 鄭卽齊故也 五年 楚 鬪穀於菟 滅弦 六年 楚子 圍許 許男面縛銜璧 乃釋之 十二年 楚人滅黃 十五年 楚人伐隨 二十年 隨以漢東諸侯叛楚 楚鬪穀於菟帥師伐隨 取成而還 二十一年 宋人爲鹿上之盟 以求諸侯於楚 楚人許之 諸侯會宋公于孟 楚執宋公 以伐宋 已而 釋之 二十二年 楚人伐宋 宋公及楚人戰于泓 宋師敗績 公傷股 明年 宋襄公死 二十三年 楚師伐陳 討其貳於宋也 此 僭王猾夏之事也

『좌전』에 보면 장공 30년 초나라가 영윤 자원을 죽이고 투누오도로 영윤을 삼았다. 희공 23년 초나라 성득신이 진을 쳐서 초와 이를 취했는데 자문이 그것을 공으로 여겨서 자옥[아마도 성득신의 별명인 듯]으로 하여금 영윤이 되게 했으니, 자문이 영윤을 한 것이 모두 28년간이다. (『좌전』) 주에 두씨(두예)가 말하기를 '살피건대 장공 30년은 초 성왕의 즉위 9년이다'라고 했으니, 희공 23년은 초 성왕 36년이 된다. 초나라는 무왕 37년부터 왕을 참칭했으니 (이때가) 노 환공 8년이다. 무왕은 51년에 죽고 아들인 문왕이 즉위했다. 문왕은 13년에 죽고, 아들 저오가 즉위했다. 저오는 5년에 죽고 동생 성왕이 즉위했다. 희공 원년은 초 성왕 14년이다. (희공 원년) 초나라가 정나라를 쳤는데 정나라가 제나라와 밀착되어 있었기 때문이다. (희공) 5년에 초나라의 투누오도가 현을 멸했다. 6년에 초자가 허를 포위했는데, 허남(허의 제후)이 손을 뒤로 묶고 벽옥을 입에 물고 항복하니 풀어주었다. 12년에 초나라 사람들이 황을 멸했다. 15년에 초나라 사람들이 수를 쳤다. 20년에 수가 한수 동쪽의 제후들과 함께 초나라에 반기를 들자 초나라의 누오도는 군대를 이끌고 수를 쳐서, 성공하고 돌아갔다. 21년에 송나라 사람들이 (맹주가 되기 위해) 녹상에서 동맹을 맺어 초나라에서 (초나라에 굴복한) 제후들을 모았다. 초나라 사람들이 그것을 허락해서 제후들이 맹에서 송공과 만났는데, 초나라가 송공을 잡고 송나라를 쳤다. 얼마 안 있어 그를 놓아주었다. 22년 초나라 사람들이 송나라를 치자 송공이 초나라 사람들에게 나아가 홍에서 싸웠는데, 송군은 패했고 송공은 다리를 다쳤다. 그 다음해 (그 부상 때문에) 송양공이 죽었다. 23년에 초의 군대가 진나라를 쳤는데 (진나라가) 송과 내통했기에 토벌한 것이다. 이것이 왕을 참칭하고 중국을 어지럽힌 일이다.

【집주】

文子之仕齊 旣失正君討賊之義

문자가 제나라에서 벼슬하면서 이미 임금을 바로잡고 도적을 토벌하는 의리를 잃어버렸고,

【세주】

上不能規正莊公 次不能討杼弑逆

위로는 (제나라) 장공을 바로잡지 못하고, 다음으로는 저가 시해하고 반역하는 것을 토벌하지 못했다.

【집주】

又不數歲 而復扶又反反於齊焉

그리고 또 몇 년 안 되어 다시 제나라로 돌아갔으니,

【세주】

左傳 襄公二十七年 宋 向戌 欲弭諸侯之兵以爲名欲獲息民之名 如晉 告趙孟 晉人許之 如楚 楚亦許之 如齊 齊人難之 陳文子曰 晉楚許之 我焉得已 且人曰弭兵 而我弗許 則固携吾民矣 將焉用之 齊人許之 注 杜氏曰 按 襄公二十五年 崔杼弑齊君 是時 陳文子出奔 二十六年 不經見 二十七年 文子存弭兵之說 則文子自出奔 復反於齊 凡二年

『좌전』에 보면, 양공 27년에 송의 상술이 제후의 군사를 푸는 것으로써 이름을 얻으려 했다<백성을 쉬게 한다는 이름을 얻으려 했다>. 진나라로 가서 (군사를 풀자고) 조맹에게 말하니 진나라 사람들이 그것을 허락했고, 초나라에 가자 초나라 사람들도 허락했다. 제나라로 가니 제나라 사람들이 그것을 어렵게 생각했다. 진문자가 말하기를 '진과 초가 허락했으니 내가 어쩔 수 있겠는가? 또 사람들이 군사를 풀라고 하는데 내가 허락하지 않는다면 진실로 내 백성을 쥐고 있는 꼴이니 장차 어찌 (백성을) 쓰겠는가'라고 하니, 제나라 사람들이 결국 허락했다. (『좌전』) 주에 두씨가 말하기를 "살피건대 양공 25년에 최저가 제나라 임금을 시해했는데, 이때가 진문자가 (제나라에서) 도망간 때이다. 26년에는 보이지 않는다. 27년에는 문자의 이병지설(군사를 풀자는 주장)이 있으니, 문자가 (제나라에서) 도망쳤다가 다시 제나라로 돌아온 것은 2년 만이었다"라고 했다.

【집주】

則其不仁 亦可見矣

그러한즉 그 인하지 못함을 가히 알 수 있다.

【세주】

朱子曰 仁者 心之德 而天之理也 自非至誠盡性通貫全體 如天地一元之氣

化育流行無少間息 不足以名之 今 子文 仕於蠻荊 執其政柄 至於再三 旣不能革其僭王之號 又不能止其猾夏之心 至於滅弦伐隨之事 至乃以身爲之而不知其爲罪 文子 立於淫亂之朝 旣不能正君禦亂 又不能先事而潔身 至於簒弑之禍已作 又不能上告天子 下請方伯 以討其賊 去國二年 又無故而自還 復與亂臣共事 此二者 平日之所爲 止於如此 其不得爲仁也 明矣 然聖人之言辭 不迫切 而意已獨至 雖不輕許 而亦不輕絶也 學者 因其言 而反以求之 則於仁之理 與人之所以得是名者 庶幾其可黙識乎

주자가 말했다. 인이라는 것은 마음의 덕이고 하늘의 이치이니, 지성(지극한 참됨)과 진성(완전한 본성)으로 전체를 꿰뚫어, 마치 천지의 하나의 근원되는 기가 모든 사물을 키워내고 흘러 다녀 잠시도 쉬지 않는 것처럼 하지 않으면 인이라고 이름 붙일 수가 없는 것이다. 지금 자문은 만형(남만의 땅 형주, 즉 초나라)에서 벼슬하여 정권을 잡은 것이 두세 번에 이르렀는데도, 이미 참왕의 호(참람하게 왕이라 호칭함)를 혁파하지도 못했고 중국을 어지럽히려는 마음을 그치게 하지도 못했고, 현을 멸망시키고 수를 치는 일에 이르러서는 드디어 그 자신이 직접하고서도 죄가 되는 줄도 모르는 데 이르렀다. 문자는 음란한 조정에서 벼슬하면서 이미 임금을 바로잡고 난을 제어하지도 못했고, 일이 일어나기 전에 몸을 깨끗이 하지도 못했고, 찬시(신하가 임금을 죽임)의 변란이 이미 일어났는데도 또 위로는 천자께 고하고 아래로는 방백(여러 제후)에게 청해 그 도적을 토벌하지도 못했고, 나라를 떠난 지 2년 만에 또 아무런 까닭도 없이 스스로 돌아와서 다시 난신과 더불어 일을 했다. 이 두 사람이 평소의 소행이 이러한 데 그쳤으니 인이라고 할 수 없음은 분명하다. 그러나 성인의 말씀은 박절하지 않으시나 뜻은 이미 홀로 지극하셨다. 비록 가볍게 인정하시지는 않으나 또한 가벼이 끊지도 않으셨다. 배우는 자가 그 말씀에 근거해 돌이켜 구한다면, 인의 이치와 사람이 인하다는 이름을 얻을 수 있는 까닭에 대해 아마도 묵식(말없이 깊이 깨달음)할 수 있을 것이다.

○雲峯胡氏曰 子文 知有楚 而不知有周 以春秋尊王之義 責之 不仁矣 文子知有己 而不知有齊 以春秋討賊之義 責之 不仁矣

운봉 호씨가 말했다. 자문은 초나라가 있는 줄만 알고 주나라가 있는 줄을 몰랐으니 춘추존왕(『춘추』에서 종주국인 주의 왕을 존숭함)의 의리로 비판한다면 불인한 것이다. 문자는 자신이 있는 줄만 알고 제나라가 있는 줄은 몰랐으니 춘추토적(『춘추』에서 임금을 배반한 적신을 성토함)의 의리로 비판한다면 불인한 것이다.

○新安陳氏曰 論至此 則其事 不當理 而心之私 可見矣 夫子 只言未知焉得仁 而朱子 直斷其爲不仁 蓋 本章外 究竟到底之斷案也

신안 진씨가 말했다. 논함이 여기에 이른즉 그 일이 이치에 합당하지 못하고 그 마음이 사사롭다는 것을 알 수 있다. 공자께서는 다만 '모르겠다. 어찌 인이라 할 수 있으리오'라고만 말씀하셨으나 주자는 곧바로 불인하다고 단언했다. 이는 대개 이 장을 넘어서는 궁극적이고 철저한 단안(사안을 판단함)이다.

5.19 季文子 三思而後行 子 聞之 曰 再斯可矣三 去聲

계문자는 세 번 생각한 연후에 행동했다. 공자께서 이를 듣고 말씀하셨다. 두 번이면 가하다.

【집주】

季文子 魯大夫 名 行父音甫 每事 必三思而後行 若使去聲 下同晉而求遭喪之禮以行 亦其一事也

계문자는 노 대부인데, 이름은 행보이다. 매사에 반드시 세 번 생각한 연후에 행동했다. 예컨대 진에 사신을 갈 때 조상지례(상을 만났을 때의 예법)를 구해 가지고 갔다는 것도 그 하나의 예이다.

【세주】

左傳 文公六年 季文子 將聘于晉使 求遭喪之禮以行 杜注 聞晉侯病故 旣而晉襄公果卒

『좌전』에 "문공 6년 계문자가 장차 진에 사신을 가려 할 때 조상지례를 구해서 갔다"라고 했다. 두예의 주에 "진의 제후가 병고가 있다는 것을 들었는데 과연 진양공이 이미 죽었다"라고 했다.

【집주】

斯 語辭 程子曰 爲惡之人 未嘗知有思 有思 則爲善矣 然 至於再則已審 三則私意起 而反惑矣 故 夫子 譏之

'사'는 어조사이다. 정자가 말했다. 악을 행하는 사람은 생각이 있다(생각을 해야 한다)는 것을 일찍이 알지 못한다. 생각이 있으면 선을 행한다. 그러나 두 번에 이르면 이미 (충분히) 살핀 것이다. 세 번 (생각)하면 사의가 일어나서 오히려 미혹된다. 그러므로 공자께서 비판하신 것이다.

【세주】

朱子曰 天下之事 以義理斷之 則是非當否 再思而已審 以私意揣之 則利害得喪 萬變而無窮 思止於再者 欲人之以義制事 而不汨於利害之私也

주자가 말했다. 천하의 일을 의리로써 판단하는 경우 옳고 그름과 마땅함과 그렇지 않음은 두 번 생각하면 이미 다 살핀 것이다. 사의로써 제멋대로 판단하는 경우, 이해득실은 만 번 변해 끝이 없다. 생각은 두 번에서 그쳐야 한다는 것은 사람들이 의로써 일을 절제하고 이해의 사사로움에 골몰하지 않게 하시려는 것이다.

○思之未得者 須著于細思 到思而得之 方是一思 雖見得已是 又須平心更思一遍 如此 則無不當

생각을 제대로 하지 못한 것은 반드시 자세하게 생각해봐야 하니, 생각하여 얻으면 바야흐로 이것이 한 번 생각한 것이다. 비록 (첫 생각이) 이미 옳다는 것을 알았다고 하더라도 평심으로 다시 한 번 두루 생각해야 한다. 이와 같이 하면 마땅하지 않은 것이 없다.

○問 周公 仰而思之 夜以繼日 所思 豈止於三 曰 橫渠云 未知立心 惡多思之致疑 已知立心 惡講治之不精 講治之思 莫非術內 雖勤而何厭 推此求之可見

물었다. 주공은 우러러 생각하고 밤에는 낮에 생각하던 것을 이었으니 생각하는 것이 어찌 세 번에 그쳤겠습니까? 답했다. 횡거(장재)가 말하기를 "입심(마음을 세움)을 알지 못했을 때에는 많이 생각해 의심에 이르는 것을 싫어하고, 이미 입심을 알았을 때에는 공부하는 것이 정밀하지 못한 것을 싫어한다. 공부의 생각은 마음속을 다스리는 일이 아닌 것이 없으니 아무리 힘쓴들 무슨 싫증이 나리오"라고 했다. 이것으로 미루어 보면 알 수 있다.

○潛室陳氏曰 若爲學之道 則不厭思 此 只爲應事言之耳

잠실 진씨가 말했다. 학문의 도리(방법)에 있어서는 생각하기를 싫어하지 않는다. 이것(이 장의 말씀)은 다만 응사(일에 대응함, 즉 행위)에 대해 말한 것일 뿐이다.

【집주】

○愚按 季文子 慮事如此 可謂詳審 而宜無過擧矣 以宣公簒初患反立 文子 乃不能討 反爲去聲之 使齊而納賂焉 豈非程子所謂 私意起而反惑之驗歟

내가 생각건대 계문자가 일을 이처럼 생각한 것은 상세히 살핀 것이라 할 만하니, 마땅히 과오가 되는 행동이 없었어야만 했을 것이다. (그러나) 선공이 찬탈하여 즉위함에 문자는 능히 (이를) 토벌하지 못하고 오히려 그를 위하여 제나라에 사신을 가서 뇌물을 바쳤으니, 어찌 정자가 말한 바 사의가 일어나

거꾸로 미혹된다는 증거가 아니겠는가?

【세주】

左傳 文公十八年二月 公 薨 文公二妃敬嬴 生宣公 敬嬴 嬖而私事襄仲 宣公長而屬諸襄仲 襄仲 欲立之 見於齊侯而請之 齊侯 新立 而欲親魯 許之 冬十月 仲 殺惡及視惡 大子 視 其母弟 宣公元年夏 季文子 如齊納賂以請會 會於平州齊地 以定公位簒立者 諸侯旣與之會 則不得討 臣子殺之 與弑君同 故 公 與齊會而位定

『좌전』에 보면 문공 18년 2월 (문)공이 죽었다. 문공의 두 번째 비인 경영이 선공을 낳았는데, 경영이 (양중을) 총애하여 사사로이 양중을 받들었다. 선공은 장성해서 양중에게 귀속되었다. 양중이 (선공을) 세우고 싶어서 제나라 제후를 뵙고 청했다. 제나라 제후는 새로이 즉위했기 때문에 노나라와 친하고자 그것을 허락했다. 겨울 10월에 중이 오와 시를 죽였다<오는 태자이고, 시는 어머니의 동생이다>. 선공 원년 여름 계문자가 제나라에 가서 뇌물을 주고 회맹을 청하여, 평주<제나라 땅이다>에서 회맹하여 공의 지위를 인정받았다<찬립자의 경우 제후들이 이미 그와 더불어 회맹하면 토벌할 수 없다. 신하나 아들이 죽인 것과 (자신이 직접) 임금을 죽인 것은 같은 일이다[따라서 선공이 태자인 오를 직접 죽인 것은 아니지만 찬립자나 마찬가지이다]. 그래서 공(선공)은 제나라와 회맹하여 위를 인정받았다>.

【집주】

是以 君子 務窮理 而貴果斷都玩反 **不徒多思之爲尙**

그래서 군자는 궁리에 힘쓰되 과단함을 귀하게 여기지, 한갓 많이 생각하는 것을 숭상하지는 않는다.

【세주】

問 再斯可矣 只是就季文子身上行事處說 在學者 窮索義理 則思之 思之而又思之 愈深而愈精 豈可以數限 而君子 物格之至者 萬事透徹 事物之來皆有定則 則從容以應之 亦豈待臨時 方致其思 不審此語 只是文子事 抑衆人通法 皆當以再爲可耶 不容有越思耶 而程子 又何故 只就爲惡一邊說也朱子曰 物格知至者 應物 雖從容 然 臨事 豈可不思 況未至此 豈可不熟思耶故 以再思爲衆人之通法 蓋 至此 則思已熟 而事可決 過則惑矣

물었다. '두 번 생각하면 가하다'는 것은 단지 계문자 개인의 행동에 대해 말한 것일 뿐, 배우는 자가 의리를 궁구함에 생각하고 생각하고 또 생각하면 더욱 깊어지고 더욱 정밀해지니 어찌 숫자로(몇 번이라고) 한정하겠으며, 또 군자로서 격물에 지극한 자는 만사에 투철하여 사물이 내게 다가옴에 모두 정해진 법칙이 있어 조용히 이에 응하는 것이니, 또 어찌 사물에 임해서야 비로소 애써 생각하겠습니까? 이 말씀이 단지 문자의 일에만 해당하는 것인지, 아니면 중인의 통법(모든 사람에게 두루 통하는 법)이어서 모두 마땅히 두 번 생각하는 것이 옳고, 넘어서 생각하는 것은 안 되는 것인지 잘 모르겠습니다. 정자는 또 어떤 이유로 다만 '위악(악을 행하는 자)'이라는 한 측면의 말씀만 하셨는지요? 주자가 답했다. 격물하여 앎이 지극한 자는 사물과 마주함에는 비록 종용하지만, 일에 임함에는 어찌 생각하지 않을 수 있겠는가? 하물며 여기(격물치지의 수준)에 이르지 못했다면 어찌 깊이 생각하지 않을 수 있겠는가? 그러므로 두 번 생각하는 것을 중인의 통법으로 여기신 것이다. 대개 이(두 번 생각함)에 이르면 생각이 이미 성숙하여 일을 결단할 수 있고, 이것을 넘어서면 미혹된다.

○雙峯饒氏曰 窮理 是思以前事 果斷 是思以後事

쌍봉 요씨가 말했다. 궁리는 생각하기 전의 일이고, 과단은 생각한 다음의 일이다.

○陳氏曰 理之明 則是非判 斷之果 則從違決

진씨가 말했다. 이치에 밝으면 시비가 판명하고, 결단이 과감하면 종위(따르느냐 말 것이냐)가 결연하다.

○新安陳氏曰 務窮理 明也 貴果斷 決也 明於方思之初 決於旣思之後 若不明不決 而徒多思 則愈思而愈惑矣

신안 진씨가 말했다. 궁리에 힘쓰는 것은 밝음이고, 과단함을 귀히 여기는 것은 결단이다. 막 처음 생각할 때에 밝아야 하고, 이미 생각한 후에는 결단을 해야 한다. 만약 밝지도 않고 결단하지도 않으면서 단지 생각만 많으면, 생각할수록 더욱 미혹된다.

5.20 子曰 甯武子 邦有道 則知 邦無道 則愚 其知 可及也 其愚 不可及也知 去聲

공자께서 말씀하셨다. 영무자는 나라에 도가 있으면 지혜롭고, 나라에 도가 없으면 어리석었다. 그 지혜로움은 미칠 수 있지만, 그 어리석음은 미칠 수 없다.

【집주】

甯武子 衛大夫 名 兪 按春秋傳 武子 仕衛 當文公成公之時 文公 有道 而武子 無事可見 此 其知之可及也 成公 無道 至於失國 而武子 周旋其間 盡心竭力 不避艱險 凡其所處上聲 皆智巧之士 所深避而不肯爲者 而能卒保其身 以濟其君 此 其愚之不可及也

영무자는 위나라 대부로 이름은 유이다. 『춘추전』을 살펴보면 무자가 위나라에 벼슬한 것은 문공과 성공 때였다. 문공은 도가 있었는데 무자는 볼만한 일이 없었으니, 이것이 그 지혜로움은 미칠 수 있다는 것이다. 성공은 무도하여 나라를 잃는 데 이르렀는데, 무자는 그동안 이리저리 애써 마음과 힘을 다하고, 어렵고 험한 것을 피하지 않았다. 무릇 그 처한(행한) 바는 모두 지혜롭고 꾀 많은 선비들은 깊이 피하는 바로서 하지 않으려는 것이었는데도 (그들과 달리 어리석은 듯 피하지 않고 행해) 마침내 능히 그 몸을 보전하고 그 임금을 구원했으니, 이것이 그 어리석음은 미칠 수 없다는 것이다.

【세주】

左傳 僖公二十八年 衛侯 聞楚師敗楚成王與晉文公 戰於城濮 衛地也 楚師敗績 懼出奔楚初 晉侯 將伐曹 假道于衛 衛弗許 晉伐衛 衛侯 請盟 晉人弗許 衛侯 欲與楚 國人不欲 故 出其君以說于晉 衛侯 聞楚敗 出居襄牛之地 以避晉 而遂奔楚 遂適陳 使元咺奉叔武以受盟元咺 衛大夫 叔武 衛侯弟 使攝君事以受盟于踐土 癸亥 王子虎 盟諸侯于王庭 或訴元咺於衛侯 曰 立叔武矣 其子角 從公 公 使殺之 咺 不廢命 奉夷叔以入守音狩 夷叔 卽叔武 六月 晉人 復衛侯 甯武子 與衛人盟于宛濮甯兪時從衛侯在外 故 與衛人盟 衛侯 先期入 甯子先先入 欲安喩國人 長牂音臧 守門 以爲使去聲也 與之乘而入長牂與甯子共載而入國 公子歂犬 華仲前驅歂 市專反 華 去聲 二子 竝衛大夫 衛侯遂驅使甯子未脩 叔武將沐 聞君至 喜捉髮走出 前驅 射而殺之 公 知其無罪也 枕去聲之股 而哭之 歂犬走出 公 使殺之 元咺 出奔晉 冬 會于溫 討不服也 衛侯 與元咺訟 甯武子爲輔 鍼其廉反莊子爲坐坐獄爲坐 士榮爲大士治獄官也 周禮 命夫命婦 不躬坐獄

公冶長第五 20장

訟 元咺 又不宜與若對坐 故 使鍼莊子爲坐 又使衛之忠臣 反其獄官質正 元咺 蓋 今勘史 有罪先驗吏卒之義 衛侯不勝三子辭屈 故 不勝 殺士榮 刖鍼莊子 謂甯兪忠而免之 執衛侯 歸之于京師 寘諸深室 甯子 職納橐饘焉 橐音託 衣裳也 饘音旃糜也 甯兪 以君在幽隘 故 親以衣食爲己職 言其忠至 所慮者深 元咺 歸于衛 立公子瑕瑕 衛公子 適也

『좌전』에 보면 희공 28년 위후가 초나라 군대가 패했다는 것을 듣고<초나라 성왕과 진나라 문공은 성 밖에서 싸웠는데, 위나라 땅이었다. 초나라 군대가 졌다>, 두려워 초나라로 도망갔다<처음 진후가 조나라를 치려할 때 위나라에게 길을 빌리려 했는데 위나라가 허락하지 않자 진나라가 위나라를 쳤다. 위후가 화맹을 청했으나 진후는 허락하지 않았다. 위후는 초나라와 손잡고 싶었으나 나라 사람들이 원하지 않았기 때문에 그 임금을 쫓아내고 진나라에 아부했다. 위후가 초나라가 패했다는 말을 듣고 진나라를 피하려 양우의 땅으로 나가 살다가 마침내 초나라로 도망갔다>. 드디어 진(陳)으로 가서 원훤으로 하여금 숙무를 받들어 맹약을 받게 했다<원훤은 위의 대부이고 숙무는 위후의 동생인데, 임금의 일을 섭정하고 있어 천토에서 맹약을 받았다>. 계해에 왕자 호가 왕정에서 제후들과 회맹했는데, 어떤 이가 위후에게 원헌을 참소해 말하기를 숙무를 세우려 한다고 했다. 그 아들 각이 공을 따랐는데, 공이 죽이게 했다. 원이 명을 어기지 않고 이숙을 받들어 들어와 지켰다<수(守)의 음은 수이다. 이숙은 곧 숙무이다>. 6월에 진나라 사람들이 위후를 돌려보냈다. 영무자는 위나라 사람들과 완복에서 맹약했다<영유는 당시 위후를 좇아 밖에 있었으므로 위나라 사람들과 회맹한 것이다>. 위후가 먼저 들어가려 하자 영자가 앞장섰다<먼저 들어가 나라 사람들을 안돈시키려 한 것이다>. 장장<음은 장이다>이 문을 지키고 있었는데 [영자를] 사신으로 여겨 그와 더불어 수레를 타고 들어갔다<장장과 영자가 같이 타고 나라로 들어갔다>. 공자 천견과 화중이 앞장을 섰고<천은 시와 전의 반절이다. 화는 거성이다. 두 사람은 모두 위의 대부이다> 위후가 뒤를 따랐다<영자를 시켜서 대비하지 못하게 했다>. 숙무는 목욕을 하려다가 임금이 이르렀다는 말을 듣고 기뻐하며 머리카락을 움켜쥐고 뛰어나왔다. 앞장선 이들이 그를 쏘아 죽이자 공은 그가 죄가 없는 것을 알았기 때문에 무릎에 뉘고 곡을 했다. 천견이 도망가자 공이 쏘아 죽이게 했다. 원훤은 진나라로 도망갔다. 겨울에 온에서 회맹해 불복하는 자들을 토벌했다. 위후가 원훤과 소송을 했는데, 영무자가 보조가 되고 침장자가 좌<옥송에 앉아 있는 자[즉 대리 출석자]를 좌라 한다>가 되고 사영이 대사가 되었다<재판을 다스리는 관리이다. 주례에 명부나 명부는 몸소 옥송에 가 앉지 않는다. 원훤 또한 마땅히 더불어 대좌하듯 할 수는 없다. 그래서 침장자로 하여금 좌가 되게 했다. 또 위의 충신으로 하여금 오히려 옥관이 되어 질문하고 규명하게 했다. 원훤은 대개 지금 역사를 살펴보니 죄가 있다. 이졸이 먼저 겪어야 한다는 의리상 그러하다>. 위후가 이기지 못하자<세 사람이 말이 딸려 이기지 못했다> 사영을 죽이고 침장자는 발꿈치를 베었다. 영유는 충성스럽다 하여 벌을 면해주었다. 위후를 잡아 경사에 데리고 가서 깊은 골방에 가두었다. 영자는 의복과 음식을 돌보는 역할을 맡았다<탁은 음이 탁이고, 의상이라는 뜻이다. 전은 음이 전이고, 죽이라는 뜻이다. 영유는 임금이 깊고 좁은 곳에 갇혀 있기에 친히 의식을 바치는 것을 자신의 직분으로 삼았다. 그 충성이 지극하고 배려하는 바가 깊음을 말한 것이다>. 원훤은 위나라로 돌아가 공자 하를 즉위시켰다<하는 위나라 공자 적이다>.

○僖公三十年夏 晉侯 使醫衍酖衛侯衍 醫名 晉文 欲殺衛侯 而罪下至死 故 使醫因治疾而加酖毒 甯兪 貨醫甯子 視衛侯衣食 得知其謀 乃以貨賂醫 使薄其酖 公爲去聲之請魯僖公爲之請 納玉於王與晉侯 皆十瑴與珏同 二玉相合曰珏 王許之襄王許之 秋 乃釋衛侯 杜氏曰 按左氏 僖公二十五年 衛文公卒 子成公立 僖二十六年 卽衛成公元年也 經稱公會衛甯速 盟于向 甯速莊子也 則莊子 嘗逮事成公矣 至僖公二十八年 傳稱甯武子與衛人盟于宛濮 武子 名 兪 速之子 卽成公卽位之三年也 以此考之 甯莊子 當死于成公二年左右而後 子兪 爲大夫 則武子 未嘗事文公 集註謂 武子仕衛 當文公成公之時 與此少異

희공 30년 여름, 진후가 의원 연을 시켜 위후를 독살하려 했다<연은 의원의 이름이다. 진 문공이 위후를 죽이려 했으나 그 죄가 죽을죄는 아니었기에 의원으로 하여금 병 치료를 빌미로 짐독을 넣게 했다>. 영유는 의원에게 돈을 주었다<영자는 위후의 의식을 돌보고 있었으므로 그 음모를 알게 되어 의원에게 돈을 뇌물로 준 것이다>. 공은 그(위후)를 위해 청했는데<노나라 희공이 그를 위해 청한 것이다>, 왕과 진후에게 모두 10각씩을 바쳤다<각은 각(珏)과 같다. 옥 두 개가 서로 합한 것을 각이라 한다>. 왕이 허락했다<양왕이 허락했다>. 가을에 위후를 석방했다. 두씨가 말하기를 "『좌씨전』을 살펴보면 희공 25년 위 문공이 죽고 아들 성공이 즉위했으니 희공 26년이 곧 위 성공 원년이 된다. 경(춘추)에는 공(노 희공)이 위나라 영속을 만나 향에서 맹약했다고 했는데, 영속은 장자이다. 그런즉 장자는 일찍이 성공을 섬겼다. 희공 28년에 이르러 『전』에는 영무자와 위나라 사람들이 완복에서 맹약을 맺었다고 했는데 무자는 이름이 유이고 속의 아들이니, 곧 성공이 즉위한 지 3년째이다"라고 했다. 이로써 생각해보건대 영장자는 성공 2년 전후에 죽었고, 그 후 아들 유가 대부가 되었으니 무자는 일찍이 문공을 모신 적이 없다. 집주에서 무자가 위나라에서 벼슬한 것이 문공과 성공 때라고 한 것은 이와는 조금 다르다.

【집주】

○程子曰 邦無道 能沈晦以免患 故曰 不可及也

정자가 말했다. 나라에 도가 없으면 능히 어두운 데 잠기어 그 환란을 면했다. 그러므로 미칠 수 없다고 말씀하신 것이다.

【세주】

新安陳氏曰 朱子謂 其不避艱險 程子 以爲能沈晦者 蓋 於艱險中能沈晦 非避事也

신안 진씨가 말했다. 주자는 그 어려움을 피하지 않았다고 말했고, 정자는 능히 어두운 데 잠길 수 있었다고 생각했다. 대개 이는 어려운 일을 하면서 능히 어두운 데 잠길 수 있었다는 것이지 일을 회피했다는 것이 아니다.

【집주】

亦有不當愚者 比干 是也

또한 어리석다고 할 수 없는 자가 있으니 바로 비간이다.

【세주】

朱子曰 邦無道時 全身退聽 人 皆能之 武子 不全身退聽 却似愚然 又事事處置得去 且不表著其能 所以爲愚不可及也 又曰 武子 九世公族 與國同休戚 却與尋常無干涉底人 不同

주자가 말했다. 나라에 도가 없을 때 몸을 보존하고 물러나 듣는 것은 사람들이 누구나 할 수 있는 일이다. 무자는 몸을 보존하고 물러나 듣지 않았으니 오히려 어리석은 듯 보인다. 또 일마다 조치를 취해나가고 또 그 능함을 드러내지 않았으니 (이것이) 그 어리석음은 미칠 수 없다고 하는 이유이다. 또 말했다. 무자는 구세공족으로 나라와 더불어 휴척을 함께하니, 오히려 보통의 아무 상관없는 사람과는 같지 않다.

○成公 失國 若智巧之士 必且隱避不肯出 武子 竭力其間 至誠懇惻 不避艱險 却能擺脫禍患 卒得兩全 非能沈晦 何以致此 若比以智自免之士 武子 却似箇愚底人 但 愚得來好 若使他人處之 縱免禍患 不失於此 必失於彼

성공이 나라를 잃은 후에 만약 지혜롭고 꾀 많은 선비라면 반드시 또 숨어 피하고, 나아가려 하지 않았을 것이다. 무자는 그런 때에 정성을 다하고 간절히 걱정했으며, 어려움을 피하지 않고 오히려 환란을 타개해 끝내 양자(자신을 보전하는 일과 임금의 어려움을 타개하는 일)를 온전하게 했으니 능히 침잠할 수 없었다면 어찌 여기에 이르렀겠는가. 지혜로써 스스로 면하는 선비와 비교한다면 무자는 오히려 어리석은 사람처럼 보인다. 그러나 어리석어서 좋았다. 만약 다른 사람으로 하여금 거기에 처하게 했다면 제멋대로 환란을 피하고자 했을 것이니, 여기에서 실패하지 않으면 반드시 저기에서 실패했을 것이다.

○他人 於邦無道時 要正救者 不免禍患 要避患者 又却偸安 若武子之愚 旣能韜晦 以免患 又自處 不失其正 此 所以不可及

다른 사람들은 나라에 도가 없을 때에 바로잡고 구제하려고 하면 화를 면하지 못하고, 화를 면하려고 하면 안락함을 훔치는 격이 된다. 가령 무자의 어리석음은 이미 재능을 숨김으로써 화를 면했고 또 스스로 처(신)함에 그 바름을 잃어버리지 않았으니, 이것이 미칠 수 없는 까닭이다.

○問 甯武子 世臣 他人 不必如此 曰 然 又看事如何 若羈旅之臣 見幾先去 則可 若事已爾 又豈可去 此事 最難 當權其輕重

물었다. 영무자는 세신이니 (그렇게 해야 하지만) 다른 사람은 꼭 이와 같이 하지 않아도 되지 않습니까? 답했다. 그렇기는 하지만 또한 사태가 어떠한지 보아야 한다. 만약 객지에 나와 있는 신하의 경우에는 기미를 보고 먼저 떠나도 된다. 만일 일이 이미 터져 그렇게 되었다면 또 어찌 떠날 수 있겠는가. 이 일이 최고로 어려우니 마땅히 그 경중을 잘 재량해야 한다.

○雲峯胡氏曰 武子 於衛爲公族 比干 於紂爲父族 皆與國存亡者也 特衛成公之患 在外 欲免之 非沈晦 不可 紂之惡 在己 不諫之 而諉於沈晦 亦不可 程子所謂 亦有不當愚者 最見時中之義

운봉 호씨가 말했다. 무자는 위의 공족이고, 비간은 주에게는 부계의 친족이니 모두 나라와 더불어 존망을 같이하는 자이다. 다만 위 성공의 환란은 밖에서 온 것이니 그것을 면하려면 어두운 데 잠기지 않아서는 안 된다. 주의 악함은 그 자신에게 있으니 간하지 않고 핑계를 대며 어두운 데 잠기어서는 또한 옳지 않다. 정자가 말한 바 '또한 어리석다고 할 수 없는 자'라는 말은 시중(때에 따라 적합하게 행동함)의 뜻을 가장 잘 보여준다.

○新安陳氏曰 以有道則見 無道則隱 及稱南容不廢免刑戮 蘧伯玉仕卷懷等例之 則有道而知 當是發舒以自見 無道則愚 當是韜晦而無爲 今 證以武子之時 與事 無事可見 反謂之知 盡忠濟難 反謂之愚 何也 蓋 處有道而安常者 易 處無道而濟變者 難 武子 當文公時 安常處順 知者行所無事 此 可及之知也 當成公之失國 國家多事 而能竭忠冒險 保身全君 此 知者所避而不敢爲 乃若愚而冒爲之 非眞愚也 柳子厚曰 甯武子 邦無道則愚 知而爲愚者也 不得爲眞愚 是也

신안 진씨가 말했다. 도가 있으면 드러나고 도가 없으면 숨는다는 말씀, 남용이 폐해지지 않고 형륙을 면했다고 칭찬하신 것, 거백옥이 벼슬하거나 감추어 숨어 있었다는 예를 보건대 도가 있을 때에는 지혜로워서 능력을 발휘해 스스로 드러내는 것이 옳고, 무도할 때에는 어리석어서 자신의 능력을 감추고 가만히 있는 것이 옳다. 지금 무자의 때를 검증해보면 일을 함에 불만한 일이 없는 것을 거꾸로 지혜롭다 하고, 충성을 다해 난을 극복한 것을 거꾸로 어리석다 하는 것은 무슨 까닭인가? 대개 도가 있는 곳에 처해 일상을 편안히 하는 것은 쉽고, 도가 없는 경우에 처해 변란을 구제하는 것은 어렵다. 무자는 문공의 때에는 일상을 편안히 하고 순조로움에 처했으니 지혜로운 자의 무사태평할 때의 행위로서 이것은 미칠 수 있는 지혜이다. 성공이 나라를 잃은 때를 당해 국가가 일이 많음에 충성을 다해 모험하여 자신을 보존하고 임금을 온전히 했으니, 이것은 지혜로운 자가 피하고 감히 하려 하지 않는 바이다. 그런데도 마치 어리석은 자처럼 감연히 이 일을 했으니 진정 어리석은 자라고는 할 수 없다. 유자후(유종원)가 말한 바 "무자가 나라에 도가 없을 때에 어리석었다는 것은 지혜롭되 어리석은 것처럼 행했다는 것이지, 진정 어리석었던 것은 아니다"라는 말이 이 말이다.

5.21 子 在陳 曰 歸與歸與 吾黨之小子 狂簡 斐然成章 不知所以裁之與 平聲 斐 音匪

공자가 진나라에 계실 때에 말씀하셨다. 돌아가자, 돌아가자. 내 고향의 제자들은 광간하여, 찬란히 문리를 이루기는 했으나 잘라야 할 바는 알지 못한다.

【집주】

此 孔子 周流四方 道不行 而思歸之歎也 吾黨小子 指門人之在魯者 狂簡 志大而略於事也 斐 文貌 成章 言其文理成就 有可觀者 裁 割正也 夫子初心 欲行其道於天下 至是 而知其終不用也 於是始欲成就後學 以傳道於來世 又不得中行之士 而思其次

이것은 공자께서 사방을 주류할 때 도가 행해지지 않아서 돌아가기를 생각하면서 하신 탄식이다. '오당소자(내 고향의 제자)'는 문인 중에 노나라에 있는 자들을 가리킨다. '광간'은 뜻은 크지만 일을 함에는 소략한 것이다. '비'는 문채 있는 모습이다. '성장'은 그 문리의 성취에 볼만한 것이 있다는 뜻이다. '재'는 바르게 자르는 것이다. 공자의 초심은 그 도를 천하에 행하고자 하신 것이지만, 이때에 이르러 종내 쓰이지 않을 것임을 아셨다. 이에 비로소 후학을 성취시켜 다음 세대에 도를 전하고자 하셨다. 또한 중행(법도에 꼭 맞게 행함)의 선비를 구하지 못하시니, 그 다음 수준을 생각하셨다.

【세주】

本孟子 不得中行而與之 一章說

맹자의 '법도에 맞게 행하는 자를 얻지 못해 (누군가와) 함께한다면(『맹자』 14, 「진심 하」 37장)'이라고 한 장의 설에 근거한 것이다.

【집주】

以爲狂士 志意高遠 猶或可與進於道也 但 恐其過中失正 而或陷於異端耳

광사는 뜻이 고원하여 혹 가히 더불어 도로 나아갈 수 있다고 여기셨지만, 다만 그 적정함을 넘어서고 바름을 잃어버려서 이단에 빠질까 염려하셨다.

【세주】

如曾點之狂 易流於老莊

예컨대 증점의 광은 노장으로 흐르기 쉽다.

【집주】

故 欲歸 而裁之也

그런 까닭에 돌아가 (바르게) 자르고자 하셨다.

【세주】

問 何故 只思狂士 不及狷者 朱子曰 狂底 却有軀殼 可以驅策 狷者 只是自守得些 便道是了 所謂言必信行必果者 是也

물었다. 어째서 단지 광사만을 생각하시고 견자(성급하고 고집스러운 자)는 언급하지 않으셨는지요? 주자가 답했다. '광'한 자는 몸체가 있어서 채찍질할 수 있는 자이다. 견자는 다만 스스로 지킬 뿐으로, 약간이라도 얻으면 곧 이것이 도라고 생각해버린다. 소위 '언필신행필과(말을 하면 꼭 지키려 하고 행동을 하면 꼭 성과가 있어야 함)'하는 자가 이것이다.

○成章 是有首有尾 雖狂簡非中 然 却做得這箇道理 成箇物事 不是半上落下 故 聖人 雖謂其狂簡 不知所裁 然 亦取其成一箇道理 大率 孔門弟子 隨其資質 各能成就 如子路之勇 眞箇成一箇勇 冉求之藝 眞箇成一箇藝 言語德行之科 一齊被他做得成了

'성장'은 처음이 있고 끝이 있는 것이다. 비록 광간이 중(적정함)은 아니지만 오히려 그 한 개 도리를 해나가서 그 한 개 일을 이루어내니 반쯤 올라갔다가 도로 떨어지는 것은 아니다. 그래서 성인께서는 비록 광간해서 잘라야 할 바를 모른다고 말씀하시기는 했지만, 그러나 또한 하나의 도리를 이룬 것을 취하신 것이다. 대개 공문 제자들은 그 자질에 따라 각기 능히 성취했으니 예를 들어 자로의 용맹함은 진실로 하나의 용맹을 이룬 것이고, 염구의 예능은 진실로 하나의 예능을 이룬 것이고, 언어 덕행의 과목은 모두 그들에 의해 성취되었다.

○成章 是做得成片段 有文理可觀 蓋 他狂 也是做得箇狂人成

성장은 단편적인 것을 이루어 문리가 볼만한 것이 있는 것이다. 대개 그 광이라는 것도 광인이 이루어낼 수 있는 것이다.

○問 孔子 欲歸而裁之 後來 曾皙之徒 弔喪而歌 全似老莊 聖人 旣裁之後 何故 如此 曰 裁之 在聖人 聽不聽 在他

물었다. 공자께서 돌아가서 바르게 자르려 하신 이후에도 증석의 무리가 상에 가서 노래했으니, 완전히 노장과 유사합니다. 성인께서 이미 바르게 자르신 후에도 어찌 이와 같습니까? 답했다. 자르는 것은 성인께 달려 있지만(성인께서 하시는 일이고) 듣는지 안 듣는지는 그들에게 달려 있다.

○慶源輔氏曰 大凡 學者 易得有狂簡之病 非篤志爲己者 不能免也 雖琴張曾點 猶或墮於此失 志意高遠 卽所謂志大也 過中失正 卽其略於事者也 大凡 人之志意 高遠 則勢利 拘絆他不住 故 或可與進於道 然 溺於高遠 又有脫略世故之弊 故 過中失正 而或陷於異端 是以 不可不有以裁之 而使歸於中正也

경원 보씨가 말했다. 대개 배우는 자는 광간의 병을 얻기 쉬우니, 독실한 뜻으로 위기하는 자가 아니면 면하기 어렵다. 비록 금장과 증점이라고 하더라도 오히려 이러한 잘못에 떨어졌다. 지의(뜻)가 고원하다는 것은, 곧 뜻이 크다는 것이다. 적정함을 넘어서고 바름을 잃었다는 것은, 곧 일에 소략하다는 것이다. 대개 사람의 뜻이 고원하면 세력과 이익이 그를 속박하지 못한다. 그런고로 혹 가히 더불어 도로 나아갈 수 있다. 그렇지만 고원한 것에 빠지고 세상일에 초연하려는 폐단이 있다. 그런 까닭에 적정함을 넘어서고 바름을 잃어 이단에 빠지는 경우도 있다. 그러니 바르게 끊어 중정으로 돌아가게 하지 않을 수 없는 것이다.

○徽庵程氏曰 狂簡者 志大而略於事 宜其梗槩疏率 乃能斐然成章者 蓋其稟氣英明 賦質堅勁 雖致廣大 而不屑於精微 然 其規模之廣大 實非卑下者 所能攀 雖極高明 而不屑於中庸 然 其志趣之高明 實非平凡者 所能企也 其立心制行 豈不斐然可觀 但 各矜所自得 非得聖人以裁之 則廣大 雖可觀 而精微 有未究 高明 雖可喜 而中庸 有未協 且有琴張曾皙牧皮之夷考其行而不掩焉者矣

휘암 정씨가 말했다. 광간한 자는 뜻은 크고 일에는 소략하다. 의당 대충대충하고 잔일에 구애받지 않는데도 능히 비연성장할 수 있는 것은 대개 품기가 영명하고 품부 받은 자질이 굳세기 때문이다. 비록 광대함에 이르기는 하지만 정밀함을 달갑게 여기지는 않는다. 그러나 그 규모의 광대함은 비루한 자가 능히 오를 수 있는 것이 아니다. 비록 극히 고명하기는 하나 중용을 달갑게 여기지는 않는다. 그러나 지취의 고명함은 실로 평범한 자가 바랄 수 있는 것이 아니다. 그 마음을 세우고 행동을 절제함이 어찌 찬란하여 볼만하지 않으리오. 다만 각자가 자신이 얻은 것을 뽐내니 성인께서 바르게 잘라주시지 않는다면 비록 광대함은 볼만하더라도 정미함에서는 궁구하지 못함이 있고, 고명함은 기뻐할 만하더라도 중용에는 맞지 않음이 있다. 또한 금장, 증석, 목피는 그 행함을 공평하게 고찰해보면 가릴 수 없는 것이 있다.

○新安陳氏曰 狂者 易過中失正 得聖人裁之 則得中正矣 狂 則必貴於裁 裁 則不終於狂也

신안 진씨가 말했다. 광자는 쉬이 적정함을 넘어서고 바름을 잃지만, 성인의 바르게 자르심을 얻는다면 중정을 얻을 수 있다. 광한 경우에는 반드시 (바르게) 자르는 것이 귀하고(중요하고), (바르게) 자르면 광에 그치지 않는다.

5.22 子曰 伯夷叔齊 不念舊惡 怨是用希

공자께서 말씀하셨다. 백이와 숙제는 옛 잘못을 생각하지 않았기 때문에 (남들의) 원망이 드물었다.

【집주】

伯夷叔齊 孤竹君之二子

백이와 숙제는 고죽군의 두 아들이다.

【세주】

史記列傳 索隱 孤竹君 是殷湯所封 相傳至夷齊之父 姓 墨胎氏 名 初 字 子朝 伯夷 名 允 字 公信 叔齊 名 智 字 公達 夷齊 其諡也 地理志云 孤竹城 在遼西令支縣

『사기』, 「열전」, <색은전>에 보면 고죽군은 은나라의 탕왕이 봉했는데, 서로 전하여 이와 제의 아버지에게 이르렀다. (아버지의) 성은 묵태씨이고, 이름은 초고, 자는 자조이다. 백이의 이름은 윤이고. 자는 공신이다. 숙제의 이름은 지이고, 자는 공달이다. 이와 제는 시호이다. 「지리지」에 고죽성은 요서의 영지현에 있다고 한다.

【집주】

孟子 稱其不立於惡人之朝音潮 不與惡人言 與鄕人立 其冠不正 望望然去之 若將浼焉 其介如此

맹자가 칭찬하기를 (백이와 숙제는) "악인의 조정에 서지 않고, 악인과 더불어 말하지 않고, 향인과 함께 섬에, 그 갓이 바르지 않으면 망망히 떠나기를 마치 더럽혀질 듯했다(『맹자』 3, 「공손추 상」 9장)"라고 했으니, 그 기개가 이와 같아서

【세주】

介 孤特 而有分辨之意

'개'는 홀로 뛰어나 (다른 사람과) 구분하려는 뜻이 있는 것이다.

【집주】

宜若無所容矣 然 其所惡烏路反之人 能改 卽止 故 人 亦不甚怨之也

당연히 포용하는 바가 없는 것처럼 보인다. 그러나 미움 받은 사람이 능히 고친다면 곧 (미워하기를) 그쳤다. 그러므로 남들이 또한 심히 원망하지는 않았다.

○程子曰 不念舊惡 此 淸者之量去聲 又曰 二子之心 非夫子 孰能知之

정자가 말했다. '옛 잘못을 생각하지 않는다'는 이것은 맑은 자의 도량이다. 또 말했다. 이 두 사람의 마음은 공자가 아니고서 누가 능히 알 수 있으리오.

【세주】

朱子曰 伯夷介僻 宜其惡惡 直是惡之 然 能不念舊惡 却是他淸之好處 伯夷平日以隘聞 故 特明之

주자가 말했다. 백이는 고고한 습벽이 있어 마땅히 미워할 만한 악은 진정으로 그것을 미워했다. 그러나 능히 옛 잘못을 생각하지 않았으니 이것은 그의 맑음의 좋은 점이다. 백이는 평소에 편협한 것으로 이름이 났기에 특별히 밝히신 것이다.

○伯夷叔齊 不念舊惡 要見得他胷中都是義理 人之有惡 不是惡其人 是惡其惡耳 到他旣改其惡 便自無可惡者 今人 見人有惡 便惡之 固是 然 那人旣改其惡 又從而追之 此 便是因人一事之惡 而遂惡其人 却不是惡其惡也 此與不遷怒 一般 其所惡者 因其人可惡 而惡之 而所惡 不在我 及其能改 又只見他善處 不見他惡處 聖賢之心 皆是如此

백이와 숙제가 옛 잘못을 생각하지 않았다는 것에서 그들의 마음속은 모두 의리라는 것을 알아야 한다. 사람이 악이 있음에 그 사람을 미워하지 않고 그 악을 미워할 뿐이니, 그가 이미 그 악을 고침에 이르러서는 곧 당연히 그 미워할 바가 없는 것이다. 요즘 사람들은 남에게 악이 있으면 곧 그를 미워하는데 이것은 본디 옳다. 그러나 그 사람이 이미 악을 고쳤는데도 또 좇아다니면서 계속 미워한다면 이것은 곧 어떤 사람의 한 가지 일의 악 때문에 드디어 그 사람을 미워하는 것이니, 이는 오히려 그 악을 미워하는 것이 아니다. 이것(불념구악)과 노여움을 옮기지 않는다는 것은 같은 일이다. 그 미워하는 바란 그 사람이 가히 미워할 만해서 미워하는 것이고 그 미워하는 바가 나에게 있는 것이 아니다. 그가 능히 고침에 이르러서는 또는 다만 그의 선한 곳을 볼 뿐 그 악한 곳은 보지 않는다. 성현의 마음은 모두 이와 같으시다.

○南軒張氏曰 以夷齊平日之節 觀之 疑其狹隘而不容矣 今 夫子 乃稱其不念舊惡 何其宏裕也 蓋 於其所爲 亦率夫天理之常 而其胷中 休休然 初無一毫介於其間也 若有一毫介於其間 則是私意之所執 而豈夷齊之心哉

남헌 장씨가 말했다. 백이와 숙제의 평일의 행동으로 보면, 편협하여 용납하지 못하는 것이 아닌지 의심할 만하다. 지금 공자께서 그 옛 잘못을 생각하지 않는다는 점을 칭찬하셨는데, 어찌 그리 넓고 여유 있는가? 대개 이는 그 행위에서는 천리의 상도를 따르고, 그 마음속은 편안하고 한가로워 애초부터 그 사이에 한 터럭의 틈도 없기 때문이다. 만약 한 터럭의 틈이라도 그 사이에 있다면 사사로운 뜻에 붙잡힌 것이니, 어찌 백이와 숙제의 마음이겠는가?

5.23 子曰 孰謂微生高直 或乞醯焉 乞諸其隣 而與之

醯 呼西反

공자께서 말씀하셨다. 누가 미생고를 곧다(정직하다) 했느냐? 혹자가 식초를 빌리러 오니, 그 이웃에서 그것을 빌려서 주었다.

【집주】

微生 姓 高 名 魯人 素有直名者 醯 醋也 人來乞時 其家無有 故 乞諸隣家 以與之 夫子 言此 譏其曲意徇物 掠力灼反美市恩 不得爲直也

미생은 성이고, 고는 이름이다. 노나라 사람인데 평소 곧은 것으로 이름이 있는 자이다. '혜'는 식초이다. 어떤 사람이 빌리러 왔을 때 자기 집에는 없었다. 그래서 이웃에서 빌려서 주었다. 공자께서는 이 말씀을 하심으로써 '뜻을 굽혀 남을 좇으며, (남의) 아름다움을 절취해 은혜를 사는 것은 곧다고 할 수 없다'고 비판하신 것이다.

○程子曰 微生高所枉 雖小 害直爲大

정자가 말했다. 미생고가 저지른 잘못은 비록 작지만 곧음을 해치는 것은 큰 것이다.

【세주】

事有小大 理無小大

일에는 크고 작음이 있지만 이치에는 크고 작음이 없다.

【집주】

范氏曰 是曰是 非曰非 有謂有 無謂無 曰直 聖人 觀人 於其一介之取予通作與 而千駟萬鍾 從可知焉 故 以微事斷都玩反之 所以敎人不可不謹也

범씨가 말했다. 옳은 것은 옳다고 말하고, 그른 것은 그르다고 말하며, 있는 것은 있다고 말하고, 없는 것은 없다고 말하는 것이 곧음이다. 성인께서 사람을 관찰하심에 (작은 물건) 한 개를 주고받음을 보시면 천사만종(네 마리 말이 끄는 수레 천 대나 만 종의 곡식처럼 엄청난 양)도 (어떻게 할 것인지) 따라서 곧 아실 수 있다. 그런 까닭에 작은 일로써 단정하셨으니, 사람들에게 삼가지 않을 수 없음을 가르치신 것이다.

【세주】

朱子曰 如此予 必如此取 只看他小事尙如此 到處千駟萬鍾 亦只是這模樣 范氏云 害其所以養心者 不在於大 此語 尤痛切 醯 至易得之物 尙委曲如此 若臨大事 如何得當 纔枉其小 便害其大 此 皆不可謂誠實也

주자가 말했다. 이처럼 준다면(남에게 빌려서 준다면) 반드시 이처럼 받을 것이다. 단지 그의 작은 일이 오히려 이와 같은 것을 보면, 천사만종에 이르러서도 역시 이 모양일 것이다. 범씨가 말하기를 "마음 기르기를 해치는 것은 큰 것에 있지 않다(큰일이냐 작은 일이냐에 달려 있지 않다)"라고 했는데 이 말은 더욱 통절하다. 식초는 지극히 쉽게 얻을 수 있는 물건이지만 오히려 이처럼 잘못을 저지른다면 만약 큰일에 임해서는 어찌 마땅함을 얻을 수 있겠는가. 그 작은 것을 굽히기만 하면 곧 그 큰 것을 해치게 되니, 이것은 모두 성실함이라고 말할 수 없다.

○問 看孔子說 微生高一章 雖一事之微 亦可見王霸心術之異處 一便見得皥皥氣象 一便見得驩虞氣象 曰 然

물었다. 공자의 말씀을 보면 <미생고>의 한 장은 비록 한 가지 작은 일이지만 역시 왕도와 패도의 마음 씀의 다른 점을 볼 수 있습니다. 한편(왕도)은 편안하고 자연스러운 기상을 볼 수 있고, 또 한편(패도)은 기뻐하고 즐거워하는 기상을 볼 수 있습니다(『맹자』 13, 「진심 상」 13장). 답했다. 그렇다.

○慶源輔氏曰 平心順理以應物 則爲直 若有一毫計較作爲 則不得爲直 知乞醯以應人之求 爲不直 則知所以爲直矣

경원 보씨가 말했다. 평상심으로 이치에 순응하여 남들을 대하면 곧은 것이다. 만약 조금이라도 계산하고 비교해 의도적으로 한다면 곧다고 할 수 없다. 식초를 구걸하여 사람의 요구에 응하는 것이 곧지 않다는 것을 안다면 무엇이 곧음이 되는지를 아는 것이다.

○厚齋馮氏曰 人 謂申棖剛 夫子 以慾 知其非剛 人 謂文仲知 夫子 以居蔡 知其不知 人 謂微生高直 夫子 以乞醯 知其非直 夫子知人之道 於衆好之

而必察 蓋 如此

후재 풍씨가 말했다. 사람들이 신장을 일컬어 굳세다고 했는데 공자께서는 그의 욕심스러움으로 미루어 굳세지 않음을 아셨고, 사람들이 문중을 지혜롭다고 했는데 공자께서는 '거채(법도에 맞지 않게 거북을 보관하는 집을 지은 것)'로 미루어 지혜롭지 못함을 아셨고, 사람들이 미생고를 곧다고 했는데 공자께서는 '걸혜(식초를 빌림)'로 미루어 그 곧지 않음을 아셨다. 공자의 지인지도(사람을 알아보는 법)는 뭇사람이 좋다고 생각하는 것에 대해서는 반드시 살펴보심이 대개 이와 같았다.

5.24 子曰 巧言令色足恭 左丘明 恥之 丘 亦恥之 匿怨而友其人 左丘明 恥之 丘 亦恥之足 將樹反

공자께서 말씀하셨다. 교언영색(교묘한 말과 꾸민 안색)과 지나친 공손함은 좌구명이 부끄러워했는데, 나 또한 부끄러워한다. 원망을 숨기고 그 사람과 친히 지내는 것을 좌구명이 부끄러워했는데, 나 또한 부끄러워한다.

【집주】

足 過也

'주'는 지나친 것이다.

【세주】

朱子曰 足者 謂本當如此 我 却以爲未足 而添足之 故 謂之足 若本當如此 則是自足了 乃不是足 凡制字如此類者 皆有兩意

주자가 말했다. '주'란 본래 이렇게 하는 것이 마땅한데도 내가 (그것만으로는) 족하지 않다고 생각해 더 추가하여 지나치게 하는 것이니 그런 까닭에 '주'라고 한다. 만약 본래 이렇게 하는 것이 마땅하면 그 자체로 족한 것이니, (여기서 말하는) '주'가 아니다('족'이다). 대개 이런 방식으로 지은 글자는 모두 두 가지 의미가 있다.

【집주】

程子曰 左丘明 古之聞人也

정자가 말했다. 좌구명은 옛날의 유명한 사람이다.

【세주】

或問 左丘明 非傳春秋者邪 朱子曰 未可知也 先友鄧著作名世 考之 氏姓書曰 此人 蓋 左丘姓 而明名 傳春秋者 乃左氏耳

혹자가 물었다. 좌구명은 『춘추전』의 저자가 아닙니까? 주자가 답했다. 모르겠다. 옛 친구 저작랑 등명세가 (그 문제를) 고찰하여 『씨성서』(『古今姓氏書辨證』)에서 이르기를 "이 사람은 대개 좌구가 성이고 명이 이름이다.

『춘추』에 전을 단 자는 좌씨일 따름이다"라고 했다.

○左丘明所恥巧言 左傳 必非其所作

좌구명은 교언(교묘한 말)을 부끄러워했으니 『좌전』은 그가 지은 것일 리가 없다.

【집주】

謝氏曰 二者之可恥 有甚於穿窬也

사씨가 말했다. 두 가지가 부끄러워할 만함은 도둑질보다 더 심하다.

【세주】

慶源輔氏曰 此 雖與穿窬事不類 然 其心 陰巧譎詐 以取悅媚 謀傾陷 則甚於穿窬

경원 보씨가 말했다. 이것은 비록 도둑질하는 것과 같은 일은 아니지만 그 마음은 '음교휼사(음험하고 교묘하게 속임)'함으로써 아부하여 마음에 들려 하고, 자빠뜨리고 (허방에) 빠뜨리기를 도모하니 도둑질보다 심한 것이다.

○陳氏曰 穿窬者之志 不過陰取貨財而止 若過諂以事人 匿怨而面友 其所包藏 豈止於取貨財之謂邪 故 可恥有甚於穿窬也

진씨가 말했다. 도둑질하는 사람의 뜻은 기껏해야 몰래 재화를 취하는 것에 그친다. 지나치게 아첨하는 것으로써 사람을 섬기는 것, 원망을 숨기고 친구를 대하는 것 같은 일은 그 속에 숨긴 것이 어찌 재화를 취하는 것에 그친단 말인가. 그래서 부끄러워할 만하기가 도둑질보다 심하다는 것이다.

【집주】

左丘明 恥之 其所養 可知矣 夫子 自言丘亦恥之 蓋 竊比老彭之意 又以深戒學者 使察乎此 而立心以直也

좌구명이 부끄러워한 것을 보면 그 소양을 알 만하다. 공자께서는 스스로 '나 또한 그것을 부끄러워한다'고 말씀하셨으니, 대개 '은근히 노팽에 비교한다(『논어』 7, 「술이」 1장)'는 뜻과 같다. 또한 그것으로써 배우는 자들에게 깊이 경계하셨으니, 이를 살펴서 마음을 곧게 세우게 하신 것이다.

【세주】

朱子曰 匿怨心 怨其人 而外與交也 孔門 編排此書 已從其類 此二事 相連 若微生高之心 久而滋長 便做得這般可恥事出來 巧言令色足恭 與匿怨 皆 不誠實者也 人而不誠實 何所不至 所以 可恥 與上文乞醯之義 相似

주자가 말했다. 원망을 숨기는 것은 그 사람을 원망하면서도 겉으로는 사귀는 것이다. 공자의 문하에서 이 책을 편집할 때 이미 그 비슷한 것끼리 묶었으니 이 두 일(앞 장과 이 장의 일)은 서로 관련된다. 만약 미생고의 마음이 오래되어 점점 자라면 곧 이런 부끄러워할 만한 일이 나오게 된다. 교언영색하고 지나치게 공손한 것과 원망을 숨기는 것은 모두 성실하지 않은 것이다. 사람이 성실하지 않으면 어디인들 이르지 않겠는가. 그러니 부끄러워할 만하다. 윗글(앞 장)의 걸혜(식초를 빌려서 줌)의 의미와 서로 비슷하다.

○勉齋黃氏曰 巧令足恭 諂人也 其可恥者 卑賤而已 藏怨外交 姦人也 其爲 險譎 尤可恥

면재 황씨가 말했다. '교령주공'은 사람에게 아첨하는 것이니 부끄러워할 만한 것은 비천함뿐이다. 원망을 숨기고 밖으로 사귀는 것은 사람을 간사하게 대하는 것이니 그 험휼(음험하게 속임)은 더욱 부끄러워할 만하다.

○雙峯饒氏曰 此上二章 皆是教學者立心以直 擧微生高 是要人微事亦謹 擧左丘明 是要人表裏如一

쌍봉 요씨가 말했다. 이 위 두 장은 모두 배우는 자에게 마음을 곧게 세울 것을 가르치신 것이다. 미생고를 든 것은 사람들에게 작은 일에도 삼가야 함을 가르치시려는 것이고, 좌구명을 든 것은 사람들에게 표리가 한결같아야 함을 가르치시려는 것이다.

5.25-1 顔淵 季路 侍 子曰 盍各言爾志

안연과 계로가 모시고 있을 때 공자께서 말씀하셨다. 어찌 각각 너희의 뜻을 말하지 않느냐?

【집주】

盍 何不也

'합'은 '어찌 아니'라는 뜻이다.

5.25-2 子路曰 願車馬 衣輕裘 與朋友共 敝之而無憾衣 去聲

자로가 말했다. 원컨대 수레와 말과 가벼운 갖옷 입는 것을 벗과 함께하고, 그것이 다 낡더라도 유감이 없었으면 합니다.

【집주】

衣 服之也 裘 皮服 敝 壞也 憾 恨也

'의'는 입는 것이다. '구'는 가죽옷이다. '폐'는 낡다는 뜻이다. '감'은 한스러워하는 것이다.

5.25-3 顔淵曰 願無伐善 無施勞

안연이 말했다. 원컨대 선을 자랑하지 아니하고 공로를 자랑하지 않았으면 합니다.

【집주】

伐 誇也 善 謂有能 施 亦張大之意 勞 謂有功 易曰 勞而不伐 是也

'벌'은 자랑하는 것이고, '선'이란 잘하는 것을 말한다. '시' 또한 과장하여 자랑한다는 뜻이다. '노'는 공이 있음을 말한다. 『역』에서 말한 바 공이 있되 자랑하지 아니한다는 것이 바로 이것이다.

【세주】

易繫辭上 子曰 勞而不伐 有功而不德 厚之至也

『역』의 「계사 상」에 "공자께서 말씀하셨다. 노고했으되 자랑하지 아니하고 공이 있되 덕으로 여기지 않는 것은 두터움이 지극한 것이다"라고 했다.

【집주】

或曰 勞 勞事也 勞事 非己所欲 故 亦不欲施之於人 亦通

혹자가 말하기를 "'노'는 힘든 일이다. 힘든 일은 내가 원하는 바가 아니다. 그런고로 또한 남에게 베풀려 하지 않는다"라고 했는데 이 또한 (의미가) 통한다.

【세주】

前說與上句 皆謙也 後說 恕也

앞의 설(선과 공로를 자랑하지 않는다는 집주의 해설)과 위 구절(안회의 말)은 모두 겸손에 대한 것이다. 뒤의 설(혹자의 설)은 '서(나를 미루어 남에게 미침)'에 대한 것이다.

○朱子曰 顔子 是治箇驕字 子路 是治箇吝字 顔子之志 不以己之長 方人之短 不以己之能 媿人之不能 是 與物共

주자가 말했다. 안자는 '교(교만함)'자를 다스리는 것이고, 자로는 '인(인색함)'자를 다스리는 것이다. 안자의 뜻은 자기의 장점으로써 다른 사람의 단점을 비교하지 않고, 자신이 능한 것으로써 다른 사람의 능하지 못한 것을 부끄럽게 하지 않는다는 것이다. 이것은 남과 더불어 같이하는 것이다.

○問 無伐善 無施勞 善與勞 如何分別 曰 善 是自家所有之善 勞 是自家做出來底

물었다. '무벌선'과 '무시로'에서 '선'과 '노'는 어떻게 구별됩니까? 주자가 답했다. '선'은 내 스스로 지니고 있는 선이고, '노'는 내 스스로 해낸 것이다.

○無伐善 是不矜己能 無施勞 是不矜己功

'무벌선'은 자기가 능한 것을 자랑 삼지 않는 것이고, '무시로'는 자기 공덕을 자랑하지 않는 것이다.

○南軒張氏曰 人之不仁 病於有己 故 雖衣服車馬之間 此意 未嘗不存焉 子路 蓋 欲克其私於事物間者 其志 可謂篤 而用功 可謂實矣 至於顏子 則又宏焉 理之所在 何有於己 其於善也 奚伐 爲吾之所當爲而已 其爲勞也 奚施 蓋 存乎公理 而無物我之間也 學者 有志於求仁 則子路之事 亦未宜忽 要當如此用力 以爲入德之塗 則顏子之事 可以馴致矣

남헌 장씨가 말했다. 사람의 불인함은 자기(개인의 사사로움)가 있다는 데 그 문제가 있다. 그러므로 비록 의복과 거마 사이에서도 그 뜻(사사로운 뜻)이 일찍이 없는 경우가 없다. 자로는 대개 사물 사이에서의 사사로움을 극복하고자 한 자이니 그 뜻은 독실하다고 할 수 있고, 그 힘씀은 또한 진실하다고 할 수 있다. 안자의 경우에 이르러서는 더욱 광대하다. 이치가 있는 곳에 어찌 개인의 사사로움이 있을 수 있겠는가? (그러니) 선에 대해서는 어찌 자랑을 하겠는가? 나는 나의 마땅히 행해야 할 바를 행할 뿐이니 그 공로를 어찌 자랑하겠는가? 대개 공리를 보존하여 남과 나 사이에 간격이 없는 것이다. 배우는 자가 인을 구하는 데 뜻이 있다면, 곧 자로의 일을 또한 소홀히 해서는 안 된다. 마땅히 이와 같이 힘쓰는 것을 덕으로 들어가는 길로 삼으면, 안자의 일 또한 가히 저절로 이루어질 것이다.

5.25-4 子路曰 願聞子之志 子曰 老者 安之 朋友 信之 少者 懷之

자로가 말했다. 원컨대 선생님의 뜻을 듣고 싶습니다. 공자께서 말씀하셨다. 늙은이를 편안하게 해주고, 벗들을 믿어주고, 어린이를 보듬어주고 싶다.

【집주】

老者 養之以安 朋友 與之以信 少去聲者 懷之以恩 一說 安之 安我也 信之 信我也 懷之 懷我也 亦通

늙은이는 편안하게 봉양하고, 붕우는 신뢰로써 함께하고, 어린이는 은혜로써 보듬는다. 일설에 '안지'를 '나를 편안하게 여기는 것', '신지'를 '나를 믿는 것', '회지'를 '나를 의지하는 것'이라 했는데 역시 (의미가) 통한다.

【세주】

合二說 其義 方備 老者 我養之以安 而後方安於我

(위의) 두 설을 합하면 바야흐로 그 뜻이 갖추어지니, 늙은이를 내가 편안하게 봉양한 다음에 비로소 (늙은이는) 나를 편안히 여기게 된다.

○問 孔子 擧此三者 莫是朋友 是其等輩 老者 是上一等人 少者 是下一等人 三者 足以盡該天下之人否 朱子曰 然

물었다. 공자께서 이 세 종류의 사람을 든 것은, 벗은 같은 연배, 늙은이는 한 등급 위, 어린 이는 한 등급 아래이니, 천하의 모든 사람을 아우른 것이 아닙니까? 주자가 답했다. 그렇다.

○黃氏曰 集註前說 是作用 後說 是效驗 後說 與綏斯來動斯和意思 相類 自是聖人地位 但 前說 却有仁心自然物各付物之意 有天地發生氣象 況顔子子路 皆是就作用上說 故 前說爲勝

황씨가 말했다. 집주의 앞의 설은 작용(능동적으로 행하는 것)의 해석이고, 뒤의 설은 효과에 의한 해석이다. 뒤의 설은 '편안하면 오고 움직이면 화합한다'는 것과 그 뜻이 유사하니, 이는 당연히 성인의 수준이다. 단, 앞의 설에는 오히려 인의 마음이 자연히 각각의 사물로 하여금 각각의 자리를 차지하게 하려는 뜻이 있고, 천지만물 발생의 기상이 있다. 게다가 안자와 자로가 모두 (능동적) 작용으로 말했으니, 따라서 앞의 설이 (능동적인 말로 해석한다는 점에서) 더 낫다.

【집주】

程子曰 夫子 安仁 顔淵 不違仁 子路 求仁

정자가 말했다. 공자께서는 인을 편안히 여기셨고, 안연은 인을 떠나지 않았고, 자로는 인을 구했다.

【세주】

朱子曰 他人 於微小物事尙戀 不能捨 仲由 能如此 其心廣大 而不私己矣

非意在於求仁乎

주자가 말했다. 남들은 아주 작은 일에도 연연해 버리지 못하는데, 중유(자로)는 능히 이와 같아서 그 마음이 매우 광대하고 사사롭지 않았으니, 그 뜻이 인을 구하는 데 있지 아니한가.

○子路顔子孔子 皆是將己與物對說 子路 便是箇舍己忘私底意思 今 若守定他這說 謂此便是求仁 不成子路 每日都無事 只是如此 當時 只因子路偶然如此說出 故 顔子孔子 各就上面說去 使子路若別說出一般事 則顔子孔子 又就他那一般事上說 然 意思 却只如此

자로와 안자와 공자는 모두 자신과 남과의 대함에 대해 말한 것이다. 자로(의 뜻)는 자신을 버리고 사사로움을 잊는다는 뜻이다. 지금 만약 그의 이 말(만)을 고수하면서(다른 것은 하지 않은 채) 이것이 곧 인을 구하는 일이라고 말한다면, (이는 자로의 말을 오해한 것으로,) 자로가 매일 아무 다른 일 없이 이렇게만 했다는 것은 말이 되지 않는다. 당시에 다만 자로가 우연히 이와 같은 말을 꺼냈기 때문에 안자와 공자도 각각 위처럼 말한 것이다. 만약 자로가 달리 보통의 일(보편적인 일)에 관해 말을 꺼냈다면 안자와 공자도 또한 그에게 보통의 일로 말했을 것이다. 그렇다고 해도 그 뜻은 다만 이와 같았을 것이다.

○趙氏曰 求仁 猶與仁 爲二 不違仁 則身已居仁 而常不去 安仁 則心卽仁 仁卽心 安而行之 無適非仁矣

조씨가 말했다. 구인이라는 것은 오히려 인과 (서로 구별되는) 두 가지 일이다. 인을 떠나지 않는다는 것은 몸은 이미 인에 거하고 있어서 항상 떠나지 않는 것이다. 인을 편안히 여긴다는 것은 마음이 곧 인이고 인이 곧 마음이어서, 편안히 여겨 행하여 어디를 간들 인이 아닌 것이 없는 것이다.

【집주】

又曰 子路顔淵孔子之志 皆與物共者也 但 有小大之差楚宜反**爾**

또 말했다. 자로, 안연, 공자의 뜻은 모두 남과 더불어 같이하려는 것으로, 단지 크고 작은 차이만 있다.

【세주】

○程子曰 顔子所言 不及孔子 無伐善無施勞 是他顔子性分上事 孔子言

安之信之懷之 是天理上事

정자가 말했다. 안자가 말한 것은 공자에 미치지 못한다. '선을 자랑하지 않고 공로를 자랑하지 않는다'는 것이 안자의 성분(인간으로서의 본성)상의 일이라면, 공자께서 말씀하신 '편안하게 해주고 믿어주고 보듬어준다'는 것은 천리상의 일이다.

○朱子曰 子路 有濟人利物之心 顏子 有平物我之心 夫子 有萬物得其所之心

주자가 말했다. 자로는 남을 구제하고 이롭게 하려는 마음이 있고, 안자는 남과 나를 균평하게 하려는 마음이 있고, 공자께서는 만물이 그 원하는 바를 얻게 하려는 마음이 있으시다.

○子路 須是有箇車馬輕裘 方把與朋友共 如顏子 只就性分上理會 無伐善無施勞 車馬輕裘 則不足言矣 然 以顏子比之孔子 則顏子 猶有箇善勞在 若孔子 便不見有痕迹了 又曰 子路底淺 顏子底深 二子底小 聖人底大 子路底較粗 顏子底較細膩 然 都是去得箇私意了 只是有粗細

자로는 모름지기 거마와 가벼운 갖옷이 있으면 바야흐로 붕우와 더불어 같이하겠다는 것이다. 안자의 경우는 단지 인간의 본성에 대해 이해하여, 선을 자랑하지 않고 공로를 자랑하지 않겠다는 것이니, 거마와 가벼운 갖옷은 족히 말할 필요도 없다. 그러나 안자를 공자와 비교해본다면 안자는 선과 공이 있다는 생각이 있었지만, 공자의 경우는 오히려 그런 흔적조차 볼 수 없다. 또 말했다. 자로의 것은 얕고 안자의 것은 깊은데, 둘의 것은 작고, 성인의 것은 크다. 자로의 것은 비교적 거칠고, 안자의 것은 비교적 세밀하나 모두 사의를 제거한 것으로 단지 거칠과 세밀함(의 차이)이 있을 뿐이다.

○子路 收斂細密 可到顏子地位 顏子底純熟 又展拓開 可到孔子地位

자로가 세밀하게 수렴해간다면 안자의 경지에 이를 수 있을 것이다. 안자의 완숙함이 개척되어 넓어진다면 공자의 경지에 이를 수 있을 것이다.

○西山眞氏曰 聖門學者 誠實端慤 言者 卽其所行 行者 卽其所言 苟躬行有一毫未到 斷不敢輕以自許 子路爲人 勇於爲善 而篤於朋友 故 所願如此 蓋 私之一字 乃人心之深害 私苟未忘 雖於骨肉親戚之間 尙不能無彼此物

我之分 況朋友乎 子路之言 雖只及朋友 然觀其用心 則其至公無私 可見矣 顔淵之志 又大於子路 蓋 視己之善 如未有善 視己之勞 若初無勞 觀其用心 雖至堯舜地位 亦歉然 常若不足 子路所謂 車馬衣裘與朋友共 特顔子善中之一善耳 夫子之言志 又大於顔淵 蓋 二子 猶未免於用意 若聖人 則如天地然 一元之氣運之於上 而天地之間 無一物不得其所 不待物物著力 然後能之 又非二子所及 然 今 學者 且當從子路學起 必如子路之忘私 然後方可進步 不然 則物我之私 梗於胸中 如蟊賊如戈戟然 又安能有善不伐 有勞不矜如顔子乎 況於聖人地位 又高又遠 非用力所可到 須德盛仁熟從容中道 然後不期而自至耳 此 非始學之事 故 必先學子路之忘私 而後可

서산 진씨가 말했다. 성인 문하의 배우는 자들은 성실하고 단정하여, 말한 것은 곧 그 행한 것이고, 행한 것은 곧 그 말한 것이었다. 만약 실천이 조금이라도 이르지 못한다면, 결코 감히 가볍게 스스로를 인정하지는 않았다. 자로의 사람됨은 선을 행하는 데 용감하고, 친구에게 독실했기에 바라는 바가 이와 같았다. 대개 '사(사사로움)'라는 단 한 글자는 사람의 마음에 깊이 해가 되는 것이다. 만약 '사'를 잊지 못한다면, 비록 골육친척의 사이라도 오히려 피차간, 나·남 간의 구별이 없을 수 없으니, 하물며 붕우에 있어서랴? 자로의 말은 비록 붕우만 언급했으나, 그 마음 씀을 보면 그 지공무사함을 알 수 있다. 안연의 뜻은 또 자로보다 크다. 대개 나의 선을 보기를 마치 선이 없는 듯 보고, 나의 공로를 보기를 애초부터 공로가 없는 것처럼 한다. 그 마음 씀을 보면 비록 요순의 경지에 도달하더라도 겸손하여, 또한 항상 부족하지 않을까 걱정할 것이다. 자로가 말한 바 거마와 가벼운 갖옷을 친구와 함께 더불어 가지겠다고 한 것은 다만 안자의 선 가운데 한 가지 선일 뿐이다. 공자의 말하신 뜻은 또 안연보다 크다. 대개 이 두 사람은 아직도 의도적임을 면하지 못했다. 성인의 경우는 마치 천지와 같아서 일원의 기가 위에서 움직이되, 천지간의 하나의 사물도 그 원하는 바를 얻지 못함이 없으니, 각각의 사물에 (의도적으로) 힘을 기울인 후라야 그렇게 할 수 있는 것이 아니다. 그러니 또 두 사람이 미칠 바가 아니다. 그러나 오늘날의 배우는 자들은 또 자로에게서 배움을 시작해 반드시 자로가 사사로움을 잊었던 것처럼 한 연후에야 비로소 진보할 수 있다. 그렇지 않다면 나와 너를 구분하는 사심이 흉중에 마치 해충이나 창칼처럼 가로막고 있으니, 또 어찌 안자처럼 능히 선을 자랑하거나 공로를 자랑하지 않을 수 있겠는가? 하물며 성인의 경지는 높고 또 높으시니 힘을 쓴다고 이를 수 있는 것이 아니다. 모름지기 덕이 성하고, 인이 완숙해지고, 종용히 도에 맞게 된 연후에야 그러려고 하지 않아도 저절로 이르게 되는 것이니, 이는 공부를 시작하는 사람의 일이 아니다. 따라서 반드시 자로가 사사로움을 잊었던 것을 먼저 공부하는 것이 옳다.

【집주】

又曰 子路 勇於義者 觀其志 豈可以勢利拘之哉 亞於浴沂者也

또 말했다. 자로는 의에 용감한 자이다. 그 뜻을 보면 어찌 가히 세력이나 이익으로 구속할 수 있으리오? 그러니 욕기(기수에서 목욕함, 증점의 희망)에 버금가는 자이다.

【세주】

○問 浴沂地位 恁高 程子 稱子路言志 亞於浴沂 何也 朱子曰 子路學 雖粗 然 他資質 也高 如人告以有過 則喜 有聞未之能行 惟恐有聞 見善必遷 聞義必徙 皆是資質高 車馬輕裘 都不做事看 所以 亞於浴沂 故 程子曰 子路 只爲不達爲國以禮道理 若達 便是這氣象也 又問 浴沂 是自得於中 而外物不能以累之 子路 雖未至自得 然 亦不爲外物所動矣 曰 是

물었다. 욕기의 수준은 그렇게 높은 것인데, 정자께서 자로의 말한 뜻이 욕기에 버금간다고 칭찬한 것은 무슨 이유입니까? 주자가 답했다. 비록 자로의 학문은 거칠지만, 그의 자질도 또한 높다. 가령 남이 잘못이 있다고 고하여 주면 기뻐하고, (선을) 듣고도 능히 행하지 못할까 봐 오히려 듣는 것을 두려워하고, 선을 보면 반드시 (선으로) 옮겨가고, 의를 들으면 반드시 옮겨가니, 모두 자질이 높은 것이다. 거마와 가벼운 갖옷은 일거리로 보지도 않았다. 그러니 욕기에 버금간다. 그러므로 정자가 말하기를 "자로는 다만 정치를 행함에 예로써 한다는 도리에 도달하지 못했을 뿐이고, 만약 거기에 도달했다면 곧 이러한 (욕기의) 기상일 것이다"라고 했다. 또 물었다. 욕기는 마음속에 스스로 얻은 바가 있어서 외물이 영향을 끼치지 못하는 것인데, 자로가 비록 자득에 미치지는 못했으나 외물에 의해 움직이는 것은 아닙니다. 답했다. 그렇다.

○胡氏曰 以氣象觀之 子路 發於意氣者也 顔子 循其性分者也 夫子 則渾然天理者也 子路所以亞於浴沂 以其胷次洒落 非勢利所得拘 使無所滯礙 則曾晳之所至矣 聖人 信不可及 顔子地位 亦高 誠能先於貨利之間 慕子路之勇決 而去其吝嗇之心 於求仁之方 亦庶幾矣

호씨가 말했다. 기상으로 보자면 자로는 의기(의지의 기운)에서 나온 자이고,

안자는 본성을 따르는 자이고, 공자는 혼연히 천리인 자이다. 자로가 욕기에 버금가는 이유는 그 마음이 깨끗하여 세력이나 이익이 구속할 수 없는 것이기 때문이다. 만약 응어리진(정체된) 것을 없앤다면, 그것이 바로 증석이 도달한 수준(욕기의 수준)이 된다. 성인의 경지는 참으로 미칠 수 없는 것이고, 안자의 경지도 또한 높다. 먼저 재물과 이익의 문제에 있어서 진정 능히 자로의 용감한 결연함을 사모하여 인색한 마음을 제거할 수 있다면, (그것은) 인을 구하는 방법에 있어서 또한 거의 바른 방법이라고 할 수 있다.

○慶源輔氏曰 子路 雖有曾點氣象 而其實 亦有不同 曾點 是知之事 子路 是行之事 浴沂之智 崇 共敝之行 實

경원 보씨가 말했다. 자로가 비록 증점의 기상이 있다고 하더라도, 그 실제에서는 같지 않은 것이 있다. 증점은 앎(지식)의 일이고, 자로는 행(실천)의 일이다. 욕기의 지혜는 숭고(고원)하고, (옷을) 같이 입어 해어지는 행동은 실제적인 것이다.

○新安陳氏曰 人心天理 本自周流 特爲私欲間隔 故 不得遂其與人同適之樂 與人同利之仁爾 子路之志 雖未能超然 如曾點之灑落 然 常人 認物爲己 知有己 不知有人 以子貢 尙貨殖 以子夏見孔子 尙不改紛華 子路 自甘敝緼 而與人共其輕肥 私欲 不間隔其天理之周流 得遂其人同利之仁 豈不可亞於曾點與人同適之樂乎

신안 진씨가 말했다. 인심과 천리는 본디 저절로 두루 흐르는 것이다. 다만 사욕이 가로막았기 때문에 남과 더불어 하는 즐거움, 남과 더불어 이익을 공유하는 인을 완수하지 못하는 것이다. 자로의 뜻은 증점의 쇄락(인품이 깨끗함)처럼 초연하지는 못했다. 그러나 보통의 사람들은 이기적인 입장에서 남을 인식할 뿐 내가 있다는 것은 알고 남이 있다는 것은 몰라서 자공으로써(자공의 예를 핑계로) 오히려 재산을 증식하고, 자하가 공자를 뵌 사례[『사기』, 「예서」에 자하는 바깥세상의 화려함과 공자 문하에서의 학문의 즐거움 사이에서 갈등했다고 한다]로써 오히려 지나친 사치를 고치려 하지 않는다. 자로는 스스로 낡은 솜옷을 달게 여기고, 남과 가볍고 기름진 것을 같이했으니, 사욕이 그 천리의 두루 흐름을 가로막지 않아 남과 이익을 공유하는 인을 이룰 수 있었다. 그러니 어찌 증점의 남과 더불어 하는 즐거움에 버금가지 않겠는가?

【집주】

顔子 不自私己 故 無伐善 知同於人 故 無施勞

안자는 스스로 사욕을 가지지 않았기 때문에 선을 자랑하지 아니했고, 남과 자신이 같다는 것을 알았기 때문에 공로를 자랑하지 않았다.

【세주】

朱子曰 以善者 己之所有 不自有於己 故 無伐善 以勞事 人之所憚 知同於人 故 無施勞

주자가 말했다. 선이라는 것은 내가 (원래) 가진 것이지 나에게 있게 된 것(후천적으로 획득한 것)은 아니기 때문에 선을 자랑하지 않는다. 힘든 일은 사람이 꺼리는 바이니, 다른 사람에게도 마찬가지라는 점을 알기 때문에 그 공로를 자랑하지 않는다.

【집주】

其志 可謂大矣 然 未免於有意也

그 뜻은 가히 크다 하겠다. 그러나 아직 의도적이라는 것은 면하지 못했다.

【세주】

尙有勉行克治之意

아직 애써 행하고 극복하려는 의도가 있다.

【집주】

至於夫子 則如天地之化工 付與萬物而己 不勞焉 此 聖人之所爲也 今夫 羈居宜反靮音的以御馬 而不以制牛 人 皆知羈靮之作在乎人 而不知羈靮之生由於馬 聖人之化 亦猶是也 先觀二子之言 後觀聖人之言 分明天地氣象 凡看論語 非但欲理會文字 須要識得聖賢氣象

공자의 경우에는 마치 천지의 조화가 만물에 부여되는 것과 같을 뿐이니 수고롭지 않다. 이것이 곧 성인의 행위이다. 지금 고삐로써 말을 통제하지, 소를 통제하지는 않는다. 그런데 사람들은 모두 고삐를 만든 것이 사람인 것만 알고, 고삐가 말로 말미암아 나왔다는(말에 맞춰 만들어졌다는) 것은 모른다. 성인의 조화도 또한 이와 같다. 먼저 두 사람의 말을 본 다음 성인의 말씀을 보면, (성인은) 분명히 천지의 기상이다. 무릇 『논어』를 볼 때 문자를 이해하려 해야 할 뿐만 아니라 모름지기 성현의 기상도 알아야 한다.

【세주】

問 夫子如化工及羈靮之喩 朱子曰 這 只是理自合如此 老者安之 是他自帶得安之理來 友信少懷 是他自帶得信之理懷之理來 聖人爲之 初無形迹 如穿牛鼻 絡馬首 都是天理如此 恰似他生下 便是帶得此理來

공자를 화공(조화)과 기적(고삐)에 비유한 것에 대해 물었다. 주자가 답했다. 이는 다만 이치에 저절로 이처럼 합치한다는 것이다. '노자안지'는 그(공자)가 스스로 편안하게 하는 이치를 띠고 나온 것이다. '우신(붕우를 믿음)'과 '소회(어린이를 보듬음)'는 그가 스스로 믿음의 이치와 보듬음의 이치를 띠고 나온 것이다. 성인께서 그것을 행하심에 애초부터 흔적이 없으니, 마치 소의 코를 뚫고 말의 머리를 씌우는 것같이 모두 이처럼 천리여서, 흡사 그가 태어날 때부터 곧 이 이치를 띠고 나온 것 같다.

○新安陳氏曰 子路 物與人共而不爲己私者也 顔子 善與人同而不爲己私者也 夫子 則廓然大公 有造化物各付物之氣象 不爲己私 不足以言矣

신안 진씨가 말했다. 자로는 물건을 다른 사람과 공유함으로써 자신의 사사로움을 행하지 않은 자이고, 안자는 선을 다른 사람과 함께함으로써 자신의 사사로움을 행하지 않은 자이다. 공자께서는 확연히 크게 공정하시어 각각의 사물에 (합당한 성질을) 부여하는 조화의 기상이 있으시니, 자신의 사사로움을 행하지 않는다는 것은 족히 말할 필요도 없다.

5.26 子曰 已矣乎 吾 未見能見其過 而內自訟者也

공자께서 말씀하셨다. 그만이로구나. 나는 아직 능히 (자신의) 잘못을 알고 내면으로 스스로를 재판하는 자를 보지 못했다.

【집주】

已矣乎者 恐其終不得見 而歎之也 內自訟者 口不言 而心自咎也 人 有過而能自知者 鮮上聲 下同矣 知過而能內自訟者 爲尤鮮 能內自訟 則其悔悟 深切 而能改必矣 夫子 自恐終不得見 而歎之 其警學者 深矣

'이의호(그만이로구나)'라는 것은 종내 얻어 볼 수 없음을 걱정하여 탄식하는 것이다. '내자송(내면으로 스스로를 재판함)'이라는 것은 입으로는 말하지 않으면서 마음으로 스스로를 허물하는 것이다. 사람이 잘못이 있으면서 스스로 능히 (잘못이 있음을) 알 수 있는 자는 드물다. 잘못을 알고 능히 내면으로 스스로를 재판할 수 있는 자는 더욱 드물다. 능히 내면으로 스스로를 재판할 수 있으면, 그 반성함이 깊이 절실하여 반드시 능히 고칠 수 있다. 공자께서 스스로 종내 얻어 보지 못할 것을 걱정하여 탄식하셨으니, 배우는 자를 경계하심이 깊다.

【세주】

南軒張氏曰 能見其過 而內自訟 則懲創之深 省察之力 其必能舍舊 而新是圖 若是 則於進德也 孰禦

남헌 장씨가 말했다. 능히 잘못을 알고 내면으로 스스로를 재판한다면 징계함이 깊은 것이고 성찰함이 힘 있는 것이니, 반드시 옛 허물을 버리고 새로이 올바른 것을 도모하게 된다. 만약 이와 같으면 덕으로 나아가는 것을 누가 막을 수 있겠는가?

○勉齋黃氏曰 自訟而見於言 不若不言而自責於心之深切

면재 황씨가 말했다. 스스로를 재판하되 말로 드러내는 것은, 말하지 않고 마음으로 자책하는 것이 깊고 절실한 것만 못하다.

○慶源輔氏曰 口不言 而心自咎 是改過之機 蓋 悔悟深切 則誠意所蓄 根深力固 纔說出來 意思便消散了

경원 보씨가 말했다. 입으로 말하지 않고 마음으로 스스로를 허물하는 것이 과오를 고치는 기제이다. 대개 후회가 깊이 절실하면 성의가 쌓이는 것이니, 뿌리가 깊고 힘이 단단하다. 말을 꺼내기만 하면 곧 그 뜻이 흩어지고 만다.

○厚齋馮氏曰 不曰不見 而曰未見 不敢絶天下於無人也

후재 풍씨가 말했다. '불견(보지 못했다)'이라고 말씀하지 않고 '미견(아직 보지 못했다)'이라고 하신 것은 감히 천하에 그런 사람이 없다고 단정하지 않으신 것이다.

○雲峯胡氏曰 訟者 欲勝人 內自訟 則能勝己

운봉 호씨가 말했다. 소송을 하는 것은 남을 이기고자 하는 것이고, 내면으로 스스로를 재판하는 것은 능히 자신을 이기는 것이다.

5.27 子曰 十室之邑 必有忠信 如丘者焉 不如丘之好學也焉 如字 屬上句 好 去聲

공자께서 말씀하셨다. 열 집의 마을에도 반드시 충신(충성되고 신의 있음, 또는 진실하고 신의 있음)하기가 나만한 사람은 있을 것이다. 그러나 나만큼 배움을 좋아하지는 못할 것이다.

【집주】

十室 小邑也 忠信如聖人 生質之美者也 夫子 生知 而未嘗不好學 故 言此以勉人 言美質易去聲得 至道難聞 學之至 則可以爲聖人 不學 則不免爲鄕人而已 可不勉哉

열 집은 작은 마을이다. 충신하기가 성인과 같은 사람은 타고난 자질이 아름다운 자이다. 공자께서는 태어나면서부터 아시되 학문을 좋아하지 않은 적이 없었다. 그러므로 이와 같이 말씀하시어 사람들을 면려하셨다. 아름다운 자질은 얻기 쉬우나 지극한 도는 듣기 어려우니 배움이 지극하면 가히 성인이 될 수 있고 배우지 않으면 촌사람이 되는 것을 면할 수 없을 따름이라는 말씀이니, 어찌 힘쓰지 않을 수 있으리오.

【세주】

南軒張氏曰 聖人斯言 使學者知夫聖可學而至 雖有其質 而不學 則終身爲鄕人而已

남헌 장씨가 말했다. 성인의 이 말씀은 배우는 자로 하여금 무릇 성인은 배워서 이룰 수 있고, 비록 그 자질이 있더라도 배우지 않으면 평생 촌사람이 될 뿐임을 알게 해준다.

○勉齋黃氏曰 夫子 自言好學 固是謙辭 然 聖人 惟生知 所以 自然好學 學者 一出一入 而不加之意 正以其不能眞知義理之切身故爾

면재 황씨가 말했다. 공자께서 배움을 좋아한다고 말씀하신 것은 본디 겸사(겸손의 말씀)이다. 그러나 성인은 진정 태어나면서부터 아시는 분이니, 그래서 저절로 호학하신 것이다. 배우는 자는 하나가 나가면 하나가 들어와서 뜻에 축적되지 못하니, 바로 의리가 몸에 절실하다는 것을 진정으로 알지 못하기 때문이다.

○新安陳氏曰 忠信之質 聖人與人 同耳 好學之至 則充極此美質 而爲聖人 不好學 所以孤負此美質 而不免爲鄕人 美質之不可恃 而學力之所當勉 如此

신안 진씨가 말했다. 충신의 자질은 성인과 사람들이 동일한 것이다. 배움을 좋아함이 지극하면 이 아름다운 자질을 끝까지 채워서 성인이 된다. 배움을 좋아하지 않으면 이 아름다운 자질만 홀로 짊어지는 것이니, 촌사람이 되는 것을 면할 수 없다. 아름다운 자질은 믿을 만한 것이 못 되고 배우려 힘씀에 마땅히 노력해야 하는 것이 이와 같다.

○朱子 答問云 註疏之讀 不成文理 按註疏 音焉如煙 讀屬下文 故 朱子 旣音如字 且云 屬上句也

주자가 문답해 말하기를 "(과거의) 주소는 문리에 맞지 않는다. 주소를 살펴보면 '언'의 음을 '연'으로 읽고, 아래 구절에 붙여 읽었다"라고 했다. 그러므로 주자는 언을 본래 글자대로 읽고, 또 위 구절에 붙여 읽어야 한다고 말했다.

부록

별호색인 | 인용 학자 소개

***활용방법**
인용 학자에 대해 알아보려면 먼저 [별호색인]에서 본명을 확인하고, 그 이름을 [인용 학자 소개]에서 찾아본다.

별호색인

· 여씨(呂氏) → 여대림(呂大臨)
· 연평 이씨(延平李氏) → 이통(李侗)
· 영가 설씨(永嘉薛氏) → 미상
· 예씨(倪氏) → 예사의(倪士毅)
· 예장 나씨(豫章羅氏) → 나종언(羅從彦)
· 오씨(吳氏) → 오우(吳迂)
· 옥계 노씨(玉溪盧氏) → 노효손(盧孝孫)
· 온릉 진씨(溫陵陳氏) → 진지유(陳知柔)
· 왕씨(汪氏) → 왕염창(汪炎昶)
· 왕씨(汪氏) → 왕정직(汪廷直)
· 왕씨(王氏) → 왕회(王回)
· 운봉 호씨(雲峯胡氏) → 호병문(胡炳文)
· 유씨(游氏) → 유초(游酢)
· 유씨(劉氏) → 유팽수(劉彭壽)
· 윤씨(尹氏) → 윤돈(尹焞)
· 인산 김씨(仁山金氏) → 김이상(金履祥)
· 인수 이씨(仁壽李氏) → 이도전(李道傳)
· 임소영(林少穎) → 임지기(林之奇)
· 임씨(林氏) → 임지기(林之奇)
· 임천 오씨(臨川吳氏) → 오징(吳澄)
· 잠실 진씨(潛室陳氏) → 진식(陳埴)
· 장존중(張存中) → 장용(張庸)
· 장씨(張氏) → 장구성(張九成)
· 장씨(張氏) → 장옥연(張玉淵)
· 장씨(張氏) → 장정견(張庭堅)
· 장씨(張氏) → 장용(張庸)
· 장씨(張氏) → 장팽로(張彭老)
· 장씨(張氏) → 장호고(張好古)
· 장자(張子) → 장재(張載)
· 절재 채씨(節齋蔡氏) → 채연(蔡淵)
· 정씨(鄭氏) → 정남승(鄭南升)
· 정씨(鄭氏) → 정여해(鄭汝諧)
· 정씨(鄭氏) → 정현(鄭玄)
· 정자(程子) → 정이(程頤)
· 정자(程子) → 정호(程顥)
· 제갈씨(諸葛氏) → 제갈태(諸葛泰)
· 조씨(趙氏) → 조순손(趙順孫)
· 주씨(朱氏) → 주신(朱伸)
· 주씨(朱氏) → 주조의(朱祖義)
· 주자(周子) → 주돈이(周敦頤)
· 주자(朱子) → 주희(朱熹)
· 지재 진씨(止齋陳氏) → 진부량(陳傅良)
· 진씨(陳氏) → 미상
· 천태 반씨(天台潘氏) → 반시거(潘時擧)
· 첩산 사씨(疊山謝氏) → 사방득(謝枋得)
· 치당 호씨(致堂胡氏) → 호인(胡寅)
· 포전 황씨(莆田黃氏) → 황사의(黃士毅)
· 하동 후씨(河東侯氏) → 후중량(侯仲量)
· 하씨(何氏) → 하몽귀(何夢貴)
· 형씨(邢氏) → 형병(邢昺)
· 호씨(胡氏) → 호영(胡泳)
· 호씨(胡氏) → 호인(胡寅)
· 홍씨(洪氏) → 홍흥조(洪興祖)
· 화양 범씨(華陽范氏) → 범조우(范祖禹)
· 화정 윤씨(和靖尹氏) → 윤돈(尹焞)
· 황씨(黃氏) → 황연(黃淵)
· 후씨(侯氏) → 후중량(侯仲量)
· 후재 풍씨(厚齋馮氏) → 풍의(馮椅)
· 휘암 정씨(徽菴程氏) → 정약용(程若庸)

인용 학자 소개

· **고원상**(顧元常): 남송의 학자며, 자는 평보(平甫)이다. 예학의 연구자로서 『예기의소(禮記義疏)』를 주해했다.

· **공영달**(孔穎達, 574~648): 당의 경학가다. 자는 충원(冲遠) 또는 중달(仲達)이다. 그가 주편한 『오경정의(五經正義)』는 한대 이후 훈고학을 집대성한 것으로, 이후 성리학이 일어나기 전까지는 유가 경전 해석의 표준이 되었다.

· **곽충후**(郭忠厚): 북송의 학자며 일명 곽충효(郭忠孝)라고도 한다. 자는 입지(立之)며 하남인이다. 정이에게 『역(易)』과 『중용(中庸)』 등을 배웠다. 이후 학문적으로 강서학파에게 큰 영향을 미쳤다.

· **구양겸지**(歐陽謙之): 남송의 이학가로서 자는 희손(希遜)이며 여릉인이다. 주희의 문인이다.

· **구양현**(歐陽玄, 1273~1357): 원의 학자로서 자는 원공(原功)이며 호는 규재(圭齋)다. 유양인이다. 어려서 장관에게 배웠으며 문장으로 유명했다. 원 순제 때 한림직학사로서 요·금·원 3사의 수찬 총재관을 맡았다. 저서로 『규재문집(圭齋文集)』이 있다.

· **김이상**(金履祥, 1232~1303): 송말 원초의 이학가로서 자는 길부(吉父)고 호는 차농(次農)이며, 난계인이다. 인산(仁山) 밑에 살았으므로 인산선생이라고 불렸다. 왕백·하기 등에게 배웠으며 이학에 조예가 깊었다. 소위 금화 주학의 중요 인물로서 원초의 대표적 학자다. 저서로 『논어맹자집주고증(論語孟子集注考證)』이 있다.

· **나종언**(羅從彦, 1072~1135): 북송의 이학가로서 자는 중소(仲素)며 예장(豫章)선생이라 불렸다. 소위 남검삼선생(南劍三先生) 중 한 사람이다. 오의·양시 등에게 배웠으며, 정호·정이의 학문은 남검삼선생인 양시·나종언·이통을 거쳐 주자에게 전해졌다. 저서로 『중용설(中庸說)』·『어맹해(語孟解)』 등이 있다.

· **노효손**(盧孝孫): 남송의 학자로서 자는 신지(新之)며 옥계(玉溪)선생이라 불렸다. 태학박사를 지냈고 퇴직 후 제자들을 가르쳤다.

· **담유인**(譚惟寅): 남송의 학자로서 자는 자흠(子欽)이며 호는 태재(蛻齋)다. 태학박사를 지냈다.

· **등명세**(鄧名世): 남송의 학자로서 일명 등명아(鄧名亞)라고도 한다. 자는 원아(元亞)며 임천인이다. 경사에 밝았으며 특히 『춘추(春秋)』에 정통했다. 주희의 친구며 저작좌랑을 지냈다. 저서로 『춘추논설(春秋論說)』이 있다.

· **반병**(潘柄): 남송의 이학가로서 자는 겸지(謙之)다. 회안인이며 과산(瓜山)선생이라 불렸다. 주희의 제자며, 저서로 『역해(易解)』·『상서해(尙書解)』 등이 있다.

· **반시거**(潘時擧): 남송의 이학가로서 자는 자선(子善)이며 임해인이다. 주희의 제자로서 육

경에 대해 많은 질문과 답변을 해 주희로부터 칭찬을 들었다. 무위군 교수를 지냈다.

· 방봉진(方逢辰, 1221~1291): 송말 원초의 학자로서 일명 방몽괴(方夢魁)라고도 한다. 자는 군석(君錫)이며 교봉(蛟峯)선생이라 불렸다. 가학을 이었기에 특별히 배운 선생은 없다. 화정서원에서 강의했으며, 그 외 금화 순안 등지에서 강학했다. 사서(四書)와 육경(六經)을 존중했으며, 사양좌의 학문을 흠모했다. 저서로 『대학중용주석(大學中庸注釋)』이 있다.

· 범조우(范祖禹, 1041~1089): 북송의 사학가·경학가로서 화양인이다. 자는 순보(淳甫)인데, 순부(淳夫)·몽득(夢得) 등의 자도 썼다. 사마광을 따라 『자치통감(資治通鑑)』의 편찬 작업에 참여했으며, 『중용(中庸)』을 깊이 연구해 『중용론(中庸論)』 다섯 편을 지었다.

· 보광(輔廣): 남송의 이학가로서 자는 한경(漢卿)이고 호는 잠암(潛菴)이다. 만년에 전이(傳貽)서원을 짓고 제자들을 가르쳤기에 전이선생이라 불렸다. 여조겸과 교유했으며, 주희에게 배워 문인이 되었다. 주희의 학설을 충실히 전달하는 데 기여했으며, 이익과 의리의 문제를 깊이 연구했다. 저서로 『어맹학용문답(語孟學庸問答)』·『사서찬소(四書纂疎)』 등이 있다.

· 사방득(謝枋得, 1226~1289): 남송의 학자로서 자는 군직(君直)이며, 첩산(疊山)선생이라 불렸다. 송이 망한 후 원 조정에 억지로 불려 갔으나 음식을 거부하고 죽음을 맞았다. 서림에게 배웠으며 육학(陸學)을 전수했다. 저서로 『첩산문집(疊山文集)』이 있다.

· 사양좌(謝良佐, 1050~1103): 북송의 이학가로서 상채인이다. 자는 현도(顯道)며, 상채(上蔡)선생이라 불렸다. 소위 정문사선생(程門四先生)의 한 사람으로 정호·정이의 고제다. 특히 '인(仁)'의 개념을 정립하는 데 크게 기여했다. 주희가 젊었을 때 그의 학설에 도움을 많이 받았다고 하며, 후대에 주희 학설의 선하가 된다는 평을 들었다. 저서로 『논어설(論語說)』·『상채어록(上蔡語錄)』 등이 있다.

· 섭몽득(葉夢得, 1077~1148): 북송의 문학가이자 경학가로서 오현인이다. 자는 소온(少蘊)이며 호는 석림(石林)이다. 문학은 사(詞)에 능했고 경학은 『춘추(春秋)』에 정통해서, 『춘추전(春秋傳)』·『춘추고(春秋考)』·『춘추얼(春秋讞)』 등의 저서가 있다.

· 섭하손(葉賀孫): 남송의 학자로서 일명 섭미도(葉味道)라고도 한다. 자는 하손 또는 지도(知道)며, 온주인이다. 주희에게 배웠으며, 주자학이 탄압을 받을 때 과거 답안을 주자학에 의거해 써냈다가 낙방했다. 주자학이 해금된 후 진사에 급제하고 악주 교수, 태학박사 겸 숭정전설서·비서저작좌랑 등을 지냈다. 설서의 직을 맡았을 때 『논어(論語)』를 선강해야 한다고 주장했다. 저서로 『사서설(四書說)』·『예해(禮解)』·『대학강

의(大學講義)』 등이 있다.

· 소갑(邵甲): 남송의 학자로서 양간의 제자다. 진순과 학문을 논했으나 의견이 맞지 않았다고 한다.

· 소식(蘇軾, 1036~1101): 북송의 학자이자 문학가로서 미산인이다. 자는 자첨(子瞻)이며, 스스로 동파거사(東坡居士)라 호를 지었다. 진사에 등제한 이래 여러 관직을 역임했으며, 정치적으로 사마광 등을 도우면서 왕안석의 신법당과 대립했다. 문학에서 「적벽부(赤壁賦)」 등의 운문 작품으로 유명하며, 당송팔대가(唐宋八大家)의 한 사람에 들 정도로 산문이 뛰어났다. 경학에도 조예가 깊어 『역전(易傳)』·『논어설(論語說)』·『서전(書傳)』 등의 저서를 남겼다. 주희는 소식의 학문에 불교나 도교의 설이 혼입되어 있다는 점을 비판했으나, 집주에서 소식의 설을 상당수 채택했다.

· 소옹(邵雍): 북송의 이학가이자 상수학자다. 자는 요부(堯夫)며, 강절(康節)이라는 시호를 받아 소강절이라고도 불렸다. 백원(百源)선생이라 불렸으며 스스로 안락(安樂)선생이라 칭하기도 했다. 남송 도종 함순 초에 공묘에 배향되어 신안백(新安伯)으로 추봉되었고, 명 가정 연간에 선유(先儒) 소자(邵子)로 칭해졌다. 주돈이·장재·정이·정호 등과 함께 소위 북송오자(北宋五子)로서 성리학 창시자의 한 사람이다. 벼슬을 한 적이 없으며, 일생 학문에 매진해 당시의 명사인 부필·사마광 등의 존숭을 받았다. 저서로 『황극경세(皇極經世)』·『격양집(擊壤集)』이 있다.

· 심귀요(沈貴瑤): 남송의 학자로서 자는 성숙(誠叔)이며, 의재(毅齋)선생이라 불렸다. 동몽정의 고제며, 저서로 『정몽의해(正蒙疑解)』·『사서요의(四書要義)』가 있다.

· 양시(楊時, 1053~1135): 북송의 이학가로서 자는 중립(中立)이다. 만년에 구산(龜山)에 은거해 구산선생이라 불렸고, 시호는 문정(文靖)이다. 처음에는 정호에게 배웠고, 정호가 죽자 정이에게 배웠다. 소위 정문사선생(程門四先生) 중 한 사람이다. 정호·정이의 학문이 그를 통해 주희·장식 등에 연결되었으므로 동남학자[소위 남도(南渡) 낙학(洛學)]의 대종이라는 평을 들었다. 저서로 『구산문집(龜山文集)』·『구산어록(龜山語錄)』 등이 있다.

· 여대림(呂大臨, 1042~1092): 북송의 학자로서 자는 여숙(與叔)이며, 남전인이다. 처음에는 장재에게 배웠으나 장재가 죽은 후 정호·정이에게 배워 고제가 되었다. 소위 정문사선생(程門四先生) 중 한 사람이다. 저서로 『논어해(論語解)』·『대학해(大學解)』·『중용해(中庸解)』·『노자주(老子注)』 등이 있다.

· 여조겸(呂祖謙, 1137~1181): 남송의 이학가이자 문헌학자로서 무주인이다. 자는 백공(伯

恭)이며, 동래(東萊)선생이라 불렸다. 그의 아버지 여본중을 대동래, 그를 소동래라 구분하기도 한다. 주희·장식과 함께 동남삼현(東南三賢) 중 한 사람이다. 학문적으로 주희와 달라서 역사와 문헌에 밝았으며, 소위 여학(呂學)이라는 독자적인 학문 경향을 보였다. 애택서원을 창설해 후학을 가르쳤다. 저서로 『동래집(東萊集)』·『동래좌전박의(東萊左傳博議)』·『동래서설(東萊書說)』 등이 있다.

· **예사의**(倪士毅, 1303~1348): 원의 학자로서 자는 중홍(仲弘)이며, 휴녕인이다. 일찍이 진력에게 배웠다. 관련 저서로 『사서집석(四書集釋)』이 있는데, 이는 『사서집주대전(四書集註大全)』을 편찬하는 데 기본이 된 책으로 평가받는다.

· **오우**(吳迂): 원의 이학가로서 부량인이다. 자는 중우(仲迂)며, 호는 가당(可堂)이다. 요노의 제자로서 누차 응거했으나 합격하지 못하고 은거 독서했다. 저서로 『사서어록(四書語錄)』·『오경발명(五經發明)』·『공자세가(孔子世家)』 등이 있다.

· **오징**(吳澄, 1249~1333): 원의 학자로서 자는 유청(幼淸)인데, 만년에는 백청(伯淸)이라 했다. 남송 말에 과거에 응시했으나 불합격해 초옥에 은거했으므로 초려선생이라 불렸다. 원 무종 때 국자감승, 사업 등의 국자감관을 지냈고 한림학사가 되었다. 『영종실록(英宗實錄)』을 수찬했으며 실록 완성 후 벼슬을 버리고 낙향해 후학을 교육했다. 저서로 『역찬언(易纂言)』·『예기찬언(禮記纂言)』·『춘추찬언(春秋纂言)』 등이 있다.

· **오호**(吳浩): 남송의 학자로서 휴녕인이다. 자는 의보(義父)며, 호는 직헌(直軒)이다. 은거해 벼슬하지 않았으며, 저서로 『직헌대학의(直軒大學義)』가 있다.

· **왕염**(王炎, 1137~1218): 남송의 학자로서 무원인이다. 자는 회숙(晦叔)이며, 호는 쌍계(雙溪)다. 장식의 지우를 받아 벼슬했으며 담주 교수를 지냈다. 저서로 『쌍계집(雙溪集)』이 있다.

· **왕염창**(汪炎昶, 1261~1338): 원의 학자로서 무원인이다. 자는 무원(茂遠)이고, 어릴 때 송의 유민 손숭에게 배웠으며, 은거해 원에 벼슬하지 않았다.

· **왕정직**(汪廷直): 북송의 학자로서 무원인이다. 진사에 등제하고 둔전원외랑을 지냈다.

· **왕통**(王侗): 원의 학자로서 호는 노재(魯齋)다. 저서로 『대학장구(大學章句)』·『대학혹문(大學或問)』·『중용구(中庸九)』·『중용혹문(中庸或問)』이 있다.

· **왕회**(王回, 1023~1065): 북송의 관리로서 자는 심보(深甫)고 후관인이다. 구양수의 학문을 모범으로 삼았다.

· **요노**(饒魯): 남송의 이학가로서 여간인이다. 자는 백여(伯輿) 또는 중니(仲尼)며, 스스로 호를 쌍봉(雙峯)이라 했다. 황간과 이번 등에게 배웠으며 특히 황간 문하의 중요 인물

이었다. 석동서원을 세워 강학했으며 후대에 끼친 학문적 영향이 컸다. 그의 학문은 주희를 근본으로 했으나 주희의 설을 묵수하지만은 않았으며, 그 때문에 오징에 의해 "육씨(육구연)를 종주로 하고 주희를 등졌다"라는 평을 받았다. 저서로 『오경강의(五經講義)』·『어맹기문(語孟紀聞)』·『학용찬술(學庸纂述)』 등이 있지만 현존하는 것은 『요쌍봉강의(饒雙峯講義)』 뿐이다.

· **웅화**(熊禾, 1253~1312): 송말 원초의 학자로서 건양인이다. 자는 거비(去非)며 호는 물재(勿齋) 또는 퇴재(退齋)다. 어려서부터 염락학(濂洛學: 주돈이와 정호·정이의 학문, 즉 성리학)에 뜻을 두어 주희의 문인인 보광과 교유했으며, 후에 무이산으로 들어가 오봉서당을 짓고 강학했다. 저서로 『삼례고이(三禮考異)』·『춘추논고(春秋論考)』·『물헌집(勿軒集)』 등이 있다.

· **원보**(袁甫): 남송의 학자로서 은현인이다. 자는 광미(廣微)며 몽재(蒙齋)선생이라 불렸다. 어려서는 아버지 원섭에게 배웠으며 후에 양간에게 배웠다. 육학을 종지로 한다는 평을 들었으며, 저서로 『중용강의(中庸講義)』·『효설(孝說)』·『맹자해(孟子解)』 등이 있다.

· **유초**(游酢, 1053~1123): 북송의 이학가로서 자는 정부(定夫)며 녹산(鹿山)선생이라 불렸다. 정호·정이에게 배웠으며 소위 정문사선생(程門四先生) 중 한 사람이다. 정이의 설을 이어받아 인(仁)의 개념을 설명하는 데 크게 기여했다. 불학에 조예가 깊었는데, 호광이 이를 정문의 죄인이라고 평했다. 관련 저서로 『역설(易說)』·『중용의(中庸義)』·『논어맹자잡해(論語孟子雜解)』 등이 있다.

· **유팽수**(劉彭壽): 원대의 학자로서 미주인이다. 경술을 근본으로 삼아 제자들을 가르쳤다. 저서로 『사서제요(四書提要)』·『춘추택존(春秋擇存)』·『춘추정경구석(春秋正經句釋)』이 있다.

· **육구연**(陸九淵, 1139~1192): 남송의 이학가로서 금계인이다. 심학의 대표적 인물이다. 자는 자정(子靜)이며, 스스로 호를 존재(存齋)라 했다. 중년 이후에는 상산(象山)에 살면서 강학했기에 스스로 상산옹이라 했고, 상산선생이라 불렸다. 정주학의 '성즉리(性卽理)'설과는 달리 '심즉리(心卽理)'설을 내세워 심학의 창시자가 되었다. 학문 방법론적으로도 주희와 달리 주로 존덕성에 중점을 두었다. 그러나 황종휘에게서 육구연과 주희는 근본적으로 공맹을 종주로 삼았다는 점에서 동일하다는 평을 들었다. 그의 학문은 양간 등이 계승했고 명 왕수인이 집대성해 소위 육왕심학으로 완성되었다. 저서로 『상산선생전집(象山先生全集)』이 있다.

· 육전(陸佃, 1042~1102): 북송의 학자로서 산음인이다. 자는 농사(農師)며 호는 도산(陶山)이다. 왕안석에게 배웠으며 국자감 직강을 지냈고, 『신종실록(神宗實錄)』·『철종실록(哲宗實錄)』 등의 편수에 참여했다. 저서로 『예상(禮象)』·『춘추후전(春秋後傳)』·『도산집(陶山集)』 등이 있다.

· 윤돈(尹焞, 1071~1142): 북송 말 남송 초의 이학가로서 낙인이다. 자는 명언(明彦) 또는 덕충(德充)이며, 흠종이 화정(和靖)처사라는 호를 사여했다. 일생 응거하지 않았으나 시강을 역임해 윤시강이라 불린다. 어려서 정이에게 배웠으며 정이의 인정을 받았다. 학문적으로는 실체역행을 주로 했으며, 경전 중에 특히 『논어(論語)』를 중시했다. 저서로 『논어해(論語解)』·『맹자해(孟子解)』 등이 있다.

· 이도전(李道傳): 남송의 학자로서 자는 관지(貫之)며, 정연인이다. 봉주 교수, 태학박사·태상박사 등을 역임했다. 어려서부터 정이·정호의 책을 읽고 의리를 탐색하는 데 침식을 잊었다고 한다. 주희의 문인은 못 되었으나 주희 제자들과 학문을 논했으며 주희의 저서를 탐독했다. 주희의 『사서집주(四書集註)』 및 『사서혹문(四書或問)』 등을 태학에 반포하기를 청하고, 주돈이·소옹·정이·정호·장재 5인을 공묘에 종사할 것을 상소했다.

· 이정옹(李靖翁): 『중용(中庸)』의 주석가다.

· 이통(李侗, 1093~1163): 남송의 이학가로서 주희의 스승이다. 자는 원중(愿中)이며 연평(延平)선생이라 불렸다. 시호는 문정(文靖)이며 검포인이다. 나종언에게 사서(四書)를 배웠으며, 이를 주희에게 전했다. 저서로 『이연평선생문집(李延平先生文集)』이 있다.

· 이형(李衡, 1100~1178): 남송의 관리이자 학자로서 강도인이다. 자는 언평(彦平)이며 호는 낙암(樂庵)이다. 감찰어사·시어사 등을 역임했으며, 비서각 수찬으로 치사했다. 만년에 곤산에 정거해 만 권의 책을 모았다.

· 임지기(林之奇, 1112~1176): 남송의 학자로서 후관인이다. 자는 소영(少潁) 또는 졸재(拙齋)이며 삼산(三山)선생이라 불렸다. 비서성 정자 및 교서랑을 역임했다. 여본중에게 배웠으며 왕안석의 『삼경신의(三經新義)』에 반대했다. 저서로 『서설(書說)』·『춘추설(春秋說)』·『논맹강의(論孟講義)』 등이 있다.

· 장구성(張九成, 1092~1159): 남송의 이학가로서 전당인이다. 자는 자소(子韶)며, 스스로 호를 횡포거사(橫浦居士)·무구거사(無垢居士)라 했고, 시호는 문충(文忠)이다. 태상박사·시강 등을 역임했다. 당시 재상이던 진회를 거슬러 남안군에 귀양갔는데, 거기서 경전을 연구하고 많은 저작을 남겼다. 양시에게 배워 그의 문인이 되었으며 정호·정이의

재전제자다. 사양좌의 설과 불가의 설을 종합하여 인의 개념을 정리했다. 그의 학설은 심즉리설을 내세워 정호·정이의 학을 육학으로 연결하는 중간 고리에 해당한다는 평을 받았고, 이 때문에 주희의 비판을 받았다. 저서로 『맹자전(孟子傳)』·『중용설(中庸說)』 등이 있다.

· 장식(張栻, 1133~1180): 남송의 이학가로서 면죽인이다. 자는 경부(敬夫) 또는 낙재(樂齋)며 호는 남헌(南軒)이다. 남송 이종 경정 연간에 공묘에 종사되었다. 주희·여조겸 등과 어깨를 나란히 하는 명유로서, 소위 동남삼현(東南三賢) 중 한 사람이다. 호굉에게 배웠으며 악록(岳麓)서원에서 강의했다. 학설로는 의(義)와 이(利)의 구분을 강조했으며 주희의 존경을 받았다. 저서로 『논어해(論語解)』·『맹자설(孟子說)』 등이 있으며, 그 외 『남헌집(南軒集)』이 있다.

· 장옥연(張玉淵): 미상

· 장용(張庸): 원의 관리로서 자는 존중(存中)이며 온주인이다. 병부상서를 지냈다.

· 장재(張載, 1020~1077): 북송의 이학가로서 미현인이다. 성리학 창시자의 한 사람으로, 자는 자후(子厚)며 횡거진(橫渠鎭)에 거주해서 횡거선생이라 불렸다. 시호는 명공(明公)이며, 남송 이종 때 미백(郿伯)으로 봉해지고 공묘에 종사되었다. 범중엄에게 『중용(中庸)』을 배운 이래 경학에 전심했으며 일생의 대부분을 관중(關中)에서 강학과 저작에 바쳤기에 그의 학문을 관학이라 하기도 한다. 그의 학설은 성(性)을 천지지성과 기질지성으로 구분함으로써 이후 성리학의 이론적 골격을 형성했다. 그의 『서명(西銘)』은 정문의 필독서로 취급되었으며, 그 외 『정몽(正蒙)』·『역설(易說)』·『경학리굴(經學理窟)』·『어록(語錄)』 등의 저서가 있고, 이 모든 것은 명대에 『장자전서(張子全書)』로 출간되었다.

· 장정견(張庭堅): 북송의 관리로서 광안군인이다. 자는 재숙(才叔)이며 시호는 절민(節愍)이다. 사마광 등을 존숭했으며 소식을 천거했다.

· 장팽로(張彭老): 맹자의 주석가다.

· 장호고(張好古, ?~1262): 원의 관리로서 자는 신보(信甫)며 남궁인이다. 어려서부터 독서와 글짓기로 유명했다.

· 정남승(鄭南升): 남송의 학자로서 자는 문진(文振)이며 조양인이다. 주희의 문인이며, 『논어(論語)』·『맹자(孟子)』 등을 깊이 연구했다. 그의 설은 주희에게 인정을 받았으며, 동문들이 존숭했다.

· 정약용(程若庸): 남송의 이학가로서 휴녕인이다. 자는 봉원(逢原)이며 호는 물재(勿齋)고

휘암(徽菴)선생이라 불렸다. 요노·심귀진 등에게 배웠으며 성리학의 전수에 공이 있다. 안정서원의 산장을 지냈으며 임여서원을 창건했다. 진사에 등제한 후 무이서원의 산장으로 임명되어 강의했다. 정단몽의 『성리자훈(性理字訓)』을 해설한 그의 『성리자훈강의(性理字訓講義)』는 이후 성리학의 초학 교재로 중요하게 취급되었다.

· 정여해(鄭汝諧): 남송의 학자로서 청전인이다. 자는 순거(舜擧)며 호는 동곡거사(東谷居士)다. 저서로 『동곡역익전(東谷易翼傳)』·『논어의원(論語意源)』이 있다.

· 정이(程頤, 1033~1107): 북송의 이학가로서 낙양인이다. 성리학 창시자 중 한 사람으로 자는 정숙(正叔)이고 호는 이천(伊川)이며, 남송 이종 때 이천백으로 봉해지고 공묘에 종사되었다. 그의 형 정호와 함께 이정자(二程子)라 불린다. 이 이정자가 성리학의 기초를 세웠는데, 그 학문을 낙학이라 한다. 태학에 유학해 호원의 중시를 받았으며 서경국자감 교수, 관구국자감 등의 국자감관을 지냈다. 그는 성즉리설을 내세웠는데, 주희는 이 설을 받아들여 발전시킴으로써 성리학을 완성했으며 이후 정통 학문이 되었다. 저서로 『역전(易傳)』·『춘추전(春秋傳)』·『안자소학하론(顔子所學何論)』·『어록(語錄)』 등이 있으며, 제자들이 그의 저서와 그의 형 정호의 저작을 모아 『이정전서(二程全書)』를 펴냈다.

· 정현(鄭玄, 127~200): 후한의 학자로서 훈고학의 집대성자다. 자는 강성(康成)이며 고밀인이다. 장공조·마융 등에게 수학했으며, 고문을 위주로 했으나 금문도 일부 채택·종합했다. 삼경(三經)의 주석을 달았으며, 논어의 주석도 달았으니 그것이 소위 정주(鄭注)다.

· 정형(程逈): 남송의 학자로서 영릉인이다. 자는 가구(可久)며 호는 사수(沙隨)다. 왕보 등에게 배웠고 호학하는 것으로 유명했으며, 저서로 『고역고(古易考)』 등이 있다.

· 정호(程顥, 1032~1085): 북송의 이학가로서 낙양인이다. 성리학 창시자 중 한 사람이다. 자는 백순(伯淳)이고 호는 명도(明道)며, 남송 이종 때 하남백으로 봉해지고 공묘에 종사되었다. 그의 동생 정이와 함께 이정자(二程子)라 불린다. 정이의 학문과 큰 차이는 없으나, 심즉리의 설을 인정해 심학의 선구가 되었다는 점에서 약간의 차이가 있다. 저서로는 『식인편(識仁篇)』·『정성서(定性書)』·『어록(語錄)』 등이 있으며, 후에 그 동생 정이의 저작과 합쳐져 『이정전서(二程全書)』로 출간되었다.

· 제갈태(諸葛泰): 원의 학자로서 자는 형보(亨甫)며 진강인이다. 힘써 연구해 경전의 깊은 뜻을 많이 밝혔다고 한다.

· 제몽룡(齊夢龍): 남송의 학자로서 소옹의 역학을 연구했다.

· 조순손(趙順孫): 남송의 학자로서 진운인이다. 자는 화중(和仲)이며 격재(格齋)선생 또는 격암(格菴)선생이라 불렀다. 비서랑에서 시어사에 이를 때까지 항상 강독을 겸했다. 저서로 『사서찬소(四書纂疏)』가 있다.

· 주돈이(周敦頤, 1017~1073): 북송의 이학가로서 연도인이다. 자는 무숙(茂叔)이고 호는 염계(濂溪)다. 원명은 돈실(敦實)인데 영종의 이름을 피휘하느라 돈이로 개명했다. 남송 영종이 원공(元公)의 호칭을 사여했으며, 이종 때 여남(汝南)백에 봉해지고 공묘에 종사되었다. 원 인종 때 도국공(道國公)으로 봉해졌고, 명 세종 때 선유 (先儒) 주자(周子)로 칭해졌다. 연도에 있는 염계를 호로 썼으므로 염계선생이라 불렸고, 그 학문을 염학이라 한다. 소위 북송오자(北宋五子) 중 한 사람이다. 성리학의 진정한 창시자로, 주희·장식 등이 도학의 종주로서 받들었다. 중용의 성(誠)의 개념을 확립함으로써 성리학의 기본적인 이론적 골격을 세웠으며, 그 외 태극·이·기·성(性)·명(命)·주정(主靜) 등 성리학의 핵심 개념들을 정립했다. 이 점에서 그의 『태극도설(太極圖說)』은 성리학의 기본 이론서라 할 만하다. 그 외의 저서로 『통서(通書)』가 있으며, 후대에 『주자전서(周子全書)』가 간행되었다.

· 주신(朱伸): 미상

· 주조의(朱祖義): 원의 학자로서 자는 자유(子由)며 노릉인이다. 여러 경전에 구해(句解)를 달았으며, 저서로 『상서구해(尙書句解)』·『주역구해(周易句解)』 등이 있다.

· 주희(朱熹, 1130~1200): 남송의 이학가로서 성리학의 집대성자다. 자는 원회(元晦) 또는 중회(仲晦)고 무원인이다. 건양에 초당을 지어 회암(晦庵)으로 이름 짓고 회옹(晦翁)이라 칭했다. 만년에는 둔옹(遯翁), 또는 거주 지명을 따서 고정(考亭)이라 하기도 했다. 시호가 문(文)이어서 주문공이라고 불리기도 한다. 남송 이종 때 공묘에 종사되었으며, 명 신종 때 선유 주자(朱子)로 칭해졌다. 이통에게 배웠으며 일생의 대부분을 학자와 교육자로서 보냈다. 지방관으로 재직할 때에도 항상 서원을 세우거나 복건해 강학했는데, 남강군에 있을 때는 백록동서원을 복건해 강학했고, 장주에서는 주학을 자주 방문해 강학했고, 담주에서는 악록서원을 복건해 강학했다. 만년에는 복건 건양의 고정에 창주정사를 짓고 문인들을 가르쳤다. 그는 주돈이·정호·정이의 학설을 계승하고 장재·소옹 등을 흡수·종합했으며, 불교와 도교의 설까지도 융합해 광대한 신유학의 체계를 완성했다. 이 과정에서 그는 성리학의 근간이 되는 이기론·심성론·공부론을 확립해 이후 신유학의 새로운 시대를 열었다. 저서로 『태극도설해(太極圖說解)』·『통서해(通書解)』·『서명해의(西銘解義)』·『근사록(近思錄)』·『주문

공문집(朱文公文集)』·『주자어류(朱子語類)』·『사서집주(四書集註)』·『사서혹문(四書或問)』 등과 그 외 많은 저서가 있으며, 이는 후대에 『주자전서(朱子全書)』·『주자대전(朱子大全)』 등으로 간행되었다. 그의 직접적인 저서 이외에 그가 참여하거나 감수한 다른 책들도 무수히 많다.

· 진공석(陳孔碩): 남송의 이학가로서 후관인이다. 자는 부중(膚仲) 또는 숭청(崇淸)이며, 북산(北山)선생이라 불렸다. 처음에는 장식과 여조겸에게 배웠으나 이후 주희를 스승으로 모셨다. 처주 교수를 지냈고 예부낭중을 역임했다.

· 진덕수(眞德秀, 1178~1235): 남송의 이학가로서 자는 경원(景元) 또는 희원(希元)인데, 나중에 경희(景希)라 했다. 호는 서산(西山)이고 시호는 문충(文忠)이며, 포성인이다. 주희의 학문을 모범으로 해서 『대학연의(大學衍義)』를 지었고, 탄압받던 성리학을 다시 번성하게 하는 데 기여했다. 저서로 『진문충공집(眞文忠公集)』이 있다.

· 진력(陳櫟, 1252~1334): 원의 경학가이자 이학가로서 휴녕인이다. 자는 수옹(壽翁)인데 노년에는 동부노인(東阜老人)이라 했고, 정우(定宇)선생이라 불렸다. 할머니와 아버지에게 경사를 배웠다. 주희를 종주로 삼아 주희 사후의 학문적 혼란을 정리하기 위해 『사서발명(四書發明)』을 지었으며, 이로써 주자학의 전수에 공이 크다는 평을 들었다. 그 외의 저서로 『서집전찬소(書集傳纂疏)』·『예기집의(禮記集義)』·『정우문집(定宇文集)』 등이 있다.

· 진부량(陳傅良, 1137~1203): 남송의 학자로서 서안인이다. 영가학파의 중요 인물이며, 자는 군거(君擧)고 호는 지제(止齋)다. 영가의 정백웅·설계선 등에게 배웠으며 태학에서 장식·여조겸 등과 교유했다. 학문적으로 역사 연구를 중시하고 경세치용을 제창했다. 저서로 『시해고(詩解詁)』·『주례설(周禮說)』·『춘추후전(春秋後傳)』·『좌씨장지(左氏章指)』·『지제문집(止齋文集)』 등이 있다.

· 진순(陳淳, 1153~1217): 남송의 이학가로서 용계인이다. 자는 안경(安卿) 또는 공부(功夫)며, 북계(北溪)선생이라 불렸다. 주희 만년의 고제로서 주희가 장주의 지방관이었을 때부터 배웠다. 주희의 학설을 철저하게 추종했으며 육구연에 반대했다. 저서로 『논맹학용구의(論孟學庸口義)』·『사서성리자의(四書性理字義)』·『북계전집(北溪全集)』 등이 있고, 그의 문인 진기가 기록한 『균곡뢰구금산소문(筠谷瀨口金山所聞)』이 있다.

· 진식(陳埴): 남송의 이학가로서 영가인이다. 자는 기지(器之)며 잠실(潛室)선생이라 불렸다. 처음에는 섭적에게 배웠고 나중에 주희에게 배웠으며, 섭적과 주희의 문인이다. 명도서원의 산장으로서 많은 제자를 길렀고, 그 제자들과 문답한 내용을 엮은 『목종

집(木鐘集)』이 있다. 학설은 심(心)을 강조해 정호·육구연 쪽으로 기우는 경향이 있다.

· 진지유(陳知柔, ?~1184): 남송의 이학가로서 영춘인이다. 자는 체인(體仁)이며 호는 휴재(休齋) 또는 약옹(弱翁)이다. 저서로 『역본지(易本旨)』·『역대전(易大傳)』·『논어후전(論語後傳)』 등이 있다.

· 채모(蔡模): 남송의 이학가로서 건양인이다. 자는 중각(仲覺)이고 호는 각헌(覺軒)이며, 채심의 아들이다. 은거 독학했으며, 건안서원의 석장을 지냈다. 주희의 설을 모아 『속근사록(續近思錄)』을 편집했으며, 그 외 『역전집해(易傳集解)』·『대학연설(大學衍說)』·『논맹집소(論孟集疏)』 등의 저서가 있다.

· 채심(蔡沈, 1167~1230): 남송의 이학가로서 건양인이다. 자는 중묵(仲默)이며 구봉(九峰) 선생이라 불렸다. 채원정의 아들이다. 어려서 가학을 이었고, 주희에게 배웠다. 주희의 명을 받아 『상서(尙書)』를 주해해 『서집전(書集傳)』을 완성했다.

· 채연(蔡淵, 1156~1236): 남송의 이학가로서 건양인이다. 자는 백정(伯靜)이며 호는 절재(節齋)다. 채원정의 아들이다. 가학을 이었고, 주희에게 배웠다. 저서로 『주역훈해(周易訓解)』·『시사문(詩思問)』·『논맹사문(論孟思問)』 등이 있다.

· 추계우(鄒季友): 원의 학자로서 채심의 『서집전(書集傳)』에 음석을 달았다.

· 풍의(馮椅): 남송의 이학가로서 도창인이다. 자는 의지(儀之) 또는 기지(奇之)며, 호는 후재(厚齋)다. 주희의 문인으로 만년에는 집에서 제자를 받아 가르쳤다. 『역(易)』·『서(書)』·『시(詩)』·『논어(論語)』·『맹자(孟子)』 등을 주석했으며, 『효경장구(孝經章句)』·『서명집설(西銘輯說)』·『공자제자전(孔子弟子傳)』 등의 저서가 있다.

· 하몽귀(何夢貴): 남송의 학자로서 방일기의 스승이다.

· 항안세(項安世, ?~1208): 남송의 학자이자 관리다. 자는 평부(平夫)이며 강릉인이다. 주희를 변호하다 탄핵된 적이 있다. 저서로 『역완사(易玩辭)』·『항씨가설(項氏家說)』 등이 있다.

· 허겸(許謙, 1270~1337): 원대의 이학가로서 금화인이다. 자는 익지(益之)며, 스스로 호를 백운산인(白雲山人)이라 해 백운선생이라 불렸다. 소위 금화 주학의 대표적 인물로서 금화사선생(金華四先生) 중 한 사람이다. 북쪽의 허형과 더불어 남북이허(南北二許)라 칭해졌다. 어려서 어머니 도씨에게 배웠고 나중에 김이상에게 배웠다. 저서로 『춘추온고관규(春秋溫故管窺)』·『자성록(自省錄)』·『허백운선생문집(許白雲先生文集)』 등이 있다.

· 허형(許衡, 1209~1281): 송말 원초의 이학가로서 하내인이다. 자는 중평(仲平)이며, 노재

(魯齋)선생이라 불렸다. 시호는 문정(文正)이며 원 인종 때 공묘에 종사되었다. 국자좨주를 지냈다. 요추·보묵 등과 함께 성리 제서를 연구했다. 여러 경전과 자사·예악·명물 등 모든 분야에 박통했지만, 특히 『소학(小學)』과 『사서(四書)』를 중시했다. 하북의 학문의 대종이라는 평을 받았으며, 원 초기를 대표하는 학자로서 원이 성리학을 정통 관학으로 수용하는 데 크게 기여했다. 저서로 『허문정공유서(許文正公遺書)』·『허노재집(許魯齋集)』이 있다.

· **형병**(邢昺, 932~1010): 북송의 경학가로서 자는 숙명(叔明)이며 제음인이다. 국자감승·국자좨주 등의 국자감관을 역임했고 예부상서를 지냈다. 여러 왕부의 시강직을 맡아 『효경(孝經)』·『예기(禮記)』·『논어(論語)』·『시(詩)』·『서(書)』·『역(易)』·『춘추(春秋)』 등을 강의했으며, 칙명에 의해 경전의 교정 작업에 참여했다. 저서로는 『논어정의(論語正義)』·『효경정의(孝經正義)』·『이아주소(爾雅注疏)』 등이 있다.

· **호병문**(胡炳文, 1250~1333): 송말 원초의 이학가로서 무원인이다. 자는 중호(仲虎)며 운봉(雲峯)선생이라 불렸다. 도일서원의 산장을 지냈다. 그의 아버지 두원이 주자의 종손으로부터 『서(書)』·『역(易)』을 전수받았고, 병문은 이를 아버지로부터 전수받았다. 이후 주희가 집주한 『사서(四書)』의 연구에 진력했으며, 특히 요노의 설이 주희의 원뜻과 다른 점을 비판하면서 『사서통(四書通)』을 지어 그 잘못을 바로잡았다. 그 외 『역본의통석(易本義通釋)』·『서집전(書集傳)』·『춘추집해(春秋集解)』 등의 저서가 있다.

· **호영**(胡泳): 남송의 이학가로서 자는 백량(伯量)이며 호는 동원(洞源) 또는 동원(桐源)이다. 주희의 문인으로서 응거하지 않고 학문에 전념했다. 저서로는 『사서연설(四書衍說)』이 있다.

· **호원**(胡瑗, 993~1059): 북송의 경학가이자 교육가로서 해릉인이다. 자는 익지(翼之)며 안정(安定)선생이라 불렸다. 시호는 문소(文昭)고, 명 세종 때 선유 호자(胡子)라 칭해지고 공묘에 종사되었다. 손복·석개 등과 같이 수학했으며 이들과 함께 성리학의 선구자로서 송초삼선생(宋初三先生)이라 불린다. 소주와 호주의 교수, 국자감 직강 등의 교관직을 역임했고, 천장각대제로서 태학을 관리했다. 태학을 경술과 치사 양재로 나누어 교학했으며 태학법을 세우고 태학을 진흥시켰다. 저서로 『논어설(論語說)』·『주역구의(周易口義)』 등이 있다.

· **호인**(胡寅, 1098~1156): 남송의 이학가로서 자는 명중(明仲)이고 호는 중호(仲虎) 또는 중강(仲剛)이며, 치당(致堂)선생이라 불렸다. 호안국의 아들로서 가학을 이었다. 양시에게 배웠으며 정호·정이의 재전제자다. 저서로 『숭정변(崇正辯)』·『독사관견(讀史管

見)』·『논어상설(論語詳說)』 등이 있다.

· 호차염(胡次焱, 1229~1306): 남송의 학자로서 무원인이다. 자는 제정(濟鼎)이며 호는 매암(梅岩) 또는 여학(餘學)이다. 원의 침구를 당해 벼슬을 버리고 귀가한 뒤 향리에서 『역(易)』을 가르쳤다. 저서로 『매암문집(梅岩文集)』이 있다.

· 홍흥조(洪興祖, 1090~1155): 남송의 경학가로서 자는 경선(慶善)이고 단양인이다. 일생 경전을 연구했다. 저서로 『주역통의(周易通義)』·『고문효경서찬(古文孝經序贊)』 등이 있다.

· 황간(黃榦, 1152~1221): 남송의 이학가로서 민현인이다. 자는 직경(直卿)이며 호는 면재(勉齋)고 시호는 문숙(文肅)이다. 어려서 유청지에게서 사사했고 그 명으로 주희에게 배웠다. 주희의 사위다. 주희를 도와 각종 서적을 편찬했으며 주희 저작의 정리에도 기여했다. 주희가 임종에 이르러 학문의 전수를 그에게 맡길 정도로 신임을 받았다. 학술적으로 존덕성과 도문학의 조화를 주장해 주희와 육구연의 학설을 절충했다는 평을 받는다. 저서로 『경해(經解)』·『중용총론(中庸總論)』·『성현도통전수총서설(聖賢道統傳授總敍說)』·『면재문집(勉齋文集)』 등이 있다.

· 황사의(黃士毅): 남송의 이학가로서 포전인이다. 자는 자홍(子洪)이며 호는 호산(壺山)이다. 주희의 문인으로서 『의례(儀禮)』를 주석하고 주희의 『서설(書說)』·『문집(文集)』·『어록(語錄)』 등의 편찬에 참여했다.

· 황연(黃淵): 황중원이 개명한 후의 이름이다.

· 황중원(黃仲元, 1231~1312): 남송의 학자로서 포전인이다. 자는 선보(善甫)며 호는 사여(四如)다. 송이 망한 후 이름을 연(淵)으로 바꾸고 자를 천수(天叟), 호를 운향노인(韻鄉老人)이라 하면서 향리에서 강학했다. 저서로는 『사여강고(四如講稿)』·『경사변의(經史辨疑)』·『사여문집(四如文集)』 등이 있다.

· 후중량(侯仲良): 북송의 학자로서 하동인이다. 자는 사성(師聖)이며 형문(荊門)선생이라 불렸다. 후가의 손자다. 경론을 강학했으며 주희로부터 그 학문이 명백하다는 평을 들었다.

옮긴이

• 김동인(金東仁)

서울대학교 동양사학과를 졸업하고, 동 대학원 교육학과에서 교육학 박사학위를 취득했다. 현재 서울대학교에서 동양교육사를 강의하며, 이인서원을 개설해 운영하고 있다. 주요 논문으로는 「당송대 진사과에서 추구된 문학적 교양의 성격」, 「논어의 문질론과 그 교육적 함의」, 「이인의 세계와 안인의 세계」, 「위기지학 위인지학」 등이 있다.

• 지정민(池政敏)

서울대학교 교육학과를 졸업하고, 동 대학원에서 교육학 박사학위를 취득했다. 현재 대구 가톨릭대학교 교수로 있으며, 이인서원에서 『논어』 연구에 참여하고 있다. 주요 논문으로는 「한비자 법치사상의 교육학적 해석」, 「조선 전기 교육진흥책 분석: 성균관 교관정책을 중심으로」, 「교사의 무언과 무은: 논어의 교수론적 해석」 등이 있다.

• 여영기(呂榮基)

서울대학교 교육학과를 졸업하고, 동 대학원에서 교육학 박사학위를 취득했다. 현재 전북대학교 교수로 있으며, 이인서원에서 『논어』 연구에 참여하고 있다. 주요 논문으로는 「조선중기 서재 연구」가 있다.

이인서원(利仁書院)은 2006년 5월 8일 개원했다. 본 서원은 『논어』를 비롯한 동양고전을 강독하고 연구하는 공동체로서 첫 연구과제인 『논어집주대전』의 번역작업을 마쳤다. 서원의 명칭인 '이인'은 『논어』의 '仁者安仁 知者利仁'이라는 구절에서 따온 것으로, 성인의 경지를 감히 넘보지 못하는 평범한 인간의 학문적 노력을 의미한다. 도심(강남구 역삼동) 속의 작은 연구실로, 고전의 향기를 느끼고 싶은 사람이라면 누구에게나 열려 있는 공간이다.

한울아카데미 1188
동양철학의 향연

세주 완역 논어집주대전 1

옮긴이 | 김동인 · 지정민 · 여영기
펴낸이 | 김종수
펴낸곳 | 도서출판 한울
편집책임 | 이교혜

초판 1쇄 발행 | 2009년 10월 16일
초판 2쇄 발행 | 2015년 5월 30일

주소 | 413-120 경기도 파주시 광인사길 153 한울시소빌딩 3층
전화 | 031-955-0655
팩스 | 031-955-0656
홈페이지 | www.hanulbooks.co.kr
등록번호 | 제406-2003-000051호

Printed in Korea.
ISBN 978-89-460-4998-7 94150 (양장)
978-89-460-4184-4 94150 (양장 세트)

978-89-460-4999-4 94150 (학생판)
978-89-460-4179-0 94150 (반양장 세트)

* 책값은 겉표지에 있습니다.
* 이 책은 강의를 위한 학생판 교재를 따로 준비했습니다.
강의 교재로 사용하실 때에는 본사로 연락해주십시오.